제5판

K-IFRS
회계원리

김순기 · 전성빈
송민섭 · 이상완 · 이아영

FINANCIAL ACCOUNTING

박영사

K-IFRS 회계원리

FINANCIAL ACCOUNTING

K-IFRS
회계원리(제5판)를 내면서 _

회계는 회사의 경영활동과 관련된 이해당사자들이 합리적인 의사결정을 하는 데 도움이 되는 유용한 정보를 제공하는 것을 목적으로 한다. 경영환경이 급속도로 글로벌화되어 자본거래는 실시간으로 국가 간에 이루어지고 있으며, 세계교역량도 빠른 속도로 증가하고 있다. 2008년 글로벌 금융위기, 2019년 Covid-19 팬데믹 사태에서 볼 수 있듯이 한 나라의 경제위기가 다른 나라에 미치는 파급효과는 만만치 않다.

우리나라가 2011년부터 국제회계기준(IFRS)을 전면 도입한 지 10년이 경과하였다. K-IFRS는 큰 틀의 회계처리 원칙만을 제시하며 재무제표 작성자가 가장 적합한 회계처리를 자율적으로 선택하는 원칙중심의 회계처리를 강조하는 특징을 가진다. 원칙중심의 회계임에도 불구하고 기업의 경제 환경이 변화하면서 회계 기준 역시 지속적으로 개정되어왔다. 2018년 K-IFRS 제1115호 '고객과의 계약에서 생기는 수익' 제정, 2019년 '재무보고를 위한 개념체계' 개정, 2020년 K-IFRS 제1116호 '리스' 기준서 제정 등 기준서가 지속적으로 제·개정되어 왔으며 제1104호 '보험계약'이 조만간에 개정되어 적용될 예정이다.

제4판까지는 개정된 회계기준서의 내용 중 회계원리 수준에서 적절한 내용을 반영하였다. 제5판에서는 개정된 기준서를 실무에 적용하면서 새로이 드러났던 사항을 바탕으로 교과서에서 충분히 반영되지 못한 사항을 중심으로 개정하였다. 새로운 개념체계와 수익기준서, 금융상품 기준서에 따라 자산 및 부채에 대한 내용을 가다듬었으며, 관련한 사례 내용도 소개하고자 하였다. 또한 정보기술의 발전에 따라 불필요하다고 생각되는 내용은 삭제하였다.

이 교과서는 모두 14개의 장으로 구성되어 있다. 우선 초반부인 제1장에서는 회계의 환경과 회계정보의 역할을 설명하고 제2장에서는 재무상태표, 포괄손익계산서, 현금흐름표, 그리고 자본변동표 등의 재무제표에 대하여 개괄적으로 설명하였다. 회계학을 처음 접하는 학생들에게는 이 책의 초반부가 다소 추상적일 수 있다. 그러나 학생들에게 먼저 회계의 개념과 회계처리과정의 최종산출물인 재무제표를 설명함으로써 회계원리에서 공부하게 될 목표를 뚜

렷하게 설정하고자 하였다. 제3장부터 제5장까지는 회계의 기본적인 복식부기 기록원리로부터 최종보고서인 재무제표가 작성되기까지의 일련의 회계정보 산출과정을 설명하고 있다. 특히 제4장에서는 수익과 비용의 인식에 있어서 현금기준과 발생기준의 대체적인 회계처리 방법을 설명하고 발생기준의 중요성을 강조하였다.

제6장부터 제12장까지는 각론에 해당되며, 재무상태표의 자산, 부채 및 자본의 주요 구성항목 순으로 기술하였다. 제6장부터 제9장까지는 자산을, 제10장과 제11장은 부채를, 그리고 제12장은 자본에 대해 설명하였다. 제6장은 현금, 매출채권 등의 금융자산에 대해 설명한다. 제7장은 금융자산 중 지분증권과 채무증권을 중심으로 금융자산의 분류 및 회계처리에 대해 설명하되, 주로 당기손익-공정가치측정금융자산을 중심으로 기술하였다. 또한 K-IFRS 적용시 주된재무제표는 별도재무제표가 아닌 연결재무제표라는 점을 감안하여 원리 수준에서도 학생들이 연결재무제표의 개념을 이해할 수 있도록 간략히 소개하였다. 제8장은 기업의 주요 자산인 재고자산에 대한 회계처리를 기술하고, 제9장은 유형자산과 무형자산의 취득, 상각 및 처분에 대한 회계처리를 다루었다. 부채는 금융부채와 비금융부채로 구분되는데, 제10장에서는 차입금, 매입채무, 사채 등 금융부채에 대한 회계처리를 설명하고, 화폐의 시간가치개념을 소개하였다. 제11장에서는 충당부채 등의 비금융부채에 대한 회계처리를 설명하였다. 제12장은 자본에 대한 회계처리를 다루었으며, 구체적으로 주식의 종류 및 발행, 배당의 종류 및 지급, 그리고 자기주식의 회계처리를 기술하고 자본변동표에 대한 소개도 하였다. 제13장에서는 주요 재무제표 중의 하나인 현금흐름표의 중요성과 그 주요내용을 기술하고 작성방법에 대해 설명하였다. 마지막으로 제14장은 재무제표가 주주나 채권자 등 정보이용자 입장에서 어떻게 이용되는지를 보여주고 있다. 저자의 경험으로는 실무경험이 많은 대학원 학생들에게는 이 주제가 아주 흥미롭게 받아들여지지만, 실무경험이 전혀 없는 학부학생들에게는 다소 버거울 수 있으므로 대학원 학생들을 대상으로 할 때는 제5장의 회계순환과정이 끝난 다음에 제14장을 다루고, 학부생들이 대상일 때는 마지막에 다루는 것이 적절하다고 본다.

여느 때와 같이 이번 개정작업에서도 많은 분들의 도움을 받았다. 그동안 이 책을 교과서로 사용해 주신 독자들에게 깊은 감사를 드리며 강의실에서 교과서로 채택해 주신 교수님들에게 감사드린다. 그리고 본 교과서의 출판을 맡아 수고를 아끼지 않은 박영사 제위께도 각각 고마운 마음을 전한다.

2021년 2월
저자 씀

CONTENTS

CHAPTER 01

회계란 무엇인가?

CHAPTER 02

재무제표

CHAPTER
03

기업거래의 측정과 기록

기업이익의 측정

CHAPTER 04

회계순환과정

CHAPTER 05

CHAPTER
06

금융자산(현금 및 수취채권)

CHAPTER
07
금융자산(유가증권)

CONTENTS

CHAPTER
10

금융부채

CHAPTER
11

비금융부채

CONTENTS

CONTENTS

부 록

한국채택 국제회계기준(K-IFRS) 목록(2021년 1월 기준)

번 호	제 목	K-IFRS 번호
IFRS 1	한국채택국제회계기준의 최초 채택 (First time Adoption of International Financial Reporting Standards)	1101
2	주식기준보상(Share-based Payment)	1102
3	사업결합(Business Combinations)	1103
4	보험계약(Insurance Contracts)	1104
5	매각예정비유동자산과 중단영업 (Non-current Assets Held for Sale and Discontinued Operations)	1105
6	광물자원의 탐사와 평가 (Exploration for and Evaluation of Mineral Resources)	1106
7	금융상품: 공시(Financial Instruments: Disclosures)	1107
8	영업부문(Operating Segments)	1108
9	금융상품(Financial Instruments)	1109
10	연결재무제표(Consolidated Financial Statements)	1110
11	공동약정(Joint Arrangements)	1111
12	타 기업에 대한 지분의 공시(Disclosure of Interests in Other Entities)	1112
13	공정가치측정(Fair Value Measurement)	1113
14	규제이연계정(Regulatory Deferral Accounts)	1114
15	고객과의 계약에서 생기는 수익(Revenue from Contracts with Customers)	1115
16	리스(Leases)	1116
IAS 1	재무제표 표시(Presentation of Financial Statements)	1001
2	재고자산(Inventories)	1002
7	현금흐름표(Cash Flow Statements)	1007
8	회계정책, 회계추정의 변경 및 오류 (Accounting Policies, Changes in Accounting Estimates and Errors)	1008
10	보고기간후사건(Events after the Reporting Period)	1010

K-IFRS 회계원리

FINANCIAL ACCOUNTING

01

회계란 무엇인가

학습목표

이 장에서는 학생들이 회계를 종합적으로 이해하는 데 필요한 설명을 하고자 한다. 이를 위해 우선 회계의 본질을 설명하고 회계학의 다양한 분야를 소개한다. 이어서 재무회계의 환경을 구성하는 중요한 집단인 회사, 공인회계사, 투자자 및 규제기관의 특성과 역할을 기술한다. 회계기준의 설정이나 적용을 위해 필요한 재무회계의 개념적 구조를 소개하고 기업환경에 대한 중요한 가정을 설명한다. 따라서 이 장을 공부한 후 학생들은 회계가 현대 경제사회에서 수행하는 중요한 역할, 회계의 분야, 재무회계의 환경, 그리고 재무보고 개념체계에 대하여 이해할 수 있게 될 것이다.

주요 학습사항

회계의 정의	한국채택 국제회계기준(K-IFRS)	수탁책임
회계와 부기의 구분	공인회계사	재무보고 개념체계
재무회계	금융위원회	재무제표의 목적
관리회계	회계기준위원회	목적적합성
재무제표	감사의견	충실한 표현
자본시장에서의 회계의 역할	적정의견	발생기준의 가정
일반목적의 재무제표	한정의견	계속기업의 가정
일반적으로 인정된 회계원칙(GAAP)	부적정의견	
국제회계기준(IFRS)	의견거절	

회계는 의사결정자들이 경제적 의사결정을 합리적으로 할 수 있도록 경제실체에 관한 재무정보를 측정·기록·전달하는 정보시스템으로 정의된다. 회계는 상징적으로 기업의 언어(language of business)라고 불리우기도 한다. 왜냐하면 회계에 대한 기본 지식이 없이는 기업활동을 효율적으로 수행하기 위한 의사소통을 할 수 없기 때문이다. 과거에는 회계를 단순히 장부를 처리하는 기능에 초점을 맞추어 정의하였다. 그러나 현대에서 회계는 회계정보를 필요로 하는 사람들(예컨대 주주, 채권자)에게 필요한 정보를 제공하는 정보시스템으로서 단순 장부 정리기능보다는 훨씬 폭넓은 영역을 차지하고 있는 것으로 받아들여지고 있다. 그러므로 회계담당자들은 거래를 기록하기 위한 기계적인 장부처리뿐만 아니라 다양한 목적으로 회계정보를 이용하는 의사결정자의 계획 및 통제활동, 그리고 문제해결에도 관심을 가져야 한다.

대부분의 사람들은 회계와 부기를 동일한 것으로 오인하고 있다. 부기는 회계의 한 과정으로 경제적 사건을 기록하고 보관하는 기법에 불과하며, 반복적이고 기계적이라는 특성을 지니고 있다. 반면에 회계는 정보를 산출할 뿐 아니라 산출된 정보를 의사결정 목적을 위해 분석하고 해석하며 활용하는 영역까지 포함한다. 따라서 회계의 영역 속에는 정보이용자의 욕구에 맞추어 정보시스템을 설계하는 일에서부터 제공된 회계정보가 의사결정에 미친 영향을 파악하는 문제까지도 모두 포함한다.

이상에서 논의된 회계의 정의를 요약하면, 그림 1-1과 같다. 그림 1-1에서 보듯이 회계는 경제실체(주로 기업)의 활동과 의사결정자를 연결시키는 교량역할을 한다. 회계라는 정보시스템은 조직의 경제적 활동을 측정대상으로 하며 주로 기업이 그 대상이 된다. 회사의 회계담

📄 그림 1-1
의사결정을 위한
정보시스템으로서의
회계

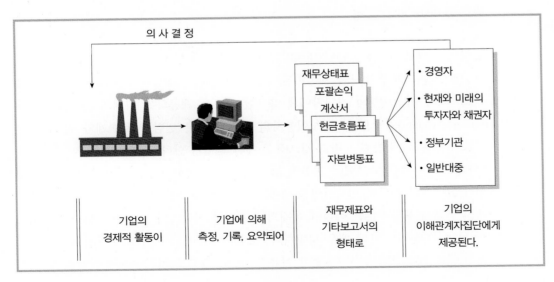

당자는 다양한 경제활동을 측정·기록·요약하여 재무상태표, 포괄손익계산서, 현금흐름표 등 재무제표(財務諸表)의 형태로 회사에 관한 의사결정을 내리는 다양한 이해관계자집단에게 기업에 관한 재무정보를 제공한다. 이들 이해관계자집단들은 재무제표와 기타정보를 근거로 기업에 관한 의사결정을 내리게 되며 이들의 의사결정은 다시 기업의 경제활동에 영향을 미치게 된다.

회계학의
분야
02

자세히 살펴보면 우리 주변에서는 우리가 상상하고 있는 것보다 훨씬 많이 회계정보가 이용되고 있음을 알 수 있다. 거의 모든 사람이 현재나 미래의 회계 정보이용자라고 할 수 있는데, 회계정보이용자는 크게 기업내부에서 의사결정을 내리는 내부이용자와 기업외부에서 기업과 관련있는 의사결정을 내리는 외부이용자로 분류된다. 주된 내부이용자는 기업활동에 책임을 지고 기업에 관한 영업, 투자 및 재무에 대해서 의사결정을 내리는 기업의 경영자가 가장 중요한 집단이다. 외부이용자는 기업의 주식에 투자하는 투자자(주주)와 돈을 빌려주는 채권자가 가장 대표적인 집단이다. 이들 외에도 회사에 납품하는 거래처, 회사의 제품을 구입하는 고객, 그리고 국세청, 공정거래위원회, 금융위원회 같은 정부기관이 기업외부에서 기업과 관련된 의사결정을 내려야 하는 집단이다.

2-1 재무회계와 관리회계

회계의 영역을 정보이용자 집단인 내부이용자와 외부이용자에 따라 구분하기도 한다. 기업외부의 다양한 이용자에게 정보를 제공하는 기능을 담당하는 회계분야를 재무회계(financial accounting)라고 하고, 기업내부의 경영자에게 유용한 정보를 제공하는 회계의 기능을 관리회계(management accounting)라고 한다. 정보이용자의 성격이 다른 만큼 재무회계와 관리회계는 보고되는 정보의 내용, 준비방법 그리고 강조점 등에서 차이가 난다.

재무회계의 기능은 기업외부에서 기업의 경영에 직접 참여하지 않는 다양한 투자자 집단과 이해관계자들이 기업에 관한 의사결정을 내릴 수 있도록 정보를 제공하는 것이다. 이들 이용자 집단에는 현재의 투자자뿐만 아니라 미래의 잠재적인 이용자까지 모두 포함되므로 이들은 그 특성이나 이용목적에 따라 매우 다양하다. 예를 들어 어느 회사의 주식에 투자하려는 투자자가 돈이 아주 많은 부자일 수도 있고 여유자금을 간신히 마련한 소액투자일 수도 있다. 어느 투자자는 위험을 즐겨 도박하듯이 전 재산을 한 회사에 투자할 수도 있고 어느 투자자는 위험을 회피하기 위해 여러 기업에 분산 투자할 수도 있다. 또한 공인회계사나 재무분석가처럼 회계에 대한 상당한 전문지식을 갖춘 투자자가 있는가 하면 회계나 경영에 대한 전문지식은 전혀 없이 항간의 소문만 믿고 투자하려는 사람이 있다.

재무회계에서 정보를 제공하는 가장 바람직한 방법은 이들 다양한 정보이용자의 다양한 정보욕구에 따라 맞춤 보고서를 제공해 주는 것이지만 현실적으로는 그러한 과정이 너무 복잡하고 비용이 많이 들기 때문에 거의 불가능하다. 따라서 재무회계에서는 외부의 다양한 이용자들이 공통적으로 갖고 있는 정보에 대한 기본 욕구를 충족시킬수 있도록 일정한 방법과 형식에 따라 준비한 정보를 제공하는데 이를 일반목적의 재무보고(general purpose financial reporting)라 하고 재무보고의 핵심수단이 재무제표(financial statements)이다.

관리회계는 회사 내에서 경영자들이 영업, 투자 및 재무활동과 관련된 의사결정을 내리는데 주로 사용된다. 영업활동이란 기업의 주된 업무와 관련한 일상적인 활동으로 제품의 생산, 상품의 구입, 판매하는 과정에서 발생하는 일련의 활동을 뜻한다. 경영자들이 결정해야 할 사항으로는 회사에서 제조하는 제품의 원가 계산, 임직원의 업적평가와 보수결정, 공장의 신설이나 기계의 구입 같은 투자결정, 연간 자금조달 및 사용계획을 수립하기 위한 예산편성 등이 있다. 이 중에서 제품의 원가계산, 예산편성 및 업적평가 같은 것은 비교적 주기적으로 반복되는 일상적인 업무라고 할 수 있다. 그러나 회사에서 신규사업에 진출하거나 별로 이익이 나지 않는 사업부문을 처분하는 것과 같은 의사결정은 중장기적인 전략적 의사결정에 해당된다. 관리회계는 이처럼 내부의 다양한 의사결정의 특성에 따라 그 목적에 가장 적합한 정보를 제공하는 기능을 수행한다. 따라서 관리회계에서는 내부보고용의 특수목적의 보고서가 나오며, 이것은 어디까지나 내부용이므로 정보를 준비하는 형식이나 방법에 구애되지 않는다.

표 1-1은 재무회계와 관리회계의 차이를 정리한 것이다.

분　류	재무회계	관리회계
주된 이용자	외부의 투자자	내부의 경영자
작성방법	일반적으로 인정된 회계원칙 준수	일정한 형식이나 방법을 따를 필요 없음
사용목적	일반목적	특수목적

표 1-1
재무회계와 관리회계의 비교

2-2 세무회계와 회계감사

회계 분야는 정보이용자에 따라 구분되는 재무회계와 관리회계 분야 외에도 세무회계나 회계감사 등의 분야가 있다. 예를 들어 정부기관인 국세청에서 개인이나 기업으로부터 세금을 걷어 정부의 각종 예산집행을 위한 재원을 마련한다. 소득이 많은 개인이 소득세를 많이 내듯이 이익을 많이 낸 기업은 세금을 그만큼 많이 내고 손실을 본 기업은 세금이 면제되기도 한다. 조세당국에서 기업에게 공평한 세금을 부과하려면 객관적인 기준이 있어야 하는데 회계정보가 이러한 역할을 한다. 세금을 내기 위해 세법에 의한 정확한 이익을 계산하고 세금을 산출하는 절차를 다루는 회계분야를 세무회계(tax accounting)라고 한다. 세무회계는 재무회계가 그 근간이 되기는 하지만 정부 당국에서는 기업의 바람직한 행동을 유발하기 위해 재무회계와는 다소 다른 원칙을 적용하는데 이를 세법에서 규정한다. 예를 들어 정부는 기업의 연구개발활동을 촉진하기 위해 연구개발활동에 소요된 비용에 대해 세금혜택을 줄 수 있다. 세무회계 분야에서는 재무회계기준과 세법과의 차이를 조정하는 것 등에 대해 공부하게 된다.

회계감사(auditing)란 기업이 준비한 재무보고서의 신뢰성을 높이기 위해 회계에 대한 전문지식을 갖춘 자격 있는 전문가가 객관적이고 공정한 입장에서 기업의 재무보고서를 감사하여 의견을 제시하는 기능을 뜻한다. 외부감사를 담당하는 전문인을 공인회계사(Certified Public Accountant: CPA)라고 하는데 공인회계사가 되기 위해서는 국가에서 실시하는 시험에 합격하여 정부로부터 공인을 받아야 한다. 회계감사는 내부나 외부에서 감사업무를 수행하기 위한 지침, 원칙 및 기법 등에 대해 공부하는 회계학의 한 분야이다.

이 책에서 다룰 「회계원리」에서는 재무회계의 기본 원리에 대해 공부한다. 따라서 이 책의 주된 초점은 어떻게 하면 외부이용자들의 의사결정에 유용한 회계정보를 준비하고, 보고하며 분석할 수 있는가에 맞추어져 있다.

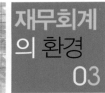

재무회계의 환경
03

International Financial Reporting Standards

재무회계는 기업외부의 정보이용자를 대상으로 일반목적의 재무보고서를 제공하는 기능을 수행한다고 설명하였다. 재무회계와 관련하여 재무회계의 환경을 구성하는 중요한 집단이 있다. 우선 재무상태와 영업성과에 관한 재무제표를 일정한 원칙에 의해 준비하여 외부이용자에게 제공하는 회사는 정보제공자의 역할을 한다. 한편 회사가 작성한 재무제표를 감사하는 외부의 공인회계사, 재무제표를 이용하는 정보이용자, 그리고 회계원칙을 제정하는 규제기관이 있다. 재무회계의 환경을 그림 1-2에 정리하였다.

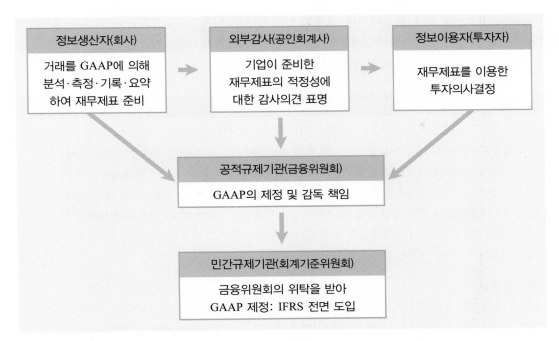

그림 1-2
재무회계의 환경

정보생산자(회사)	외부감사(공인회계사)	정보이용자(투자자)
거래를 GAAP에 의해 분석·측정·기록·요약하여 재무제표 준비	기업이 준비한 재무제표의 적정성에 대한 감사의견 표명	재무제표를 이용한 투자의사결정

공적규제기관(금융위원회)

GAAP의 제정 및 감독 책임

민간규제기관(회계기준위원회)

금융위원회의 위탁을 받아
GAAP 제정: IFRS 전면 도입

3-1 일반적으로 인정된 회계원칙(GAAP)과 국제회계기준(IFRS)

지금까지 우리는 회계정보의 유용성을 개인 차원인 정보이용자 측면에서 설명하였다. 그러나 회계의 기능은 생각보다 훨씬 중요하다. 공정하고 투명한 회계제도야말로 자원의 효율적인 배분을 위해 자본시장이 갖추어야 할 가장 기본적인 기간구조(infra-structure)라고 할 수 있다. 1930년대의 미국의 대공황, 1997년에 아시아 경제위기로부터 촉발된 금융위기, 그리고 서브프라임 주택저당 사태로 촉발된 2008년 금융위기는 상당 부분 기업들이 제공한 불투명한 회계정보 때문이라는 지적이 있다. 즉, 왜곡된 회계정보 때문에 투자자나 금융기관의 자금이 자격이 없는 부실기업에 투자되어 결국 이들 기업에 자금을 제공한 주주가 막대한 피해를 보고 금융기관마저 동반 부실화되어 경제위기가 발생했다는 것이다.

재무보고서의 작성을 회사에게만 전적으로 맡기면, 회사는 회사에게 유리한 정보만 제공하고 불리한 정보는 숨기거나, 될 수 있으면 이익을 많이 내는 방향으로 회계처리하는 등 회계정보를 왜곡할 가능성이 높다. 따라서 대부분의 국가에서는 외부보고를 위한 재무보고서의 투명성을 확보하기 위해 재무제표를 작성하는 데 필요한 규정과 지침을 정부의 규제기관에서 책임지고 만들고 있으며 이를 "일반적으로 인정된 회계원칙"(Generally Accepted Accounting Principles: GAAP)이라고 한다. 일반적으로 인정된 회계원칙은 회계정보의 신뢰성과 비교가능성을 높여 정보이용자의 효율적인 의사결정을 돕는 역할을 한다. 우리나라는 1997년의 금융위기 이후 미국 및 해외 선진국의 회계기준을 벤치마킹하여 한국 실정에 맞는 회계기준을 제정해 왔다. 그러나 우리 기업들의 회계투명성을 국제적 적합성에 부응하는 수준으로 올리기 위해 정부가 상장기업에 대해 2011년부터 국제회계기준(International Financial Reporting

Standards: IFRS)을 전면 도입하기로 결정함에 따라 한국회계기준위원회는 한국채택 국제회계기준(K-IFRS)을 공표하였다(참고자료 1 참조). 이에 따라 회계기준위원회는 국제회계기준의 번역, 비상장기업회계기준의 제정 등을 주요 업무로 하게 되었다.

<table>
<tr><td>참고자료 1</td><td>'원칙중심' 국제회계기준, 세부지침 보완해야 – IFRS 시행 10년을 생각한다 –</td></tr>
</table>

우리나라는 2009년부터 국제회계기준을 선택적으로 적용할 수 있도록 하고, 2011년부터는 전면적으로 의무 적용하도록 하였다. 그 이유는 국제회계기준을 도입하여 우리나라 기업의 회계투명성과 재무정보의 신뢰성을 획기적으로 향상시키기 위한 것이었으며, 당시에는 커다란 저항 없이 도입이 순조롭게 진행되었다. 그러나 그 후 10년이 지난 현재 시점에서 볼 때, 우리나라 기업의 회계투명성이 도입 당시 기대했던 만큼 크게 향상 되었는가? 아쉽지만 지금도 우리나라 회계투명성은 전 세계에서 최하위 수준에 머무르고 있으며, 대형 회계부정사건이 끊이지 않고 발생하고 있다. 그렇다면, 그 이유가 무엇이며 국제회계기준 도입 당시 우리가 무엇을 간과하였는지에 대한 냉철한 고찰이 필요하다.

● 국제회계기준의 특징과 한국의 현실

국제회계기준의 특징을 설명할 때 가장 먼저 언급되는 것은 원칙중심(principle based)의 회계기준이라는 사실이다. 원칙중심 회계에서는 회사에 관한 정보를 회사가 선택한 방식으로 다양하게 이용자에게 제공할 수 있도록 하고 있다. 국제회계기준은 태생적으로 전 세계국가에서 공통적으로 적용할 수 있는 기준을 제정하다 보니, 개별 국가가 필요로 하는 무수히 많은 사안별로 일일이 처리방법을 제시할 수가 없어 실무에서 담당자의 판단 및 추정에 기반하여 회계처리를 해야 하는 경우가 많다.

그러면 우리의 현실은 어떠한가? 우리나라는 회사의 회계처리 및 외부감사에 관하여 외부감사법이라는 특별법이 적용되고 있다. 적발된 회계부정에 대하여 형사 처벌로 직접 규제하고 있는데, 다른 선진국에서는 유사사례를 찾을 수 없는 강력한 규제시스템이다. 나아가 회계처리기준과 회계감사기준은 국회가 정한 법률이 아니라 민간전문단체가 정한 자율적 규정임에도, 이를 위반하면 최대 무기징역 형까지 처할 수 있도록 하고 있다. 특히, 회계처리기준과 회계감사기준의 많은 부분이, 개별 사안에 대한 중요성 판단과 담당자의 추정 또는 예측에 의존하고 있음에도 불구하고, 이를 위반한 경우 직접 형벌로 다루는 것은 죄형법정주의의 취지에 맞는지 의문이 제기되기도 한다.

우리나라의 외부감사법은, 1981.12 제정 당시에는 회사, 특히 재벌기업의 신뢰성 및 회계처리능력이 그리 높지 않다고 보았기 때문에 외부감사인(공인회계사)을 통하여 회사의 회계투명성을 확보하려는데 초점을 맞추었다. 또한 당시 회계기준은 지금의 국제회계기준에 비하면 매우 단순한 규정 중심의 회계기준이며, 감독기관에서 내리는 유권해석이 사실상 판단기준이 되다 보니 회계기준 적용상의 문제는 그렇게 크게 부각되지 않았다.

그러나 지금 우리가 적용하고 있는 국제회계기준은 그 제·개정권한을 국제회계기준위원회가 갖고 있으며, 또 원칙중심 회계기준이라는 이유로 우리나라의 감독기관이 그 유권해석을 내리지 못하고 있다. 이에 따라 기업의 회계책임자와 감사인은 회계기준의 해석 및 적용에 있어서 많은 어려움을 호소하고 있다. 회계기준 또는 감사기준의 해석 문제는 사후에 감독기관의 조사 등의 과정에서 재무제표 허위기재 또는 감사인의 부실감사로 확대될 수 있으므로, 기준은 명확하고 예측가능해야 하며, 담당자의 재량을 최소화하는 것이 필요하다.

● 최근 논의되는 IFRS 15(신 수익기준)와 IFRS 17(보험업) 주목해야

이러한 의미에서 최근 이슈가 되고 있는 IFRS 15(신 수익기준)와 IFRS 17(보험업)은 시사 하는 바가 매우 크다. IFRS 15를 제대로 적용하기 위해서는 수익관련 계약 조건을 면밀히 검토해야 하며, 법적 권리와 의무를 분석하여 명시적 또는 암묵적인 수행의무를 식별하고, 개별 판매가격을 추정해야 한다. 의도적인 수익부풀리기 목적이 아니더라도, 경영자는 통상적으로 수익을 조기에 인식하려고 하기 때문에, IFRS 15를 기업 입장에서 유리하게 해석하려 할 것이다. 그러나 후에 이것이 재무제표 허위기재로 판명날 경우 엄청난 대가를 치르게 될 수 있다.

IFRS 17(보험업)도 마찬가지다. IFRS 17은 보험부채의 시가평가가 핵심인데, 이것을 적용하게 되면 현재보다 부채로 계상되는 금액이 매우 크게 증가하고, 준비금의 추가 적립이 필요하다. 그리고 세부적인 평가방법으로 여러 가지 대안이 인정되는데, 어떤 방법을 적용하느냐에 따라 부채 설정금액에 영향을 미치게 된다. 보험업은 금융산업으로서 감독기관의 상시적인 모니터링 대상이기 때문에, 국제회계기준에서 허용하는 여러 옵션 중 어떤 것을 적용할지 면밀히 검토를 해야 하며, 잘못 적용하는 경우 재무제표 허위기재로 판명이 날 가능성도 배제하지 못할 것이다.

● 국제기준 적용, 회계담당자가 판단하게 하는 것은 위험

원칙중심의 국제회계기준은 재무제표 작성자의 판단과 그에 대한 논리적 근거를 제시하는데 많은 시간과 비용이 드는 현실적인 어려움이 있다. 나아가 현재 감사인과 미래 감사인의 상이한 입장차이로 동일한 회계사건이 경우에 따라서는 재무제표 허위기재로 간주되어 처벌을 받을 수 있는 위험이 존재한다. 따라서 우리나라와 같이 회계처리기준 또는 회계감사기준의 위반을 직접 형사벌로서 다스리는 나라에서는, 국제회계기준을 단순히 회계책임자 또는 외부감사인이 알아서 판단하면 된다는 식으로 방치하기에는 너무 위험하다. 우리나라의 현실에서 국제회계기준의 일부를 당장 도입하기 곤란하면 그 도입을 연기하든지 또는 그 도입을 일정기간 유예하는 방안도 검토할 필요가 있다.

● 세부지침을 보완하고, 내부통제기능 대폭 강화필요

국제회계기준이 원칙중심 회계기준이라는 이유로 세부지침의 제정을 금기시하는 현재의 분위기는 당장에 쇄신되어야 한다. 즉 우리나라의 회계전문가들의 치열한 논의를 통하여 한국채택국제회계기준에 대한 실무의견서 등을 공표하고, 우리나라에 적용할 수 있는 현실적인 대안을 마련하는데 적극 나서야 한다. 이것은 단순히 회사 또는 감사인의 책임을 경감하기 위한 것이 아니라 오히려 명확한 실무지침을 제시하여, 회계투명성과 재무정보의 신뢰성을 제고할 수 있는 인프라를 구축하는 것이다.

이와 함께 기업도 과거와는 달리 회계전문인력을 확보하고 내부회계관리를 대폭 강화해야 한다. 국제회계기준의 제·개정에 능동적으로 대처하고, 회계처리시 정확한 판단과 추정을 위하여 전문인력을 확보해야 한다. 의사결정과정을 투명하게 관리할 수 있도록 내부회계관리시스템을 실질적으로 운영하여야 한다. 2017년 개정 외부감사법이 내부회계관리제도 운영실태에 대한 확인을 '감사' 수준으로 강화하는 것도 이러한 노력의 일환이라는 사실을 분명히 인식하여야 한다. 이것이 국제회계기준을 전면 도입하여 시행하고 있는 우리나라 기업의 올바른 자세이며, 그리고 2017년 회계개혁의 입법취지에 부응하는 것이라고 할 것이다.

자료 : 한국경제 인터넷 신문, 2018. 04. 28

투자자가 기업에 관한 의사결정을 내릴 때 특정 시점에서 한 기업의 재무제표만을 분석하는 것은 별 의미가 없다. 예를 들어 어느 개인이 여유자금이 있어 주식에 투자하려 한다고 가정해 보자. 합리적인 투자자라면 소문만 듣고 아무 기업에나 투자하는 것이 아니라 기업이 속한 업종의 전망은 어떤지, 과거 이익의 추세는 어떠한지, 부채는 너무 많은 것이 아닌지 등에 대해 관심을 가질 것이다. 이를 위해 그 기업의 과거부터 현재까지의 실적을 비교 분석하거나 같은 업종에 속한 다른 기업과 비교 분석하는 것이 필요하다. 그런데 동일한 경제현상에 대해 회사가 적용하는 회계방법을 아무 때나 바꾼다거나 회사마다 사용하는 방법이 다르다면 투자자 입장에서는 분석하기가 매우 어렵다. 그러므로 외부보고용 재무제표는 일정한 형식과 원칙에 따라서 준비되어야 재무제표간의 비교가능성이 높아져 정보이용자들의 효율적인 의사결정을 도울 수 있다.

3-2 정보의 생산자: 회사

재무회계의 환경에서 회사는 정보생산자의 역할을 한다. 일반적으로 인정된 회계원칙에 따라 기업에 대한 올바른 재무제표를 작성할 궁극적인 책임은 그 기업의 경영자에게 있다. 정보의 생산을 위해서는 회계에 대한 전문지식이 있는 인력이 필요하기 때문에 회계정보 역시 다른 재화나 용역처럼 경제재에 해당된다. 회사는 외부보고 목적뿐 아니라 내부 통제나 경영자의 합리적인 의사결정을 위해서도 어차피 회사에서 발생하는 모든 거래를 분석, 기록하여야 한다. 따라서 제3자가 기업의 외부에서 기업에 관한 재무제표를 만드는 것보다는 훨씬 적은 비용으로 스스로에 대한 정보를 제공할 수 있다. 그러나 앞서 설명했듯이 회사에게만 정보제공의 역할을 맡겨 놓으면, 회사는 불리한 정보는 숨기고 유리한 정보만 제공할 우려가 있기 때문에 회사는 일반적으로 인정된 회계원칙에 따라 거래를 기록하고, 요약하여 재무제표를 작성해서 주주나 채권자들에게 제공하여야 한다.

현대 경제사회의 특징 중의 하나는 기업의 소유와 경영이 분리되어 있다는 것이다. 돈이 많은 사람이 반드시 경영능력이 뛰어난 것은 아니기 때문에 회사의 소유주인 주주는 전문경영인을 고용하여 회사의 운영을 맡김으로써 본인이 경영할 때에 비해 자신의 재산을 더욱 늘릴 수도 있다. 이때 회사의 경영자는 주주로부터 대가를 받고 주주의 재산을 맡아 운영하는 대리인(agent)의 역할을 한다고 볼 수 있다. 경영자의 임무는 회사의 운영을 책임맡아 자신의 이익이 아닌 주인(principal)의 이익을 극대화하는 수탁책임(stewardship)을 수행하는 것인데 경영자도 사람이다 보니 주주의 이익보다는 자신의 이익을 먼저 챙길 수도 있다. 따라서 주주는 자신의 재산을 경영자가 얼마나 잘 관리했는지를 평가하고 감독하기 위해서 경영자에게 정기적인 재무보고를 요구하게 되는데 이러한 회계정보의 역할을 수탁책임의 평가라고 한다.

3-3 외부감사: 공인회계사

재무회계의 환경에서 공인회계사의 역할이 필요한 주된 이유는 기업이 준비한 재무제표의 신뢰성을 높이기 위해서이다. 회사는 일반적으로 인정된 회계원칙을 적용하여 재무제표를 준비해야 한다고 설명했다. 그러나 회사가 준비한 재무보고서가 과연 일반적으로 인정된 회계원칙을 지켰는지를 회사에만 맡기기에는 재무제표의 중요성이 너무 크기 때문에 공인회계사로 하여금 회사가 일반적으로 인정된 회계기준에 의해 재무보고서를 작성하였는지 확인을 하도록 한다.

1997년 금융위기 당시 한보철강, 기아자동차의 몰락 등 거대기업이 속속 무너졌다. 기업, 특히 대기업이 도산되면 수많은 임직원의 일자리가 사라질 뿐만 아니라 수만 명의 주주가 갖고있던 이들 회사의 주식은 휴지조각이 되고 만다. 부실회사에 대출을 해준 금융기관 또한 부실을 면할 수 없으며 부실금융기관을 정리하는 데 드는 비용 모두 국민의 부담으로 넘어오기 때문에 부실기업에 대한 대출이나 투자는 미연에 방지되어야 한다. 이들 회사의 재무제표에서 좀 더 일찍 부실상태를 포착할 수 있었다면 도산 후의 큰 피해는 어느 정도까지 줄어들 수 있었을 것이다.

경영학이나 회계학을 전공하는 많은 학생들이 공인회계사라는 직업에 관심을 갖고 있으나 공인회계사의 정확한 기능에 대해서는 잘못 이해하고 있는 경우가 많다. 공인회계사란 회계에 대한 전문지식과 윤리강령에 의거하여 기업이 준비한 재무제표가 과연 일반적으로 인정된 회계원칙에 따라 준비되었는지 아닌지에 대한 전문가적 의견을 제시하는 공인된 전문가를 뜻한다. 공인회계사는 법정감사 외에도 컨설팅, 기업의 자산·부채 실사 등 다양한 업무를 수행하고 있다.

공인회계사는 특정 기업에 대한 감사를 실시한 후 전문가로서의 견해를 감사보고서라는 형식을 통해 제시한다. 회사의 재무제표가 일반적으로 인정된 회계원칙에 의해 제대로 준비되었다면 적정의견(unqualified opinion)을 제시하고, 일부항목에 대해 위반사항이 있을 때는 한정의견(qualified opinion)을 제시하며, 다수 항목에 대해 심각한 위반사항이 있으면 부적정의견(adverse opinion)을 제시한다. 그리고, 회사의 문제가 너무 심각하여 회사의 존속이 의심스러울 때는 의견거절(disclaimer of opinion)을 하기도 한다(참고자료 2 참조).

참고자료 2　　감사 위법행위, 개별회계사보다 회계법인 책임 강화

앞으로 감사 위법행위 발견시 개별 회계사보다는 회계법인의 책임을 강화하는 방안이 마련된다.

7일 회계업계 등에 따르면 금융감독원은 최근 '외부감사 및 회계 등에 관한 규정 시행세칙'(이하 시행세칙)을 사전예고했다. 내달 1일까지 한국공인회계사회 등을 통해 감사인으로부터 의견 접수 후 최종안을 확정, 2월 중 시행에 들어갈 예정이다.

시행세칙은 2018년 11월 신외감법 도입 직후 고의적인 회계 위반에 대한 엄중 조치, 과실로 인한 회계오류를 자진 수정한 경우 조치 감경 등의 내용을 담아 이듬해 4월 한 차례 개정 시행된 바 있다. 이로부터 2년여가 지나 현장 목소리를 반영해 세부 조정에 나선 셈이다. 회계업계에서는 그동안 위법행위 발생시 개별 회계사에 대한 과중한 처벌이 감사 책임을 왜곡한다며 개정을 요구해 왔다.

금감원은 이번 세칙 개정 취지를 회계오류 자진 정정 부담의 완화, 감사보고서 감리 시 감사절차의 소홀 여부를 비롯해 설계와 이행까지 종합적으로 고려할 필요성, 규정의 명확화 등으로 설명하고 있다.

우선 이번 개정안에는 감사보고서 감리시 감사인이 적절한 감사계획을 수립하고 이행했는지 여부를 판단하고, 충분하고 적합한 감사증거 입수를 통해 체계적인 감사위험 관리가 이뤄졌는지 종합적으로 고려해야 한다는 선언적 규정이 신설됐다.

같은 맥락에서 감사 담당 개별 회계사에 대한 조치(처벌)를 감경하는 사유도 추가됐다. 감사인의 품질관리 미흡으로 위법행위가 발생했다면, 각 계정을 담당하는 공인회계사에 대한 조치를 감경 또는 면제할 수 있도록 했다. 동시에 같은 사유로 감사업무 담당 회계사에 대한 조치를 감면했다면 대신 감사인에 대한 조치를 가중도록 하는 규정도 신설됐다. 회계사 개인보다 감사인의 관리 책임을 한층 높인다는 취지다.

또 회계오류 자진 정정 부담을 완화하기 위해 일부 사유에서 감경 단계를 확대하는 내용도 담겼다. 회계오류 위법 동기가 과실인 경우, "회사가 금감원장으로부터 재무제표 심사(혹은 감리) 실시를 통지받은 시점 이전에 자진해 회계처리기준 위반 내용을 수정공시하거나, 수정공시해야 할 사항을 별도의 공시자료를 통해 투자자 등 이해관계자에 알릴 경우" 및 "이에 따른 행위를 하도록 사전에 의견을 제시하는 등 적극 조력한 사실이 서류를 통해 객관적으로 인정되는 경우"에 한해서는 감경 수준을 현행 1단계에서 2단계 감경으로 개정했다. 현행 조치 수준은 '가중시 최대'부터 1~5단계, '감경시 최소'까지 총 7단계로 구분돼 있다.

한편 감사보고서 심사·감리에 대해 감사인과 회계사 협조 책임을 강화하는 내용도 담겼다. 외부감사법에 따라 자료제출 요구 등을 거부·방해·기피하거나 허위 자료를 제출하는 경우, 그동안 주식회사에게만 가능했던 검찰고발 조치를 감사인과 회계사에 대해서도 가능토록 규정을 정비했다.

대형 회계법인 소속 한 회계사는 "이전에는 심도있는 감사를 진행하려고 해도 일정에 쫓기거나, 적은 투입인력으로 심도 있는 감사가 어려웠지만, 감사인 품질관리 책임이 강화되면서 더욱 투명한 감사를 진행할 수 있는 명분이 생겼다는 것은 긍정적 변화로 평가할 수 있다"고 말했다.

금감원 측은 현장 목소리를 반영해 시행세칙 개정안을 만든 만큼, 예고가 끝나는 2월1일 이후 곧이어 시행이 가능할 것으로 전망하고 있다.

자료 : 해럴드경제, 2021. 01. 07

주의할 것은 공인회계사가 적정의견을 제시했다고 해서 그 회사에 마음 놓고 투자해도 된다는 뜻은 아니다. 엄밀한 의미에서 적정의견이라는 것은 공인회계사가 외부감사한 재무제표가 일반적으로 인정된 회계원칙에 의해 준비되었다는 것 이상도 이하도 아니다. 예컨대 수천억 원의 이익을 내고도 그것을 보고한 회계방법이 회계원칙에 위배되는 것이라면 한정의견을 받을 수 있고 수백억 원의 손실을 보고하고도 손실을 보고한 방법이 회계원칙을 제대로 지킨 것이라면 적정의견을 받을 수 있는 것이다. 그러나 현실적으로 문제가 많은 부실기업일수록 회계방법을 조작하여 손실을 이익으로 바꾸거나 손실을 줄이려는 경향이 있기 때문에 이런 기업들이 한정의견을 받을 가능성은 높다. 한정의견이 투자자에 의해 좋지 않게 인식된다는 것을 아는 경영자들은 가능한 한 적정의견을 받기 위해 노력한다.

3-4 정보이용자: 투자자와 채권자

기업 외부의 정보이용자 집단으로는 투자자, 채권자, 정부기관, 거래처, 고객 등 매우 다양한 층이 있다. 외부이용자 중 가장 대표적인 집단인 투자자나 채권자는 투자대상이 되는 기업의 위험과 수익성을 평가하여 투자수익은 극대화하면서 투자위험은 최소화하려는 투자를 계획한다. 그러나 세상에 공짜는 없기 때문에 일반적으로 높은 투자수익을 얻기 위해서는 높은 위험을 감수하는 수밖에 없다. 따라서 투자자나 채권자는 자신이 원하는 목표수익을 얻기 위해 감당해야 할 수준 이상으로 위험을 부담하지 않기 위해 정확한 회계정보를 필요로 한다.

그렇다면 구체적으로 정보이용자에게 회계정보가 유용하다는 것을 어떻게 판단할 수 있을까? 만일 어느 회계정보를 이용한 의사결정이 그 정보가 없었을 때와 비교해 달라진다면 그 회계정보는 유용한 것이다. 예를 들어 어느 기업의 주식을 보유한 투자자가 그 주식을 계속 보유하려다 그 기업의 최근 재무제표를 분석한 후 주식을 처분했다면 재무제표는 그 투자

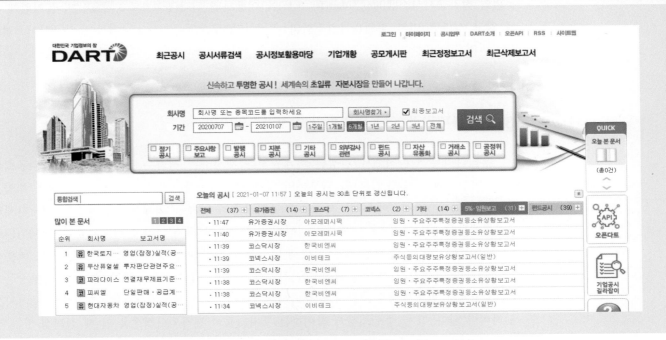

자에게 유용한 정보의 역할을 한 것이다. 이처럼 정보이용자의 의사결정에 차이를 가져오는 정보의 속성을 목적적합성(relevance)이라고 한다. 유용한 정보가 갖추어야 할 또 하나의 중요한 속성은 충실한 표현(faithful representation)이다. 충실한 표현이란 정보에 오류나 편의(bias)가 없고 객관적으로 검증가능한 속성을 뜻한다. 아무리 목적적합한 정보라도 충실한 표현에 문제가 있다면 정보이용자가 사용하는 데 한계가 있기 때문이다. 목적적합성과 충실한 표현을 바람직한 회계정보가 갖추어야 할 질적 특성이라고 한다.

투자자나 채권자 외에도 다양한 외부 정보이용자 집단이 있다. 정부기관 중에서 국세청은 기업으로부터 세금징수를 원활히 하기 위해, 공정거래위원회는 독점력을 이용한 불공정거래 등을 통한 부당이익의 방지를 위해 기업의 회계정보를 이용한다. 환경부나 시민환경단체는 기업이 공해를 방지하기 위해 적절한 투자를 하고 있는지 등에 관심을 가지며 이러한 정보도 어느 정도는 회사의 재무제표로부터 얻을 수 있다. 기업의 거래처는 납품한 물건에 대한 외상대금을 제대로 받을 수 있는지, 장기적으로 거래할 만한 대상인지 등을 파악하기 위해 상대회사의 회계정보를 이용할 수 있다. 회사의 고객, 특히 자동차나 컴퓨터 등의 내구재를 구입하는 고객의 경우 회사가 상당기간 존속해야만 적절한 사후 서비스를 받거나 필요한 부품을 구입할 수 있기 때문에 그 회사의 수익성이나 재무상태에 관심을 갖는다.

외부의 정보이용자들은 의사결정에 필요한 정보를 어떻게 얻을 수 있을까? 기본적으로 재무회계 정보는 일반 대중에게 공표되는 정보이다. 누구든지 정보를 이용하려는 의지가 있고 노력만 기울인다면 필요한 정보를 얻을 수 있다. 특히 최근 들어 정보통신의 발달로 과거보다 훨씬 쉽게 국내 기업뿐 아니라 외국 기업에 관한 정보를 이용할 수 있게 되었다. 상장기업의 연차보고서, 분기보고서, 사업보고서뿐만 아니라 기타 공표된 정보를 얻으려면 금융감독원의 전자공시시스템(http://dart.fss.or.kr)을 이용하면 된다(참고자료 3 참조). 미국 기업에 대해 알고 싶다면 미국 증권관리위원회의 홈페이지(http://www.sec.gov)에서 전자공시시스템인 'EDGAR'를 이용한다.

3-5 규제기관: 금융위원회와 회계기준위원회

우리나라는 일반적으로 인정된 회계원칙을 제정하는 책임은 정부기관인 금융위원회에 있다. 비슷하게 미국과 일본 등 대부분의 국가에도 정부기관에서 회계원칙의 제정을 책임지고 있다. 회계기준제정에 대한 책임을 회계학자들의 단체인 회계학회나 공인회계사 단체인 공인회계사회에서 지지 않고 왜 금융위원회가 지는지에 대해 의아해 할 수 있다. 금융위원회는 주식이나 회사채 등 모든 증권의 발행과 유통이 원활하게 이루어지도록 하는 것을 비롯하여 우리나라 금융기관 전반의 건전성을 감독할 책임을 지고 있는 정부기관이다. 정부당국은 증권시장에서 회계정보가 충분히 공표되어 증권의 발행과 유통이 적절한 가격에 이루어지도록 하여야 한다. 또한 증권시장에 참여하는 투자자들이 투자의사결정을 할 때 신뢰성 있는 정보를 적시에 공급받아 피해를 보는 일이 없도록 투자자보호에 만전을 기해야 한다. 이런 맥락에서 효율적이고 공정한 증권시장의 하부구조로서 필요한 회계기준을 제정하는 책임을 정부에서 지게 된다.

회계기준제정에 관한 책임과 권한은 궁극적으로 정부기관인 금융위원회에 귀속되지만 회계기준을 제정하는 임무는 상당한 수준의 전문성을 요구한다. 또한 회계기준제정을 공공부문에 맡기면 공공부문의 속성상 유연성과 전문성이 결여되고 정치적 압력에 취약하다는 문제점도 있다. 따라서 많은 국가에서 회계기준제정 임무를 중립적이고 전문적인 민간기구에 이양하고 정부 당국은 이에 대한 감독을 철저히 하고 있다. 미국은 국회로부터 기준제정임무를 부여받은 증권관리위원회가 민간기구인 재무회계기준심의위원회(Financial Accounting Standards Board: FASB)에 기준제정임무를 위탁하고 있다. 우리나라도 1999년 6월에 민간기구로서 출범한 한국회계기준원의 한국회계기준위원회(Korea Accounting Standards Board: KASB)가 금융위원회로부터 기준제정임무를 위탁받았다. 그러다 2011년 우리나라는 국제회계기준(International Financial Reporting Standards: IFRS)을 전면 도입하게 되었고 국제회계기준을 제정하는 국제회계기준위원회(International Accounting Standards Board: IASB)가 그 제정임무를 맡고 있다. 국제회계기준에 대한 정보는 회계기준원의 홈페이지(http://kasb.or.kr)에서 구할 수 있다.

재무보고
개념 체계
04

International Financial Reporting Standards

일반적으로 인정된 회계원칙은 회계관행상 관련 이익집단으로부터 다수의 지지를 받고 수용된 회계원칙을 의미한다. 그런데 회계원칙은 수학이나 물리학의 법칙처럼 불변의 진리가 아니라 현실세계에서 경제활동을 수행하는 기업을 대상으로 하기 때문에 기업환경이 변화함에 따라 변화해야 한다. 앞서 설명했듯이 규제기관에서 회계기준을 제정하는 과정에서 이익집단의 이익을 반영하는 절차가 수반된다. 이들 다양한 이익집단의 이익을 반영할 때 단순히 상대적인 힘의 논리만 따른다면 기업의 재무상태와 영업성과를 적절하게 보고할 수 없게 된다. 따라서 회계기준을 제정하는 과정과 제정된 회계기준을 실무에 적용하는 과정에서 합리성과 정당성을 판단할 객관적인 이론이나 개념이 필요한데, 이를 재무보고 개념체계(conceptual framework for financial reporting)라고 한다. 재무보고 개념체계에 대한 자세한 내용은 중급회계 등의 고급과목에서 다루게 되므로 여기에서는 관련 개념이 필요한 부분에서 간략히 언급하고자 한다.

재무보고 개념체계는 그림 1-3과 같이 정리될 수 있다. 그림 1-3을 보면 재무보고 개념체계는 상단의 재무보고의 목적이라는 추상적이고 이론적인 개념으로부터 하단의 회계기준과 실무라는 좀 더 구체적이고 실무적인 개념으로 내려가고 있음을 알 수 있다. 본 장에서는 재무보고의 목적, 회계정보의 바람직한 질적 특성, 그리고 재무제표의 기본가정에 대해서 약술한다. 다음 단계인 재무제표 구성요소의 인식과 측정의 기준은 제2장 재무제표에서 기술한다.

📄 그림 1-3
재무보고 개념체계

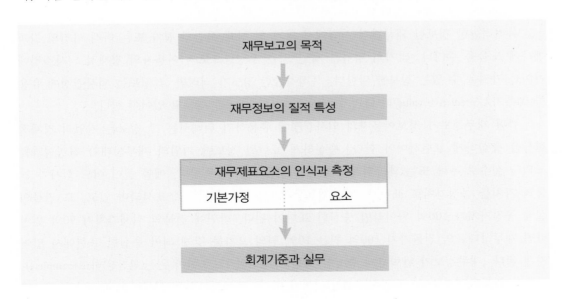

재무보고의 목적

↓

재무정보의 질적 특성

↓

재무제표요소의 인식과 측정

| 기본가정 | 요소 |

↓

회계기준과 실무

4-1 재무보고의 목적

앞에서 설명했듯이 회계는 정보이용자들의 경제적 의사결정에 도움을 주는 정보를 제공하는 것을 목적으로 한다. 보다 구체적으로 재무보고의 목적은 현재와 미래의 잠재적인 투자자와 채권자(creditors)들에게 기업에 대한 투자 및 신용 의사결정에 유용한 정보를 제공하는 것으로 요약될 수 있다. 투자자와 채권자들은 기업에 자본을 제공하는 역할을 한다. 이들은 기본적으로 기업의 미래 현금흐름에 관심이 있다. 투자자는 주식거래를 통해 시세차익과 배당금 수취라는 현금흐름에 관심이 있고, 채권자는 회사에 자금을 대여한 후 원금과 이자의 회수라는 미래 현금흐름에 관심이 있다. 따라서 재무제표는 미래 현금흐름의 금액, 시기, 불확실성에 관한 판단을 내릴 수 있는 정보를 제공해야 한다. 미래 현금흐름에 관한 정보는 기업의 재무상태와 경영성과를 종합적으로 판단하여 얻을 수 있다. 또한 재무제표는 경영자의 수탁책임 평가에 유용한 정보를 제공한다.

4-2 재무정보의 질적 특성

재무정보(financial information)의 질적 특성이란 정보이용자의 의사결정에 유용하기 위하여 재무정보가 갖추어야 할 속성으로 정의할 수 있다. 유용한 재무정보가 갖추어야 할 가장 중요한 근본적 질적 특성으로는 목적적합성(relevance)과 충실한 표현(faithful representation)이 있다. 회계기준은 이러한 질적 특성을 확보할 수 있도록 제정되어야 하며, 기업실체가 회계기준에 따라 작성한 재무제표는 일반적으로 기업실체의 재무상태, 경영성과 및 재무상태의 변동을 진실하고 적정하게 표시하고 있는 것으로 받아들여질 수 있다.

목적적합한 정보란 의사결정 시점에서 과거 및 현재 사건의 평가 또는 미래 사건의 결과 예측에 도움을 주거나, 과거의 평가를 확인 또는 수정함으로써 이용자의 경제적 의사결정에 차이를 가져올 수 있는 정보를 말한다. 목적적합한 정보가 되려면 그 정보는 의사결정에 유용한 예측가치(predictive value)나 확인가치(confirmatory value)를 갖추고 있어야 한다.

한편 재무정보가 정보이용자의 의사결정에 유용하기 위해서는 그 정보는 기업의 경제적 현상을 충실하게 표현하여야 한다. 충실하게 표현된 정보란 기업의 재무상태와 경영성과를 고의나 실수로 누락 또는 왜곡되게 표현하지 않은 정보를 뜻한다. 예를 들어 어느 회사가 건물의 가치를 공정가치로 표시하는데, 재무상태표에 100억 원으로 표시되어 있고, 그 건물의 실제 공정가치가 100억 원이라면 충실한 표현이 된다. 반면에 건물의 실제가치가 90억 원이라면 재무상태표의 건물가치 100억 원은 10억 원의 오차를 갖게 되어 충실한 표현에서 멀어지게 된다. 재무정보가 완벽하게 충실한 표현이 되려면 그 표현이 완전(완전성)하고(complete), 오류가 없으며(무오류성), 중립적(중립성)이어야 한다. 재무정보의 중립성(neutrality)이란 의도된 결과를 유도할 목적으로 회계기준을 제정하거나 재무제표에 특정 정보를 표시함으로써 정보이용자의 의사결정이나 판단에 영향을 미쳐서는 안 된다는 뜻이다.

위에서 언급한 정보의 질적 특성간에 상충(trade-off)관계가 생기는 수가 있다. 예를 들어 현행 공정가치에 기초한 자산의 평가는 미래 현금흐름의 예측에 도움을 주어 목적적합성은 높일 수 있지만 적절한 시장이 없는 자산에 대해 공정가치를 적용하는 경우 추정에 의존하게 되어 오류가 발생할 가능성이 높아지며 충실한 표현에서 멀어질 수 있다. 반면에 자산의 평가를 취득원가를 기초로 하게 되면 목적적합성은 떨어지지만 과거에 거래가 이루어진 가액으로 자산의 가치를 표시하기 때문에 원가에 대한 오류가 없어 취득원가에 대한 표현의 충실성을 확보할 수 있다.

4-3 재무보고의 기본가정

회계는 가상세계가 아니라 현실세계의 실제 기업을 대상으로 하기 때문에 기업이 활동하고 있는 환경에 의해 제약을 받을 수밖에 없다. 기업환경은 법적·경제적·사회적 요인이 복합적으로 작용하여 매우 복잡할 뿐 아니라 통신기술의 발달 등으로 인해 매우 빠른 속도로 변화하고 있다. 이상적인 회계원칙은 현실세계의 모든 요인을 고려하고 설명할 수 있어야 하지만 그러한 회계원칙을 제정하는 것은 불가능하기 때문에 기업환경에 대한 기본 가정을 설정하여 회계원칙을 도출하게 된다. 가정(assumption)이란 이론적 논리체계에서 증명 없이 참으로 받아들이는 일련의 명제(statements)를 뜻한다. 재무보고의 개념체계에서 재무제표를 작성하기 위한 회계환경에 대한 기본가정으로는 계속기업(going concern)의 가정이 있다.

계속기업의 가정이란 기업실체는 일반적으로 목적과 의무를 이행하기에 충분할 정도로 장기간 존속한다고 가정하는 것이다. 즉 기업실체는 그 경영활동을 청산하거나 중대하게 축소시킬 의도가 없을 뿐만 아니라 그러한 필요성도 없다고 가정한다. 계속기업의 가정은 유형자산이나 무형자산의 평가시 과거의 취득원가인 역사적 원가를 허용하는 것에 대한 논리적 근거를 제시한다. 기업실체의 중요한 경영활동이 축소되거나 기업 실체 자체를 청산시킬 의도나 필요가 있어 계속기업을 가정하기 어려운 경우에는 계속기업을 전제로 한 기준과는 다른 기준을 적용하는 것이 타당할 수 있으며 이때 적용된 회계처리방법은 적절히 공시되어야 한다. 예를 들어 만약 기업이 가까운 장래에 청산될 예정이라면 과거의 역사적 원가보다는 현재의 공정가치로 자산을 평가하는 것이 청산과 관련된 미래 현금흐름을 예측하는 데 더 유용할 수 있다.

QUESTION

익힘문제 __

재무보고의 목적은 무엇인가?

회계전문가 이외의 사람들에게 회계지식이 필요한 이유는 무엇인가?

부기와 회계의 차이를 설명하시오.

재무회계와 관리회계의 차이는 무엇인가?

재무회계환경에서 공인회계사의 역할은 무엇인가?

회계정보의 이용자 가운데는 (1) 투자자, (2) 은행 등의 대여자, 그리고 (3) 경영자 등이 포함된다. 이들 이용자들은 각각 어떠한 목적으로 재무제표를 이용하는지에 대하여 설명하시오.

공인회계사가 기업이 준비한 재무제표를 감사하고 줄 수 있는 의견의 종류에는 무엇이 있는가?

우리나라에서 재무회계기준을 제정하는 기관은 어디인가?

QUESTION 09

인터넷에서 금융감독원의 전자공시시스템(http://dart.fss.or.kr)에서 관심 기업의 최근 외부감사인의 감사보고서를 추출하고 외부감사인의 의견이 무엇인지 밝히시오.

QUESTION 10

재무보고의 기본 가정은 무엇인가?

QUESTION 11

다음의 각 질문이나 상황에 적용되는 개념이 무엇인지 다음의 보기 중에서 고르시오.

목적적합성	계속기업	충실한 표현	중립성
의견거절	적정의견	예측가치	확인가치

(1) 김갑수 씨는 운송회사를 경영하고 있다. 김갑수 씨는 그 회사를 가까운 장래에 청산시키지 않을 것이라는 전제하에서 재무제표를 작성하고 있다.

(2) 바람직한 재무정보가 갖추어야 할 근본적 질적 속성 2가지는 무엇인가?

(3) 외부감사인이 피감사기업의 재무제표가 일반적으로 인정된 회계원칙에 의해 적절히 작성되었을 때 주는 의견이다.

(4) 특정기업이나 특정한 결과를 염두에 두고 회계기준을 제정하거나 적용해서는 안 된다.

(5) 회계정보를 이용하여 미래 현금흐름에 대한 추정을 하는 데 도움을 줄 수 있다.

(6) 기업의 실제 부채는 50억 원인데 재무상태표에는 30억 원으로 표시되어 있으면 이 개념에 어긋난다.

(7) 삼성전자의 분기보고서를 보고 이익이 증가할 것으로 예측했던 것이 맞았음을 확인하였다.

QUESTION 12

다음 용어에 대해 간단히 설명하시오.

(1) 일반적으로 인정된 회계원칙

(2) 정보의 목적적합성

(3) 한정의견

(4) 계속기업의 가정

(5) 정보의 충실한 표현

(6) K–IFRS

International Financial Reporting Standards

02

재무제표

학습목표

재무제표는 회계처리과정의 최종산물로서 외부이용자들에게 회계정보를 전달하는 가장 중요한 수단이다. 재무제표는 재무상태표, 포괄손익계산서, 자본변동표 그리고 현금흐름표로 구성된다. 이들 재무제표는 제1장에서 언급한 바와 같이 다양한 이용자들의 공통의 정보욕구를 충족시키는 일반목적의 재무제표로서 K-IFRS에서는 각 재무제표에 반드시 포함되어야 할 항목을 규정하고, 그 형식에 대해서는 기업이 선택할 수 있는 여지를 주고 있다. 이 장에서는 재무제표별로 목적, 구성요소 등과 각 재무제표와 관련된 인식과 측정의 원칙에 대해서 살펴본다.

주요 학습사항

재무상태표	당좌자산	유동부채
포괄손익계산서	재고자산	비유동부채
자본변동표	투자자산	자　본
현금흐름표	원칙중심	손익계산서
회계등식	금융자산	수　익
역사적 원가	비금융자산	비　용
자　산	금융부채	이　익
부　채	비금융부채	현금기준
유동자산	유형자산	발생기준
비유동자산	무형자산	재무제표의 유용성과 한계

　　재무제표(財務諸表)란 기업외부의 정보이용자에게 유용한 정보를 제공하는 재무회계의 핵심적인 보고형식으로서 한 회계기간 동안 기업의 영업, 투자 및 재무활동을 요약한 일련의 재무보고서를 뜻한다. 각 재무보고서의 특징을 이해하기 위해 먼저 기업의 다양한 활동을 이해할 필요가 있다. 예를 들어 자동차 회사를 생각해 보자. 자동차 회사는 소유주와 채권자로부터 자금을 조달하여, 공장을 세우고 필요한 기계 및 설비를 설치한 후, 원재료 등을 구입하여 생산직 직원들이 자동차를 생산하면 판매직 사원들은 이를 고객에게 판매한다.

　　기업의 자금조달, 부채상환, 배당금 지급 등 기업에게 자금을 제공하는 주주나 채권자와의 거래를 재무활동이라고 한다. 주주와 채권자로부터 조달한 자금을 갖고 기업이 필요로 하는 자산을 구입하는 것을 투자활동이라고 한다. 영업활동이란 투자활동을 통하여 마련한 공장, 설비, 사무실 등의 자산을 기반으로 하여 제조에 필요한 원재료, 부품 등을 구입하고 이를 생산현장에 투입하여 생산직 사원들이 생산한 제품을 마케팅 활동을 통해 판매하고, 외상대금을 회수하는 등 일상적이고 반복적인 기업의 활동을 뜻한다.

　　그림 2-1에 기업의 주요 재무제표와 기업활동과의 관계가 정리되어 있다. 재무상태표는 특정 시점에서 기업의 자산, 부채, 자본과 같은 재무상태를 나타내는 보고서이다. 포괄손익계산서는 기업의 영업활동을 통해 자원을 얼마나 벌어들이고, 얼마나 썼는가를 요약하는 재무보고서이고 현금흐름표는 기업의 영업활동뿐 아니라 투자 및 재무활동으로부터 현금을 얼마나 조달하고 사용했는가를 보여 주는 재무보고서이다. 자본변동표는 재무상태표의 구성항목인 자본의 변동내용을 설명하는 재무보고서이다. 재무상태표는 특정 시점에서의 기업의 재무상태를 보고하는 반면 포괄손익계산서, 현금흐름표, 그리고 자본변동표는 한 회계기간 동안의 기업의 활동을 요약하고 보고한다.

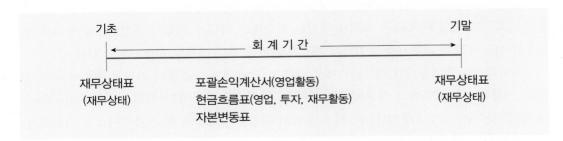

📄 그림 2-1
주요 재무제표

2-1 재무상태표의 의의

재무상태표(statement of financial position)는 특정일 현재 기업의 재무상태를 보고하는 데 그 목적이 있다. 재무상태란 자산, 부채 그리고 자본 각각의 구성내용 및 그 금액을 의미한다. 재무상태표의 기본양식을 공식으로 나타내면 다음과 같다.

자　산	=	부　채　+　자　본
경제적 자원		경제적 자원에 대한 청구권
영업활동, 투자활동		영업활동, 재무활동

위의 등식은 회계등식(accounting equation)이라고 한다. 이 등식에 의하면 기업이 소유하고 있는 자원(자산)의 합계는 이들 자산에 대한 청구권(부채와 자본)의 합계와 같아야 한다.

자산(assets)의 종류와 금액은 기업이 조달한 자금을 어떤 자산에 투자했는가를 보여 주므로 기업의 투자활동의 결과를 보여 준다고 할 수 있다. 부채와 자본항목은 기업이 자산을 구입하기 위한 자금을 어떤 방식으로 조달하였는가를 보여 주는 것이므로 재무활동의 결과를 제시한다. 부채(liabilities)는 기업의 채권자가 제공한 자금의 크기를 나타내며 자본(equity)은 기업의 소유주가 제공한 자금의 크기를 나타낸다. 기업은 채권자와 주주로부터 조달한 자금을 가지고 기업의 경영활동을 위해서 투자를 하므로 자산의 합계는 부채와 자본의 합계와 같아야 한다. 자본은 기업의 소유주가 제공한 자금의 크기를 나타낸다고 했으나 일반적으로 기업실체의 자산총액에서 부채총액을 차감한 후의 순자산(net assets)으로 정의되어 기업실체의 자산에 대한 소유주의 잔여청구권(owners' residual claims)으로 정의되기도 한다. 이러한 정의는 기업의 소유주가 제공한 자금은 최초에 투입한 자금뿐만 아니라 기업이 영업활동을 통하여 벌어들인 이익에 대한 재투자를 포함하는 개념으로 뒤에 보다 자세히 설명하기로 한다.

일반적으로 경제학이나 재무관리에서 자본은 그 출처와 상관없이 기업의 재무적 자원 전체를 지칭하지만 회계에서 자본이라는 용어는 협의로서 재무적 자원인 소유주지분(owners' equity)을 뜻하는 것이 보통이다. 이 책에서 별도로 언급하지 않는 한 소유주지분을 자본과 동의어로 사용할 것이다.

2-2 인식과 측정의 기준

제1장에서 소개한 재무회계 개념체계에서 '재무제표의 인식과 측정'에 대한 부분이 있었다. 회계에 있어서 인식(recognition)은 거래를 공식적으로 재무보고서에 보고하는 행위를 뜻한다. 즉 인식은 특정 회계적 사건에 대해서 재무제표의 요소인 재무상태표의 자산, 부채, 자본, 그리고 손익계산서의 수익과 비용 중 어떤 요소의 정의와 일치하는 지 파악하는 것이라고 말할 수 있다. 일반적으로 재무재표의 요소를 인식하기 위한 조건은 다음과 같다.

⑴ 항목과 관련된 미래경제적 효익의 유입 또는 유출 가능성이 높다.
⑵ 금액을 신뢰성 있게 측정할 수 있다.

재무상태표와 관련해서 인식은 거래가 자산, 부채, 자본 중 어떤 요소의 정의에 부합하는 지, 그리고 위에서 설명한 인식기준을 충족하는 지에 대한 판단을 통하여 최종적으로 재무상태표에 반영하는 과정이다. 재무상태표에 반영하기 위해서는 자산, 부채, 자본을 금액적으로 어떻게 반영할 것인가라는 문제가 대두된다. 거래를 화폐단위로 표현하여 기록하는 것을 측정(measurement)이라고 한다.

자산을 취득할 때 지급한 대가를 취득원가(acquisition cost) 또는 역사적 원가(historical cost)라고 한다. 그리고 합리적인 거래당사자간에 자신의 교환이나 부채의 상환을 위해 소요되는 금액을 공정가치(fair value)라고 한다. 재무제표의 자산과 부채는 많은 경우 역사적 원가로 기록된다. 예를 들어 회사가 토지를 구입한 경우, 취득 시점의 토지 구입 가격이 취득원가가 된다. 취득시점에서 취득원가와 공정가치는 일반적으로 일치한다. 이러한 취득원가로 기업이 토지를 재무제표에 표시하는 경우, 토지는 역사적 원가에 기반하여 측정된다고 말할 수 있다. 하지만, 토지의 가치는 시간이 지남에 따라 변한다. 기업이 역사적 원가(즉, 토지의 취득원가)에 의하여 토지를 측정하는 경우, 재무제표에 나타나는 토지의 금액은 취득 이후의 토지의 가치 변동을 반영하지 못한다. 즉 공정가치와 취득원가와 차이가 발생하게 된다.

역사적 원가, 공정가치 이외에도 다른 측정기준이 존재한다. 기업은 다양한 측정기준 중에서 어떠한 측정기준으로 자산, 부채, 자본을 측정할 것인지에 대해서 결정을 해야 한다. K-IFRS에서는 특정 자산에 대해서는 측정기준을 정해주기도 하지만, 많은 경우 기업이 스스로 가장 적절한 측정방법을 결정할 것을 요구하고 있다. 이러한 측정방법에는 장단점이 존재한다. 예를 들어 취득원가는 일단 취득원가가 결정된 이후에는 변동이 없다는 점에서 신뢰성이 높다. 반면 과거의 취득원가를 반영하고 있기 때문에 현재의 가치, 즉 공정가치를 반영하지 못한다는 단점이 있다. 따라서, 일반적으로 역사적 원가는 공정가치에 비해 신뢰성이 높은 반면 미래 현금흐름을 예측하여 의사결정에 도움을 주는 속성인 목적적합성이 떨어진다는 단점을 동시에 가지고 있다.

2-3 재무상태표의 구성항목

재무상태표의 주된 구성항목인 자산, 부채, 그리고 자본은 정보의 유용성을 높이기 위해서 다시 세분된다. 기업이 명확히 식별가능한 영업주기 내에서 재화나 용역을 제공하는 경우, 자산과 부채는 유동자산과 비유동자산, 유동부채와 비유동부채로 구분하여 표시해야 한다. 경우에 따라 기업은 유동·비유동으로 분류하지 않고 유동성 순서에 따라 열거할 수도 있다.

표 2-1은 재무상태표를 예시하고 있다. 우선 재무상태표라는 재무보고서의 명칭, 기업의 명칭, 그리고 재무상태표 날짜가 머리부분에 나타난다. 특히 재무상태표 날짜는 특정일 현재라는 점에서 다음에 설명할 포괄손익계산서의 특정기간과 대조된다. 여기에서는 회계등식이 성립한다는 것을 보이기 위해 자산항목을 왼쪽에, 부채와 자본항목을 오른쪽에 표시하고 있지만, 실무에서는 자산을 상단에, 부채와 자본을 하단에 표시함으로써 당해연도와 직전연도의 금액을 비교하는 형식으로 보고한다.

표 2-1에 예시된 재무상태표에는 편의상 소수의 항목만을 나타내 보이고 있는데 실무에서는 훨씬 많은 항목들이 사용되고 있다. 자산은 회사의 선택에 따라 현금화 속도가 빠른 유동자산을 먼저 표시할 수도 있고 반대로 현금화 속도가 느린 비유동자산부터 표시할 수도 있다. 부채와 자본도 먼저 갚아야 할 유동부채, 비유동부채, 그리고 자본의 순서로 배열하거나 반대로 자본, 비유동부채, 그리고 유동부채의 순서로 보고할 수 있다. K-IFRS는 재무상태표에 나타내어야 할 최소한의 항목을 규정하고 있을 뿐, 표시해야 할 항목의 순서나 형식을 규정하지는 않고 있다. 이처럼 회계처리에 있어서 기본적인 지침만 제공하고 구체적인 회계처리는 기업의 자율에 맡기기 때문에 IFRS는 원칙중심(principle based)의 회계기준이라고 한다.

📄 표 2-1
재무상태표

재 무 상 태 표

태진주식회사				20×1년 12월 31일 현재	
자　　　　산			**부채와 자본**		
유동자산:		₩36,800	유동부채:		₩12,600
현금 및 현금성자산	₩12,200		단기금융부채	₩7,000	
당기손익인식금융자산	11,000		매입채무	5,600	
매출채권	5,000		비유동부채:		10,000
재고자산	8,600		장기금융부채	10,000	
비유동자산:		25,400	부채총계		₩22,600
유형자산	16,500		자본:		
무형자산	3,000		자본금	23,000	
투자부동산	2,400		이익잉여금	16,600	
장기금융자산	3,500		자본총계		₩39,600
자산총계		₩62,200	부채 및 자본총계		₩62,200

반면에 과거의 한국 기업회계기준에서는 재무상태표의 형태와 보고해야 하는 계정과목을 자세히 규정하고 있어 규칙중심(rule based)의 회계기준이었다.

(1) 재무상태표 구성항목의 정의

자산이란 '과거 사건의 결과로 기업이 통제하는 현재의 경제적 자원'으로 정의된다. 과거 사건이란 기업이 앞으로 발생하리라고 기대되는 거래에서가 아니고 이미 발생된 거래에 의해 구체적으로 자산의 소유를 증빙할 수 있어야 한다는 뜻이다. '통제할 수 있다'는 것은 해당 기업이 아닌 타인이 자산을 사용하는 것을 배제할 수 있는 배타적 이용권이 실질적으로 있음을 의미한다. 여기서 실질적 권리라는 것은 법률적 권리를 포함한 거래의 실질과 경제적 현실을 고려한다는 의미이다. '경제적 자원'은 경제적 효익을 창출할 잠재력을 지닌 권리로 미래에 자산을 처분함으로써 현금이 들어오거나, 현금의 지출을 대신할 수 있음을 뜻한다. 따라서 재고상품처럼 판매를 통하여 현금의 수입을 가져오는 것도 자산이지만 선급보험료처럼 미래에 받을 효익에 대비하여 미리 현금을 지급함으로써 미래의 현금지출을 불필요하게끔 하는 항목도 자산인 것이다.

부채는 '과거 사건의 결과로 기업이 경제적 자원을 이전해야 하는 현재의무'로 정의된다. 부채는 대부분 약정에 의해 일정한 액수의 현금으로 상환되어야 하나 일부 부채는 현금이 아닌 재화나 용역을 제공함으로써 청산된다.

자본은 "자산에서 부채를 차감한 후에 남는 순자산(net assets)으로서 소유주의 잔여청구권(residual claims)이라고도 한다. 잔여청구권이란 배당이나 청산시 주주의 권리가 채권자의 권리보다 하위에 있음을 뜻한다. 주주에 대한 배당은 채권자에 대한 이자지급 후에야 이루어지고 회사가 청산되는 경우에도 부채에 대한 상환이 이루어지고 난 후 남은 것이 있어야 주주 몫으로 돌아가게 된다.

1) 금융자산과 금융부채(금융상품)

K-IFRS에서는 현금, 다른 기업이 발행한 지분증권 및 채무증권 등을 거래상대방으로부터 수취할 계약상 권리를 금융자산(financial assets)으로 정의한다. 반면에 거래상대방에게 현금 등 금융자산을 인도하기로 한 계약상 의무를 금융부채(financial liabilities)로 정의한다. 금융자산과 금융부채를 총괄하여 금융상품(financial instruments)이라고 지칭한다.

금융자산의 예로는 현금 및 현금성자산, 매출채권, 미수금, 다른 기업의 지분증권(주식) 및 채무증권 등이 있다. 금융자산이 아닌 자산은 비금융자산이라고 하며, 비금융자산의 예로는 재고자산, 유형자산, 무형자산 등이 있다. 금융부채의 예로는 매입채무, 차입금 및 회사채 등이 있다. 금융부채가 아닌 부채는 비금융부채라고 하며, 비금융부채의 예로는 선수금, 선수수익 등 미래에 재화나 용역을 제공하여 청산해야 할 부채를 의미한다.

2) 유형자산과 무형자산

유형자산과 무형자산은 기업이 정상영업활동을 수행하는 데 1년 또는 정상적인 영업주기를 초과하여 사용되는 자산으로서 물리적 형태의 유무에 따라 분류한 것이다. 유형자산에는 토지, 건물 그리고 설비 등으로 물리적 형태가 있는 자산이 포함된다. 무형자산이란 물리적 형태는 지니지 않았지만 소유자에게 독점적 이용권 등의 가치를 부여하는 장기성 자산이다. 무형자산의 예로 특허권, 저작권, 상표권 등이 있다. 산업혁명 이후 기계와 설비를 이용한 제품의 대량생산 시대에는 무형자산에 비해 유형자산의 비중이 컸지만 이제 정보지식 경제사회로 전환됨에 따라 무형자산의 비중이 점차 커지고 있다.

3) 유동항목과 비유동항목

유동자산(current assets)이란 현금과 그 밖의 자산 중에서 1년 또는 정상적인 영업주기 이내에 현금화되거나 또는 그 효익이 소멸될 것으로 기대할 수 있는 자산을 말한다. 그 외의 자산은 비유동자산으로 분류된다. 유동자산에 속하는 세부항목으로는 현금 및 현금성자산, 단기대여금, 매출채권, 그리고 재고자산 등이 있다. 매출채권이란 재화나 용역을 외상으로 제공함으로써 획득한 미래에 현금을 받을 권리(현금청구권)를 뜻한다. 재고자산은 제조용이나 판매용으로 보유하고 있는 자산으로서 원재료, 재공품, 제품 및 상품 등이 이에 속한다.

비유동자산(non-current assets)에 속하는 항목으로는 장기투자부동산, 장기금융자산, 유형자산 및 무형자산 등이 있다. 투자자산은 기업의 정상적 영업활동에 사용되지 않으면서 1년 또는 정상적인 영업주기 이내에 현금화시킬 계획이 없는 장기투자의 성격을 가진 자산으로서 장기금융자산, 미래에 처분할 목적으로 보유하고 있는 토지 등의 장기투자부동산이 포함된다.

부채도 상환시기에 따라 유동부채와 비유동부채로 분류될 수 있다. 유동부채(current liabilities)는 1년 또는 정상적인 영업주기 이내에 상환기일이 도래하는 부채를 뜻하며 매입채무, 단기차입금, 미지급비용 그리고 선수수익 등이 포함된다. 매입채무는 기업의 주된 영업활동에서 원자재나 상품 등을 외상으로 구입함으로써 발생하는 기업의 채무이다. 단기차입금은 은행 등의 금융기관이나 개인으로부터 차입한 금액으로 1년 이내에 만기가 도래하여 상환해야 하는 채무이다. 미지급비용은 기업이 종업원이나 거래처 등으로부터 서비스를 제공받은 후 그에 상응하는 대가를 지급하지 않은 경우에 나타난다. 반면에 선수수익이란 부채항목은 회사가 재화나 용역을 제공하기 전에 고객으로부터 현금을 미리 받았을 경우 기록된다. 즉 현금을 받은 만큼 미래에 재화나 용역을 제공할 의무가 발생되기 때문에 부채가 기록되는 것이다.

비유동부채(non-current liabilities)는 상환기일이 1년 또는 정상적인 영업주기 이후에 도래하는 부채로서 장기금융부채 등이 있다. 장기금융부채의 대표적 항목인 사채(社債)는 회사가 거액의 자금을 장기간 사용하기 위해 증권시장에서 일반대중에게 회사채라는 채무증권을 발행함으로써 발생한 부채를 뜻한다. 장기차입금은 단기차입금과 마찬가지로 금융기관 등에서 차입한 부채인데 단지 상환기일이 1년 또는 정상적인 영업주기 이후에 도래한다는 점에서 유동부채인 단기차입금과 구별된다.

4) 자본의 분류

K-IFRS는 자본의 분류에 대한 구체적인 지침이 없이 자본금과 적립금만 언급하고 있다. 이는 각 나라의 상법 등 상이한 법률 체계에 따라 영향을 받는 자본에 대해 융통성 있는 회계처리를 허용한 것으로 해석할 수 있다. 따라서 실무에서 대부분의 기업은 자본의 분류에 있어

분 류	의 의
자 본 금	회사가 발행한 주식의 총 액면가
자본잉여금	자본금 외에 주주가 회사에 출자한 금액으로 주식발행초과금 등
이익잉여금	포괄손익계산서의 당기순이익 중 주주에게 배당으로 지급하지 않고 사내에 유보시킨 누적 금액
자본조정	자본의 여타 분류항목에 속하지 않으면서 자본에 영향을 주는 항목으로 자기주식 등
기타포괄손익누계액	포괄손익계산서의 기타포괄손익이 누적된 금액으로 재평가잉여금 등

서 종래의 기업회계기준에 따를 가능성이 높다. 표 2-2에 일반적인 자본의 분류와 주요 항목이 정리되었다.

자본은 다시 소유주가 회사에 직접 출자한 재무적 자원에 해당하는 납입자본(contributed capital)과 기업이 벌어들인 이익 중 소유주에게 돌려주지 않고 재투자를 위해 사내에 유보시킨 이익잉여금(retained earnings) 및 기타자본으로 구분할 수 있다. 납입자본은 다시 자본금과 자본잉여금으로 나눌 수 있다. 자본금은 회사가 주주에게 발행한 주식의 액면가에다 주식발행 수를 곱한 금액을 나타내며, 자본잉여금은 주주가 회사에 출자한 금액 중에서 자본금을 제외한 금액을 뜻한다. 우리나라 기업들의 주식의 액면가는 대부분 ₩5,000으로 정해져 있는데 실제로는 액면가보다 큰 금액으로 발행되는 것이 일반적이다. 예를 들어 액면 ₩5,000의 주식이 ₩9,000에 발행되는 경우 ₩5,000은 자본금으로 ₩4,000은 주식발행초과금이란 자본잉여금 항목으로 재무상태표에 보고된다. 이익잉여금은 영업활동을 통해 창출한 이익을 주주에게 배당으로 지급하지 않고 사내에 유보시킨 부분이다. 자본조정과 기타포괄손익누계액은 기타자본으로 볼 수 있으며 이에 대한 상세한 내용은 중급회계에서 다룬다.

예제 2-1 _ 재무상태표의 작성

(주)서강의 20×1년의 12월 31일의 재무상태표계정은 다음과 같다. 다음 자료를 이용하여 재무상태표를 작성하시오.

현 금	₩50,000	건 물	₩270,000
매입채무	40,000	토 지	350,000
단기대여금	70,000	설 비	250,000
매출채권	80,000	선수수익	50,000
재고자산	?	미지급수수료	20,000
장기차입금	600,000	자 본 금	350,000
이익잉여금	210,000	단기차입금	100,000

재 무 상 태 표

(주)서강   **20×1년 12월 31일 현재**

자 산			부채와 자본		
유동자산:			유동부채:		
현 금	₩50,000		매입채무	₩40,000	
매출채권	80,000		단기차입금	100,000	
단기대여금	70,000		미지급수수료	20,000	
재고자산	300,000*		선수수익	50,000	
유동자산계		₩500,000	유동부채계		₩210,000
비유동자산:			비유동부채:		
건 물	270,000		장기차입금		600,000
설 비	250,000		부채총계		810,000
토 지	350,000		자 본:		
비유동자산계		870,000	자 본 금	350,000	
			이익잉여금	210,000	
			자본총계		560,000
자산총계		₩1,370,000	부채와 자본총계		₩1,370,000

* 재고자산은 자산총계와 부채·자본총계가 같아지도록 하는 대입치로 구한다.

포괄손익
계산서
03

International Financial Reporting Standards

3-1   포괄손익계산서의 의의

포괄손익계산서(statement of comprehensive income)는 한 회계기간 동안의 기업실체의 경영성과를 보고하는 재무보고서로서 회계기간 동안 발생한 모든 수익과 비용을 보고하는 재무보고서이다. 기업의 경영성과는 당기순이익(net income)의 크기로 압축되는데 이는 수익에서 비용을 차감한 금액이다. 수익이 비용보다 크면 당기순이익이, 수익이 비용보다 작으면 당기순손실이 보고된다. 이를 식으로 나타내면 다음과 같다.

$$\text{수익} - \text{비용} = \text{당기순손익}$$

K-IFRS에서는 총포괄손익(comprehensive income)이란 개념이 소개되고 있다. 총포괄손익이란 일정 기간 동안 기업과 소유주와의 직접 거래(소유주의 출자나 소유주에 대한 배당 등) 이외의 모든 거래에서 인식된 자본(순자산)의 변동을 의미한다. 총포괄손익은 당기순손익과 기타포괄손익으로 구성되어 있다. 총포괄손익을 구성하는 항목은 대부분 수익이나 비용으로 손익계산서에 보고되어 당기순손익에 반영된다. 그러나 일부 항목은 소유주와의 직접거래에 해당하지 않음에도 불구하고 당기순이익이 아니라 기타포괄손익 항목에 반영되어 보고되는데, 유형자산의 재평가이익과 기타포괄손익-공정가치로 분류되는 금융자산평가손익이 이에 해당한다. K-IFRS에서는 기타포괄손익을 포함한 포괄손익계산서의 작성을 요구한다. 당기순이익과 총포괄손익의 관계는 다음과 같다.

$$\text{당기순손익} + \text{기타포괄손익} = \text{총포괄손익}$$

K-IFRS에서는 포괄손익계산서의 작성에 대해 구체적인 지침이 없이 기업의 재량에 의해 비용을 성격별 또는 기능별로 분류하도록 하고 있다. 표 2-3은 비용을 기능별로 보고한 포괄손익계산서를 예시하고 있다. 재무상태표는 일정시점에서의 재무상태를 보고하는 데 반해 포괄손익계산서는 일정기간 동안의 재무성과를 보고하기 때문에 포괄손익계산서의 머리 부분에는 특정일이 아니라 특정기간이 표시된다.

표 2-3에서처럼 비용을 기능별로 보고하는 경우, 가장 중요한 수익항목인 매출에서 가장 중요한 비용항목인 매출원가를 차감한 금액을 매출총이익(gross profit)으로 표시한다. 매출총이익에서 판매비와 일반관리비에 해당하는 항목을 차감하여 영업이익(operating income)을 구한다.[1] 영업이익을 별도표시한 후 주된 영업활동과 관련이 없는 금융수익, 금융원가, 유형자산처분손익 등을 가감하여 법인세비용차감전순손익을 구한다. 이어 법인세비용차감전순이익에서 법인세 비용을 차감하여 당기순이익이 계산된다. 당기순이익에 기타포괄손익을 반영하여 총포괄이익이 최종적으로 보고된다.

표 2-3에서 만일 기타포괄손익항목이 없다면 당기순이익과 총포괄이익이 동일한 금액이 된다. 기타포괄손익에 관한 상세한 내용은 중급회계 등의 고급 과목에서 다루게 되므로 이 책에서는 향후 이러한 항목이 별도로 설명되어야 할 부분을 제외하고는(제7장 등) 손익계산서를 이용하여 설명할 것이다.

---

1 IFRS에서는 원래 포괄손익계산서에 영업이익을 구분 표시할 것을 요구하지는 않는다. 그러나 2011년 K-IFRS 적용이 전면 시행된 후 기업에 따라 영업이익의 구분표시 여부 및 영업이익에 포함되는 항목에 대한 다양성으로 인해 기업간 회계정보의 비교가능성이 심각하게 훼손된 것으로 나타났다. 이에 회계기준원은 영업이익을 포괄손익계산서에 표시하도록 2012년 10월 K-IFRS 1001호 '재무제표표시'를 개정하여 2012년 12월 31일 이후 종료되는 회계연도부터 적용하도록 하였다.

표 2-3
포괄손익계산서

포괄손익계산서	
태진주식회사	20×1년 1월 1일~20×1년 12월 31일
매출	₩390,000
매출원가	(250,000)
매출총이익	₩140,000
판매비	(2,100)
물류원가	(9,000)
관리비	(20,000)
영업이익	₩108,900
금융수익	15,000
금융원가	(8,000)
법인세비용차감전순이익	₩115,900
법인세비용	(40,400)
당기순이익	₩75,500
기타포괄손익	(24,000)
총포괄이익	₩51,500

참고자료 1 기업 수익성, 손익계산서 보면 알 수 있다

- 벌어들인 수익·사용한 비용에 남는 이익까지 모두 기록
- 영업활동 따른 비용에는 매출원가·판매·관리비 속해
- 가장 중요한 수치는 영업이익… 이익에 영업외적 요소까지 고려

　손익계산서는 1년 동안 회사가 돈을 얼마나 벌고 썼는지, 세금은 얼마나 냈는지를 통해 영업 성과를 보여주는 성적표다. 국제회계기준(IFRS)이 도입되면서 포괄적인 이익 정보를 표시하는 '포괄손익계산서', 일반기업 회계기준을 적용하면 '손익계산서'로 나타낸다. IFRS에서는 손익계산서와 포괄손익계산서 두 가지 모두 작성해도 된다. 우리는 기타포괄손익을 고려하지 않은 손익계산서를 살펴보도록 한다.

　회사는 손익계산서에 '벌어들인 돈(수익)'과 '쓴 돈(비용)', '남는 이익'을 기록한다. 손익계산서상 제일 먼저 기록되는 매출액은 회사의 주된 영업활동으로, 제품을 팔거나 서비스를 제공해 번 돈이다. 스마트폰 제조회사가 스마트폰을 판매해 번 돈은 영업수익(매출액)이다. 영업외수익은 금융수익(예·적금을 통해 얻은 이자수익, 증권처분이익 등)과 기타수익(자산을 처분해 얻은 자산처분이익, 임대수익 등)이 있다.

　아래 A사의 손익계산서를 보면 2017년 한 해 동안 전년 매출액 134조원보다 증가한 162조원을 기록한 것을 볼 수 있다. 벌어들인 돈이 있다면 수익을 창출하는 데 발생한 비용도 있다. 비용은 크게 주된 영업활동에 따른 비용(영업비용)과 영업외활동(기타비용·금융비용)에 따른 비용이 있다.

　영업비용에는 매출원가와 판매비, 관리비가 있다. 매출원가는 매출과 관련된 중요한 원가로 제조회사의 매출원가는 제품을 만들기 위해 원재료를 구입하거나 제품을 만드는 데 들어간 비용이고 법률회사 등 서비스회사는 서비스를 제공하기 위해

쓴 비용이다.

스마트폰을 제조하는 회사를 기준으로 설명하면 스마트폰 부품, 스마트폰을 조립하는 직원의 월급, 공장 전기료, 공장 수도세는 스마트폰 제조에 들어가는 제조원가인 매출원가다. 손익계산서에서 매출액과 매출원가는 가장 큰 금액을 차지한다. 매출액이 늘면 당연히 매출원가도 증가할 수밖에 없다. 매출액이 아무리 많아도 매출원가가 너무 많아 회사에 남는 게 없다면 아무 소용이 없다. 보통 이것을 따질 때 매출원가율(매출원가/매출액)로 비교하는데, 보통 제조업 평균 매출원가율은 70% 정도 된다. 하지만 A사는 2017년 매출원가율이 전년 대비 약 10%포인트 하락(73% → 63%)했다.

매출총이익은 제품을 판매해 벌어들인 수익에서 매출원가(제조원가)를 뺀 이익을 말한다. 손익계산서를 통해 회사가 수익을 잘 내고 있는지 수익성을 평가할 수 있다. 가장 대표적인 수익성 비율로 '매출액총이익률'과 '영업이익률'이 있는데 수익성 비율은 높으면 높을수록 좋다. A사의 매출총이익률은 2015년 26%에서 2016년 27%, 2017년 37%로 상승하고 있음을 알 수 있다.

스마트폰을 만들었다면 판매에도 힘을 써야 수익이 나고 회사가 잘 운영되도록 관리해야 한다. 이런 비용은 판매비와 관리비다. 판매비와 관리비에는 제품 생산과 직접적인 연관이 없는 본사 직원 월급, 사장 월급, 복리후생비, 본사 사옥을 빌리고 내는 임차료, 제품 판매를 위한 광고선전비 등이 있다.

물론 영업비용이나 회사가 제품을 생산하는 데 들어간 제조비용, 원재료 구입비용, 공장 노동자 급여, 공장 수도세, 전기세, 제품 운반비 등을 매출원가라고 부르며 제품을 판매하기 위해 광고와 영업을 하고 사무직 직원 급여를 지급한 비용은 판매비와 관리비에 해당한다. 영업외비용에는 이자비용, 투자증권을 처분하는 데 입은 손실인 금융비용과 기부금 같은 기타비용이 있다. 제품을 만든다고 매출이 발생하지 않기 때문에 제품을 판매하고 관리하는 판매비와 관리비까지 고려해야 한다. 2017년 매출총이익은 61조원, 판매비와 관리비는 26조원이므로 영업이익은 35조원을 달성해 영업이익이 전년 대비 21조 2,000억원 증가했다. 영업이익에서 영업외수익을 더하고 영업외비용을 빼면 세전이익을 구할 수 있고 법인세비용까지 고려하면 당기순이익이 나온다.

회사가 한 해 동안 벌어들인 순이익은 재무상태표상 자본 중 '이익잉여금'으로 들어간다. 당기순이익은 주된 영업으로 벌어들인 이익에서 영업외적인 요소까지 고려하기 때문에 손익계산서에서 보고하는 이익 중 회사 영업 성과의 본질을 나타내는 중요한 수치는 바로 '영업이익'이다. 영업이익률 또한 2015년 10%에서 2016년 10.2%, 2017년 22%로 상승해 A사의 전체적인 수익성이 개선되고 있음을 알 수 있다.

주당이익([순이익-우선주배당금]/보통주식수)은 회사가 발행한 보통주 1주당 얼마를 벌었는지를 보는 지표다(보통주식수는 유통주식수(발행주식수-자기주식수)를 의미한다). 주당이익(EPS)은 주주 입장에서 내가 투자한 금액 대비 회사가 벌어들인 순이익이 얼마인지 나타내기 때문에 영업이익에 이어 주요 관심 지표 중 하나다. 희석주당이익은 희석증권(또는 보통주 청구가능 증권)에 부여된 권리가 행사돼 보통주가 발행되었다고 간주하고 계산한 주당이익이다.

희석증권은 보통주식으로 전환할 수 있는 전환사채, 보통주 전환우선주와 주식매수청구권, 신주인수권부사채가 대표적이다. 만약 전환사채를 보유하고 있는 투자자가 나중에 보통주 전환권을 행사한다고 했을 때 추가로 유통될 주식 수가 증가하므로 다른 기존 주주의 지분율(내가 보유한 주식수/유통주식수)이 희석되며(하락하며) 이는 주당이익을 감소시킬 수 있다.

그렇기 때문에 희석주당이익도 같이 보고하고 있다.

물론 이러한 희석증권과 보통주 발행청구증권에 대한 자세한 내역은 주석에서 판단할 수 있다. A사는 2017년 기준 전년 대비 주당이익이 8만 1,602원에서 20만 8,881원으로 올랐으며 해당 주식의 투자가치가 상승한 것으로 판단할 수 있다. 물론 주당이익이 기업의 본질 가치를 모두 설명해주지 못하지만 발행주식의 가치평가에 이용하는 평가지표로, 일반적으로 EPS가 높을수록 해당 주식의 투자가치가 높다고 볼 수 있다. 투자자라면 기본적으로 회사의 성과지표가 어떻게 변하는지 수치로 읽을 수 있어야 한다.

자료 : 매일경제뉴스, 2018. 04. 12

3-2 인식과 측정의 기준: 발생기준

손익계산서의 구성항목인 수익과 비용인식을 언제, 얼마로 기록하느냐 하는 것이 수익과 비용의 인식과 측정에 관한 문제가 된다. 수익과 비용을 인식하는 데는 발생기준과 현금기준이라는 두 가지 접근법이 있다. 현금기준 회계(cash basis accounting)에서는 영업활동과 관련된 현금의 수입(지출)시에 수익(비용)을 인식한다. 그러나 발생기준 회계(accrual basis accounting)에서는 반드시 현금을 수취하거나 지출하지 않더라도 수익이나 비용의 발생을 거의 확실시해 주는 결정적이고 중요한 사건이 발생했을 때 수익이나 비용을 인식한다. IFRS에서는 발생기준이 수익과 비용을 대응시켜 기업의 경영성과를 보다 정확히 반영하기 때문에 포괄손익계산서에서 발생기준을 채택하여 수익과 비용을 인식하도록 한다.

(1) 수익의 인식

수익은 자산의 증가나 부채의 감소를 통하여 순자산의 증가를 가져오는 미래경제적 효익이 증가하고 이를 신뢰성 있게 측정할 수 있을 때 포괄손익계산서에 인식한다. 이러한 수익의 인식은 자산의 증가나 부채의 감소에 대한 인식과 동시에 이루어짐을 의미한다. 예를 들면, 재화나 용역의 매출에 따라 현금이나 매출채권 등 자산이 증가하면서 자본의 순증가가 인식된다.

회사가 고객에게 재화와 용역을 제공하고 대가를 받는 영업활동은 기업의 성장 및 존속을 위해 가장 중요한 활동이다. 발생기준에 따르면, 영업활동으로부터 발생하는 수익은 가득되고(earned), 실현된(realized) 기간에 인식된다. 수익이 가득되었다 함은 기업이 수익을 획득하기 위해 재화나 용역제공 등의 임무를 수행했음을 뜻한다. 수익이 실현되었다 함은 기업이 재화나 용역을 제공한 대가로 현금 또는 현금청구권을 수취하였음을 뜻한다. 현금판매가 이루어지는 경우에는 수익의 인식시점과 현금의 수입시점이 일치된다. 그러나 실무에서는 많은 거래가 신용을 기초로 한 외상거래의 형태로 이루어진다. 외상판매의 경우에 판매시점에서, 수익이 가득되고(상품판매가 이루어짐), 실현되었기(현금청구권 수취) 때문에 수익인식의 원칙에 따라 판매시점에서 수익이 인식된다. 이처럼 발생기준 회계에서는 판매시점이 수익인식 시점이 되는 것이 일반적이나 거래의 특수성에 따라 판매시점 전이나 후에 수익이 인식되는 경우도 있다.

(2) 비용의 인식

비용은 자산의 감소나 부채의 증가를 통하여 순자산의 감소를 가져오는 미래경제적 효익이 감소하고 이를 신뢰성 있게 측정할 수 있을 때 포괄손익계산서에 인식한다. 비용은 발생된 원가와 특정 수익항목의 가득간에 존재하는 관련성을 기준으로 포괄손익계산서에 인식한다. 이러한 원칙은 기준서에는 명시되어 있지 않으나 수익비용대응원칙(matching principle)이라고 불리운다. 수익비용대응원칙이란 간단히 말해 "비용은 수익을 따라다닌다(expense follows revenue)"는 뜻이다. 즉 비용은 그 비용을 발생시킴으로써 가득된 수익이 인식되는 기간에 대응해서 인식되어야 한다는 뜻으로 수익과 관련된 비용을 같은 기간에 인식함으로써 회사가 보고하는 손익이 기업의 경영성과를 더욱 잘 반영할 수 있다.

수익비용대응원칙을 적용하려면 추정의 문제가 있을 수 있다. 예를 들면 2년간 품질을 보증하는 조건으로 가전제품의 매출이 이루어졌으면 매출수익은 판매가 이루어진 당해 회계연도에 인식되고 판매한 제품의 원가인 매출원가가 비용으로 인식된다. 수익비용대응원칙에 의하면 수익을 얻기 위한 관련 비용이 모두 같은 기간에 인식되어야 하므로 미래에 지출되리라 예상되는 추정제품보증비용도 당해 회계연도에 보고되어야 한다.

3-3 손익계산서의 구성항목

수익이란 "자산의 유입이나 증가 또는 부채의 감소에 따라 자본의 증가를 초래하는 특정 회계기간 동안에 발생한 경제적 효익의 증가"로 정의된다. 만일 자본의 증가가 영업활동이 아닌 소유주에 의한 투자 등으로 인한 것이라면 수익으로 보고해서는 안 되며 자본금이나 자본잉여금같은 납입자본의 증가로 기록하여야 한다.

광의의 수익의 정의에는 수익과 차익(gain)이 모두 포함된다. 수익은 기업의 정상영업활동의 일환으로 발생하며 매출액, 수수료수익, 이자수익, 배당수익, 로열티수익 및 임대료수익 등 다양한 명칭으로 구분된다. 한편 차익은 기업의 정상적인 영업활동의 일환으로 발생하지는 않으나 수익의 정의를 충족하는 그 밖의 항목을 의미한다. 대표적인 예로써 토지나 건물같은 비유동자산의 처분이 있을 수 있다.

유형자산의 처분은 재화와 용역을 제공하는 기업의 주된 영업활동으로 보기 어렵지만, 처분을 통하여 이익을 발생하는 경우 순자산의 증가라는 수익의 정의는 충족시킨다. K-IFRS에서는 차익도 경제적 효익의 증가를 나타내므로 본질적으로 수익과 차이가 없다고 보고 있으며 별개의 요소로 구분하고 있지 않다. 다만, 고객의 정상영업활동을 통하여 발생하는 수익에 대해서는 보다 구체적인 수익인식기준을 제공하고 있다.

비용은 "자산의 유출이나 소멸 또는 부채의 증가에 따라 자본의 감소를 초래하는 특정 회계기간 동안에 발생한 경제적 효익의 감소"로 정의되며, 소유주에 대한 분배와 관련된 것(배금)은 제외한다. 비용의 예를 들면, 매출원가, 급여 및 감가상각비 등이 있다. 매출원가는 판매된 상품의 구입원가 또는 제조원가를 뜻하며, 감가상각비는 건물이나 기계 등의 원가 중에서 당기에 사용된 것으로 추정되는 금액이다. 비용은 일반적으로 현금 및 현금성자산, 재고자산 또는 유형자산과 같은 자산의 유출이나 소모의 형태로 나타난다. 차손(loss)은 비용의 정의를 충족하는 그 밖의 항목으로 기업의 정상영업활동의 일환이나 그 이외의 활동에서 발생할 수 있다. 차손도 경제적 효익의 감소를 나타내므로 본질적으로 다른 비용과 차이가 없다. 따라서 K-IFRS에서는 차손을 비용과 별개의 요소로 보지 아니한다. 예를 들면, 차손은 화재나 홍수와 같은 자연재해 또는 비유동자산의 처분에서 발생한다.

수익에서 비용을 차감하여 당기순손익을 구하고, 당기순손익에 기타포괄손익을 반영하여 총포괄이익을 구한다는 것은 앞에서 설명하였다.

예제 2-2 _ 손익계산서의 작성

다음은 (주)노고의 자료이다. 다음 자료에 의하여 20×1년도 손익계산서를 작성하라.

감가상각비	₩5,600	급여	₩20,000
매출	680,000	수수료수익	5,300
이자수익	6,000	당기순이익(순손실)	?
이자비용	9,000	임대료수익	5,000
매출원가	520,000	물류원가	8,500
임차료비용	56,000	광고비	57,000

해답

손 익 계 산 서

(주)노고	20×1년 1월 1일~20×1년 12월 31일
매출	₩680,000
매출원가	(520,000)
매출총이익	₩160,000
임대료수익	5,000
수수료수익	5,300
물류원가	(8,500)
임차료비용	(56,000)
급여	(20,000)
감가상각비	(5,600)
광고비	(57,000)
영업이익	23,200
이자수익	6,000
이자비용	(9,000)
당기순이익	₩20,200

자본
변동표
04

International Financial Reporting Standards

자본변동표는 한 회계기간 동안 발생한 자본의 변동에 관한 정보를 제공하는 재무보고서로서, 자본을 구성하고 있는 자본금, 자본잉여금, 기타포괄손익누계액 그리고 이익잉여금의 변동에 대한 포괄적인 정보를 제공한다. 자본변동표에는 자본의 구성항목별로 기초잔액, 변동사항, 기말잔액을 표시한다. 표 2-4는 간단한 형태의 자본변동표를 예시하고 있다.

표 2-4의 자본변동표에서 자본의 구성항목인 이익잉여금의 변동에 주목할 필요가 있다. 이익잉여금의 변동내역을 식으로 표시하면 다음과 같다.

> 기초이익잉여금 + 당기순이익 − 배당금 = 기말이익잉여금

여기에서 이익잉여금은 재무상태표의 자본항목이고 당기순이익은 손익계산서항목이므로 이익잉여금이 재무상태표와 손익계산서를 일정한 관계로 연결시켜 주는 교량 역할을 하고 있음을 알 수 있다. 배당금은 재무상태표나 손익계산서와는 상관없이 이익잉여금의 처분상황을 나타내는 것으로서 자본변동표에만 나타나는 고유항목이다.

표 2-4
자본변동표

자 본 변 동 표

태진주식회사   20×1년 1월 1일~20×1년 12월 31일

	자본금	자본잉여금	자본조정	기타포괄손익누계액	이익잉여금	총계
기초잔액	₩100,000	₩0	₩0	₩0	₩208,000	₩308,000
유상증자	250,000					250,000
당기순이익					2,300	2,300
배당금					(300)	(300)
...						
기말잔액	₩350,000	₩0	₩0	₩0	₩210,000	₩560,000

현금흐름표는 한 회계기간 동안 기업의 영업·투자·재무활동으로 유입된 현금과 유출된 현금의 내역을 보고해 준다. 현금흐름표의 내용을 공식으로 나타내면 다음과 같다.

영업활동으로 인한 현금흐름

(±)투자활동으로 인한 현금흐름

(±)재무활동으로 인한 현금흐름

현금의 증가(감소)

재무상태표나 손익계산서에서 기업의 재무상태와 재무성과라는 매우 중요한 정보를 얻을 수 있는 것이 사실이지만 많은 투자자들은 이외에도 기업의 자금조달 형태나 투자전략 등

📄 표 2-5
현금흐름표

현금흐름표		
태진주식회사		20×1년 1월 1일~20×1년 12월 31일
Ⅰ. 영업활동으로 인한 현금흐름		₩1,900
1. 매출 등 수익활동으로부터의 유입액	₩53,000	
2. 매입 및 종업원에 대한 유출액	(56,600)	
3. 이자수익 유입액	10,000	
4. 이자비용 유출액	(4,000)	
5. 법인세의 지급	(500)	
Ⅱ. 투자활동으로 인한 현금흐름		(2,000)
1. 투자활동으로 인한 현금유입액		
투자주식의 처분	20,000	
2. 투자활동으로 인한 현금유출액		
건물의 취득	(22,000)	
Ⅲ. 재무활동으로 인한 현금흐름		9,300
1. 재무활동으로 인한 현금유입액		
보통주 발행	15,000	
2. 재무활동으로 인한 현금유출액		
배당금의 지급	(5,700)	
Ⅳ. 현금의 증가		₩9,200
Ⅴ. 기초 현금		2,000
Ⅵ. 기말 현금		₩11,200

을 알고 싶어 한다. 특히 현금의 유입과 유출에 관한 정보는 기업의 채무상환능력을 파악하는 데 매우 중요한 역할을 하므로 정보이용자들은 이러한 정보를 요구하게 된다.

손익계산서는 발생기준에 의해 작성되었으므로 수익과 비용은 현금의 유입과 유출에 관해 정확한 정보를 제공할 수 없다. 이러한 단점을 보완하기 위해 작성된 것이 현금흐름표이다. 또한 손익계산서의 수익과 비용은 영업활동에 관한 정보만을 제공한다. 반면에 현금흐름표에는 부채나 신주 공모 등을 통한 새로운 자금의 유입과 부채의 상환 같은 재무활동과 비유동자산의 취득이나 처분같은 투자활동에 관한 중요한 정보가 제공된다. 표 2-5는 현금흐름표를 예시하고 있다.

재무제표
간의 관계
06

 6-1 재무제표 사이의 연계

주요 재무제표들은 상호 독립적으로 작성되는 것이 아니라 일정한 관계에 의해 서로 연결되어 있다. 이들 재무제표 사이의 관계를 요약하면 그림 2-2와 같다. 그림 2-2를 보면 손익계산서, 현금흐름표, 그리고 자본변동표는 모두 기초의 재무상태와 기말의 재무상태간의 변

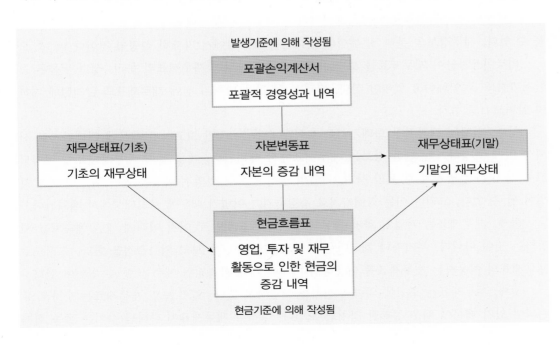

📄 그림 2-2
재무제표간의 관계

화를 여러 각도에서 설명하고 있음을 알 수 있다. **그림 2-2**에서 제시된 주요 재무제표 외에도 부속명세서나 주석사항이 모두 포함되어야 완전한 재무제표의 구성이 이루어지게 된다.

6-2 재무제표의 유용성과 한계

재무제표의 주목적은 기업의 활동을 매일 매일 관찰할 수 없는 외부 정보이용자들의 의사결정에 유용한 정보를 제공하는 데 있다. 외부이용자들은 일반적으로 재무제표를 통해서 기업에 관한 재무적 정보를 얻고자 한다. 외부이용자를 투자자와 채권자로 국한시켜 보면 그들의 주요 관심은 기업이 만족할 만한 수익성을 달성하면서 적절한 유동성을 유지하고 있는가에 있다. 기업의 수익성과 유동성에 관한 정보는 외부이용자들의 의사결정에 중요한 역할을 하는데, 재무제표는 이러한 정보를 제공해 준다.

손익계산서와 재무상태표 중에서 어느 재무보고서가 의사결정자들에게 더 중요한가? 어떤 사람들은 재무제표상의 단일정보로서는 순이익이 제일 중요한 정보이기 때문에 순이익을 보고하는 손익계산서가 재무상태표에 비해 더 중요하다고 말한다. 특히 호경기를 구가하던 시기에는 기업이 얼마나 빨리 성장하느냐가 외부이용자들의 주요 관심사이기 때문에 손익계산서의 비중이 상대적으로 높았다. 그러나 불경기로 경제가 침체되면 지불능력, 자금조달방법에 관한 정보의 중요성이 상대적으로 높아지게 된다. 이와 같이 손익계산서와 재무상태표의 상대적 유용성은 경제의 전반적인 상황이나 의사결정의 내용 등에 따라 달라진다. 그러나 확실한 것은 모든 재무제표에 나타난 정보를 적절하게 결합하여 종합적으로 이용함으로써 정보이용자들은 정보의 유용성을 제고시킬 수 있다는 것이다. 예를 들어 기업의 수익성을 평가해 주는 정보인 투자이익률은 손익계산서의 순이익을 재무상태표의 자본으로 나눔으로써 얻을 수 있다. 재무정보의 분석 및 해석에 대해서는 제14장에서 자세히 설명될 것이다.

외부이용자들이 재무제표를 보다 유용하게 활용하려면 재무제표의 목적, 성격은 물론 그 한계까지도 잘 이해하고 있어야 한다. 따라서 이 장을 마치기 전에 재무제표의 한계점에 대하여 살펴보기로 하자.

첫째, 회계는 객관적인 화폐가치로 측정될 수 있는 것만 보고하기 때문에 화폐가치로 신뢰성 있게 측정하기 곤란한 정보는 재무제표에서 제외된다. 예를 들어 재무상태표에 반영되고 있지 않은 종업원의 자질 및 사기, 기업의 명성 등이 기업의 수익성을 높여 주는 중요한 자원이 될 수 있다. 그러나 이는 화폐가치로 측정하기가 어렵기 때문에 보고대상에서 제외된다.

둘째, 재무제표는 기업의 과거 활동의 결과를 보고하는 것이지 미래에 대한 예측치를 제공하는 것이 아니다. 투자자나 채권자는 기업의 미래 전망을 보고 의사결정을 한다. 그러므로 재무제표의 이용자는 재무제표를 이용하여 미래에 대해 합리적인 예측을 할 수 있어야 한다.

셋째, 재무제표는 추정에 의한 추정치를 포함하고 있다. 얼핏 보면 재무제표는 숫자로 표시되어 있기 때문에 매우 정확한 것처럼 보인다. 그러나 재무제표에 나타난 수치는 종종 회계담당자의 추정치를 반영하는 경우가 많다. 예를 들어 회사가 사용하는 유형자산의 사용가능한 내용연수, 매출채권 중에서 회수가 불투명한 금액 등은 합리적이고 체계적인 방법으로 추정을 해야 하나 추정과정에서 어느 정도의 주관이 개입되는 것은 불가피하다.

넷째, 재무제표는 특정 기업실체에 관한 정보를 제공할 뿐, 산업 또는 경제 전반에 관한 정보를 제공하지는 않는다. 따라서 투자자들이 재무제표를 유일한 정보의 원천으로 사용하는 것은 바람직하지 못하다. 산업 또는 경제 전반에 관한 정보는 한국은행이나 경제연구소에서 제공하고 있으며 이러한 정보를 별도로 수집해서 재무제표와 함께 사용할 때 가장 효과적이라고 할 수 있다.

International Financial Reporting Standards

종합예제 07

다음은 창천회사의 영업 첫해인 20×1년 말 현재 영업활동 및 재무상태에 대한 자료이다.

자 본 금	₩105,000,000	감가상각비	₩7,240,000
매 출 원 가	83,400,000	이 자 비 용	5,910,000
건 물	80,000,000	현 금	4,510,000
매 출	95,670,000	매 입 채 무	3,200,000
임대료수익	42,700,000	보 험 료	3,100,000
사 채	25,000,000	광 고 비	2,600,000
사무용비품	12,060,000	당기손익인식금융자산	3,500,000
토 지	12,500,000	미지급급여	1,800,000
매 출 채 권	29,990,000	공 과 금	1,730,000
급 여	9,200,000	재 고 자 산	11,980,000
배 당 금	5,650,000		

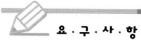

20×1년의 손익계산서와 20×1년 12월 31일의 재무상태표를 작성하시오.

해답

손 익 계 산 서

창천회사	20×1년 1월 1일~20×1년 12월 31일
매　　출	₩95,670,000
매출원가	83,400,000
매출총이익	₩12,270,000
임대료수익	42,700,000
급　　여	(9,200,000)
감가상각비	(7,240,000)
보 험 료	(3,100,000)
광 고 비	(2,600,000)
공 과 금	(1,730,000)
영업이익	₩31,100,000
이자비용	(5,910,000)
당기순이익	₩25,190,000

재 무 상 태 표

창천회사		20×1년 12월 31일 현재	
자　　　산		**부채와 자본**	
유동자산:		유동부채:	
현　　금	₩4,510,000	매입채무	₩3,200,000
매출채권	29,990,000	미지급급여	1,800,000
당기손익인식금융자산	3,500,000	유동부채계	₩5,000,000
재고자산	11,980,000	비유동부채:	
유동자산계	₩49,980,000	사　　채	25,000,000
		부채총계	₩30,000,000
비유동자산:		자　　본:	
건　　물	₩80,000,000	자 본 금	₩105,000,000
비　　품	12,060,000	이익잉여금	19,540,000*
토　　지	12,500,000	자본총계	124,540,000
비유동자산계	104,560,000		
자산총계	₩154,540,000	부채와 자본총계	₩154,540,000

* 기말이익잉여금＝기초이익잉여금＋당기순이익－배당금＝0＋25,190,000－5,650,000＝19,540,000

QUESTION

익힘문제 __

QUESTION 01

회계등식에 대하여 설명하시오. 또한 재무상태표에 보고되는 세 가지 주요 구성항목을 나열하고 정의하시오.

QUESTION 02

K-IFRS에서 요구하는 4가지 주요 재무제표는 무엇인가?

QUESTION 03

유동자산이란 무엇이며 어떠한 자산들이 유동자산에 속하는가?

QUESTION 04

유동자산과 비유동자산을 구분하는 기준은 무엇인가?

QUESTION 05

유동부채란 무엇이며 이에 속하는 부채로는 어떠한 것들이 있는가?

QUESTION 06

손익계산서등식에 대하여 설명하시오. 또한 손익계산서에 보고되는 주요 구성항목을 나열하고 정의하시오.

QUESTION 07

수익과 비용은 각각 무엇을 측정하는가? 또한 이익은 무엇을 측정하는가?

QUESTION 08

이익잉여금이란 무엇인가?

QUESTION 09

손익계산서, 재무상태표 그리고 현금흐름표의 목적은 각각 무엇인가?

QUESTION 10

손익계산서와 현금흐름표의 날짜 표시는 일정기간으로 하며 재무상태표의 날짜 표시는 일정시점으로 한다. 그 이유는 무엇인가?

QUESTION 11

정보이용자들이 재무제표를 활용하는 데 있어서 유의하여야 할 재무제표의 한계를 설명하시오.

PROBLEM

연습문제 ___

1 재무제표항목의 구분
다음은 영일회사의 재무상태표와 손익계산서에 나오는 계정과목들이다. 자산에 속하는 항목에는 'A', 부채에 속하는 항목에는 'L', 수익에 속하는 항목에는 'R', 그리고 비용에 속하는 항목에는 'E'를 각각 ( )안에 기입하시오.

(1) 차 입 금　　　(　)　　　　　(6) 사　　채　　　(　)
(2) 대 여 금　　　(　)　　　　　(7) 감가상각비　　(　)
(3) 매 출 원 가　　(　)　　　　　(8) 건　　물　　　(　)
(4) 당기손익인식금융자산　(　)　　　(9) 이 자 수 익　　(　)
(5) 재 고 자 산　　(　)　　　　　(10) 매 출 액　　　(　)

2 재무제표항목의 구분
다음은 경원회사의 재무상태표에 나오는 항목들이다. 아래의 항목들이 유동자산, 비유동자산, 유동부채, 비유동부채 그리고 자본 중 어느 것에 해당하는지 기입하시오.

매 출 채 권　　(　)　　　　장기차입금　　(　)
주식발행초과금　(　)　　　　사　　채　　(　)
매 입 채 무　　(　)　　　　단기차입금　　(　)
미지급이자　　　(　)　　　　현　　금　　(　)
재 고 자 산　　(　)　　　　토　　지　　(　)
건　　물　　　(　)　　　　당기손익인식금융자산　(　)
자 본 금　　　(　)

3 회계등식
(1) 20×5년 12월 31일 현재 갑회사의 총자산은 ₩300,000이고 자본은 ₩200,000이다. 이때 총부채는 얼마인가?
(2) 기말 현재 을회사의 총부채는 총자산의 1/3이다. 이 회사의 자본이 ₩40,000이라면 총부채는 얼마인가?
(3) 병회사의 기초자산은 ₩90,000이었고 기초자본은 ₩50,000이었다. 그런데 기말 현재 이 회사의 자산은 ₩30,000이 증가했고 부채는 ₩5,000이 감소하였다. 그렇다면 기말 현재 이 회사의 자본은 얼마인가?

4 회계등식
회계등식을 이용하여 다음의 각 질문에 답하시오.

(1) 총자산이 ₩15,000,000이고 자본이 ₩9,500,000인 자회사의 총부채
(2) 총부채가 ₩74,000,000이고 자본이 ₩126,000,000인 축회사의 총자산
(3) 총자산이 ₩42,500,000이고 총부채가 ₩26,250,000인 인회사의 자본
(4) 총비용이 ₩16,300,000이고 순이익이 ₩3,700,000인 묘회사의 총수익
(5) 총수익이 ₩36,250,000이고 순손실이 ₩14,750,000인 진회사의 총비용

5 재무상태표의 작성
다음은 항석회사의 20×7년 12월 31일 현재의 여러 계정잔액들이다. 이 정보를 이용하여 재무상태표를 완성하시오.

매 입 채 무	₩9,500,000	토 지	₩2,650,000
매 출 채 권	6,000,000	기 계 설 비	14,200,000
건 물	10,150,000	단기차입금	?
현 금	1,500,000	재 고 자 산	750,000
자 본 금	18,790,000	이익잉여금	3,960,000

6 재무상태표의 작성
다음은 노고회사의 20×5년 12월 31일 현재의 재무자료이다.

사 채	₩150,000	재 고 자 산	₩175,000
매 출 채 권	165,000	현 금	90,000
기 계 설 비	75,000	건 물	200,000
당기손익인식금융자산	130,000	매 입 채 무	125,000
자본잉여금	60,000	자 본 금	350,000
이익잉여금	?		

요구사항
위의 자료를 사용하여 노고회사의 재무상태표를 작성하시오.

7 재무상태표의 작성

다음 자료를 이용하여 20×2년 12월 31일 현재 (주)서강의 재무상태표를 작성하시오.

현　금	₩80,000	건　물	₩350,000
매 입 채 무	?	토　지	?
당기손익인식금융자산	150,000	매 출 채 권	100,000
대 여 금	40,000	미지급급여	120,000
이익잉여금(기초)	100,000	자 본 금	420,000
부 채 총 액	300,000	당기순이익	280,000

8 회계등식

회계등식을 이용하여 아래의 독립된 다섯 가지 사례에 대하여 빈칸을 채우시오.

사례	총 수 익	총 자 산	총 비 용	총 부 채	순이익(순손실)	자　본
A	₩100,000	₩150,000	₩88,000	₩90,000		
B		110,000	60,000		₩9,000	₩70,000
C	80,000	92,000	88,000	25,000		
D	65,000			40,000	10,000	75,000
E			82,000	73,000	(6,000)	87,000

9 회계등식

다음 표의 빈칸을 채우시오.

사례	기초자산	기초부채	기말부채	기말자본	총 수 익	총 비 용	배 당 금
A	₩30,000	₩18,000	₩19,000	₩ (1)	₩20,000	₩17,000	₩6,000
B	22,000	(2)	14,000	15,000	17,000	12,000	5,000
C	(3)	6,000	15,000	16,000	16,000	18,000	4,000
D	33,000	20,000	19,000	15,000	(4)	17,000	3,000
E	55,000	34,000	22,000	24,000	21,000	(5)	2,000

10 회계등식

다음의 네 가지 독립적인 경우에 있어 빈칸의 금액을 결정하시오.

	A	B	C	D
1월 1일의 총자산	₩7,000	₩ (2)	₩25,000	₩17,000
1월 1일의 총부채	3,000	5,000	13,000	11,000
기중의 추가출자	2,000	3,000	5,000	4,000
기중의 총수익	5,000	7,000	11,000	15,000
기중의 배당금	1,000	2,000	(3)	3,000
기중의 총비용	(1)	4,000	8,000	10,000
12월 31일의 총자산	9,000	12,000	27,000	19,000
12월 31일의 총부채	2,000	4,000	11,000	(4)

11 재무상태표 작성과 순손익계산

삼일회사의 20×7년 1월 1일 현재의 자본은 ₩300,000이었고, 20×7년 12월 31일 현재의 재무상태는 다음과 같았다.

현 금	₩95,000	매 입 채 무	₩25,000
사 채	35,000	건 물	150,000
토 지	20,000	미지급이자	5,000
매 출 채 권	70,000	단기차입금	25,000
재 고 자 산	45,000	자 본	?

요구사항

1) 20×7년 12월 31일 현재의 자본은 얼마인가?

2) 20×7년 12월 31일 현재 삼일회사의 재무상태표를 작성하시오.

3) 20×7년도 이 회사의 순이익(또는 순손실)은 얼마인가?

12 **재무상태표 작성과 순손익계산**

다음의 자료에 의하여 (주)서강의 20×9년 1월 1일 현재의 재무상태표와 20×9년 12월 31일 현재의 재무상태표를 작성하시오. 또한 20×9년도의 순손익을 계산하시오. 단, 배당과 추가출자는 없었다.

20×9년 1월 1일

현 금	₩20,000	매 출 채 권	₩74,000
재 고 자 산	25,000	단 기 대 여 금	40,000
미 지 급 금	49,000	건 물	250,000
차 입 금	200,000	자 본	?

20×9년 12월 31일

현 금	₩36,000	매 출 채 권	₩67,000
재 고 자 산	13,000	단 기 대 여 금	20,000
건 물	250,000	토 지	130,000
미 지 급 금	27,000	차 입 금	250,000
자 본	?		

13 **손익계산서의 작성**

다음은 정석회사의 20×7 회계연도의 자료들이다. 이 정보를 이용하여 20×7년 12월 31일로 끝나는 연도의 손익계산서를 작성하시오.

배 당 금	₩2,050,000	임대료수익	₩26,750,000
매 출 원 가	18,150,000	임차료비용	12,000,000
기 계 설 비	2,650,000	급 여	21,250,000
매 출	42,300,000		

요구사항

위의 자료에 의하여 정석상사의 손익계산서를 작성하시오.

14 손익계산서의 작성

제기상사의 20×2 회계연도의 비용과 수익에 대한 자료는 다음과 같다.

감가상각비	₩6,500	매　　　출	₩60,000
급　　　여	10,000	이 자 수 익	5,000
임차료비용	7,500	매 출 원 가	25,000
광 고 비	5,000	유형자산처분이익	6,000
이 자 비 용	9,000	당기순이익(순손실)	?

요구사항

위의 자료에 의하여 제기상사의 20×2 회계연도 손익계산서를 작성하시오.

15 손익계산서의 작성

(주)서강의 20×0년도 한 해 동안 영업활동에 관한 정보는 다음과 같다.

매 출 원 가	₩190,000	매　　　출	₩245,000
감가상각비	7,000	임대료수익	2,500
급　　　여	6,400	판 매 비	20,000
유형자산처분손실	1,800		

요구사항

위의 자료에 의하여 20×0년도 (주)서강의 손익계산서를 작성하시오.

16 재무상태표와 손익계산서의 작성

동일상사의 영업개시 후 첫 회계연도인 20×3년의 재무상태에 대한 자료는 다음과 같다.

	1월 1일	12월 31일
사 채	₩160,000	₩100,000
현 금	142,500	147,500
비 품	10,000	10,000
단기대여금	75,000	50,000
재 고 자 산	275,000	330,000
매 출 채 권	—	200,000
매 입 채 무	—	225,000
자 본	?	?

또한 20×3년 한 해 동안의 영업성과에 대한 자료는 다음과 같고 주주에게 지급한 배당금은 없었다.

매 출	₩200,000	급 여	₩30,000
수수료수익	4,000	매 출 원 가	100,000
보 험 료	1,000	이 자 비 용	3,000
광 고 비	5,000	이 자 수 익	5,000

요구사항

위의 자료에 의하여 20×3년 말 현재의 재무상태표와 20×3년 손익계산서를 작성하시오.

17 회계등식

(1) 신촌회사의 20×9년 1월 1일 총자산은 ₩240,000, 총부채는 ₩175,000이었고, 12월 31일 총부채는 ₩190,000이었다. 또한 20×9년 동안 자본의 증가는 ₩25,000이었다. 20×9년 12월 31일 현재의 총자산은 얼마인가?

(2) 마포상사의 20×9년 1월 1일 자본은 ₩300,000이었는데, 20×9년 12월 31일 자산총액은 ₩889,000, 부채총액은 ₩574,000이었다.
   ① 20×9년 12월 31일의 자본은 얼마인가?
   ② 20×9년 한 해 동안 추가로 출자한 금액은 ₩25,000이었고 배당은 ₩12,000이었다. 20×9년도의 당기순이익(또는 당기순손실)은 얼마인가?

18 재무상태표와 손익계산서의 작성

다음은 20×1년 1월 1일에 영업을 개시한 (주)영화의 20×1년도의 손익계산서와 재무상태표이다. 20×1년 중 배당금 지급은 없었다. 잘못된 부분이 있으면 이를 적절히 수정하여 다시 작성하시오.

손 익 계 산 서

(주)영화   20×1. 1. 1.~20×1. 12. 31.

수 익:		
매　출	₩340,000	340,000
비 용:		
매 출 원 가	₩142,000	
급　여	90,000	
광고선전비	36,000	268,000
당기순이익		₩72,000

재 무 상 태 표

(주)영화   20×1. 12. 31.

현　　금	₩477,000	매 출 채 권	₩495,000
미지급급여	495,000	차 입 금	711,000
토　　지	171,000	수수료수익	54,000
건　　물	450,000	자 본 금	360,000
이 자 비 용	99,000	이익잉여금	72,000
	₩1,692,000		₩1,692,000

International Financial Reporting Standards

03

기업거래의
측정과 기록

학습목표

제1장과 제2장에서는 재무회계의 환경 및 재무제표에 대해서 개념적인 설명을 하였다. 이 장에서는 구체적인 거래의 기록 등 회계실무의 차원에 맞추어 설명한다. 우선 회계거래의 본질에 대하여 설명하고자 한다. 이어서 회계등식을 이용한 거래의 기록 방법을 설명하고 이 방법에 대한 문제점을 기술할 것이다. 이에 대한 개선방법으로 계정을 사용한 거래의 기록방법을 용역회사의 거래를 예로 들어 설명하고자 한다. 마지막으로 회계실무에서 거래를 기록하는 수단인 분개장과 계정의 관계에 대해 설명한다. 종합예제에서는 상품을 사고 파는 상품매매기업의 거래를 예시한다.

주요 학습사항

회계적 거래	계　　정	분개(分介)
회계등식	복식부기제도	분 개 장
거래의 유형	복식부기의 자기검증기능	총계정원장
회계의 기본모형	거래의 분석	전기(轉記)
T-계정	차변기입(借記)	상호대조
차변과 대변	대변기입(貸記)	

거래의 본질 01

기업은 고객들이 원하는 재화나 서비스를 제공하여 이익을 얻기 위해서 많은 활동을 하고 있다. 또한 기업활동에 영향을 주는 많은 사건들이 발생한다. 이러한 활동과 사건들 가운데서 기업의 재무상태와 경영성과에 영향을 미치는 경제적 사건들이 회계장부에 기록이 되고 궁극적으로 재무제표에 반영된다.

회계적 거래(transaction)는 기업의 재무상태와 영업성과에 영향을 줄 뿐만 아니라 그 영향을 화폐단위로 신뢰성 있게 측정할 수 있어서 회계장부에 공식적으로 기록되는 사건을 뜻한다. 거래의 예로 상품 및 서비스의 구입 또는 판매, 현금의 수입과 지출 등이 있다. 화재나 도난에 의한 손실 등은 일상생활에서는 거래라 하지 않으나 이는 기업에 재무적 영향을 미치며, 또한 그 영향을 화폐가치로 측정할 수 있기 때문에 회계적 거래이다. 회사의 재무상태에 영향을 미치는 경제적 사건이라 할지라도 객관적 측정이 불가능한 경우에는 회계기록의 대상이 되는 회계적 거래가 될 수 없다. 예를 들어, 유능한 최고경영인의 퇴사, 경쟁기업의 출현 등과 같은 사건은 기업의 재무상태에 중대한 영향을 미치는 경제적 사건이지만 그 영향을 화폐단위를 사용하여 객관적으로 측정할 수 없기 때문에 회계적 거래의 대상에서 제외된다.

회계의 기본 모형과 거래의 기록 02

제2장에서 살펴본 자산, 부채 그리고 자본간의 관계를 나타내는 산술적 수식인 회계등식은 기업의 재무상태를 나타내는 회계의 기본모형이라고 말할 수 있다. 자본은 납입자본과 이익잉여금으로 구성되므로 회계등식을 다음과 같이 확장할 수 있다.[1]

$$자산 = 부채 + \underline{자본}$$
$$= 부채 + 납입자본 + 이익잉여금$$

---

1 여기에서는 자본의 구성항목으로 납입자본(자본금, 자본잉여금)과 이익잉여금만 있다고 가정한다.

표 3-1
회계등식과 자본의
변동

$$
\begin{array}{ll}
\text{기\ \ 초:} & \text{자산 = 부채 + 납입자본 + 이익잉여금} \\
\end{array}
$$

기초: 자산 = 부채 + 납입자본 + 이익잉여금

기중: 추가출자 + (당기순이익 = 수익 - 비용) - 배당금

기말: 자산 = 부채 + 납입자본 + 이익잉여금

회계등식은 항상 유지되어야 하므로 기초와 기말의 확장된 회계등식을 **표 3-1**과 같이 나타 낼 수 있다. 주주가 회사에 직접 출자한 금액을 나타내는 납입자본은 주주의 추가출자(유상증자) 에 의해 증가한다. 한편 이익잉여금은 제2장에서 보았듯이 당기순이익에 의해 증가하고 배당 금에 의해 감소한다. 당기순이익은 다시 수익에 의해 증가하고 비용에 의해 감소한다. 따라서 자본전체로는 추가출자와 수익에 의해 증가하고 비용과 배당금에 의해 감소함을 알 수 있다.

표 3-1에서 기말 현재의 회계등식을 다시 쓰면 다음과 같다.

자산 = 부채 + 납입자본 + 이익잉여금
= 부채 + (기초납입자본 + 추가출자) + (기초이익잉여금
+ 수익 - 비용 - 배당금)
= 부채 + (기초자본 + 추가출자 + 수익 - 비용 - 배당금)

위의 등식에서 재무상태표와 손익계산서가 이익잉여금이라는 항목을 통하여 연결되고 있으며 주주의 추가출자와 수익의 발생에 의해 자본이 증가하고 비용의 발생과 배당금의 지 급에 의해 자본이 감소함을 다시 한번 확인할 수 있다. 이러한 관계를 이해하면 회계등식을 이용하여 모든 회계상의 거래를 분석할 수 있다.

회계의 기본모형인 회계등식은 기업의 재무상태에 영향을 미치는 모든 거래를 기록하고 통합하는데 지침을 제공해 준다. 즉 회계상의 거래는 반드시 회계등식이 유지되게끔 기록이 되어야 하는데 이것이 바로 복식부기의 원리이다. 이론적으로 회계등식을 그대로 유지하면서 거래를 기록하는 가장 간단한 방법은 거래가 발생할 때마다 새로운 재무상태표를 만드는 것 이다.

예제 3-1에서 보면 매 거래가 발생할 때마다 새로운 재무상태표가 작성되었으며 자산합 계는 부채와 자본합계와 일치하기 때문에 회계등식이 유지되고 있음을 알 수 있다. 또한 모든 거래는 재무상태표의 적어도 2개 항목에 영향을 주고 있음을 알 수 있다. 이와 같이 거래가 발생할 때마다 새로운 재무상태표를 만들면 회계등식이 항상 유지된다는 것을 확인할 수는 있지만 특정 거래뿐만 아니라 과거의 모든 거래들을 누적적으로 고려해야 하므로 매우 번거 로운 일이다.

예제 3-1 _ 회계의 기본모형과 거래의 기록

20×1년 1월 1일에 김진수 씨는 친구 3명과 ₩2,000,000을 출자하여 선광세탁회사라는 주식회사를 설립하기로 하였다. 아래와 같은 거래를 재무상태표를 작성하는 방법으로 기록하라.

(1) 20×1. 1. 1: 현금 ₩2,000,000을 출자받아 선광주식회사가 설립되다.

(2) 20×1. 1. 2: 은행으로부터 ₩500,000을 차입하다.

(3) 20×1. 1. 3: 차량운반구를 ₩800,000에 현금으로 구입하다.

해답

20×1. 1. 1: ₩2,000,000을 출자받아 회사가 설립되다.	선광세탁회사			20×1. 1. 1
	자 산		부채와 자본	
	현금	₩2,000,000	자본금	₩2,000,000
	자산합계	₩2,000,000	부채와 자본합계	₩2,000,000

20×1. 1. 2: 은행으로부터 ₩500,000을 차입하다.	선광세탁회사			20×1. 1. 2
	자 산		부채와 자본	
	현금	₩2,500,000	차입금	₩500,000
			자본금	₩2,000,000
	자산합계	₩2,500,000	부채와 자본합계	₩2,500,000

20×1. 1. 3: 운반용 트럭을 현금 ₩800,000에 구입하다.	선광세탁회사			20×1. 1. 3
	자 산		부채와 자본	
	현금	₩1,700,000	차입금	₩500,000
	차량운반구	800,000	자본금	2,000,000
	자산합계	₩2,500,000	부채와 자본합계	₩2,500,000

좀 더 간단한 방법은 회계등식을 이용하여 거래를 기록하되, 특정 거래 하나만의 효과를 고려하는 것이다. 예를 들어 은행에서 ₩500,000을 차입한 거래는 아래와 같이 기록된다. 이 거래로 인해 자산항목인 현금이 ₩500,000이 증가하고 부채항목인 차입금이 ₩500,000 증가하여 회계등식이 유지되게끔 기록되었음을 알 수 있다.

자 산	=	부 채	+	자 본
현금+500,000		차입금+500,000		

이제 좀 더 포괄적인 예제를 통하여 거래의 기록을 살펴보기로 하자. 우리는 이러한 거래의 분석을 통하여 모든 거래는 독립적으로 기록되며, 각 거래의 기록 전 뿐만 아니라 거래의 기록 후에도 회계등식이 유지되고, 각 거래가 회계의 기본모형에 양면적인 영향을 미치고 있

음을 이해하게 될 것이다. 복식부기의 특징인 거래의 양면적인 영향이라 함은 모든 거래는 자산, 부채, 자본의 세부항목 중 적어도 2개 이상의 항목에 영향을 미침을 뜻한다.

예제 3-2는 1월 중에 발생한 선광세탁회사의 모든 거래를 제시하고 있고, 표 3-2는 회계등식을 이용하여 거래들을 기록하고 있다. 표 3-3은 표 3-2에 기록된 거래를 기초로 하여 작성한 손익계산서와 재무상태표를 보여주고 있다.

표 3-2에서 수익, 비용, 그리고 배당금의 발생에 대한 거래(4, 5, 6, 7, 8, 11번 거래)에 대해서 추가 설명이 필요하다. 거래 4번에서 세탁수익의 발생으로 자산항목인 현금이 ₩4,000,000이 증가하고 세탁수익이 ₩4,000,000 발생함으로써 이익잉여금이 증가하여 궁극적으로 자본의 증가를 보이고 있다. 6번 거래는 비용이 발생한 거래인데, 영업비용을 현금 지급하므로 자산항목인 현금이 ₩2,580,000 감소하고 ₩2,580,000의 영업비용이 발생하였다. 영업비용항목 자체는 ₩2,580,000이 발생(증가)했지만 이 거래로 인해 이익잉여금이 감소하므로 궁극적으로 자본의 감소로 기록된 것이다. 8번의 배당금 지급에 대한 거래도 이익잉여금의 감소를 통해 궁극적으로 자본의 감소를 초래한다는 점에서 비용 발생 거래와 유사하다. 즉 배당금 ₩180,000이 지급됨으로써 자산항목인 현금이 ₩180,000 감소하고 배당금항목 자체는 ₩180,000 발생(증가)한다. 그러나 배당금의 발생은 이익잉여금의 감소, 나아가서 자본의 감소를 초래하기 때문에 거래분석에서 자본란에 −180,000으로 기록된 것이다.

예제 3-2 _ 회계의 기본모형과 거래의 기록

김진수 씨와 그의 세 친구는 20×1년 1월 1일에 ₩2,000,000을 투자하여 선광세탁회사라는 주식회사를 차리고 세탁사업을 개시하였다. 1월 한 달 동안 다음의 거래가 있었다.

1. 현금 ₩2,000,000을 출자받아 회사가 설립되다.
2. 은행으로부터 ₩500,000을 차입하다.
3. 현금 ₩800,000을 지급하고 운반용 트럭을 구입하다.
4. 현금 ₩4,000,000을 받고 세탁용역을 제공하다.
5. 세탁용역 ₩400,000을 외상으로 제공하다.
6. 영업비용 ₩2,580,000을 현금으로 지급하다.
7. 차입금에 대한 이자 ₩60,000을 현금으로 지급하다.
8. ₩180,000의 배당을 선언하고 현금으로 지급하다.
9. 5번에서 발생한 외상대금 중 ₩100,000을 회수하다.
10. 차입금 중 ₩50,000을 상환하다.
11. 영업비용 ₩200,000이 발생하였으나 지급하지 못하다.

요구사항
선광세탁회사의 1월 중 거래를 회계등식을 이용하여 기록하고 손익계산서와 재무상태표를 작성하라.

표 3-2
회계의 기본모형과
거래의 기록

거 래	자 산 = 부 채 + 자 본		
1. 현금 ₩2,000,000을 출자받아 선광세탁회사를 설립하다.	현 금 +2,000,000		자 본 금 +2,000,000
2. 은행으로부터 ₩500,000을 차입하다.	현 금 +500,000	차 입 금 +500,000	
3. 현금 ₩800,000을 지급하고 운반용 트럭을 구입하다.	현 금 −800,000 차량운반구 +800,000		
4. 현금 ₩4,000,000을 받고 세탁용역을 제공하다.	현 금 +4,000,000		용역수익 +4,000,000
5. 세탁용역 ₩400,000을 외상으로 제공하다.	매출채권 +400,000		용역수익 +400,000
6. 영업비용 ₩2,580,000을 현금으로 지급하다.	현 금 −2,580,000		영업비용 −2,580,000
7. 차입금에 대한 이자 ₩60,000을 현금으로 지급하다.	현 금 −60,000		이자비용 −60,000
8. ₩180,000의 배당을 선언하고 현금으로 지급하다.	현 금 −180,000		배 당 금 −180,000
9. 5번에서 발생한 외상대금 중 ₩100,000을 회수하다.	현 금 +100,000 매출채권 −100,000		
10. 차입금 중 ₩50,000을 상환하다.	현 금 −50,000	차 입 금 −50,000	
11. 영업비용 ₩200,000이 발생하였으나 지급하지 못하다.		미지급비용 +200,000	영업비용 −200,000
총 계(회계기간 말)	총 자 산 ₩4,030,000 =	총 부 채 ₩650,000 +	총 자 본 ₩3,380,000

표 3-3
회계의 기본모형에 의한
재무제표의 작성

손 익 계 산 서

선광주식회사   20×1년 1월 1일~20×1년 1월 31일

용역수익　(₩4,000,000+₩400,000)		₩4,400,000
영업비용(₩2,580,000+₩200,000)	₩2,780,000	
이자비용	60,000	2,840,000
순 이 익		₩1,560,000

재 무 상 태 표

선광주식회사   20×1년 1월 31일

자　산		
현　　금(₩2,000,000+₩500,000−₩800,000		
+₩4,000,000−₩2,580,000−₩60,000		
−₩180,000+₩100,000−₩50,000)		₩2,930,000
매 출 채 권(₩400,000−₩100,000)		300,000
차 량 운 반 구		800,000
자 산 총 계		₩4,030,000
부채와 자본		
부　　채:		
미지급비용	₩200,000	
차 입 금(₩500,000−₩50,000)	450,000	
부채총계		₩650,000
자　　본:		
자 본 금	₩2,000,000	
이익잉여금[₩0(기초이익잉여금)		
+₩1,560,000(순이익)		
−₩180,000(배당금)]	1,380,000*	
자본총계		3,380,000
부채와 자본총계		₩4,030,000

* 이 수치는 납입자본인 자본금 ₩2,000,000을 제외한 모든 수익, 비용 및 배당금거래를 직접 계산해서 구할 수 있다. 즉, 0+4,000,000+400,000−2,580,000−60,000−180,000−200,000=1,380,000이다.

　　예제 3-2에서 회계등식을 이용한 거래의 기록시 해결되어야 할 문제가 두 가지 있다. 첫째, 자산, 부채, 그리고 자본의 세부항목에 관한 거래를 보다 효율적으로 기록하는 방법이 필요하다. 둘째, 거래의 기록과정에서 기록의 정확성을 검증할 수 있는 보다 체계적이고 조직적인 방법이 필요하다.

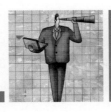

앞 절에서 제기된 두 가지 문제를 해결하기 위한 한 가지 수단으로 실무에서는 계정(account)을 사용하고 있다. 계정이란 회계상의 거래를 기록하도록 표준화된 분류항목이다. 각 계정은 왼쪽과 오른쪽 두 칸으로 나뉘어 있는데 계정의 왼쪽은 차변(借邊: debit), 그리고 오른쪽은 대변(貸邊: credit)이라고 칭한다. 계정의 기본형태는 다음과 같다.

계정명칭	
차 변	대 변

이 계정은 약식계정으로서 계정명칭이 있고 그 아래가 양변으로 나뉘어 T자 형태를 취하고 있기 때문에 T-계정양식이라고 한다. T-계정양식은 주로 연습용으로 많이 쓰이는데 앞으로 이 책에서도 주로 이 양식을 이용하여 거래를 분석할 것이다.

거래는 자산, 부채, 그리고 자본의 세부항목 가운데서 최소한 두 가지 항목 이상에 변화를 초래한다. 그러므로 재무상태표의 자산·부채·자본에 속하는 모든 세부항목과 손익계산서의 수익·비용에 속하는 모든 세부항목에 대해 각각의 독립된 계정이 설정된다. 각 계정항목을 자산·부채·자본·수익·비용 중 어디에 속하느냐에 따라 그 항목의 금액이 증가할 경우에

표 3-4
계정(표준식)의 예

현 금 계 정

계정번호: 101

차 변   대 변

일	자	적 요	분면	금 액	일	자	적 요	분면	금 액
1	1	자 본 금	1	2,000,000	1	5	차량운반구	1	800,000
	3	차 입 금	1	500,000		9	영 업 비 용	1	2,580,000
	7	용 역 수 익	1	4,000,000		10	이 자 비 용	1	60,000
	17	매 출 채 권	1	100,000		15	배 당 금	1	180,000
						18	차 입 금	1	50,000
							잔 액	✓	2,930,000
				6,600,000					6,600,000
		잔 액	✓	2,930,000					

는 왼쪽(또는 오른쪽)에 기입하고, 반대로 감소할 경우에는 그 반대편인 오른쪽(또는 왼쪽)에 기입함으로써 계정을 통해서 모든 거래를 기록·분류·요약할 수 있다. 선광회사의 현금과 관련된 거래를 현금계정에 기록하면 표 3-4와 같다.

표 3-4와 같은 계정양식을 표준식이라고 한다. 표준식 계정은 좌·우 완전 대칭으로 왼쪽과 오른쪽에 각각 거래가 발생한 날짜를 적는 일자란, 상대방 계정과목을 적는 적요란, 분개장의 면수를 적는 분면란, 그리고 금액을 적는 금액란이 있다. 현금은 자산에 속하는 계정이기 때문에 증가를 초래하는 거래는 왼쪽(차변)에 기록된다. 선광회사의 경우 1월 중의 모든 현금거래를 기록하고 난 후 차변에 기록된 총액은 ₩6,600,000이고 대변에 기록된 총액은 ₩3,670,000이다. 이때 차변총액이 대변총액보다 ₩2,930,000이 많으므로 현금계정에 1월 말 현재 차변잔액 ₩2,930,000이 있게 된다. 이는 표 3-3의 재무상태표에 보고된 현금잔액과 일치함을 알 수 있다. 매 기간마다 계정잔액을 구하는 절차를 마감절차라고 하는데 그 방법은 표 3-4에 표시된 바와 같다. 잔액을 구하는 방법은 다음과 같이 약식으로 표시하기도 한다.

현 금	
2,000,000	800,000
500,000	2,580,000
4,000,000	60,000
100,000	180,000
	50,000
✓ 2,930,000	

그러면 계정을 사용함으로써 앞 절에서 제기된 두 가지 문제가 어떻게 해결되었는가를 살펴보기로 한다. 우선 계정을 사용함으로써 재무제표에 보고되어야 할 각 분류항목별 변동금액을 효율적으로 기록하고 추적할 수 있다. 계정의 또 한 가지 장점은 기록과정에서 기록의 정확성을 쉽사리 검증할 수 있다는 것이다. 전술한 바와 같이 회계등식(자산=부채+자본)은 항상 유지되어야 한다. 또한 자산항목의 잔액은 차변에, 그리고 부채와 자본항목의 잔액은 각각 대변에 나타나므로 [차변잔액 합계=대변잔액 합계]의 등식도 항상 유지되어야 한다.

자산, 부채, 그리고 자본의 각 세부항목마다 별도의 독립된 계정을 설정하여 회계정보를 기록하게 되면 언제든지 자산, 부채, 그리고 자본별로 잔액의 총합계를 산출할 수 있어 [자산=부채+자본]의 등식이 성립하는지를 파악할 수 있다. 또한 모든 계정은 각기 차변과 대변으로 분할되어 있어 언제라도 차변에 기록된 합계액이 대변에 기록된 합계액과 일치하는지를 파악해낼 수 있다. 이처럼 계정의 차변과 대변을 이용하여 거래를 기록하면 회계기록에서 스스로 오류를 예방하고 검색할 수 있는 기능을 갖게 되는데 이를 복식부기의 자기검증기능이라고 한다. 모든 거래가 회계의 기본모형에 양면적인 영향을 미치고 있다는 것은 계정을 이용하여 거래를 기록할 경우, 모든 거래는 두 계정 이상에 영향을 미치며 대변기입액은 차변기입액과 항상 일치하여야 함을 뜻한다.

표 3-5
계정을 이용한
거래의 기록방법

자 산	=	부 채	+	자 본
차변 / 대변		차변 / 대변		차변 / 대변
증 가 / 감 소		감 소 / 증 가		감 소 / 증 가

비 용 / 수 익
차변 대변 / 차변 대변
증가 감소 / 감소 증가

계 정	차 변	대 변
자 산	증 가	감 소
부 채	감 소	증 가
자 본	감 소	증 가
수 익	감 소	증 가
비 용	증 가	감 소

계정의 속성에 따른 기록방법을 요약하면 **표 3-5**와 같다. **표 3-5**에서 보면 자산과 비용항목의 증가는 차변에 기록하고 감소는 대변에 기록한다. 반면에 부채·자본·수익항목의 증가는 대변에 기록하고 감소는 차변에 기록한다. 수익의 발생은 자본의 증가를, 그리고 비용의 발생은 자본의 감소를 초래하므로 수익의 발생(증가)과 자본의 증가는 모두 대변에 기록하고 비용의 발생(증가)과 자본의 감소는 모두 계정의 차변에 기록한다. 이는 앞 절에서 소개한 확장된 회계등식을 이용해서 설명할 수 있다.

이는 앞 절에서 소개한 확장된 회계등식을 이용해서 설명할 수도 있다. 이를 정리하여 다음과 같이 나타낼 수 있다.

$$자산 = 부채 + 납입자본 + (기초이익잉여금 + 수익 - 비용 - 배당금)$$

차변잔액인 계정		대변잔액인 계정	
자산 + 비용 + 배당금	=	부채 + 납입자본 + 기초이익잉여금 + 수익	
차 변 / 대 변		차 변 / 대 변	
+ / −		− / +	

위의 식에서 왼쪽에 있는 항목들은 계정의 왼쪽인 차변잔액을 갖는 항목이고 등식의 오른쪽 항목들은 계정의 오른쪽인 대변잔액을 갖는 항목들이다. 따라서 자산, 비용, 배당금에 속하는 항목들에 증가(감소)를 초래하는 거래는 차변(대변)에 기록한다. 마찬가지로 부채, 납입자본, 이익잉여금, 그리고 수익항목들에 증가(감소)를 초래하는 거래는 대변(차변)에 기록한다.

　　회계정보처리과정은 회계의 기본모형에 영향을 미치는 거래에 관한 자료의 수집 및 분석, 분석결과의 기록, 그리고 재무제표의 작성 순으로 진행된다. 이 절에서는 거래의 분석에 관해서 다룬다. 거래의 분석이라 함은 각 거래가 회계 모형에 미치는 양면적 효과를 결정하는 과정이다. 이제 예제 3-2의 각 거래를 분석하여 ① 기업실체에 미치는 양면적인 경제적 영향을 결정하고, ② 이러한 영향이 계정에 어떻게 기록되는가를 살펴보기로 한다.

　　각 거래를 기록할 때에는 ① 적어도 2개 이상의 계정에 영향을 미치고, ② [차변기록 금액 = 대변기록 금액]이 항상 유지되어야 한다. 이렇게 회계상의 모든 거래는 회계의 기본모형에 양면적인 영향을 미치기 때문에 회계의 거래 기록방식을 복식부기제도(double entry system)라고 한다. 차변에 기입하는 것을 차변기입 또는 차기(借記, debit entry)라 하며, 대변에 기입하는 것을 대변기입 또는 대기(貸記, credit entry)라 한다.

　　거래를 계정에 직접 기록하기도 하지만 분개(分介)라는 형식으로 기록하기도 한다. 분개란 거래를 분석하여 어느 계정의 차변에 얼마를 기입하고 어느 계정의 대변에 얼마를 기입하라는 지시를 뜻한다. 예를 들어 회사가 은행으로부터 ₩500,000을 차입한 거래는 현금(자산)의 증가이므로 현금계정의 차변에 ₩500,000을 기록하고 차입금이라는 부채의 증가를 가져오므로 부채계정의 대변에 ₩500,000을 기록하는데 이를 다음과 같은 형식으로 나타낸다.

분개의 예			
(차) 현　금	500,000	(대) 차 입 금	500,000

분개는 다음과 같이 차변 기록을 상단에, 대변 기록을 하단에 기록하기도 한다.

(차) 현　금	500,000	
(대) 차 입 금		500,000

　　예제 3-2에서 예시한 선광세탁회사의 거래를 이용하여 각 거래를 분석하고 기본적인 기록과정을 제시하고자 한다.

　　[1] 현금 ₩2,000,000을 출자하여 선광세탁회사를 설립하다.

　　거래분석: 이 거래에서 자산인 현금이 ₩2,000,000 증가하므로 현금계정의 차변(증가)에
　　　　　　 기입된다. 부채는 변동이 없다. 자본은 ₩2,000,000이 증가하므로 자본금계정
　　　　　　 의 대변(증가)에 기입된다. 따라서 분개는 다음과 같다.

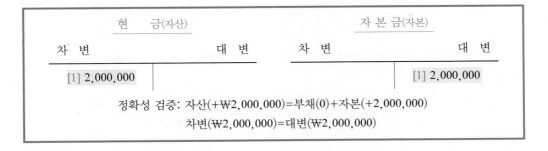

| (차) 현   금(자산) | 2,000,000 | (대) 자 본 금(자본) | 2,000,000 |

이 거래를 T계정에 나타내면 다음과 같다.

현 금(자산)		자 본 금(자본)	
차 변	대 변	차 변	대 변
[1] 2,000,000			[1] 2,000,000

정확성 검증: 자산(+₩2,000,000)=부채(0)+자본(+2,000,000)

차변(₩2,000,000)=대변(₩2,000,000)

[2] 은행으로부터 ₩500,000을 차입하다.

거래분석: 이 거래로 현금이 ₩500,000 증가되므로 자산인 현금계정의 차변(증가)에 기입
되고, 부채가 ₩500,000이 증가되므로 부채인 차입금계정의 대변(증가)에 기입
된다. 자본에는 변동이 없다. 따라서 분개는 다음과 같다.

| (차) 현   금(자산) | 500,000 | (대) 차 입 금(부채) | 500,000 |

이 거래를 T계정에 나타내면 다음과 같다. T계정에 기록할 때 주의할 점은 분개는
거래마다 독립적으로 기록되지만 T계정에는 거래가 누적적으로 기록된다는 것이다. 따
라서 [2]번 거래를 계정에 기록한 후 현금의 잔액은 ₩2,500,000이라는 것을 쉽게 알 수
있다.

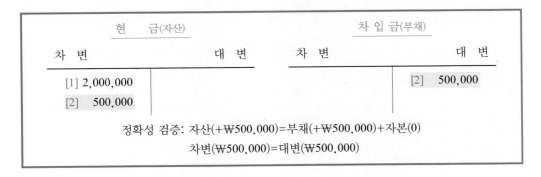

현 금(자산)		차 입 금(부채)	
차 변	대 변	차 변	대 변
[1] 2,000,000			[2] 500,000
[2] 500,000			

정확성 검증: 자산(+₩500,000)=부채(+₩500,000)+자본(0)

차변(₩500,000)=대변(₩500,000)

[3] 현금 ₩800,000을 지급하고 차량운반구를 구입하다.

거래분석: 이 거래 결과 자산인 차량운반구가 ₩800,000 증가하므로 차량운반구계정의
차변(증가)에 기입되고, 현금이 감소하므로 자산인 현금계정의 대변(감소)에 기
입된다. 이 거래는 한 종류의 자산이 증가하고 다른 종류의 자산이 감소하는

거래로 자산 전체에는 영향이 없다. 부채와 자본에도 변동이 없다. 분개를 표시하면 다음과 같다.

| (차) 차량운반구(자산) | 800,000 | (대) 현　금(자산) | 800,000 |

이를 T계정에 나타내면 다음과 같다.

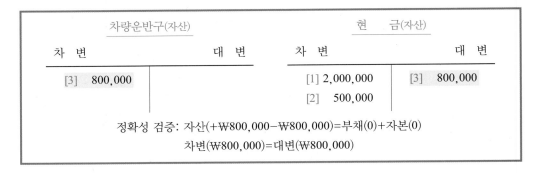

[4] 현금 ₩4,000,000을 받고 세탁용역을 제공하다.

거래분석: 이 거래 결과 현금이 ₩4,000,000 증가되므로 자산인 현금계정의 차변(증가)에 기입된다. 부채는 아무런 영향을 받지 않는다. 수익이 발생하므로 궁극적으로 자본항목인 이익잉여금 ₩4,000,000이 증가하나, 이익잉여금계정에 기록하는 대신 특정 수익의 기록을 유지하면서 손익계산서의 작성을 용이하게 하기 위하여 용역수익이라는 별도의 수익계정을 사용한다.[2] 분개를 표시하면 다음과 같다.

| (차) 현　금(자산) | 4,000,000 | (대) 용역수익(수익) | 4,000,000 |

이를 T계정에 나타내면 다음과 같다.

<table>
<tr><th colspan="2" style="text-align:center">현　금(자산)</th><th colspan="2" style="text-align:center">용역수익(수익)</th></tr>
<tr><th>차　변</th><th>대　변</th><th>차　변</th><th>대　변</th></tr>
<tr><td>[1] 2,000,000
[2]　 500,000
[4] 4,000,000</td><td>[3]　 800,000</td><td></td><td>[4] 4,000,000</td></tr>
</table>

정확성 검증: 자산(+₩4,000,000)=부채(0)+자본(₩4,000,000)
차변(₩4,000,000)=대변(₩4,000,000)

---

2 이론적으로는 수익의 발생을 재무상태표 항목인 이익잉여금의 대변에 직접 기록할 수 있다. 그러나 손익계산서의 작성이 용이하도록 이익잉여금의 변동을 초래하는 수익, 비용, 배당금 항목들은 각각의 세부항목을 이용하여 별도의 계정에 기록한다.

위의 정확성 검증에서 수익의 증가는 자본의 증가로 검증되었음에 주목해야 한다.

[5] ₩400,000 상당의 세탁용역을 외상으로 제공하다.

거래분석: 세탁용역을 외상으로 제공한 결과 미래에 현금을 받을 권리인 매출채권(자산)
이 증가하고 용역수익이 발생한다. 그러므로 매출채권계정의 차변(증가)에 기
입된다. 부채에는 변동이 없다. 거래 [4]에서와 같이 용역수익이라는 계정의
대변(증가)에 기입된다. 분개를 표시하면 다음과 같다.

(차) 매출채권(자산)	400,000	(대) 용역수익(수익)	400,000

이를 T계정에 나타내면 다음과 같다.

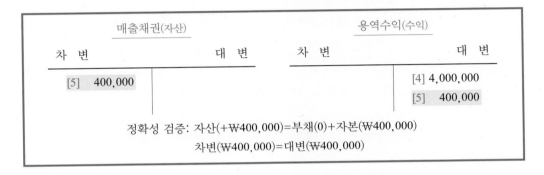

[6] 영업비용 ₩2,580,000을 현금으로 지급하다.

거래분석: 이 거래로 현금이 ₩2,580,000 감소하므로 현금계정의 대변(감소)에
₩2,580,000이 기록된다. 부채에는 아무런 변동이 없다. 영업비용의 발생으로
궁극적으로 이익잉여금이 ₩2,580,000 감소되나 실무에서는 이를 이익잉여금
에 직접 기록하는 대신 별도의 비용계정을 만들어 기록한다.[3] 영업비용계정을
따로 사용하는 이유는 특정 비용의 기록을 유지하여 손익계산서의 작성을 용
이하게 하기 위함이다. 분개내용을 표시하면 다음과 같다.

(차) 영업비용(비용)	2,580,000	(대) 현 금(자산)	2,580,000

이를 T계정에 나타내면 다음과 같다. 정확성 검증은 회계등식에서 비용의 발생이 자
본의 감소로 검증되었음에 유의해야 한다.

---

3 이 거래는 이론적으로 이익잉여금의 감소로 이익잉여금(자본)의 차변에 직접 기록할 수도 있다. 그러나 실무에서는 다양
한 비용항목의 집계를 용이하게 하기 위해 별도의 비용계정을 만든다. (기말이익잉여금=기초이익잉여금+수익−비용−배
당금)의 식에서 볼 수 있듯이 수익은 이익잉여금의 증가(대변)로, 비용과 배당금은 이익잉여금의 감소(차변)으로 직접 기
록할 수 있으나 실무에서는 별도의 계정을 만들어 기록하기 때문에 수익, 비용, 배당금은 이익잉여금의 임시계정이라고
볼 수 있다.

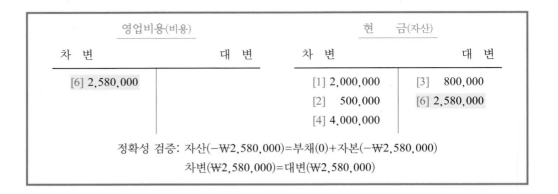

영업비용(비용)		현 금(자산)	
차 변	대 변	차 변	대 변
[6] 2,580,000		[1] 2,000,000 [2] 500,000 [4] 4,000,000	[3] 800,000 [6] 2,580,000

정확성 검증: 자산(−₩2,580,000)=부채(0)+자본(−₩2,580,000)
차변(₩2,580,000)=대변(₩2,580,000)

[7] 차입금에 대한 이자 ₩60,000을 현금으로 지급하다.

거래분석: 현금 ₩60,000이 감소되므로 현금계정의 대변(감소)에 ₩60,000이 기입된다. 관련된 부채인 차입금계정에는 아무런 변동이 없다. 이자의 지급은 이자비용이라는 비용의 발생을 초래하기 때문에 궁극적으로 이익잉여금(자본)이 ₩60,000 감소하게 된다. 손익계산서의 작성을 용이하게 하도록 이자비용이라는 별도의 비용계정의 차변에 기입한다. 분개를 하면 다음과 같다.

(차) 이자비용(비용)	60,000		(대) 현 금(자산)	60,000	

이를 T계정에 나타내면 다음과 같다. 회계등식을 이용한 정확성 검증에서 비용의 발생이 자본의 감소로 검증되었음에 유의해야 한다.

이자비용(비용)		현 금(자산)	
차 변	대 변	차 변	대 변
[7] 60,000		[1] 2,000,000 [2] 500,000 [4] 4,000,000	[3] 800,000 [6] 2,580,000 [7] 60,000

정확성 검증: 자산(−₩60,000)=부채(0)+자본(−₩60,000)
차변(₩60,000)=대변(₩60,000)

[8] ₩180,000의 배당을 선언하고 현금으로 지급하다.

거래분석: 이 거래로 인해 ₩180,000의 자산인 현금이 감소하므로 현금계정의 대변(감소)에 기록된다. 부채는 영향을 받지 않는다. 기업이 소유주에게 현금지급을 통해 이익을 배분했기 때문에 자본이 감소한다. 배당금이라는 독립적인 계정을 사용하여 자본 감소의 원인을 나타낸다. 배당은 비용이 아니라 이익을 소유주에게 배분하는 것이다. 분개를 표시하면 다음과 같다.

(차) 배 당 금(자본)	180,000	(대) 현　　금(자산)	180,000

이를 T계정에 나타내면 다음과 같다. 배당금의 지급 역시 배당금 지급 → 이익잉여금 감소 → 자본의 감소로 연결되므로, 아래의 정확성 검증에서 자본의 감소로 검증되었음에 유의해야 한다.

배 당 금(자본)		현　　금(자산)	
차　변	대　변	차　변	대　변
[8]　180,000		[1] 2,000,000 [2]　500,000 [4] 4,000,000	[3]　800,000 [6] 2,580,000 [7]　60,000 [8]　180,000

정확성 검증: 자산(-₩180,000)=부채(0)+자본(-₩180,000)
차변(₩180,000)=대변(₩180,000)

[9] [5]번에서 발생한 외상대금 중 ₩100,000을 회수하다.

거래분석: 현금이 ₩100,000 증가하였으므로 자산인 현금계정의 차변(증가)에 기록하고, 매출채권이라는 자산이 감소하였으므로 매출채권계정의 대변(감소)에 기록한다. 이 거래로 인해 두 자산항목간의 변동만이 있었을 뿐 자산총계에는 아무런 변동이 없다. 그리고 부채와 자본에도 아무런 영향을 미치지 않았다. 분개는 다음과 같다.

(차) 현　　금(자산)	100,000	(대) 매출채권(자산)	100,000

이를 T계정에 나타내면 다음과 같다.

현　　금(자산)		매출채권(자산)	
차　변	대　변	차　변	대　변
[1] 2,000,000 [2]　500,000 [4] 4,000,000 [9]　100,000	[3]　800,000 [6] 2,580,000 [7]　60,000 [8]　180,000	[5]　400,000	[9]　100,000

정확성 검증: 자산(+₩100,000-₩100,000)=부채(0)+자본(0)
차변(₩100,000)=대변(₩100,000)

[10] 차입금 중 ₩50,000을 상환하다.

거래분석: 현금이 ₩50,000 감소하므로 자산인 현금계정의 대변(감소)에 기입하고 부채인
차입금계정의 차변(감소)에 기입된다. 자본의 변동은 없다. 분개를 하면 다음과
같다.

(차) 차 입 금(부채)	50,000	(대) 현　　　금(자산)	50,000

이를 T계정에 나타내면 다음과 같다.

차 입 금(부채)				현　　　금(자산)		
차　변		대　변		차　변		대　변
[10]　50,000		[2]　500,000		[1] 2,000,000		[3]　800,000
				[2]　500,000		[6] 2,580,000
				[4] 4,000,000		[7]　60,000
				[9]　100,000		[8]　180,000
						[10]　50,000

정확성 검증: 자산(−₩50,000)=부채(−₩50,000)+자본(0)

차변(₩50,000)=대변(₩50,000)

[11] 영업비용 ₩200,000이 발생하였으나 지급하지 못하다.

거래분석: 비용이 발생했는데 지급하지 못하였으므로 미래에 현금을 지급할 의무를 나타
내는 미지급비용이라는 부채계정의 대변(증가)에 ₩200,000이 기록된다. 특정
비용의 기록을 유지하기 위하여 영업비용이라는 비용계정의 차변(증가)에 기입
한다. 자산은 변동이 없다. 분개를 표시하면 다음과 같다.

(차) 영업비용(비용)	200,000	(대) 미지급비용(부채)	200,000

이를 T계정에 나타내면 다음과 같다.

영업비용(비용)			미지급비용(부채)		
차 변		대 변	차 변		대 변
[6] 2,580,000					[11]　200,000
[10]　200,000					

정확성 검증: 자산(0)=부채(+₩200,000)+자본(−₩200,000)

차변(₩200,000)=대변(₩200,000)

현금(자산)			101
[1] 2,000,000		[3]	800,000
[2] 500,000		[6]	2,580,000
[4] 4,000,000		[7]	60,000
[9] 100,000		[8]	180,000
		[10]	50,000
✓ 2,930,000			

미지급비용(부채)		202
	[11]	200,000
	✓	200,000

매출채권(자산)			105
[5] 400,000		[9]	100,000
✓ 300,000			

차 입 금(부채)			201
[10] 50,000		[2]	500,000
		✓	450,000

차량운반구(자산)		110
[3] 800,000		
✓ 800,000		

배 당 금(자본)		331
[8] 180,000		
✓ 180,000		

영업비용(비용)		311
[6] 2,580,000		
[11] 200,000		
✓ 2,780,000		

용역수익(수익)			321
		[4]	4,000,000
		[5]	400,000
		✓	4,400,000

이자비용(비용)		312
[3] 60,000		
✓ 60,000		

자 본 금(자본)			301
		[1]	2,000,000
		✓	2,000,000

이상과 같이 T계정에 기록한 거래를 각 계정별로 그 잔액을 산출하면 **표 3-6**과 같다. **표 3-6**에서 산출한 각 계정의 잔액을 회계등식을 사용하여 요약하면 **표 3-7**과 같다. **표 3-7**의 수익과 비용계정의 잔액을 이용하여 손익계산서를 작성하고 자산, 부채, 납입자본 및 이익잉여금계정의 잔액을 이용하여 재무상태표를 작성할 수 있으며, 그 결과는 **표 3-3**과 같다. 재무상태표를 작성할 때 **표 3-6**이나 **표 3-7**의 이익잉여금계정은 기초잔액을 그대로 유지하고 있으므로 기말잔액으로 조정해 줄 필요가 생긴다. 기초잔액을 그대로 유지하는 이유는 이익잉여금계정에 영향을 미치는 배당금지급, 수익이나 비용의 발생이 이익잉여금계정에 직접 기록되지 않고 각자 독립적인 계정을 이용하여 기록되었기 때문이다. 이를 어떻게 이익잉여금계정에 조정해 주는가는 제5장에서 상세히 설명될 것이다.

📄 표 3-7
회계등식을 이용한
계정잔액의 요약

차 변			대 변			
자산 + 비용 + 배당금 = 부채 + 납입자본 + 기초이익잉여금 + 수익						

자 산:
- 현 금　　₩2,930,000
- 매출채권　　300,000
- 차량운반구　　800,000

비 용:
- 영업비용　　　　　₩2,780,000
- 이자비용　　　　　60,000

배 당 금　　　　　　　　₩180,000

부 채:
- 미지급비용　　　　　　　　₩200,000
- 차 입 금　　　　　　　　450,000

자 본:
- 자 본 금　　　　　　　　　　　₩2,000,000
- 이익잉여금　　　　　　　　　　　　₩0

수 익:
용역수익　　　　　　　　　　　　　　　₩4,400,000

계　　4,030,000 +2,840,000 +180,000 =650,000 +2,000,000 +0 +4,400,000

　　　　₩7,050,000　　=　　　₩7,050,000

분개장

05

International Financial Reporting Standards

　　실무에서는 회계기간 중에 발생한 거래에 대한 기록절차를 다음과 같이 몇 단계로 나누어 실시하고 있다. 첫째, 기업실체에 재무적 영향을 미치는 거래에 대한 증빙서류를 수집한다. 증빙서류의 수집은 회계정보 산출과정의 가장 첫 단계라 할 수 있다. 증빙서류는 거래가 발생하는 회계기간 중에 계속 수집된다. 예를 들어, 매출의 경우에는 매출전표, 판매보고서, 출고지시서 등을 그 증빙서류로 사용할 수 있다. 증빙서류는 거래를 분석하는 데 있어서 기본 자료일 뿐만 아니라, 차후 거래의 기록에 오류가 발생할 경우에는 추적자료로 활용되므로 회계정보산출에 있어서 매우 중요한 역할을 한다.

　　둘째, 회계적 거래로 인정된 거래에 대해 기업에 미치는 효과를 분석한다. 거래의 분석단계는 앞 절에서 이미 설명된 바와 같이 특정거래가 자산, 부채 그리고 자본(수익, 비용, 배당금

분 개 장

1면

일 자		계정과목 및 설명	원면	차 변	대 변
20×1					
1	1	현 금	101	2,000,000	
		자 본 금	301		2,000,000
		(소유주로부터 현금 출자받다)			
	2	현 금	101	500,000	
		차 입 금	201		500,000
		(은행으로부터 차입하다)			

포함) 등에 어떤 영향을 얼마만큼 미쳤는지에 대해서 회계담당자가 판단하는 과정이다.

셋째, 거래분석이 이루어지면 분개장에다 거래를 기록한다. 이는 거래가 회계시스템 내에 공식적으로 기록되는 첫번째 단계이다. 거래를 분개장에 기록하는 일을 분개(分介)라 하는데 분개장을 예시하면 **표 3-8**과 같다.

분개장에는 ① 거래가 발생한 날짜를 기록하는 란, ② 계정과목과 거래에 대한 설명을 기입하는 란, ③ 총계정원장에 전기할 때(이는 다음 단계에서 설명) 원면을 기록하는 란, ④ 그리고 차변과 대변금액을 각각 기입하는 란을 구비하고 있다. 분개장의 기능을 요약하면 다음과 같다. 첫째, 각 거래를 발생한 순서대로 기록한다. 둘째, 각 거래의 모든 경제적 효과를 한눈에 볼 수 있게 한다. 셋째, 오류의 추적 및 검증자료가 된다.

이미 설명된 바와 같이 기업들은 자산, 부채 그리고 자본(수익, 비용, 배당금) 등의 각 항목에 대하여 별도의 독립적인 계정을 설정하고 있다. 이들 계정들을 모아 놓은 장부를 총계정원장(general ledger)이라 하며, 분개장의 거래내역을 총계정원장의 각 계정으로 옮겨 적는 일을 전기(轉記, posting)라 한다. 분개장에 분개된 정보를 원장에 전기함으로써 거래발생 순서대로 분개장에 기록된 정보가 각 계정별로 분류된다.

분개장에 원면을 기록하는 란이 있는 것과 같이 원장에는 분개장의 페이지를 기록하는 분면을 비치하여 전기시 분개장과 원장의 상호대조(cross-check)를 가능케 하고 있다. **표 3-8**의 분개장에 기록된 1월 1일 거래를 총계정원장의 현금계정과 자본금계정에 전기할 때 현금계정의 분면란과 자본금계정의 분면란에 그 거래가 기록된 분개장의 면 번호인 1을 기록한다. 한편 분개장의 '현금' 옆 원면란에는 현금계정의 고유번호인 101을, '자본금' 옆 원면란에는 자본금계정의 고유번호인 301이 기록된다(표 3-6의 계정번호 참조). 분개장의 원면란과 계정의 분면란을 상호대조함으로써 거래의 추적이나 오류의 발견을 쉽게 할 수 있게 된다.

다음은 단영주식회사의 20×4년 9월 30일 현재의 재무상태표이다.

재 무 상 태 표

단영주식회사   20×4년 9월 30일

자 산		부채와 자본	
자 산:		**부 채:**	
현 금	₩4,126,000	매 입 채 무	₩4,708,000
매 출 채 권	3,785,000	미 지 급 금	0
상 품	5,350,000	부채총계	₩4,708,000
선급보험료	900,000	**자 본:**	
사무용비품	736,000	자 본 금	₩15,000,000
차량운반구	9,675,000	이익잉여금	4,864,000
		자본총계	₩19,864,000
자산총계	₩24,572,000	부채와 자본총계	₩24,572,000

20×4년 10월 한 달 동안 다음과 같은 거래가 발생하였다.

10월 2일   원가 ₩2,000,000의 상품을 ₩3,720,000에 외상판매하였다.

     4일   매입채무 중 ₩681,000을 지불하였다.

     6일   광고비 ₩307,000을 지불하였다.

     8일   상품 ₩417,000을 외상매입하였다.

    13일   매출채권 ₩1,120,000을 회수하였다.

    14일   사무용비품을 ₩350,000에 취득하고 현금지불하였다.

    15일   급여 ₩731,000을 지급하였다.

    18일   차량운반구 ₩8,629,000을 취득하고 ₩2,500,000은 현금으로, 나머지는
           6개월 후 갚기로 하였다.

    19일   원가 ₩600,000의 상품을 ₩1,160,000에 현금판매하였다.

    23일   10월분 임차료 ₩475,000을 지불하였다.

    24일   매출채권 ₩2,460,000을 회수하였다.

    29일   ₩500,000의 배당금을 지급하였다.

    30일   급여 ₩772,000을 지급하였다.

요 · 구 · 사 · 항

1) 위의 거래들을 분개하시오.

2) 위의 분개에 근거하여 T계정에 기록하고 각 계정의 잔액을 계산하시오.
   (10월의 거래를 기록하기 전에 9월 30일 현재 재무상태표의 계정잔액을 먼저 기록할 것)

해답

1)

10월 2일*	(차) 매 출 채 권	3,720,000	(대) 매 출	3,720,000
	매 출 원 가	2,000,000	(대) 상 품	2,000,000
4일	(차) 매 입 채 무	681,000	(대) 현 금	681,000
6일	(차) 광 고 비	307,000	(대) 현 금	307,000
8일	(차) 상 품	417,000	(대) 매 입 채 무	417,000
13일	(차) 현 금	1,120,000	(대) 매 출 채 권	1,120,000
14일	(차) 사무용비품	350,000	(대) 현 금	350,000
15일	(차) 급 여	731,000	(대) 현 금	731,000
18일	(차) 차량운반구	8,629,000	(대) 현 금	2,500,000
			미 지 급 금	6,129,000
19일*	(차) 현 금	1,160,000	(대) 매 출	1,160,000
	매 출 원 가	600,000	(대) 상 품	600,000
23일	(차) 임차료비용	475,000	(대) 현 금	475,000
24일	(차) 현 금	2,460,000	(대) 매 출 채 권	2,460,000
29일	(차) 배 당 금	500,000	(대) 현 금	500,000
30일	(차) 급 여	772,000	(대) 현 금	772,000

* 10월 2일의 거래는 다음과 같이 분개해도 개념적으로 틀린 것은 아니다.

(차) 매 출 채 권	3,720,000	(대) 상 품	2,000,000
		상품판매이익	1,720,000

그러나 이 거래는 상품매매회사의 주된 영업활동에서 발생한 거래이므로 손익계산서에 수익인 매출과 비용인 매출원가가 총액으로 보고되도록 해답에서의 분개와 같이 해야 한다.

2)

현 금		
✓ 4,126,000	(4)	681,000
⒀ 1,120,000	(6)	307,000
⒆ 1,160,000	⒁	350,000
㉔ 2,460,000	⒂	731,000
	⒅	2,500,000
	㉓	475,000
	㉙	500,000
	㉚	772,000
✓ 2,550,000		

매 출 채 권	
✓ 3,785,000	⒀ 1,120,000
(2) 3,720,000	㉔ 2,460,000
✓ 3,925,000	

선급보험료	
✓ 900,000	
✓ 900,000	

상 품	
✓ 5,350,000	(2) 2,000,000
(8) 417,000	⒆ 600,000
✓ 3,167,000	

차 량 운 반 구	
✓ 9,675,000	
⒅ 8,629,000	
✓ 18,304,000	

사 무 용 비 품	
✓ 736,000	
⒁ 350,000	
✓ 1,086,000	

미 지 급 금	
	✓ 0
	⒅ 6,129,000
	✓ 6,129,000

매 입 채 무	
(4) 681,000	✓ 4,708,000
	(8) 417,000
	✓ 4,444,000

광 고 비*	
✓ 0	
(6) 307,000	
✓ 307,000	

매 출*	
	✓ 0
	(2) 3,720,000
	⒆ 1,160,000
	✓ 4,880,000

임차료비용*	
✓ 0	
㉓ 475,000	
✓ 475,000	

급 여*	
✓ 0	
⒂ 731,000	
㉚ 772,000	
✓ 1,503,000	

매 출 원 가*	
✓ 0	
(2) 2,000,000	
⒆ 600,000	
✓ 2,600,000	

자　본　금	
	✓ 15,000,000
	✓ 15,000,000

배　당　금*	
	✓ 0
	⑳ 500,000
	✓ 500,000

이익잉여금**	
	✓ 4,864,000
	✓ 4,864,000

* 이익잉여금의 부속항목인 수익, 비용, 배당금계정은 기초잔액이 항상 0이다(제5장에서 설명). 이 계정들을 제외한 다른 계정들은 당기의 거래를 고려하기 전에 전기로부터 이번기로 이월된 기초잔액을 먼저 고려해야 기말의 잔액이 정확하게 나온다.

** 이익잉여금에 영향을 주는 수익, 비용, 배당금이 별도의 계정에 기록되었으므로 기초잔액 그대로이다.

익힘문제 __

회계적 거래에 대하여 설명하시오. 또한 기업에서 발생되는 사건 중에서 회계상의 거래가 아닌 사건의 예를 세 가지만 들어 보시오.

계정은 무엇인가, 그리고 계정과 총계정원장은 무슨 관계가 있는가?

상품을 외상으로 판매할 경우 매출채권계정의 차변에 기록하는 것은 타당한가?

"현금계정의 차변에 ₩500이 기록되었다"는 말은 무엇을 의미하는가?

매입채무계정의 차변에 기록이 되었다면 이는 어떤 거래이었겠는가?

거래에서 어느 한쪽의 차변기입사항은 거래상대방의 대변기입사항이 되는가?

어느 회사의 재무상태표에서 차변합계 금액보다 대변합계 금액이 많을 수 있는가?

회계기록에 복식부기제도라는 용어가 사용된 특별한 이유는 무엇인가?

자산, 부채 그리고 자본의 증가와 감소는 각기 계정의 어느 편에 기록되는가?

QUESTION 10

부채와 자본의 증감내용이 동일한 방법으로 기록되는 이유는 무엇인가?

QUESTION 11

"자본의 모든 변화는 수익과 비용계정에 반드시 기록된다"는 말은 옳은가? 만약 틀린다면 수익 또는 비용이 발생되지 않았는데 자본에 변화를 가져다주는 거래의 예를 두 가지만 들어 보시오.

QUESTION 12

분개장의 기능은 무엇인가?

QUESTION 13

전기를 하는 목적은 무엇이며, 분개장의 원면란은 어떤 기능을 하는가?

QUESTION 14

다음에 기술한 상황에 부합되는 거래의 예를 들어 보시오.
- (1) 자산의 증가/자산의 감소
- (2) 자산의 증가/수익의 발생
- (3) 자산의 증가/부채의 증가
- (4) 자산의 증가/자본의 증가(수익 외의 거래)
- (5) 부채의 감소/자산의 감소
- (6) 자본의 감소/자산의 감소
- (7) 비용의 발생/자산의 감소
- (8) 비용의 발생/부채의 증가
- (9) 부채의 감소/부채의 증가

PROBLEM

연습문제 __

1 회계적 거래

다음 중 회계적 거래가 아닌 것은?

(1) ₩800,000의 상품을 외상으로 매입하다.
(2) 홍수로 ₩900,000의 상품이 유실되다.
(3) 건물을 ₩1,200,000에 구입하기로 계약을 체결하다.
(4) 보험료 ₩50,000을 현금으로 지급하다.
(5) 은행에서 현금 ₩400,000을 차입하기로 결정하다.
(6) 상품을 ₩900,000에 주문하다.
(7) 연봉 ₩200,000,000에 사장을 새로 고용하다.
(8) 회계기말 현재 보유중인 유가증권의 가격이 ₩30,000만큼 하락하다.

2 거래의 영향

아래의 거래가 회사의 자산을 증가시켰으면 (+), 감소시켰으면 (−), 아무런 영향이 없으면 (○)으로 표시하시오.

(1) 소유주로부터 현금을 출자받아 사업을 시작하다.
(2) 임차한 건물에 대한 임차료를 현금지급하다.
(3) 용역을 제공하고 그 대가로 수표를 받다.
(4) 사무실용 소모품을 외상으로 구입하다.
(5) 구입한 소모품 중 일부가 화재로 인하여 못 쓰게 되다.
(6) 사무실용 설비를 설비계정의 가액보다 높은 값에 현금을 받고 매각하다.
(7) 사무실용 소모품의 외상구입대금을 일부 지급하다.

3 거래의 영향

아래의 거래가 부채를 증가시켰으면 (+), 감소시켰으면 (−), 아무런 영향이 없으면 (○)으로 표시하시오.

(1) 소유주로부터 현금을 출자받아 영업을 개시하다.
(2) 당해 회계기간의 전력요금을 아직 지급하지 못하다.
(3) 사무실용 소모품을 외상으로 구입하다.

(4) 소모품의 외상구입대금을 전액 지급하다.

(5) 용역을 외상으로 제공하다.

---

4 거래의 영향

이번 달 경률회사의 거래는 다음과 같다. 각 거래가 재무상태표의 주요소에 미친 영향을 증가는 (+), 감소는 (−), 아무런 영향이 없으면 (○)으로 각각 표시하시오. 단, 아래와 같은 표를 사용하시오.

문제번호	자 산	=	부 채	+	자 본

(1) 매출채권의 회수

(2) 주주의 추가출자

(3) 비품의 외상매입

(4) 부채의 상환

(5) 토지의 취득, 10%의 대금은 현금으로 지급, 나머지는 미지급

(6) 설비의 현금취득

(7) 배당금의 지급

(8) 용역을 제공하고 현금을 받음

(9) 용역을 제공하고 용역대금을 청구

⑽ 이번 달에 사용한 전력요금에 대한 청구서 수취

⑾ (3)번의 매입한 비품을 반품, 대금은 이 날까지 지급되지 않음

---

5 회계등식을 이용한 거래의 기록

아래의 예와 같이 각 거래를 회계등식을 이용하여 기록하시오.

(예 1) ₩2,500의 현금을 투자하여 사업을 개시하다.

답: 자 산 = 부 채 + 자 본

현금(+2,500)　　　　　　　　　자본금(+2,500)

(예 2) 단기차입금 ₩5,000을 상환하다.

답: 자 산 = 부 채 + 자 본

현금(−5,000)　단기차입금(−5,000)

(1) 은행으로부터 ₩10,000을 차입하다.

(2) ₩2,800의 비품을 외상으로 매입하다.

(3) ₩400의 소모품을 현금으로 매입하다.

(4) ₩3,000의 상품을 현금으로 매입하다.

(5) 원가 ₩3,000의 상품을 ₩4,000에 외상으로 판매하다.

(6) 매출채권 ₩2,000을 회수하다.

(7) ₩330의 급여를 지급하다.

(8) ₩2,000의 상품을 외상으로 매입하다.

(9) ₩1,000의 배당을 선언하다.

⑽ (8)의 상품을 ₩3,000에 현금판매하다.

⑾ 임차료 ₩100이 발생하였으나 지급하지 못하다.

⑿ (9)에서 선언한 배당을 지급하다.

⒀ 차입금에 대한 이자 ₩600을 현금으로 지급하다.

거래의 분개

위의 5번 문제의 거래들을 아래와 같이 분개하시오.

(예 1)	(차)	현	금	2,500	(대)	자 본 금		2,500
(예 2)	(차)	단기차입금		5,000	(대)	현	금	5,000

거래의 분개

성혜회사의 다음과 같은 독립적인 거래를 분개하시오.

(1) 원가 ₩500,000의 상품을 ₩750,000에 외상으로 판매하였다.

(2) 매출채권 중 ₩1,600,000을 수취하였다.

(3) 상품을 ₩850,000만큼 외상매입하였다.

(4) 기계설비를 ₩1,100,000에 구입하고 ₩200,000은 현금지급하고 나머지는 미지급하였다.

(5) 원가 ₩400,000의 상품을 ₩700,000에 현금판매하였다.

(6) 매입채무 중 ₩1,125,000을 지급하였다.

(7) 배당금 ₩1,400,000을 현금지급하였다.

(8) 급여 ₩650,000을 지급하였다.

8 거래의 추정
다음의 분개를 기초로 하여 거래를 추정하시오.

(1)	(차)	임차료비용	17,000	(대)	현　　　금	17,000
(2)	(차)	매 출 채 권	46,000	(대)	용 역 수 익	46,000
(3)	(차)	대 여 금	50,000	(대)	현　　　금	50,000
(4)	(차)	건　　　물	100,000	(대)	기　　　계	40,000
					미 지 급 금	60,000
(5)	(차)	임 차 료	8,000	(대)	미지급임차료	8,000

9 거래의 추정
다음 사항은 상품매매업을 하는 차윤회사의 거래를 기록한 것이다. 각 사항별로 무슨 거래인지 추정하시오.

	현　금	매출채권	설　비	소모품	매입채무	미지급금	자　본
(1)	₩5,000		₩2,000				₩7,000
(2)	−1,000			₩3,000	₩2,000		
(3)	2,500	₩1,500					4,000
(4)			1,000			1,000	
(5)	−7,000				−₩7,000		
(6)	4,000	−4,000					
(7)		10,000					10,000
(8)	−6,000						−6,000

10 거래의 유형
아래 제시한 거래유형에 맞는 거래의 예를 하나씩 제시하고 분개하시오.

	차　변	대　변
(1)	자산의 증가	자산의 감소
(2)	부채의 감소	자산의 감소
(3)	자본의 감소	자산의 감소
(4)	비용의 발생	부채의 증가

11 거래의 유형

다음 계정들의 성격이 적절히 설명되지 않은 것들을 찾아 이를 바르게 제시하시오.

	기 장 법 칙	정상적인 계정잔액
(1) 급여계정	증가시 차변에 기록	대 변
(2) 소모품계정	감소시 대변에 기록	대 변
(3) 매입채무계정	증가시 차변에 기록	대 변
(4) 매출채권계정	감소시 대변에 기록	대 변

12 T계정을 통한 거래의 추정

다음은 20×3년 5월 1일 영업을 개시한 정일상사에서 한 달 동안 발생한 거래를 T계정에 기록한 것이다.

현   금

5/2	3,000,000	5/6	500,000
5/11	550,000	5/13	1,200,000
		5/20	500,000
		5/24	750,000

매출채권

5/8	800,000	5/11	550,000

설   비

5/13	1,200,000

매입채무

		5/6	450,000

매   출

		5/8	800,000

당기손익인식금융상품

5/24	750,000

영업비용

5/20	500,000

상   품

5/6	950,000

자 본 금

		5/2	4,500,000

건   물

5/2	1,500,000

요구사항

위의 자료에 의하여 20×3년 5월 한 달 동안 정일상사에서 발생한 거래를 추정하여 발생순서대로 기술하시오.

13 거래의 분개

다음의 독립적인 거래를 분개하시오.

(1) 소유주로부터 현금 ₩3,500,000을 출자받아 영업을 개시하다.

(2) 건물과 토지를 각각 ₩3,200,000과 ₩4,800,000에 현금으로 구입하다.

(3) 상품을 ₩5,400,000에 매입하였는데, 대금 중 ₩3,500,000은 현금으로 지급하고 잔액은 외상으로 하다.

(4) 원가 ₩5,000,000의 상품을 ₩9,800,000에 판매하였는데, 대금 중 ₩4,000,000은 현금 으로 지급받고 잔액은 외상으로 하다.

(5) 보험료 ₩950,000을 현금으로 지급하다.

(6) 은행에서 ₩1,500,000을 차입하다.

(7) 차입금 ₩500,000을 상환함과 동시에 차입금에 대한 이자 ₩30,000을 지급하다.

(8) 영업비용 ₩550,000을 현금으로 지급하다.

(9) 매출채권 ₩600,000을 회수하였고, 매입채무 ₩500,000을 상환하다.

(10) 배당금 ₩850,000을 선언·지급하였다.

14 거래의 분개와 T계정에의 전기

김갑돌 씨는 청목회사에서 광고담당자로 수년 동안 일해 왔다. 20×5년 김갑돌 씨는 자신의 회사를 설립하였다. 회사를 설립하고 1월 첫달 동안의 영업활동에서 다음과 같은 거래들이 발생하였다.

(1) 김갑돌 씨가 ₩1,500,000의 현금을 출자하여 회사를 설립하고 회사는 사무용비품 ₩510,000을 외상구입하였다.

(2) 광고용역으로 ₩1,700,000의 현금을 수취하였다.

(3) 1월 한 달의 임차료 ₩270,000을 지급하였다.

(4) 자동차를 ₩630,000에 구입하였는데 대금은 3개월 후 지급하기로 하였다.

(5) 전화요금 ₩190,000을 지급하였다.

(6) ₩2,000,000의 광고용역을 외상으로 제공하였다.

(7) (1)의 매입한 비품대금 중 ₩310,000을 지급하였다.

(8) 현금 ₩1,000,000을 추가출자받았다.

(9) (6)의 대금 중 ₩920,000을 수취하였다.

(10) 급여 ₩1,860,000을 지급하였다.

(11) 자동차 수선비 ₩430,000이 발생하였으나 아직 지급되지 않았다.

요구사항

1) 위의 거래들을 분개하시오.

2) 현금, 매출채권, 비품, 차량운반구, 미지급수선비, 미지급금, 자본금, 용역수익, 임차료 비용, 수선비, 전화료, 급여의 T계정을 설정하고 위의 거래들을 T계정에 전기하시오.

15 거래의 분개와 T계정에의 전기

서천기업은 부동산중개업을 목적으로 설립되었다. 다음은 회사 설립 후 1년간의 거래들이다.

(1) ₩23,900의 주식을 발행하여 다음의 자산들을 구입한 후 영업을 개시하다.

토 지 ₩1,000 자동차 ₩2,400
건 물 15,000

(2) 영업개시의 광고에 현금 ₩150을 지급하다.

(3) 설비를 ₩1,900에 외상으로 구입하였다.

(4) 부동산중개료 ₩1,200을 현금으로 받다.

(5) 소모품 ₩600을 현금으로 구입하다.

(6) 설비구입시 발생한 채무 ₩1,900 중 ₩950을 상환하다.

(7) 신문에 광고를 내고 광고비 ₩75를 지급하다.

(8) 직원 급여 ₩140을 지급하다.

(9) ₩500의 배당을 선언하고 현금으로 지급하다.

(10) 3년치 보험료 ₩480을 지급하다.

(11) 중개료 수익 ₩3,000이 발생하였으나 다음 연도에 받기로 하다.

(12) 소모품 ₩200을 사용하였다.

요구사항

1) 위의 거래들을 분개하시오.

2) 현금, 매출채권, 소모품, 선급보험료, 토지, 건물, 차량운반구, 설비, 미지급금, 자본금, 배당금, 중개수익, 임금, 광고비 그리고 소모품비의 T계정을 설정하고 위의 거래들을 T계정에 전기하시오.

---

16 거래의 분개와 T계정에의 전기

다음은 20×5년 7월 한 달 동안 삼화상사에서 발생한 거래이다.

7월 1일 다음 자산을 주주로부터 출자 받아 영업을 시작하다.
현금 ₩900,000 토지 ₩900,000 건물 ₩400,000

4일 상품을 ₩600,000에 매입하였는데, 대금 중 ₩480,000은 현금으로 지급하고 잔액은 외상으로 하다.

7일 광고비 ₩12,000을 현금으로 지급하다.

9일 원가 ₩200,000의 상품을 ₩360,000에 판매하였는데, 대금 중 ₩180,000은 현금으로 받고 잔액은 외상으로 하다.

13일 수수료 ₩18,000을 현금으로 지급하다.

19일 원가 ₩80,000의 상품을 ₩144,000에 현금판매하다.

21일 7월 4일에 발생한 매입채무 중 ₩60,000을 지급하다.

23일 직원에 대한 급여 ₩30,000을 현금으로 지급하다.

요구사항

위의 거래를 분개하고 T계정에 전기하시오.

17 거래의 분개와 T계정에의 전기

다음은 20×3년 11월 한 달 동안 주영회사에서 발생한 거래들이다.

11월 1일		₩17,550,000을 출자받아 영업을 시작하였다.
3일		토지를 ₩20,000,000에, 건물을 ₩62,000,000에 취득하였다.
		₩5,000,000은 현금으로 지불하고 ₩77,000,000은 사채를 발행하여 결제하였다.
5일		사무용비품을 ₩2,750,000에 외상으로 구입하였다.
6일		상품을 ₩2,750,000에 외상매입하였다.
11일		원가 ₩2,500,000의 상품을 ₩3,620,000에 외상판매하였다.
16일		사무용비품 대금 ₩2,750,000을 지급하였다.
18일		광고비 ₩310,000을 현금지급하였다.
21일		급여 ₩1,065,000을 지급하였다.
24일		매출채권 중 ₩850,000을 회수하였다.
28일		공과금 ₩120,000을 지급하였다.
29일		상품 외상매입 대금 중 ₩500,000을 지급하였다.

요구사항

위의 거래들을 분개하고 T계정에 전기하시오.

---

18 거래의 분개와 T계정에의 전기

정석컴퓨터자문회사가 20×7년 8월에 영업을 시작하고 8월 한 달 동안 다음과 같은 거래를 하였다.

8월 1일		₩20,300,000을 출자받아 영업을 시작하였다.
4일		컴퓨터를 ₩75,000,000에 취득하였으며 대금의 10%는 현금으로, 나머지는 은행에서 차입하여 결제하였다.
5일		사무용비품을 ₩5,268,000에 취득하고 대금은 미지급하였다.
7일		8월달의 임차료 ₩350,000을 지급하였다.
10일		자문용역에 대해 ₩14,716,000의 현금을 수취하였다.
11일		사무용비품 대금을 지급하였다.
12일		자문용역에 대한 수수료 ₩17,313,000을 청구하였다.
19일		급여 ₩9,251,000을 지급하였다.
24일		₩1,627,000만큼의 사무용비품을 구입하였다. 대금은 미지급하였다.
31일		현금 ₩3,000,000을 추가출자받았다.

요구사항

1) 위의 거래들을 분개하시오.
2) 다음 계정들의 8월 말 잔액을 계산하시오.
   현금, 매출채권, 사무용비품, 컴퓨터, 차입금, 미지급금, 자문용역수익, 급여, 임차료, 자본금

19 거래의 기록과 재무제표 작성

20×7년 8월 1일 홍길동 씨는 ₩6,500,000을 출자하여 나나회사를 설립하였다. 이 회사는 고객들에게 전화를 대신 받아 주고 이를 메모해 주는 용역을 제공한다. 첫 한 달 동안 다음 거래들이 발생하였다.

(1) 전화응답용 설비를 ₩4,000,000에 구입하였으며 이 중 ₩1,000,000은 현금으로, 나머지는 20×8년 2월 1일에 만기가 되는 은행차입금을 대부받아 결제하였다.

(2) 메모용역용 설비를 ₩925,000에 외상으로 구입하였다.

(3) 홍길동 씨로부터 ₩1,250,000을 추가출자받았다.

(4) 전화응답용역 제공으로 ₩2,750,000을 고객에 청구하였다.

(5) (4)에서 청구한 금액 중 ₩1,375,000을 수취하였다.

(6) 메모용역 대금 ₩560,000을 고객에 청구하였다.

(7) 전화요금 ₩70,000을 현금지급하였다.

(8) 급여 ₩290,000을 지급하였다.

(9) 임차료 ₩250,000을 지급하였다.

⑩ (2)의 설비대금 중 ₩500,000을 지급하였다.

요구사항

1) 위의 거래를 분개하고 현금, 매출채권, 메모용역설비, 전화응답용설비, 차입금, 미지급금, 용역수익, 전화료, 급여, 임차료, 자본금의 T계정을 설정하여 이를 전기하시오.
   (현금출자를 받은 거래는 (1)번 분개시 분개하시오)

2) 20×7년 8월 31일 현재의 재무상태표와 20×7년 8월의 손익계산서를 작성하시오.

International Financial Reporting Standards

04

기업이익의 측정

학습**목표**

이 장에서는 순이익에 초점을 맞추어 순이익에 영향을 미치는 거래들에 대해서 중점적으로 설명하고자 한다. 순이익은 수익과 비용간의 차액을 뜻하며, 이 장에서 다루어질 거래들은 수익과 비용에 영향을 미치는 거래(이를 손익거래라 함)들이다. 우선 순이익의 측정에 대해 살펴본 후 순이익의 측정과 관련된 개념들로서 제3장에서 설명한 발생기준 가정과 수익 비용의 대응원칙에 대해서 보다 확실하게 이해하기로 하자. 일정기간 동안 발생된 수익과 비용을 발생기준에 따라 인식하기 위해 매 회계기간 말에 실시하는 분개를 수정분개라 하는데 이 장에서는 수정분개에 대해서도 자세히 다룰 것이다.

주요 **학습사항**

순이익의 측정	영구계정(실질계정)	이　연
손익거래	임시계정(명목계정)	선수수익
회계연도	대응원칙	미수수익
현금기준	미소멸원가	선급비용
발생기준	소멸원가	미지급비용
수익의 인식시점	수정분개	감가상각비
차감계정	발　생	감가상각누계액

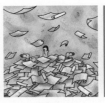
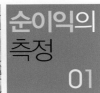

순이익의
측정
01

계속기업의 가정에 의하면 기업은 예상가능한 기간 동안 영업을 계속할 것이라는 가정을 한다. 기업의 영업활동은 지속적으로 수행되기 때문에 기업이 그 수명을 다하지도 않은 시점에서 기업의 영업성과인 이익을 결정하는 일은 결코 쉬운 일이 아니다. 그러나 투자자나 채권자들은 수시로 기업에 관한 의사결정을 하기 때문에 보다 짧은 기간 동안의 이익정보를 원한다. 기업의 주주들은 투자의사결정을 내리기 위해 이익에 대한 보고서를 원하며, 정부기관 역시 조세 부과목적으로 분기간 또는 연간 이익을 알고 싶어 한다. 기업경영자들 또한 신속한 경영의사결정을 위해 월간 또는 분기간 이익수치를 원한다. 이러한 욕구를 충족시켜 주기 위해서 회계담당자들은 기업의 수명을 인위적으로 분할하여 보다 짧은 기간 동안의 순이익을 측정한다.

한 회계기간 동안, 기업의 경영성과를 보여 주는 순이익은 그 기간 동안의 수익과 비용의 차이로 측정된다. 수익이 비용보다 크면 순이익이, 비용이 수익보다 크면 순손실이 발생된다.

순이익 = 수익 - 비용

수익(income)은 한 회계기간 동안 자산의 유입이나 증가 또는 부채의 감소를 통하여 자본의 증가를 초래하는 특정 회계기간 동안에 발생한 경제적 효익의 증가로 정의된다. 일반적으로 수익은 기업의 정상영업활동, 즉 기업이 재화와 용역을 고객에게 제공하고 받는 대가로부터 발생하는 협의의 수익(또는 매출)을 의미한다. 예를 들어 자동차 제조업의 회사인 경우 고객을 위해 자동차를 판매하는 것이 주된 영업활동이며 자동차가 고객을 위한 최종적인 재화이다. 기업은 자동차를 고객에게 판매한 후 대가를 수취한 경우 수익을 인식한다. 은행의 경우 고객을 위해 대출, 자금이체 등과 같은 용역를 제공하는 것을 주된 영업활동으로 한다. 따라서, 은행은 이러한 용역을 제공한 후 수수료수익, 이자수익, 배당수익의 명칭을 갖는 수익을 인식한다. 이와 같이 기업이 제공하는 재화와 용역, 그리고 기업이 속해있는 산업에 따라 수익은 다양한 명칭을 가질 수 있다. 기업이 고객에게 재화와 용역을 제공하고 대가를 취득하는 경우, 수익의 발생은 궁극적으로 이익잉여금의 증가를 통해 자본의 증가를 초래한다.

수익은 기업의 정상영업활동 이외의 활동에서 발생할 수도 있는 데, 이러한 수익은 차익(gain)이라고 불리우기도 한다. 예를 들어, 자동차 제조회사가 생산설비자산(유형자산)을 판매하여 이익이 발생하였다고 가정하자. 이러한 유형자산의 판매는 기업의 주된 상품인 자동차의 판매와는 직접적인 관련성은 없다. 하지만, 유형자산의 처분으로 인하여 순자산의 증가가 발생하였고 수익의 정의를 만족시킨다. 이처럼 주된 영업활동 이외에서 발생하는 이익을 차익이라고 한다.

주주와의 직접거래를 통해 자산이 증가하는 경우는 수익의 발생으로 보지 않는다. 예를 들어 유상증자를 통해 주주가 현금을 회사에 납입하고 신주를 배정받음으로써 회사의 현금이 증가되는 경우는 수익의 발생으로 기록하지 않고 납입자본의 증가로 기록한다.

K-IFRS에서 수익(income)은 수익(revenue)와 차익(gain)을 포함하는 광의의 개념이다. 하지만, 일반적으로 수익은 기업의 정상영업활동으로부터 발생하는 협의의 개념인 수익(revenue)을 지칭하고 있으며, 본 서에서도 별도의 언급이 없는 경우 협의의 개념인 수익으로 사용한다. 기업의 정상적인 영업활동으로부터 발생하는 수익은 매출액, 수수료수익, 이자수익, 배당수익 등 다양한 명칭으로 구분될 수 있다.

비용(expenses)은 한 회계기간 동안 자산의 유출이나 소멸 또는 부채의 증가에 따라 자본의 감소를 초래하는 특정 회계기간 동안에 발생한 경제적 효익의 감소를 뜻하는 것으로 기업의 정상영업활동으로부터 발생하는 비용(expenses)과 그 이외의 활동에서 발생하는 비용인 차손(loss)을 포함한다. 비용은 수익과는 반대로 자본을 감소시킨다. 그러나 주주와의 직접 거래에서 자산과 자본이 감소한다면, 이는 비용으로 보지 않는다. 예를 들어 주주에게 현금배당을 지급하면 자산인 현금이 감소하고 자본인 이익잉여금이 감소하지만 이를 비용으로 기록하지는 않는다. 또한 모든 현금수입이 자동적으로 수익으로 인식되지는 않듯이 모든 현금지출이 자동적으로 비용으로 인식되는 것은 아니다. 예를 들어 부채를 갚기 위한 현금지출은 비용이 아니다. 또한 공장자산을 취득하기 위해서 현금을 지급하는 경우에는 일단 자산으로 기록되며, 차후 기업의 활동에 이 자산이 사용되면 이 자산의 원가는 비용으로 전환된다. 그래서 자산은 미소멸 원가(unexpired cost)로, 비용은 소멸 원가(expired cost)라 불리우기도 한다.

재화나 서비스를 고객에게 제공함으로써 수익이 발생한 거래나 또는 매출원가, 급여 등 비용이 발생한 거래를 총괄해서 손익거래라 부른다. 다시 말해서 손익거래가 발생되면 이는 수익이나 비용에 변동을 가져다주기 때문에 반드시 순이익에 영향을 준다. 수익과 비용은 이론적으로 이익잉여금의 증가와 감소로서 자본계정에 직접 기록할 수 있다. 그러나 정보이용자들은 수익과 비용의 발생에 대해 보다 상세한 정보를 원하고 있다. 이러한 이유 때문에 실무에서는 보통 각 수익과 비용항목별로 별도의 계정을 만들어 해당 금액을 누적시킨다. 손익계산서를 작성하는 데 필요한 수익과 비용계정은 일정 회계기간에만 잔액이 누적되기 때문에 임시계정(temporary account) 또는 명목계정(nominal account)이라고 한다. 임시계정은 한 회계기간 동안 수익과 비용 누계액을 보여 주며 회계기간 말에 이들 계정의 잔액은 자본항목인 이익잉여금계정으로 옮겨진다. 따라서 매 회계기간 임시계정의 기초잔액은 항상 0이다. 임시계정의 마감절차는 제5장 회계정보의 산출과정에서 설명한다. 반면에 자산, 부채, 자본 등 재무상태표계정은 회계기간이 끝나도 계속 잔액이 유지되므로 영구계정(permanent account) 또는 실질계정(real account)이라고 한다.

수익과
비용의
대응 02

2-1 현금기준과 발생기준

수익과 비용은 각각 현금의 수입과 지출시점을 기준으로 기록될 수도 있는데 이를 현금기준(cash basis)이라 부른다. 현금기준에서 수익은 영업활동과 관련하여 현금이 회사에 들어오는 기간에 획득한 것으로 보고되며 비용은 현금이 지급된 기간에 보고된다. 현금기준 회계는 영세상점이나 개인에게는 적합할 수도 있지만 대다수 기업의 영업성과를 측정하는 데는 미흡한 점이 많다. 가령 수익은 현금이 들어오는 기간과는 다른 기간에 가득되어질 수도 있으며, 비용도 현금이 지급된 기간과는 다른 기간에 발생될 수 있다.

순이익을 보다 정확하게 측정하려면 수익과 비용이 한 회계기간 동안 적절하게 대응되어져야 한다. 수익과 비용의 기간대응을 적용하기 위해서 발생기준(accrual basis)의 개념이 생겨났다. 발생기준 회계의 주안점은 현금의 수입이나 지출시기와는 상관없이 수익이 실질적으로 발생한 기간에 수익을 인식하고 이에 대응시켜 비용을 인식함으로써 한 회계기간 동안의 업적평가가 적절히 이루어지도록 하려는 데 있다. 예를 들어 외상으로 상품을 판매한 경우 현금의 수입은 없어도 매출이란 수익이 인식된다. 마찬가지로 급여가 미지급상태에 있거나 전력사용에 대한 청구서를 받은 경우 아직 현금의 지출이 이루어지지 않았더라도 발생기준에 의하면 종업원의 서비스와 전력사용의 혜택을 당기에 받았으므로 급여나 공과금이라는 비용이 인식된다.

2-2 수익의 인식

최근 기업들은 재화와 용역을 다양한 형태로 혼합한 새로운 상품을 개발하여 제공하고 있다. 이러한 새로운 상품의 개발은 회계적 거래를 더욱 복잡하게 만들며 기업의 상품 제공에 따른 수익인식을 어렵게 하고 있다. 예를 들어 최근 고객들이 휴대폰을 구입할 때 단순히 휴대폰만 구매하는 것이 아니라 이동통신사로부터 통신서비스를 함께 구매하고 있다. 구매자 입장에서는 일정한 가격만 통신사에게 지급하면 되지만, 판매자 입장에서는 휴대폰이라는 재화와 통신서비스라는 용역을 제공하는 회사가 다를 수 있고, 고객으로부터 받은 금액을 각각의 재화와 용역의 대가로 구분하고 수익 금액을 나누어 인식해야 하는 복잡한 과정을 거쳐야 한다.

일반적으로 기업이 수익을 인식하기 위해서는 기업이 수익 창출을 위해 수행해야 할 의무를 이행해야 하고, 이러한 의무 이행으로 인하여 실현될 미래의 경제적 이익을 신뢰성 있게 측정할 수 있을 때 인식한다. 즉 기업이 수익을 인식하기 위해서는 기업은 고객이 요구하는 재화나 용역을 제공하고 이러한 재화와 용역에 제공에 대한 대가가 얼마인지 알 수 있어야 한다. 일반적으로 생산된 재화의 판매시점에서 재화가 고객에게 인도되고, 그 대가로 회사가 현금청구권을 확보하게 될 때 수익인식 조건을 충족한다.

K-IFRS에서는 기업이 수익을 인식하기 위한 5단계를 제시하고 있다. 재화와 용역의 제공은 기업의 영업활동에 있어서 가장 중요한 활동이고 이러한 활동을 어떻게 회계적으로 인식할 지에 대한 수익인식 기준은 회계적으로 가장 중요한 사안이다. 하지만, 실무적 경험이 적고 회계를 처음 공부하는 학생에게는 이러한 수익인식 단계가 어렵고 이해하기 어려운 주제이다. 특히 K-IFRS가 제시하는 수익인식 5단계는 개념적으로 쉽지 않은 주제이다. 본 장에서는 수익인식 5단계에 대해 간략하게 설명하며, 향후 독자들은 기초적인 회계 지식이 갖추어진 후 중급회계와 고급회계에서 보다 구체적으로 학습할 것을 제안한다. 다만, 수익을 인식하기 위해서는 기업이 수행해야 하는 의무를 이행하였으며, 의무 이행에 따른 대가를 신뢰성 있게 측정할 수 있어야 한다는 일반적인 두 원칙은 기억하기를 바란다.

K-IFRS에서는 기업이 고객과의 계약으로부터 발생하는 수익을 인식하기 위해서는 다음과 같은 5단계에 따라 수익을 인식할 것을 요구하고 있다.

[1단계] 계약의 식별
[2단계] 수행의무의 식별
[3단계] 거래가격의 산정
[4단계] 거래가격을 배분
[5단계] 수익의 인식

위의 수익인식을 위한 5단계는 기업이 수익인식을 위해 이행해야 하는 의무와 의무 이행에 따른 대가를 인식하기 위한 단계를 보다 구체적으로 나열한 것임을 알 수 있다. 회사가 수익을 인식하기 위해서는 회사와 고객 사이에 존재하는 의무와 권리가 무엇인지 파악해야 하는 데, 두 당사자 사이에 어떠한 의무와 권리가 존재했는 지를 파악하는 것이 [1단계] 계약을 식별하는 단계이다. 일반적으로 계약이란 둘 이상의 당사자 사이에 집행 가능한 권리와 의무가 생기게 하는 약속을 의미한다. 여기서 계약은 법률적 계약뿐만 아니라 서면, 구두, 또는 사업상 관행에 따라 이루어지는 계약을 포함한다는 점에 유의한다.

두 당사자 사이에 확약된 계약에 기반하여 판매자가 제공해야 하는 재화와 용역이 무엇인지를 파악하고(2단계), 의무를 이행하였을 때 고객으로부터 받는 경제적 효익을 금액적으로 측정한다(3단계). 만약, 고객이 부담하는 거래가격이 두 가지 이상의 재화나 용역이 결합된 상품에 대한 것이라면(즉, 수행의무가 두 가지 이상이라면), 거래가격은 구별되는 수행의무에 적절한 기준에 따라 배분되어야 한다. 앞의 휴대폰의 예에서 보듯이 고객이 지급하는 가격에는 휴대폰이라는 재화와 통신서비스라는 용역에 대한 보상이 포함되어있다. 따라서, 고객으로부터 대가를 받는 회사는 해당 금액을 휴대폰 판매 수익과 통신서비스 제공 수익으로 적절히 구분하여 배분해야 한다. [4단계]에서는 이러한 거래가격의 배분에 대한 기준을 설명하고 있다. 마지막으로 [5단계]에서는 기업이 고객과의 계약에서 파악된 의무를 수행하였을 경우, 즉 가득조건을 만족하였을 경우 수익을 인식하도록 규정하고 있다.

이러한 수익인식 단계는 한편으로는 기업이 제품과 용역을 제공하고 대가를 수익으로 인식하는 당연한 과정으로 보일 수 있다. 또 다른 측면에서는 기업이 재화와 용역을 제공하고 수익을 인식하는 과정을 너무 복잡하게 제시한 것처럼 느껴질 수도 있다. 많은 기업의 수익거래의 경우 위의 5단계를 적용하지 않아도 쉽게 수익을 인식하는 거래들이 많다. 하지만 현실에서는 기업이 수익인식을 하는 것이 어려운 상황은 많다. 예를 들어 백화점에서 고객에게 상품권을 판매한 경우를 생각해보자. 백화점이 고객에게 제공해야 하는 의무는 무엇인가? 상품권의 제공인가 아니면 고객에게 재화를 제공하는 것인가? 상품권의 제공이라면 백화점이 상품권을 판매할 때 수익을 인식할 수 있겠지만, 재화의 제공이라면 백화점은 고객이 상품권을 이용하여 상품을 구매할 때까지 수익을 인식할 수 없다. 수익인식의 5단계는 이처럼 복잡한 수익거래가 발생한 경우 수익인식을 위한 요건 및 절차를 구체적으로 제시한 것이다.

최근에 화제가 되었던 하버드 대학교 철학과 교수 마이클 샌델(M. Sandel)이 쓴 '정의란 무엇인가(Justice)'에 도덕과 관련한 예가 있다. 고객이 바닷가재 100마리를 주문하고 1,000달러를 지불하기로 했다. 어부가 바닷가재를 배달하려는 순간 고객이 마음을 바꾸어 바닷가재의 주문을 취소했다. 주문자는 아무런 혜택을 받은 것이 없으므로 어부에게 대가를 줄 필요가 없다고 주장하고 있고, 어부는 애초에 합의는 합의이므로 주문에 대한 대가를 지불해야 한다고 주장하고 있다. 샌델 교수는 "합의만으로 의무가 발생할 수 있는가?"라는 질문을 던지고 있다. 그렇다면 회계적으로 구두 합의만으로 어부는 1,000달러의 수익을 인식할 수 있을까?

합의만으로 의무가 생길 수 있는 지에 대해 샌델 교수가 법 전문가들이 오랫동안 이 문제로 논쟁을 벌여왔다고 주장하듯이 쉽게 해결되기 어려운 문제이다. 결론을 말한다면, 해당 합의를 바탕으로 어부가 바닷가재를 인도하고 1,000달러를 회수할 수 있는 가능성에 달려있다. 이러한 가능성은 구두 합의가 법률적 구속력이 있는가라는 법률적 판단뿐만 아니라 고객과의 거래 관행 또는 산업 관행 등이 모두 종합적으로 고려되어야 한다. 이러한 종합적인 판단 결과 의무이행과 대금 회수 가능성이 낮다면 수익을 인식할 수 없고, 가능성이 높다면 수익을 인식할 수 있는 것이다. 회계기준에서는 결국 수익인식, 더 나아가 회계적 판단은 법률적, 그리고 도덕적 사안에 대한 종합적인 판단을 바탕으로 이루어져야 함을 알 수 있다.

앞에서 설명했듯이 고객에게 약속한 재화나 용역을 이전하여 수행의무를 이행할 때 수익을 인식하는 데, 가장 일반적으로 기업이 의무를 이행한 시점은 재화와 용역을 판매 혹은 인도한 시점이다. 대부분의 제조업이나 판매업에서는 판매시점에 재화나 용역이 제공되고 현금이나 현금청구권이 획득되므로, 판매시점에 수익을 인식한다.

하지만 기업이 고객에게 약속한 재화나 용역이 기간에 걸쳐 이행되는 경우도 있는 데, 청소 용역이나 통신서비스와 같은 일반적인 용역계약이 이에 해당한다. 기간에 걸쳐 이행하는 수행의무의 특징으로는 ① 고객은 기업이 수행하는 대로 기업의 수행에서 제공하는 효익을 동시에 얻고 소비하거나(예: 청소용역), ② 기업이 수행하여 제공하는 자산에 대해 고객이 통제하거나(예: 고객의 토지 위에 건설하는 건설계약), ③ 기업이 수행하여 만든 자산이 고객에게 제공하는 것 이외에는 대체 용도가 없고 지금까지 수행을 완료한 부분에 대해 집행가능한 지급청구권이 기업에게 있다(예: 주문형 선박). 위의 세 가지 조건 중에 하나라도 충족이 된다면 기간에 걸쳐 수익을 인식한다. 이와 같이 기간에 걸쳐 인식되는 수익은 판매시점 이전인 생산도중에 이루어 질 수 있다.

기업이 제공해야 하는 의무가 재화이면서 기간에 걸쳐 인식하는 수익의 대표적인 예로 건설공사와 관련한 계약이다. 건설업체는 많은 경우 건설공사를 시작하기 전에 고객과 계약을 체결하여 장기간 동안 건설공사를 수행한다. 건설회사가 건설하는 재화가 발주자가 요구하는 맞춤형 재화라면 해당 재화는 대체용도가 없다고 볼 수 있다. 그리고, 공사수익에 해당하는 공사대금은 계약에 명시되었을 뿐 아니라 공사의 진척 정도에 따라 건설회사가 정기적으로 대금을 수취하는 경우가 많으므로 수행 완료부분에 대해 집행가능한 지급청구권을 가진다고 할 수 있다. 이에 따라 장기간 건설공사의 경우 생산기간에 걸쳐 공사의 진척 정도에 따라 수익을 인식한다. 그러나 고객으로부터 공사대금 회수에 대한 불확실성이 크거나(예: 고객의 신용위험 증가로 대금 지급 가능성이 낮아지는 경우) 기업의 지급청구권이 없다면(예: 고객이 분양받은 아파트에 대해 중도해지할 수 있는 권리가 있는 경우) 기간에 걸쳐 인식하는 조건을 충족하지 못하다고 볼 수도 있고, 이 경우 재화를 제공하는 시점에 수익을 인식해야 한다.

판매시점이 아닌 생산기간 중이나 현금 회수시점에서 수익을 인식하는 경우의 회계처리는 중급회계 등에서 다루어진다. 본 서에서는 판매시점을 중심으로 수익인식을 설명한다.

📄 그림 4-1
수익인식의
다양한 시점

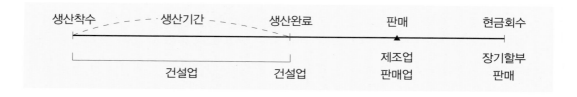

2-3 비용의 인식

비용(expenses)은 한 회계기간 동안 자산의 유출이나 소멸 또는 부채의 증가에 따라 자본의 감소를 초래하는 특정 회계기간 동안에 발생한 경제적 효익의 감소를 뜻한다. 비용의 인식은 한 회계기간 동안에 인식한 수익에 비용을 적절히 대응시키는 대응원칙에 중점을 두고 있다. 대응원칙은 매 기간마다 수익을 창출하기 위해 소모된 자산의 원가인 비용을 그 기간에 인식된 수익에 대응시키는 것이다. 수익과 관련된 비용을 대응시킴에 있어서 비용이 발생되는 이유에 대해 관심을 기울일 필요가 있다. 만약 그 발생 이유가 특정수익을 창출하기 위해 직접 소요된 것이라면 그 수익이 인식되는 기간에 당해 비용을 특정수익에 대응시켜야 한다. 매출의 직접적인 비용인 매출원가가 그 예이다. 그러나 비용 중에는 특정수익과 직접적으로 대응시킬 수 없는, 즉 수익과 직접적인 인과관계가 성립되지 않는 비용이 있다. 이들 비용은 특정수익보다는 특정기간에 대응시킨다는 표현이 더 적절하다. 이러한 비용은 다시 두 가지 종류로 구분할 수 있다. 즉 판매비와 관리비처럼 발생하는 기간에 전액을 비용으로 처리하는 유형이 있고 감가상각비처럼 사용기간에 걸쳐서 조직적이고 합리적인 방법으로 기간에 배분하는 유형의 비용이 있다.

예제 4-1은 현금기준과 발생기준을 적용할 경우의 손익측정을 예시하고 있다. 이 예제에서 보면 현금기준 순이익이 발생기준 순이익에 비해 기간별 변동폭이 크다는 것을 알 수 있다. 현금기준에서는 기간별 성과(수익)와 노력(비용)의 적절한 대응보다는 현금의 수입과 지출에 초점을 맞추기 때문에 일반적으로 나타나는 현상이다. 따라서 K-IFRS에서는 발생기준에 의해 기간이익을 측정하는 것을 기본가정으로 하고 있다.

예제 4-1 _ 현금기준과 발생기준에 의한 손익계산서의 작성

20×1년 1월 1일 김강남 씨 부부는 영동에 조그마한 장난감 가게를 개업하였는데 개업 후 두 달 동안에 발생한 거래는 다음과 같다.

① 장난감 가게에 투입된 자금은 모두 ₩40,000,000인데 그 중 ₩30,000,000은 김 씨 부부가 그간 애써 모았던 현금이며 나머지 ₩10,000,000은 20×1년 1월 3일에 은행으로부터 대부받은 것이다.
② 은행차입금은 20×2년 6월 30일에 상환하기로 되어 있으며 연리 12%인 이자는 두 달에 한 번씩 매 짝수 달 말일에 지급해야 한다.
③ 점포는 임차하였는데 1월 3일 이미 두 달치의 임차료 ₩500,000을 지급하였다.
④ 1월 중에 구입한 장난감의 원가는 모두 ₩1,000,000인데 그 중에 ₩700,000은 1월에 지급하였고 나머지 ₩300,000은 2월에 지급하였다. 2월에 구입한 장난감은 없었다.
⑤ 매달 종업원에게 지급해야 할 급여는 ₩300,000인데 2월 5일에 두 달치 급여 ₩600,000을 지급하였다.
⑥ 1월과 2월의 전력·전화사용료 등 제 공과금은 각각 ₩220,000과 ₩200,000이었는데 각 달의 제 요금은 다음 달 중순에 지급한다.
⑦ 1월과 2월의 매출액은 각각 ₩1,500,000과 ₩1,800,000인데 그 중 80%는 판매한 달에 회수되고 나머지는 다음 달에 회수된다.
⑧ 1월과 2월에 판매된 장난감의 구입원가는 각각 ₩450,000과 ₩550,000이다.

요구사항
현금기준과 발생기준에 의해 각각 1월과 2월의 순이익을 비교하시오.

현금기준 순이익				
	1월		2월	
상품판매로부터의 현금수입액		₩1,200,000		₩1,740,000*
현금지출액:				
상품구입	₩700,000		₩300,000	
종업원급여	–		600,000	
점포임차료	500,000		–	
공과금	–		220,000	
차입금이자	–	1,200,000	200,000	1,320,000
순이익		₩ 0		₩ 420,000

* 1,740,000 = 1,500,000 × 0.2 + 1,800,000 × 0.8

발생기준 순이익				
	1월		2월	
매출		₩1,500,000		₩1,800,000
비용:				
매출원가	₩450,000		₩550,000	
급여	300,000		300,000	
임차료비용	250,000		250,000	
공과금	220,000		200,000	
이자비용	100,000	1,320,000	100,000	1,400,000
순이익		₩ 180,000		₩ 400,000

수정
분개
03

International Financial Reporting Standards

두 회계기간 이상에 걸쳐서 기업에 경제적 영향을 가져다주는 거래에 대해 발생기준을 적용하기 위해서 회계기간 말에 관련계정의 잔액을 조정해 주는 분개를 수정분개(adjusting entry)라 한다. 수정분개는 발생기준을 적용하여 한 기간 중에 발생된 수익과 비용을 정확하게 산출하는 데 그 목적이 있다. 예를 들어 은행에서 자금을 차입하면, 차입금에 대한 이자비용이 매일 발생한다. 발생기준을 이론적으로 정확하게 적용한다면 현금의 지출이 없어도 이자 비용을 매일 인식해야 한다. 그러나 이런 회계처리는 매우 번거롭고 오류가 발생하기도 쉽다. 따라서 회계기말에 그 기간 동안에 발생하였으나 미지급된 이자비용에 대한 분개를 일괄적으로 수행하는 과정이 수정분개이다.

수정분개는 다음과 같은 세 가지 특징을 가지고 있다. 첫째, 적어도 하나 이상의 손익계산서에 속하는 계정(수익이나 비용)잔액에 변동을 초래한다. 둘째, 이와 동시에 적어도 하나 이상의 재무상태표에 속하는 계정(자산이나 부채)잔액에 변화를 초래한다. 셋째, 수정분개는 회계기간 말에 기록된다. 수정분개가 필요한 거래의 유형을 살펴보면 **표 4-2**와 같다.

📄 **표 4-2**
수정분개가 필요한
거래의 유형

수익(가득과 실현)

(1) **선수수익**: 판매나 용역제공이 이루어지기 전에 그 대금을 미리 회수한 경우 회계기간 말 현재 가득된 수익에 대하여 적절한 수정분개가 필요하다.

　　예) 건물의 임대기간 전에 임대료를 미리 받은 경우

(2) **미수수익**: 회계기간 말 현재 대금이 회수되지는 않았으나 가득된 수익이 있으면 이는 수익으로 기록되어야 한다.

　　예) 건물을 임대해 주고 회계기간 말까지 임대료를 받지 못한 경우

비용(대응원칙)

(3) **선급비용**: 재화나 용역을 제공받기 이전에 그 대금을 미리 지급한 경우에는 회계기간 말 현재 발생한 비용에 대한 적절한 수정분개가 필요하다.

　　예) 재산에 대한 보험료 2년분을 선급한 경우

(4) **미지급비용**: 회계기간에 제공받은 재화나 용역에 대한 대금을 당기말 현재 지급하지 않은 경우 이를 그 회계기간의 비용으로 기록해야만 한다.

　　예) 회계기간에 발생한 종업원의 임금을 지급하지 않은 경우

이러한 유형 이외에도 회계기록의 오류를 기말에 발견한 경우에 이를 정정하기 위한 분개를 하기 위하여 수정분개를 하기도 한다. 예를 들어 기업이 재화를 제공하고 매출을 인식하였으나 금액을 잘못 기록한 경우가 있다. 이러한 회계기록의 오류에 대해서 해당 거래일의 거래 기록을 수정하기 보다는 추가적인 분개를 통해서 올바른 계정 잔액이 될 수 있도록 조정하는 데, 이러한 과정도 수정분개의 일환이다.

가장 중요한 수정분개의 네 가지 유형을 위에서 설명하였다. 이러한 유형 이외에도 회계기록상의 오류를 기말에 발견한 경우에는 이를 정정하기 위한 분개를 하여야 한다. 이 절에서는 구체적인 예를 들어 회계기말에 필요한 수정분개를 예시하고자 한다. 다음에서는 20×1년 12월 31일을 결산일로 하는 노고아파트회사의 거래를 중심으로 수정분개를 제시한다.

4-1 선수수익

회계기간 말 현재, 재화나 용역을 제공하기 이전에 수취한 현금이 있는 경우에는 선수수익이라는 부채항목이 재무상태표에 나타난다. 이 경우 회계기간의 정확한 수익과 미래에 관련된 재화나 용역을 제공할 의무인 부채를 인식하기 위하여 회계기간 말에 수정분개가 요구된다. 수익이 가득되기 전에 미리 현금을 받는 경우, 현금수취시점에서 차변에는 현금계정이 기록되고 대변에는 부채계정인 선수임대료에 기록하는 방법(방법 1)과 수익계정인 임대료수익(방법 2)에 기록하는 방법이 있다.

예) 선수임대료—20×1년 11월 1일에 세입자가 3개월분(20×1년 11월 1일~20×2년 1월 31일) 임대료 ₩3,000을 납부하였다. 현금수취일에 노고아파트회사가 실시한 분개를 두 가지 방법으로 보이고 그에 따른 12월 31일의 수정분개를 보이면 표 4-3과 같다.

현금수취시점 현재 노고아파트회사가 세입자에게 용역을 아직 제공한 상태가 아니므로 현금을 받은 만큼 미래에 용역을 제공할 의무를 나타내는 부채인 선수임대료계정으로 기록하

표 4-3
선수수익의 수정분개

	방법 1: 부채로 기록		방법 2: 수익으로 기록	

11월 1일
(현금수취시)
	(차) 현 금 3,000
	  (대) 선수임대료(부채) 3,000
			(차) 현 금 3,000
			  (대) 임대료수익(수익) 3,000	

12월 31일
(수정분개)
	(차) 선수임대료 2,000
	  (대) 임대료수익 2,000
			(차) 임대료수익 1,000
			  (대) 선수임대료 1,000	

계정분석	선수임대료
	12/31 2,000 ∣ 11/1 3,000
	  ✓1,000
		임대료수익
		 ∣ 12/31 2,000
			선수임대료
			 ∣ 12/31 1,000
				임대료수익
				12/31 1,000 ∣ 11/1 3,000
				  ✓2,000

는 방법 1은 이론적인 방법이다. 20×1년 11월 1일에 수취한 현금 ₩3,000 중에서 20×1년도에 귀속되는 수익은 ₩2,000(20×1년 11월 1일~ 12월 31일)이고 20×2년도에 귀속되는 수익은 ₩1,000(20×2년 1월 1일~ 1월 31일)이다. 따라서 20×1년 12월 31일 결산일에는 20×1년도의 손익계산서에 보고될 임대료수익은 ₩2,000이 되고 20×1년 말 현재 재무상태표에 부채로 보고될 선수임대료는 ₩1,000이 되어야 한다. 그런데 수정분개 전의 선수임대료 계정잔액은 ₩3,000이므로 이를 ₩2,000 줄이고(차변 기록) 임대료수익계정에 ₩2,000 늘려주는(대변 기록) 수정분개를 한다.

방법 2는 용역이 제공되기도 전인 현금수취시점에서 수익을 인식한다는 점에서 이론적인 방법이라고 할 수는 없지만 실무에서 자주 이용되는 방법이다. 이 방법을 사용하는 취지는 시간이 경과하면서 노고아파트회사가 용역을 제공함에 따라 어차피 수익으로 인식되어야 하므로, 현금수취시점에서 앞당겨 수익으로 기록한다는 것이다. 이 방법을 사용하면 결산일이 되기 전에 용역제공이 만료되는 경우 회계기말에 특별히 수정분개를 할 필요가 없다는 장점이 있다. 그러나 이 예에서처럼 결산일 현재 용역제공이 끝나지 않은 경우에는 수정분개가 필요하다. 방법 2를 사용하더라도 20×1년도의 손익계산서에는 ₩2,000의 임대료수익이 보고 되고 20×1년 말 현재의 재무상태표에는 ₩1,000의 선수임대료가 부채로 보고 되도록 수정분개를 실시하여야 한다. 그런데 수정분개 전의 임대료수익 계정잔액이 ₩3,000이므로 이를 ₩1,000 줄이고(차변 기록) 부채인 선수임대료계정을 같은 금액만큼 늘리는(대변 기록) 수정분개를 한 것이다. 표 4-3의 T계정 분석을 보면 어느 방법을 이용하든 수정분개 후에는 동일한 결과가 나타남을 알 수 있다.

4-2 미수수익

회계기간 말 회사는 수행의무를 이행하여 수익인식을 위한 기준을 충족하였으나 현금이 수취되지는 않았을 수 있다. 이를 미수수익이라고 하며 재무상태표에 자산으로 보고되어야 한다. 이와 같은 거래는 ① 당기에 가득된 수익을 인식함과 동시에, ② 미래에 현금을 회수할 권리를 나타내 주는 자산계정인 미수수익을 인식하는 수정분개를 요하게 된다.

예) 미수임대료—20×1년 12월 31일에 노고아파트회사의 경영자가 임대료에 대한 기록을 점검하다가 거주자 1명이 12월 임대료 ₩600을 아직 지급하지 않은 사실을 발견하였다. 이 경우 ₩600의 임대료는 현금으로 수취되지 않았으나 그에 상응하는 용역은 이미 제공되었으므로 ₩600의 수익은 20×1년도에 가득된 것이다. 이때의 수정분개는 다음과 같다.[1]

---

1 만일 현금기준을 적용한다면 20×1년 말에 수정분개를 할 필요가 없다. 현금기준에서는 20×1년 중 임대서비스를 제공했다 해도 임대료를 현금으로 수취하지 않았기 때문에 20×1년에는 수익이 인식되지 않고, 20×2년에 현금을 수취할 때 수익이 인식된다.

20×1년 12월 31일(수정분개):

| (차) 미수임대료(자산) | 600 | (대) 임대료수익 | 600 |

수정분개를 하고 나면 자산(미수임대료)이 ₩600 증가됨과 동시에 20×1년도 임대료수익도 ₩600 증가됨을 알 수 있다. 20×1년 말에 실시한 수정분개를 통해 다음과 같은 두 가지 목적을 달성할 수 있다. 첫째, 20×1년에 임차인에게 아파트사용권이란 용역을 제공함으로써 가득된 임대료수익 ₩600을 기록하게 되며, 둘째 20×2년 1월에 회수될 현금에 대한 미수임대료(자산)를 기록한다. 미수임대료는 20×1년 12월 31일 현재 유동자산으로 재무상태표에 보고된다.

20×2년 1월에 임대료를 회수하였다면 이에 대한 분개는 다음과 같다.

20×2년 1월(현금회수일):

| (차) 현 금 | 600 | (대) 미수임대료 | 600 |

4-3 선급비용

당기와 차기 이후에 재화나 용역을 제공받기 위해서 그 대가를 미리 지급하는 경우가 있다. 이 경우 현금지급일에 현금계정의 대변에 현금의 감소를 기록하면서 차변에는 자산인 선급비용계정에 기록하는 방법(방법 1)과 비용계정에 기록하는 방법(방법 2)이 있다.

예) 선급보험료─20×1년 1월 1일에 노고아파트회사는 아파트 건물에 대한 향후 3년분 보험료를 ₩3,600 지급하였다. 이때 두 가지 방법을 예시하면 표 4-4와 같다. 미래에 제공받을 경제적 효익에 대한 대가를 미리 지급한 경우, 현금의 감소와 함께 자산인 선급보험료의 증가를 기록하는 방법 1은 보다 이론적인 방법이다. 반면 시간이 경과하면서 보험료 혜택을 제공받아 어차피 비용화되므로, 현금지출시 미리 보험료 비용

표 4-4
선급비용의 수정분개

	방법 1: 자산으로 기록		방법 2: 비용으로 기록	
20×1년 1월 1일 (현금지급시)	(차) 선급보험료(자산) 3,600 (대) 현 금	3,600	(차) 보 험 료(비용) 3,600 (대) 현 금	3,600
20×1년 12월 31일 (수정분개)	(차) 보 험 료 1,200 (대) 선급보험료	1,200	(차) 선급보험료 2,400 (대) 보 험 료	2,400
계정분석	선급보험료	보 험 료	선급보험료	보 험 료
	1/1 3,600 | 12/31 1,200 √ 2,400	12/31 1,200 |	12/31 2,400 |	1/1 3,600 | 12/31 2,400 √ 1,200

으로 기록하는 방법 2는 실무에서 많이 사용되는 방법이다. 어느 방법을 사용하든지 20×1년 말에 수정분개가 끝나고 재무제표를 작성할 때 손익계산서에는 20×1년의 1년치 보험료비용 ₩1,200이, 재무상태표에는 미래(20×2년과 20×3년)에 효익을 제공받을 권리를 나타내는 선급보험료 ₩2,400이 보고되어야 한다. 표 4-4의 T계정을 분석한 결과를 보면 어느 방법을 사용하든지 동일한 결과가 나타남을 알 수 있다.

4-4 미지급비용

비용이 발생된 기간에 기업이 그 대금을 지급하는 경우에는 수정분개를 할 필요가 없다. 그러나 비용이 발생되었으나 회계기간 말까지 그 대금이 지급되지 않는 경우에는 수정분개를 해야 한다.

예) 미지급급여—20×1년 12월의 노고아파트회사 직원 급여 ₩900이 20×2년 1월 10일에야 지급되었다. 발생기준에서는 직원이 20×1년 12월 중 회사에 용역을 제공하였으므로 이에 대한 대가를 현금으로 지급하지 않았다 해도 회사가 그 효익을 누렸기 때문에 이를 20×1년도의 비용으로 기록해야 한다.[2] 동시에 20×1년 말 현재 회사가 직원에게 미래에 갚아야 할 급여에 대한 채무인 미지급급여 ₩900이 기록되어야 한다. 이에 대한 수정분개는 다음과 같다.

20×1년 12월 31일(수정분개):

| (차) 급   여(비용) | 900 | (대) 미지급급여(부채) | 900 |

한편, 20×2년에 20×1년 12월의 급여에 대한 지급이 이루어졌을 때의 분개는 다음과 같다. 이 분개에서 현금지급이 이루어진다 해도 차변에 비용이 기록되는 것이 아니라 전기 말에 기록한 부채인 미지급급여가 감소됨에 유의해야 한다.

20×2년 1월 10일(지급일):

| (차) 미지급급여 | 900 | (대) 현   금 | 900 |

예) 미지급이자—20×1년 11월 1일 노고아파트회사는 연이자율 12%로 은행으로부터 ₩30,000을 차입하였다. 원금과 이자는 3개월 후에 지급해야 한다.

---

2 만일 현금기준을 적용한다면 20×1년 말에 수정분개를 할 필요가 없다. 현금기준에서는 회사가 직원서비스의 혜택을 20×1년 중에 받았다 해도 현금으로 급여를 지급하지 않으면 20×1년에는 비용이 인식되지 않고, 20×2년에 현금으로 지급할 때 비용이 인식된다.

20×1년 11월 1일(거래발생일):

(차) 현　　금	30,000	(대) 단기차입금	30,000

　　20×1년 12월 31일 현재 현금을 차입한 날로부터 2개월이 경과하였다. 발생기준에서는 실제 이자지급은 원금의 만기일인 20×2년 1월 31일에 이루어진다 하더라도 시간의 경과에 따라 차입금에 대한 2개월분의 이자는 실질적으로 발생하였으므로 이자비용을 기록해야 한다. 동시에 노고아파트회사가 20×1년 말 현재 2개월분 이자를 지급할 의무(부채)가 있음을 기록해야 한다. 따라서 다음의 수정분개가 필요하다.

20×1년 12월 31일(수정분개):

(차) 이 자 비 용	600*	(대) 미지급이자(부채)	600

* ₩30,000×12%×2/12＝₩600

한편 20×2년 1월 31일 차입금의 만기일이 되어 원리금을 상환할 때의 분개는 다음과 같다.

20×2년 1월 31일(만기일):

(차) 단기차입금	30,000	(대) 현　　금	30,900
미지급이자	600		
이 자 비 용	300*		

* 20×2년 이자비용: ₩30,000×12%×1/12＝₩300

4-5　기타 수정분개

　　회계기말에 수정분개가 필요하게 되는 경우는 위에 설명한 것 이외에도 여러 가지가 있을 수 있다. 유형자산에 대한 감가상각비의 인식, 소모품비의 인식, 그리고 기중의 거래를 잘못 기록한 오류가 기말에 발견된 경우에는 오류를 정정하기 위한 수정분개가 필요하다.

예) 감가상각비―노고아파트회사는 20×1년 1월 1일 아파트건물을 취득하고 ₩300,000,000을 현금지급하였다. 이 건물의 내용연수가 30년으로 추정되고 30년 후의 잔존가치는 없는 것으로 추정된다. 건물취득시의 분개는 다음과 같다.

20×1년 1월 1일(건물취득일):

(차) 건　　물	300,000,000	(대) 현　　금	300,000,000

건물이나 설비같은 유형자산의 경우, 내용연수가 1년을 초과하는 것이 일반적이다. 이 경우 이론적으로는 회사가 건물을 사용하여 임대수익을 올리는 동안 매일같이 하루분의 감가상각비를 인식할 수 있다. 그러나 그러한 과정은 매우 번거롭기 때문에 회계기말에 회계기간 동안의 감가상각비를 수정분개를 통해 일괄 인식한다. 노고아파트회사가 20×1년 말에 실시하는 감가상각비에 대한 수정분개는 다음과 같다.

20×1년 12월 31일(수정분개):

(차) 감가상각비	10,000,000*	(대) 감가상각누계액	10,000,000
		—건물	

* ₩300,000,000×1/30=₩10,000,000

이와 같은 수정분개는 건물의 내용연수 동안 매년 말 실시될 것이다. 이 수정분개를 통해 건물원가의 일부를 당기의 비용으로 배분시켜 당기 수익에 대응시켜 준다. 이때 건물계정의 잔액을 직접 감소시키는 대신 감가상각누계액이라는 자산의 차감계정을 이용한다. 재무상태표에는 아래와 같이 보고됨으로써 자산의 취득원가와 누적된 감가상각비를 알 수 있다.

부 분 재 무 상 태 표

노고 아파트회사   20×1년 12월 31일

유형자산:		
건　　　물	₩300,000,000	
감가상각누계액	(10,000,000)	290,000,000

예) 소모품비—20×1년 1월 1일에 20×0년으로부터 이월된 소모품 재고가 ₩100 있다. 노고아파트회사는 20×1년 3월 18일에 추가적으로 소모품 ₩500을 구입하였다. 소모품 구입시의 분개는 다음과 같다.

20×1년 3월 18일(소모품 구입일):

(차) 소모품(자산)	500	(대) 현　　　금	500

소모품 사용에 대한 회계처리는 편의상 기말에 일괄적으로 처리한다. 즉 소모품이 사용될 때에는 회계처리를 하지 않고 있다가, 기말에 가서 회계기간 중에 사용된 소모품비를 결정하기 위하여 보유하고 있는 소모품 재고를 파악하여 적절한 수정분개를 한다. 20×1년 12월 31일 현재 창고에 남아 있는 소모품 재고는 ₩200이다. 이때 다음과 같은 식을 이용하여 소모품비를 구한다.

기초재고 + 당기매입 − 기말재고 = 소모품비

    회계기간 말 수정분개를 하기 전에 소모품계정의 잔액이 ₩600(기초재고 ₩100+당기구입 ₩500)이다. 그러나 회계기간 말에 실제 재고가 ₩200이므로 ₩400에 해당하는 소모품이 사용되었음을 알 수 있다(₩100+₩500−₩200=₩400). 따라서 ① 소모품계정을 ₩400 감소시키고, ② 사용된 소모품 ₩400을 비용으로 기록하기 위해서 다음과 같은 수정분개가 필요하다.

20×1년 12월 31일(수정분개):

(차) 소모품비	400*	(대) 소 모 품	400

* ₩100+₩500−₩200=₩400

    수정분개를 하고 나면 손익계산서에 보고될 비용(소모품비)은 ₩400이며 재무상태표에 나타날 자산(소모품)잔액은 ₩200이 된다.

  예) 오류 수정—20×1년 12월 10일에 11월분의 전기요금 ₩1,500을 지급한 거래를 경리 사원이 급여를 지급한 것으로 잘못 기록하였다. 이 오류는 20×1년 12월 31일에 결산 준비를 하는 과정에서 발견되었다.

20×1년 12월 10일(전기요금지급일):

(차) 급 여	1,500	(대) 현 금	1,500

    위와 같이 잘못 기록한 경우에는 20×1년 12월 31일 현재 세금과 공과라는 비용계정이 ₩1,500 과소계상되어 있고 급여계정이 ₩1,500 과대계상되어 있다. 따라서 현금지급일의 잘못된 거래를 취소시키는 역분개를 하고 올바른 분개를 해 주는 다음과 같은 수정분개가 필요하다.

20×1년 12월 31일(수정분개):

(차) 현 금	1,500	(대) 급 여	1,500
(차) 세금과 공과	1,500	(대) 현 금	1,500

* 위의 두 분개를 합하여 "(차)세금과 공과 1,500 (대)급여 1,500"으로 할 수 있다.

현금 수입·지출
과 수익·비용의
조정 **05**

International Financial Reporting Standards

발생기준 수익·비용과 현금기준 수입·지출 사이에는 어떠한 관계가 있을까? 이를 이해하기 위해 수정분개에서 등장한 선수수익, 미수수익, 선급비용, 미지급비용 등의 계정들은 발생기준에서만 볼 수 있는 항목이라는 점을 상기할 필요가 있다. 현금기준에서는 현금수입시 수익을 인식하고 현금지출시 비용을 인식하기 때문에 회계기말 현재 현금의 수입 없이 가득된 수익(미수수익)이나 현금의 지출 없이 발생된 비용(미지급비용)에 대한 수정분개를 할 필요가 없다. 또한 당기에 현금을 수취하였으나 미래에 귀속될 수익(선수수익)이나 당기에 현금을 지급하였으나 미래에 제공받을 효익(선급비용)을 조정해 줄 필요도 없다.

현금수입·지출과 발생기준 수익·비용의 조정은 이들 4개 계정들을 이용하면 된다. 표 4-5에 이들 항목의 조정에 대한 내용이 정리되어 있다. 표 4-5에서 변동액은 각 계정의 기말잔액에서 기초잔액을 차감한 금액으로 이 금액이 +이면 증가를 뜻하고 −이면 감소를 뜻한다. 선수수익의 증가를 발생기준 수익에 더하면 현금수입이 되는 이유를 임대료수익을 예로 생각해 보자. 예를 들어 부채인 선수임대료가 회계기간 중에 증가하였다는 것은 당해 기간 중에 차기 이후의 기간에 귀속될 수익에 대해 미리 현금을 수취하였음을 뜻한다. 따라서 당기의 발생기준 수익에 비해 현금수입이 그 증가분만큼 더 커져야 한다. 선수임대료가 당기 중에 감소하였다면 이는 당기에 인식된 수익 중에는 전기에 현금으로 수취했던 부분이 포함되었다는 것을 뜻하므로, 선수임대료의 감소액만큼 발생기준 수익에서 차감해야 당기 현금수입액이 된다.

미수임대료의 증가는 당기 수익에 현금의 수취 없이 발생된 수익이 포함되어 있다는 뜻이므로 발생기준 수익에서 미수임대료의 증가를 차감함으로써 현금수입액을 구할 수 있다. 한편 미수임대료의 감소는 전기에 발생한 임대료수익에 대해 당기에 현금수입이 있었다는 뜻이므로 이 금액만큼 발생기준 수익에 더해야 당기의 현금수입액이 나온다.

발생기준 비용과 현금지출의 조정도 비슷하게 설명될 수 있다. 예를 들어 선급임차료의 기초잔액은 ₩0인데 기말잔액은 ₩1,000으로 증가했다면 이는 당기에 비용으로 인식한 임차료 외에도 차기에 귀속되는 임차료를 당기에 미리 지급했다는 뜻이다. 따라서 손익계산서에 보고된 임차료비용에다 ₩1,000을 가산함으로써 임차료 관련 현금지출액을 구할 수 있다. 선급임차료가 감소했다는 것은 당기에 발생기준으로 인식한 임차료비용에는 전기에 지급한 부분이 포함되어 있다는 뜻이므로 그만큼 당기의 비용에서 차감해야 당기의 현금지출액이 나온다.

---

1. 현금수입 = 발생기준 수익 + 선수수익의 변동액* − 미수수익의 변동액*
2. 현금지출 = 발생기준 비용 + 선급비용의 변동액* − 미지급비용의 변동액*

* 변동액＝기말잔액−기초잔액

📄 **표 4-5**
현금기준과 발생기준의
조정

미지급임차료의 증가는 당기 임차료비용 중에 현금의 지출 없이 인식한 임차료비용이 포함되어 있다는 뜻이므로 그 증가분만큼 비용에서 차감하여야 당기 현금지출액을 구할 수 있다. 미지급임차료의 감소는 전기에 발생한 임차료비용에 대한 현금지출이 당기에 이루어졌다는 뜻이므로 당기비용에다 그 감소분만큼 가산해야 당기 현금지출액이 된다. 예제 4-2에 현금기준 수입·지출과 발생기준 수익·비용의 관계가 예시되어 있다.

예제 4-2 _ 현금기준과 발생기준의 조정

영화회사의 20×1년도 손익계산서에는 다음의 항목들이 보고되었다.

임차료비용	₩2,000,000	이 자 비 용	₩1,500,000
이 자 수 익	450,000	임대료수익	700,000

20×0년 말과 20×1년 말의 관련 계정의 잔액은 아래와 같다.

	20×0년 12월 31일	20×1년 12월 31일
선급임차료	₩200,000	₩ 0
미지급이자	120,000	180,000
미수이자	0	100,000
선수임대료	50,000	200,000

요구사항

임차료 지급액, 이자 지급액, 임대료 수입액, 그리고 이자 수입액을 구하시오.

해답

임차료 지급액＝임차료비용＋선급임차료 변동액
   ＝₩2,000,000＋(₩0－₩200,000)＝₩1,800,000
이자 지급액＝이자비용－미지급이자 변동액
   ＝₩1,500,000－(₩180,000－₩120,000)＝₩1,440,000
임대료 수입액＝임대료수익＋선수임대료 변동액
   ＝₩700,000＋(₩200,000－₩50,000)＝₩850,000
이자 수입액＝이자수익－미수이자의 변동분
   ＝₩450,000－(₩100,000－₩0)＝₩350,000

다음은 20×6년 8월 31일 현재 (주)삼경의 수정분개 전 계정잔액들이다.

현　　　　금	₩2,160,000
미　수　금	1,250,000
소　모　품	180,000
선 급 보 험 료	240,000
사 무 용 설 비	3,400,000
감가상각누계액–사무용설비	600,000
미 지 급 금	700,000
선 수 용 역 수 익	460,000
자　본　금	4,470,000
용 역 수 익	2,900,000
급　　　여	1,500,000
임 차 료 비 용	400,000

다음과 같은 추가정보가 있다.

(1) 8월분에 해당하는 보험료는 ₩40,000이다.

(2) 8월 말 현재 소모품 재고액은 ₩75,000이다.

(3) 8월의 감가상각비는 ₩100,000이다.

(4) 8월에 발생하였으나 미지급된 급여는 ₩120,000이다.

(5) 8월 중에 제공된 용역수익이 ₩300,000이다. 그러나 대금은 미회수되었고 기록되지도 않았다.

(6) 선수용역수익 중 ₩160,000에 해당하는 용역이 8월 중 제공되었다.

 요·구·사·항

1) 각 계정과목별로 T계정을 설정하고 수정전 잔액을 기입하시오.

2) 위의 정보를 이용하여 20×6년 8월 31일의 수정분개를 하고 이를 T계정에 전기하고 잔액을 구하시오.

1), 2)

수정분개:

(1) (차) 보 험 료	40,000		(대) 선급보험료	40,000
(2) (차) 소 모 품 비	105,000		(대) 소 모 품	105,000
(3) (차) 감가상각비	100,000		(대) 감가상각누계액–사무용설비	100,000
(4) (차) 급 여	120,000		(대) 미지급급여	120,000
(5) (차) 매 출 채 권	300,000		(대) 용 역 수 익	300,000
(6) (차) 선수용역수익	160,000		(대) 용 역 수 익	160,000

현 금

2,160,000 |

미 수 금

1,250,000 |

매 출 채 권

(5) 300,000 |

소 모 품

| 180,000 | (2) 105,000 |
| 잔액 ✓ 75,000 | |

선급보험료

| 240,000 | (1) 40,000 |
| 잔액 ✓ 200,000 | |

사무용설비

3,400,000 |

감가상각누계액–사무용설비

	600,000
	(3) 100,000
	잔액 ✓ 700,000

미 지 급 금

| | 700,000 |

선수용역수익

| (6) 160,000 | 460,000 |
| | 잔액 ✓ 300,000 |

미지급급여

| | (4) 120,000 |

자 본 금

| | 4,470,000 |

용 역 수 익

	2,900,000
	(5) 300,000
	(6) 160,000
	잔액 ✓ 3,360,000

	급　　　여	
	1,500,000	
(4)	120,000	
잔액 ✓	1,620,000	

	임차료비용	
	400,000	

	보　험　료	
(1)	40,000	

	소 모 품 비	
(2)	105,000	

	감가상각비	
(3)	100,000	

익힘문제 ＿

수익과 비용의 정의를 내리시오.

미지급비용과 선급비용의 차이를 설명하시오.

"수익과 비용의 대응원칙은 회계에서 가장 중요한 개념이다"라는 말에 동의하는가? 동의한다면 그 이유를 설명하시오.

연초에 3년간의 보험료를 지불하였다. 회계상에 어떠한 문제가 나타나겠는가?

현금기준과 발생기준의 차이점은 무엇인가?

QUESTION 06

수정분개가 필요한 이유는 무엇인가?

QUESTION 07

수정분개를 필요로 하는 상황 네 가지를 예를 들어 설명하시오.

QUESTION 08

감가상각비와 감가상각누계액의 차이점은 무엇인가?

QUESTION 09

미수수익은 어떤 상황에서 나타나는가? 예를 들어 설명하시오.

QUESTION 10

재무상태표에서 미수수익은 어디에 표시되는가?

QUESTION 11

영구계정과 임시계정의 차이를 설명하시오.

연습문제 __

1 소모품의 회계처리
다음 빈칸에 알맞은 숫자를 채우시오.

	(1)	(2)	(3)	(4)
7월 1일 소모품 재고액	₩117	₩214	₩74	( )
7월 중 소모품 구입액	26	( )	87	746
7월 중 소모품 사용액	87	486	( )	916
7월 31일 소모품 재고액	( )	218	28	494

2 소모품의 회계처리
다음의 네 가지 독립적인 경우의 질문에 답하시오.

(1) 20×1년 중 소모품 ₩4,700,000을 구입하였다. 20×1년 초 소모품 재고액은 ₩1,350,000 이었으며 20×1년 말 소모품 재고액이 ₩2,170,000이라면 20×1년의 소모품비는 얼마인가?

(2) 20×2년 말 소모품 재고액이 ₩950,000이다. 20×2년 중 ₩6,600,000의 소모품을 구입하였으며, 20×2년의 소모품비가 ₩7,040,000이라면 20×2년 초의 소모품 재고액은 얼마인가?

(3) 20×3년의 소모품비가 ₩16,570,000이다. 20×3년 초 소모품 재고액은 ₩3,130,000이고 20×3년 말 소모품 재고액이 ₩2,990,000이라면 20×3년 중 구입한 소모품 원가는 얼마인가?

(4) 20×4년 동안 ₩2,300,000의 소모품을 구입하였다. 20×4년 말 소모품 재고액이 20×4년 초 소모품 재고액의 2/3이고 20×4년 동안 사용된 소모품이 20×4년 초 소모품 재고액의 8배라면 기말 소모품 재고액은 얼마인가?

3 수정분개
다음 각각의 독립적인 사항에 대하여 수정분개를 하시오.

(1) 1월 1일 소모품잔액은 ₩185,000이었다. 연도 중 소모품 구입액은 ₩415,000이었다. 12월 31일의 소모품 재고액은 ₩75,000이다.

(2) 설비자산에 대한 1년간 감가상각비가 ₩1,450,000으로 추정된다.

(3) ₩750,000에 해당하는 재산세가 발생하였으나 기록하지 않았다.

(4) 보유하고 있는 유가증권으로부터 이자수익 ₩750,000이 발생하였다.

(5) 연말까지 용역을 제공하기로 하고 현금 ₩300,000을 받았다. 이때 분개는 대변에 '선수용역수익'으로 기록하였으며 연말까지 이에 대한 용역이 제공되었다.

(6) 연말 현재 종업원에 대한 급여 ₩1,100,000으로 추정된다.

---

4 수정분개

공덕사의 다음 각 사항에 대하여 20×7년 12월 31일의 수정분개를 하시오.

(1) 20×7년 말의 수정분개 전 소모품계정 잔액은 ₩3,725,000이다. 기말 현재 창고에 있는 소모품 재고액은 ₩1,340,000이다.

(2) 20×7년 12월의 급여발생액은 ₩2,710,000이다. 이는 연말 현재 지급되지 않았다.

(3) 공덕사는 20×7년 10월 1일에 ₩7,200,000의 현금을 수취하였는데 이는 20×7년 10월 1일부터 20×8년 4월 1일까지의 6개월분 임대료에 대한 것이다. 이 금액은 선수임대료로 기록되었다.

(4) 설비에 대한 20×7년도 감가상각비는 ₩2,750,000이다.

(5) 공덕사는 20×7년 11월 1일 ₩1,800,000의 현금을 지불하였는데 이는 20×7년 11월, 12월, 20×8년의 1월분 광고비에 대한 것이다. 이 금액은 선급광고비로 기록되었다.

---

5 현금지출액 계산

영진회사의 20×8년도 손익계산서에 다음과 같은 비용이 보고되었다.

임차료비용 ₩2,400,000   이자비용 ₩1,800,000   급   여 ₩37,500,000

위의 비용과 관련된 계정의 기말잔액은 다음과 같다.

	20×7년 말	20×8년 말
선급임차료	−	₩200,000
미지급이자	₩600,000	−
미지급급여	2,500,000	5,000,000

요구사항

위의 자료를 이용하여 20×8년에 현금으로 지급한 임차료, 현금으로 지급한 이자, 현금으로 지급한 급여를 계산하시오.

현금지출액과 계정잔액의 계산

다음은 청계상사의 회계장부에서 추출한 자료이다.

	기초잔액	기말잔액
선급보험료	₩80,000	₩90,000
선수임대료	40,000	?

요구사항

1) 기중에 발생한 보험료는 ₩120,000이었다. 기중에 현금으로 지급한 보험료는 얼마인가?
2) 기중에 수익으로 인식된 임대료는 ₩105,000이었고, 현금으로 회수된 임대료는 ₩138,500이었다. 선수임대료의 기말잔액은 얼마인가?

 수정분개

다음의 계정들은 무등사의 20×7년 12월 31일의 수정분개 전 금액들을 보여 주고 있다.

	차 변	대 변
선급보험료	900,000	
소모품	1,865,000	
선수용역수익		165,000

다음의 추가적인 정보를 이용하여 무등사가 20×7년 12월 31일에 연말 결산을 실시할 때 필요한 수정분개를 하시오.

(1) 20×7년 10월 1일 향후 1년분 보험료를 선급하였다.
(2) 20×7년 12월 31일 소모품 재고 실사결과 소모품 재고액은 ₩790,000이다.
(3) 20×7년 12월 1일 향후 3개월 동안 제공될 용역에 대하여 ₩165,000을 수취하였다.

 현금지출액과 수입액 계산

다음은 노고주식회사의 20×1년과 20×2년 말의 재무상태표에서 추출한 자료이다.

	20×2년 말	20×1년 말
자산: 선급보험료	₩600	₩700
부채: 선수임대료	1,000	500

20×2년도 손익계산서에서 추출된 자료는 다음과 같다.

비용: 보 험 료	₩800	
수익: 임대료수익	7,500	

요구사항

1) 20×2년 동안 지급된 보험료는 얼마인가?
2) 20×2년 동안 회수된 임대료는 얼마인가?

9 수정분개
다음 각각의 독립적인 사항에 대하여 답하시오.

(1) (주)서강은 사무실을 임차하여 사용하고 있다. 20×9년 8월 1일 향후 1년치 임차료 ₩48,000을 지급하였다. 다음의 각 경우에 대하여 결산일인 12월 31일에 필요한 수정분개를 하시오.
  ① 20×9년 8월 1일 지급금액을 자산으로 회계처리하였을 경우
  ② 20×9년 8월 1일 지급금액을 비용으로 회계처리하였을 경우

(2) 20×9년 1월 1일 소모품계정 잔액은 ₩24,000이었다. 20×9년 중에 소모품 ₩43,000을 구입하였다. 20×9년 12월 31일 현재 회사 창고의 소모품 재고액이 ₩20,000일 때 필요한 수정분개를 하시오.

(3) 선급보험료계정의 20×9년 1월 1일 기초잔액은 없었다. 회사는 20×9년 1월 1일 3년분 보험료 ₩54,000을 지급하였다. 다음 각 경우 결산일인 12월 31일에 필요한 수정분개를 하시오.
  ① 보험료 지급시에 선급보험료계정을 사용할 때
  ② 보험료 지급시에 보험료비용계정을 사용할 때

(4) 20×1년 12월 1일 회사는 향후 두 달간의 용역을 고객에게 제공하기로 하고 현금 ₩90,000을 받았다. 이 회사는 20×1년 12월 31일 결산일 현재 제공하기로 한 용역의 1/2을 제공하였다. 다음 각 경우에 대하여 필요한 수정분개를 하시오.
  ① 20×1년 12월 1일 선수용역수익계정을 사용하여 부채로 기록하였을 경우
  ② 20×1년 12월 1일 용역수익계정을 사용하여 수익으로 기록하였을 경우

(5) 20×1년 12월 31일에 배당금 ₩40,000을 지급할 것을 선언하였으나 아직 지급하지 않았고 아무런 회계처리도 하지 않았다. 필요한 분개를 하시오.

10 오류와 수정분개
남천회사는 20×8년도 중 분개시 다음과 같은 오류를 범하였다. 오류정정에 필요한 수정분개를 하시오.

(1) 20×8년도분 이자 ₩150,000을 지급하다.
  (회계처리: 선급이자 150,000 / 현   금 150,000)

(2) 설비수선료 ₩100,000을 현금으로 지급하다.
  (회계처리: 설   비 100,000 / 현   금 100,000)

(3) 매입채무 ₩340,000을 지급하다.
  (회계처리: 매입채무 430,000 / 현   금 430,000)

(4) 공과금 ₩80,000을 지급하다.
  (회계처리: 설비자산 80,000 / 현   금   80,000)

(5) 매출채권 ₩100,000을 회수하다.
  (회계처리: 현   금 100,000 / 매   출 100,000)

11 수정분개 누락의 영향

서강주식회사는 20×7년 회계연도 말에 장부책임자가 갑자기 병이 나서 다음과 같은 항목들에 대한 수정분개를 하지 못하였다. 수정분개 누락이 재무상태표와 손익계산서에 미치는 영향을 분석하시오.

(1) 20×7년 12월 31일 현재 소모품 재고액은 ₩375,000이다. 수정 전 장부상 소모품계정 잔액은 ₩1,500,000이다.

(2) 선급보험료계정 잔액은 ₩1,800,000인데, 이는 20×7년 11월 1일에 1년분 보험료를 선급한 것이다.

(3) 선수임대료의 잔액은 ₩2,400,000인데, 이는 20×7년 10월 1일에 4개월분 임대료를 미리 수취한 것이다.

(4) 20×7년 12월분 급여발생액이 ₩495,000이나, 20×7년 12월 31일 현재 지급되지 않았다.

12 수정분개

회계연도 말인 20×1년 6월 30일 현재 태양회사에 대한 다음 정보를 이용하여 각각의 항목에 대한 수정분개를 하시오.

(1) 태양회사의 부채 ₩100,000은 은행으로부터 차입한 것이다. 6월 30일까지 발생한 이자는 ₩4,500이다.

(2) 이 회사는 7월 2일에 6월분의 급여 ₩15,600을 지급하기로 되어 있다.

(3) 20×1년 6월 30일로 끝나는 회계연도의 건물과 설비에 대한 감가상각비는 각각 ₩7,000과 ₩21,800이다.

(4) 6월 1일 이 회사는 앞으로 1년 동안 서비스를 제공하는 대가로 ₩18,000의 현금을 받았다. 이때 태양회사는 현금의 수취를 부채로 기록하였다.

13 수정분개

한국백화점은 20×6년 12월 31일로 끝나는 회계연도의 결산을 하는 중이다. 다음은 수정분개에 대한 자료이다.

(1) 사무실의 소모품 재고는 20×6년 1월 1일에 ₩120이었다. 당기에 구입하여 소모품계정에 기록된 금액은 ₩360이었는데 기말에 보유하고 있는 소모품 재고는 ₩30이었다.

(2) 20×6년 12월에 발생한 임금 ₩14이 아직 지급되지 않았고 장부에도 기록되지 않았다.

(3) 백화점 지하실의 3/4을 20×6년 11월 1일에 김선일 씨에게 임대하고 향후 6개월 동안의 임대료 ₩4,800을 미리 받아 전액을 수익으로 기록하였다.

(4) 백화점 지하실의 나머지 1/4은 매월 ₩360을 받는 조건으로 한규성 씨에게 20×6년 11월 1일에 임대하였다. 그런데 11월 및 12월분 임대료가 아직 회수되지 않았고 장부에 기록도 되지 않았으며 이 금액은 20×7년 1월 10일에 회수될 것으로 예상된다.

요구사항
위의 각 경우에 대하여 20×6년 12월 31일에 필요한 수정분개를 하시오.

---

14 수정분개와 순이익의 수정

대한운송회사는 20×6년 12월 31일로 끝나는 회계연도의 결산을 하고 있다. 다음은 수정분개에 필요한 자료들이다.

(1) 20×6년 7월 1일 설비에 대한 3년간의 보험료 ₩900을 지급하였는데 모두 자산으로 기록하였다.

(2) 20×6년 한 해 동안 ₩1,000 어치의 사무실 소모품을 구입하였다. 20×5년 말 현재의 소모품 재고는 ₩200이었으며, 20×6년 12월 31일 현재 보유중인 소모품은 ₩300이다.

(3) 20×6년 12월 31일에 트럭 한 대를 ₩650에 석영자동차 정비공장에서 수리하였으나 이 사실을 장부에 기록하지 않았다. 20×7년 1월 30일이 되어서야 대한운송회사는 석영자동차 정비공장에 위의 금액을 지급하였다.

(4) 20×6년 12월 트럭에 대한 재산세 청구서 ₩1,400이 시청으로부터 송달되어 왔다. 이 사항은 아직 장부에 기록하지 않았고 20×7년 2월 15일에 지급되었다.

(5) 20×6년 7월 1일 트럭을 ₩20,000에 현금구입하였다. 이 트럭은 10년의 내용연수를 가진 것으로 추정되었다.

(6) 20×6년 10월 1일 은행으로부터 1년 만기 연리 15%의 조건으로 ₩6,000을 차입하였다. 원금과 이자는 만기일에 지급된다.

요구사항
1) 20×6년 12월 31일 현재 위의 거래와 관련하여 필요한 수정분개를 하고 그 내용을 간단히 설명하시오.
2) 대한운송회사는 위의 거래에 대하여 아무런 회계처리 없이 손익계산서를 작성한 결과 ₩30,000의 순이익을 보고할 수 있었다. 위의 거래를 고려한다면 순이익은 얼마가 되겠는가?

---

15 수정분개 오류의 영향

다음의 표를 이용하여 다음의 오류사항들이 재무제표의 각 항목에 어떤 영향을 미칠 것인가 밝히시오. 만약 오류의 결과로 그 항목이 과대평가될 것이라면 그 란에 (+)를 하고 과소평가가 기대되면 (−), 오류가 어떤 영향도 미치지 않으면 (○)를 기입하시오.

	오류의 영향				
	(1)	(2)	(3)	(4)	(5)
수 익					
비 용					
순 이 익					
유 동 자 산					
비 유 동 자 산					
유 동 부 채					
비 유 동 부 채					
자 본					

(1) 용역수익이 발생하였는데도 기록하지 않았다(대금 미수취).
(2) 선수용역수익에 대한 용역이 제공되었으나 이를 기록하지 않았다.
(3) 급여가 발생하였으나 아직 기록되지 않았다(미지급).
(4) 소모품의 사용에 따른 소모품비의 인식이 이루어지지 않았다.
(5) 차입금에 대한 이자의 발생이 기록되지 않았다(미지급).

16 임대료의 수정분개

다음은 흑석회사에서 발생한 거래이다. 20×5년 12월 1일 흑석회사는 외부인에게 임대해 준 사무실에 대하여 향후 4개월간의 임대료에 해당하는 금액인 ₩4,000을 수취하였다. 결산은 매년 12월 31일에 이루어진다.

요구사항

1) 20×5년 손익계산서에 수익으로 얼마가 보고되어야 하는가? 또 20×6년 손익계산서에는 얼마의 수익이 보고되어야 하는가?
2) 20×5년 12월 31일 위의 거래와 관련하여 재무상태표에 보고될 항목과 금액은 얼마인가?
3) 20×5년 12월 1일 당사는 다음의 세 가지 방법 중의 하나로 ₩4,000의 임대료 수취에 대한 분개를 할 수 있다.

① (차) 현　　금	4,000	(대) 임대료수익	4,000	
② (차) 현　　금	4,000	(대) 선수임대료	4,000	
③ (차) 현　　금	4,000	(대) 임대료수익	1,000	
		(대) 선수임대료	3,000	

위의 각 경우 20×5년 12월 31일에 필요한 수정분개를 하고 만약 수정분개가 필요하지 않다면 그 이유를 설명하시오.

17 현금기준 순이익과 발생기준 순이익

태진회사는 20×6년 1월에 ₩400,000의 상품을 판매하였는데 ₩270,000은 1월에, ₩100,000은 2월에 나머지는 3월에 회수되었다. 20×6년 1월 1일 은행으로부터 3개월 만기 단기차입금을 ₩100,000 대부받았는데 이자는 만기일에 원금과 함께 지급하며 이자율은 연리 12%이다. 1월 중에 구입한 상품의 원가는 ₩300,000이었으며 1월에 ₩200,000이, 2월에 나머지가 지급되었다. 1월에 구입한 상품 중에서 기말에 남아 있는 상품의 원가는 ₩50,000이었다. 20×6년 1월 중 현금기준과 발생기준에 의한 순이익은 각기 얼마인가?

18 수정분개와 재무제표

20×6년 12월 31일에 서교주식회사의 경리사원 이정순 씨는 손익계산서와 재무상태표를 작성하였으나 아래와 같은 세 가지의 수정분개를 하지 않았다.

(1) 설비에 대한 20×6년분의 감가상각비 ₩4,000이 기록되지 않았다.
(2) 20×6년 12월 한 달 동안의 임대료 ₩800이 회수되지도 않았고 기록되지도 않았다.
(3) 20×6년의 법인세가 지급되지도 않았고 기록되지도 않았다. 법인세율은 17%이다.

손 익 계 산 서

	기록된 금액	수정	수정된 금액
수　　　　익	₩92,000	(　　　)	(　　　)
비　　　　용	81,000	(　　　)	(　　　)
법　인　세	(　　　)	(　　　)	(　　　)
당 기 순 이 익	₩11,000		

	기록된 금액	수정	수정된 금액
자 산:			
현 금	₩17,000	( )	( )
매 출 채 권	16,000	( )	( )
미 수 임 대 료		( )	( )
설 비	40,000	( )	( )
감가상각누계액	(8,000)	( )	( )
	₩65,000		( )
부 채:			
매 입 채 무	₩10,000	( )	( )
미 지 급 법 인 세		( )	( )
자 본:			
자 본 금	₩40,000	( )	( )
이 익 잉 여 금	15,000	( )	( )
	₩65,000		( )

요구사항

1) 누락된 수정분개를 하시오.
2) 위의 표를 완성하시오.

19 현금기준 순이익과 발생기준 순이익

부산전업사의 20×5년 8월 한 달간 영업활동내용은 다음과 같다.

(1) 8월에 제공한 용역에 대한 현금회수	₩15,000,000
(2) 7월에 발생한 매출채권의 회수	4,500,000
(3) 9월에 대금을 받기로 하고 8월에 제공한 용역수익	7,000,000
(4) 소모품의 현금구입액	350,000
(5) 7월에 발생한 급여의 지급	2,000,000
(6) 8월 중에 사용한 소모품	600,000
(7) 8월에 발생한 임차료의 지급	2,500,000
(8) 8월에 발생한 급여의 지급	12,000,000
(9) 8월에 발생하였으나 9월에 지급한 급여	3,000,000

요구사항

1) 발생기준에 의해 20×5년 8월의 손익계산서를 작성하시오.
2) 현금기준에 의해 20×5년 8월의 손익계산서를 작성하시오.

연습문제

International Financial Reporting Standards

05

회계순환과정

학습목표

제4장에서 회계정보의 산출과정을 부분적으로 살펴볼 기회가 있었다. 이 장에서는 앞에서 설명한 내용들을 종합하여 회계시스템에서 회계정보가 어떻게 산출되는가를 단계적으로 살펴본다. 회계적 사건이 증빙서류로부터 수집·분석되어 재무제표로 보고되기까지의 일련의 과정을 회계순환과정이라고 한다. 이 장에서는 특히 회계기간 말에 수정전시산표로부터 재무제표의 작성과정까지를 집중적으로 다룰 것이다.

주요 학습사항

회계순환과정	수정후시산표	집합손익계정
전　　기	10위식 정산표	마감후시산표
시 산 표	계정마감	정 산 표
수정전시산표	마감분개	총계정원장
임시계정(명목계정)	영구계정(실질계정)	집합손익

회계정보의 산출 과정 01

International Financial Reporting Standards

기업의 재무상태와 경영성과에 영향을 주는 경제적 사건을 수집·분석·정리하여 정보이용자들의 의사결정에 유용한 회계정보를 재무제표의 형태로 제공하는 일련의 과정을 회계정보의 산출과정 또는 회계순환과정(accounting cycle)이라 한다. 회계정보의 산출과정을 단계적으로 기술하면 다음과 같다.

1-1 회계기간중의 거래기록절차

제1단계: 기업에서 발생한 사건들에 대한 자료를 수집한다. 이때 회계담당자는 다양한 경제적 사건을 분석하여 회계적 사건으로 장부에 기록될 수 있는 거래만을 식별해야 한다.

제2단계: 제1단계에서 추출한 회계적 사건에 관한 자료를 분개장에 분개한다.

제3단계: 분개장에 분개한 사항을 총계정원장에 설정된 각 계정에 전기(posting)한다. 총계정원장이란 각 계정들을 모아놓은 장부를 말한다.

이상의 3단계까지의 과정은 회계기간 중에 생긴 거래들에 대해서 발생순서대로 적용된다.

1-2 회계기말의 수정절차

제4단계부터는 회계기말에 수행하는 절차다. 모두 9단계의 회계순환과정 절차 중에 4단계에서 6단계까지 회계기말에 수행되므로 결산기가 되면 회사, 특히 회계 부서 직원들이 매우 바빠진다.

제4단계: 제3단계까지 기록된 사항들이 반영된 총계정원장 계정들의 잔액을 산출하여 수정전시산표(unadjusted trial balance)를 작성한다.

제5단계: 기중에 발생기준을 엄밀하게 적용하지 않아 나타나는 수정사항들을 찾아 분개장에 수정분개를 하고 총계정원장 각 계정에 전기한다.

제6단계: 제5단계에서 기말 수정사항들을 반영한 총계정원장 각 계정들의 계정잔액을 산출하여 수정후시산표(adjusted trial balance)를 작성한다.

1-3 재무제표 작성절차

제7단계: 수정후시산표로부터 재무제표를 작성한다.

1-4 계정의 마감절차

제8단계: 총계정원장에 있는 각 계정들을 마감하기 위해 마감분개를 하고 이를 총계정원장의
해당 계정에 전기한다.
제9단계: 마감후시산표를 작성한다.

이상과 같은 회계정보의 산출과정은 매 회계기간마다 반복적으로 수행된다. 그림 5-1에
회계순환과정이 예시되어 있다.

그림 5-1
회계순환과정

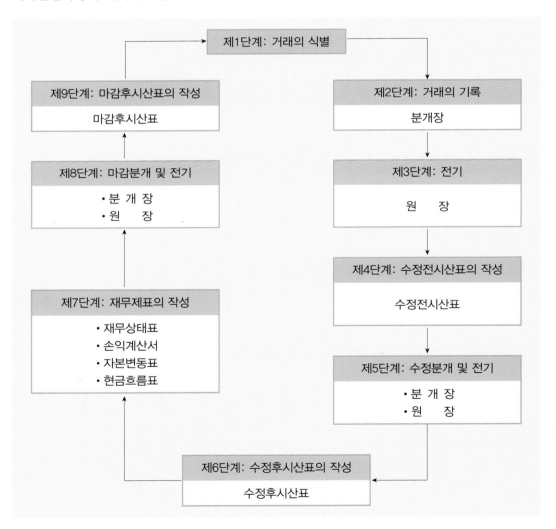

수정전
시산표
02

제1단계부터 제3단계까지의 절차는 앞 장에서 충분히 설명하였기 때문에 이하에서는 회계기말에 수행하는 첫 단계인 제4단계부터 설명하기로 한다.

20×1년 12월 31일 현재 노고회사의 수정전시산표는 표 5-1과 같다.

📄 표 5-1
수정전시산표

수 정 전 시 산 표

노고주식회사   20×1년 12월 31일

계 정 과 목	차　변	대　변
현　　　　　　　금	₩1,020	
매　출　채　권	1,980	
상　　　　　품	1,400	
선　급　보　험　료	1,200	
대　　여　　금	3,000	
건　　　　　물	6,000	
감가상각누계액-건물		₩1,200
매　입　채　무		950
선　수　이　자		600
장　기　차　입　금		2,500
보　통　주　자　본　금		7,000
이　익　잉　여　금		1,990
매　　　　　출		3,580
선　수　수　수　료		800
매　출　원　가	1,500	
소　　모　　품	870	
급　　　　　여	1,450	
배　　당　　금	200	
합　　　　　계	₩18,620	₩18,620

2-1　수정전시산표의 의의 및 작성방법

회계기간 중의 기록단계인 제1단계부터 제3단계까지 완료되면 기중에 발생한 모든 거래들은 복식부기 원리에 따라 분개장에 분개되고 총계정원장의 각 계정에 전기되어 있다. 어느

시점에서 총계정원장에 어떠한 계정들이 나타나 있으며 그 계정의 현재 잔액을 하나의 표를 사용하여 나타낼 필요가 있는데 이러한 표를 시산표(trial balance)라 한다. 특히 제3단계까지 완료된 후 회계기간 말에 재무제표를 준비하기 위한 첫 단계로 시산표를 작성하는데 이를 수정전시산표(unadjusted trial balance)라 한다. 따라서 수정전시산표는 회계기간 중에 발생된 거래들만의 결과를 나타내고 있다.

표 5-1의 수정전시산표에 나타난 계정과목들과 계정잔액들은 회계기간 중에 발생한 거래들만의 결과이기 때문에 발생기준에 의한 기업의 재무상태 및 경영성과를 정확하게 반영하지 못한다. 따라서 수정전시산표에 나타난 계정들과 계정잔액으로는 올바른 재무제표를 작성할 수 없다. 그 이유는 회계기간에 모든 거래들을 발생기준에 따라 정확하게 기록하지 않았기 때문이다. 예를 들면 회사의 직원에게 지급하는 급여를 발생기준에 따라 정확하게 인식하려한다면 직원이 노동을 제공한 만큼 매일매일의 급여가 현금으로 지급되지 않았다 하더라도 비용으로 기록되어야 할 것이다. 이와 동시에 동일금액만큼 기업이 직원에게 현금을 지급해야 할 의무를 나타내는 부채계정인 미지급급여도 기록하여야 한다. 만일 직원의 하루 일당이 ₩50이라면 이 회사는 현금으로 급여를 지급하기 전이라도 발생기준에 의해 매일매일 다음과 같은 분개를 해야 할 것이다.

| (차) 급   여 | 50 | (대) 미지급급여 | 50 |

이와 같이 매일매일 발생되는 거래를 모두 발생기준에 따라 분개장에 분개하고 또 총계정원장의 계정에 전기한다면 수정전시산표에 나타난 계정과목들과 잔액들은 발생기준에 따라 기업의 재무상태와 경영성과를 정확하게 나타내 주고 있기 때문에 이들을 사용하여 올바른 재무제표를 작성할 수 있다. 그러나 회계기간 중에 이러한 거래들을 모두 기록한다면 기록해야 할 거래의 수가 기하급수적으로 증가하여 엄청난 양의 회계장부가 필요하게 되고 그에 따른 기장업무가 막대하게 증가하여 업무의 비효율성을 초래할 것이다. 따라서 실무에서는 회계기간 중에는 실제 교환이 이루어진 거래들만을 기록하고 발생기준을 적용함으로써 조정이 필요한 거래들은 모두 일괄적으로 회계기간 말에 기록하도록 하고 있다.

2-2 수정전시산표의 작성이유 및 한계

전술한 바와 같이 수정전시산표상의 계정과목들과 계정금액들만으로는 올바른 재무제표를 작성할 수 없다. 하지만 시산표는 거래가 제대로 기록이 되었는 지를 확인해 주는 역할을한다. 앞장에서 보았듯이 거래에 대한 분개가 올바르게 되었다면 차변과 대변의 합이 동일해야 한다. 그리고 총계정원가에 제대로 전기되었다면, 시산표에 나타나는 차변의 합과 대변의 합은 반드시 같아야 한다. 만약 차변의 합과 대변의 합이 다르다면, 시산표 이전의 단계에서 오류가 있었다는 것을 의미한다. 예를 들어, ₩1,000의 현금매출에 대해 회계담당자가 차변에 현금 ₩1,000을 기록하고 대변에 수익 ₩500으로 기록하였다고 가정해 보자. 이 경우, 시산표에 차변과 대변의 총액 차이가 ₩500만큼 발생할 것이다. 회계담당자는 이러한 오류가 어디서 발생했는 지 파악하기 위하여 이전 단계인 전기와 분개를 검토하고 오류를 수정해야 한다. 이처럼 시산표는 차변의 합과 대변의 합을 통하여 거래의 기록에 오류가 있었는 지를 파악해 볼 수 있는 기능을 수행한다.

수정전시산표상의 차변합계와 대변합계가 동일하다고 해서 회계기간 중의 모든 거래를 오류 없이 기록하였다고 단정할 수는 없다는 것에 주의해야 한다. 거래의 기록에서 차변의 합과 대변의 합이 동일한 경우 시산표를 통하여 오류를 파악하지 못한다는 점을 기억해야 한다. 앞의 예에서 회계담당자가 차변에 현금 ₩500을 기록하고 대변에 수익 ₩500을 기록하였다고 가정해 보자. ₩1,000의 매출에 대하여 ₩500의 매출로 기록하여 매출은 ₩500 과소계상되었고 현금도 ₩500만큼 과소계상되어 있어 오류가 존재한다. 하지만 차변과 대변의 합은 동일하기 때문에 시산표상 차변의 합과 대변의 합은 동일하다. 시산표는 회계기록의 오류를 검증하는 역할을 하지만, 이러한 한계점이 있다는 점에 유의해야 한다. 따라서 수정전시산표를 통해서 회계기간 중에 나타난 기록상의 오류 모두를 파악하는 것은 불가능하다. 다만 수정전시산표는 재무제표에 나타나는 계정과목들을 일목요연하게 정리하여 회계기간 중에 발생하기 쉬운 기장상의 오류들을 어느 정도 검증할 수 있다는 면에서 그 유용성이 있다.

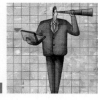

International Financial Reporting Standards

수정분개 03

회계기말에 이루어지는 회계절차 중 가장 중요한 단계는 제5단계에서 행하는 수정분개라고 할 수 있다. 수정분개는 회계기간 중에 발생기준에 따라 기록되지 않은 거래들에 대해 회계기간 말에 일괄 조정해 주는 분개라고 할 수 있다. 수정분개를 요하는 거래의 유형들은 제4장에서 자세히 설명하였으므로 여기서는 예제를 이용하여 수정분개를 복습하기로 한다.

예제 5-1 _ 수정분개

표 5-1의 수정전시산표를 작성한 후 노고주식회사의 회계담당 직원은 다음과 같은 사항들이 아직 반영되지 않았음을 발견하였다.

① 표 5-1의 수정전시산표상 선급보험료 ₩1,200은 노고주식회사가 20×1년 11월 1일에 향후 1년분의 보험료 ₩1,200을 현금으로 지급하면서 기록된 것이다.

② 소모품의 재고실사결과 20×1년 12월 31일 현재 ₩250의 소모품이 남아 있었다.

③ 건물에 대한 20×1년도분 감가상각비는 ₩600이다.

④ 기말 현재 미지급된 급여는 ₩50이다.

⑤ 노고주식회사는 신촌은행으로부터 20×1년 7월 1일에 5년 후에 상환하기로 하고 ₩2,500을 차입하였다. 이 차입금에 대한 연간이자율은 10%이며 이자지급일은 매년 6월 30일이다.

⑥ 노고주식회사는 20×1년 10월 1일에 회사소유 건물의 일부를 신촌상사에 임대해 주었다. 임대료는 매 6개월마다 ₩1,200씩 후불로 받기로 하였다.

⑦ 표 5-1의 수정전시산표상 선수수수료수익 ₩800은 노고주식회사가 20×1년 9월 3일에 서울산업에게 미래에 용역을 제공하기로 하고 그 대가를 받았을 때 기록한 것이다. 그런데 노고주식회사는 20×1년 12월 31일 현재 제공하기로 한 용역의 1/2을 제공하였다.

⑧ 표 5-1의 수정전시산표상 선수이자 ₩600은 20×1년 1월 2일에 수원상회에 ₩3,000을 대여하고 연리 20%의 1년분 이자를 미리 받은 것을 기록한 것이다.

요구사항

1) 위의 수정분개사항들에 대해서 20×1년 말의 수정분개를 하시오.

2) 표 5-1 수정전시산표상 잔액을 T-계정에 옮기고 수정분개사항을 각 계정에 전기하시오.

1) ①~⑧까지의 수정분개는 다음과 같다.

〈수정분개〉

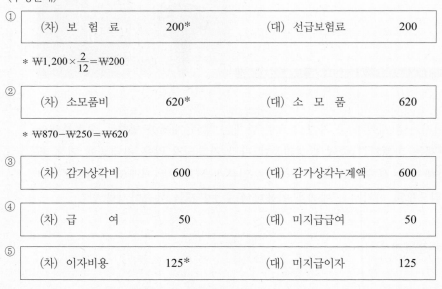

①

| (차) 보 험 료 | 200* | (대) 선급보험료 | 200 |

$$* \ ₩1,200 \times \frac{2}{12} = ₩200$$

②

| (차) 소모품비 | 620* | (대) 소 모 품 | 620 |

$* \ ₩870 - ₩250 = ₩620$

③

| (차) 감가상각비 | 600 | (대) 감가상각누계액 | 600 |

④

| (차) 급 여 | 50 | (대) 미지급급여 | 50 |

⑤

| (차) 이자비용 | 125* | (대) 미지급이자 | 125 |

$$* \ ₩2,500 \times 0.1 \times \frac{6}{12} = ₩125$$

⑥ | (차) 미수임대료 | 600* | (대) 임대료수익 | 600

$* \ ₩1,200 \times \frac{3}{6} = ₩600$

⑦ | (차) 선수수수료 | 400* | (대) 수수료수익 | 400

$* \ ₩800 \times \frac{1}{2} = ₩400$

⑧ | (차) 선수이자 | 600 | (대) 이자수익 | 600

2)

현금(자산)	
1,020	

매출채권(자산)	
1,980	

상품(자산)	
1,400	

선급보험료(자산)	
1,200	① 200
✓ 1,000	

대여금(자산)	
3,000	

건물(자산)	
6,000	

감가상각누계액-건물(자산차감)	
	1,200
	③ 600
	✓ 1,800

매입채무(부채)	
	950

선수이자(부채)	
③ 600	600
	✓ 0

장기차입금(부채)	
	2,500

보통주자본금(자본)	
	7,000

이익잉여금(자본)	
	1,990

매출(수익)	
	3,580

선수수수료(부채)	
⑦ 400	800
	✓ 400

매출원가(비용)	
1,500	

소모품(자산)	
870	② 620
✓ 250	

급여(비용)	
1,450	
④ 50	
✓ 1,500	

배당금(배당금)	
200	

보험료(비용)	
① 200	

소모품비(비용)	
② 620	

감가상각비(비용)	
③ 600	

미지급급여(부채)	
	④ 50

이자비용(비용)	
⑤ 125	

미지급이자(부채)	
	⑤ 125

미수임대료(자산)		임대료수익(수익)		수수료수익(수익)	
⑥ 600			⑥ 600		⑦ 400

이자수익(수익)	
	⑧ 600

수정후
시산표
04

수정후시산표(adjusted trial balance)는 수정전시산표에 나타나 있는 계정과목들과 계정잔액들을 발생기준에 따라 수정한 후 작성하게 된다. 따라서 수정후시산표에 표시된 계정과목들과 계정잔액은 발생기준에 의한 회계기간 동안의 경영성과와 회계기말 현재의 재무상태를 정확히 반영하고 있기 때문에 수정후시산표의 계정잔액을 이용하여 재무제표를 작성할 수 있다. 수정후시산표에는 예제 5-1의 수정분개를 통해 수정전시산표에는 없었던 계정들이 추가되었다. 수정분개사항을 총계정원장의 각 계정에 전기한 후의 계정잔액으로 작성된 수정후시산표는 표 5-2와 같다.

표 5-2
수정후시산표

수 정 후 시 산 표

노고주식회사　　　　　　　　　　　　　　　　　　　　　　　　　　20×1년 12월 31일

계 정 과 목	차 변	대 변
현　　　　　　금	₩1,020	
매　출　채　권	1,980	
상　　　　　품	1,400	
소　　모　　품	250	
선　급　보　험　료	1,000	
미　수　임　대　료	600	
대　　여　　금	3,000	
건　　　　　물	6,000	
감 가 상 각 누 계 액 - 건 물		₩1,800
매　입　채　무		950
미　지　급　급　여		50
미　지　급　이　자		125

선　수　수　수　료		400
장　기　차　입　금		2,500
보　통　주　자　본　금		7,000
이　익　잉　여　금		1,990*
매　　　　출		3,580
수　수　료　수　익		400
임　대　료　수　익		600
이　자　수　익		600
소　모　품　비	620	
급　　　여	1,500	
매　출　원　가	1,500	
보　험　료	200	
감　가　상　각　비	600	
이　자　비　용	125	
배　당　금	200	
계	₩19,995	₩19,995

* 당기순이익과 배당금이 반영되지 않은 기초잔액이다.

재무제표
의 작성
05

　　수정후시산표의 계정과목들과 계정잔액들을 기초로 작성한 노고주식회사의 20×1년도 손익계산서와 재무상태표가 **표 5-3**과 **표 5-4**에 각각 제시되어 있다.

　　표 5-2의 수정후시산표와 **표 5-4**의 재무상태표를 비교해 보면 건물의 차감계정인 감가상각누계액계정이 수정후시산표에는 대변에 나타나지만 재무상태표에는 건물에서 차감하는 형태로 공시된다. 그리고 수정후시산표의 이익잉여금계정은 당기의 경영성과인 당기순이익과 주주에게 지급한 배당금이 반영되지 않은 기초잔액으로 나타나 있으나, 재무상태표상에는 당기순이익과 배당금이 반영된 금액으로 보고되어 있다.

표 5-3
손익계산서

손 익 계 산 서

노고주식회사   20×1년 1월 1일~20×1년 12월 31일

매　　출	₩3,580
매 출 원 가	(1,500)
매출총이익	₩2,080
수수료수익	400
임대료수익	600
이 자 수 익	600
소 모 품 비	(620)
급　　여	(1,500)
보 험 료	(200)
감가상각비	(600)
이 자 비 용	(125)
당기순이익	₩635

표 5-4
재무상태표

재 무 상 태 표

노고주식회사   20×1년 12월 31일

자　　　　산			부채와 자본	
Ⅰ. 유동자산			Ⅰ. 유동부채	
1. 현　　　금	₩1,020		1. 매 입 채 무	₩950
2. 매 출 채 권	1,980		2. 미 지 급 급 여	50
3. 상　　　품	1,400		3. 미 지 급 이 자	125
4. 소 　모 　품	250		4. 선 수 수 수 료	400
5. 선 급 보 험 료	1,000		유동부채합계	1,525
6. 미 수 임 대 료	600		Ⅱ. 비유동부채	
7. 대 　여 　금	3,000		1. 장기차입금	2,500
유동자산합계	9,250		비유동부채합계	2,500
			부채합계	4,025
Ⅱ. 비유동자산			Ⅲ. 자　　본	
1. 건　　　물 ₩6,000			1. 보통주자본금	7,000
감가상각누계액 (1,800)	4,200		2. 이 익 잉 여 금	2,425*
비유동자산합계	4,200		자본합계	9,425
자산총계	₩13,450		부채와 자본총계	₩13,450

* 기말이익잉여금＝기초이익잉여금＋순이익−배당금＝₩1,990＋₩635−₩200＝₩2,425

마감분개 및 계정마감 06

회계정보의 산출과정 중 제7단계인 재무제표 작성단계까지 완료되면 실질적으로 회계정보를 산출하기 위한 중요한 단계는 거의 완료된 것이나 마찬가지이다. 제8단계와 제9단계는 이번 회계기간을 종료하고 다음 회계기간을 시작하는 준비를 위해 필요하다. 즉 제7단계 후 총계정원장에 설정되어 있는 각 계정들은 마감되지 않았기 때문에 차기의 경영활동을 기록할 수 있는 준비가 되어 있지 않다. 차기의 경영활동을 기록하기 위한 준비를 제8단계인 마감분개 및 계정마감 단계에서 수행한다.

6-1 임시계정의 마감 및 마감분개

제2장에서 이익잉여금은 수익에 의해 증가하고 비용과 배당금에 의해 감소된다는 것을 설명하였다.[1] 따라서 이론적으로는 수익의 발생은 이익잉여금의 증가(대변 기록)로, 비용과 배당금의 발생은 이익잉여금의 감소(차변 기록)로 직접 기록할 수 있다. 그러나 다양한 종류의 수익과 비용을 유형별로 파악하여 손익계산서를 작성하기 위해 이익잉여금에 직접 기록하는 대신 별도의 세부 수익 및 비용 계정에 기록한다. 손익계산서는 한 회계기간 동안의 경영성과를 나타내 주는 재무보고서이기 때문에 회계기간 말 재무제표를 작성하기 전 수정후시산표에 나타나는 수익과 비용계정들의 잔액은 한 회계기간 동안만의 활동을 반영한 금액이어야 한다. 따라서 매 회계기간이 시작할 때 수익과 비용계정의 잔액이 0으로 시작할 수 있도록, 한 회계기간이 종료될 때 이들 계정들의 잔액을 0으로 만들고 영구계정인 이익잉여금계정에 대체되어야 한다. 이와 같이 수익, 비용, 배당금 등 재무제표에서 한 기간만의 활동을 나타내는 계정의 잔액을 회계기말에 0으로 만드는 절차를 계정마감이라 하고, 계정마감을 하기 위한 분개를 마감분개(closing entry)라 한다.

수익, 비용 및 배당금 계정처럼 회계기간 동안만 잔액이 유지되다가 회계기말에 잔액이 0으로 되는 계정을 임시계정(temporary account) 또는 명목계정(nominal account)이라 한다. 반면에 자산, 부채, 자본 등 재무상태표계정들은 회계기간 말의 잔액이 다음 회계기간 초로 이월되어 다음기의 활동이 누적된다. 예를 들어 회사 설립 후 10년 후의 현금계정 잔액은 회사설립 시점부터 10년 말까지 총현금수입에서 총현금지출을 차감한 누적금액이다. 이러한 자산, 부채, 자본계정들을 영구계정(permanent account) 또는 실질계정(real account)이라고 한다.

통상 회계에서는 수익과 비용계정을 마감하기 위해서 집합손익(income summary)이라는 임

---

1 기말이익잉여금=기초이익잉여금+(수익-비용)-배당금

시계정을 사용하게 된다. 집합손익계정을 사용하여 수익과 비용계정을 마감하는 절차는 다음과 같다. 집합손익계정 역시 임시계정이므로 마감분개를 마친 후 그 잔액은 0으로 된다.

(1) 수익계정의 마감

대변 잔액을 가진 수익계정의 잔액을 0으로 만들기 위해서는 수익계정의 차변에 대변 잔액만큼 다음과 같이 기록하면 된다.

> (차) 수　　익　　　　　×××　　　　　(대) 집합손익　　　　　×××

(2) 비용계정의 마감

비용계정은 차변에 잔액이 남게 되므로 비용계정 잔액을 0으로 만들기 위해서는 대변에 차변 잔액만큼 기입하면 된다. 이때의 마감분개는 다음과 같다.[2]

> (차) 집합손익　　　　　×××　　　　　(대) 비　　용　　　　　×××

(3) 집합손익계정의 마감

집합손익계정은 수익과 비용계정들을 마감하기 위해서 사용되는 임시계정이다. 수익과 비용계정들을 마감한 후 집합손익계정의 차변에는 당기에 발생한 모든 비용이 기록되고, 대변에는 당기에 발생한 모든 수익이 기록되어 있다. 이때 집합손익계정의 잔액은 당기의 수익에서 당기의 비용을 차감한 당기순손익에 해당되는 금액이다. 수익과 비용계정의 금액을 집합손익계정에 대체한 후, 집합손익계정에 대변잔액이 남게 되면 그 금액만큼 당기순이익이, 차변 잔액이 남게 되면 그 금액만큼 당기순손실이 발생하였음을 뜻한다. 그리고 당기순이익은 결국 이익잉여금을 증가시키고 당기순손실은 이익잉여금을 감소시키게 되므로 집합손익계정을 마감하기 위한 마감분개는 다음과 같이 이루어진다.

1) 당기순이익이 나타나는 경우(집합손익이 대변 잔액)

> (차) 집합손익　　　　　×××　　　　　(대) 이익잉여금　　　　　×××

2) 당기순손실이 나타나는 경우(집합손익이 차변 잔액)

> (차) 이익잉여금　　　　　×××　　　　　(대) 집합손익　　　　　×××

---

2 비용계정을 먼저 마감하고 수익계정을 나중에 마감해도 된다.

(4) 배당금계정의 마감

배당금계정은 수익과 비용에 속하는 계정은 아니지만 이익잉여금을 감소시키는 임시계정이다. 배당선언시에 이익잉여금에 직접 감소시키는 분개를 하였다면 배당금계정이 나타나지 않고 마감분개도 필요 없다. 그러나 배당금계정을 별도로 설정하여 기록하였다면 이는 기말에 이익잉여금계정에 대체시킬 필요가 있다. 이때의 분개는 다음과 같다.

(차) 이익잉여금	×××	(대) 배 당 금	×××

예제 5-2 _ 마감분개

예제 5-1의 계정 중에서 임시계정만 선택하여 임시계정들을 마감하기 위한 마감분개를 실시하고 이를 전기한 후 계정을 마감하라.

해답

⑨ 수익계정의 마감

(차) 매 출	3,580	(대) 집 합 손 익	3,580
(차) 수수료수익	400	(대) 집 합 손 익	400
(차) 임대료수익	600	(대) 집 합 손 익	600
(차) 이 자 수 익	600	(대) 집 합 손 익	600

⑩ 비용계정의 마감

(차) 집 합 손 익	1,500	(대) 매 출 원 가	1,500
(차) 집 합 손 익	620	(대) 소 모 품 비	620
(차) 집 합 손 익	1,500	(대) 급 여	1,500
(차) 집 합 손 익	200	(대) 보 험 료	200
(차) 집 합 손 익	600	(대) 감 가 상 각 비	600
(차) 집 합 손 익	125	(대) 이 자 비 용	125

⑪ 집합손익계정의 마감

(차) 집 합 손 익	635	(대) 이익잉여금	635

⑫ 배당금계정의 마감

(차) 이익잉여금	200	(대) 배 당 금	200

이상의 분개사항들을 T계정에 전기하고 마감하면 다음과 같다. ①~⑧까지의 분개는 **예제 5-1**에서 실시한 수정분개의 번호이다.

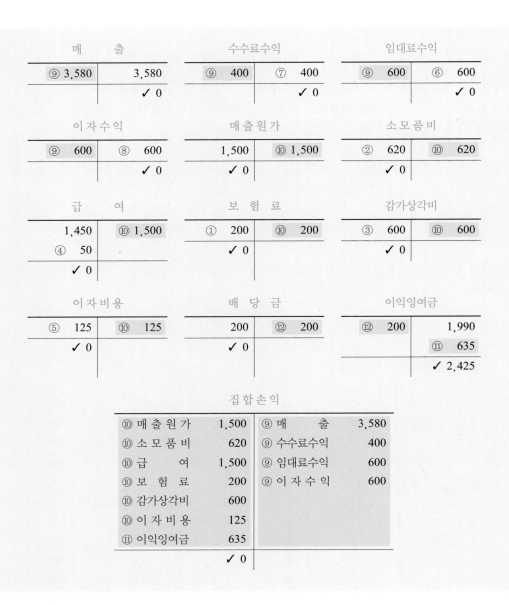

예제 5-2를 보면 마감분개 후 모든 임시계정의 잔액은 0이 되지만 이익잉여금계정의 잔액은 ₩2,425이 된다. 이익잉여금은 영구계정이므로 이번기의 기말잔액이 다음기로 이월되어 다음기의 기초잔액이 된다.

6-2 영구계정의 마감

재무상태표를 구성하는 계정들은 자산, 부채, 자본계정들이다. 이들 계정들은 수익이나 비용계정과는 달리 한 회계기간이 종료된다 해도 잔액을 0으로 만들지 않고 차기로 이월시켜 다음기의 기초잔액이 된다. 따라서 예제 5-1에서 수정분개를 한 후 남아 있는 잔액들이 당기의 기말잔액이고 이 금액은 차기로 이월되어 다음기의 기초잔액이 된다. 다음 회계기간 동안에 자산, 부채, 자본에 영향을 주는 거래들은 기초의 해당 계정잔액에 가산되거나 차감되어 다음기 말의 잔액이 된다. 이와 같이 재무상태표계정들은 한 회계기간이 종료된 후에도 계속해서 잔액을 유지하므로 영구계정 또는 실질계정이라고 한다. 다만 이익잉여금계정은 아직 당기순이익과 배당금이 기록이 되지 않은 상태이기 때문에 수정후시산표의 잔액이 기말잔액이 될 수 없다. 이익잉여금은 마감분개가 끝난 후 비로소 올바른 기말잔액을 갖게 된다.

예제 5-2에서 마감분개가 끝나고 나서 영구계정인 이익잉여금계정은 아래와 같이 잔액이 표시된다. 회계기간 동안 이익잉여금계정에 영향을 주는 수익, 비용 및 배당금항목들이 별도의 계정에 기록되었기 때문에 수정분개가 끝나고 나서의 잔액 ₩1,990은 지난기로부터 이월된 기초잔액이다. 회계기간 중에 이익잉여금에 영향을 준 거래는 마감분개에서 나타난 ⑪번의 당기순이익과 ⑫번의 배당금뿐이다. 마감분개 후 이익잉여금의 기말잔액은 ₩2,425이되고 이 금액은 다음기의 기초잔액이 된다. 계정에 기록할 때는 잔액을 기중에 기록된 금액과 구분하기 위해 체크표시(✓)를 한다.

이익잉여금

			잔액	✓ 1,990
⑫		200	⑪	635
			잔액	✓ 2,425

수작업으로 계정마감을 할 때는 위에서 보인 방법보다는 조금 복잡하다. 제3장의 표 3-4의 계정에서 보였듯이 아래와 같이 양변의 잔액합계를 내어 정리한다. 이때 대변합계는 ₩2,625이고 차변합계는 ₩200인데 양변합계를 맞추기 위해 차변에 "차기이월 ✓2,425"라고 표시한다. 이 금액은 양변합계를 맞춘 바로 아래 대변에 "전기이월 ✓2,425"로 기록되어 다음 회계기간의 기초잔액이 된다. "차기이월"이란 차기로 이월될 금액이란 뜻이고 "전기이월"이란 전기로부터 이월된 금액이란 뜻이다.

이익잉여금

			전기이월	✓ 1,990
⑫		200	⑪	635
차기이월	✓ 2,425			
	2,625			2625
			전기이월	✓ 2,425

이하에서는 계정의 잔액을 표시할 때 간단한 방법으로 표시한다. 예제 5-2에서 마감분개가 끝나고 나면 임시계정인 수익, 비용 및 배당금계정의 잔액은 0이고 영구계정의 잔액만 남게 된다. 영구계정 중에서 마감분개로부터 영향을 받은 계정은 이익잉여금밖에 없다. 따라서 표 5-2의 수정후시산표에서 이익잉여금을 제외한 나머지 영구계정들의 잔액은 마감분개후 잔액이 된다.

회계정보 산출과정의 마지막 단계는 마감후시산표를 작성하는 것이다. 마감후시산표(post closing trial balance)란 마감분개가 완료된 후 총계정원장에 0이 아닌 계정잔액을 보이는 계정들만으로 작성되는 것으로서 마감분개가 올바르게 수행되었고 마감분개 사항이 정확하게 전기되었는가를 점검하기 위해서 작성된다. 마감분개의 목적이 수익, 비용, 배당금 등 임시계정의 잔액을 0으로 만들고 영구계정인 이익잉여금계정에 그 잔액을 대체하는 것이므로, 마감후시산표에는 손익계산서계정들은 나타나지 않고 재무상태표계정들만 나타나게 된다. 또한 마감후시산표를 작성한 후 차변의 합계가 대변의 합계와 일치를 이루고 있음이 확인되면 이는 다음 회계연도의 거래를 기록할 준비가 갖추어진 것을 의미하기도 한다. 이와 같이 작성된 마감후시산표는 표 5-5와 같다.

📄 표 5-5
마감후시산표

마 감 후 시 산 표

노고주식회사   20×1년 12월 31일

계 정 과 목	차 변	대 변
현　　　　　　　　금	₩1,020	
매　출　채　권	1,980	
상　　　　　　품	1,400	
소　　모　　품	250	
선　급　보　험　료	1,000	
미　수　임　대　료	600	
대　　여　　금	3,000	
건　　　　　　물	6,000	
감 가 상 각 누 계 액 - 건 물		₩1,800
매　입　채　무		950
미　지　급　급　여		50
미　지　급　이　자		125
선　수　수　수　료		400
장　기　차　입　금		2,500
보　통　주　자　본　금		7,000
이　익　잉　여　금		2,425
합　　　　　　계	₩15,250	₩15,250

8-1 정산표의 작성이유

지금까지 회계정보의 산출과정을 단계별로 살펴보았다. 그런데 실무에서는 단계들을 별도로 수행할 경우 기록상의 오류를 범할 가능성이 많고 복잡하기 때문에 회계정보의 산출과정에서 몇 개의 단계를 하나의 표를 이용하여 요약한다. 특히 수정전시산표를 작성하는 제4단계부터 재무제표의 작성단계인 제7단계까지를 하나의 표에 요약하는데 이러한 표를 정산표(worksheet)라 한다.

정산표는 결산과정의 여러 단계를 하나의 표에 집약하므로 효율적일 뿐 아니라 기록상의 오류를 줄이기 때문에 실무에서 많이 이용된다. 그러나 정산표를 작성한다 하더라도 기본적인 회계정보의 산출과정단계를 생략해서는 안 된다. 즉 정산표상에 수정분개를 기록한다 하더라도 분개장에 그 사항을 기록해야 하고 총계정원장에 전기하는 절차를 생략해서는 안 된다. 마찬가지로 손익계산서와 재무상태표가 정산표에서 작성된다고 해서 별도의 손익계산서와 재무상태표를 작성할 필요가 없다는 것은 아니다. 정산표를 작성한 후에는 형식을 갖추어 손익계산서와 재무상태표를 작성해야만 한다. 즉 정산표는 기말에 복잡한 회계정보의 산출과정 단계들을 집약하여 하나의 표를 통하여 기록함으로써 기록상의 오류를 적게 하기 위한 도구일 뿐이지 그 자체가 회계정보의 산출과정에서 반드시 수행해야 할 단계는 아니다.

8-2 정산표의 작성방법

정산표는 하나의 표에 ① 수정전시산표, ② 수정분개, ③ 수정후시산표, ④ 손익계산서, 그리고 ⑤ 재무상태표를 작성할 수 있게 해 주는 유용한 일람표이다. 이 장의 예를 이용하여 작성된 정산표가 표 5-6에 제시되어 있다. 이제 이 정산표를 어떻게 작성하는가를 단계적으로 살펴보자.

제1단계: 정산표의 양식을 준비한다. 정산표의 양식은 표 5-6과 같이 계정과목, 수정전시산표, 수정분개, 수정후시산표, 손익계산서 그리고 재무상태표를 기입할 수 있도록 6개의 열(column)로 구분하고 계정과목란을 제외한 5개의 란을 다시 차변과 대변으로 2등분한다. 이때 5개의 열을 2등분하면 총 10개의 열이 되는데, 이러한 정산표를 10위식정산표라 한다.

제2단계: 회계정보의 산출과정 중 제4단계에서 작성한 것과 같은 수정전시산표를 작성한

표 5-6
정산표

정 산 표

노고주식회사   20×1년 1월 1일~20×1년 12월 31일

계정과목	수정전시산표 차변	수정전시산표 대변	수정분개 차변	수정분개 대변	수정후시산표 차변	수정후시산표 대변	손익계산서 차변	손익계산서 대변	재무상태표 차변	재무상태표 대변
현금	₩1,020				₩1,020				₩1,020	
매출채권	1,980				1,980				1,980	
상품	1,400			① 200	1,400				1,400	
소모품	1,200			① 200	1,000				1,000	
건물	3,000				3,000				3,000	
토지	6,000				6,000				6,000	
감가상각누계액		₩1,200		⑧ 600		₩1,800				₩1,800
미지급금		950				950				950
선수수익		600	③ 600							
매입채무		2,500				2,500				2,500
차입금		7,000				7,000				7,000
이익잉여금		1,990				1,990				1,990*
선수임대료		800	⑦ 400			400				400
매출		3,580				3,580		₩3,580		
매출원가	③ 1,500				1,500		₩1,500			
선급보험료	870			② 620	250				250	
급여	1,450		④ 50		1,500		1,500			
배당금	200				200				200*	
합계	**₩18,620**	**₩18,620**								
소모품비			① 200		200		200			
보험료			② 620		620		620			
미수수익			⑥ 600		600				600	
대손상각비			⑤ 125		125		125			
감가상각비			⑧ 600		600		600			
미지급급여				④ 50		50				50
대손충당금				⑤ 125		125				125
용역수익				③ 600		600		600		
이자수익				⑥ 600		600		600		
임대료수익				⑦ 400		400		400		
합계			**₩3,195**	**₩3,195**	**₩19,995**	**₩19,995**	**₩4,545**	**₩5,180**	**₩15,450**	**₩14,815**
당기순이익							635*			635
합계							**₩5,180**	**₩5,180**	**₩15,450**	**₩15,450**

* ₩1,990+₩635−₩200=₩2,425: 이 수치가 재무상태표의 이익잉여금잔액으로 보고된다.

다. 이 수정전시산표는 표 5-1에서 작성한 것과 동일한 것임을 알 수 있을 것이다. 이때 수정전시산표의 차변과 대변의 합계가 동일한 금액인가를 점검해야 한다는 것은 이미 설명하였다. 정산표를 작성하는 경우에는 별도로 수정전시산표를 작성할 필요가 없다.

　　제3단계: 수정분개사항을 정산표에 기입한다. 예제 5-1에서의 번호대로 표 5-6의 정산표에 수정분개사항이 기입된 사실을 확인할 수 있을 것이다. 이때 수정분개를 정산표상에서 수행한 후 이를 다시 분개장에 분개하고 이를 총계정원장의 각 계정에 전기해야 된다는 사실을 명심해야 한다. 또한 정산표상에 수정분개사항이 올바르게 기입되었는가를 확인하기 위해서 차변과 대변의 합계가 일치하는가를 점검해야 한다.

　　제4단계: 수정전시산표의 계정잔액을 수정분개에 따라 조정하여 수정후시산표를 작성한다. 정산표를 작성하는 경우에는 표 5-2와 같은 수정후시산표를 별도로 작성할 필요가 없다. 이때 수정전시산표에 계정잔액이 차변에 있고 수정분개사항이 대변에 기입되어 있으면 수정전시산표의 차변잔액에서 수정분개란의 대변에 기입된 금액을 차감하여 수정후시산표상의 차변에 기입하고, 만일 수정분개사항이 차변에 기입되어 있으면 가산하여 수정후시산표상의 차변에 기입한다.

　　제5단계: 수정후시산표의 계정과목과 계정잔액을 근거로 하여 손익계산서란을 기록한다. 이 과정은 단지 수정후시산표에 나타나 있는 계정과목 중에서 수익과 비용에 해당하는 항목들의 잔액을 그대로 손익계산서란에 옮기면 된다. 그러면 수익은 손익계산서의 대변란에, 비용은 차변란에 그 금액들이 기입될 것이다. 손익계산서란의 대변금액 합계는 수익의 합계이고 차변금액의 합계는 비용의 합계이므로 대변합계가 차변합계를 초과하면 당기순이익이 발생하게 되고 미달하면 당기순손실이 발생하게 된다. 그리고 손익계산서의 차변합계와 대변합계를 일치시키기 위해서 당기순이익이 발생하면 그 금액만큼 손익계산서의 차변에 기입하고 당기순손실이 발생하면 대변에 기입한다. 이 장의 예제에서는 당기순이익이 ₩635 발생하였으므로 손익계산서의 차변에 기입하였다. 이와 같이 정산표에 손익계산서를 작성한다 하더라도 회계담당자는 표 5-3과 같은 표준양식에 의한 손익계산서를 별도로 작성하여 외부에 공표해야 한다.

　　제6단계: 수정후시산표의 계정과목 중 자산, 부채 그리고 자본에 해당하는 계정들을 찾아내어 재무상태표란에 그대로 옮긴다. 수정후시산표에서 자산계정은 차변에 잔액이 기록되어 있으므로 그 금액을 재무상태표란의 차변란에, 부채와 자본계정은 대변란에 기록한다. 이때 건물의 차감적 평가계정인 감가상각누계액계정은 정산표의 재무상태표에는 건물에서 차감하는 형식으로 기록할 수 없으므로 대변에 그대로 기록한다. 배당금은 재무상태표계정은 아니지만 10위식정산표에서는 편의상 재무상태표란으로 옮긴다. 재무상태표란의 차변금액합계와 대변금액합계는 당기순이익만큼 차이를 나타내게 된다. 왜냐하면 정산표상의 이익잉여금은 당기에 증가한 부분인 당기순이익이 가산되어 있지 않기 때문이다. 따라서 손익계산서란의 차변에 기입된 당기순이익의 금액을 재무상태표의 대변에 기입하여야 재무상태표의 차변합계와 대변합계가 일치하게 된다. 물론 손익계산서와 마찬가지로 정산표상에 작성된 재무상태표를 근거로 하여 표 5-4와 같은 정식 재무상태표를 다시 작성하여 공시해야 한다. 재무상태표 작성시에는 정산표 재무상태표란의 이익잉여금잔액에 당기순이익을 더하고 배당금을 차감한 금액이 이익잉여금잔액으로 보고된다.

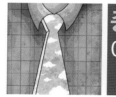

International Financial Reporting Standards

다음은 20×2년 3월 1일 석영회사의 영업개시 후 한 달 동안의 거래들이다.

3월 1일   석영 씨는 현금 ₩300,000,000을 출자하여 석영사를 설립하였다. 설립과 동시에 ₩20,000,000의 설비와 ₩6,500,000의 소모품을 구입하였다. 이에 대한 대금 ₩26,500,000은 미지급하였다.

2일   ₩15,000,000인 토지와 ₩82,500,000인 건물을 구입하였는데 구입시 우선 ₩50,000,000을 지급하고 나머지는 미지급하였다.

3일   향후 6개월의 신문광고비 ₩450,000을 선급하고 자산으로 기록하였다. 광고는 매달 정기적으로 신문에 게재될 것이다.

7일   용역수익 ₩5,000,000이 발생하고 이를 현금수취하였다.

10일   급여 ₩2,560,000이 지급되었다.

13일   소모품이 ₩1,700,000 외상으로 구입되었다.

18일   용역수익 ₩4,080,000이 발생하였으나 대금은 수취되지 않았다.

24일   18일의 대금 중 ₩3,230,000이 회수되었다.

28일   1일의 소모품 대금 중 ₩3,000,000이 지급되었다.

29일   전력료 ₩45,000이 지불되었다.

30일   추가출자가 ₩1,000,000 있었다.

    요·구·사·항

1) 3월 중의 거래를 분개하고 T계정에 전기하시오.
2) 10위식정산표를 준비하여 계정과목란과 수정전시산표란을 기입하고 아래의 수정사항을 이용하여 정산표를 완성한 후 T계정에 전기하시오.
   ① 감가상각비는 설비에 대하여 ₩350,000, 건물에 대하여 ₩250,000으로 결정되었다.
   ② 3월분 광고비용을 인식해야 한다.

③ 3월 31일 현재 ₩3,420,000의 소모품 재고액이 남아 있다.

④ 3월 31일 현재 ₩480,000의 급여가 발생하였으나 미지급되었다.

3) 마감분개를 하고 T계정에 전기한 후 계정을 마감하시오.

해답

1) ① 거래의 분개(단위: 천원)

3/1	(차) 현 금	300,000		(대) 자 본 금	300,000	
	(차) 설 비	20,000		(대) 미 지 급 금	26,500	
	소 모 품	6,500				
3/2	(차) 토 지	15,000		(대) 현 금	50,000	
	건 물	82,500		미 지 급 금	47,500	
3/3	(차) 선급광고비	450		(대) 현 금	450	
3/7	(차) 현 금	5,000		(대) 용 역 수 익	5,000	
3/10	(차) 급 여	2,560		(대) 현 금	2,560	
3/13	(차) 소 모 품	1,700		(대) 미 지 급 금	1,700	
3/18	(차) 매 출 채 권	4,080		(대) 용 역 수 익	4,080	
3/24	(차) 현 금	3,230		(대) 매 출 채 권	3,230	
3/28	(차) 미 지 급 금	3,000		(대) 현 금	3,000	
3/29	(차) 공 과 금	45		(대) 현 금	45	
3/30	(차) 현 금	1,000		(대) 자 본 금	1,000	

1), 2), 3) ② T계정에의 전기(단위: 천원)

현 금

3/1	300,000	3/2	50,000	
3/7	5,000	3/3	450	
3/24	3,230	3/10	2,560	
3/30	1,000	3/28	3,000	
		3/29	45	
	✓ 253,175			

자 본 금

		3/1	300,000
		3/30	1,000
		✓ 301,000	

설 비

3/1	20,000	
✓ 20,000		

소 모 품

3/1	6,500	③	4,780
3/13	1,700		
✓ 3,420			

미 지 급 금

3/28	3,000	3/1	26,500
		3/2	47,500
		3/13	1,700
		✓ 72,700	

선급광고비

3/3	450	②	75
	✓ 375		

급　여

3/10	2,560	ⓑ	3,040
④	480		
	✓ 0		

공 과 금

3/29	45	ⓑ	45
	✓ 0		

건　물

3/1	82,500	
	✓ 82,500	

감가상각누계액 – 설비

		①	350
		✓ 350	

광 고 비

②	75	ⓑ	75
	✓ 0		

미지급급여

		④	480
		✓ 480	

집 합 손 익

ⓑ	8,540	ⓐ	9,080
ⓒ	540		
	✓ 0		

용 역 수 익

ⓐ	9,080	3/7	5,000
		3/18	4,080
		✓ 0	

매 출 채 권

3/18	4,080	3/24	3,230
	✓ 850		

토　지

3/1	15,000	
	✓ 15,000	

감가상각비

①	600	ⓑ	600
	✓ 0		

감가상각누계액 – 건물

		①	250
		✓ 250	

소 모 품 비

③	4,780	ⓑ	4,780
	✓ 0		

이익잉여금

		ⓒ	540
		✓ 540	

2)

정 산 표

석영회사

(단위: 천원)
20×2년 3월 1일~20×2년 3월 31일

계정과목	수정전시산표 차변	수정전시산표 대변	수정분개 차변	수정분개 대변	수정후시산표 차변	수정후시산표 대변	손익계산서 차변	손익계산서 대변	재무상태표 차변	재무상태표 대변
현　　　금	₩253,175				₩253,175				₩253,175	
선급광고비	450			② ₩75	375				375	
매 출 채 권	850				850				850	
소 모 품	8,200			③ 4,780	3,420				3,420	
건　　　물	82,500				82,500				82,500	
설　　　비	20,000				20,000				20,000	
토　　　지	15,000				15,000				15,000	
미 지 급 금		₩72,700				₩72,700				₩72,700
자 본 금		301,000				301,000				301,000
용 역 수 익		9,080				9,080		₩9,080		
급　　　여	2,560		④ ₩480		3,040		₩3,040			
전 력 료	45				45		45			
계	₩382,780	₩382,780								
감가상각비			① 600		600		600			
감 가 상 각 누계액-설비				① 350		① 350				① 350
감 가 상 각 누계액-건물				① 250		① 250				① 250
광 고 비			② 75		75		75			
소 모 품 비			③ 4,780		4,780		4,780			
미지급급여				④ 480		480				480
계							8,540	9,080		
당기순이익							540			540
합　　　계			₩5,935	₩5,935	₩383,860	₩383,860	₩9,080	₩9,080	₩375,320	₩375,320

수정분개(단위: 천원)

①	(차) 감 가 상 각 비	600	(대) 감가상각누계액-설비	350
			(대) 감가상각누계액-건물	250
②	(차) 광 고 비	75	(대) 선급광고비	75
③	(차) 소 모 품 비	4,780	(대) 소 모 품	4,780
④	(차) 급　　　여	480	(대) 미지급급여	480

3) 마감분개(단위: 천원)

ⓐ (차) 용 역 수 익   9,080   (대) 집 합 손 익   9,080

ⓑ (차) 집 합 손 익   8,540   (대) 급   여   3,040

                                               (대) 전 력 료   45

                                               (대) 감가상각비   600

                                               (대) 광 고 비   75

                                               (대) 소 모 품 비   4,780

ⓒ (차) 집 합 손 익   540   (대) 이익잉여금   540

익힘문제 ___

아래 과정들을 처리하는 순서대로 빈칸에 번호를 기입하시오.

(1) 거래를 분개장에 기입한다. (　　)

(2) 재무제표를 작성한다. (　　)

(3) 원천자료(계약서, 영수증 등)를 가지고 거래를 분석한다. (　　)

(4) 정산표를 작성한다. (　　)

(5) 마감분개를 한다. (　　)

(6) 원장에 전기한다. (　　)

손익계산서에 나타나는 계정들을 임시계정이라고 부르는 이유는 무엇인가?

수정분개와 마감분개의 차이점을 설명하시오.

수정전시산표와 수정후시산표의 차이를 설명하시오.

정산표의 재무상태표란 차변합계금액과 재무상태표의 자산합계금액은 일치하는가? 만약에 일치하지 않는다면 그 이유를 밝히시오.

QUESTION 6

마감분개에 의해 영향을 받는 계정은 어떤 계정인가?

QUESTION 7

집합손익계정을 사용하는 목적은 무엇인가?

QUESTION 8

수정전시산표를 작성하는 이유와 그 한계를 설명하시오.

QUESTION 9

마감후시산표의 특징과 중요성은 무엇인가?

QUESTION 10

다음의 계정과목 중 마감후시산표에 나타날 수 있는 것은 어느 것인가?

　　(1) 보험료

　　(2) 미수금

　　(3) 수수료수익

　　(4) 선급보험료

　　(5) 배당금

　　(6) 소모품

　　(7) 소모품비

　　(8) 이익잉여금

PROBLEM

연습문제 __

1 시산표의 작성

(주)서강의 총계정원장의 계정잔액을 조사해 보니 다음과 같았다. 아래 자료를 이용하여 시산표를 작성한 후 자본금을 산출하시오.

현 금	₩6,000	매 출 채 권	₩5,400
당기손익인식금융자산	2,760	대 여 금	2,000
건 물	65,000	비 품	13,000
이 자 비 용	3,000	매 입 채 무	5,920
임 대 료 수 익	4,000	차 입 금	15,000
급 여	43,500	보 험 료	3,600
용 역 수 익	63,150	자 본 금	?
소 모 품	1,650	이 익 잉 여 금	25,000
임 차 료 비 용	3,740	광 고 비	9,300
이 자 수 익	80	판 매 비	4,200

2 시산표를 이용한 재무제표항목의 금액계산

다음은 상호회사의 20×7년 6월 말 현재 수정후시산표에 나타난 금액이다(단위: 천원).

현 금	₩9,000	급 여	₩3,000
미 지 급 이 자	500	배 당 금	2,000
매 출	19,000	기 타 비 용	2,000
이 익 잉 여 금	1,500	매 입 채 무	7,000
매 출 채 권	5,000	자 본 금	10,000
상 품	8,000	매 출 원 가	9,000

요구사항

1) 6월의 당기순이익과 6월 말의 이익잉여금잔액을 계산하시오.

2) 6월 말 현재 총자산은 얼마인가?

3 시산표를 이용한 재무제표항목의 금액계산

다음은 해정상사의 20×8년 12월 31일 현재의 수정후시산표잔액이다.

계 정	차 변	대 변
매 입 채 무		₩ 75,000
매 출 채 권	₩250,000	
광 고 비	15,000	
현 금	140,000	
자 본 금		250,000
매 출 원 가	1,250,000	
이 자 수 익		25,000
상 품	375,000	
임 차 료	60,000	
이 익 잉 여 금		562,500
급 여	450,000	
미 지 급 급 여		2,500
매 출		1,625,000
	₩2,540,000	₩2,540,000

요구사항

1) 이 회사의 매출총이익을 계산하시오.

2) 이 회사의 당기순이익(손실)은 얼마인가?

3) 이 회사의 20×8년 12월 31일 현재 재무상태표의 자본총계는 얼마인가?

4 올바른 시산표의 작성

다음의 시산표는 차변합계와 대변합계가 일치하지 않는다. 회계기록상에는 어떠한 형태의 오류도 없었다. 시산표를 올바르게 작성하시오.

시 산 표

(주)석화   20×1년 12월 31일

계 정 과 목	차 변	대 변
현 금	₩643,000	
당 좌 예 금	693,500	
비 품		₩400,000
미 지 급 금	24,500	
매 출 채 권	427,000	
매 입 채 무		234,000
자 본 금		1,400,000
차 입 금		375,000
급 여	210,000	
용 역 수 익		997,000
매 출 원 가	472,000	
영 업 비	190,000	
이 자 수 익	25,000	
이 자 비 용		20,000
계	₩2,685,000	₩3,426,000

5 올바른 시산표의 작성

다음의 시산표는 차변합계와 대변합계가 일치하지 않는다. 분개장과 총계정원장 등으로부터 아래와 같은 추가적인 정보가 획득되었다. 올바른 시산표를 작성하시오.

시 산 표

(주)은주 20×5년 12월 31일

현 금	₩3,109,000	
매 출 채 권	5,190,000	
비 품	4,300,000	
매 입 채 무		₩2,760,000
단 기 차 입 금		850,000
자 본 금		7,640,000
선 수 수 익		1,270,000
매 출		2,000,000
이 자 비 용	80,000	
매 출 원 가	1,600,000	
급 여	100,000	
	₩14,379,000	₩14,520,000

(1) 현금계정에서 시산표로 현금을 옮겨 적을 때 현금의 천단위와 만단위의 숫자가 서로 바뀌었다.

(2) ₩150,000에 해당하는 "(차변)비품 (대변)미지급금"의 거래가 기록되지 않았다.

(3) ₩60,000에 해당하는 매입채무 지불거래가 있었는데, 현금계정의 대변에 ₩60,000은 적절히 기록되었으나 매입채무계정의 차변에는 기록이 되지 않았다.

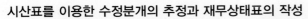

6 시산표를 이용한 수정분개의 추정과 재무상태표의 작성

다음은 20×5년도 마포상사의 수정전시산표와 수정사항을 반영한 손익계산서이다. 아래의 요구사항에 답하시오(단위: 천원).

계 정 과 목	수정전시산표		손익계산서	
	차 변	대 변	차 변	대 변
현 금	₩5			
매 출 채 권	10			
소 모 품	11			
선 급 보 험 료	8			
건 물	25			
감 가 상 각 누 계 액 - 건 물		₩8		
매 입 채 무		4		
선 수 수 익		2		
자 본 금		30		
이 익 잉 여 금		2		
용 역 수 익		40		₩42
급 여	27		₩30	
	₩86	₩86		
보 험 료			4	
소 모 품 비			8	
감 가 상 각 비			2	
계			₩44	₩42
순 손 실				2
합 계			₩44	₩44

요구사항

1) 위의 자료에 의하여 수정분개를 추정하시오. 단, 매출채권과 매입채무에 수정사항은 없는 것으로 한다.

2) 재무상태표를 작성하시오.

7 시산표를 이용한 수정분개의 추정

20×1년 12월 31일 현재 마포상사의 수정전시산표와 수정후시산표는 아래와 같다.

계 정 과 목	수정전시산표 차 변	수정전시산표 대 변	수정후시산표 차 변	수정후시산표 대 변
현 금	₩ 3,200		₩ 3,200	
매 출 채 권	18,000		18,000	
소 품	150		50	
선 급 보 험 료			1,125	
선 급 임 차 료	4,200		1,050	
비 품	52,000		52,000	
감가상각누계액－비품		₩6,000		₩10,000
토 지	14,000		14,000	
미 지 급 공 과 금		10,000		10,100
미 지 급 급 여		2,000		2,900
선 수 용 역 수 익		5,000		3,000
보 통 주		20,000		20,000
이 익 잉 여 금		37,450		37,450
용 역 수 익		33,400		35,400
급 여	19,200		20,100	
소 모 품 비			100	
보 험 료	2,700		1,575	
임 차 료 비 용			3,150	
감 가 상 각 비			4,000	
공 과 금	400		500	
합 계	₩113,850	₩113,850	₩118,850	₩118,850

요구사항

위에서 제시한 두 개의 시산표를 비교하여 필요한 수정분개를 하고 각 분개를 간단히 설명하시오.

8 정산표의 완성

다음은 성지주식회사의 시산표에 있는 계정들과 이에 대한 잔액을 순서 없이 나열한 것이다(단위: 천원).

매 입 채 무	₩30	사 무 설 비	₩60
매 출 채 권	50	선급보험료	20
감가상각누계액-사무설비	10	용 역 수 익	200
현 금	40	소 모 품	40
자 본 금	120	선 수 수 익	30
배 당 금	60	공 과 금	20
급 여	100		

요구사항

1) 정산표의 형식을 만들고 그 정산표에 위의 계정과목과 잔액들을 이용하여 수정전시산표를 완성하시오.

2) 아래의 수정사항을 반영하여 정산표의 나머지 부분을 완성하시오.

① 선급보험료 중 경과된 보험료	₩10
② 선수수익 중 가득된 수익	20
③ 사무설비에 대한 감가상각비	10
④ 미지급된 급여	10
⑤ 미사용된 소모품	10
⑥ 발생되었으나 미지급된 법인세	10

정산표의 작성

9 다음은 마포사의 20×7년 12월 31일의 수정전시산표이다.

시 산 표

마포사   20×7년 12월 31일

현　　　　　　금	₩　860,000	
매　출　채　권	2,700,000	
소　　모　　품	1,340,000	
토　　　　　지	9,000,000	
건　　　　　물	52,250,000	
감가상각누계액－건물		₩21,000,000
설　　　　　비	12,500,000	
감가상각누계액－설비		3,500,000
매　입　채　무		2,410,000
단　기　차　입　금		20,000,000
선　수　수　익		2,300,000
자　　본　　금		13,000,000
매　　　　　출		94,380,000
급　　　　　여	24,500,000	
공　　과　　금	2,640,000	
이　자　비　용	2,200,000	
매　출　원　가	48,600,000	
합　　　계	₩156,590,000	₩156,590,000

요구사항

1) 정산표 형식을 만들고 그 정산표에 수정전시산표를 옮겨 작성하시오.

2) 아래의 수정사항을 반영하여 정산표의 나머지 부분을 완성하시오.

　① 20×7년 12월 31일 현재 소모품 재고액은 ₩70,000이다.

　② 20×7년 감가상각비는 건물이 ₩1,250,000, 설비가 ₩5,250,000이다.

　③ 20×7년 미지급된 급여는 ₩950,000이다.

　④ 선수임대료는 기말까지 모두 가득되었다.

　⑤ 발생되었으나 미지급된 공과금은 ₩300,000이다.

　⑥ 발생되었으나 미지급된 이자비용은 ₩800,000이다.

10 마감후시산표의 작성

(주)서강의 20×9년도의 수정전시산표와 수정후시산표는 다음과 같다. 이를 기초로 하여 기말수정분개를 추정하고 마감분개를 실시한 후 마감후시산표를 작성하시오.

계 정 과 목	수정전시산표 차 변	수정전시산표 대 변	수정후시산표 차 변	수정후시산표 대 변
현 금	₩11,500		₩11,500	
매 출 채 권	4,700		4,700	
소 모 품	2,800		1,600	
선 급 임 차 료	14,600		8,800	
토 지	43,600		43,600	
비 품	21,300		21,300	
매 입 채 무		₩3,400		₩ 3,400
미 지 급 급 여				4,200
미 지 급 이 자				800
자 본 금		50,000		50,000
이 익 잉 여 금		10,200		10,200
용 역 수 익		48,200		48,200
급 여	12,100		16,300	
임 차 료 비 용			5,800	
이 자 비 용	1,200		2,000	
소 모 품 비			1,200	
합 계	₩111,800	₩111,800	₩116,800	₩116,800

11

정산표의 완성과 재무제표의 작성

용산용역회사는 20×6년 6월 1일에 영업을 개시하였다. 다음은 회계연도 말인 20×6년 11월 30일 현재의 시산표이다(단위: 천원).

시 산 표

용산용역회사   20×6년 11월 30일

계 정 과 목	차 변	대 변
현 금	₩475	
선 급 임 차 료	1,200	
소 모 품	275	
사 무 설 비	4,900	
매 입 채 무		₩1,675
선 수 수 익		1,215
자 본 금		4,000
용 역 수 익		3,380
제 세 공 과 금	420	
급 여	3,000	
	₩10,270	₩10,270

요구사항

1) 정산표를 만들고 위의 내용을 정산표의 수정전시산표란에 옮기고 다음의 사항을 반영하여 정산표를 완성하시오.
   ① 영업을 개시할 때 1년분의 임차료를 미리 지급하였다.
   ② 기말 현재 소모품 재고가 ₩50이 있다.
   ③ 사무설비에 대한 반년분의 감가상각비가 ₩200이다.
   ④ 용역수익계정에는 용역을 제공하기 전에 미리 받은 용역수익 ₩575이 포함되어 있다.
   ⑤ 외상으로 제공한 용역 ₩180이 아직 회수되지도 않았고 기록되지도 않았다.
   ⑥ 지급하지 않고 기록하지도 않은 급여가 ₩125이다.
2) 손익계산서와 재무상태표를 작성하시오.
3) 수정분개와 마감분개를 하시오.
4) 용산용역회사의 6개월간의 영업성과는 어떠한가?

12 정산표, T계정, 재무제표의 작성
다음은 남영상사의 20×5년 5월 1일 영업개시 후 한 달 동안의 거래를 나타낸 것이다.

5월 1일   홍길동 씨가 ₩3,000을 출자하고 액면 ₩1의 보통주 3,000주를 교부받았다.
   1일   1년분의 보험료 ₩360을 선급하였다.
   1일   1개월분의 임차료 ₩320을 지급하였다.
   2일   가격이 ₩1,900인 설비를 구입하였는데 대금은 구입시 ₩300을 지급하였고 나머지는 향후 16개월 동안 매월 ₩100씩 지급하기로 하였다. 단, 첫 지급은 6월 1일부터 시작된다.
   5일   소모품 ₩195 어치를 외상으로 구입하였다.
   14일   15일분의 공과금 ₩77을 지급하였다.
   15일   용역수익 ₩431이 발생하였는데 이를 현금으로 수취하였다.
   20일   소모품 외상대금 중 ₩100을 지급하였다.
   29일   배당금 ₩400을 선언하고 지급하였다.
   31일   용역수익 ₩566이 발생하였는데 현금으로 수취하였다.

요구사항
1) 5월 중의 거래를 분개하고 T계정에 전기하시오.
2) 정산표의 수정전시산표란을 기입하고 아래의 수정사항을 이용하여 정산표를 완성한 후 T계정에 전기하시오.
   ① 한 달분 보험료가 만료되었다.
   ② 사용되지 않은 소모품 재고는 ₩86이다.
   ③ 설비에 대한 감가상각비는 ₩25이다.
3) 손익계산서와 재무상태표를 작성하시오.
4) 마감분개를 한 후 T계정에 전기하여 계정을 마감하시오.

---

13 거래의 분개, T계정에의 전기, 시산표의 작성
동양관광주식회사는 주로 여행을 알선하여 안내하는 여행사인데 부수적으로 여행장비도 판매하고 있다. 20×6년 4월 30일 현재의 동양관광주식회사의 마감후시산표는 다음과 같다(단위: 천원).

시 산 표

동양관광주식회사   20×6년 4월 30일

계정번호	계 정 과 목	차 변	대 변
1	현 금	7,650	
10	매 출 채 권	4,500	
20	재 고 자 산	8,000	
25	소 모 품	1,200	
27	선 급 광 고 비		
29	선 급 금		
30	설 비	4,200	
35	차 량 운 반 구	6,500	
37	감가상각누계액-차량운반구		3,250
40	매 입 채 무		1,700
45	단 기 차 입 금		1,000
47	미 지 급 급 여		
60	선수금(여행객으로부터 받은 것)		2,100
65	미 지 급 임 차 료		10,000
70	자 본 금		14,000
71	배 당 금		
75	매 출		
77	매 출 원 가		
80	임 차 료 비 용		
85	급 여		
90	법 인 세		
		32,050	32,050

5월 중에는 다음과 같은 거래가 발생하였다(단위: 천원).

5월 1일   5월분 임차료 ₩1,200을 지불하였다.

3일   4월에 외상매입한 장비에 대하여 공급업자에게 ₩1,700을 지급하였다.

5일   4월에 외상판매한 금액 중 ₩3,250을 받았다.

7일   6월 3일에 떠날 예정인 제주도관광여행에 대하여 고객으로부터 ₩1,500의 선수금을 받았으며, 잔금 ₩1,500은 6월 2일에 받기로 하였다.

7일   대우산업에 ₩6,000의 여행장비를 주문하고 대금을 지급하였다.

17일   대우산업으로부터 주문품 중 ₩4,600의 제품을 받았다.

25일   배당금 ₩2,000을 지급하였다.

29일   동아일보에 6월 2일부터 6월 8일까지 1주일간의 광고계약을 체결하고 ₩2,500을 지불하였다.

31일   5월 중 법인세 ₩150을 은행에 납부하였다.

31일   5월 중 여행장비매출액은 ₩11,500이었으며, 현금판매가 ₩6,250이었고, 외상판매는 ₩5,250이었다. 판매된 제품의 원가는 ₩6,900이었다.

31일   5월달 사원급여는 ₩1,800이었는데 이것은 6월 5일에 지급된다.

168
제5장 회계순환과정

요구사항

1) 위의 거래를 분개하시오.

2) T계정을 마련하고 기초잔액을 기입하시오.

3) T계정에 5월 중 모든 거래를 전기하시오.

4) 각 계정잔액을 계산하고 시산표를 작성하시오.

---

14 수정분개와 재무제표항목의 금액결정

서강회사의 20×9년 12월 31일 수정전시산표는 다음과 같다.

시 산 표

계정과목	차 변	대 변
현 금	₩25,000	
매 출 채 권	80,000	
상 품	33,000	
소 모 품	30,000	
건 물	216,000	
감 가 상 각 누 계 액		₩30,000
매 입 채 무		48,000
사 채		60,000
자 본 금		105,000
이 익 잉 여 금		12,000
매 출		300,000
임 대 료 수 익		60,000
이 자 수 익		24,000
매 출 원 가	210,000	
급 여	45,000	

서강회사   20×9년 12월 31일

위의 시산표는 다음과 같은 수정사항을 반영하지 않은 것이다.

⑴ 건물에 대한 감가상각비는 ₩15,000이다.

⑵ 사용하지 않고 기말에 남아 있는 소모품은 ₩6,000이다.

⑶ 시산표상의 임대료 ₩60,000은 20×9년 8월 1일에 향후 1년분을 받은 것이다.

⑷ ₩9,000의 급여를 기말 현재 아직 지급하지 않고 있다.

⑸ ₩18,000의 이자가 아직 회수되지 않은 것이 발견되었다.

요구사항

1) 기말에 필요한 수정분개를 행하시오.

2) 20×9년 한 해 동안 회수된 매출채권은 ₩175,000이었고 외상매출액은 ₩155,000이었다. 20×9년 1월 1일의 매출채권잔액은 얼마이겠는가?

3) 위의 수정사항을 반영한 후 다음 항목을 산출하시오.
    ① 당기순이익
    ② 재무상태표의 자산총액
    ③ 재무상태표의 부채총액
    ④ 재무상태표의 자본총액

4) 마감분개를 하시오.

15 회계순환과정

이 연습문제의 목적은 여러분들이 지금까지 배운 회계순환과정을 복습하여 이를 완전히 이해하도록 만드는 데 있다. 이 문제를 통하여 여러분들은 다음의 회계순환과정을 좀 더 구체적으로 파악할 수 있게 될 것이다.

회계순환과정

① 분개장에 분개
② 총계정원장에 전기
③ 정산표 작성과 함께 수정분개를 분개장에 분개하고 총계정원장에 전기
④ 재무제표작성(재무상태표, 손익계산서)
⑤ 마감분개를 분개장에 분개하고 총계정원장에 이를 전기한 후 계정마감
⑥ 마감후시산표 작성

진선미상사의 영업활동: 진선미상사는 중소규모의 의류판매업체로서 10년 전에 김진선 씨와 그의 대학동창들이 주식회사 형태로 창업하여 착실한 기반을 다져 오늘에 이르렀다. 이 회사의 결산일은 매월 말일이다. 20×1년 12월 31일(20×2년 1월 1일) 현재의 재무상태표는 다음과 같다.

재 무 상 태 표

진선미상사   20×1년 12월 31일

자 산:		부채와 자본:	
현 금	₩884,000	매 입 채 무	₩662,000
매 출 채 권	545,000	단기차입금	100,000
상 품	1,363,000	미지급급여	25,000
선급보험료	8,000		
건물과설비	4,200,000	자 본 금	3,000,000
감가상각누계액	(1,680,000)	이익잉여금	1,533,000
자산총계	₩5,320,000	부채와 자본총계	₩5,320,000

20×2년 1월 중에 발생한 거래는 다음과 같다.

1월 2일   원가 ₩126,000의 상품을 ₩300,000에 현금 판매하였다.

3일   올봄의 신상품을 ₩426,000 어치 외상으로 매입하였다.

4일   1월분 임차료 ₩235,000을 지급하였다.

7일   외상대금을 ₩300,000 회수하였다.

9일   원가 ₩294,000의 상품을 ₩700,000에 외상 판매하였다.

10일   고객으로부터 무대의상 특별주문을 받아 무대의상 제조업체에 주문하였다. 의상의 판매가는 ₩600,000으로 합의가 이루어졌다.

11일   매입채무 ₩400,000을 결제하였다.

15일   종업원급여 ₩412,000을 지급하였다. (전액을 비용계정에 기록함)

18일   상품 ₩400,000의 현금매입이 이루어졌다.

19일   원가 ₩140,000의 상품을 ₩500,000에 외상 판매하였다.

24일   외상대금 ₩383,000을 회수하였다.

27일   원가 ₩70,000의 상품을 ₩200,000에 현금 판매하였다.

28일   매입채무 중 ₩379,000을 지급하였다.

29일   잡비용 ₩64,000을 지급하였다.

30일   이사회에서 배당금 ₩300,000을 지급하기로 결정·선언하였다.

20×2년 1월 31일 현재의 추가정보:

(1) 20×1년 12월 31일 8개월짜리 보험계약에 대해 보험료를 지불하였다.

(2) 당월 건물과 설비의 감가상각비는 ₩35,000이다.

(3) 1월 31일 현재 ₩32,000 상당의 급여는 아직 지급되지 않은 상태이다.

(4) 단기차입금은 20×1년 12월 31일에 은행으로부터 차입하였으며 3개월 후 만기가 되고 이자율은 연 12%이다.

요구사항

본 연습문제 서두에 제시된 회계순환과정을 이 책의 말미에 부록으로 주어진 양식을 이용하여 완성하시오.

양 식:

① 분 개 장   ② 총계정원장   ③ 정 산 표

④ 손익계산서   ⑤ 재무상태표   ⑥ 마감후시산표

참 고: 총계정원장의 계정들의 계정번호를 참조하시오.

① 현   금   ② 매 출 채 권   ③ 상   품

④ 선급보험료   ⑤ 건물과 설비   ⑥ 감가상각누계액

⑦ 단기차입금   ⑧ 매 입 채 무   ⑨ 미지급이자

⑩ 미지급급여   ⑪ 미지급배당금   ⑫ 자 본 금

⑬ 이익잉여금   ⑭ 임차료비용   ⑮ 급   여

⑯ 보 험 료   ⑰ 잡 비 용   ⑱ 매   출

⑲ 배 당 금   ⑳ 감가상각비   ㉑ 이 자 비 용

㉒ 매 출 원 가   ㉓ 집 합 손 익

16 시산표를 이용한 수정분개의 추정과 재무제표항목의 금액계산

다음은 성혜회사의 정산표에서 수정전시산표와 손익계산서에만 관련된 항목들을 추출한 자료이다.

계 정 과 목	수정전시산표		손익계산서	
	차 변	대 변	차 변	대 변
현 금	₩5			
미 수 이 자	10			
소 모 품	18			
선 급 보 험 료	8			
상 품	9			
건 물	50			
감 가 상 각 누 계 액		₩15		
매 입 채 무		11		
선 수 임 대 료		6		
자 본 금		30		
이 익 잉 여 금		?		
매 출		25		₩25
매 출 원 가	10		₩10	
이 자 수 익		4		7
급 여	5		6	
소 모 품 비			4	
임 대 료 수 익				4
보 험 료			2	
감 가 상 각 비			5	
계			₩27	₩36
순 이 익			9	
합 계	?	?	₩36	₩36

요구사항

1) 수정전시산표상의 이익잉여금은 얼마인가?

2) 수정분개를 추정하여 행하시오.

3) 다음 금액을 산출하시오.
   ① 자산총계
   ② 부채총계
   ③ 이익잉여금

17 T계정과 재무제표

수정분개를 하기 전 20×6년 12월 31일 현재 도화상사 총계정원장의 계정잔액은 다음과 같다.

현 금	₩10,000	매 입 채 무	₩6,000
상 품	7,000	급 여	23,000
매 출 원 가	15,000	사 채	10,000
수 수 료 수 익	13,000	이 익 잉 여 금	6,000
소 모 품	4,300	자 본 금	20,000
건 물	25,000	매 출	54,000
감가상각누계액-건물	5,000	선 수 임 대 료	800
차 량	15,000	토 지	18,000
감가상각누계액-차량	2,500		

⑴ 선수임대료 ₩800은 20×6년 11월 30일에 향후 4개월간의 임대료를 미리 받은 것이다.

⑵ 소모품 기말재고액은 ₩2,000이다.

⑶ 한 달간의 급여는 ₩2,000인데 매월 15일에 지급된다.

⑷ 건물은 연 ₩2,500씩 감가상각된다.

⑸ 차량은 20×5년 1월 1일에 ₩15,000에 구입하였는데 내용연수는 6년이며 잔존가치는 없고 매년 균등액을 상각한다.

⑹ 20×6년 12월 31일에 현금 ₩11,000을 받고 차량을 처분하였다.

⑺ 20×6년 12월 31일에 주주총회에서 배당금 ₩2,000을 지급할 것을 결의하였다.

⑻ 사채이자는 연 12%인데 이 사채는 20×6년 11월 1일에 발행한 것으로서 이자는 매년 사채발행일자에 후불로 지급한다.

⑼ 20×6년도분의 법인세는 ₩2,000인데 20×7년 1월에 지급할 예정이다.

요구사항

1) 위에 주어진 계정과 추가로 필요한 모든 계정에 대하여 T계정을 설정하여 수정분개와 마감분개를 하시오(거래번호를 기입하시오).

2) 재무상태표와 손익계산서를 작성하시오.

International Financial Reporting Standards

06

금융자산
(현금 및 수취채권)

학습**목표**

한국채택 국제회계기준(K-IFRS)에서 정의하고 있는 금융자산은 금융기관이 취급하는 상품의 범위보다 훨씬 광범위하다. 금융자산에는 현금 및 현금성자산, 매출채권 및 기타채권, 유가증권(지분증권, 채무증권) 등이 있다. 이 장에서는 금융자산 중 현금 및 현금성자산, 매출채권 및 기타채권을 중심으로 회계처리 및 보고방법에 대해서 설명하고 유가증권은 제7장에서 살펴보기로 한다. 현금은 유동성이 가장 높은 자산으로 특히 내부통제에 주의해야 한다. 매출채권은 매출할인, 매출에누리 및 환입에 의해 조정되며, 매출채권의 회수가능성은 충당금설정법에 의해 평가된다. 일반적인 상거래에서 발생한 어음상의 채권인 받을어음은 만기일에 상환받기도 하지만 만기일 전에 금융기관으로부터 할인을 받아 자금을 조달하기도 한다.

주요 **학습사항**

금융자산	은행계정명세서	받을어음의 할인
현금 및 현금성자산	은행계정조정표	상환청구권
현금의 내부통제	수취채권	무이자부어음
소액현금기금제도	매출채권	이자부어음
현금과부족계정	부도어음	약속어음

금융자산
의 의의
01

International Financial Reporting Standards

K–IFRS에서는 금융자산(financial asset)을 현금, 다른 기업의 지분상품(주식) 및 거래상대방에게서 현금 등 금융자산을 수취할 계약상의 권리 등으로 정의하고 있으며 이는 금융기관이 취급하고 있는 상품의 범위보다 훨씬 광범위하다. 구체적으로 금융자산에는 현금 및 현금성자산, 매출채권 및 기타수취채권, 유가증권(지분증권, 채무증권) 등이 있다.[1] 이 장에서는 현금 및 현금성자산과 매출채권을 중심으로 회계처리를 설명한다. 유가증권 회계처리와 관련된 내용은 본서의 제7장에서 설명한다.

현금 및
현금성
자산 02

International Financial Reporting Standards

2-1 현금 및 현금성자산의 의의

현금은 모든 자산 중 유동성이 가장 높은 자산으로서 교환의 매개수단이 되며 회계측정과 처리의 기초를 제공한다. 현금에는 통화(지폐와 주화) 및 타인발행 수표 등 통화대용증권과 당좌예금, 보통예금 등의 요구불예금이 포함된다. 대부분의 기업들은 당장 쓸 수 있는 현금이라도 사내에는 일정한도의 현금(소액현금)만을 보관하고 나머지 현금은 은행에 당좌예금이나 보통예금 등의 요구불예금으로 예치하기 때문에 이들 예금은 재무상태표에서 현금으로 분류한다. 현금성자산(cash equivalent)은 투자나 다른 목적이 아닌 단기의 현금수요를 충족하기 위한 목적으로 보유한다. 한편, 투자자산 중에서도 확정된 금액의 현금으로 전환이 용이하고, 가치변동의 위험이 경미한 경우 현금성자산으로 분류된다. 따라서 투자자산은 일반적으로 만기일이 단기에 도래하는 경우(예를 들어, 취득일로부터 만기일이 3개월 이내인 경우)에만 현금성자산으로 분류된다.[2]

예금이 유동자산으로 분류되려면 자산의 구입, 부채의 상환 등에 제약조건이 없이 손쉽게 이용될 수 있는 유동성이 있어야 한다. 그러나 예금 중에는 사용이 제한된 경우가 있다.

---

1 이외에도 K–IFRS에서 언급하고 있는 금융자산의 범위는 더 많으나 회계원리에서는 자세한 내용을 다루지 않는다.
2 지분상품은 현금흐름이 확정되어 있지 않기 때문에 현금성자산에서 제외된다.

177
01 금융자산의 의의

종 류	분류기준	계정과목
통화, 통화대용증권	기업보유현금(cash on hand)	현금 및 현금성자산(금융자산)
보통예금, 당좌예금 등	은행보유현금(cash in bank)	현금 및 현금성자산(금융자산)
정기예금, 정기적금 등의 투자자산	취득당시 3개월 이내 만기도래	현금 및 현금성자산(금융자산)
	재무상태표일 현재 1년 이내 만기도래	단기투자자산(금융자산)
	재무상태표일 현재 1년 이후 만기도래	장기투자자산(금융자산)

부채의 상환을 위해 예금으로 적립한 감채기금, 임직원의 퇴직금 지급에 사용할 목적으로 적립한 예금, 은행대출을 받는 조건으로 예금한 양건예금(compensating balance) 등은 사용이 제한된 예금으로 회사가 마음대로 사용할 수 없다. 이러한 예금은 사용의 제한이 1년 이상이면 장기금융자산으로 분류하여 비유동자산으로 보고되어야 한다. 1년 이내에 만기일이 도래하지만 은행에 담보로 제공되었다든지 등의 이유로 사용이 제한된 예금은 유동자산으로 분류하되, 주석사항으로 그 내역을 설명해야 한다.

한편 현금으로 잘못 분류되기 쉬운 자산으로서 우표, 차용증서 등이 있다. 우표는 소모품(또는 선급비용)으로, 차용증서는 수취채권으로 분류하는 것이 타당하다. 표 6-1은 현금 및 현금성자산을 구분하여 보여주고 있다.

2-2 현금의 내부통제

현금은 가장 유동성이 높은 자산일 뿐만 아니라 빈번히 유입되고 유출되기 때문에 현금에 대한 계획 및 통제는 기업에 있어서 매우 중요한 업무이다. 현금계획 및 통제에 관련된 주요 사항을 요약하면 다음과 같다.

(1) 도난, 횡령, 오류 등으로 인한 현금유실의 방지
(2) 현금유입, 유출 및 잔액 기록의 정확성 유지
(3) 경상운영비, 부채의 상환, 예비비 등을 충족시킬 수 있는 충분한 현금의 확보
(4) 과도한 유휴현금의 보유방지

내부통제(internal control)란 기업의 자산을 보호하려는 차원에서 설계된 조직의 정책 및 절차를 의미한다. 물론 모든 자산에 대해서 내부통제가 적용되는 것이지만 여기서는 현금에 초점을 맞추어 설명한다. 현금의 효과적인 내부통제를 위해서는 다음의 사항들이 준수되어야 한다.

현금의 내부통제에 있어서 지켜야 할 가장 중요한 두 가지 사항은 현금관리를 함에 있어 책임을 분리시키는 것과 미리 설정된 절차를 준수하는 것이다. 이렇게 하면 공모를 하지 않는 한, 한 사람의 실수나 비리사실이 다른 사람이 보고하는 결과에 의해서 쉽게 탐지될 수 있다.

현금의 효과적인 내부통제

(1) 현금수납기능과 현금지출기능을 철저하게 분리시킨다.
(2) 현금관리 및 현금회계처리와 관련된 모든 활동에 관한 책임을 담당자마다 분명하고 확실하게 지정해 준다.
(3) 현금의 물리적 처리와 회계처리기능을 각각 분리시킨다.
(4) 회사에 유입된 현금은 그날로 은행에 예금시킨다.
(5) 모든 주요 현금지출은 가급적 권한이 있는 사람이 서명한 수표로 처리한다.

매출채권 과 기타 채권 03

International Financial Reporting Standards

한 기업이 다른 기업이나 사람에게 재화를 외상판매하거나 자금을 대여함으로써 미래에 현금을 요구할 수 있는 권리를 지닐 때 이를 포괄적으로 수취채권(receivables)이라 한다. 수취채권은 일반적인 상거래에서 생겨날 수도 있으며 또는 상거래 이외에서 발생할 수도 있다. 회사의 주된 영업활동을 통해 발생한 수취채권을 매출채권(trade receivable)이라고 하며, 대표적인 예로는 외상매출금(account receivable)과 받을어음(note receivable)이다. 수취채권의 다른 예로는 타인에게 현금을 빌려줌으로써 생긴 미래에 현금을 받을 권리를 나타내는 대여금과 일반적 상거래 이외에서 발생한 미수채권을 나타내는 미수금 등이 있다. 수취채권은 만기일에 따라 유동자산 또는 비유동자산으로 구분한다. 예를 들어 1년 이내에 만기가 도래하는 대여금은 단기대여금으로 유동자산으로 보고하고, 1년 후에 만기가 도래하는 대여금은 장기대여금으로 비유동자산으로 보고한다.

일반적으로 기업에서 많이 발생하고 중요한 수취채권이 매출채권이기 때문에, 이하에서는 매출채권의 인식 및 회수불능 매출채권에 대한 평가를 중심으로 설명한다.

3-1 매출채권의 인식

매출채권의 인식은 ① 언제, 그리고 ② 얼마를 인식할 것인가의 문제와 맞물려 있다. 매출채권을 인식하는 시점은 수익의 인식시점과 동일하며 일반적으로 상품 등 재화가 판매되는 시점을 매출의 인식시점으로 본다. 대부분의 제조업 및 도소매업체에서는 수익인식의 요건이 상품이 판매되었을 때에 만족되므로, 판매시점에서 매출수익을 기록한다. 현금판매가 이루어진 경우에는 다음과 같이 매출액을 기록한다.

| (차) 현　　금 | ×××| (대) 매　　출 | ×××|

외상판매의 경우에는 다음과 같이 분개한다.

| (차) 매 출 채 권 | ×××| (대) 매　　출 | ×××|

한편, 기업에서는 다음과 같은 특수한 상황 때문에 한 회계기간 동안의 매출수익을 기록하는 데에 고려할 몇 가지 추가적인 사항이 있다. 특정한 신용조건에 의해서 외상매출대금을 할인해 주는 경우(매출할인), 그리고 상품의 품질이나 규격 등의 차이로 인해서 고객이 구입해 간 상품대금의 일부를 깎아 주거나(매출에누리) 상품을 반환하기를 원하는 경우(매출환입), 또는 외상판매가 이루어지고 난 후 외상매출대금의 회수가 불가능하게 되는 경우(회수불능채권)가 그것이다. 이하에서는 이러한 문제들에 대하여 설명할 것이다.

3-2 매출채권의 조정

판매한 상품이 반품되기도 하고(매출환입), 상품의 하자로 인해 값을 깎아 주는 경우(매출에누리), 그리고 외상판매와 관련하여 외상매출대금의 조기회수로 인해 할인해 주는 경우(매출할인)가 발생할 수 있다. 이러한 매출환입 및 에누리, 매출할인은 모두 매출의 차감으로 인식된다. 따라서 손익계산서에 매출액으로 보고되는 금액은 총매출액에서 매출환입 및 에누리, 매출할인을 차감한 순매출액이다.

순매출액 = 총매출액 − 매출환입 및 에누리 − 매출할인

(1) 매출할인

매출할인(sales discount)은 판매자가 구매자로부터 외상대금을 조기에 회수하기 위하여 제공되는 할인혜택으로 현금할인(cash discount)이라고도 한다. 외상판매거래는 통상 일정한 신용조건에 따라 이루어지게 된다. 예를 들면 2/10, $n/30$이라는 신용조건은 판매일로부터 10일 이내에 외상대금을 지불하면 총외상대금 중 2%를 할인해 주고, 30일 이내까지는 전액을 모두 지불하여야 한다는 것을 의미한다. 즉 상품의 구입자에게 현금할인의 혜택을 부여함으로써 외상대금을 조기에 지불하도록 동기부여하는 데 신용조건이 이용된다. 신용조건에 따라 상품의 구입자는 할인기간 내에 대금을 지불함으로써 할인혜택을 받는 것이 유리할지 또는 할인을 받지 않고 만기일에 전액을 지불하는 것이 유리할지를 판단하여 대금을 지불할 것이다. 예를 들어 어느 회사가 2/10, $n/30$의 신용조건으로 ₩100의 상품을 구입하였다고 하자. 이 회

사는 10일 안에 갚으면 ₩98만 지불하면 되는데 10일 이후 30일까지 20일 동안 상품대금의 지불을 연기함으로써 ₩2을 더 지불해야 한다. 이 금액은 상품의 구입자가 20일 동안 상품대금 지불기일을 연기함으로써 지급해야 하는 이자비용에 해당된다. 따라서 20일 동안 2/98의 이자율이 적용되는데 이를 연간 이자율로 환산하면 약 37.2% (2/98×365/20)에 달한다. 즉 상품구입자가 다른 곳에서 연이자율 37.2% 이하로 자금을 차입할 수 있다면 자금을 차입하여 할인기간 내에 상품대금을 지불하는 것이 유리하다.

이와 같이 상품구입자가 신용조건에 명시된 대로 할인기간 내에 상품대금을 지급하면 상품판매자의 입장에서는 매출할인이 발생하게 된다.[3] 매출할인은 매출에 대한 차감계정으로 본다. 예제 6-1에서는 매출할인에 대한 회계처리를 예시하였다. 이때 매출의 차감계정인 매출할인 계정을 사용하여 분개하거나, 아니면 할인액만큼 매출계정에서 직접 차감할 수 있다. 차감계정을 이용하면 회계기말에 이들 계정을 주계정인 매출계정에 대체시키는 수정분개가 필요하지만 직접 매출에서 차감하는 경우에는 회계기말에 수정분개가 필요 없다.

예제 6-1 _ 매출할인

20×1년 11월 1일 서촌주식회사는 영업을 개시하였다. 20×1년 11월 5일 서촌주식회사는 ₩300,000의 상품을 2/10, *n*/30의 조건으로 동촌회사에게 외상판매하였다. 20×1년 11월 14일에 동촌회사는 외상대금의 1/2를 지불하였고 나머지는 20×1년 12월 4일에 지불하였다.

요구사항
1) 서촌주식회사가 20×1년 11월과 12월에 실시할 분개를 하시오.
2) 서촌회사의 20×1년도 부분손익계산서를 작성하시오.

해답

1)

20×1년 11월 5일:		
(차) 매 출 채 권	300,000	(대) 매 출 300,000
20×1년 11월 14일		
(차) 현 금	147,000	(대) 매 출 채 권 150,000
매출(또는 매출할인)	3,000	
20×1년 12월 4일		
(차) 현 금	150,000	(대) 매 출 채 권 150,000

---

3 상품구매자의 입장에서는 매입할인이 발생하게 된다. 이에 대해서는 제8장 재고자산의 재고자산기록방법에서 매입자 입장에서 발생하게 되는 매입에누리 및 환출을 추가하여 비교·설명하기로 한다.

2)

	부분손익계산서	
서촌회사		20×1년
매 출		297,000

(2) 매출에누리와 매출환입

일반적으로 기업들은 판매할 상품이 고객들의 주문에 적합하지 않거나 약간의 하자가 있는 경우에 그 제품을 반환해 주거나 원래의 판매가격을 인하해 주는 방법을 사용하고 있다. 이와 같이 판매된 상품이 다시 반품된 경우를 매출환입이라 하고, 상품을 반품받지는 않으나 원래의 교환가격을 인하해 주는 경우를 매출에누리라고 한다. 매출환입이나 매출에누리가 발생했을 경우에는 판매 당시 인식된 매출수익을 그 금액만큼 감소시켜야 한다. 예를 들면 서촌주식회사가 20×1년 11월 5일에 상품 ₩50,000에 고객에게 외상으로 판매하여 다음과 같이 기록하였다고 하자.

(차) 매 출 채 권	50,000	(대) 매 출	50,000

그런데 20×1년 11월 7일에 고객이 주문내용과 맞지 않는다는 이유로 ₩10,000의 상품을 반환하였다. 이와 같이 매출환입이 발생하였을 경우에는 다음과 같이 매출환입이라는 매출의 차감계정을 이용하거나 매출에서 직접 차감하는 방법으로 분개를 하게 된다.

(차) 매출환입(또는 매출)	10,000	(대) 매 출 채 권	10,000

매출에누리도 매출환입과 동일한 방법으로 기록된다. 만일 고객이 상품을 반환하는 대신 ₩2,000의 가격인하를 요구하여 서촌주식회사가 이를 허용하는 경우에는 다음과 같이 매출에누리라는 차감계정을 이용하거나 매출에서 직접 차감하는 방법으로 기록된다.

(차) 매출에누리(또는 매출)	2,000	(대) 매 출 채 권	2,000

매출에누리계정도 매출계정에 대한 차감계정이다. 위의 예에서는 매출환입계정과 매출에누리계정을 별도로 설정하였지만 각 항목의 금액이 그다지 크지 않은 경우 실무에서는 매출에누리와 환입이라는 하나의 계정에 기록할 수도 있다.[4] 한 가지 주의할 점은 여기서는 외상 판매된 상품에 대해서만 매출환입이나 에누리가 발생한 것으로 설명하였으나 매출할인과는 달리 매출환입이나 에누리는 현금 판매된 상품에 대해서도 발생할 수 있다. 이때에는 현금

---

4 K-IFRS에서는 매출에누리와 환입 또는 매출할인을 매출액에서 차감하는 형식으로 표시할 것인지, 아니면 매출액에서 직접 차감할 것인지에 대한 명시적인 규정은 없다.

을 환불하게 되므로 대변에 매출채권 대신 현금계정이 나타나게 된다.

International Financial Reporting Standards

매출채권
의 회수
가능성 04

오늘날 대부분의 기업들은 외상판매를 허용하고 있다. 큰 기업이라면 신용부서를 설치하여 고객별로 어느 정도까지 외상을 허용할 것인가를 평가하고 있다. 그러나 아무리 외상판매에 대한 통제제도를 잘 마련하고 있다하더라도 일단 외상판매거래가 허용되면 몇몇 고객들은 채무를 이행하지 못하는 경우가 생긴다. 이와 같이 외상매출대금이 회수불가능하게 되었을 때 그 채권을 회수불능채권이라 하며 회수불능채권은 대손상각비(비용)로 처리된다. 회수불능채권은 외상판매거래로 인해 발생하므로 대손상각비는 외상판매활동비용의 일부인 셈이다. 그럼 이와 같이 대손상각비라는 비용을 발생시키면서까지 기업에서 외상판매를 하는 이유는 무엇일까? 그 이유는 기업이 외상판매를 허용하면 보다 많이 판매할 수 있어서 결국 대손상각비와 외상대금 회수노력에 소요되는 부대비용을 감안하더라도 더 많은 이익을 벌어들일 수 있다고 판단하기 때문이다. 기업은 외상판매를 허용함으로써 더 많은 고객을 확보할 수 있으며 우량고객과 불량고객을 선별하는 통제절차를 효과적으로 마련한다면 회수불능채권을 감소시킬 수 있다. 일부 고객으로부터 외상대금을 회수할 수 없다면 기업은 이러한 회수불능채권에 대해 적절한 회계기록을 하여야 한다. 회수불능채권에 대한 회계처리방법으로는 직접법 (direct write-off method)과 충당금설정법(allowance method)이 있다.

4-1 직접법

직접법에서는 특정 외상채권이 회수불가능한 것으로 확정되면 대손상각비로 처리한다. 가령 갑회사가 을상사에게 ₩20,000의 상품을 외상판매하였는데 을상사가 파산하게 되어 외상매출대금 ₩20,000을 받을 수 없게 되었다고 하자. 이와 같이 회수불능채권이 발생하게 되면 대변에는 매출채권 ₩20,000의 감소를 기록하고 차변에는 대손상각비라는 비용을 다음과 같이 기록하게 된다.

(차) 대손상각비	20,000	(대) 매 출 채 권	20,000

직접법을 사용하면 수익과 비용의 기간대응이 잘 이루어지지 않기 때문에 직접법을 이용한 회수불능채권의 회계처리는 회계이론상 좋은 방법이라 할 수 없다. 직접법을 사용하면 회수불능채권을 대손상각시키는 회계처리행위는 외상판매가 이루어진 기간이 아닌, 외상판매대금의 회수불능이 확정된 기간 중에 이루어질 가능성이 높다. 또한 회계기말의 매출채권도 실제로 회수할 수 있는 금액보다 다소 많은 금액으로 과대계상될 가능성이 높다. 따라서 직접법은 외상판매의 비중이 높지 않은 기업에 한하여 매우 제한적으로 사용하는 것이 바람직하다. 회계이론관점에서 볼 때 충당금설정법이 보다 합리적이고 또한 K-IFRS에서도 충당금설정법을 사용하도록 규정하고 있기 때문에 이하에서는 충당금설정법에 대해 자세히 설명한다.

4-2 충당금설정법

충당금설정법에서는 회계기말 현재 회수불가능하다고 판명되지는 않았지만 회수가 불확실하다고 추정되는 경우, 회수불가능할 것으로 예상되는 금액을 추정하여 당해 연도의 대손상각비로 계상하는 방법이다. 충당금설정법에 의한 회수불능채권의 회계처리에 있어서 적용되는 기본회계원칙은 수익비용의 대응이다. 발생기준에 의하면 수익은 상품의 판매시점에서 인식한다. 외상판매가 이루어지면 매출채권이 증가함과 동시에 매출수익이 증가한다. 그러나 만약에 매출채권에 대한 회수가 불가능하게 된다면 그 채권은 가치가 없는 것이기 때문에 매출채권과 매출수익은 과대계상되는 결과를 초래할 것이다. 따라서 충당금설정법의 핵심은 외상판매가 이루어진 회계기간 말에 차후 회수가 불가능하게 될 매출채권을 추정하여 매출채권과 매출수익을 적절히 수정하는 데 있다.

판매시점에서 어떤 특정고객이 외상대금을 지급하지 않을 것인지를 파악하기란 불가능한 일이다. 따라서 충당금설정법을 사용할 때에는 회수불가능하게 될 매출채권이 얼마나 될 것인지를 추정해야 하는 문제가 발생한다 K-IFRS에서는 대손을 추정하는 방법으로 기대신용손실법(expected credit loss method)을 허용하고 있다. 기대신용손실법은 보고기간말 보유 중인 매출채권의 신용위험이 증가하여 계약에 따라 수취하기로 한 현금흐름을 수취하지 못하게 되어 발생하는 예상손실금액을 추정하여 적절한 금액을 대손충당금으로 인식하는 방법이다.[5] 그 추정방법에 대해서는 뒤에 설명하기로 하고 우선 충당금설정법에 의한 회계처리절차를 살펴보기로 하자. 가령 갑회사가 20×1년 말 합리적인 방법에 의해 대손충당금을 ₩20,000으로 추정하였다면, 이에 대한 수정분개를 다음과 같이 한다.

(차) 대손상각비	20,000	(대) 대손충당금	20,000

---

5 K-IFRS에서는 손실충당금(loss allowance)이라는 용어를 사용하지만 본 서에서는 지금까지 실무에서 사용해온 대손충당금이라는 용어를 사용하기로 한다.

위의 분개는 회계기간 말에 관련 비용을 수익에 적절하게 대응시키기 위해 실시한 분개이다. 이 분개에서 차변의 대손상각비[6]는 비용계정으로서 외상판매가 이루어진 기간 동안의 매출에 대응된다. 또한 대변의 대손충당금은 매출채권의 차감계정으로서 매출채권이란 자산을 간접적으로 줄이는 역할을 한다. 충당금설정법에 의해 연말에 실시하는 위와 같은 수정분개는 실제로 발생된 대손에 근거해서 이루어지는 것이 아니라 수익비용대응의 원칙에 따라 추정액을 근거로 이루어진 것이다.

만일 갑회사의 20×1년 말 매출채권 잔액이 ₩200,000이라면 대손충당금은 매출채권에 대한 차감계정이므로 재무상태표에는 다음과 같이 표시된다.[7]

부 분 재 무 상 태 표

갑회사		20×1년 12월 31일
매출채권	₩200,000	
차감: 대손충당금	(20,000)	₩180,000

위의 부분재무상태표에서 20×1년 말의 재무상태표에 표시된 매출채권은 ₩200,000인데 그 중에서 ₩20,000은 대손가능성이 높은 금액이라는 의미이다. 여기에서 ₩180,000의 잔액은 매출채권의 장부가액(book value)이라고 불리며 매출채권 중에서 미래에 회수될 가능성이 높은 금액을 뜻한다. 그리고 20×2년도에 매출채권에 대해서 실제로 회수불능으로 확정된 대손액이 ₩15,000이라면 다음과 같이 분개한다.

(차) 대손충당금	15,000	(대) 매 출 채 권	15,000

이러한 분개는 20×2년도의 손익계산서에는 아무 영향도 미치지 않을 뿐 아니라 대손이 확정되기 전에 계상된 매출채권의 장부가액(매출채권에서 대손충당금을 차감한 금액)과 대손이 확정된 후의 매출채권의 장부가액 역시 동일하다. 즉 대손확정 전과 대손확정 후의 매출채권의 장부가액은 다음과 같다.

	대손확정 전	대손확정 후
매출채권	₩200,000	₩185,000
대손충당금	(20,000)	(5,000)
장부가액(회수가능액)	₩180,000	₩180,000

---

[6] K–IFRS에서는 명시적으로 손상차손이라는 용어를 사용하고 있으나, 현행기준에서는 매출채권에 대해서 대손상각비라는 용어를 사용하여 왔기 때문에 본 서에서는 수취채권의 손상차손에 대해서는 대손상각비라는 계정을 사용한다.

[7] 재무상태표에 대손충당금을 차감하는 형식으로 표시할 수도 있고, 매출채권에서 대손충당금을 차감한 순액으로 표시할 수도 있다.

이상과 같이 충당금설정법에서는 회수불능채권에서 발생하는 비용을 그 비용의 발생 원인이 되는 기간의 매출수익에 대응시키므로 직접법에 비해서 수익비용대응의 원칙에 적합한 방법이라고 할 수 있다. 이하에서는 충당금설정법에 의한 회수불능채권의 회계처리방법을 구체적으로 살펴보기로 하자.

(1) 대손상각비의 추정

충당금설정법에서는 회계기말에 체계적이고 합리적인 방법으로 대손상각비를 추정·인식하는 수정분개를 실시해야 한다. K-IFRS에서는 기대신용손실법에 따라 매출채권에 대해 추정한 기대신용손실을 대손충당금으로 설정한다. 기대신용손실은 다음의 절차를 통해 추정된다.

결산일에 각 매출채권의 미래현금흐름을 추정하여 계산된 매출채권의 회수가능액과 매출채권 명목가액의 차액이 기말재무상태표에 반영되는 대손충당금 기말잔액(이하 목표대손충당금잔액)이 된다.

목표대손충당금 = 매출채권 명목가액 − 매출채권의 회수가능액

기말 수정분개에서 인식될 대손상각비는 목표대손충당금을 설정하는 과정에서 결정된다. 표 6-2는 기말대손상각비 인식과 관련된 수정분개를 요약한 것이다. 수정분개를 통해 대손충당금계정의 잔액을 수정전의 잔액에서 목표대손충당금으로 만들어 주어야 하기 때문에 목표대손충당금에서 수정전충당금잔액을 차감한 금액이 대손상각비로 인식된다. 한편, 목표대손충당금이 수정전대손충당금잔액보다 작은 경우가 간혹 있다. 이때에는 그 차이만큼 대손충당금계정을 차기하여 잔액을 감소시키고 대손충당금환입이라는 수익을 인식한다.

📄 표 6-2
대손상각비 수정분개

내 용	기말수정분개
목표대손충당금잔액 > 수정전대손충당금잔액	(차변) 대손상각비 ××× 　　　　　(대변) 대손충당금 ×××
목표대손충당금잔액 < 수정전대손충당금잔액	(차변) 대손충당금 ××× 　　　　　(대변) 대손충당금환입 ×××

예제 6-2 _ 대손상각비 기말수정분개

노고회사는 20×1년 12월 31일 대손상각비에 대한 수정분개를 실시하고자 한다. 20×1년 동안 이 회사의 매출은 전액 외상으로 이루어졌으며 매출액은 ₩1,000,000이다. 수정분개를 실시하기 전에 대손충당금의 잔액(대변)은 ₩2,000이고 매출채권의 잔액(차변)은 ₩200,000이다.

요구사항
노고회사는 기말 매출채권의 회수가능액을 ₩194,000으로 추정하였다. 기말대손과 관련된 수정분개를 하시오.

① 목표대손충당금잔액＝매출채권 명목가액－매출채권 회수가능액
　　　　　　　　　＝₩200,000－₩194,000＝₩6,000

② 대손상각비＝목표대손충당금잔액－수정전대손충당금잔액
　　　　　　＝₩6,000－₩2,000＝₩4,000

수정분개:

(차) 대손상각비	4,000	(대) 대손충당금	4,000

수정분개 후 대손충당금계정의 잔액은 목표대손충당금잔액인 ₩6,000이 되고, 매출채권의 장부가치는 ₩194,000이 되어 매출채권의 회수가능액을 나타낸다.

대손상각비		대손충당금	
② 수정분개 4,000		수정전잔액 2,000	
		② 수정분개 4,000	
		① 수정후잔액 6,000	

예제 6-3 _ 대손충당금환입

노고회사는 20×1년 말 결산을 위해 대손에 대한 수정분개를 실시하고자 한다. 대손충당금의 수정전잔액은 ₩80,000이고 매출채권잔액은 ₩1,000,000이다. 매출채권의 회수가능액은 ₩950,000으로 추정된다.

요구사항
대손에 대한 기말 수정분개를 하시오.

① 목표대손충당금잔액＝₩1,000,000－₩950,000＝₩50,000

② 대손충당금환입액＝목표대손충당금잔액－수정전대손충당금잔액
　　　　　　　　　＝₩50,000－₩80,000＝－₩30,000

(차) 대손충당금	30,000	(대) 대손충당금환입	30,000

수정분개 후 대손충당금잔액은 아래와 같이 ₩50,000이 될 것이다.

대손충당금환입		대손충당금	
	② 수정분개 30,000		수정전잔액 80,000
		② 수정분개 30,000	
			① 수정후잔액 50,000

(2) 대손확정(매출채권 제거)시의 회계처리

회계기말에 수정분개에 의해 설정된 대손충당금은 설정시점에서 대손될 것으로 예상되는 추정액이지 실제로 대손이 확정된 금액은 아니다. 따라서 실제 대손이 확정될 때는 대손상각비를 인식하지 않고 매출채권과 대손충당금을 감소시키는 분개를 실시한다.

가령 갑회사의 매출채권 ₩50,000이 대손확정되는 경우 다음과 같이 분개한다.

| (차) 대손충당금 | 50,000 | (대) 매 출 채 권 | 50,000 |

매출채권의 대손확정시 대손충당금의 잔액이 부족한 경우가 있다. 예를 들어 대손충당금 잔액이 없는 상태에서 ₩50,000이 대손확정되는 경우이다. 대손충당금이 부족한 경우에 두 가지 회계처리가 가능하다. 첫째는 부족한 대손충당금에 대해 대손상각비로 직접 인식하는 방법이다. 예를 들어 대손충당금 잔액이 없는 상태에서 ₩50,000이 대손확정되면, 차변에 대손충당금 대신 대손상각비를 기록하여 비용인식한다. 두 번째 방법은 대손충당금잔액 부족여부와 관계없이 대손충당금을 차변에 기록하여 감소시키는 방법이다. 위의 예에서 대손충당금을 차변에 ₩50,000 기록하면 대손충당금 계정에 정상의 대변잔액이 아닌 차변잔액 ₩50,000이 나타난다. 하지만 기말 수정분개를 통해 대손충당금은 조정되므로 차변잔액은 일시적으로 발생한다. 예를 들어 기말에 목표대손충당금이 ₩30,000이라면 차변에 대손상각비는 ₩80,000(₩50,000+₩30,000)을 인식해야 하므로 결과적으로 대손충당금 부족분은 당기 비용으로 처리된다. 결국 두 방법 모두 기말에 동일한 결과를 가져온다.

(3) 대손확정처리(제거)한 매출채권의 회수

당기나 전기에 회수가 불가능하다고 판단하여 상각처리한 매출채권이 간혹 회수되는 수가 있다. 제각한 매출채권이 회수되면 매출채권계정의 차변과 대손충당금계정의 대변에 기록하여 각 계정의 잔액을 회복한 뒤 매출채권의 회수에 대한 분개를 한다. **예제 6-4**는 제각한 매출채권의 회수에 대한 회계처리를 예시하고 있다.

예제 6-4 _ 제각한 매출채권의 회수

노고회사의 20×2년 초 대손충당금잔액은 ₩50,000이었다. 20×2년 1월 5일에 ₩30,000을 대손 확정처리하였으며, 20×2년 3월 15일에 1월 중 대손 확정처리한 매출채권 중 ₩10,000이 회수되었다.

요구사항
위의 각 날짜에 필요한 분개를 하시오.

20×2년 1월 5일: 매출채권의 제각

(차) 대손충당금	30,000	(대) 매 출 채 권	30,000

20×2년 3월 15일: 제각된 매출채권의 회수

(차) 매출채권	10,000	(대) 대손충당금	10,000
(차) 현 금	10,000	(대) 매 출 채 권	10,000

예제 6-5 _ 대손회계처리 종합

20×1년도에 영업을 시작한 석영주식회사는 여성용 장신구 제조업체이다. 이 회사의 매출은 전액 외상판매를 통하여 이루어진다. 20×1년도의 외상매출액은 모두 ₩1,000,000이었고 이 중 ₩200,000이 20×1년도 중 회수되었으며, 수정회사에게 외상판매한 대금 ₩100,000이 20×1년 11월 30일 회수불가능한 것으로 판명되었다. 이 회사는 20×1년 기말 매출채권의 회수가능액을 ₩665,000으로 추정하였다. 20×2년에는 20×1년도에 발생한 매출채권 중 ₩20,000이 회수불능으로 판정되었다. 20×2년 말 수정분개 실시 전의 매출채권잔액은 ₩1,200,000이며 매출채권의 회수가능액을 ₩1,140,000으로 추정하였다.

요구사항
1) 20×1년도와 20×2년도에 필요한 분개를 하시오.
2) 20×1년 말과 20×2년 말의 부분재무상태표와 부분손익계산서를 작성하시오.

1) 20×1년에 필요한 분개
외상매출에 대한 분개:

(차) 매 출 채 권	1,000,000	(대) 매 출	1,000,000

현금회수:

(차) 현 금	200,000	(대) 매 출 채 권	200,000

11월 30일: 매출채권 제각

(차) 대손충당금	100,000*	(대) 매 출 채 권	100,000

* 대손충당금의 잔액이 부족한 상태에서 제거처리를 하면 대손충당금계정이 일시적으로 정상잔액인 대변잔액이 아닌 차변잔액을 갖게 되나, 이는 기말수정분개에서 목표대손충당금을 설정함으로써 조정된다.

12월 31일: 회수불능채권추정에 관한 수정분개

(차) 대손상각비	135,000*	(대) 대손충당금	135,000

* 대손상각비＝목표대손충당금잔액－수정전 대손충당금잔액**
　　　　＝(₩700,000－₩665,000)－(－₩100,000)＝₩135,000
** 위에서 수정 전 대손충당금잔액이 차변잔액이므로 마이너스 잔액으로 표시한 것에 유의할 것

20×2년에 필요한 분개
11월 30일: 매출채권 제각

(차) 대손충당금	20,000	(대) 매 출 채 권	20,000

12월 31일: 회수불능채권 추정에 관한 수정분개

(차) 대손상각비	45,000*	(대) 대손충당금	45,000

* 대손상각비＝목표대손충당금잔액－수정전 대손충당금잔액
　　　　＝(₩1,200,000－₩1,140,000)－(₩35,000－₩20,000)＝₩45,000

2) 부분손익계산서

	20×1년도	20×2년도
비　용:		
대손상각비	₩135,000	₩45,000

부분재무상태표

	20×1년 12월 31일	20×2년 12월 31일
매출채권	₩700,000	₩1,200,000
차감: 대손충당금	(35,000)**	(60,000)**
	₩665,000*	₩1,140,000*

* 장부가액＝매출채권 회수가능액
** 목표대손충당금잔액＝매출채권 명목가액－매출채권 회수가능액

　　예제 6-5에서 대손상각비에 대한 수정분개를 하고 재무상태표를 작성하면, 매출채권의 장부가액이 결국 매출채권의 회수가능액임을 알 수 있다. 매출채권의 대손상각비 인식과 관련한 기말 수정분개에 대한 회계처리 단계를 요약하면 다음과 같다.

기말 수정분개에서 대손상각비의 결정
(1) 매출채권 장부가액＝매출채권 회수가능액
(2) 목표대손충당금잔액＝매출채권의 명목가액－(1)
(3) 대손상각비*＝(2)－수정전대손충당금잔액

---

* 수정분개에서 인식될 부분

미래 위험 대비하는 은행들…대손충당금 적립률 1년 새 20.8%p 올라 130.6%

국내은행의 부실채권 규모 및 비율 추이

(단위: 조원, %, %p)

구분	'18년		'19년				'20년			변동	
	9말	12말	3말	6말	9말(a)	12말	3말	6말(b)	9말ᴾ(c)	전년동월말(c-a)	전분기말(c-b)
부실채권 계	17.8	18.2	18.5	17.5	16.8	15.3	15.9	15.0	**14.1**	△2.7	△0.9
기업예산[1]	16.0	16.3	16.5	15.5	14.7	13.3	13.7	12.8	**12.0**	△2.6	△0.8
가계여신	1.6	1.7	1.8	1.8	2.0	1.9	2.0	2.0	**1.9**	△0.1	△0.1
신용카드	0.2	0.2	0.2	0.2	0.2	0.2	0.2	0.2	**0.1**	△0.1	△0.0
총여신	1,852.3	1,872.6	1,888.0	1,920.6	1,959.7	1,980.6	2,046.1	2,105.0	**2,148.7**	189.0	43.7
부실채권 비율[2]	0.96	0.97	0.98	0.91	0.86	0.77	0.78	0.71	**0.65**	△0.20	△0.06
대손충당금적립률[3]	110.0	104.2	100.8	104.9	109.8	112.1	110.6	121.2	**130.6**	20.8	9.4

주: 1) 공공·기타부문 포함, 2) (고정이하여신)/(총여신), 3) (총대손충당금잔액)/(고정이하여신) (이하 동일)

은행이 기업과 가계에 내어준 대출 가운데 3개월 이상 연체돼 떼일 우려가 있는 돈의 비중이 역대 최저치를 기록했다. 신종 코로나바이러스 감염증(코로나19) 사태로 인한 경기 불황이 아직은 대출 부실로 이어지지 않는 모습이다. 하지만 코로나19의 파장이 시간을 두고 금융권을 강타할 수 있는 만큼 은행들은 대손충당금 적립률을 130.6%까지 끌어올리며 긴장을 늦추지 않고 있다.

26일 금융감독원에 따르면 지난 9월 말 기준 국내은행의 부실채권(고정이하여신) 비율은 0.65%로 잠정 집계됐다. 3개월 전

부문별 부실채권비율

(단위: %, %p)

구분	부실채권비율시계열('17.3말~'20.9말)	'18년		'19년				'20년			변동	
		9말	12말	3말	6말	9말(a)	12말	3말	6말(b)	9말ᴾ(c)	전년동월말(c-a)	전분기말(c-b)
부실채권비율		1.06	0.97	0.98	0.91	0.86	0.77	0.78	0.71	**0.65**	△0.20	△0.06
기업예산[1]		1.56	1.43	1.43	1.32	1.23	1.11	1.09	0.99	**0.92**	△0.31	△0.07
(대기업)[2]		2.46	2.10	2.12	1.96	1.66	1.52	1.40	1.28	**1.13**	△0.53	△0.15
(중소기업)		1.04	1.05	1.05	0.97	0.96	0.89	0.93	0.83	**0.80**	△0.19	△0.03
개인사업자		0.35	0.36	0.39	0.35	0.36	0.35	0.38	0.33	**0.30**	△0.06	△0.03
가계여신		0.24	0.23	0.25	0.25	0.26	0.25	0.26	0.25	**0.23**	△0.03	△0.02
(주담대)		0.19	0.17	0.19	0.19	0.20	0.19	0.20	0.19	**0.17**	△0.03	△0.01
(신용대출등)		0.36	0.36	0.40	0.39	0.40	0.37	0.40	0.40	**0.35**	△0.05	△0.05
신용카드		1.33	1.20	1.34	1.38	1.40	1.12	1.31	1.17	**1.01**	△0.39	△0.16

주: 1) 공공·기타부문 포함, 2) 기업여신 중 중소기업여신 제외분

보다 0.06%포인트, 1년 전보다 0.2%포인트 낮다. 전체 대출 규모(2천148조7천억 원)는 3개월 전보다 43조7천억 원, 1년 전보다 189조 원 늘어난 반면 부실채권 규모는 같은 기간 각각 9천억 원, 2조7천억 원 줄어든 결과다. 금감원 관계자는 "저금리에 따른 이자 상환 부담 완화, 정부의 코로나19 금융지원 정책 효과 등이 맞물리면서 신규 부실채권 발생 자체가 줄어들었다"고 설명했다. 은행권 부실채권 비율은 2008년 3분기 말(0.96%) 이후 줄곧 0%대를 유지하다가 이번에 최저치를 경신했다. 3분기 중 새롭게 발생한 부실채권은 2조7천억 원 규모로 2분기(3조6천억 원)나 작년 3분기(3조9천억 원)보다 적다. 같은 기간 은행들이 매각이나 담보 처분을 통한 회수 등의 방법으로 정리한 부실채권은 3조6천억 원 규모다.

지난 2분기에는 4조5천억 원, 작년 3분기에는 4조6천억 원의 부실채권을 정리했었다. 부실채권 잔액은 9월 말 기준 14조1천억 원이다. 항목별로 보면 기업여신이 12조 원(85.5%)으로 가장 많았고 가계여신은 1조9천억 원, 신용카드 채권은 1천억 원이었다. 현시점의 지표는 양호하지만, 은행들은 앞으로의 위험에 대비해 손실 흡수 능력을 키우고 있다. 실제로 대출해준 돈을 떼이는 상황에 대비해 쌓아두는 대손충당금 적립률은 130.6%로 집계됐다. 3개월 전보다 9.4%포인트, 작년 9월 말보다 20.8%포인트 오른 것이다.

자료 : 한국경제 인터넷 신문, 2020. 11. 26

International Financial Reporting Standards

 받을어음의 의의

일반적인 상거래에 의해 발생한 어음상의 채권을 받을어음이라 하고 재무상태표에는 외상매출금과 함께 매출채권으로 보고된다. 그러나 자금을 대여하고 어음을 받은 경우에는 매출채권 대신 단기대여금으로 분류해야 한다. 한 회사가 고객으로부터 약속어음을 받고 상품을 외상으로 판매한 경우 이 회사는 받을어음이라는 자산을 기록하게 되며 약속어음을 발행한 고객은 부채인 지급어음을 기록한다. 약속어음은 채무자인 약속어음의 발행인이 일정한 원금과 이자를 약정일에 채권자인 영수인에게 지급할 것이라는 약속을 기재한 요식 증권이다.[8] 약속어음을 예시하면 **그림 6-1**과 같다. 최근에는 전자결제시스템의 도입 등으로 인하여 어음의 발행이 줄어드는 추세이다.

---

8 약속어음을 발행한 회사도 어음상의 채무를 지급어음(note payable)이란 부채로 기록하지만 재무상태표에는 외상매입금 (account payable)과 함께 매입채무로 보고된다.

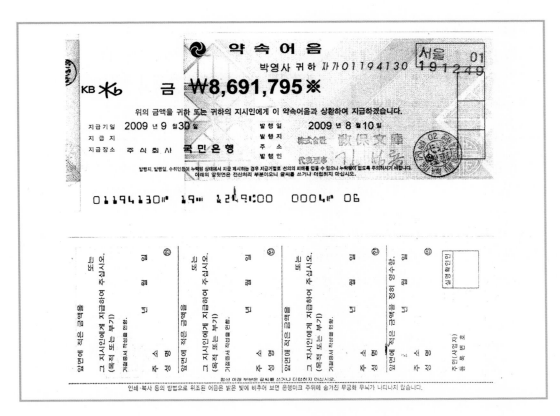

5-2 어음과 관련된 용어 및 계산

받을어음과 관련된 회계기록을 하기에 앞서 다음과 같은 용어를 이해할 필요가 있다.

(1) 만기일과 어음기간

만기일(maturity date)은 지급기일이라고도 하는데 약속어음 앞면에 20×9년 4월 30일과 같이 특정일로 기재된다. 어음기간은 어음의 발행일로부터 만기일까지의 기간을 말한다. 어음기간(outstanding period)은 이자를 계산하는 데 사용되는 중요한 정보이기 때문에 정확하게 산정되어야 한다. 예를 들어 5월 10일에 발행한 어음의 만기일이 8월 10일이라면 이때의 어음기간은 다음과 같이 결정된다.

5월 10일~31일:	21일
6월 1일~30일:	30일
7월 1일~31일:	31일
8월 1일~10일:	10일
어음기간 :	92일

(2) 이자와 이자율

이자는 채무자의 입장에서 보면 자금을 빌려서 쓴 대가이며 채권자의 입장에서는 자금을 빌려준 데 대한 보상이다. 이자는 원금, 이자율 그리고 어음기간에 의해 결정된다.

이 자 = 원 금 × 이자율 × 어음기간/360

원금은 어음에 기재된 금액을 뜻하는데 이를 액면가액(face amount)이라고도 한다. 이자율은 통상 1년을 기준으로 표시된다. 어음증서에 이자에 관한 문구가 구체적으로 표시되어 있는 어음을 이자부어음이라 하고 이자에 대한 언급이 없는 어음을 무이자부어음이라 한다. 즉 무이자부어음의 이자율은 0%이다. 예를 들어, 원금이 ₩1,000, 기간이 1년, 이자율이 8%인 이자부받을어음의 연간 이자금액은 ₩80(₩1,000×0.08×1)이 된다. 실무에서는 1년을 365일로 정확하게 계산하지만 이 책에서는 계산의 편의를 위해 1년을 360일로 계산한다.

(3) 만기가액

만기가액(maturity value)은 만기일에 약속어음의 소지인이 받게 되는 현금의 총수입액을 말한다. 따라서 이자부어음의 경우에는 만기가액은 어음의 액면가액에 이자를 합한 금액이 된다.

만기가액 = 원 금 + 이 자

예를 들어 어음기간이 90일, 연이자율이 8%, 원금이 ₩1,000인 받을어음의 만기가액은 다음과 같이 계산된다.

만기가액 = ₩1,000 + (₩1,000 × 0.08 × 90/360) = ₩1,020

무이자부어음의 경우에는 이자가 없으므로 만기가액은 액면가액 또는 원금과 같은 금액이 된다.

5-3 어음의 회계처리

받을어음에 관한 회계처리를 (1) 어음의 수취, (2) 이자의 발생, (3) 어음의 결제, (4) 부도어음, 그리고 (5) 어음할인 등과 관련해서 살펴보도록 하자.

(1) 어음의 수취

영동상사는 20×1년 6월 1일, 마포상사에게 만기일이 20×1년 7월 1일인 액면 ₩4,000

의 무이자부어음을 받고 상품을 외상판매하였다. 어음의 수취와 관련하여 영동상사는 20×1년 6월 1일 다음과 같은 분개를 할 것이다.

| (차) 받 을 어 음 | 4,000 | (대) 매   출 | 4,000 |

위의 분개에서 받을어음계정의 차변에 기록하였으나 재무상태표에는 외상매출금과 함께 매출채권으로 보고한다. 이 장에서는 받을어음을 매출채권으로 기록하는 것보다 받을어음계정을 이용하는 것이 거래를 명확하게 이해하는 데 도움이 되므로 받을어음계정을 이용하여 회계처리한다.

(2) 어음의 결제

한 달 후인 7월 1일 마포상사는 어음의 액면가액 ₩4,000을 지급하여 어음을 결제하였다. 이때 영동상사는 다음과 같이 분개를 한다.

| (차) 현   금 | 4,000 | (대) 받 을 어 음 | 4,000 |

(3) 부도어음

만기일에 약속어음의 발행인이 어음을 결제하지 못하면 받을어음은 부도어음이 된다. 만일 마포상사가 약속어음 만기일인 7월 1일 현금을 지불하지 못하여 부도를 내었다면 영동상사는 다음과 같은 분개를 할 것이다.

| (차) 부도어음(외상매출금) | 4,000 | (대) 받 을 어 음 | 4,000 |

마포상사가 어음을 결제하지는 못했지만 여전히 원금을 지급해야 할 의무가 있기 때문에 영동상사는 받을어음을 부도어음으로 대체하거나 일반 외상매출금으로 대체한다. 부도어음은 매출채권으로 분류되어 재무상태표에 보고된다. 후에 마포상사가 문제의 어음을 결제하면 영동상사는 다음과 같이 분개한다.

| (차) 현   금 | 4,000 | (대) 부도어음(외상매출금) | 4,000 |

만일 영동상사가 마포상사로부터 부도어음을 결제 받는 것이 불가능하다고 판단되면 다음과 같이 분개하여 대손확정처리를 해야 한다.

| (차) 대손충당금 | 4,000 | (대) 부도어음(외상매출금) | 4,000 |

(4) 이자의 발생

만약 수취한 약속어음이 이자부어음이고 만기일이 그 회계연도에 귀속되지 않으며 다음 회계연도에 귀속될 경우 발생기준에 따라서 회계기간 말에 특정 회계기간 동안 발생한 이자수익을 인식하는 수정분개를 하여야 한다. 예를 들어 20×1년 12월 1일에 어음기간이 60일, 연리 10%인 ₩2,400의 약속어음을 받은 경우 회계기간 말인 12월 31일에 필요한 수정분개는 다음과 같다.

20×1년 12월 31일:			
(차) 미 수 이 자	20	(대) 이 자 수 익	20*

* 이자계산: ₩2,400×0.1×30/360=₩20

20×2년 1월 30일 어음의 발행자가 액면가액과 이자를 지급하여 어음을 결제하면 다음과 같이 분개한다.

20×2년 1월 30일:			
(차) 현 금	2,440	(대) 매 출 채 권	2,400
		미 수 이 자	20
		이 자 수 익	20

(5) 받을어음의 할인

회사는 현금이 필요한 경우 고객으로부터 받은 매출채권(수취채권)을 회수기일이 도래하기 전이라도 은행 등의 금융기관에 양도하여 자금을 융통한다.[9] 매출채권 양도 중 실무에서 가장 흔히 발생하는 것이 받을어음의 할인(discount)이다. 이때 은행은 어음의 만기가액에서 할인일부터 만기일까지의 이자를 차감한 금액을 지급하는데 이러한 거래를 어음의 할인이라고 한다. 은행은 만기일이 되면 어음의 발행인으로부터 만기가액을 수령한다.

받을어음 할인 거래는 받을어음에 대한 권리와 위험이 실질적으로 은행에 이전되는지의 여부에 따라 매각거래와 차입거래로 구분하여 회계처리한다. K-IFRS는 이에 대한 복잡한 기준을 제시하고 있으나 회계원리 수준에서는 권리와 위험의 실질적인 이전 여부에 따라 매각 거래와 차입거래로 구분하는 것으로 단순화한다.

받을어음의 할인으로 받을어음에 대한 권리와 위험이 실질적으로 은행에 이전이 되면 받을어음이라는 자산을 실질적으로 은행에 매각한 것이기 때문에 매각거래로 간주하여 받을어음을 제거하는 회계처리를 한다. 예를 들어 액면가 ₩1,000,000인 어음을 할인받아 ₩980,000을 수취하였고, 이 거래가 실질적으로 어음의 매각에 해당하는 거래라면 어음의 할인일에 다음과 같은 분개가 필요하다.

---

9 K-IFRS에서는 이를 금융자산의 제거(derecognition)라 한다.

> **매각거래에 해당하는 어음할인시의 분개**
>
> (차) 현　　　금　　　　　980,000　　　　　　(대) 받 을 어 음　　　　　1,000,000
> 　　받을어음처분손실　　　20,000

　　반면에 어음할인 후 양도인이 은행으로부터 어음을 재매입할 의무가 있다든지 하여 어음과 관련된 실질적인 권리와 위험이 이전되지 않으면, 그러한 거래는 어음을 담보로 한 차입으로 본다. 어음할인의 본질을 어음을 담보로 한 차입으로 본다면 차입금이라는 부채를 인식하고 그에 따른 이자비용을 인식하는 것으로 한다. 위의 예에서 어음할인을 차입거래로 간주하는 경우 분개는 다음과 같다.

> **차입거래에 해당하는 어음할인시의 분개**
>
> (차) 현　　　금　　　　　980,000　　　　　　(대) 단기차입금　　　　　1,000,000
> 　　이 자 비 용　　　　　20,000

예제 6-6 _ 받을어음의 할인

　　20×1년 5월 1일 서울상사는 고객인 경기회사로부터 상품을 외상판매하고 어음기간이 90일(만기일 20×1년 7월 30일)인 ₩100,000의 무이자부어음을 수취하였다. 5월 31일 어음의 만기일까지 60일이 남았을 때 서울상사는 은행으로부터 어음을 할인받았으며 할인율은 12%였다. 7월 30일 경기회사는 은행에게 어음을 결제하였다. 단, 계산편의상 1년을 360일로 가정한다.

요구사항

1) 어음할인시 서울상사가 은행으로부터 수취할 현금은 얼마인가?
2) 상환청구불능조건으로 어음할인을 받은 경우, 어음의 수취일부터 만기일까지 서울상사가 실시할 분개를 하시오.
3) 어음의 배서할인을 받았는데, 거래의 본질이 차입에 해당된다고 가정하고 어음이 수취일부터 만기일까지 서울상사가 실시할 분개를 하시오.
4) 어음의 배서할인을 받았는데 7월 30일 어음이 부도되어 서울상사가 은행에게 만기가액과 수수료 ₩1,000을 지급하였다. 서울상사가 경기회사로부터 8월 31일 대금을 회수한 경우와 회수하지 못하여 대손확정처리를 하는 경우로 나누어 7월 30일과 8월 31일에 필요한 분개를 하시오. 단, 이 회사는 충분한 대손충당금이 설정되어 있다.

해답

　　1) 만기가액＝원금＝₩100,000
　　　　할인액＝만기가액×할인율×할인기간/360
　　　　　　　＝₩100,000×0.12×60/360＝₩2,000
　　　　현금수령액＝만기가액−할인액
　　　　　　　＝₩100,000−₩2,000＝₩98,000

2)와 3)

일 자	2. 매각거래	3. 차입거래
20×1년 5월 1일	(차) 받을어음 100,000 　　　(대) 매　출 100,000	(차) 받을어음 100,000 　　　(대) 매　출 100,000
5월 31일	(차) 현　금 98,000 　　채권처분손실 2,000 　　　(대) 받을어음 100,000	(차) 현　금 98,000 　　이자비용 2,000 　　　(대) 단기차입금 100,000
7월 30일	분개 없음	(차) 단기차입금 100,000 　　　(대) 받을어음 100,000

4)

일 자	부도어음이 회수되는 경우	부도어음이 회수되지 않는 경우
20×1년 7월 30일	(차) 차 입 금 100,000 　　　(대) 현　금 100,000 (차) 부도어음* 101,000 　　　(대) 받을어음 100,000 　　　　　현　금 1,000	(차) 차 입 금 100,000 　　　(대) 현　금 100,000 (차) 부도어음* 101,000 　　　(대) 받을어음 100,000 　　　　　현　금 1,000
8월 31일	(차) 현　금 101,000 　　　(대) 부도어음* 101,000	(차) 대손충당금 101,000 　　　(대) 부도어음* 101,000

* 부도어음 대신 외상매출금계정을 이용할 수 있다.

 소액현금기금제도

　　회사의 업무를 수행하다 보면 상황에 따라서는 당좌수표를 발행하여 대금을 지급하는 것이 오히려 비효율적인 경우가 있다. 예를 들면 기업에서는 우표의 구입, 소규모 접대비, 직원의 교통비, 또는 소규모 소모품의 구입 등과 같이 소액의 대금을 지불할 필요가 있는데, 이 때는 일일이 수표를 발행하는 것보다 현금을 지불하는 것이 편리하다. 이러한 상황에 대비하여 대부분의 기업에서는 소액현금기금을 설정하고 있다. 소액현금기금제도(petty cash fund system)는 당좌예금으로부터 필요한 만큼의 일정금액을 현금으로 인출하여 기금을 설정해 놓고, 소액의 현금지급이 필요한 경우에 이 기금에서 현금으로 지급하도록 하는 제도이다. 하지만 정보기술의 발달로 인하여 기업은 신용카드와 같은 방법으로 대금을 지급하기 때문에 소액현금기금제도는 과거에 비해 실무에서 많이 사용되지 않는다.

　　소액현금기금을 얼마로 설정할 것인가의 결정은 소액현금기금으로부터 인출되는 지출항목의 범위, 각 지출항목별 지출금액 및 빈도, 그리고 사용하는 기간의 길이(예를 들어, 한 달에 한 번씩이냐 또는 2주일에 한 번씩이냐) 등에 좌우된다.

(1) 소액현금기금의 설정

다음 현금이 보충될 때까지의 각종 소규모지출을 감당하기에 충분한 금액을 당좌예금에서 현금으로 인출하여 회사에 보관한다. 이로써 소액현금기금이 설정되는데 예를 들어 어느 회사에서 최초로 ₩100,000의 소액현금기금을 설정하였다면 이때 필요한 분개는 다음과 같다.

(차) 소액현금	100,000	(대) 당좌예금	100,000

(2) 소액현금으로부터의 지출

기금으로부터 현금이 지출될 때는 분개를 할 필요가 없으나 소액현금 관리자는 반드시 지출에 관한 증빙서류를 갖추어 놓아야 한다. 증빙서류에는 최소한 지출일자, 용도, 수령인의 성명 및 서명, 그리고 지출금액 등의 정보가 포함되어야 하는데, 이런 정보는 소액현금출납장에 기재하는 것이 편리하다. 소액현금기금의 실제현금잔액과 소액현금출납장에 기록된 지출금액의 합계액은 설정된 기금금액과 같아야 한다.

(3) 소액현금기금의 보충

소액현금기금은 보충될 때까지 일정기간의 지출을 감안하여 설정되므로 기금의 보충은 비교적 정기적으로 이루어진다. 당좌수표를 발행하여 현금으로 보충되는 금액은 정확히 처음 설정한 기금액과 잔여현금액 간의 차액이 된다. 다시 말하면 이 금액은 그 기간 동안 소액현금기금으로부터의 총지출액과 같은 금액이다. 예를 들어 위의 회사는 2주일에 한 번씩 소액현금을 보충하기로 하였다고 하자. 2주 후에 기금의 현금잔액은 ₩15,000이었고 소액현금의 지출내역은 다음과 같았다.

우편요금	₩15,000
사무용기기의 수리비	50,000
운송비	20,000

이 경우 소액현금보충과 관련된 분개는 다음과 같다.

(차) 통신료	15,000	(대) 당좌예금	85,000
수리비	50,000		
운송비	20,000		

한편, 소액현금기금의 잔여현금액과 지출금액의 합계액이 설정된 기금금액과 일치하지 않을 수도 있다. 이런 경우에는 불일치의 원인이 밝혀질 때까지 그 금액은 현금과부족계정을 사용하여 대차의 균형을 유지시킨다. 예를 들어 위의 예에서 지출액은 위와 같지만 소액기금의 실제 잔여현금이 ₩10,000이었다고 가정해 보자. 그러면 소액현금의 보충금액은 기금설정

액 ₩100,000을 유지하기 위해서 ₩90,000이 될 것이며, 소액현금보충과 관련된 분개는 다음과 같이 처리된다.

(차) 통신료	15,000	(대) 당좌예금	90,000
수리비	50,000		
운송비	20,000		
현금과부족	5,000		

위에서 현금과부족계정은 그 원인이 밝혀지면 이에 상응하여 적절한 계정으로 대체시키면 되지만 회계기말까지 그 원인이 밝혀지지 않으면 다음과 같이 수정분개 과정을 통해서 잡손실(대변잔액인 경우는 잡이익)로 전환시켜 손익계산서에 보고해야 한다.

(차) 잡손실	5,000	(대) 현금과부족	5,000

이상에서 설명한 바와 같이, 소액현금계정은 현금기금이 처음 설정될 때만 차기(借記)된다는 점에 주의해야 한다. 따라서 소액현금계정은 현금기금을 증가시키거나 감소시키지 않는 한 처음 설정된 금액(위의 예에서는 ₩100,000)을 항상 그 잔액으로 유지하게 된다.

(4) 소액현금기금 설정액의 변경

소액현금기금을 운영하다 보면 보충기간이 되기 전에 자주 현금부족이 된다거나 보충시점이 되어서도 현금잔액이 줄곧 많이 남아도는 경우가 있다. 즉 설정된 현금기금이 사용기간 동안의 실제 소액현금수요보다 적거나 많이 설정된 것이다. 이 때에는 현금기금을 추가로 설정하거나 줄일 필요가 있다. 현금기금을 추가로 설정하려면 소액현금계정의 차변에 기록하고, 감소시키려면 소액현금계정의 대변에 다음과 같이 분개하면 된다. 다음의 분개는 현금기금을 ₩50,000 증액하거나 감소한다고 가정했을 때의 분개이다.

현금기금의 증액시:			
(차) 소 액 현 금	50,000	(대) 당 좌 예 금	50,000
현금기금의 감소시:			
(차) 당 좌 예 금	50,000	(대) 소 액 현 금	50,000

당좌예금이란 수표를 발행함으로써만 인출이 가능한 예금을 뜻한다. 기업들은 당좌예금을 통한 은행거래로 현금의 유입과 유출을 효과적으로 통제할 수 있다. 즉 기업은 거의 모든 현금을 은행의 당좌예금계좌에 입금함으로써 사내보유현금(cash on hand)을 최소화시켜서 도난으로부터의 위험을 사전에 방지할 수 있을 뿐만 아니라 모든 중요한 현금지급을 당좌수표를 발행하여 처리함으로써 증빙서류를 갖출 수 있다.

은행은 당좌예금 고객에게 정기적으로 고객의 당좌예금계정과 관련하여 발생한 거래내용을 요약한 보고서를 보내는데 이를 은행계정명세서(bank statement)라 한다. 기업의 총계정원장의 당좌예금계정잔액은 통상 거래은행의 당좌예금계정잔액과 일치하지 않는다. 왜냐하면 기업측 총계정원장의 당좌예금계정에 기록된 어떤 거래를 은행측에서 누락시킬 수도 있으며, 또한 반대로 은행측에서 기록한 거래를 기업측에서 누락시킬 수도 있기 때문이다. 따라서 기업의 회계담당자는 내부통제 목적을 위해서, 또는 재무보고를 하기에 앞서 총계정원장의 당좌예금잔액과 은행계정명세서상의 당좌예금잔액을 비교하여 그 차이를 조정할 필요가 있다. 회계기말에 은행측과 회사측의 당좌예금잔액을 비교하여 그 차이를 밝혀 내는 과정을 은행계정조정이라 한다. 그리고 이러한 은행계정조정의 내용을 요약하여 나타낸 표를 은행계정조정표(bank reconciliation statement)라 한다.

온라인 뱅킹 등 정보기술을 이용한 금융거래가 증가함에 따라 기업은 은행계정에 대해 실시간으로 파악할 수 있기 때문에 이러한 은행계정조정표도 과거와 같이 이용되지 않는다. 다만, 기업의 현금관리는 매우 중요하고 미결제수표와 같은 이유로 은행계정잔액과 회사의 장부금액과 일시적 차이가 존재할 수 있기 때문에 이러한 차이 원인을 파악한다는 측면에서 은행계정조정에 대한 이해가 필요하다.

은행계정조정표를 작성함으로써 기업은 다음의 두 가지 목적을 달성할 수 있다. 첫째, 기업의 당좌예금계정과 은행의 기록상에 나타난 당해 기업의 당좌예금계정의 정확성을 검증할 수 있다. 즉 은행의 기록에는 포함되었지만 회사의 계정에는 미기록 상태에 있는 거래들, 또는 그 반대의 경우에 처해 있는 거래들을 확인할 수 있다. 둘째, 당좌예금계정에 대한 수정분개의 자료를 제공받는다. 은행계정조정을 통해 기업의 당좌예금계정의 정확한 잔액이 파악되므로 이를 수정전 상태에 있는 기업측 장부잔액과 비교함으로써 그 차이점을 일목요연하게 알아볼 수 있다. 이 차이는 바로 당좌예금계정에 대한 수정분개의 자료가 된다. 회사측 당좌예금계정잔액과 은행측 기록잔액간의 차이를 일으키는 주요 원인들을 요약하면 다음과 같다.[10]

(1) 미결제수표

미결제수표(outstanding checks)란 예금주(회사)는 수표를 이미 발행하여 회사측 당좌예금계

---

10 요즘은 은행의 예금거래와 잔액을 고객들이 인터넷 온라인상에서 실시간으로 확인할 수 있기 때문에 은행계정조정표의 중요성은 과거에 비해 상대적으로 감소하였다고 할 수 있다.

정에는 대기(貸記)하였으나 이 수표의 수취인이 회사의 거래은행에는 아직 지급요구를 하지 않았기 때문에 은행측 기록에는 차감이 되지 않은 상태에 있는 수표를 말한다. 이를 기발행미인출수표라고도 한다.

(2) 미기록예금

회사는 이미 은행에 우송 또는 직접 예입하여 회사측 당좌예금계정에는 차기(借記)하였으나 은행측에는 아직 기록되지 않은 상태에 있는 예금을 말한다. 미기록예금(deposits in transit)은 주로 회계기간 말을 앞두고 예입한 예금에 대해서 발생한다.

(3) 수 수 료

은행은 예금주에게 제공한 은행거래와 관련된 용역에 대하여 수수료를 부과한다. 예를 들어 은행은 예금주의 당좌예금계정의 월평균 잔고가 일정금액 이하일 경우 소정의 수수료를 부과한다. 이러한 수수료는 은행측 잔액에서는 차감되나 회사측 잔액에서는 통보받기 전까지 차감되지 않기 때문에 두 잔액간의 차이를 가져다 줄 수 있다. 이에 대해 회사는 다음과 같은 수정분개가 필요하다.

(차) 수수료 비용	×××	(대) 당 좌 예 금	×××

(4) 부도수표

회사(예금주)는 고객으로부터 받은 당좌수표를 거래은행에 예입하면서 회사의 당좌예금계정 차변에 이 거래를 기록한다. 그런데 그 회사의 거래은행이 고객의 거래은행을 통해 고객이 발행한 당좌수표를 추심한 결과 고객의 은행잔고가 수표를 결제할만큼 충분하지 못하여 고객의 거래은행으로부터 반송되어온 경우, 회사의 거래은행은 예입으로 처리하지 않고 기업(예금주)에게 그 수표를 반송한다. 따라서 기업측 장부에는 반송수표를 받기 전까지 예금으로 기록된 상태에 있으나 거래은행 장부에는 예금으로 기록되지 않아 양측 계정상에 차이가 나타난다. 이러한 부도수표(Not-Sufficient-Funds checks: NSF checks)를 반송받은 기업은 다음과 같은 분개를 해야 한다.

(차) 매 출 채 권	×××	(대) 당 좌 예 금	×××

이와 같이 부도수표가 발생한 경우, 거래은행은 예금주에게 부도수표에 대한 수수료를 부과하는 수도 있다.

(5) 받을어음 추심

기업은 고객으로부터 받은 받을어음의 추심(회수)을 거래은행에 의뢰할 수도 있다. 이 경우 은행이 어음을 추심하여 회수하게 되면 은행측 당좌예금잔액은 증가되나 기업은 통보받기 전까지 기록하지 않기 때문에 양측 잔액 간의 차이가 생겨난다. 은행은 어음추심에 관한 서비스를 제공하고 수수료를 부과한다. 이러한 거래를 통보받게 되면 기업은 다음과 같은 분개를 해야 한다.

(차) 당 좌 예 금	×××	(대) 매 출 채 권	×××
(차) 추심수수료	×××	(대) 당 좌 예 금	×××

(6) 오 류

거래가 많아지면 은행측과 회사측 모두 오류를 범할 수 있다. 물론 이에 대해서는 정정이 필요한데 기업측에서 오류를 범한 경우에는 기업의 장부에 수정분개를 해야 한다.

📄 그림 6-2
은행계정조정의 구조

조정 전:	은행측 계정잔액	+	회사측 장부잔액
조정 :	(+)미기록예금		(+)추심어음
	(−)미결제수표		(−)은행수수료, 부도수표
	(±)은행측 오류		(±)회사측 오류
조정 후:	은행측 계정잔액	=	회사측 장부잔액

예제 6-7 _ 은행계정조정표의 작성

다음 자료를 이용하여 20×1년 12월 31일 현재 (주)영화의 은행계정조정표를 작성하고 수정분개를 하시오.

(1) 20×1년 12월 31일 회사측 장부잔액은 ₩3,203이다.

(2) 20×1년 12월 31일 은행계정명세서 잔액은 ₩3,500이다.

(3) 20×1년 현재 미기록예금은 ₩500이다.

(4) 20×1년 현재 미결제수표는 다음과 같다.

수표번호	금 액
551	₩246
557	74
580	138
582	242

(5) 은행측에서는 12월 26일 입금액 ₩14을 ₩41으로 기입하였다.

(6) 12월 중 발생한 은행수수료는 ₩30이었으나, 회사측에서 미기입하였다.

(7) 회사가 외상매출금 대금으로 받은 어음 ₩200을 은행이 추심해 주었다. 회사에는 아직 통지되지 않았다.

(8) 외상매출금 대금으로 받아 입금된 수표 ₩100이 부도처리되었는데, 회사에는 이 사실이 아직 통지되지 않았다.

<u>은 행 계 정 조 정 표</u>

㈜영화		20×1년 12월 31일
20×1년 12월 31일 현재 회사측 잔액		₩3,203
가산: 받을어음 추심		200
차감: 은행수수료	30	
부도수표	100	(130)
조정후 회사측 장부잔액		₩3,273
20×1년 12월 31일 현재 은행측 잔액		₩3,500
가산: 미기록예금		500
차감: 미결제수표	700	
은행오류	27	(727)
조정후 은행측 계정잔액		₩3,273

수정분개:

(차) 당 좌 예 금	200	(대) 매 출 채 권	200
(차) 수 수 료	30	(대) 당 좌 예 금	130
매 출 채 권	100		

종합
예제
06

International Financial Reporting Standards

다음은 노고회사의 금융자산에 관한 20×1년 말 수정전 자료이다.

현 금	₩100,000
당 좌 예 금	540,000
매 출 채 권	200,000

 요·구·사·항

1) 20×1년 말 신촌은행에서 송부한 은행계정명세서에는 다음과 같은 사항이 회사장부에

반영되지 않은 것으로 나타났다.

  – 회사가 현금판매에서 수령하여 입금한 ₩30,000의 수표가 부도처리되었다.
  – 은행에서 수수료 ₩2,000을 회사계정에서 인출하였다.
  – 회사의 받을어음 ₩20,000을 추심하였다.
     ① 20×1년 말 당좌예금의 올바른 잔액은 얼마인가?
     ② 20×1년 말 필요한 수정분개를 하시오.

2) 위의 매출채권은 20×1년 10월 1일에 서울상사에 상품을 판매한 대가로 받은 약속어음이다. 이 중 ₩100,000은 20×1년 12월 1일에 신촌은행에서 할인받았는데 이 약속어음의 기간은 120일이며 약정이자율은 연 12%이다. 신촌은행은 이 어음의 할인율로 15%를 적용하였다. 다음 물음에 답하시오. 어음의 할인은 어음을 담보로 한 자금의 차입에 해당되는 경우이다.
① 어음의 할인 당시 노고회사가 수취한 현금은 얼마인가?
② 어음할인시의 분개를 하시오.
③ 만일 20×1년 12월 31일에 서울상사가 도산하여 신촌은행이 할인한 어음의 대금을 ₩104,000만큼 요구함으로써 이를 노고회사가 지급하고 즉시 대손확정처리를 한다면 필요한 분개는?

해답

1) ① 회사장부 잔액   ₩540,000
    가산: 추심어음   20,000
    차감: 부도수표   (30,000)
        수 수 료   (2,000)
               ₩528,000

   ② (차) 매　　출   30,000   (대) 당 좌 예 금   32,000
        수수료비용   2,000
     (차) 당 좌 예 금   20,000   (대) 매 출 채 권   20,000

2) ① 어음의 만기금액   ₩100,000×1.04＝   ₩104,000
    차감: 할인액   ₩104,000×15%×60/360＝   (2,600)
    실수령액   ₩101,400

   ② (차) 미 수 이 자   2,000   (대) 이 자 수 익   2,000
     (차) 현　　금   101,400   (대) 차 입 금   100,000
        이 자 비 용   600   미 수 이 자   2,000
   ③ (차) 차 입 금   100,000   (대) 현　　금   104,000
        이 자 비 용   4,000
     (차) 대손충당금   100,000   (대) 받 을 어 음   100,000

익힘**문제** __

만약 어느 회사에서 매출채권 중 ₩5,000이 회수되지 않을 것이라고 추정하였다면 연말결산 때 어떠한 분개를 행해야 하는가?

대손충당금과 감가상각누계액의 유사점과 차이점은 무엇인가?

대손이 발생할 때 충당금을 설정하지 않고 직접 매출채권에서 차감시키는 방법의 문제점은 무엇인가?

대손충당금을 설정한 전기매출채권에서 실제 대손이 발생하면 어떻게 분개를 하는가? 또한 이 분개는 손익계산서와 재무상태표에 각기 어떤 영향을 미치는가?

대손충당금환입은 어떤 경우에 나타나는 항목인가?

매출할인이란 무엇인가? 만약 신용조건이 2/10, *n*/30이라면 이는 무슨 뜻인가?

거래의 본질이 자산의 매각인 어음할인과 어음을 담보로 한 차입에 해당하는 어음할인의 회계처리는 어떻게 다른가?

QUESTION 08

회계에서 현금이란 무엇인가? 또 현금에 포함되는 항목에는 어떤 것이 있는가?

QUESTION 09

현금은 모든 자산 중에서 가장 유동성이 큰 자산이다. 그러나 모든 현금이 항상 유동자산으로 분류되는 것은 아니다. 그 이유는 무엇인가?

QUESTION 10

현금이 부족하여 보유중인 은행발행 자기앞수표를 은행에 가지고 가서 현금으로 바꾸었을 때 필요한 분개를 하시오. 분개가 필요 없다면 그 이유를 설명하시오.

QUESTION 11

내부통제의 목적과 성격을 설명하시오.

QUESTION 12

현금의 물리적 처리와 회계기록기능이 분리되어 경리업무가 매우 불편하다고 한다. 이를 내부통제 관점에서 설명하시오.

QUESTION 13

은행계정명세서란 무엇인가?

QUESTION 14

은행계정조정표는 왜 필요한가?

QUESTION 15

수취채권이란 무엇이며 어떤 종류가 있는가?

연습문제 __

1 은행계정의 조정
다음 사항을 가지고 인영회사의 은행계정조정표를 작성하시오.

(1) 조정된 은행잔액: ₩6,453
(2) 조정된 회사장부잔액: ₩6,453
(3) 조정전 은행계정명세서잔액: ₩7,532
(4) 조정전 회사장부잔액: ₩5,873
(5) 인영회사의 장부기입 오류(입금액 ₩457이 ₩475으로 기장됨): ₩18
(6) 은행의 미결제수표: ₩1,133
(7) 은행측의 오류로 다른 계정수표 ₩54을 이 회사계정에서 결제하였다.
(8) 은행측에 추심의뢰한 받을어음 ₩600이 회수되어 수수료 ₩2을 차감한 금액이 입금되었으나 은행은 회사에 이 사실을 통보하지 않았다.

2 은행계정의 조정
다음의 사실이 광선회사의 은행계정조정표에 포함되어야 한다. 각 경우에 조정을 위한 수정분개를 하시오.

(1) 광선회사의 거래처에서 이 회사의 거래은행에 ₩650을 송금하여 은행에 입금되었으나 회사는 이 사실을 알지 못했다(은행계정명세서를 받은 후에 알게 됨).
(2) 은행에서 수표발행수수료 ₩30을 이 회사의 당좌예금계정에서 차감시켰다.
(3) 임차료 ₩400을 수표를 발행하여 지급하였는데 장부에는 ₩440으로 잘못 기장되었다.
(4) 고객으로부터 받아 입금시킨 수표 ₩80이 잔고부족으로 부도되었다는 통보를 받았다(회사는 이미 '(차) 당좌예금 (대) 매출채권'으로 분개를 하였음).

3 소액현금

서강(주)는 20×1년 10월 9일 소액현금기금을 설정하고 수표 ₩20,000을 발행하여 소액현금 자금을 마련하였다. 11월 4일 소액현금 출납장에는 다음과 같은 지출항목이 표시되어 있었다. 자금을 보충하기 위하여 당좌수표 ₩16,950을 발행하였다.

소 모 품 비	4,200	광고선전비	6,300
운 송 비	2,100	접 대 비	2,750
여비교통비	900	수도광열비	340

요구사항

위 자료를 이용하여 10월 9일과 11월 4일에 필요한 분개를 행하시오.

4 어음의 할인

형진은 어음기간 120일, 연리 11%, ₩1,000의 약속어음을 발행된 날에 거래처로부터 수취하여 그 어음을 은행에 가지고 가서 할인신청을 하였다. 은행에서는 시장유효이자율이 12%이므로 ₩1,000보다 적은 금액을 지급하겠다고 하였다. 그러나 형진은 ₩1,000을 고수했다. 이때 무엇이 문제인가? 또 은행에서 형진에게 지급하려고 하는 금액은 얼마인가?

5 외상매출과 받을어음

동산회사의 매출은 대부분 외상매출이다. 만기가 지난 외상매출금은 가능한 경우 받을어음으로 전환된다. 20×1년 다음과 같은 거래가 있었다.

1월 10일   갑에게 상품 ₩10,000을 2/10, n/30의 조건으로 외상매출하였다.

3월 1일   외상매출금이 회수되지 않아 동산회사는 갑에게 120일, 연리 12%의 약속어음을 요구했고, 갑은 동산회사에서 약속어음을 발행해 주었다.

7월 1일   갑은 약속어음과 이자를 동산회사에 송금했다.

요구사항

1) 위의 거래를 분개하시오.

2) 갑이 채무를 불이행했다고 가정하고 7월 1일의 분개를 하시오. 동산회사는 부도어음에 대해서는 이자수익을 인식하지 않는 정책을 채택하고 있다.

6 외상매출과 받을어음

덕유회사는 통상 상품을 판매하고 약속어음을 받아 만기일 이전에 필요한 현금을 조달하기 위해 은행에 할인한다. 일련의 거래는 다음과 같다.

20×1년 4월 1일   상품 ₩8,000을 갑에게 판매하고 6개월, 연리 12% 이자부약속어음을 받았다.

6월 1일   은행에서 15%로 어음을 할인했다. 이 어음할인은 자금의 차입에 해당한다.

10월 1일   어음의 만기일이다.

요구사항

1) 갑이 어음의 만기일에 은행에 지급했다고 가정하고 위의 각 날짜에 필요한 분개를 하시오.
2) 갑이 어음의 만기일에 은행에 지불하지 않아서 덕유회사가 어음금액과 지급거절증서 작성 수수료 ₩15을 은행에 지급했다고 가정하고 10일 1일의 분개를 하시오.
3) 2)의 경우 10월 5일에 갑이 덕유회사에 전액 지급했다고 가정하고 분개하시오.

7 외상매출과 받을어음

다음은 노고회사에서 20×6년 중 받을어음과 관련하여 발생한 거래이다.

5월 10일   노고회사는 고객으로부터 판매대금으로 약속어음을 받았다. 이 약속어음은 당일에 발행된 것으로 액면가 ₩6,600, 만기 6개월, 무이자부어음이다.

7월 25일   노고회사는 자금이 부족하여 거래은행으로부터 위의 어음을 15%의 이자율을 적용하여 양도하였다. 어음의 양도거래는 자금의 차입에 해당한다.

11월 10일   노고회사는 은행으로부터 위의 어음이 만기일에 결제되었다는 통지를 받았다.

요구사항

1) 위의 거래를 분개하시오.
2) 은행이 어음금액을 지불받지 못하였을 경우 노고회사의 분개는 어떻게 되겠는가?

8 거래의 추정

다음 독립적인 분개를 고려하여 거래를 추정하시오.

(1) (차) 외상매출금-신수회사   300   (대) 매　　출   300

(2) (차) 매 출 환 입   15   (대) 외상매출금-신수회사   15

(3) (차) 받 을 어 음   285   (대) 외상매출금-신수회사   285

(4) (차) 현　　　　　금   290   (대) 받 을 어 음   300
　　　어음(채권)처분손실   10

9 매출할인

용산상회는 노량진상회에서 상품 ₩2,400,000을 2/10, *n*/30의 조건으로 구입하였고 할인기간 내에 그 대금을 지급하였다. 다음 물음에 답하시오.

요구사항
노량진상회의 입장에서 상품판매일과 대금회수일의 분개를 하시오.

---

10 순매출액의 계산

아현상회는 20×6년 한 해 동안 총외상매출이 ₩180,000,000이었고 이 중 ₩120,000,000이 회수되었으며 총현금매출은 ₩60,000,000이었다. 그런데 매출액 중 ₩4,000,000이 반품되어 왔고, ₩2,000,000은 현금할인되었다. 아현상회의 20×6년도 순매출액은 얼마인가?

---

11 외상판매와 외상매입

다음은 성혜회사의 재무상태표에서 추출한 자료이다.

	기초잔액	기말잔액
현　　금	₩4,000	₩?
매 출 채 권	6,000	4,000
매 입 채 무	?	7,000

요구사항
1) 기중에 회수한 매출채권이 ₩17,000이라면 기중에 발생한 외상판매액은 얼마인가?
2) 기중 상품외상구입액이 ₩14,000이고 매입채무 지급액이 ₩16,000이었다면 매입채무의 기초잔액은 얼마인가?
3) 현금에 관련된 거래가 모두 위의 것뿐이었다면 현금의 기말잔액은 얼마인가?

---

12 대손과 관련된 수정분개

(주)청구의 매출채권 기말잔액은 ₩428,000이다. 이 회사는 기말매출채권의 회수가능액을 ₩417,300으로 추정하였다. 수정전 대손충당금 기말잔액이 다음과 같다면 대손과 관련된 필요한 수정분개는 어떻게 되겠는가?

경우	수정전 대손충당금 기말잔액
1	₩0
2	6,300
3	15,000

13 대손과 관련된 수정분개

(주)용마의 대손충당금 기초잔액은 ₩12,000이었고 기말의 매출채권잔액은 ₩600,000이었다. (주)용마는 기말매출채권의 회수가능액을 ₩585,000으로 추정하였다. 기말에 행한 대손과 관련된 수정분개는 다음과 같다. 그러면 기중에 제각된 매출채권은 얼마였는가?

(차) 대손상각비   6,000   (대) 대손충당금   6,000

14 거래의 추정

다음의 분개를 보고 거래를 추정하시오.

(1) (차) 대손충당금   40,000   (대) 매 출 채 권   40,000
(2) (차) 매 출 채 권   3,000   (대) 대손충당금   3,000
　　　 현　　　금   3,000   　　 매 출 채 권   3,000

15 외상판매와 대손에 대한 분개

서초주식회사의 20×6년도 대손충당금의 기초잔액은 ₩10,000이었다. 다음 20×6년도 중에 발생된 거래를 분개하시오.

(1) 매출채권 ₩1,000이 제각되었다.
(2) 20×6년도 말 매출채권은 ₩190,000이고 매출채권의 회수가능액은 ₩180,000으로 추정된다.

16 외상판매와 대손에 대한 분개

대전주식회사의 20×5년 12월 31일 재무상태표상의 매출채권잔액은 ₩314,000이었고 이에 대한 대손충당금 대변잔액은 ₩19,400이었다.

20×6년 한 해 동안 대전주식회사의 영업활동내용은 다음과 같다.

외상판매액	₩1,215,000
매출에누리와 환입	75,000
외상판매대금 회수	1,150,000
대손확정액	16,000
대손확정된 채권 중 회수된 금액	2,000

대전주식회사는 매출채권의 회수가능액을 ₩283,680으로 추정하였다.

요구사항

1) 위에 제시된 20×6년 한 해 동안의 영업내용에 대하여 분개하시오.
2) 매출채권계정과 대손충당금계정을 설정하고 이 계정에 대한 기초잔액을 기입한 후 요구사항 1)의 분개내용을 두 계정에 전기하시오.
3) 20×6년 12월 31일에 대손상각비를 기록하기 위한 분개를 하고 이를 해당 계정에 전기하시오.
4) 매출채권잔액과 대손충당금잔액은 각각 얼마인가?

17 대손에 관한 회계처리

다음은 서촌상사의 회수불능채권에 관한 거래사항이다. 이를 분개하시오. 단, 서촌상사의 결산일은 매년 12월 말이다.

제1기
6월 26일	경기상점에 대한 당기에 발생한 매출채권 ₩9,000이 대손확정되다.
12월 31일	매출채권잔액 ₩200,000의 회수가능액은 ₩194,000이다.

제2기
5월 30일	매출채권 가운데 ₩3,000이 대손되다.
12월 31일	매출채권잔액 ₩300,000의 회수가능액은 ₩294,000이다.

제3기
4월 10일	매출채권 가운데 ₩2,000이 대손되다.
7월 5일	매출채권 가운데 ₩3,000이 대손되다.
9월 14일	전기에 이미 대손으로 상각되었던 신촌상점에 대한 매출채권 중 ₩2,000이 현금으로 회수되다.
10월 5일	7월 5일에 대손처리된 매출채권 ₩3,000이 전액회수되다.
11월 11일	매출채권 가운데 ₩5,000이 대손되다.
12월 31일	매출채권잔액 ₩300,000의 회수가능액은 ₩291,000이다.

International Financial Reporting Standards

07

금융자산
(유가증권)

학습목표

기업이 투자목적으로 보유하는 타회사 발행 지분증권(주식) 및 채무증권(회사채 등)은 회계처리 목적에 따라 크게 공정가치측정금융자산과 상각후원가측정금융자산으로 분류할 수 있다. 공정가치측정금융자산은 해당 증권의 공정가치측정에 따른 보유손익의 인식방법에 따라 당기손익공정가치측정금융자산과 기타포괄손익공정가치금융자산으로 구분된다. 본 장에서는 주로 공정가치측정금융자산의 회계처리에 대한 설명을 지분증권과 채무증권에 대해 다루고, 채무증권에만 적용되는 상각후원가측정금융자산에 대한 내용은 제10장 금융부채의 사채부분에서 다루기로 한다. 한편 지분증권을 일정한도 초과보유함에 따라 인식될 수 있는 관계기업투자주식 및 연결재무제표 작성대상 투자주식에 대한 설명을 간단히 하여 K-IFRS에서 주된 재무제표로 공표되는 연결재무제표에 대한 이해를 돕도록 한다.

주요 학습사항

유가증권	당기손익공정가치측정금융자산	지분법손익
지분증권	금융자산평가이익	연결재무제표 작성대상 투자주식
채무증권	금융자산평가손실	유의한 영향력
상각후원가측정금융자산	관계기업투자주식	지 배 력
기타포괄손익공정가치측정금융자산		

기업은 기업활동에서 필요한 것보다 더 많은 현금을 일시적으로 보유하고 있는 경우가 생긴다. 이런 초과보유현금을 그대로 두는 것은 현명한 일이 아니므로 기업은 여유현금을 주식, 국채, 공채, 사채 등의 유가증권에 투자하여 수익을 올리고자 한다. 유가증권은 재산권을 나타내는 증권으로 회계상으로 유가증권은 크게 지분증권과 채무증권으로 분류된다. 지분증권(equity securiteis)은 증권발행주식회사의 순자산에 대한 소유지분을 나타내는 유가증권으로 주식이 대표적인 예이다.[1] 채무증권(debt securiteis)은 보유자가 발행자에게 약정에 의해 금전을 청구할 수 있는 권리를 표시하는 증권으로 국채, 공채, 사채 등이 있다.

채무증권을 보유하면 투자자는 계약상 현금흐름인 이자와 원금을 수취할 수 있는 반면 지분증권은 사전적으로 정해진 현금흐름이 없다는 특성이 있다. 물론 지분증권을 보유하면 배당금을 받을 수 있지만 배당금은 기업의 경영성과에 따라 받을 수 있는지의 여부와 그 금액이 사후적으로 결정되기 때문에 사전에 현금흐름을 예측할 수 없다.

K-IFRS(제1109호)에 따르면 금융자산은 최초인식 시점에 공정가치(fair value)로 측정한다. 이후 후속 회계처리를 위해 금융자산을 크게 당기손익-공정가치측정금융자산(financial asset at fair value through profit or loss: 이하 FVPL금융자산), 기타포괄손익-공정가치측정금융자산(financial asset at fair value through other comprehensive income: 이하 FVOCI금융자산) 그리고 상각후원가측정금융자산(financial asset at amortized cost: 이하 AC금융자산)으로 구분된다. 계약상 현금흐름인 이자와 원금으로 구성된 채무증권과 그렇지 않은 지분증권의 회계처리가 다르기 때문에 구분하여 분류할 필요가 있다.

지분증권은 지분증권의 공정가치 변동을 당기손익으로 인식하는 당기손익-공정가치측정금융자산(FVPL금융자산)으로 분류한다. 한편 지분증권의 보유목적이 단기매매목적이 아니고 회사가 기타포괄손익-공정가치측정금융자산으로 선택하는 경우 지분증권의 공정가치 변동을 기타포괄손익으로 인식하는 기타포괄손익-공정가치측정금융자산(FVOCI금융자산)으로 분류할 수 있다.

채무증권은 계약상 현금흐름인 이자와 원금을 수취할 목적으로 보유하는 사업모형을 갖고 있다면 채무증권의 공정가치 변동을 인식하지 않는 상각후원가측정금융자산(AC금융자산)으로 분류된다. 사업모형이 계약상 현금흐름 수취와 만기이전에 매도할 목적으로 채무증권을 보유한다면 기타포괄손익-공정가치측정금융자산(FVOCI금융자산)으로 분류된다. 한편 채무증권을 만기이전에 매도할 목적으로 보유한다면 당기손익-공정가치측정금융자산(FVPL금융자

---

1 K-IFRS 제1032(금융자산 표시)에서 지분증권은 '다른 기업의 지분상품'으로, 채무증권은 '거래상대방에게서 현금 등 금융자산을 수취할 계약상의 권리'에 해당된다.

산)으로 분류된다.

결국 회계처리 목적상 지분증권은 FVPL금융자산이나 FVOCI금융자산으로 분류될 수 있으며, 채무증권은 AC금융자산, FVOCI금융자산 그리고 FVPL금융자산으로 분류될 수 있다. FVPL금융자산과 FVOCI금융자산은 회계기말에 공정가치로 해당 자산을 평가하여 평가손익을 인식하는데, 이때 평가손익을 재무제표에 반영하는 형태에 따라 FVPL금융자산과 FVOCI금융자산으로 구분된다.

FVPL금융자산은 회계기말에 공정가치로 평가하여 재무상태표에 보고하고 기말공정가치와 장부가액과의 차이로 측정되는 평가손익은 포괄손익계산서의 당기순이익에 반영되어 총포괄손익에 포함된다. FVOCI금융자산으로 분류되는 금융자산은 공정가치로 평가하여 재무상태표에 보고되나, 평가손익은 FVPL금융자산과는 달리 당기순이익에 반영되는 것이 아니라 기타포괄손익으로 보고되어 당기순이익에는 영향을 주지 않고 총포괄손익에 포함된다.

한편 포괄손익계산서에서 평가손익이 당기순이익에 반영되는 FVPL금융자산의 평가손익은 궁극적으로 재무상태표의 자본 중 이익잉여금에 마감되나, 평가손익이 기타포괄손익으로 보고되는 FVOCI금융자산의 평가손익은 자본 중 기타포괄손익누계액에 반영된다.

실무에서는 금융상품의 분류에 따라 회계처리가 달라지므로 금융상품에 대한 분류기준과 결정이 중요하다. 하지만 회계를 처음 접하는 회계원리 독자들의 경우 이러한 금융상품에 대한 이해가 부족한 경우가 많기 때문에 금융상품 분류 보다는 분류에 따른 회계처리에 중점을 두고 설명한다. 특히 회계원리 수준에서는 주로 지분증권 투자에 대해 초점을 두고 회계처리방법을 설명하고 채무증권에 대해서는 FVPL금융자산으로 분류되는 경우에 대해서만 설명한다. 채무증권이 AC금융자산으로 분류되는 경우의 회계처리는 제10장 금융부채의 사채부분에서 언급하기로 한다. 회계처리방법의 차이에 따른 투자 증권별 분류는 **표 7-1**에 제시되어 있다. **표 7-1**에서 FVPL금융자산이나 FVOCI금융자산으로 분류되는 지분증권에 대한 투자는 피투자회사 지분율이 20% 미만인 경우에 해당됨을 알 수 있다. 즉 지분증권을 순수한 투자목적으로 보유하는 것이 아니라 경영에 영향력 또는 지배력을 행사할 목적으로 보유한다면 위의 분류기준이 적용되지 않는다.

📄 **표 7-1**
회계처리방법의 차이에 따른 금융자산의 분류

분　　류	지분증권	채무증권
FVPL금융자산	○(지분율 20% 미만)	○
FVOCI금융자산	○(지분율 20% 미만)	○
AC금융자산	×	○[2]
관계기업투자주식	○(지분율 20% 이상 50% 이하)	×
연결재무제표 작성대상 투자주식	○(지분율 50% 초과)	×

---

2 채무증권에 적용되는 AC금융자산은 투자자 입장에서 하는 회계처리가 사채발행자의 입장에서 하는 회계처리와 동일하므로 이에 대한 설명은 제10장 금융부채의 사채에서 설명하기로 한다.

채무증권의 분류 및 회계처리 02

채무증권은 앞서 설명했듯이 기업이 채무증권에 투자하는 사업모형에 따라 분류와 회계 처리가 달라진다. 기업의 사업모형이 회사채나 국공채 등의 채무증권에 투자하며 계약상의 현금흐름인 원금과 이자를 수취할 목적으로 보유하는 것이라면 채무증권은 상각후원가측정금 융자산(AC금융자산)으로 분류된다. 그리고 사업모형이 계약상 현금흐름 수취와 만기이전에 매도하는 2가지 목적으로 채무증권을 보유한다면 기타포괄손익−공정가치측정금융자산 (FVOCI금융자산)으로 분류된다. 한편 채무증권을 만기이전에 매도할 목적으로 보유한다면 당 기손익−공정가치측정금융자산(FVPL 금융자산)으로 분류된다.[3]

예제 7−1 _ FVPL금융자산으로 분류되는 채무증권

영화(주)는 20×1년 1월 1일에 발행된 액면 ₩200,000, 표시이자율 12%, 이자 매 3개월 지급조건의 3년 만기 사 채를 ₩190,000에 만기일 이전에 매매할 목적으로 취득하였다. 영화(주)는 유가증권시장에 상장되었으므로 분기 재무제표를 작성하여 공시한다. 20×1년 3월 31일과 6월 30일 현재 영화(주)가 보유중인 회사채는 각각 ₩195,000과 ₩189,000에 거래되고 있었다. 영화(주)는 20×1년 7월 15일에 사채를 ₩198,000에 처분하였다.

요구사항
영화(주)가 다음 날짜에 필요한 분개를 하시오.
1) 20×1년 1월 1일
2) 20×1년 3월 31일
3) 20×1년 6월 30일
4) 20×1년 7월 15일

해답

1) 20×1년 1월 1일: 사채 취득

| (차) FVPL금융자산 | 190,000 | (대) 현　　　금 | 190,000 |

2) 20×1년 3월 31일: 이자수취 및 공정가치 평가

| (차) 현　　　금 | 6,000* | (대) 이 자 수 익 | 6,000 |
| (차) FVPL금융자산 | 5,000** | (대) FVPL금융자산평가이익 | 5,000 |

---

3 채무증권이 FVPL금융자산으로 분류되는 경우 이자수익을 액면이자로 인식하는지 유효이자로 인식하는지에 대한 명시 적인 규정이 K−IFRS에 없다. 하지만 액면이자로 인식하든 유효이자로 인식하든 당기손익에 미치는 영향은 동일하다. 본 서에서는 이자수익을 액면이자로 인식한다.

* ₩200,000×0.03=6,000
** ₩195,000−₩190,000=₩5,000

3) 20×1년 6월 30일: 이자수취 및 공정가치평가

| (차) 현　　금 | 6,000* | (대) 이 자 수 익 | 6,000 |
| (차) FVPL금융자산평가손실 | 6,000** | (대) FVPL금융자산 | 6,000 |

* ₩200,000×0.03=6,000
** ₩189,000−₩195,000=−₩6,000

4) 20×1년 7월 15일: 사채의 처분

| (차) 현　　금 | 198,000 | (대) FVPL금융자산 | 189,000 |
| | | FVPL금융자산처분이익 | 9,000* |

* ₩198,000−₩189,000=₩9,000

 지분율 20% 미만의 지분증권 투자

　　투자회사 입장에서 투자목적으로 취득한 지분증권은 지분비율에 따라 회계처리가 달라지는데, 지분비율에 따른 회계처리가 표 7-1에 요약되어 있다. 먼저 지분비율이 20% 미만인 경우에는 지분증권을 FVPL금융자산으로 분류하여 회계기말에 공정가치로 평가한다. 이때 공정가치 평가에 따른 평가손익은 당기손익으로 인식한다.

　　한편, 지분증권의 보유목적이 단기매매목적이 아니고 회사가 기타포괄손익−공정가치측정금융자산으로 선택하는 경우 지분증권의 공정가치 변동을 기타포괄손익으로 인식하는 FVOCI금융자산으로 분류할 수 있다. FVOCI금융자산으로 분류되는 지분증권에 대한 평가손익을 당기손익에 포함하지 않고 포괄손익계산서에 기타포괄손익으로 보고하여 총포괄손익에 반영되도록 한다. FVOCI금융자산에 대한 회계처리는 중급회계에서 상세히 다루므로, 이 책에서는 FVPL금융자산을 중심으로 회계처리를 설명하고 FVOCI금융자산에 대한 회계처리는 간단히 살펴본다.

　　표 7-2에 FVPL금융자산과 FVOCI금융자산의 평가손익과 관련된 회계처리가 요약되어 있다. 제5장에서 다룬 회계순환과정의 최종단계인 마감분개를 통해 포괄손익계산서에 보고되는 모든 수익과 비용계정은 한 회계기간 동안만 잔액이 살아있는 임시계정이므로 이들의 잔액을 0으로 만들고 영구계정인 재무상태표의 이익잉여금에 대체한다. FVPL금융자산평가손익

포괄손익계산서		재무상태표
FVPL금융자산평가손익	...	자 본
당기순이익 ———————————————→		이익잉여금
기타포괄손익:		기타포괄손익누계액:
FVOCI금융자산평가손익 ————————→		FVOCI금융자산평가손익
총포괄손익		

은 **표 7-2**에서 볼 수 있듯이 포괄손익계산서의 당기순이익 윗부분에 보고되어 당기순이익에 반영되며, 이는 다시 회계기말 마감분개를 통해 자본의 이익잉여금계정에 대체된다. 반면 FVOCI금융자산평가손익은 포괄손익계산서의 당기순이익 아랫부분에 기타포괄손익의 한 항목으로 보고되어 당기순이익에는 영향을 주지 않으나 총포괄손익에는 포함된다. 기타포괄손익으로 보고되는 FVOCI금융자산평가손익 역시 임시계정이므로 이 계정은 마감분개를 통해 재무상태표 자본의 기타포괄손익누계액으로 표시된다. 예를 들어 어느 회사가 보유하고 있는 FVOCI금융자산의 장부가액은 ₩100,000인데, 회계기말 현재 ₩110,000에 주식시장에서 거래되고 있다면 회계기말에 FVOCI금융자산을 공정가치로 평가하기 위해 다음과 같은 수정분개가 필요하다.

(차) FVOCI금융자산	10,000	(대) FVOCI금융자산평가이익(기타포괄손익)	10,000

한편, 위의 FVOCI금융자산평가이익을 재무상태표의 기타포괄손익누계액에 마감하기 위한 분개는 다음과 같다.

(차) FVOCI금융자산평가이익(기타포괄손익)	10,000
(대) FVOCI금융자산평가이익(기타포괄손익누계액: 자본)	10,000

(1) 취득시 회계처리

K-IFRS에 따르면 지분증권은 최초 인식시 공정가치로 측정한다. 증권의 취득과 직접 관련되는 거래원가(부대비용)는 FVPL금융자산의 경우 자산의 원가에 가산하지 않고 당기비용으로 처리하며, FVOCI금융자산의 경우 최초 인식하는 취득원가에 가산하여 측정한다.[4]

다음의 예를 통해 지분증권 취득시 회계처리를 살펴보자. 강남주식회사는 일시적인 여유현금이 있어서 강북자동차주식회사의 보통주 10,000주를 총 ₩5,000,000에 취득하였는데 취득과 관련된 수수료, 이전료 등의 제 비용은 ₩80,000이다. 이를 FVPL금융자산으로 분류하는 경우와 FVOCI금융자산으로 분류하는 경우의 취득시 회계처리는 다음과 같다.

---

4 원칙적으로 자산취득과 관련된 부대원가는 자산의 취득원가에 가산한다. 하지만 FVPL금융자산의 경우 부대비용을 취득시 비용으로 인식하든 자산의 원가에 가산하든 기말 공정가치 평가에 의한 평가손익이 당기손익으로 인식되기 때문에 동일한 결과를 가져온다. 매매가 빈번한 FVPL금융자산의 부대비용을 취득시 비용으로 처리하는 것이 실무적으로 용이할 수 있다.

FVPL금융자산		FVOCI금융자산	
(차) FVPL금융자산　5,000,000		(차) FVOCI금융자산　5,080,000	
부대비용　80,000		(대) 현　금　5,080,000	
(대) 현　금　5,080,000			

　　4개월 후 이 회사는 주당 ₩50의 배당금을 현금으로 지급받았다. 이때 배당금수익은 다음과 같이 기록된다.

FVPL금융자산		FVOCI금융자산	
(차) 현　금　500,000		(차) 현　금　500,000	
(대) 배당금수익　500,000		(대) 배당금수익　500,000*	

* 배당금수익: 10,000주×₩50＝₩500,000

(2) 결산일의 공정가액에 의한 평가

　　K-IFRS는 FVPL금융자산과 FVOCI금융자산은 결산일의 공정가치(fair value)로 평가하도록 규정하고 있다. 공정가치란 시장참여자 사이의 정상거래에서 자산을 매도하면 받게 되는 가격(유출가격)으로 정의된다. 활성시장에 상장된 지분증권의 경우 공정가치로 평가함으로써 회계정보의 질적 속성인 목적적합성과 표현의 충실성이 모두 제고된다는 장점이 있다. 일반적으로 과거의 구입가격인 역사적 원가보다는 공정가치가 자산으로부터 얻을 수 있는 미래현금흐름에 대한 정보를 적절히 제공하기 때문에 투자자의 의사결정에 더욱 목적적합한 정보이다(참고자료 1 참조). 단, 예외적으로 활성시장에서 공시되는 시장가격이 없고 공정가치를 신뢰성 있게 측정할 수 없는 경우에는 취득원가로 측정할 수 있다.

　　결산일에 FVPL금융자산의 장부가와 기말 현재의 공정가치를 비교하여 FVPL금융자산평가이익 또는 FVPL금융자산평가손실을 인식한다. FVPL금융자산평가손익은 손익계산서에 당기손익으로 보고된다.

FVPL금융자산의 기말평가
FVPL금융자산평가이익(손실) = 기말공정가치 - 장부가

　　FVPL금융자산의 기말평가분개는 다음과 같이 요약된다.

평가이익 인식시:
　　(차) FVPL금융자산　　　×××　　(대) FVPL금융자산평가이익　×××

평가손실 인식시:
　　(차) FVPL금융자산평가손실　×××　　(대) FVPL금융자산　×××

기업회계 처리를 투명하게 한다며 국내에 국제회계기준(IFRS)을 도입한 지 벌써 올해로 10년째다. 그러나 주식거래 정지와 검찰 수사까지 몰고 왔던 삼성바이오로직스(삼바) 분식회계 논란에서 보듯 IFRS 연결재무제표를 둘러싼 잡음이 끊이지 않고 있다. 지난해 미래에셋캐피탈이 미래에셋대우를 종속기업에서 관계기업으로 늦게 바꿨다는 이유로 금융당국의 경고를 받기도 했다.

연결재무제표는 지배기업과 종속기업을 한몸으로 처리하는 것이 핵심이다. 즉 실질지배력이 있다면 바로 종속기업으로 분류하고 연결회계를 적용해야 한다. 반대의 경우엔 관계기업으로 바꿔 지분법 회계로 분리 적용하면 된다. 1차 방정식처럼 단순해 보이는 분류 방식을 놓고 최근엔 금융감독원과 KT&G 간에 논란이 불거졌다. 업계에 따르면 금감원은 KT&G가 인도네시아 담배회사 트리삭티에 대해 고의로 분식회계를 저질렀다며 검찰 고발, 임원 해임 등 중징계를 예고하는 조치사전통지를 보냈다.

KT&G는 2011년 트리삭티 경영권을 보유한 싱가포르 소재 특수목적회사(SPC) 렌졸룩 지분 100%를 인수했다. 인수에 총 2300여억 원을 투입했는데 1대주주인 국민연금의 380억 원도 포함돼 있다. 정치권에서는 트리삭티가 2012년 91억 원 순손실을 비롯해 2016년까지 적자를 기록했는데도 2017년 무리하게 거액을 투입해 트리삭티 잔여지분을 매입했다며 각종 의혹을 제기했다. 정치권의 아우성에 금감원이 2017년 11월부터 회계감리를 벌여 내린 잠정결론의 핵심은 KT&G가 실질지배력이 없는 트리삭티를 연결기준서상 종속회사로 분류했으므로 고의 분식회계라는 것이다. 렌졸룩의 최대주주였던 조코가 여전히 트리삭티 대표이사로 있으면서 이사회도 장악하고 있었다는 점을 주요 근거로 들었다.

이에 대해 회계업계 일각에서는 지분이 50%+1주만 돼도 종속회사로 분류하는 게 상식이라는 의견이 많아 향후 증권선물위원회 심의 과정에서 논란을 예고하고 있다. 한 금융지주회사 재무최고책임자는 사견임을 전제로 "지분이 50% 미만이어도 최대주주 역할을 하면 실질지배력을 인정받는다"며 "이사회 구성은 추후에 구성해도 되는 부차적인 사안으로 알고 있다"고 말했다. 2011년 인수 이후 2016년까지 트리삭티가 영업적자를 기록했다는 점에서 장부를 치장(분식)해 실익을 거둘 이유가 없을 것이라는 지적도 나온다. 금감원은 이에 대해 다른 주주에 유리한 의사결정이 이뤄지도록 한 '이면계약' 자료를 확보해 자신감을 보이고 있다는 얘기도 들린다.

2018년 초 국회에서 최흥식 당시 금감원장이 "특별한 혐의는 못 봤다"고 답변했다. 그런데 금감원이 2년4개월 동안이나 뒷북조사를 벌인 끝에 연결재무제표를 들고 나온 것은 꿰맞추기식 결론을 내려 하는 것 아니냐는 의혹도 나온다. 금감원 측은 감리가 길어진 것은 삼바 사건 이후 실질지배력 문제를 신중히 들여다봤기 때문이라고 항변한다. 그럼에도 금감원에 대해 불신의 목소리가 끊이지 않는 것은 삼바 사건과 우리금융 해외금리 연계 파생결합펀드(DLF) 사태 등 금융사고를 처리하는 과정에서 보인 행동들이 자꾸 잔상으로 떠오르기 때문인지도 모른다.

금감원은 삼바 사건 당시에도 2015년 이전의 회계처리에 대한 증선위의 재보완 요구를 거부해 눈치보기를 하고 있다는 비판이 일었다. KT&G 임원 해임 예고 역시 우리금융처럼 이달 말 주주총회를 앞두고 통보됐다는 점에서 감독 및 회계감리 권한을 정치적으로 휘두르고 있는 게 아니냐는 지적이 나오고 있다.

자료 : 국민일보, 2020. 03. 12

(3) 처분시 회계처리

지분증권의 처분시 현금수령액이 장부가와 다르다면 처분손익을 인식해야 하며 처분손익은 당기순이익에 반영된다. FVPL금융자산의 경우, 처분가와 처분시 장부가의 차이가 처분손익으로 인식된다.[5]

FVPL금융자산처분손익 = 처분가 − 장부가(직전 연도말 공정가치)

예제 7-2 _ FVPL금융자산의 회계처리

노고회사는 여유현금으로 20×1년 7월 1일에 다음과 같은 주식을 단기투자 목적으로 취득하였으며 FVPL금융자산으로 분류하였다. 관련 정보는 아래와 같다.

(단위당 시가)

종 류	수 량	단가(취득원가)	20×1. 12. 31	20×2. 12. 31
가가회사 주식	100주	₩10,000	₩9,000	₩12,000
나나회사 주식	200주	20,000	23,000	22,000
다다회사 주식	100주	25,000	26,000	−

20×2년 7월 1일에 노고회사는 다다회사 주식을 주당 ₩24,000에 처분하였다.

요구사항

노고회사의 FVPL금융자산과 관련하여 다음의 날짜에 필요한 분개를 하라.

1) 20×1년 7월 1일
2) 20×1년 12월 31일
3) 20×2년 7월 1일
4) 20×2년 12월 31일

해답

1) 20×1년 7월 1일: 금융자산 취득일

(차) FVPL금융자산	7,500,000	(대) 현　　금	7,500,000

---

[5] FVOCI금융자산의 처분은 중급회계에서 다루기로 한다.

2) 20×1년 12월 31일: 회계연도 말 공정가치평가

| (차) FVPL금융자산 | 600,000 | (대) FVPL금융자산평가이익 | 600,000 |

	원 가	공정가치	평가이익(손실)
가가회사 주식	₩1,000,000	₩900,000	₩(100,000)
나나회사 주식	4,000,000	4,600,000	600,000
다다회사 주식	2,500,000	2,600,000	100,000
총 계	₩7,500,000	₩8,100,000	₩600,000

3) 20×2년 7월 1일: FVPL금융자산의 처분

| (차) 현 금 | 2,400,000* | (대) FVPL금융자산 | 2,600,000** |
| FVPL금융자산처분손실 | 200,000*** | | |

| (차) FVPL금융자산 | 100,000 | (대) FVPL금융자산평가이익 | 100,000 |

* 24,000×100 = 2,400,000 (처분가)
** 26,000×100 = 2,600,000 (장부가)
*** 처분손실 = 2,600,000 − 2,400,000 = 200,000

4) 20×2년 12월 31일: 보유 FVPL금융자산을 공정가치로 평가

	장부가(직전연도평가액)	공정가치	평가이익(손실)
가가회사 주식	₩900,000	₩1,200,000	₩300,000
나나회사 주식	4,600,000	4,400,000	(200,000)
총 계	₩5,500,000	₩5,600,000	₩100,000

예제 7-3 _ FVOCI금융자산의 회계처리

20×1년 7월 1일에 가나회사는 다라회사의 주식을 수수료 포함하여 ₩1,000,000에 취득하여 회계처리 목적으로 FVOCI금융자산으로 분류하였다. 회계기말인 20×1년 12월 31일 현재 다라회사의 주식은 주식시장에서 ₩900,000에 거래되고 있었다.

요구사항
1) 가나회사가 다라회사의 주식취득과 관련하여 20×1년 7월 1일과 20×1년 12월 31일에 필요한 분개를 하시오.
2) 가나회사의 20×1 회계연도의 포괄손익계산서와 20×1년 말 현재의 재무상태표에 위의 금융자산과 관련하여 보고될 부분재무제표를 보이시오. 단, 가나회사의 20×1년도 당기순이익은 ₩500,000이고 다른 기타포괄손익 항목은 없다. 법인세효과는 무시한다.

1) 20×1년 7월 1일: FVOCI금융자산 취득일

(차) FVOCI금융자산	1,000,000	(대) 현 금	1,000,000

20×1년 12월 31일: 회계연도 말 공정가치평가

(차) FVOCI금융자산평가손실	100,000	(대) FVOCI금융자산	100,000
(기타포괄손익)			

20×1년 12월 31일: 기타포괄손익을 기타포괄손익누계액으로 대체

(차) FVOCI금융자산평가손실	100,000	(대) FVOCI금융자산평가손실	100,000
(기타포괄손익누계액: 자본)		(기타포괄손익)	

2) 20×1년 12월 31 부분재무제표

포괄손익계산서		재무상태표	
……	……	자 산	
당기순이익	500,000	FVOCI금융자산	900,000
기타포괄손익:		자 본	
FVOCI금융자산평가손실	(100,000)	기타포괄손익누계액	
총포괄이익	400,000	FVOCI금융자산평가손실	(100,000)

 관계기업투자주식: 지분법

투자자가 피투자기업에 대하여 유의한 영향력(significant influence)을 행사할 수 있는 경우 당해 피투자기업을 관계기업이라고 하며, 관계기업에 대한 투자는 지분법(equity method)을 적용하여 회계처리해야 한다. 일반적으로 투자자가 직접 또는 간접으로 피투자자의 의결권 있는 주식의 20% 이상을 보유하고 있다면 유의적인 영향력이 있는 것으로 본다. 투자자가 피투자자 주식의 과반수를 취득하여 피투자자를 실질적으로 지배하게 되면 투자회사는 자사와 피투자회사의 재무제표를 연결하여 연결재무제표(consiolidated financial statement)를 작성해야 한다. 연결의 대상은 지배력을 행사할 수 있는 지배-종속관계가 형성되어 단일 경제적 실체로 볼 수 있는 경우로 지배기업이 종속기업의 의결권이 있는 발행주식의 과반수를 소유하는 상황에 해당된다.

지분법은 투자주식을 최초에 원가로 인식하고 취득시점 이후에 발생한 피투자자의 자본(순자산) 변동액 중 투자자의 지분에 해당하는 금액만큼 해당 투자주식에 가감하여 보고하는 회계처리방법이다. 피투자자가 순이익(순손실)을 보고하여 순자산이 증가(감소)하면 이 증감액 중 투자자지분율에 해당하는 금액만큼 관계기업투자주식에 가산(차감)하고, 동시에 이 금액을 지분법이익(손실)으로 인식한다.

한편, 피투자회사가 배당금을 지급하여 순자산이 감소하면 관계기업투자주식의 장부금액에서 차감한다. 이것이 지분법을 FVPL금융자산의 경우처럼 피투자회사가 배당금을 지급하면 배당금수익으로 인식하는 회계처리와 차별화시키는 점이다.

투자회사가 피투자회사에 대해 유의적인 영향력을 행사하는 경우, 배당금수취시에 배당금수익을 인식한다면 투자회사가 피투자회사의 배당정책에 영향력을 행사하여 배당금을 수령하고 이것을 배당금수익으로 인식하여 이익을 조정할 유인이 있다. 지분법에서는 투자회사가 피투자회사에 대한 배당정책을 이러한 이익을 조정할 가능성을 배제함으로써 당기순이익에 관하여 보다 유익한 정보를 제공할 수 있다.

예제 7-4 _ 관계회사투자주식의 회계처리

(주)태백은 20×1년 1월 1일에 (주)설악의 주식 50주(총발행주식의 40%)를 ₩500,000에 취득하였다. 취득 당시 (주)설악의 순자산가액 장부가액(공정가액과 일치)은 ₩1,250,000이다. (주)설악은 20×1년에 당기순이익으로 ₩700,000을 보고하였으며 배당금으로 ₩50,000을 지급하였다. (주)태백의 입장에서 지분증권의 취득시점, (주)설악의 당기순이익 보고시점, 그리고 배당금 수취시점의 회계처리를 지분법에 따라 각각 하시오.

해답

1) 지분증권의 취득시점

(차) 관계회사투자주식	500,000	(대) 현　　　금	500,000

2) (주)설악의 당기순이익 보고시점

(차) 관계회사투자주식	280,000	(대) 지분법이익	280,000*

* ₩700,000×0.4

3) 배당금 수취시점

(차) 현　　　금	20,000	(대) 관계회사투자주식	20,000*

* ₩50,000×0.4

3-3 연결재무제표 작성대상 투자주식

한 회사가 다른 회사 주식의 과반수를 취득하여 피투자회사를 실질적으로 지배하게 되면 투자회사와 피투자회사 사이에 지배·종속관계가 성립된다. 지배회사는 지배회사의 재무제표와 피투자회사의 재무제표를 연결하여 하나의 회계실체였다면 나타내었을 연결재무제표를 작성해야 한다. 투자회사와 피투자회사는 법률적으로는 별개의 실체이지만 경제적으로는 투자회사가 피투자회사에 대한 지배력을 행사할 수 있는 지배·종속관계가 형성되어 단일 경제적 실체로 볼 수 있다. 지배기업과 종속기업으로 구성되는 단일의 경제적 실체에 관한 재무상태, 경영성과, 현금흐름, 그리고 자본변동에 관한 정보를 제공하기 위해 지배기업이 연결재무제표 (consolidated financial statements)를 작성한다. 지배력(control)이란 경제활동에서 효익을 얻기 위하여 다른 회사의 재무정책과 영업정책을 결정할 수 있는 능력을 의미한다. K-IFRS에서는 연결재무제표가 주된 재무제표가 된다.

연결재무제표와 관련한 회계처리는 고급회계에서 배우게 된다. 다만, IFRS에서는 연결재무제표가 주재무제표이기 때문에 연결재무제표에 대한 기본적인 이해가 중요하므로 다음의 연결재무상태표가 작성되는 과정을 보여주는 예를 통해 이해를 돕고자 한다. 20×1년 1월 1일 P회사는 S회사의 발행주식 100%를 ₩100,000에 취득하였다. P회사는 취득시점에 다음과 같이 분개한다.

| (차) 투 자 주 식 | 100,000 | (대) 현   금 | 100,000 |

P회사의 S회사 취득 직후 각 회사의 재무상태표는 다음과 같으며, S회사의 자산과 부채의 장부금액은 공정가치와 일치한다고 가정한다.

재무상태표

P사			20×1년 1월 1일
현 금	₩500,000	차 입 금	₩200,000
재고자산	300,000	자 본 금	500,000
투자주식	100,000	이익잉여금	200,000
계	₩900,000		₩900,000

재무상태표

S사			20×1년 1월 1일
현 금	₩10,000	차 입 금	₩20,000
재고자산	30,000	자 본 금	50,000
유형자산	80,000	이익잉여금	50,000
계	₩120,000		₩120,000

P회사의 투자주식 ₩100,000은 S의 순자산인 ₩100,000을 구입하면서 기록된 것이다. P회사의 재무상태표에는 P회사와 S회사의 관계가 투자주식계정으로만 기록되고 S회사의 개별자산과 부채의 내역이 제시되어 있지 않다. 연결재무제표를 작성하면 P회사의 개별재무제표에 순액으로 나타나 있는 S회사에 대한 투자주식계정이 제거되고 S회사의 자산과 부채가 P회사의 자산과 부채에 합산되어 나타난다.

연결재무상태표를 작성하기 위해 우선 P회사의 투자주식계정과 S회사의 자본계정을 상계제거하는 연결조정분개가 필요하다. 연결조정분개를 통해 P회사의 투자주식과 S회사의 자본을 제거한 후, P회사와 S회사의 개별자산과 개별부채를 합산하여 연결재무상태표를 만든다. 연결조정분개는 다음과 같이 이루어진다.

| (차) 자 본 금(S) | 50,000 | (대) 투 자 주 식(P) | 100,000 |
| 이익잉여금(S) | 50,000 | | |

정 산 표

	P회사	S회사	연결조정분개 차변	연결조정분개 대변	연결재무상태표
현 금	500,000	10,000			510,000
재 고 자 산	300,000	30,000			330,000
투 자 주 식	100,000			100,000	
유 형 자 산		80,000			80,000
자 산 합 계	900,000	120,000			920,000
차 입 금	200,000	20,000			220,000
자 본 금	500,000	50,000	50,000		500,000
이익잉여금	200,000	50,000	50,000		200,000
부채와자본합계	900,000	120,000			920,000

한편, 연결재무제표를 작성할 때 **표 7–3**과 같은 정산표를 이용하면 편리하다.

표 7–3의 정산표 마지막 칸의 연결재무상태표 정보를 이용하여 연결재무상태표를 작성하면 다음과 같다.

연 결 재 무 상 태 표

20×1년 1월 1일

현 금	₩510,000	차 입 금	₩220,000
재 고 자 산	330,000	자 본 금	500,000
유 형 자 산	80,000	이익잉여금	200,000
합 계	₩920,000	합 계	₩920,000

위의 연결재무상태표를 보면 다음과 같은 특징이 있다. 첫째, 연결재무상태표에는 지배회사인 P회사의 투자주식계정이 나타나지 않는다. 이는 연결조정분개를 통해 제거되었기 때문이다. 둘째, 연결재무상태표상의 자본은 지배회사인 P회사의 자본과 동일하다. 종속회사의 자본 역시 연결조정분개에서 지배회사의 투자주식계정과 상계되어 제거되었기 때문이다. 연결재무상태표의 자본은 연결실체 주주들이 소유하고 있는 지분을 보여주어야 한다. 종속회사인 S회사의 자본을 P회사가 이미 소유하고 있기 때문에 연결재무상태표상의 자본은 연결실체의 주주인 P회사가 소유하고 있는 지분만을 표시해야 한다. 결국 P회사의 재무상태표에 순액으로 나타나 있는 S회사의 순자산인 투자주식계정과 S회사의 자본계정이 상계 제거되고 S회사의 개별자산 및 개별부채가 P회사의 개별자산 및 개별부채와 합산되어 연결재무상태표에 나타나게 된 것이다.

노고회사가 20×1년 말 보유하고 있는 지분증권은 다음과 같다.

지분증권	주 식 수	1주당 취득원가	20×1년 말 1주당 시가
갑회사 보통주	10	₩15,000	₩10,000
을회사 보통주	3	20,000	26,000
병회사 보통주	5	18,000	15,000
정회사 보통주	100	20,000	25,000

요·구·사·항

1) 위의 갑, 을 그리고 병의 지분증권이 FVPL금융자산으로 분류되는 경우 다음에 답하시오.
   ① 공정가치에 따른 기말평가시 20×1년 12월 31일 필요한 수정분개를 하시오.
   ② 만일 20×2년 1월 이 회사가 갑회사 보통주 5주를 주당 ₩14,000에 매각하였다면 어떤 분개를 하여야 하겠는가?

2) 노고회사가 보유하고 있는 정회사 보통주는 정회사가 발행한 총주식수의 25%에 해당된다. 20×1년 정회사는 ₩2,000,000의 당기순이익을 보고하였으며 ₩500,000의 배당금을 지급하였다. 20×1년 정회사가 당기순이익을 보고할 때와 배당금을 지급할 때 노고회사 입장에서 분개를 하시오.

3) 2)에서 만일 정회사가 20×1년에 ₩1,000,000의 당기순손실을 보고하였다면 이때 필요한 분개를 하시오.

해답

1) ①

주 식	취득원가	20×1년 12월 31일 공정가치
갑회사	₩150,000	₩100,000
을회사	60,000	78,000
병회사	90,000	75,000
	₩300,000	₩253,000

| (차) FVPL금융자산평가손실 | 47,000* | (대) FVPL금융자산 | 47,000 |

* 손익계산서 당기순이익에 반영

② 처분이익＝처분가－처분시 장부가＝70,000－50,000＝20,000

| (차) 현　　　금 | 70,000 | (대) FVPL금융자산 | 50,000 |
| | | FVPL금융자산처분이익 | 20,000 |

2) ① 20×1년 정회사의 당기순이익 보고시

| (차) 관계회사투자주식 | 500,000* | (대) 지분법이익 | 500,000 |

* 2,000,000×0.25＝500,000

② 정회사의 배당금 지급시

| (차) 현　　　금 | 125,000* | (대) 관계회사투자주식 | 125,000 |

* 500,000×0.25＝125,000

3) 정회사의 당기순손실 보고시

| (차) 지분법손실 | 250,000* | (대) 관계회사투자주식 | 250,000 |

* 1,000,000×0.25＝250,000

익힘문제 __

QUESTION 01

FVPL금융자산은 무엇이며 FVOCI금융자산과 어떻게 다른가?

QUESTION 02

공정가치로 FVPL금융자산을 평가할 때 FVPL금융자산평가손실과 FVPL금융자산평가이익은 무엇인가? 또한 FVPL금융자산평가손익은 FVPL금융자산처분손익과 어떻게 다른가?

QUESTION 03

채무증권은 회계처리상 어떻게 분류되는가?

QUESTION 04

지분증권과 채무증권의 차이는 무엇인가?

QUESTION 05

관계회사투자주식이란 무엇이며 어떻게 회계처리하는가?

QUESTION 06

지배력이란 무엇인가?

QUESTION 07

연결재무상태표를 작성할 때 지배회사 투자주식을 종속회사 자본과 상계 제거하는 이유는 무엇인가?

PROBLEM

연습문제 __

1 **FVPL금융자산과 관련된 거래의 분개**

다음은 FVPL금융자산(지분증권)과 관련된 거래이다. 거래를 분개하시오.

(1) 1월 18일: J회사 주식 250주를 주당 ₩27에 취득하였다.
(2) 2월 13일: S회사 주식 50주를 주당 ₩16에 취득하였다.
(3) 3월 1일: J회사로부터 주당 배당금 ₩0.50을 현금으로 받았다.
(4) 6월 25일: S회사 주식 150주를 추가로 주당 ₩16에 취득하였다.
(5) 8월 9일: J회사 주식 200주를 주당 ₩25에 매각하였다(1월 18일 구입분임).
(6) 10월 22일: S회사로부터 주당 배당금 ₩1을 현금으로 받았다.
(7) 11월 27일: S회사 주식 50주를 주당 ₩22에 매각하였다(2월 13일 구입분임).

2 **FVPL금융자산의 공정가치 평가**

20×1년 6월 30일 기주회사가 보유한 FVPL금융자산(지분증권)에 대한 자료는 다음과 같았다.

회 사	원 가	공정가치
A	₩6,500	₩7,000
B	10,500	9,600
C	6,800	6,500
D	4,800	4,600
E	8,600	8,800

요구사항
1) 위의 주식을 공정가치로 평가할 경우 필요한 분개를 하시오.
2) 20×1년 7월 중에 다음과 같은 매각이 이루어졌을 때 필요한 분개를 하시오.
  ① A회사 주식 모두가 ₩6,950에 처분되었다.
  ② C회사 주식 모두가 ₩6,700에 처분되었다.

3 FVPL금융자산

20×6년 중 석영회사는 세 종류의 지분증권을 매입하였는데 이에 대한 자료는 다음과 같다.

종 류	원 가	20×6. 12. 31 공정가치	20×7. 12. 31 공정가치
가	₩6,500	₩7,000	₩6,000
나	10,500	9,600	10,000
다	6,800	6,500	

요구사항

석영회사는 위의 증권을 FVPL금융자산으로 분류하였다.

1) 20×6년 12월 31일에 필요한 분개를 하시오.

2) 20×7년 7월 중 '다'주식이 ₩7,500에 처분되었다. 이때 필요한 분개는?

3) 20×7년 12월 31일에 필요한 분개는?

4) 20×7년 12월 31일 위의 FVPL금융자산과 관련된 항목이 재무상태표에 어떻게 표시될 것인지 부분재무상태표를 작성하시오.

4 FVPL금융자산과 관련된 분개

문산회사는 여유 현금으로 20×1년 3월에 다음과 같은 가격으로 세 회사의 보통주를 각각 200주씩 취득하였다.

	총취득가
동서회사	₩8,000
남북회사	6,000
동남회사	12,000

회계연도 말인 20×1년 12월 31일 이들의 주당 공정가치는 각각 다음과 같다.

동서회사:	₩40
남북회사:	25
동남회사:	61

요구사항

1) 주식취득시의 분개를 하시오.

2) 20×1년 12월 31일 공정가치로 평가할 때의 분개를 하시오.

3) 20×2년 1월 5일에 모든 주식이 ₩25,000에 처분되었을 때의 분개를 하시오.

5 FVPL금융자산의 공정가치평가

다음은 진경주식회사가 보유한 FVPL금융자산 내역이다.

| | 취득원가 | 공정가치 | |
		20×8년 12월 31일 현재	20×9년 12월 31일 현재
주식 1	₩50,000	₩30,000	₩40,000
주식 2	70,000	80,000	50,000
주식 3	100,000	70,000	90,000
주식 4	20,000	18,000	25,000
		₩198,000	₩205,000

요구사항

1) 20×8년 12월 31일과 20×9년 12월 31일에 재무상태표에 계상될 FVPL금융자산 가액은 각각 얼마인가?

2) 각 연도말에 필요한 수정분개를 행하시오.

6 FVOCI의 평가

위의 5번 문제에서 진경주식회사가 보유한 주식을 FVOCI금융자산으로 분류한다고 가정하고 요구사항에 답하시오.

7 관계회사투자주식의 지분법 회계처리

20×1년 (주)서강은 (주)서울의 주식 30주(총발행주식의 30%)를 ₩300,000에 취득하였다. 취득당시 (주)서울의 순자산의 장부가액은 공정가액과 일치하였으며 ₩1,000,000이었다. (주)서울은 20×1년 당기순이익으로 ₩200,000을 보고하였으며 배당금으로 ₩50,000을 선언하고 지급하였다. 20×1년 12월 31일 (주)서울주식의 한 주당 시가는 ₩12,000이다. 다음에 대해 (주)서강의 입장에서 지분법에 따라 분개하시오.

요구사항

1) 투자주식 취득시점

2) (주)서울이 당기순이익을 보고하는 시점

3) (주)서울이 배당금을 지급한 시점

4) 20×1년 12월 31일

8 연결재무상태표의 작성

20×1년 1월 1일 (주)지배는 (주)종속의 발행주식 100%를 ₩500,000에 취득하였으며 (주)종속의 순자산의 장부가액은 공정가액과 일치한다. 취득당시 각 회사의 재무상태표가 다음과 같다고 할 때 다음 물음에 답하시오.

재 무 상 태 표

(주)지배 20×1년 1월 1일

현 금	300,000	차 입 금	200,000
재고자산	400,000	자 본 금	500,000
투자주식	500,000	이익잉여금	500,000
계	1,200,000	계	1,200,000

재 무 상 태 표

(주)종속 20×1년 1월 1일

현 금	50,000	사 채	100,000
재고자산	150,000	자 본 금	300,000
유형자산	400,000	이익잉여금	200,000
계	600,000	계	600,000

요구사항

1) 20×1년 지배력취득시점의 연결조정분개를 하시오.
2) 20×1년 지배력취득시점 연결재무상태표상 자산의 합계액을 구하시오.
3) 20×1년 지배력취득시점 연결재무상태표상 자본의 합계액을 구하시오.
4) 20×1년 지배력취득시점 연결재무상태표를 작성하시오.

연습문제

08

재고자산

판매회사는 주로 상품(재고자산)을 판매함으로써 수익을 획득한다. 획득한 수익을 일종의 결실로 본다면 이러한 결실을 얻기 위해 기업은 직접 간접으로 희생을 감수해야 하는데 그 중 직접적인 희생이 매출원가라는 비용이다. 매출원가는 판매된 재고자산의 원가에 해당된다. 재고자산의 회계처리에서 대두되는 문제 중의 하나는 물가변동 등으로 인해 재고자산의 구입원가가 일정하지 않고, 언제 구입하느냐에 따라 차이를 보인다는 데 있다. 따라서 동일한 재고자산이라도 어떤 원가로 평가하는가에 따라서 기간순이익과 기말재고자산의 평가에 금액이 달라진다. 이 장에서는 재고자산의 기록방법인 계속기록법과 실지재고조사법을 비교하고, 재고자산원가를 기말재고자산과 매출원가에 배분하는 데 영향을 미치는 재고자산원가흐름의 가정에 대해서 주로 설명할 것이다.

주요 학습사항

계속기록법	가중평균법	재고자산원가층
실지재고조사법	선입선출법	저가법에 의한 재고자산평가
재고자산원가흐름의 가정	총평균법	매출총이익법
재고방정식	이동평균법	순실현가능가액
개 별 법		

재고자산
의 의의
01

International Financial Reporting Standards

대부분의 제조업이나 판매업에 속하는 기업의 재고자산규모는 매우 크며 현금관리와도 직접적인 관련이 있으므로 재고자산의 효율적 관리는 매우 중요하다. K-IFRS에 의하면 재고자산은 다음의 자산을 말한다.

재고자산

(1) 통상적인 영업과정에서 판매를 위하여 보유중인 자산
(2) 통상적인 영업과정에서 판매를 위하여 생산중인 자산
(3) 생산이나 용역제공에 사용될 원재료나 소모품

판매를 통하여 현금화되는 상품 및 제품뿐만 아니라 제품생산을 위하여 소비할 목적으로 가지고 있는 원재료, 재공품 등도 모두 재고자산에 속한다. 재고자산은 보통 1년 이내에 혹은 차기영업활동과정 내에 소비되거나 판매를 통해 현금으로 전환되기 때문에 유동자산으로 분류된다.

기업이 보유하는 재고자산의 종류는 기업의 특성에 따라 다르다. 판매업인 경우에는 상품이 주요 재고자산이며 제조업인 경우에는 제품, 재공품, 원재료 세 가지 형태의 재고자산이 존재한다. 각 재고자산의 유형별 정의는 다음과 같다.

상 품: 기업의 주된 영업활동과정에서 판매를 위해 보유하는 재고자산으로 추가적인 가공처리 없이 판매할 수 있도록 외부에서 구입하여 보유하고 있는 것이다.
제 품: 기업에 의해 판매가능하게 제조된 것으로 기업내부에서 생산한 재고자산이다.
재공품: 제조과정에 있는 공정상의 제품으로서 아직 제품으로 되지 않은 것으로 완성시점에서 재공품은 제품이 된다.
원재료: 제품으로 가공처리할 목적으로 구매한 것으로 생산에 투입되면 재공품의 형태를 거쳐 제품이 된다.

제조업의 재고자산 회계처리에 관한 것은 원가회계에서 상세히 다루어지므로 여기에서는 판매업의 회계처리를 중심으로 설명한다.

매출액은 한 회계기간 동안 판매된 상품수량에 단위당 판매가격을 곱하여 측정되는 반면에, 매출원가는 한 회계기간 동안 판매된 상품수량에 단위당 취득원가를 곱하여 측정된다. 일반적으로 매출원가를 산정하는 문제는 **그림 8-1**에 의해 설명될 수 있다.

기업은 어느 한 회계기간 초에는 지난 회계기간 동안에 판매하고 남은 재고상품을 갖고 있는데, 이를 기초재고라 한다. 그리고 회계기간 말에는 판매되지 않고 남아 있는 재고상품이 있게 되는데 이를 기말재고라 한다. 회계기간 말에 보유하고 있는 기말재고는 다음 회계기간에는 기초재고가 된다. 기초재고액에 당기매입액을 가산하면 이 금액은 당기에 판매하기 위해서 보유하게 되는 총상품액이 되는데 이를 판매가능재고액(goods available for sale) 또는 판매가능액이라 한다. 판매가능액은 다시 회계기간 중에 판매된 부분과 기말까지 판매되지 않고 남아 있는 부분으로 나누어질 수 있는데, 판매된 부분이 매출원가가 되고 기말에 남아 있는 부분은 기말재고액이 된다. 재고자산의 매입과 매출원가를 기록하는 방법으로는 계속기록법과 실지재고조사법(실사법)이 있는데 이하에서는 이 두 방법에 대해 설명한다.

📄 그림 8-1
재고방정식

2-1 계속기록법

계속기록법(perpetual inventory system)은 상품의 매매거래가 발생할 때마다 순서대로 상품의 증감과 매출원가를 산정하여 기록하는 시스템으로 **그림 8-2**에 그 절차가 제시되어 있다.

이 시스템에서는 재고자산에 대한 상세한 기록을 유지할 수 있기 때문에 어느 시점에서

📄 그림 8-2
계속기록법

도 보유하고 있는 재고자산을 장부상에서 파악할 수 있다. 그러므로 재고통제에 매우 유용한 시스템이다. 그러나 이 시스템을 사용하면 재고자산의 거래에 대한 기록업무가 많아지기 때문에 비용과 시간이 많이 소요된다. 특히 거래빈도가 많은 재고자산을 기록하는 데에는 많은 시간이 소요된다. 그러나 최근에는 컴퓨터 기술의 발전으로 이러한 단점이 보완된다. 계속기록법을 사용할 경우 재고자산의 증감을 기록하는 장부를 상품시재장이라 하는데 상품시재장을 사용하여 재고자산의 증감을 기록하는 방법을 간단한 예(예제 8-1)를 통해서 보도록 하자.

예제 8-1 _ 계속기록법

동촌(주)의 1년간 재고자산의 매매거래와 상품시재장은 다음과 같다.

20×1년 1월 1일	기초재고 8단위	단위당 원가 ₩5,000
20×1년 7월 14일	매 입 11단위	단위당 원가 ₩5,000
20×1년 11월 30일	매 출 13단위	단위당 판매가 ₩8,000

상 품 시 재 장

일 자			거래내역	입 고(차변)			출 고(대변)			잔 액		
년	월	일		수량	단가	금액	수량	단가	금액	수량	단가	금액
20×1	1	1	기초재고액							8	5,000	40,000
	7	14	매 입	11	5,000	55,000				19	5,000	95,000
	11	30	매 출				13	5,000	65,000	6	5,000	30,000
총 매 입 액				11	5,000	55,000						
매 출 원 가							13	5,000	65,000			
기 말 재 고 액										6	5,000	30,000

요구사항
계속기록법을 적용하여 동촌(주)의 매입과 매출에 대한 분개를 하시오.

해답

① 모든 매입액을 상품계정에 기록한다.
기중에 매입된 상품의 원가는 상품계정에 기록된다. 20×1년 7월 14일 원가 ₩55,000의 상품을 외상으로 매입한 경우의 분개는 다음과 같다.

| (차) 상 품 | 55,000 | (대) 매 입 채 무 | 55,000 |

② 모든 매출을 매출계정에 기록하고 매출거래시마다 매출원가를 기록한다.
20×1년 11월 30일 원가 ₩65,000의 상품을 ₩104,000에 외상으로 판매하였다면 다음과 같이 매출과 매출원가를 인식하는 분개를 한다.

| (차) 매 출 채 권 | 104,000 | (대) 매　　　　출 | 104,000 |
| (차) 매 출 원 가 | 65,000 | (대) 상　　　　품 | 65,000 |

③ 기말에는 매출원가와 상품계정의 잔액으로부터 재무제표를 작성한다.
이 경우 아래에서 설명할 실사법에서와 같은 매출원가 산정을 위한 수정분개가 필요 없다. 왜냐하면 기중에 매출원가계정과 상품계정이 이미 모든 상품매매거래를 반영하고 있기 때문이다.

2-2 실사법

실사법은 실지재고조사법(periodic inventory system)이라고도 하며, 이 방법에 의한 매출원가 기록은 상품매입시에는 매입계정에 기록하고 상품판매시에는 매출만 기록하며 매출원가에 대해서는 아무 기록도 하지 않고 있다가 기말에 판매되지 않고 남아 있는 기말재고상품을 실제로 조사하여 매출원가를 산출하는 방법이다. 상품매입시에 기록하는 매입계정은 상품에 대한 일종의 평가계정의 성격을 띠고 있으나 회계기간 말에는 수정분개를 통해 소멸되어야 하는 임시계정이다. 이 방법을 이용하면 회계기간 중에는 회계장부를 통해서 보유하고 있는 재고자산을 파악할 수 없고 기말재고자산을 실제 조사하기 전까지는 매출원가도 산출할 수 없게 된다.

실사법에 의한 재고자산의 기록시스템은 기중에 판매거래가 발생할 때마다 판매된 상품의 원가를 파악하여 기록할 필요가 없으므로 거래기록의 업무가 간소화되지만 다음과 같은 두 가지 단점이 있다. 첫째, 재무제표를 작성하기 위해서는 매 회계기간 말에 모든 재고자산의 수량 및 원가를 모두 파악해야 하는 업무가 필요하다. 둘째, 기중에는 재고자산의 정확한 통제가 불가능하다. 즉 기중에 도난이나 파손, 마모, 증발 등에 의한 재고자산의 감소분을 파악할 수 없고 이러한 금액이 모두 매출원가에 포함된다. 따라서 대부분의 기업에서는 단가가 낮고 재고자산의 통제 필요성이 상대적으로 적은 품목에 대해서 실사법을 적용하여 기록하고 있다. 실사법으로 적용할 경우의 매출원가를 산출하기 위한 모형은 **그림 8-3**과 같다.

📄 **그림 8-3**
실지재고조사법

전기 기말재고액	기초재고액			
매입계정의 기말잔액	당기매입액	− 기말재고액	=	매출원가
		기말재고자산을 실제 조사		앞의 세 가지 자료로부터 계산

예제 8-1에 실사법을 적용하여 재고자산의 매매거래를 기록하는 절차는 다음과 같다.

① 모든 매입액을 매입계정에 기록한다.

회계기간 중에 매입한 상품의 원가는 매입계정을 이용하여 기록한다. 20×1년 7월 14일 원가 ₩55,000의 상품을 외상으로 매입한 경우의 분개는 다음과 같다.

(차) 매 입	55,000	(대) 매 입 채 무	55,000

② 모든 매출을 매출계정에 기록하며 이때 매출원가의 기록은 생략된다.

회계기간 중의 상품의 판매거래가 발생하였을 경우에는 매출만을 기록하고 매출원가는 기록하지 않는다. 20×1년 11월 30일 원가 ₩65,000의 상품을 ₩100,000에 외상으로 판매하였다면 다음과 같은 분개를 한다.

(차) 매 출 채 권	100,000	(대) 매 출	100,000

③ 기말에 상품재고액을 조사하여 매출원가를 인식하기 위한 분개 및 상품계정의 조정을 위한 수정분개를 실시한다.

실사법을 적용할 경우 수정분개 전 상품계정의 잔액은 전기로부터 이월된 기초재고액이다. 왜냐하면 기중에는 상품계정에 상품의 증감액을 기록하지 않기 때문이다. 따라서 기말에 재무제표를 작성하기 위해 기말재고액을 실제로 조사하여야 한다. **예제 8-1**에서 기말 재고실사 결과 ₩30,000의 상품의 재고가 있었다면 다음과 같은 수정분개가 필요하다. **예제 8-1**에서 기초재고는 ₩40,000이었다.[1]

(차) 상품(기말재고)	30,000	(대) 상품(기초재고)	40,000
매 출 원 가	65,000	매 입	55,000

이 분개를 통하여 임시계정인 매입계정의 잔액은 ₩0이 되고, 회계기간 중 인식되지 않았던 매출원가가 적절히 기록되며, 기초잔액을 유지하고 있었던 상품계정은 올바른 기말잔액을 갖게 된다.

위에서 계속기록법을 설명함에 있어서 실사법과 비교하기 위해서 기말에 재고자산을 실제로 조사하지 않는 것으로 언급하였다. 그러나 기말에 재고자산을 조사하지 않는 경우, 도난이나 유실로 감소된 재고자산을 파악할 수 없고 마치 기말재고자산으로 보유하고 있는 것처럼 기록하게 된다. 따라서 계속기록법을 사용하는 경우에도 보다 완벽한 재고자산의 통제와 정확한 매출원가 및 재고자산의 측정을 위해서 기말에 실제로 재고자산을 조사하는 것이 유

---

1 상품계정의 차변과 대변에 동시에 기록하는 위의 분개를 요약하여 다음과 같이 할 수 있다.

(차) 매출원가	65,000	(대) 상 품	10,000
		(대) 매 입	55,000

용하며, 실무적으로도 실사법과 계속기록법을 함께 사용하는 경우가 많다.

2-3 매입의 조정항목

매출의 조정항목인 매출할인, 매출에누리와 환입에 대해서는 이미 제6장에서 소개한 바 있다. 재고자산의 취득원가는 재화의 매입가격에 재화를 취득하는 과정에서 발생되는 직접원가를 합하여 결정된다. 일반적으로 재고자산을 취득하는 과정에서는 재화의 매입가격 이외에 매입운임, 하역료, 재화를 취득하는 데 발생한 법률 비용, 세금 등 다양한 비용이 발생할 수 있다. 일반적으로 이러한 비용들은 재고자산을 현재의 장소에 현재의 상태로 이르게 하는 데 필요한 비용이므로 발생 시점에 비용으로 인식하지 않고 원가로 자산의 일부로 인식하고, 재고자산이 판매되는 시점에 매출원가에 포함되어 비용으로 인식된다(수익비용대응의 원칙이 적용되는 또 다른 예이다). 상품구매자의 입장에서 발생하는 매입할인, 매입에누리와 환출도 매출할인, 매출에누리와 환입과 동일한 논리로 매입에 대한 차감으로 보고되며, 매입운임은 매입에 대한 부가계정이 된다. 결국 순매입액은 총매입액에 매입운임을 가산하고, 매입할인과 매입에누리와 환출을 차감하여 결정된다.

> 순매입액[2] = 총매입액 + 매입운임 − 매입할인 − 매입에누리와 환출

(1) 매입운임

매입운임은 재고자산을 취득하는 과정에서 구매자가 지불한 운송비용을 의미하며 매입의 부가항목으로 인식한다. 실사법의 경우 매입운임이 발생하면 매입의 증가로 기록하거나 매입의 부가계정인 매입운임계정에 기록한다. 한편 계속기록법의 경우 상품의 증가로 직접 기록하여 재고자산의 취득원가를 증가시킨다.

계속기록법	실 사 법

(차) 상   품 ×××
   (대) 현   금 ×××
	(차) 매입운임(또는 매입) ×××
	   (대) 현 금 ×××

(2) 매입할인

매입할인(purchase discount)은 판매업자에게 외상대금을 조기에 지급할 경우 판매업자가 일정액을 할인해 주는 것을 말한다. 매출할인을 매출의 차감으로 회계처리하는 것과 동일한 논리로 매입할인은 매입의 차감으로 인식한다. 재고자산기록방법으로 계속기록법을 사용하는

---

2 제6장에서 설명했듯이 순매출액 = 총매출액 − 매출에누리와 환입 − 매출할인이 된다.

경우와 실사법을 사용하는 경우, 매입할인시 회계처리는 다음과 같다.[3]

계속기록법	실 사 법
(차) 매 입 채 무 ××× 　　(대) 현　　금　　××× 　　　　상　　품　　×××	(차) 매 입 채 무 ××× 　　(대) 현　　　　금　　××× 　　　　매입할인(매입)　　×××

　　실사법을 사용하는 경우 매입의 차감계정인 매입할인계정을 사용하거나 직접 매입계정을 감소시킬 수 있다. 실사법으로 매출원가를 계산할 때 할인액을 차감한 매입의 순액으로 계산한다. 계속기록법을 사용하는 경우, 매입계정을 별도로 사용하지 않고 매입할인은 상품의 감소로 직접 상품계정에 기록한다.

(3) 매입에누리와 매입환출

　　매입에누리와 매입환출에 대한 회계처리도 제6장에서 설명했던 매출에누리와 매출환입에서와 같은 절차와 논리를 적용한다. 매입에누리는 물품 매입조건에 따라 그 물품의 판매 가액에서 일정액을 공제받는 금액을 말하며 매입환출은 매입한 물품에 대해 파손, 변질 등의 이유로 반환하는 것을 말한다. 매출에누리와 매출환입이 매출의 차감으로 인식하는 것처럼 매입에누리와 매입환출도 매입의 차감으로 인식한다. 실사법에서는 매입에누리나 매입환출이 발생하면 매입의 차감적 평가계정인 매입에누리와 환출계정에 기록하거나 매입에서 직접 차감하는 방식으로 기록한다. 반면 계속기록법을 사용하는 기업은 상품의 감소로 직접 상품계정에 기록한다.[4]

계속기록법	실 사 법
(차변) 매입채무(또는 현금)　××× 　　(대변) 상　　　품　　×××	(차변) 매입채무(또는 현금)　××× 　　(대변) 매입에누리와 환출(또는 매입)　×××

　　한 가지 주의할 점은 외상으로 구입한 상품에 대해서만 발생하는 매입할인과 달리 매입환출이나 에누리는 현금판매된 상품에 대해서도 발생할 수 있다. 이때에는 현금을 환불하게 되므로 차변에 매입채무 대신 현금계정이 나타나게 된다.

　　예제 8-2에 계속기록법과 실사법의 차이가 예시되어 있다.

---

3 판매자의 입장에서는 매출할인을 다음과 같이 회계처리를 한다.
　　(차변) 매출할인(또는 매출)　　×××　　(대변) 매출채권　×××
4 판매자의 입장에서는 매출에누리와 환입을 다음과 같이 회계처리를 한다.
　　(차변) 매출에누리와 환입(또는 매출)　×××　　(대변) 매출채권　×××

예제 8-2 _ 계속기록법과 실사법의 비교

서촌주식회사의 20×1년 1월 중 매출과 매입에 대한 자료는 다음과 같다.
(1) 20×1년 1월 1일   상품재고액   ₩ 3,000,000
(2)   1월 10일   상품외상매입   ₩25,000,000
(3)   1월 10일   매입운임   ₩ 1,500,000 지급
(4)   1월 15일   매 입 환 출   ₩ 2,000,000
(5) 1월 16일 원가 ₩13,700,000(매입운임 및 매입환출을 고려한 후)의 상품을 2/10, *n*/30의 조건으로 ₩17,000,000
      에 외상판매
(6) 1월 19일 원가 ₩10,000,000의 상품을 2/10, *n*/30의 조건으로 ₩13,000,000에 외상판매
(7) 20×1년 1월 31일 실사조사 결과 상품재고액 ₩3,800,000

요구사항
위의 거래들을 각기 계속기록법과 실사법을 이용하여 분개하시오.

해답

일 자	계속기록법		실 사 법	
1월 10일	상 품 25,000,000		매 입 25,000,000	
	매 입 채 무	25,000,000	매 입 채 무	25,000,000
10일	상 품 1,500,000		매 입 운 임 1,500,000	
	현 금	1,500,000	현 금	1,500,000
15일	매 입 채 무 2,000,000		매 입 채 무 2,000,000	
	상 품	2,000,000	매입에누리와환출	2,000,000
16일	매 출 채 권 17,000,000		매 출 채 권 17,000,000	
	매 출	17,000,000	매 출	17,000,000
	매 출 원 가 13,700,000			
	상 품	13,700,000		
19일	매 출 채 권 13,000,000		매 출 채 권 13,000,000	
	매 출	13,000,000	매 출	13,000,000
	매 출 원 가 10,000,000			
	상 품	10,000,000		
31일			매 입 1,500,000	
			매 입 운 임	1,500,000
			매입에누리와 환출 2,000,000	
			매 입	2,000,000
			상품(기말) 3,800,000	
	〈수정분개 필요 없음〉		매 출 원 가 23,700,000	
			상품(기초)	3,000,000
			매 입	24,500,000

참고	매출원가는 매출원가계정으로부터 산출 ₩23,700,000 (13,700,000+10,000,000)	매출원가 산출: 	매 입	₩25,000,000
(+) 매 입 운 임	1,500,000
(−) 매입에누리와 환출	(2,000,000)
순 매 입 액	₩24,500,000
(+) 기초상품재고액	3,000,000
판매가능상품원가	₩27,500,000
(−) 기말상품재고액	3,800,000
매 출 원 가	₩23,700,000	

정리하면 실사법은 판매시마다 매출원가를 기록할 필요가 없으므로 기장업무를 간소화시킬 수 있으나 보유하고 있는 재고자산 가액을 장부에서 파악할 수 없으므로 재고자산의 통제에는 부적합하다. 반면 계속기록법은 판매시마다 매출원가를 기록하므로 기장업무가 많아지지만 장부상에서 언제든지 재고자산 가액을 파악할 수 있어 재고자산 통제가 실사법보다 효율적이다. 따라서 실사법은 거래의 빈도가 많은 저가품에 적용하는 것이 바람직하고 계속기록법은 거래의 빈도가 적은 고가품에 적용하는 것이 바람직하다. 그러나 실무에서는 재고자산의 완벽한 통제를 위해서 실사법과 계속기록법을 혼합해서 사용하는 것이 일반적이다. 즉 매출원가는 실사법에 의해서 기록하지만 재고자산의 수량은 거래발생시마다 상품시재장에 기록하는 방법이 많이 사용되고 있다.

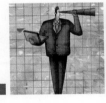

International Financial Reporting Standards

재고자산
원가의
결정 03

3-1 재고자산원가 결정의 중요성

재고자산원가 결정은 기간이익에 직접적으로 영향을 미친다. 또한 한 회계연도 말에 측정된 재고자산은 다음 기의 기초재고자산이 되므로 해당 기간의 이익뿐만 아니라 다음 기간의 이익에도 영향을 미친다. 다음에 제시된 예를 가지고 이를 구체적으로 살펴보기로 하자.

20×1년 1월 1일에 영업을 시작한 풍악상사의 20×1년도와 20×2년도의 손익계산서는 **표 8-1**과 같다. 이 회사는 실사법을 사용하고 있으며 편의상 법인세는 생략한다. **표 8-1**을

표 8-1
오류수정전
비교손익계산서

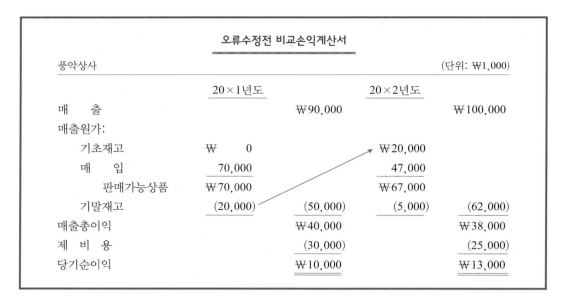

오류수정전 비교손익계산서

풍악상사 (단위: ₩1,000)

	20×1년도		20×2년도	
매 출		₩90,000		₩100,000
매출원가:				
기초재고	₩　　0		₩20,000	
매 입	70,000		47,000	
판매가능상품	₩70,000		₩67,000	
기말재고	(20,000)	(50,000)	(5,000)	(62,000)
매출총이익		₩40,000		₩38,000
제 비 용		(30,000)		(25,000)
당기순이익		₩10,000		₩13,000

표 8-2
오류수정후
비교손익계산서

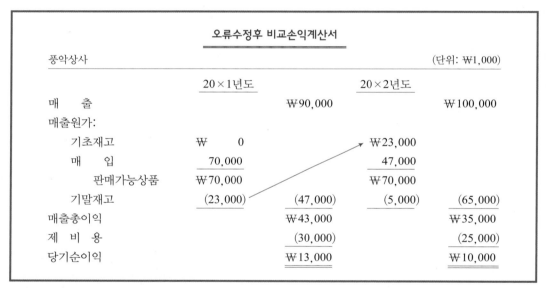

오류수정후 비교손익계산서

풍악상사 (단위: ₩1,000)

	20×1년도		20×2년도	
매 출		₩90,000		₩100,000
매출원가:				
기초재고	₩　　0		₩23,000	
매 입	70,000		47,000	
판매가능상품	₩70,000		₩70,000	
기말재고	(23,000)	(47,000)	(5,000)	(65,000)
매출총이익		₩43,000		₩35,000
제 비 용		(30,000)		(25,000)
당기순이익		₩13,000		₩10,000

보면 20×1년 12월 31일에 측정 보고된 기말재고자산은 ₩20,000,000인데 이 금액은 20×2년의 기초재고로 보고되었음을 알 수 있다. 그러면 재고자산이 순이익에 미치는 영향을 분석하기 위해 20×1년 12월 31일에 기말재고의 측정시 오류로 인하여 위에 보고된 금액은 실제 재고자산액인 ₩23,000,000보다 ₩3,000,000이 과소계상된 금액이라고 가정하자. 20×1년도 기말재고의 과소평가액 ₩3,000,000이 두 회계기간의 순이익에 각기 어떠한 영향을 미치는지 알아보기 위해서 재고자산액을 올바로 수정하여 손익계산서를 재작성하면 **표 8-2**와 같다.

　　표 8-2를 **표 8-1**과 비교하면 20×1년도의 이익은 ₩3,000,000이 증가했으며 동시에 20×2년도의 이익은 오히려 ₩3,000,000이 감소했음을 알 수 있다. 그리고 두 손익계산서를 보다 면밀히 분석해 보면 다음과 같은 사실을 발견하게 된다. 첫째, 기초재고자산과 당기매입액이 일정할 때 기말재고자산을 과대계상하면 해당 기간의 순이익은 과대계상된 금액만큼 증

가된다. 반대로 기말재고자산을 과소계상하게 되면 해당 기간의 순이익은 그 금액만큼 감소하게 된다. 둘째, 기초재고자산과 당기매입액이 일정할 때 한 회계기말의 재고자산의 과대계상은 차기의 순이익을 동일금액만큼 감소시킨다. 반대로 한 회계기간 말의 재고자산의 과소계상은 차기의 순이익을 동일금액만큼 증가시킨다.

위의 예를 통해 기말재고액과 순이익의 크기는 같은 방향으로 움직인다는 것을 알 수 있다. 이는 [기초재고+당기매입액−기말재고＝매출원가]라는 재고식을 분석해도 알 수 있다. 즉 비용인 매출원가의 증가(감소)는 이익의 감소(증가)를 초래한다. 그런데 매출원가는 기초재고액과 당기매입액이 커질수록, 그리고 기말재고액은 작아질수록 증가되는 반면 이익은 그만큼 감소하게 된다. 이와 반대로 기초재고액과 당기매입액이 작아질수록, 그리고 기말재고액은 커질수록 매출원가가 감소되어 이익은 그만큼 증가하게 된다. 위의 예는 재고자산의 정확한 측정이 얼마나 중요한가를 잘 나타내 주고 있다.

참고자료 1　　　삼성·SK, 반도체 재고 빠지자 주가 날았다

삼성전자(88,000 -1.90%) 주가가 사상 최고가 랠리를 펼치고 있다. SK하이닉스(127,500 -2.30%) 주가도 처음으로 10만 원을 넘어섰다. 낸드플래시, D램 등 메모리 반도체의 재고 조정 조짐이 나타나면서 주가에도 긍정적 영향을 끼치고 있다는 분석이다.

14일 한국거래소에 따르면 전날 코스피 시장에서 삼성전자 주가는 6만 원으로 거래를 마쳤다. 지난 10일 세운 52주 신고가(5만9700원)를 거래일 기준 하루 만에 갱신했다. 이날 오전에도 6만 원대를 유지하고 있다. 수정주가 기준으로 1975년 6월11일 상장 후 약 45년 만의 최고 기록. 주가 6만 원은 액면분할 전으로 환산하면 300만 원에 달한다. 삼성전자는 2018년 1월 '50대 1' 액면분할을 실시했다. SK하이닉스 주가도 10만 원을 넘어섰다. 이날 오전 9시10분 기준 전날보다 2.49% 오른 10만3000원에 거래되고 있다. '한국 메모리 반도체 연합군'인 이들 기업의 주가 상승 랠리는 반도체 업황 회복 기대감 때문으로 풀이된다.

최도연 신한금융투자 연구원은 "올 2분기부터 D램 가격 급등이 시작되면서 삼성전자의 분기별 실적은 올 1분기를 저점으로 4분기까지 지속적으로 증가할 것"이라고 관측했다. 특히 지난해 국내 메모리 반도체 기업들을 옥죄었던 낸드플래시 재고가 감소하고 가격이 상승세를 나타낸 게 컸다. 글로벌 메모리 1·2위 기업인 삼성전자와 SK하이닉스는 지난해 2분기 낸드플래시 사업에서 처음으로 동반 영업적자를 낼 정도로 어려움을 겪었다. SK하이닉스는 이후 낸드 감산을 결정해 재고 관리에 돌입했다. 세계 메모리 3위 업체 미 마이크론도 지난해 낸드 사업 적자에 반도체를 만드는 원판인 웨이퍼 투입량을 기존 계획 대비 10% 줄인 것으로 알려졌다.

재고는 순차적으로 줄고 있다. 삼성전자의 지난해 3분기 보고서에 따르면 3분기 말 기준 삼성전자 반도체 재고 자산은 2분기(14조5231억 원)보다 1조9032억 원(13.1%) 줄어든 12조6199억 원으로 파악됐다. 4분기에는 더 줄었을 것으로 추정된다. SK하이닉스도 지난해 3분기 보고서에서 같은 기간 재고 자산이 5조5887억 원에서 5조4736억 원으로 1151억 원(2.1%) 줄어들었다고 밝혔다. 시장조사업체 D램익스체인지에 따르면 낸드와 D램 재고가 모두 예년 수준으로 유지되는 것은 올 1분기다. 특히 최근 일본 키옥시아(옛 도시바 메모리) 공장에서 발생한 화재로 1분기 글로벌 낸드플래시 공급량 1%가 증발할 것으로 예상된다.

이승우 유진투자증권 연구원은 "지난 7일 키옥시아 6번 생산라인에서 발생한 화재로 인해 오염된 클린룸 복구에는 약 2주가 소요될 것으로 추정된다"며 "글로벌 낸드 재고가 크게 낮아진 시점이라 키옥시아 화재는 메모리 시황 회복을 가속화될 수 있는 변수"라고 설명했다.

D램 가격 역시 안정세에 들어섰다. D램익스체인지에 따르면 PC용 D램 DDR4 8Gb(기가비트) 고정거래가격은 2018년 9월

8.19달러로 사상 최고치를 기록한 후 2019년 10월 2.81달러로 65% 급락했다. 그러나 삼성전자와 SK하이닉스 등 제조사들의 재고 관리와 글로벌 고객사들의 투자 재개로 지난해 10월부터 12월까지 3개월간 평행선을 그리고 있다. D램익스체인지 보고서는 서버 D램과 그래픽 D램 등 특정 제품 가격은 올해 1분기부터 상승세로 전환, 비교적 이른 시점에 회복세에 접어들 것으로 관측했다. 글로벌 시장조사업체 IC인사이츠도 지난달 발표한 올해 반도체 전망에서 낸드플래시와 D램 성장률을 각각 19%, 12%로 제시했다. IC인사이츠는 반도체 생산량이 2024년까지 연평균 5.9% 성장할 것으로 전망했다. 김선우 메리츠종금증권 연구원은 "D램과 낸드 가격은 올 2분기부터 상승폭이 빨라질 것으로 예상된다"며 "이후 올 하반기까지 지속적으로 우상향하는 곡선을 그릴 것"이라고 내다봤다.

자료 : 한국경제 인터넷 신문, 2020. 01. 14

3-2 재고자산원가의 요소

특정자산의 원가에는 그 자산을 구입하는 소기의 목적을 달성하기 직전까지 소비된 모든 현금 또는 현금등가액이 포함된다. 그러므로 판매를 위해 구입하는 상품의 취득원가에는 상품의 구입가격뿐만 아니라 상품의 취득과 관련해서 구매자가 부담하는 운임, 보험료, 저장비 등의 모든 부대비용이 포함되어야 한다.

International Financial Reporting Standards

같은 종류의 상품일지라도 화폐가치의 변동 등으로 인해 구입시기에 따라 구입단가가 다양해지기 때문에 회계담당자들은 여러 가지 구입단가 중 어느 단가를 적용하여 기말재고를 측정할 것인가 하는 문제에 봉착하게 된다. 기말재고액을 평가하는 데 사용할 취득원가로 어느 것을 선택하느냐에 따라 기말재고평가액이 달라지고 동시에 매출원가도 달라지게 된다. 간단한 예를 들어 보자. 상품을 판매하는 어떤 회사가 기초재고는 보유하지 않은 채 한 기간 중에 두 단위의 상품을 각기 ₩10,000과 ₩13,000에 구입하였다고 가정하자. 또한 이 중 한 개의 상품만 ₩20,000에 판매하고 나머지 한 개는 기말재고로 남아있게 되었다고 가정하자. 이때 기말재고를 평가함에 있어 어느 구입단가를 적용하느냐에 따라 기말재고액과 매출원가, 그리고 매출총이익의 수치가 달라지게 된다. 만일 기말재고를 ₩10,000으로 평가한다면 매출원가는 ₩13,000이 되어 매출총이익은 ₩7,000(₩20,000-₩13,000)이 된다. 반면 기말재고를 ₩13,000으로 평가한다면 매출원가는 ₩10,000이 되어 매출총이익은 ₩10,000(₩20,000-

₩10,000)이 된다.

판매가능상품의 총원가(기초재고+당기매입)를 기말재고액과 매출원가에 배분함에 있어 일반적으로 사용되는 방법은 아래에 나열된 세 가지이다.[5] 개별법을 제외한 이들 방법은 실제 물량의 흐름과 상관없이 일정한 가정에 의해 여러 구입단가들 중 어느 단가를 각기 기말재고액과 매출원가에 적용하는가를 결정짓기 때문에 이들을 재고자산 원가흐름의 가정(cost flow assumption)이라고 부른다. 개별법에서는 실제 물량의 흐름을 파악하여 원가배분이 이루어지기 때문에 물량흐름과 원가배분이 항상 일치된다.

> (1) 개별법(Specific Identification)
> (2) 가중평균법(Weighted Average Method)
> (3) 선입선출법(First In First Out Method: FIFO)

재고자산의 원가흐름에 대한 위의 세 가지 방법은 재고자산기록방법인 실사법이나 계속기록법과 함께 이용된다. 따라서 재고자산에 대한 회계처리방법은 적어도 여섯 가지(세 가지 원가배분법×두 가지 재고자산기록법)이다.

K-IFRS에 의하면, 일반적으로 상호 교환될 수 없는 재고자산항목의 원가와 특정프로젝트별로 생산되고 분리되는 재화 또는 용역의 원가는 개별법을 사용하여 결정한다. 통상적으로 상호 교환가능한 대량의 재고자산항목에 개별법을 적용하는 경우 손익을 자의적으로 조정할 수 있기 때문에 선입선출법이나 가중평균법을 적용한다.

재고자산 원가의 배분방법 05

International Financial Reporting Standards

여기서는 앞서 설명한 기말재고자산가액과 매출원가를 측정하기 위한 여러 방법들을 설명한다. 설명을 보다 이해하기 쉽게 하기 위해 다음에 제시하는 동일한 자료를 각기 다른 방법에 일률적으로 적용할 것이다. 각 방법에 대한 예시가 끝난 후 이들을 비교 평가한다.

표 8-3의 기본 자료에서 우선 물량의 흐름을 요약하면 7월 중 이 회사는 기초재고가 100단위, 당기매입이 370단위로 총판매가능수량은 470단위였는데 그 중 320단위가 판매되어 7월말 현재 기말재고는 150단위이다. 또한 총판매가능수량 470단위에 대한 총취득원가는 ₩36,300이다. 재무제표를 작성하기 위해 7월 중 판매된 320단위와 아직 판매되지 않고 남아있는 기말재고 150단위에 ₩36,300을 적절히 배분해서 매출원가와 기말재고를 결정해야 한다.

---

5 K-IFRS에서는 후입선출법이 허용되지 않으므로 소개하지 않는다.

표 8-3
한 달간 재고거래에
관한 자료

일 자	거 래	수 량	단위당 원가(단위당 판매가)	총 원 가	총 수 익
7월 1일	기초재고	100개	₩60	₩6,000	
3일	매 입	50	70	3,500	
6일	판 매	(40)	(130)		₩5,200
12일	매 입	200	80	16,000	
18일	판 매	(220)	(130)		28,600
20일	매 입	120	90	10,800	
24일	판 매	(60)	(130)		7,800
31일	기말재고	150			
				₩36,300	₩41,600

5-1 개 별 법

개별법은 구입한 모든 재고자산 각각에 대해 개별적으로 원가를 분리하여 기록하는 방법이다. 가령 보유하고 있는 재고자산 각 항목마다 꼬리표를 부착시키고 부착된 꼬리표에는 그 자산의 취득원가를 표기한다. 이 방법에서의 기말재고액은 재고로 남아 있는 상품의 꼬리표에 표기된 취득원가를 모두 합계한 금액이며, 마찬가지로 매출원가는 상품판매시 그 상품에서 떼어 낸 꼬리표에 표기된 취득원가의 합계로 산정된다.

(1) 실 사 법

표 8-3의 예에서 기말재고로 남아 있는 150단위의 꼬리표에서 다음과 같은 정보를 얻었다고 가정하자.

	수 량	단 가	총원가
기 초 재 고	40개	₩60	₩2,400
7월 3일 매입분	20	70	1,400
12일 매입분	30	80	2,400
20일 매입분	60	90	5,400
	150개		₩11,600

이때 매출원가는 다음과 같이 계산된다.

	수　량	총원가
판매가능상품	470개	₩36,300
기 말 재 고	150	11,600*
매 출 원 가	320개	₩24,700

* 위에 나타난 바와 같이, 남아 있는 재고의 실제단가를 적용하여 산출한다.

이상의 자료를 토대로 실사법을 적용할 때 7월 말에 할 수정분개는 다음과 같다.

(차) 상 품(기말)	11,600	(대) 상 품(기초)	6,000
매 출 원 가	24,700	매　　　입	30,300

개별법은 원가의 흐름과 물량의 흐름이 완전히 합치하고 있다는 점에서 앞으로 설명될 다른 방법보다 좋은 방법이다. 특히 선박이나 값비싼 보석같이 판매와 매입이 빈번하지 않은 고가의 상품에 적절하다. 그러나 재고자산의 종류와 수량이 많고 단위원가의 금액이 상대적으로 적을 때는 개별법의 적용은 비효율적이다. 또한 이 방법은 경영자가 임의로 특정재고가 판매된 것이라고 간주함으로써 매출원가와 기말재고액을 조작할 수 있는 가능성이 내포되어 있다는 것이 단점이다.

(2) 계속기록법

계속기록법에서 개별법의 적용은 실사법의 경우와 같은 방법으로 이루어진다. 단지 차이점이 있다면 실사법에서는 기말에 일괄적으로 처리하나 계속기록법에서는 판매가 이루어질 때마다 실제로 판매된 상품에 대해 매출원가를 인식해야 한다는 것이다. 따라서 개별법하에서의 이 두 방법은 매출원가와 기말재고액의 산정에 있어서 동일한 결과를 보이게 된다.

5-2 가중평균법

상품거래가 빈번한 경우 재고자산 각 항목별로 원가를 기록하는 개별법은 바람직하지 못하다. 이와 같은 상황이라면 기말재고와 매출원가를 결정하기 위해서 원가흐름의 가정이 필요하다. 가정 중의 하나가 가중평균법이다. 가중평균법은 비교적 적용하기가 용이하고 재고자산의 평가에 있어서 임의적인 조작이 쉽지 않으므로 실무에서 많이 이용된다.

(1) 실사법(총평균법)

실사법에 가중평균법이 적용되면 이를 총평균법이라고 한다. 이 방법을 적용하려면 우선 판매가능상품의 총평균단가를 계산하여야 한다. 그런 다음에 총평균단가를 기말재고수량과 판매된 수량에 일률적으로 곱하여 각각 기말재고액과 매출원가를 산정한다. **표 8-3**의 예에서 기말재고자산과 매출원가를 산출하면 다음과 같다.

총평균법 적용단계

제1 단계: 한 회계기간 동안의 총평균단위원가를 계산한다.

$$\frac{판매가능\ 총원가}{판매가능\ 총수량} = \frac{₩36,300}{470개} = ₩77.2/단위$$

제2 단계: 총평균단위원가를 이용하여 판매가능한 상품원가를 기말재고와 매출원가에 배분한다.

	수 량	금 액
판매가능상품 표 8-3	470개	₩36,300
기말재고(150×₩77.2)	−150	−11,580
매출원가	320개	₩24,720

총평균법을 적용할 경우 7월 말에 할 수정분개를 나타내면 다음과 같다.

(차) 상 품(기말)	11,580	(대) 상 품(기초)	6,000
매 출 원 가	24,720	매 입	30,300

(2) 계속기록법(이동평균법)

가중평균법이 계속기록법에 적용되면 이를 이동평균법(moving average method)이라고 한다. 이동평균법을 이용하면 매입이 이루어질 때마다 새로운 이동평균단가가 계산되어 다음 매입이 이루어지기까지 매출원가와 재고액에 적용된다. **표 8-3**에서 주어진 자료를 가지고 이동평균법을 사용하여 재고자산의 입출고를 계속 기록한 결과가 **표 8-4**의 상품시재장에 주어져 있다. 한 회계기간 동안 세 번의 매입이 있었으므로 이동평균단가가 세 번 산정되었다. 판매된 단위는 판매 당시 평균단위원가로 상품계정에서 차감된다. 예를 들면 7월 6일의 판매에 대한 분개는 다음과 같이 ₩5,200의 매출수익을 인식하고 ₩2,532의 매출원가를 인식함을 보여 주고 있다. 대변의 상품계정의 감소는 상품시재장의 출고란에 기록된 것이다.

(차) 현 금	5,200*	(대) 매 출	5,200
매 출 원 가	2,532**	상 품	2,532

* ₩130×40개=₩5,200
** **표 8-4**로부터

가중평균법을 계속기록법(이동평균법)에 적용하면 **표 8-4**에서 볼 수 있듯이 회계기간 동안의 회계처리는 실사법(총평균법)에 적용하는 경우에 비해 절차가 훨씬 복잡하다. 반면에 실사법에서는 연말 실지재고조사를 반드시 해야 하지만 계속기록법은 연말 실지재고조사를 반

표 8-4
상품시재장:
이동평균법

상품시재장(이동평균법)

항 목: A
공급처: 320
번 호: 13

원 가 기 준: 이동평균법
최대재고량:
최소재고량:

일 자	입 고(차변)			출 고(대변)			잔 액		
	수량	단가	금액	수량	단가	금액	수량	단가	금액
7월 1일							100개	₩60	₩6,000
3일	50개	₩70	₩3,500				150	63.3*	9,500
6일				40개	₩63.3	₩2,532	110	63.3	6,968
12일	200	80	16,000				310	74.1**	22,968
18일				220	74.1	16,302	90	74.1	6,666
20일	120	90	10,800				210	83.2***	17,466
24일				60	83.2	4,992	150	83.2	12,474
매출원가 기말재고				320개		₩23,826	150개		₩12,474

$$* \frac{₩6,000+₩3,500}{100개+50개} = ₩63.3/개 \qquad ** \frac{₩6,968+₩16,000}{110개+200개} = ₩74.1/개 \qquad *** \frac{₩6,666+₩10,800}{90개+120개} = ₩83.2/개$$

드시 할 필요는 없다. 또한 두 방법간의 기말재고액과 매출원가는 일반적으로 각각 다르게 나타난다.

5-3 선입선출법

선입선출법에서는 먼저 구입한 상품이 먼저 판매되는 것으로 가정한다. 즉 기초재고를 먼저 판다고 가정하고 첫번째 구입한 상품을 그 다음 판다고 가정한다. 그러므로 가장 최근에 구입한 상품이 기말재고를 구성하고 가장 오래된 상품의 원가부터 매출원가에 배분된다. 원가의 흐름에 대한 선입선출법 가정은 일반적으로 실제 물량흐름과 거의 일치한다는 장점이 있다. 또한 실사법뿐 아니라 계속기록법에 의하여 재고상품을 기록하여도 기말재고상품과 매출원가의 결정에 있어서 동일한 결과가 나온다.

(1) 실 사 법

실사법하에서의 선입선출법을 표 8-3의 자료에 적용하면 다음과 같다.

선입선출법에 의한 실사법			
	수 량	단위당 원가	총원가
판매가능상품 표 8-3	470개		₩36,300
기말재고의 평가:			
가장 최근에 구입한 150개:			
7/20 구입분(가장 최근)	120	₩90	₩10,800
7/12 구입분(다음 최근)	30	80	2,400
	150		13,200
매출원가	320개		₩23,100

선입선출법은 비교적 실물흐름에 가깝고 적용이 쉬우며 조작이 쉽지 않기 때문에 널리 사용된다. 재무상태표의 기말재고액은 가장 최근의 단가에 의해 결정되므로 결산일에 가까운 현실적인 평가가 될 수 있다. 반면에 손익계산서의 매출원가는 가장 오래된 단가부터 적용되므로 비현실적인 평가액이 될 수 있다. 실사법을 적용할 때는 7월 말에 다음과 같은 수정분개가 필요하다.

(차) 상 품(기말)	13,200	(대) 상 품(기초)	6,000
매 출 원 가	23,100	매 입	30,300

(2) 계속기록법

선입선출법을 계속기록법에 적용할 때는 판매시마다 판매수량에 대해 판매일 현재 가장 오래된 단가부터 적용하여 매출원가를 산정한다. 이때 남은 재고수량에 대해서도 각 단가별로 분리하여 기록하는데 이처럼 한 시점에서 여러 종류의 단가로 이루어진 층을 재고자산원가층(inventory layers)이라고 한다. 표 8-5는 선입선출법에 의한 계속기록법의 예를 보여 주고 있다. 상품의 구입과 판매가 이루어질 때마다 상품시재장에 기록된다. 재고잔액란은 각기 다른 단가로 구성된 수량과 금액을 재고자산원가층으로 나타내기 위해 재기록된다. 동시에 각각의 거래들은 분개장에 기록될 것이다. 예를 들면 7월 18일의 판매를 기록하기 위한 분개는 다음과 같다.

(차) 현 금	28,600*	(대) 매 출	28,600
매 출 원 가	15,900**	상 품	15,900

* 220개×₩130=₩28,600
** 표 8-5로부터 60×60+50×70+110×80=15,900

회계기말에는 실사법에서처럼 매출원가를 기록하기 위한 별도의 분개가 필요 없다. 매입이나 판매시마다 이미 기록이 되어 있어 매출원가계정의 잔액은 ₩23,100일 것이며 상품계정

표 8-5
상품시재장:
선입선출법

상품시재장(선입선출에 의한 계속기록법)

일 자	입 고(차변)			출 고(대변)			잔 액		
	수량	단가	금액	수량	단가	금액	수량	단가	금액
7월 1일							100개	₩60	₩6,000
3일	50개	₩70	₩3,500				100	60	6,000
							50	70	3,500
6일				40개	₩60	₩2,400	60	60	3,600
							50	70	3,500
12일	200	80	16,000				60	60	3,600
							50	70	3,500
							200	80	16,000
18일				60	60	3,600			
				50	70	3,500			
				110	80	8,800	90	80	7,200
20일	120	90	10,800				90	80	7,200
							120	90	10,800
24일				60	80	4,800	30	80	2,400
							120	90	10,800
매출원가 기말재고				320개		₩23,100	150개		₩13,200

에도 ₩13,200의 잔액이 남아 있게 된다. 가중평균법과는 달리 선입선출법을 이용하면 실사법을 이용하든 계속기록법을 이용하든 매출원가와 기말재고액 수치가 동일하다. 그 이유는 매출원가의 산정시점에 관계없이 매출원가에 할당된 단가가 최초의 단가부터 단계적으로 적용되기 때문이다.

5-4 재고자산 평가방법들의 비교

표 8-3에서 제시된 한 달간의 재고자산의 거래에 관한 자료를 가지고 앞서 설명한 여러 재고자산 평가방법들을 적용한 결과 각 방법에서의 매출원가 및 기말재고평가액이 **표 8-6**에 요약되어 있다. 재고자산의 여러 평가방법들을 비교하면 다음과 같은 사실을 발견할 수 있다.

첫째, 동일한 거래를 놓고도 어떤 평가방법을 사용하느냐에 따라서 각기 다른 매출원가와 기말재고가 산출된다. 이들 평가방법은 K-IFRS에서 허용되므로 동일한 거래사실이 재무제표에는 다른 수치로 반영된다는 사실을 알 수 있다. 즉 기업이 어떤 방법을 선택하느냐에 따라서 재무제표에 보고되는 결과는 크게 달라질 수도 있다. 재고자산의 평가방법 하나만 놓고 보더라도 회계에서 하나의 진실된 순이익이 존재할 수 없음을 알 수 있다.

둘째, 개별법과 선입선출법을 사용하는 경우에는 실사법과 계속기록법에서 동일한 기말

표 8-6
재고자산 평가방법들의
비교

재무제표 항 목		개 별 법	가중평균법	선입선출법
실사법	매 출 매 출 원 가 매출총이익 기 말 재 고	₩41,600 24,700 ₩16,900 ₩11,600	₩41,600 24,720 ₩16,880 ₩11,580	₩41,600 23,100 ₩18,500 ₩13,200
계속 기록법	매 출 매 출 원 가 매출총이익 기 말 재 고	₩41,600 24,700 ₩16,900 ₩11,600	₩41,600 23,826 ₩17,774 ₩12,474	₩41,600 23,100 ₩18,500 ₩13,200

재고액과 매출원가를 얻게 된다. 그러나 가중평균법이 적용되는 경우에는 실사법을 택하고 있느냐(총평균법) 또는 계속기록법을 택하고 있느냐(이동평균법)에 따라 기말재고액과 매출원가 수치가 달라지게 된다.

　　셋째, 위의 예에 나타난 경우와 같이 상품단가가 계속 상승하는 경우 선입선출법은 오래 전에 구입한, 구입가격이 낮은 상품부터 먼저 판매가 이루어진 것으로 가정하므로 매출원가는 가장 낮게, 그리고 기말재고는 가장 높게 평가되고 있다. 반면에 매입단가가 상승하는 경우, 가중평균법은 최근의 높은 매입단가도 부분적으로 반영되므로, 선입선출법에 비해 기말재고가액은 낮게, 매출원가는 높게 산정된다. 따라서 선입선출법에서는 법인세비용차감전 순이익이 가중평균법에 비해 높게 산정되어 기업의 법인세 부담액이 그만큼 많아지게 된다.

재고자산의
기타 평가
문제 06

International Financial Reporting Standards

　　이 절에서는 재무상태표에 보고되는 재고자산의 평가액에 직접 영향을 미치고, 손익계산서의 순이익에도 영향을 미치는 다음의 두 가지 문제들에 대해 살펴보기로 하자.

> (1) 저가법에 의한 평가
> (2) 기말재고액 추정

6-1 저가법

재고자산은 이미 설명한 원가결정방법에 따를 경우 취득원가로 측정된다. 그러나 기말재고로 남아 있는 재고자산이 물리적으로 손상된 경우, 완전히 또는 부분적으로 진부화된 경우, 그리고 판매가격이 하락한 경우에는 재고자산의 원가를 회수하기 어렵게 되어 재고자산을 판매하면 오히려 손실이 발생하게 된다. 하지만, 이러한 재고자산의 가치 하락으로 인한 손실은 회사가 재고자산을 판매하지 않는 한 실현되지 않으므로 재고자산에 내재되어 있다. 즉 재고자산에 손실은 이미 발생하였으나 재고자산이 판매될 때까지 해당 손실이 이연되는 것이다. 이러한 이유로 재고자산의 판매가격이 하락하여 취득원가보다 낮게 되는 경우, 재고자산의 장부가액을 판매가격으로 감액하고 재고자산 평가 손실을 인식해야 하는 데 이러한 회계처리를 저가법(Lower of Cost or Market: LCM)이라고 한다.

저가법 적용에 있어서 재고자산의 판매가격 산정방법이 문제가 될 수 있다. 예를 들어 재고자산의 판매가격으로 해당 재고자산의 시장가치를 사용한다고 가정해 보자.[6] 상품이나 제품의 경우 시장가치와 재고자산의 판매가격과는 큰 차이가 없을 것이다. 하지만, 현재 제조 중에 있는 재공품의 경우 상품으로써의 가치는 매우 낮기 때문에 재공품의 판매가격은 매우 낮을 것이다. 따라서 모든 재고자산에 대해 현재의 판매가격과 장부가치를 비교하는 것은 비현실적이다. 따라서 재고자산의 판매가격에 대해 순실현가능가치(net realizable value)라는 것을 사용하는 데 순실현가능가치란 상품이나 제품이 정상적인 영업과정에서 예상되는 판매가격에서 예상판매비용 등을 차감한 금액을 말한다. 즉 재공품의 경우 정상적인 영업과정을 통하여 제조가 완료된다면 완료된 재고자산에 대한 예상판매가격에서 현재 재공품을 제품으로 제조하는 데 필요한 추가 원가와 판매에 필요한 비용을 예상하여 차감한 것이 순실현가능가치이다. 제품의 생산이 완료되지 않았으므로 제품의 판매가격과 생산 및 판매 비용은 모두 추정(estimate)을 통하여 예상할 수밖에 없다.

순실현가능가치 = 예상판매가 − 예상판매비용
재고자산평가손실 = 취득원가 − 순실현가능가치

저가법은 재고자산의 순실현가능가치가 재고자산의 취득원가보다 낮은 경우 그 차이를 재고자산평가손실로 인식한다. 재고자산평가손실이 발생하면 재고자산에서 평가손실 금액만큼 감소시키거나 또는 재고자산평가충당금이라는 차감계정을 이용할 수 있다. 회사는 재고자산의 평가손실에 대한 기록을 유지하고자 재고자산평가충당금 계정을 이용하는 경우가 많다. 재고자산평가손실은 비용으로 손익계산서에 보고하고 재고자산의 감소는 재고자산평가충당금이라는 재고자산의 차감계정에 기록한다.

---

6 일반적으로 판매가격은 재고자산의 시장가격(market price)이므로 영어로 lower of cost or market이라고 불리운다. 하지만 K-IFRS에서는 시장가격보다는 순실현가치(net realizable value)라는 용어를 쓰기 때문에 교과서에 따라서는 lower of cost or net realizable value라는 용어를 쓰기도 한다.

사무용설비 판매상이 10대의 전자계산기를 기말재고상품으로 가지고 있다. 이 회사는 계산기를 연초에 대당 ₩4,500에 구입하였는데 판매가격은 ₩5,000으로 책정하였다. 그런데 가격이 하락하여 회계연도 말 현재 똑같은 전자계산기를 대당 ₩4,300에 판매하여야 한다. 계산기 1대당 예상되는 추가판매비용은 ₩300이다.

요구사항

재고자산평가에 저가법을 적용할 때 연말에 필요한 분개를 하시오.

해답

(차) 재고자산평가손실	5,000*	(대) 재고자산평가충당금	5,000

* 순실현가능가치＝(4,300−300)×10＝40,000   재고자산평가손실＝45,000−40,000＝5,000

6-2 기말재고액 및 매출원가의 추정: 매출총이익법

실사법을 사용하는 기업은 기말재고액과 매출원가를 산정하기 위해서 회계기말에 반드시 재고자산의 실사를 실시하여야 한다. 뿐만 아니라 계속기록법을 사용하는 기업들도 재고통제목적과 정확한 회계기록유지를 위해서 보통 1년에 한 번씩은 재고자산 실사를 실시하는 것이 바람직하다. 재고실사를 하게 되면 많은 시간이 소요되므로 대부분의 기업들은 특별한 이유가 없는 한 1년에 한 번 실시하는 것이 보통이다. 그런데 많은 기업들은 회계기간 중에도 매월 또는 분기마다 재무제표를 작성한다. 이때 계속기록법이 이용되면 별 문제가 없으나 실사법을 사용하는 기업들은 월별 또는 분기별 재무제표를 작성하기 위해 번거로운 실사과정을 거쳐야만 기말재고액을 파악할 수 있게 된다. 매출총이익법(gross profit method)과 매출가격환원법(retail inventory method)은 번거로운 실사과정을 거치지 않고 기말재고액과 매출원가를 추정하는 방법이다. 매출가격환원법은 중급회계에서 상세히 다루어지므로 여기서는 매출총이익법에 국한시켜 설명한다.

매출총이익법을 이용하는 절차를 설명하면 다음과 같다.

(1) 회계기록으로부터 당기의 매출, 기초재고액(원가) 및 당기매입액(원가) 등에 관한 자료를 구한다.

(2) 과거의 경험으로부터 추정한 매출총이익률(매출총이익/매출액)에 당기매출액을 곱하여 매출총이익을 구한다.

(3) 당기의 매출액으로부터 (2)에서 구한 매출총이익을 차감하여 매출원가를 구한다. 이 금액이 손익계산서에 비용으로 보고된다.

(4) 당기의 판매가능액(기초재고액+당기매입액)으로부터 매출원가를 차감하여 기말재고액을 구한다. 이 금액이 재무상태표에 재고자산으로 보고된다.

위에서 (2)와 (3)의 절차 대신에 매출에 원가율(1-매출총이익률)을 곱하여 추정매출원가를 구할 수도 있다. 이때 주의할 점은 매출원가나 기말재고액의 추정이 매출총이익률에 따라 크게 좌우되므로, 과거의 매출총이익률을 당기 추정매출총이익률로 이용할 경우에는 당기의 매출이나 매출원가의 양상이 과거에 비해 크게 달라지지 않았음을 전제로 하여야 한다는 것이다.

예제 8-4 _ 매출총이익법

강남기업은 20×1년 1월 31일 현재 1월달의 재무제표를 작성하려 한다. 이 회사는 월간 재무제표의 작성에는 매출총이익법을 이용하여 매출원가 및 기말재고를 추정하고 있다. 장부로부터 다음과 같은 자료가 수집되었다.

순매출액	₩100,000
기초재고액(20×1년 1월 1일)	20,000
매 입(20×1년 1월 중)	60,000

20×0년도의 순매출액은 ₩1,000,000이었고 매출총이익은 ₩400,000이었으며, 강남기업은 20×1년도에도 이와 비슷한 양상으로 매출과 매출원가가 발생되리라고 기대하고 있다.

요구사항
매출총이익법을 이용하여 20×1년 1월 1일~1월 31일 동안의 매출원가 및 20×1년 1월 31일 현재의 기말재고액을 구하시오.

해답

$$추정매출총이익률 = ₩400,000 \div ₩1,000,000 = 0.4$$

$$\begin{aligned}
1월 \ 중 \ 매출총이익 &= 매출액 \times 매출총이익률 \\
&= ₩100,000 \times 0.4 = ₩40,000
\end{aligned}$$

$$\begin{aligned}
매 \ 출 \ 원 \ 가 &= 매출액 - 매출총이익 \\
&= ₩100,000 - ₩40,000 = ₩60,000
\end{aligned}$$

$$\begin{aligned}
기 \ 말 \ 재 \ 고 &= 판매가능액 - 매출원가 \\
&= (₩20,000 + ₩60,000) - ₩60,000 = ₩20,000
\end{aligned}$$

종합
예제
07

International Financial Reporting Standards

〈종합예제 1〉

표 8-7은 상품 A에 대한 영남상사의 7월 한 달간 매입 및 판매에 관한 자료이다.

표 8-7
영남상사의 7월 중
상품 A의 거래현황

일 자	거 래	수 량	단 가	총 원 가
7월 1일	기 초 재 고	100개	₩100	₩10,000
7일	매 입	400	110	44,000
12일	매 입	100	125	12,500
	판매가능액	600개		₩66,500
5일	판 매	25개		?
10일	판 매	10		?
15일	판 매	200		?
25일	판 매	260		?
	7월 중 총판매	495개		?
31일	기 말 재 고	105개		?

요·구·사·항

다음 각 방법을 이용하여 매출원가와 기말재고액을 산출하시오.

1) 선입선출법과 실사법

2) 가중평균법과 실사법(총평균법)

3) 가중평균법과 계속기록법(이동평균법)

해답

1) 기말재고 산정:

100개 @₩125(7/12 매입분)	₩12,500
5 개 @₩110(7/7 매입분)	550
7/31 기말재고	₩13,050

매출원가 산정:

판매가능액	₩66,500
기 말 재 고	−13,050
매 출 원 가	₩53,450

2) 기말재고 산정:

7/1	100개	@₩100	₩10,000
7/7	400개	110	44,000
7/12	100개	125	12,500
	600개	@₩111(₩66,500/600)	66,500
기말재고(105개 @₩111)			₩11,655

매출원가 산정:

판매가능액	₩66,500
기 말 재 고	−11,655
매 출 원 가	₩54,845

3)

일 자	입 고			출 고			잔 액		
	수량	단가	금액	수량	단가	금액	수량	단가*	금액
7월 1일							100개	₩100	₩10,000
5일				25개	₩100	₩2,500	75	100	7,500
7일	400개	₩110	₩44,000				475	108	51,500
10일				10	108	1,080	465	108	50,420
12일	100	125	12,500				565	111	62,920
15일				200	111	22,200	365	111	40,720
25일				260	111	28,860	105	111	11,860
매출원가 기말재고				495개		₩54,640	105개	111	₩11,860

* 단가＝금액/수량

〈종합예제 2〉

서울주식회사의 결산일인 20×1년 12월 31일의 수정전시산표는 다음과 같다. 수정전시산표는 상품계정을 계속기록법과 실사법을 적용하였을 경우에 대해 각각 작성된 것이다.

수정전시산표

계정과목	계속기록법		실사법	
	차 변	대 변	차 변	대 변
현 금	₩34,100		₩34,100	
매 출 채 권	5,000		5,000	
대 손 충 당 금		₩300		₩300
상 품*	16,000		20,000	
설 비	30,000		30,000	
감 가 상 각 누 계 액		9,000		9,000
매 입 채 무		8,700		8,700
자 본 금		40,000		40,000
이 익 잉 여 금		9,000		9,000
매 출		102,000		102,000
매출에누리와 환입	2,000		2,000	
매 출 원 가*	60,000			
매 입*			57,000	
매입에누리와 환출*				1,000
제 비 용	21,900		21,900	
합 계	₩169,000	₩169,000	₩170,000	₩170,000

서울주식회사   20×1년 12월 31일

* 이 계정들의 잔액은 재고자산 기록시스템의 차이 때문에 서로 상이하게 나타난다.

20×1년 12월 31일의 수정사항은 다음과 같다.

(1) 매출채권의 미래현금흐름의 현재가치는 ₩4,500으로 추정된다.
(2) 설비는 내용연수가 10년으로 잔존가액은 ₩0이며 매년 동일한 금액을 감가상각비로 계상하고 있다.
(3) 20×1년 12월 31일 실제로 조사된 기말재고상품은 ₩16,000이다.
(4) 법인세율은 법인세비용차감전 순이익의 20%이다.

요·구·사·항

1) 위에 주어진 자료를 근거로 하여 20×1년 12월 31일의 8위식정산표를 ① 계속기록법과 ② 실사법을 사용하여 각각 작성하시오.

2) 20×1년도 손익계산서를 ① 계속기록법의 경우와 ② 실사법의 경우를 각각 작성하시오.

1) 정 산 표

　① 계속기록법의 경우

정 산 표

서울주식회사　　　　　　　　　　　　　　　　　　　20×1년 1월 1일 ~ 20×1년 12월 31일

계정과목	수정전시산표		수정분개		손익계산서		재무상태표	
	차 변	대 변	차 변	대 변	차 변	대 변	차 변	대 변
현　　　　　금	₩34,100						₩34,100	
매 출 채 권	5,000						5,000	
대 손 충 당 금		₩300		(1)₩200				₩500
상　　　　　품	16,000						16,000	
설　　　　　비	30,000						30,000	
감가상각누계액		9,000		(2)3,000				12,000
매 입 채 무		8,700						8,700
자　　본　　금		40,000						40,000
이 익 잉 여 금		9,000						9,000
매　　　　　출		102,000				₩102,000		
매출에누리와 환입	2,000				₩2,000			
매 출 원 가	60,000				60,000			
제　　비　　용	21,900				21,900			
계	₩169,000	₩169,000						
대 손 상 각 비			(1)₩200		200			
감 가 상 각 비			(2)3,000		3,000			
계					₩87,100	₩102,000		
법 인 세 비 용			(5)2,980		2,980			
미 지 급 법 인 세				(5)2,980				2,980
계					₩90,080	₩102,000		
당 기 순 이 익					11,920			11,920
계			₩6,180	₩6,180	₩102,000	₩102,000	₩85,100	₩85,100

* (1) (₩5,000−₩4,500)−₩300＝₩200

　(2) ₩30,000÷10＝₩3,000

　(5) (₩102,000−₩87,100)×0.2＝₩2,980

② 실사법의 경우

정 산 표

서울주식회사 · 20×1년 1월 1일~20×1년 12월 31일

계정과목	수정전시산표 차변	대변	수정분개 차변	대변	손익계산서 차변	대변	재무상태표 차변	대변
현　　　　금	₩34,100						₩34,100	
매 출 채 권	5,000						5,000	
대 손 충 당 금		₩300		(1)₩200				₩500
상　　　　품	20,000		(4)16,000	(4)20,000			16,000	
설　　　　비	30,000						30,000	
감가상각누계액		9,000		(2)3,000				12,000
매 입 채 무		8,700						8,700
자 　본 　금		40,000						40,000
이 익 잉 여 금		9,000						9,000
매　　　　출		102,000				₩102,000		
매출에누리와 환입	2,000				₩2,000			
				(4)56,000				
매　　　　입	57,000			(3)1,000				
매입에누리와 환출		1,000	(3)1,000					
제 　비 　용	21,900				21,900			
계	₩170,000	₩170,000						
대 손 상 각 비			(1)200		200			
감 가 상 각 비			(2)3,000		3,000			
매 출 원 가			(4)60,000		60,000			
계					₩87,100	₩102,000		
법 인 세 비 용			(5)2,980		2,980			
미 지 급 법 인 세				(5)2,980				2,980
계					₩90,080	₩102,000		
당 기 순 이 익					11,920			11,920
계			₩83,180	₩83,180	₩102,000	₩102,000	₩85,100	₩85,100

* (1) 계속기록법의 경우와 동일
  (2) 계속기록법의 경우와 동일
  (3) 매입에누리와 환출 마감
  (4) 매출원가의 산출 및 상품계정 조정
　　매출원가＝(₩20,000＋₩56,000)－₩16,000＝₩60,000
  (5) 계속기록법의 (5)와 동일

2) 손익계산서

　　① 계속기록법

손익계산서

서울주식회사　　　　　　　　　　　　　　　　20×1년 1월 1일~20×1년 12월 31일

매　　　출	₩100,000*
매 출 원 가	(60,000)
매 출 총 이 익	₩40,000
제 　 비 　 용	(21,900)
감 가 상 각 비	(3,000)
대 손 상 각 비	(200)
법인세비용차감전 순이익	₩14,900
법인세비용(₩14,900×20%)	(2,980)
당 기 순 이 익	₩11,920

---

* 총매출액에서 매출에누리와 환입을 차감한 금액

　　② 실 　 사 　 법

손익계산서

서울주식회사　　　　　　　　　　　　　　　　20×1년 1월 1일~20×1년 12월 31일

매　　　출		₩100,000*
매출원가:		
기초재고액	₩20,000	
당기매입액	56,000**	
기말재고액	(16,000)	(60,000)
매 출 총 이 익		₩40,000
제 　 비 　 용		(21,900)
감 가 상 각 비		(3,000)
대 손 상 각 비		(200)
법인세비용차감전 순이익		₩14,900
법인세비용(₩14,900×20%)		(2,980)
당 기 순 이 익		₩11,920

---

* 총매출액에서 매출에누리와 환입을 차감한 금액
** 총매입액에서 매입운임을 가산하고 매입에누리와 환출을 차감한 금액

QUESTION

재고자산의 의의와 재고자산을 측정하는 기본목적에 대하여 논하시오.

20×6년 말 재고자산이 과대하게 평가되었다면, 다음 사항에 어떤 영향을 미치겠는가?

(1) 20×6년 순이익과 재무상태표의 재고자산가액
(2) 20×7년 순이익과 재무상태표의 재고자산가액

기말에 재고자산을 실사하는 중에 회계담당자가 실수로 ₩200짜리 재고자산을 두 번 세었다. 이러한 실수가 당기의 재무상태표와 손익계산서에 어떠한 영향을 미치겠는가?

재고자산 원가흐름의 가정이 필요한 이유는 무엇인가?

저가법이란 무엇인가?

개별법에 대하여 설명하시오. 이 방법의 장·단점을 논하시오.

가중평균법에 대하여 설명하시오. 어떤 상황에서 이 방법의 적용이 가장 적절하겠는가?

08

물가가 지속적으로 상승할 때 가중평균법과 선입선출법 중 어느 방법이 (1) 더 높은 기말재고원가를 보고할 것인가? (2) 더 높은 순이익을 보고하겠는가?

09

한 회사가 매년 재고자산평가방법을 변경해도 되는가?

10

재고자산평가에 있어서 매출총이익법이 사용되는 경우는 어떤 때인가?

11

실사법에서는 기말재고액이 어떻게 결정되는가?

12

실사법과 계속기록법의 차이점을 설명하시오.

13

보통 어떤 종류의 재고자산에 실사법이 적용되는가? 실사법의 주요 장점과 단점은 무엇인가?

14

보통 어떤 종류의 재고자산에 계속기록법이 적용되는가? 계속기록법의 주요 장점과 단점은 무엇인가?

PROBLEM

연습문제 __

1 **매출총이익의 계산과정**
다음의 다섯 가지 독립적인 경우에 대하여 빈칸을 채우시오.

	1	2	3	4	5
매 출	(1)	200	100	400	(13)
기 초 재 고 액	100	(4)	20	120	(14)
매 입	(2)	220	70	(10)	260
판매가능재고액	340	(5)	(7)	(11)	300
기 말 재 고 액	(3)	180	(8)	80	80
매 출 원 가	280	(6)	65	440	(15)
매 출 총 이 익	320	20	(9)	(12)	80

2 **매출총이익의 계산과정**
다음 빈칸에 알맞은 수치를 넣으시오.

	1년도	2년도	3년도
총 매 출	₩600	₩720	g. ₩____
매 출 환 입	a. ____	30	20
순 매 출	b. ____	d. ____	795
기 초 재 고	c. ____	20	h. ____
기 말 재 고	20	55	70
총 매 입	265	e.	430
매입에누리와 환출	5	10	15
매 출 원 가	270	350	i. ____
매출총이익	305	f. ____	395

3 **총매입액의 계산**
아래 자료를 이용하여 기업회계기준을 적용할 때 총매입액을 산출하시오.

매 입 할 인	₩2,500	매 출 원 가	₩175,000
매 입 운 임	11,000	매 출	255,000
기초재고액	15,000	매입에누리와 환출	4,000
기말재고액	10,000		

4 매입, 매출거래의 분개

충무주식회사는 실사법에 의하여 재고자산기록을 하고 있으며 거래내용은 아래와 같다.

7월 1일   을지상회에서 외상으로 ₩1,500,000의 상품을 2/10, n/30의 조건으로 매입하다.

1일   상품의 운송비 ₩75,000을 대한통운에 지급하다.

3일   왕십리상회에 상품 ₩1,000,000을 2/10, n/60의 조건으로 외상판매하다.

7일   성수상회에서 외상으로 ₩2,000,000의 상품을 1/10, n/30의 조건으로 구입하다.

7일   상품의 운송비 ₩85,000을 대한통운에 지급하다.

8일   잠실상회에서 사무실 소모품 ₩800,000을 2/10, n/30의 조건으로 구입하다.

10일   성내상회에 상품 ₩800,000을 2/10, n/30의 조건으로 외상판매하다.

10일   7월 1일에 구입한 상품대금을 을지상회에 지급하다.

11일   7월 7일에 구입한 성수상회의 상품 중 파손된 것 ₩200,000을 반품하다.

12일   7월 3일에 왕십리상회에 외상판매한 대금을 회수하다.

16일   7월 7일과 11일의 거래에서 발생된 성수상회의 외상대금 잔액을 모두 지급하다.

19일   7월 10일에 판매한 성내상회의 상품대금 전액을 회수하다.

23일   7월 8일에 구입한 소모품에 대하여 그 대금을 잠실상회에 지급하다.

31일   상품 ₩500,000을 현금판매하다.

요구사항

위의 거래를 일자별로 분개하시오.

---

5 매입, 매출거래의 분개

경기상회는 재고자산에 대한 회계처리를 계속기록법을 이용한다. 아래의 경기상회 거래내용을 분개하시오. 기초상품재고액은 ₩6,300,000이다.

(1) 한영상회에서 상품 ₩13,000,000을 2/20, n/30의 조건으로 구입하였다.

(2) 위 상품의 운임 ₩175,000을 현금지불하였다.

(3) 위 상품 중 ₩1,500,000은 불량품이어서 반품하였다.

(4) 원가 ₩2,500,000인 상품을 ₩3,850,000에 외상으로 판매하였다.

(5) 한영상회에 대하여 외상대금을 할인기간 내에 지급하였다.

(6) 원가 ₩14,000,000인 상품을 ₩21,560,000에 외상판매하였다.

(7) 고객은 위 상품 중 ₩1,155,000이 불량품이라는 이유로 반품시켜 왔으며 이 불량품의 원가는 ₩750,000이었다.

(8) 고객으로부터 ₩20,000,000의 외상대금을 회수하였다.

6 매입, 매출, 대손에 대한 금액의 결정과 분개

다음은 춘천상사의 20×7년도 수정전시산표상의 계정잔액 일부이다.

매　　출	₩100,000	매출에누리와 환입	₩5,000
매 출 할 인	2,000	매 입 할 인	3,000
상 품(기초)	16,000	매 입 채 무	25,000
매입에누리와 환출	2,000	매 출 채 권	75,000
대손충당금	2,500		

이 회사의 매출과 매입거래는 모두 외상으로 이루어지고 있으며 매출 및 매입거래는 모두 총액법에 의해서 기록하여 왔다. 매출 및 매입거래의 신용조건은 모두 2/10, n/30이다.

요구사항

1) 기초매입채무가 ₩30,000이고 기중매입채무에 대한 현금지급총액이 ₩50,000일 경우 당기총매입액을 구하시오.
2) 기말재고액이 ₩25,000일 경우 매출원가를 구하시오.
3) 20×7년도 중 대손확정된 매출채권이 ₩1,500이고 기초매출채권이 ₩40,000인 경우 20×7년도 매출채권의 현금회수액을 계산하시오.
4) 기말매출채권의 회수가능액이 ₩67,500으로 추정되는 경우, 20×7년도 말 대손충당금 설정에 관한 분개를 행하시오.

7 매입, 매출거래의 분개

노송주식회사의 8월 중 거래는 아래와 같다.

8 월1일	기초상품은 ₩5,400,000이다.
5일	송월주식회사로부터 상품 ₩4,750,000을 2/10, n/30의 조건으로 구입하였으며 이때 운송비 ₩45,000을 지불하였다.
6일	구입상품 중 파손된 ₩600,000의 상품을 송월주식회사에 반품하였다.
9일	이천상회에서 상품 ₩1,200,000을 2/10, n/20의 조건으로 구입하였으며 이때 운송비 ₩20,000은 이천상회가 지불하였다.
14일	8월 5일에 구입한 상품대금을 지불하였다.
15일	고객에게 상품을 ₩8,000,000에 외상판매하였다. 판매가격에 포함된 이윤은 판매가의 20%에 해당한다.
31일	8월 9일에 구입한 상품대금 전액을 지불하였다.
31일	기말재고자산은 ₩4,312,000이었다.

요구사항

아래의 두 가지 재고자산 기록방법을 이용하여 위의 거래에 대한 분개와 기말의 수정 및 마감분개를 하시오.

1) 실사법을 이용할 경우
2) 계속기록법을 이용할 경우

8 재고자산원가흐름의 가정에 따른 기말재고자산 평가액과 매출원가의 산정

경인주식회사의 1년 동안 재고자산에 관한 거래내용은 아래와 같다.

	수 량	단 가	총 액
1월 1일 기초재고	200개	₩12	₩2,400
2월 25일 매 입	100	13	1,300
6월 15일 매 입	400	14	5,600
8월 15일 매 입	100	13	1,300
10월 15일 매 입	300	14	4,200
12월 15일 매 입	200	15	3,000
판매가능상품	1,300개		₩17,800
매 출	1,000개		
12월 31일 기말재고	300개		

위의 재고자산 중 1월 1일 기초재고 200단위와 6월 15일 매입분 400단위, 10월 15일 매입분 200 단위, 12월 15일 매입분 200단위가 판매되었다. 아래의 세 가지 방법으로 재고자산을 평가할 때 각 경우의 기말재고자산평가액과 매출원가를 산정하시오. 단, 경인주식회사는 실사법을 적용하고 있다.

요구사항
1) 개별법
2) 가중평균법
3) 선입선출법

9 재고자산원가흐름의 가정에 따른 기말재고자산평가액과 매출원가의 산정

석화주식회사의 사장은 각기 다른 세 가지 방법으로 재고자산을 평가할 때 기말재고자산과 매출 원가의 금액이 어떻게 다른지 비교해 보고 싶어한다. 다음은 석화주식회사의 재고자산에 대한 거 래내용이다.

	수 량	단 가
1월 1일 기초재고	40	₩800
5일 매 입	60	1,200
14일 매 입	120	1,300
25일 매 입	100	1,400

80단위의 재고자산이 1월 말에 남아 있다.

요구사항
1월 31일의 기말재고자산평가액과 매출원가를 선입선출법, 가중평균법을 적용할 경우 각각 산정하시오. 단, 이 회사는 실사법을 적용하고 있다.

10 재고자산원가흐름의 가정에 따른 매출원가의 결정

20×0년도 동동회사의 상품거래는 다음과 같다. 다음 자료를 이용하여 물음에 답하시오. 단, 이 회사는 실사법을 사용한다.

	단 위	단 가	금 액
20×0년 1월 1일 이월상품	10,000개	₩10	₩100,000
매 입:			
20×0년 3월 1일	2,000개	12	24,000
20×0년 4월 30일	1,500	14	21,000
20×0년 6월 15일	3,000	16	48,000
20×0년 9월 30일	1,000	13	13,000
20×0년 12월 15일	500	10	5,000
총 매 입	8,000개		₩111,000
총 판 매 가 능 상 품	18,000개		₩211,000
기말재고	4,000개		

요구사항

1) 선입선출법을 적용한다면 20×0년도의 매출원가는 얼마인가?
2) 가중평균법을 적용한다면 20×0년도의 매출원가는 얼마인가?

11 재고자산과 관련된 오류의 영향

영동주식회사의 요약손익계산서는 아래와 같다.

	20×6년	20×5년
매 출	₩88,000	₩74,000
매 출 원 가	52,000	38,000
매출총이익	₩36,000	₩36,000
영 업 비 용	18,000	18,000
순 이 익	₩18,000	₩18,000

20×6년 말에 20×5년도 기말재고자산을 ₩8,000만큼 과소평가한 오류가 발견되었다.

요구사항

1) 20×5년도와 20×6년도의 정확한 순이익은 얼마인가?
2) 위의 오류가 20×7년도 순이익과 자본에는 어떤 영향을 미치겠는가?

12 재고자산과 관련된 오류의 영향

20×7년 말 B사의 회계담당자는 ₩6,000,000만큼 기말재고자산을 과대평가하였다. 이 오류는 20×8년 12월 31일에 발견되었다. 이 오류가 발견되기 전의 손익계산서는 다음과 같다.

손익계산서

B사

	20×7년		20×8년	
매 출		₩75,000,000		₩135,000,000
매출원가:				
기초재고자산	₩9,000,000		₩12,000,000	
매 입	39,000,000		70,000,000	
판매가능재고액	₩48,000,000		₩82,000,000	
기말재고자산	12,000,000	36,000,000	21,000,000	61,000,000
매출총이익		₩39,000,000		₩74,000,000
영업비용		14,000,000		27,000,000
순이익		₩25,000,000		₩47,000,000

요구사항

20×8년 12월 31일의 기말재고자산액은 정확하다. 회계담당자의 오류가 20×7년, 20×8년의 순이익, 그리고 손익계산서상의 다른 항목에 어떤 영향을 미치겠는가?

13 재고자산원가흐름 가정의 영향

다음의 각 상황에 대하여 (1)~(4)의 금액을 계산하시오. 단, 기초재고액은 모두 동일하다.

	기말재고자산		당기순이익	
	선입선출법	가중평균법	선입선출법	가중평균법
상황 1	₩40,000	₩39,000	₩12,000	₩(1)
상황 2	13,000	(2)	9,000	6,000
상황 3	(3)	19,000	19,000	24,000
상황 4	20,000	21,000	(4)	13,000

14 재고자산원가흐름의 가정에 따른 기말재고자산가액과 매출원가의 결정

노송주식회사는 영업 첫해 동안 단가 ₩10의 상품 5,500단위를, 둘째 해 동안 단가 ₩12의 상품 6,000단위를, 셋째 해 동안 단가 ₩15의 상품 5,000단위를 구입하였다. 매년 기말재고는 1,000단위이었으며 판매가는 원가에 100%의 이윤을 가산하여 결정하였다.

요구사항

(1) 선입선출법과 (2) 가중평균법을 사용하였을 경우의 각각 3년간 기말재고자산가액과 매출원가를 산출하시오. 이 회사는 실사법을 적용한다.

15 재고자산원가흐름의 가정에 따른 기말재고자산가액과 매출원가의 결정

아래 사항은 합정상회의 20×6년 9월 한 달 동안의 매입 및 매출에 관한 사항이다.

		매 입			매 출	
일 자		수 량	단 가	총원가	일 자	수 량
9월 1일	기초재고	300개	₩5	₩1,500	9월 6일	100개
10일	매 입	500	6	3,000	11일	300
15일	매 입	200	7	1,400	17일	200
26일	매 입	400	8	3,200	23일	300
30일	매 입	100	9	900	28일	200
합 계		1,500개		₩10,000		1,100개

요구사항

아래 3가지 방법하에서 기말재고자산가액과 매출원가를 산정하시오.

1) 이동평균법
2) 선입선출법과 실사법
3) 선입선출법과 계속기록법

16 매출액총이익법을 이용한 재고자산액의 추정

F사는 최근에 태풍으로 재고자산 전부를 상실하였다. 이 회사가 실사법을 적용하고 있기 때문에 재난을 당할 당시에 얼마만큼의 재고자산이 있었는지 알 수가 없다. 다음의 정보들을 이용하여 태풍으로 인해 상실된 재고자산액을 추정하시오.

매입액(순액)	₩450,000,000
매 출 액	600,000,000
기 초 재 고 액	100,000,000
매출총이익률	35%

17 매출액총이익법을 이용한 재고자산액의 추정

(주)서강은 20×1년 홍수로 인해 재고자산을 유실시켰는데 소실된 재고자산액을 산정하기 위하여 다음의 자료를 수집하였다.

기초재고	₩24,000
순매입액	129,000
순매출액	200,000
소실되지 않은 재고자산액	3,000

요구사항

이들 자료를 이용하여 산정한 소실된 재고자산액이 ₩22,000이라고 할 때 매출총이익률은 얼마인가?

---

18 재고자산과 관련된 오류의 영향

신촌상사의 20×5년도와 20×6년도 장부에서 다음의 오류가 발견되었다.

20×5년도: 당기순매입액 ₩60,000 과대계상, 기말재고액 ₩12,000 과대계상
20×6년도: 당기순매출액 ₩50,000 과소계상

이 오류는 모두 20×7년도에 발견되었다.

요구사항
1) 20×5년도 손익계산서상의 당기순이익이 ₩100,000이었을 경우 정확한 순이익을 계산하시오.
2) 20×6년도 손익계산서상의 당기순이익이 ₩100,000이었을 경우 정확한 순이익을 계산하시오.

---

19 재고자산원가흐름 가정의 영향

다음의 각 상황에서 가중평균법에 의한 당기순이익은 얼마인가?

상황	기초재고자산 선입선출법	기초재고자산 가중평균법	기말재고자산 선입선출법	기말재고자산 가중평균법	당기순이익 선입선출법
(1)	₩12,000	₩10,000	₩10,000	₩14,000	₩9,000
(2)	29,000	26,000	19,000	13,000	24,000
(3)	39,000	43,000	46,000	49,000	30,000
(4)	8,000	10,000	12,000	11,000	18,000

---

20 재고자산원가흐름 가정의 영향

영서주식회사의 3년 동안 순이익과 재고자산원가의 내용은 다음과 같다.

	20×4	20×5	20×6
선입선출법하의 순이익	₩ 78,000	₩136,500	₩175,500
선입선출법하의 기말재고액	234,000	359,000	351,000
가중평균법하의 기말재고액	175,500	292,500	249,600

요구사항

가중평균법을 사용하였을 경우의 3년 동안 순이익은 각각 얼마이겠는가?

21 외상판매와 대손에 관련된 금액의 결정

다음은 고성주식회사의 20×0년도 회계자료의 일부이다. 아래 자료를 이용하여 다음 물음에 답하시오.

기초매출채권(1/1)	₩300,000	기초매입채무(1/1)	₩500,000
대손충당금(1/1)	15,000	당기총매입액(전액외상)	?
당기외상판매액	1,500,000	기말매입채무(12/31)	200,000
매출에누리와 환입	5,000	매입에누리와 환출	40,000
대손확정액	20,000	매입채무 현금지급액	1,200,000
매 출 할 인	10,000	매 입 할 인	15,000
매출채권회수액	950,000	기 초 재 고	100,000
기말매출채권(12/31)	?	기 말 재 고	250,000
매 출 원 가	?		

요구사항

1) 기말매출채권, 당기총매입액 그리고 매출원가는 각각 얼마인가?

2) 매출채권의 회수가능액이 ₩798,700이라면 고성주식회사의 20×0년도 대손상각비는 얼마인가?

3) 매출원가와 대손상각비를 인식하기 위한 수정분개를 하시오.

International Financial Reporting Standards

09

유형자산과 무형자산

학습목표

유형자산은 영업활동에서 사용되는 물리적 형체가 있는 자산으로 한 회계기간을 초과하여 사용될 것으로 기대되는 자산인 비유동자산으로 분류된다. 무형자산은 미래에 효익을 가져오는 무형의 권리를 뜻한다. 이 장의 목표는 유형자산과 무형자산의 취득, 사용, 그리고 처분과 관련하여 측정방법과 회계처리방법을 설명, 예시하는 데 있다. 우선 유형자산의 특징 및 종류에 관해 살펴본 후 유형자산의 취득시 취득원가의 측정 및 회계처리방법을 다룬다. 이어서 유형자산의 감가상각, 수선 및 유지, 그리고 처분에 관한 회계처리방법을 설명한다. 무형자산에는 산업재산권, 라이선스와 프랜차이즈, 그리고 신제품·신기술의 개발비 등이 포함된다.

주요 학습사항

감가상각	추정잔존가치	정 률 법
상 각	추정내용연수	이중체감법
비유동자산	감가상각방법	수익적 지출(비용화)
유형자산	체감잔액법	자본적 지출(자본화)
취득원가의 결정	정 액 법	무형자산
장부가치	생산량비례법	개 발 비
미상각원가	연수합계법	

1-1 유형자산의 특징

유형자산은 재화나 용역의 생산이나 제공, 타인에 대한 임대 또는 관리활동 등 기업의 영업활동에 사용할 목적으로 보유하는 물리적 형태가 있는 자산으로서 한 회계기간을 초과하여 사용할 것이 예상되는 자산이다. 대표적으로 토지, 건물, 구축물, 기계장치, 차량운반구 등 물리적 형태가 있는 자산이다. 유형자산을 얼마나 효율적으로 사용하느냐에 따라 기업의 이익에 직접적인 영향을 미치므로 유형자산의 형태, 원가, 수명, 수선 상태, 대체 등은 중요한 의사결정문제로 대두된다. 또한 이들 자산의 운용 및 유지비용도 이익에 중요한 영향을 미친다.

기업의 입장에서 볼 때 다른 모든 자산과 마찬가지로 취득된 유형자산은 미래의 경제적 효익의 유입을 가져다 줄 것으로 기대된다. 즉 기업은 유형자산을 활용하여 수년간 수익을 창출한다. 그러므로 자산의 취득시 지불된 원가는 취득연도에 모두 비용으로 처리될 것이 아니라 경제적 효익의 창출에 기여하는 기간에 걸쳐 합리적으로 배분되어야 한다. 예를 들어 어느 회사가 영업활동에 사용할 기계를 ₩10,000,000에 구입하였는데 이 기계는 앞으로 5년간 활용될 수 있다고 하자. 취득시 기계원가는 기계장치라는 자산계정에 기록된 후 향후 5년에 걸쳐 비용으로 소멸시켜야 한다. 이와 같이 유형 및 무형자산원가를 정기적으로 비용배분하는 것을 일반적으로 상각(amortization)이라고 하는데 이는 자산의 종류에 따라 각기 다르게 불리기도 한다. 유형자산의 상각을 감가상각(減價償却, depreciation), 천연자원의 상각을 감모상각(減耗償却, depletion), 무형자산의 상각을 그냥 상각(amortization)이라는 용어를 사용하여 구분하고 있다. 구체적인 감가상각의 방법은 제3절에서 다룰 것이다.

1-2 유형자산의 분류

기업활동을 효과적으로 수행하려면 기업은 각기 다른 특성과 목적을 가진 자산들을 적절히 결합하여 이용할 필요가 있다. 따라서 다양한 자산의 최적결합에 대한 결정은 중요한 과제이다. 유형자산에 속하는 항목들을 **표 9-1**과 같이 세분할 수 있다.

표 9-1
유형자산의 종류

종 류	설 명	감가상각 여부
1. 토 지	대지·임야·건답 등	비 상 각
2. 건 물	건물과 냉난방·조명·통풍 등의 건물부속설비	감가상각
3. 구 축 물	교량·저수지·갱도·정원설비 및 기타의 토목설비	
4. 기계장치	기계장치·운송설비(콘베어 등)와 기타의 부속설비	
5. 건설중인자산	유형자산의 건설을 위한 재료비·노무비 및 경비	비 상 각

유형자산의 대부분은 해당 유형자산을 사용할 수 있는 기간인 내용연수가 유한하기 때문에 감가상각의 대상이 된다. 토지는 내용연수가 무한하므로 감가상각하지 않는다. 건설중인자산은 회사가 사용할 목적으로 직접 또는 다른 회사에 발주하여 건설 중인 유형자산으로, 건설에 소요된 재료비, 노무비 및 경비 등으로 측정된다. 건설중인자산은 제품의 재공품과 유사하며 완공되어 영업활동에 사용되기 전까지는 감가상각할 수 없다. 유형자산과 관련된 회계처리는 크게 다음의 네 가지 측면으로 나누어 볼 수 있다.

> (1) 유형자산 취득원가의 측정과 기록
> (2) 취득 후 자산의 내용연수 동안 감가상각비의 인식
> (3) 사용기간 동안 수선 및 유지의 회계처리
> (4) 유형자산 처분이나 교환시의 회계처리

유형자산의
취득
02

International Financial Reporting Standards

유형자산의 취득원가는 자산의 매입가격과 그 자산을 소기의 목적에 사용가능하도록 만드는 데 소요되는 모든 합리적이고 필요한 부대비용이 포함된다.[1] 현금과 비현금자산을 양도하고 유형자산을 구입하는 경우에 취득원가는 지불된 현금에 비현금항목의 공정가치를 가산함으로써 산정된 금액이 된다. 그러나 만일 유형자산을 취득하기 위해 양도한 비현금자산의 공정가치를 합리적으로 알 수 없다면, 취득한 자산의 공정가치가 취득원가로 사용된다. 비현금항목의 교환에서는 기업이 포기한 항목의 공정가치와 수취한 항목의 공정가치 중에서 좀 더 객관적인 가치를 기준으로 하여 거래를 기록한다.

---

1 K–IFRS에서는 유형자산의 최초 인식 후에는 원가모형이나 재평가모형 중 하나를 선택하여 사용하는 것을 허용하고 있다. 즉 역사적 원가에 따라 유형자산을 인식할 수도 있고, 공정가치를 신뢰성 있게 측정할 수 있는 유형자산은 재평가일의 공정가치로 평가할 수 있다. 재평가모형은 중급회계에서 설명한다(참고자료 1 참조).

　S&P500에서 무형자산의 비중이 계속 높아지고 있습니다.

　특허평가 업체 오션토모(Ocean Tomo)에 따르면 11월 현재 S&P500지수 중 무형자산의 가치는 21조달러 이상으로 총 자산의 90%를 차지합니다. 역사적 최고 수준이죠.

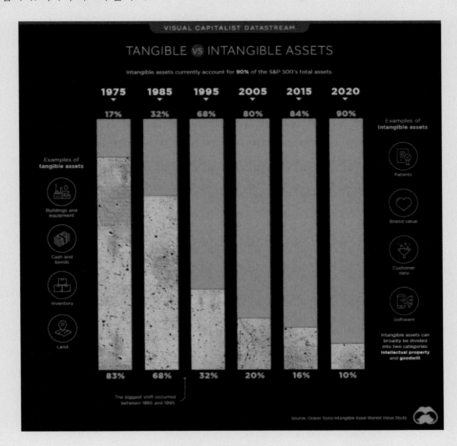

　이것이 예상못한 결과는 아닐겁니다. 코로나19로 증시에 혜성처럼 등장한 여러 기업들은 유형자산보다는 무형자산을 보유한 기업들이었죠. 페이스북·아마존·애플·넷플릭스·구글(FAANG), 마이크로소프트, 화이자, 세일즈포스 등이요. 우리나라에서도 바이오·배터리·인터넷·게임(BBIG) 주가가 가파르게 상승했습니다.

　무형자산은 물리적 실체가 없는 고정자산으로 크게 영업권(goodwill)과 지적재산권(intellectual property·IP)으로 나뉩니다. 브랜드 가치, 소비자데이터, 연구개발(R&D), 소프트웨어, 네트워크효과 등이 포함되죠. 반대로 유형자산은 '눈에 보이는 자산'이라고 생각하시면 쉽습니다. 토지, 건물, 현금 및 채권, 재고 등이요.

　과거에는 이러한 유형자산이 중요했습니다. 글로벌 산업이 제조업을 기반으로 돌아갔으니까 기계, 설비 등이 기업 가치와 직결됐습니다. 1975년만 해도 S&P500지수에서 유형자산 가치는 83%로 대부분을 차지했습니다. 주가수익비율(PER)과 주가순자산비율(PBR)은 적정 주가수준을 산출하는 좋은 방법이었습니다.

　사회 전반적으로 정보기술(IT)이 중요해지자 상황은 달라집니다. 1990년대 들어서면서 S&P500 내 무형자산은 급격히 증가했습니다. 1985년 4280억달러로 전체 자산의 32%에 불과했던 무형자산은 1995년 68%로 비중이 급증했습니다. 가치도 3

조1200억달러로 10년만에 7배 이상 늘었습니다.

2000년대부터 지금까지 무형자산의 비중은 추세적으로 증가했습니다. 2005년부터 무형자산 비중은 줄곧 80%를 넘겼습니다. 이러한 흐름은 더욱 가속화될 전망입니다. 온라인 기반 소비문화가 형성됐고 5세대(5G) 통신 혁명, 원격의료, 콘텐츠 전쟁 등이 진행되고 있습니다. 세계적 화두인 환경·사회·지배구조(ESG) 투자도 무형자산을 기반으로 하고 있죠.

이에 시장에서는 주가꿈비율(Price to Dream Ratio·PDR)이라는 새로운 평가방식이 등장하기도 했습니다. 한국투자증권은 지난달 PDR 산정식을 내놨는데요. 기업의 시가총액을 해당 기업이 속한 산업 전체의 시장규모와 현재 그 기업의 시장점유율을 곱한 값으로 나눴습니다. 시장지배를 가정한 미래 매출에 초점을 둔 것입니다.

자료 : 한국경제 인터넷 신문, 2020. 11. 20

예제 9-1 _ 유형자산의 취득원가

20×1년 1월 1일 노고회사는 새로운 기계를 취득하였는데 이 기계의 고시가는 ₩100,000이나 현금매입이었으므로 3%의 할인을 받았다. 노고회사는 기계의 매입가 외에도 수송비와 설치비를 각각 ₩4,000과 ₩5,000씩 지급하였다. 이 기계의 취득원가는 얼마인가?

해답

기계의 고시가	₩100,000
차감: 현금매입할인(₩100,000×0.03)	(3,000)
할인 후 송장가격	₩97,000
구매자가 지불한 수송비	4,000
구매자가 지불한 설치비	5,000
취득원가	₩106,000

구 건물이나 중고기계를 기업의 영업활동에 사용할 목적으로 구입하였을 경우, 이들 자산을 사용하기 이전에 구매자가 지불한 수선비용 역시 유형자산의 취득원가에 포함시킨다. 그러나 자산을 일단 사용한 후에 발생한 일상적인 수선비용은 비용으로 처리된다.

예제 9-2 _ 주식발행을 통한 자산의 구입

20×1년 1월 1일 석영기업이 기계를 취득하였다. 지불조건으로 현금 ₩3,000,000을 지급하고 이 회사의 보통주 2,000주를 발행하였다. 구입일에 석영기업의 보통주는 액면가인 주당 ₩5,000에 거래되고 있었다. 추가적으로 소유권이전비, 법률비용, 기타 비용으로 ₩100,000을 지급하였다. 이 기계의 취득시 필요한 분개를 하시오.

현금지급액				₩3,000,000
비현금항목의 시장가치(보통주 2,000주 @₩5,000)				10,000,000
				₩13,000,000
취득과 관련되어 발생한 소유권이전비, 법률비용, 기타비용				100,000
취득원가				₩13,100,000

기계취득시의 분개:

(차) 기 계	13,100,000	(대) 현 금	3,100,000
		(대) 보통주자본금	10,000,000

기업은 하나의 거래를 통해서 두 종류 이상의 유형자산을 단일가격에 일괄구입하는 경우가 있다. 이때 취득된 각 종류의 자산에 대한 취득원가는 분리시켜 자산별로 배분·기록되어야 한다. 예를 들어 건물과 그 건물이 위치하고 있는 토지를 일괄구입한 경우에는 두 개의 분리된 자산계정이 설정되어야 한다. 하나는 감가상각되는 건물계정이며 또 하나는 감가상각되지 않는 토지계정이기 때문이다. 일괄구입시 지불한 금액은 합리적인 기준에 의해서 토지와 건물에 배분한다. 취득시에 각 자산의 공정한 시장가치는 지불한 총금액을 배분하는 데 가장 합리적인 기준이다. 실무에서는 감정가액이나 자산취득세의 과세표준액이 개별자산에 대한 시장가치의 지표로서 사용되기도 한다.

예제 9-3 _ 유형자산의 일괄구입

제주기업은 공장 확대에 적합한 건물과 그 건물이 위치해 있는 토지를 현금 ₩300,000,000에 구입하였는데, 건물과 토지 각각에 대한 공정한 시장가격은 알지 못한다. 그래서 감정전문가에게 감정을 의뢰한 결과 다음과 같은 정보를 얻었다.

> 건 물 ₩189,000,000
> 토 지 126,000,000

건물과 토지의 취득을 기록하기 위한 분개를 하시오.

해답

자 산	감 정 가 치		총취득원가의 배분	
	금 액	비 율	계 산	배분된 원가
건 물	₩189,000,000	0.60*	₩300,000,000×0.60=	₩180,000,000
토 지	126,000,000	0.40**	300,000,000×0.40=	120,000,000
	₩315,000,000	1.00		₩300,000,000

* ₩189,000,000/₩315,000,000=0.60
** ₩126,000,000/₩315,000,000=0.40

건물과 토지의 일괄구입에 대한 분개:

(차) 공장건물	180,000,000	(대) 현　금	300,000,000
토　지	120,000,000		

유형자산의 감가상각 03

3-1 감가상각의 의의

유형자산의 취득원가는 미래용역 또는 효익에 대해 지급된 원가를 나타낸다. 또한 수익
비용대응의 원칙에 따라서 유형자산의 취득원가는 그 자산을 사용함으로써 수익을 창출할 수
있는 기간에 걸쳐서 취득원가의 일부분씩 비용으로 전환되어야 한다. 예를 들어 20×1년 1월
1일에 취득한 취득원가 ₩10,350인 기계의 추정내용연수가 10년이며, 잔존가치가 없을 경우
10년간 매년 말의 감가상각에 대한 분개는 다음과 같다.

(차) 감가상각비	1,035	(대) 감가상각누계액—기계	1,035

이와 같은 감가상각절차를 통해서 유형자산의 취득원가는 그 자산을 사용함으로써 효익
을 얻는 기간 동안 비용으로 배분된다. 취득일 이래로 누적된 감가상각누계액은 재무상태표에
관련 자산의 차감항목으로 보고된다. 위에서 예로 든 기계는 취득 후 2년 동안의 감가상각이
끝난 시점인 20×2년 12월 31일 현재의 재무상태표에 다음과 같이 보고된다.

부분재무상태표

××기업   20×2년 12월 31일

유형자산:
기 계   ₩10,350
감가상각누계액   (2,070)   ₩8,280

재무상태표에 보고된 유형자산가액은 재무상태표일 현재의 시장가치를 나타내는 것이 아니라 취득원가에서 감가상각누계액을 차감한 금액을 나타내는데 이를 유형자산의 장부가치(book value)라 한다. 장부가치는 앞으로 상각될 원가를 나타내기 때문에 미상각원가라고도 한다. 따라서 감가상각을 기록 보고하는 것은 취득원가의 배분(수익비용대응)이 주목적이며, 자산의 재평가와는 다른 개념이다.[2]

3-2 감가상각비의 결정요인

유형자산이란 기업이 영업활동을 하는 데 사용하는 토지, 건물, 구축물, 기계장치, 차량운반구 등과 같이 구체적인 형태로서 존재하는 것들이다. 토지를 제외한 건물, 구축물, 기계장치, 그리고 기타 유형자산은 사용에 의한 소모, 시간의 경과에 따른 퇴화, 기술변화, 진부화 등 수많은 원인들에 의해 경제적 효익이 감소된다. 따라서 수익비용대응의 원칙에 따라 회계기간 말에 자산의 효익 감소를 비용으로 기록하기 위한 수정분개를 해야 한다. 유형자산의 사용을 통해 창출된 기간수익과 유형자산의 취득원가를 기간별로 대응시키기 위해 체계적이고 합리적인 배분방법을 사용하여야 할 것이다. 감가상각되는 유형자산은 그 종류가 다양할 뿐만 아니라 위에 기술한 원인요소들이 유형자산의 효익 감소에 미치는 효과가 복잡하기 때문에 이를 반영한 다양한 감가상각방법이 실무에서 이용되고 있다. 어떠한 감가상각방법을 사용하든지 각 회계기간의 감가상각비를 산정하려면 각 자산에 대해 ① 취득원가, ② 추정잔존가치, ③ 추정내용연수의 세 가지 정보가 필요하다. 여기서 ②와 ③은 추정치임에 유의해야 한다. 따라서 보고되는 감가상각비 역시 추정비용이 될 수밖에 없다.

예제 9-4에서 보면 감가상각비를 계산함에 있어 잔존가치는 취득원가에서 차감된다. 잔존가치란 내용연수 이후 유형자산을 처분할 때 회수될 것으로 추정되는 금액에서 그 자산의 철거비, 제거비 그리고 판매비 등을 차감한 금액이다. 추정잔존가치는 현재 어떤 자산을 이용하고 있는 특정 기업이 그 자산을 처분할 날짜에 받을 것으로 추정한 순현금회수액이다. 잔존가치는 자산을 실제로 처분하기 전의 특정시점에서 추정한 값으로 이러한 추정은 미래의 불확실성 때문에 상당히 주관적이다.

---

2 자산을 재평가하는 경우의 감가상각 등에 대한 회계처리는 중급회계에서 다룬다.

예제 9-4 _ 감가상각비의 계산

석화기업에서 기계를 새로 구입하였는데 구입가가 ₩600,000이고 운반비 및 설치비가 ₩25,000이었다. 구입당시 기계의 내용연수는 3년으로, 3년 후의 잔존가치는 ₩25,000으로 추정되었다. 이 회사는 기계를 내용연수 동안 균등하게 이용한다고 가정한다면 연간 감가상각비는 얼마인가?

해답

실제취득원가	₩625,000
추정잔존가치	(25,000)
상각기준액	₩600,000
추정내용연수	3년
연간 감가상각비: ₩600,000/3년	₩200,000

취득원가에서 추정잔존가치를 차감한 금액을 상각기준액(depreciation base), 또는 상각대상금액(depreciable amount)이라 하며 자산의 내용연수 동안 실제로 상각되는 금액은 취득원가가 아닌 이 금액이다.

추정내용연수는 어느 자산이 특정기업의 영업활동에 사용될 것으로 기대되는 기간을 말한다. 추정내용연수는 특정자산의 물리적 사용가능연수를 의미하는 것이 아니라 현재의 소유자가 여러 경제적 여건을 감안하여 그 자산을 사용하려고 의도하는 기간을 의미한다. 예제 9-4에서 보았듯이, 석화기업은 3년을 적정사용기간으로 보지만, 똑같은 자산이라도 다른 기업은 가령 5년을 적정사용기간으로 추정할 수도 있는 것이다. 이를 기업고유의 내용연수(useful life for the firm)라고 한다.[3]

3-3 감가상각방법

감가상각의 목적은 체계적이고 합리적인 방법으로 내용연수 동안 유형자산의 원가를 배분하려는 데 있다. K-IFRS에서는 유형자산 감가상각방법으로 정액법, 생산량비례법, 체감잔액법 등을 예시하고 있다. 체감잔액법은 다시 정률법, 이중체감법, 연수합계법 등으로 분류할 수 있다. 다양한 감가상각방법이 있으나 감가상각의 근본개념에 있어서는 모두 일치한다. 감가상각방법을 하나씩 구체적으로 설명하기 위해 사용할 예는 다음과 같다.

---

3 엄밀한 의미에서 특정 자산의 경제적 내용연수는 기업고유의 내용연수와 다르다. 예를 들어 일반적으로 5년간 사용할 수 있는 차량의 경제적 내용연수가 5년이라면, 3년마다 차량을 바꾸기로 한 기업고유의 내용연수는 3년이다.

<table>
<tr><th colspan="2">예 시 자 료</th></tr>
<tr><td>용 어</td><td>예</td></tr>
<tr><td>기계의 취득원가</td><td>₩625,000</td></tr>
<tr><td>추정잔존가치</td><td>25,000</td></tr>
<tr><td>추정내용연수</td><td>3년</td></tr>
<tr><td>추정생산량</td><td>10,000개</td></tr>
<tr><td>감가상각률</td><td>방법에 따라 다름</td></tr>
<tr><td>연간 감가상각비</td><td>방법에 따라 다름</td></tr>
</table>

(1) 정 액 법

정액법(straight line method)은 직선법이라고도 한다. 이 방법을 이용하면 매기 일정액이 감가상각비로 비용화된다. 이 방법은 이해하기 쉽고 간단하기 때문에 실무에서 널리 이용된다. 이 방법에 의하면 상각기준액을 추정된 내용연수 동안 매 기간 동일한 금액을 할당시키며 연간 감가상각비는 다음과 같이 계산된다.

$$감가상각비 = \frac{상각기준액}{내용연수}$$

$$감가상각비 = \frac{₩625,000 - ₩25,000}{3} = ₩200,000$$

내용연수 동안 정액법에 의한 감가상각표를 작성하면 다음과 같다.

연 도	감가상각비	연 말 감가상각누계액잔액	장부가액
취득시			₩625,000
1	₩200,000	₩200,000	425,000
2	200,000	400,000	225,000
3	200,000	600,000	25,000
총감가상각비	₩600,000		

이 기계의 감가상각비에 대한 수정분개는 다음과 같다.

	1차년도	2차년도	3차년도
(차) 감가상각비	200,000	200,000	200,000
(대) 감가상각누계액-기계	200,000	200,000	200,000

위의 분개에서 다음과 같은 사실을 발견할 수 있다. 첫째, 정액법의 경우 연도별 감가상각비는 ₩200,000으로 동일한 금액이다. 둘째, 감가상각누계액 역시 매년 ₩200,000씩 동일한 금액이 증가한다. 이 방법은 자산의 경제적 유용성이 시간의 경과에 따라 일정한 금액만큼 감소한다는 것을 의미하기 때문에 매년 자산이 같은 비율로 사용될 때 적용하는 것이 합리적이다.

(2) 생산량비례법

생산량비례법(units-of-production method)은 유형자산으로부터 각 기간에 발생하는 효익이 유형자산의 기간산출량과 직접적인 관련이 있다는 가정에 기초를 두고 있다. 예를 들어 트럭과 같은 장비는 정액법의 가정처럼 단지 시간의 흐름에 따라서 일정액이 감가상각되기보다는 각 기간에 주행한 거리(산출량 측정의 한 기준)를 기준으로 감가상각되어야 한다고 주장할 수 있다. 왜냐하면 경우에 따라서는 단지 시간이 경과했다는 사실 하나만으로 유형자산이 생산적으로 사용되어 수익창출에 공헌했다고는 말할 수 없기 때문이다. 생산량비례법에서는 상각기준액을 내용연수가 아닌 총예상산출량으로 나누어 산출량 한 단위당 감가상각비를 계산하여 이를 매기의 실제생산량에 곱하여 각 기간의 감가상각비를 계산한다.

$$감가상각비 = \left(\frac{상각기준액}{총추정생산량}\right)^* \times 기중\ 실제생산량$$

$$* \ 단위당\ 감가상각비: \frac{₩625,000 - ₩25,000}{10,000단위} = ₩60/단위$$

앞의 예에서 1차년도, 2차년도, 그리고 3차년도의 실제 생산량이 각기 3,000단위, 5,000단위, 그리고 2,000단위라면 연도별 감가상각비는 다음과 같다.

연 도	계 산	감가상각비	감가상각누계액잔액	장부가액
취득시				₩625,000
1	3,000 × ₩60	₩180,000	₩180,000	445,000
2	5,000 × ₩60	300,000	480,000	145,000
3	2,000 × ₩60	120,000	600,000	25,000
총감가상각비		₩600,000		

생산량비례법을 적용할 경우, 각 연도 말의 수정분개는 다음과 같다.

	1차년도	2차년도	3차년도
(차) 감가상각비	180,000	300,000	120,000
(대) 감가상각누계액-기계	180,000	300,000	120,000

생산량비례법을 적용할 경우 기간별 감가상각비는 실제 산출량에 따라 변화하는 것을 알수 있다. 이 방법은 자산의 산출량이 현실적으로 추정될 수 있을 때, 그리고 자산의 경제적효용이 시간의 흐름에 따라 감소하기보다는 생산적 사용에 따라 감소하는 경향이 있을 때 적합한 방법이다. 따라서 이 방법은 천연자원의 감모상각에 주로 이용된다. 또한 기간별 자산사용에 대한 변화가 심할 경우 그리고 수익과 대응되는 비용을 보다 현실적으로 측정하고자 할때 이 방법이 사용된다. 그러나 실무에서는 이러한 개념적인 이점에도 불구하고 차기 이후의감가상각비를 정확하게 예측할 수 없기 때문에 이 방법은 천연자원의 감모상각 외에는 널리사용되지 않고 있다.

(3) 체감잔액법

체감잔액법(declining-balance method)은 자산사용의 초기연도에 보고되는 감가상각비가 상대적으로 크고 후기연도에 보고되는 감가상각비가 작아야 된다는 사고에 기초하고 있다. 이방법은 감가상각자산의 수익창출능력은 내용연수의 후기연도보다 초기연도에 더 왕성한 반면에 수선비용은 초기연도가 후기연도에 비해서 더 적게 드는 경향이 있음을 고려한다. 체감잔액법에서는 시간이 지날수록 감가상각비가 적어지며 가속상각법이라고도 한다. 따라서 체감잔액법에 의해 감가상각을 하게 되면 시간이 흐름에 따라 감가상각비는 점점 감소하고 수선비용은 점점 증가하여 자산의 내용연수 동안 자산의 사용과 관련된 총비용이 기간별로 고르게 분포된다.

체감잔액법은 법인세의 절세관점에서 상당한 지지를 받고 있다. 즉 초기연도의 상대적으로 높은 감가상각비는 보고이익을 낮추어서 기업의 법인세 부담을 경감시키는데 후기연도에가서는 경감된 만큼 법인세 부담이 늘어난다. 그러나 화폐의 시간가치 효과가 있기 때문에 같은 금액의 법인세라도 늦게 지출하는 것이 유리하다. 체감잔액법은 후기연도보다 초기연도의세금절감을 가능하게 하므로 실질적인 법인세의 절감효과를 가져올 수 있다. 체감잔액법에는연수합계법, 정률법, 그리고 이중체감법 등이 있다.

1) 연수합계법

연수합계법(sum-of-the-years'-dight method)은 비교적 단순하면서도 감가상각의 체감효과를 가져다 주는 방법이다. 감가상각비는 상각기준액에 상각률을 곱하여 계산한다. 이때 각 연도의 상각률은 내용연수를 나타내는 숫자(N)로부터 차례로 1까지를 역으로 나열한 숫자를 분자로 하고, 이 일련번호들의 합을 분모로 하여 결정된다. 각 연도의 감가상각비는 상각기준액에 각 연도의 상각률을 곱하여 구한다.

$$t\,\text{기의 감가상각비} = \text{상각기준액} \times t\,\text{기의 상각률}$$

연 도	상각률	
1	3/6	분자: 내용연수의 역순
2	2/6	분모: 1+2+3＝6
3	1/6	
총 계	6/6	

따라서 연수합계법에 의한 예시된 기계의 연도별 감가상각비는 다음과 같이 산출된다.

1차년도: ₩600,000 × 3/6 = ₩300,000
2차년도: ₩600,000 × 2/6 =   200,000
3차년도: ₩600,000 × 1/6 =   100,000

연수합계법의 체감효과는 다음의 감가상각비를 살펴보면 쉽게 알 수 있다.

연 도	계 산	감가상각비	연 말	
			감가상각누계액잔액	장부가액
취득시				₩625,000
1	₩600,000 × 3/6	₩300,000	₩300,000	325,000
2	600,000 × 2/6	200,000	500,000	125,000
3	600,000 × 1/6	100,000	600,000	25,000
총감가상각비		₩600,000		

또한, 각 연도 말 연수합계법에 의해 감가상각비를 인식하기 위한 수정분개는 다음과 같다.

	1차년도	2차년도	3차년도
(차) 감가상각비	300,000	200,000	100,000
(대) 감가상각누계액-기계	300,000	200,000	100,000

2) 정률법

정률법(fixed percentage method)을 이용하면 각 연도의 유형자산의 기초장부가액에 일정 감가상각률을 곱하여 각 연도의 감가상각비를 계산한다. 각 연도의 장부가액은 점차 감소되므로 여기에 일정한 상각률을 곱하여 산정되는 감가상각비는 매년 감소하게 된다. 상각률은 추정내용연수(N), 추정잔존가치, 그리고 취득원가를 이용하여 다음과 같이 산정된다.

$$t\text{기의 감가상각비} = \text{유형자산의 } t\text{기 기초장부가} \times \text{상각률}(\gamma)$$

$$\gamma = 1 - \sqrt[N]{\frac{\text{잔존가치}}{\text{취득원가}}}$$

$$= 1 - \sqrt[3]{\frac{25,000}{625,000}} = 1 - 0.342 = 0.658$$

위에서 산정한 상각률을 사용하여 감가상각하면 내용연수가 끝난 연말에는 추정잔존가치와 동일한 금액이 미상각된 채로 남아 있게 된다. 정률법을 앞의 예에 적용시켜 보자.

연 도	계 산	감가상각비	연 말 감가상각누계잔액	장부가액
취득시				₩625,000
1	₩625,000×0.658	₩411,250	₩411,250	213,750
2	213,750×0.658	140,647	551,897	73,103
3	73,103×0.658	48,103	600,000	25,000
총감가상각비		₩600,000		

3) 이중체감법

이중체감법(double declining balance method)은 정률법을 실무에서 적용하기 쉽게 변형시킨 방법이다. 정률법에서 상각률을 계산하려면 복잡한 공식을 이용해야 하는 단점이 있다. 그런데 정액법 상각률의 두 배에 해당하는 수치는 공식을 사용해서 구한 상각률과 유사한 값이 된다. 그러나 이 방법은 상각률의 계산이 간단한 반면 내용연수가 끝났을 때의 장부가가 추정잔존가치와 일치하지 않는다는 단점이 있다. 그러므로 장부가액과 추정잔존가액이 같아지도록 상각종료에 감가상각비를 조정할 필요가 있다. 이중체감법에 의한 감가상각비는 다음과 같이 계산된다.

t기의 감가상각비 = 유형자산의 t기초장부가 × 상각률*

정액법 상각률 $\qquad 1/N = 1/3 = 0.333$

* 정액법 상각률의 배율: $0.333 \times 2 ≒ 0.667$

이중체감법에 의한 감가상각표를 작성하면 다음과 같다.

연 도	계 산	감가상각비	연 말 감가상각누계잔액	장부가액
취득시				₩625,000
1	₩625,000×0.667	₩417,000	₩417,000	208,000
2	208,000×0.667	139,000	556,000	69,000
3	69,000×0.667	44,000*	600,000	25,000
총감가상각비		₩600,000		

* 3차년도의 감가상각비는 공식에 의하면 ₩69,000×0.667=₩46,000일지라도 마지막 연도에는 잔액이 잔존가액 ₩25,000과 일치하도록 감가상각비를 ₩44,000으로 조정한다.

이중체감법은 여러 체감잔액법 중에서 체감의 효과가 가장 크다는 것을 알 수 있다.

(4) 감가상각방법의 비교

K-IFRS에 따르면, 감가상각방법은 해당 자산에 내재되어 있는 미래 경제적 효익의 예상

연도	정 액 법		생산량비례법		연수합계법		이중체감법		정 률 법	
	감가상각비	장부가액	감가상각비	장부가액	감가상각비	장부가액	감가상각비	장부가액	감가상각비	장부가액
취득시		₩625		₩625		₩625		₩625		₩625
1	₩200	425	₩180	445	₩300	325	₩417	208	₩411	214
2	200	225	300	145	200	125	139	69	141	73
3	200	25	120	25	100	25	44	25	48	25
합 계	₩600		₩600		₩600		₩600		₩600	

소비행태를 가장 잘 반영하는 방법에 따라 선택하고, 예상 소비형태가 변하지 않는 한 매 회계기간 일관성 있게 적용해야 한다. 이상에서 설명한 다섯 가지 감가상각방법은 각 연도별 감가상각비에는 차이를 보이고 있지만, 내용연수 동안의 감가상각비 총액은 방법에 상관없이 ₩600,000(상각기준액)으로 똑같게 된다. 표 9-2에서는 각 방법별로 손익계산서와 재무상태표에 보고되는 연도별 감가상각비와 장부가액을 비교하였으며, 연도별 각 방법의 감가상각비의 변동을 그림으로 비교하면 그림 9-1과 같다.

　　표 9-2와 그림 9-1에서 보는 바와 같이 유형자산의 취득원가, 추정내용연수, 그리고 추정잔존가치 등이 모두 같을 지라도 어떠한 감가상각방법을 사용하느냐에 따라 보고되는 기간비용이 다르기 때문에 기간이익에 서로 상이한 영향을 미치게 된다. 이는 보고이익이 특정한 회계처리방법의 선택에 의해 영향을 받고 있음을 보여 주는 전형적인 예이다.

(5) 회계기간 중의 감가상각

　　지금까지 우리는 내용연수기간 동안 매년 1년간의 감가상각비가 수정분개를 통해 각 회계기간 말에 측정·기록된다고 가정하였다. 그러나 감가상각비는 월별, 분기별 또는 반기별로 기록될 수도 있으며, 또는 회계기간 중에 자산이 취득되거나 처분되기도 하기 때문에 반드시

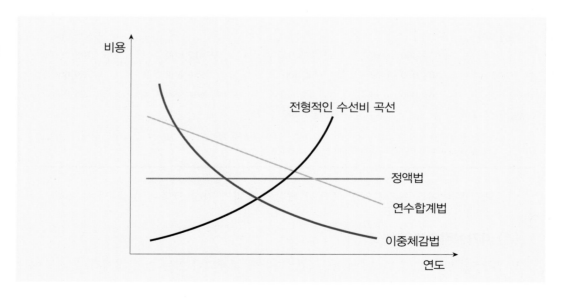

1년간의 감가상각비가 계산되어야 하는 것은 아니다. 이런 경우 감가상각비는 오히려 1년 이내의 해당 기간에 대해서만 계산되어야 한다. 기간을 계산할 때 정확히 날짜까지 따지기보다는 월, 분기, 반기 등을 적절한 기간단위기준으로 하여 감가상각비를 계산하는 것이 통례이다. 예를 들어 월을 기준으로 감가상각비를 계산하는 경우에 15일을 기준으로 그 이전에 취득한 감가상각자산은 그 달 1일에 취득한 것으로 가정하여 계산할 수 있다. 또한 생산량비례법 이외의 감가상각방법을 적용할 때, 월별 감가상각비는 연 감가상각비를 12로 나누어 얻는 것이 일반적이다.

앞의 예에서 이중체감법에 의한 첫 해의 감가상각비는 ₩417,000이었다. 그 자산이 20×1년 8월 12일에 취득되었고, 12월 31일이 회계연도 말이라면 20×1년에 계상될 감가상각비는 위에서 설명한 방식에 따라 월을 기본단위로 하는 경우, 다음과 같이 계산된다.

$$20 \times 1년의\ 감가상각비^* : ₩417,000 \times \frac{5}{12} = ₩173,750$$

$$20 \times 2년의\ 감가상각비^{**}: ₩417,000 \times \frac{7}{12} + ₩139,000 \times \frac{5}{12} = ₩301,167$$

* 8월 12일에 취득하였으므로 8월 초에 취득한 것으로 가정하여 20×1년에는 1차년도 감가상각비의 5/12를 인식한다.
** 20×2년에는 1차년도 감가상각비의 7/12와 2차년도 감가상각비의 5/12를 인식한다.

(6) 감가상각추정의 변경

감가상각비를 산정하는 데 사용하는 내용연수와 잔존가치는 추정치이기 때문에 시간의 흐름에 따라 최초의 추정치를 변경할 필요가 생길 수 있다. 내용연수나 잔존가치 중 어느 하나라도 최초의 추정치를 변경할 필요가 있을 경우에는 변경 당시의 미상각원가(장부가치)에서 새로운 잔존가치를 차감한 금액을 잔여추정내용연수에 걸쳐 배분하여야 한다. 또한 K-IFRS는 감가상각방법에 대해서도 회계추정의 변경으로 처리할 것을 요구하고 있다. 추정변경의 효과는 당기 이후에만 영향을 주도록 하며 과거에 이미 감가상각한 것을 소급하여 수정하지는 않는다.

예제 9-5 _ 감가상각추정의 변경

서산회사에서 6년 전에 기계를 구입하여 사용하던 중 7차년도 초에 이 기계에 관련하여 추정의 변경이 있었다. 추정변경 직전 기계에 관한 감가상각자료는 다음과 같다.

기계의 취득원가	₩330,000
추정내용연수	10년
추정잔존가치	₩30,000
감가상각방법	정액법
감가상각누계액잔액	₩180,000

그런데 7차년도 초에 최초의 추정치를 다음과 같이 변경하였다.

수정된 총추정내용연수	14년
수정된 추정잔존가치	₩10,000

요구사항

7차년도 말에 감가상각비를 인식하기 위한 수정분개를 하시오.

해답

(차) 감가상각비	17,500*	(대) 감가상각누계액―기계	17,500

* 취득원가	₩330,000
1~6년도까지의 감가상각누계액	(180,000)
미상각잔액	₩150,000
수정된 잔존가치	(10,000)
감가상각되어야 할 잔액	₩140,000
연간 감가상각비 ₩140,000/(14년−6년)	₩17,500

참고자료 2　　　　어! 데이터담보로 기업대출 진짜 되네

- 산은, 금융권 최초로 실행
- 한국신용데이터에 50억 대출
- 데이터 시장 활성화 초석 마련
- 매출관리 앱 '캐시노트' 운영
- 매출·매입 운영데이터 담보로 미래 부가가치 창출 높게 평가

KDB산업은행이 지난 11일 한국신용데이터(KCD)에 데이터와 애플리케이션(앱)을 담보로 50억 원을 대출해줬다고 14일 밝혔다. 데이터나 앱을 담보로 대출을 실행한 건 국내 금융사 중 산업은행이 처음이다. 앞으로 은행이 부동산 등 유형 자산이 없는 스타트업에 데이터 등 무형 자산을 담보로 대출해줄 수 있는 길이 열린 것으로 평가된다.

이번에 산업은행이 담보로 잡은 데이터는 KCD가 운영하는 캐시노트 앱을 통해 관리하는 매출·매입 정보다. 2016년 설립된 KCD는 카카오톡을 기반으로 하는 개인사업자용 경영 관리 앱 캐시노트를 통해 매출 관리, 단골 고객 분석, 세금 관리 등 다양한 서비스를 전국 65만 사업장에 제공하고 있다. 담보로 설정된 앱은 캐시노트로 프로그램과 소스코드가 포함된다. 산업은행은 저작권법상 데이터와 앱에 대한 저작권을 등록한 후 등록원부상 근질권을 설정했다. 산업은행 관계자는 "이번 대출로 은행과 스타트업 간 데이터라는 무형 자산을 통해 대출이 가능해졌다"며 "앞으로 이 같은 대출이 더 확대될 것"이라고 밝혔다.

그동안 은행은 부동산 등 유형 자산을 담보로 대출을 실행하기 때문에 유형 자산이 없는 스타트업에 대한 대출은 승인되기 쉽지 않았다. 그러나 이번 대출 과정에서 기업의 핵심 데이터에 근질권을 설정해 기업이 영속하는 한 대출금을 갚도록 강제할 수 있게 됐다.

아울러 데이터 보유 회사가 타 회사에 인수·합병(M&A) 되더라도 산업은행은 데이터에 대한 권리를 행사할 수 있도록 했다. 기업이 문을 닫더라도 대출금을 떼일 여지를 없애버린 것이다. 스타트업들도 이번 대출 건을 환영하고 있다. 스타트업은 대

산업은행 '데이터 기반 혁신기업 특별자금'

내용	데이터로 신시장 창출하는 기업을 위한 특별자금
대상	데이터와 앱을 담보로 제공하는 데이터 기반 기업
규모	총 5,000억 원(업체별 500억 원 이내)
사례	한국신용데이터(50억 원)

한국신용데이터 담보 내역

담보 대상
데이터(카드 매출·매입 내역 정보) 앱(캐시노트 프로그램 및 소스코드

담보 취득
데이터·앱 저작권 등록 후 등록원부상 근질권 설정

부분 유형 자산이 없지만 데이터나 앱 등 무형 자산을 핵심 자산으로 가지고 있기 때문이다.

KCD가 담보로 제공한 데이터는 주로 상권 현황과 상권 변화에 대한 통계와 분석 데이터인 것으로 전해졌다. KCD가 캐시노트 앱을 통해 상당한 금액의 매출·매입 데이터를 관리하고 있는데, 이 중 상권 관련 데이터로 50억 원 이상의 가치를 평가받은 것이다.

다만 데이터는 양보다 부가가치 창출 기여도가 더 중요하다. 단순한 데이터 자체보다는 데이터를 예컨대 상권 분석 등으로 활용할 수 있다는 점이 가치를 높이기 때문이다.

데이터를 대출 담보로 활용해 데이터 비즈니스 업체를 지원하게 된 것은 이동걸 산업은행 회장의 지시가 주효했다. 이 회장은 2017년 취임 직후 산업은행의 핵심 목표로 혁신 성장을 제시했고, 지난해에는 구체적으로 스타트업을 위한 새로운 대출 형태를 마련하라고 한 바 있다.

이에 따라 산업은행은 지난해 하반기 '데이터 기반 혁신기업 특별자금' 상품을 신설했다. 이는 데이터와 앱을 담보로 혁신기업에 대출해줄 수 있는 상품이다.

산업은행은 지난해 가을 국내 대표적인 데이터 비즈니스 업체인 KCD에 직접 연락해 대출에 관심 있는지 문의했고 수개월간 협의한 끝에 이번에 결실을 맺게 됐다. KCD 대출은 운영자금 목적으로 실행됐고 마이너스통장처럼 한도성 대출 형식을 띠었다. 산업은행은 이 상품을 통해 앞으로 총 5000억 원 규모 대출을 단행할 계획이다.

자료 : 매일경제, 2021. 01. 14

수선과
유지
04

International Financial Reporting Standards

4-1 수익적 지출과 자본적 지출

유형자산을 취득한 후 처분하기까지 뒤따르는 주요 지출(후속원가)을 살펴보면 일상적인 수선과 유지, 특별수선, 대체, 증설 등의 항목이 있다. 회계담당자들은 이들 항목과 관련해서 지출이 발생할 때 당기의 비용으로 기록할 것인가, 또는 미래수익과 대응될 자산으로 기록할 것인가를 결정해야 한다. 즉 발생한 지출들을 비용화할 것인가 또는 자본화할 것인가를 결정해야 한다. 회계에서는 전자를 수익적 지출이라 하고, 후자를 자본적 지출이라 한다.[4]

유형자산의 취득 후 후속 지출에 대해 자본적 지출로 처리할 것인지 아니면 수익적 지출로 처리할 지에 대한 구분은 실무적으로 쉽지 않다. 원칙적으로 후속 지출이 자산의 정의를 만족하는 경우, 즉 후속 지출로 인하여 미래 경제적 효익이 유입될 가능성이 높은 경우에는 자본화를 하며 그렇지 않은 경우에는 비용으로 처리해야 한다. 유형자산에 대한 추가적 지출이 미래 경제적 효익의 유입을 증가시키는 지 여부에 대한 판단은 주관적이다. 일반적으로 추가적 지출로 인하여 매출의 향상이나 생산원가의 감소, 또는 유형자산의 내용연수가 증가한 경우 자본적 지출로 보는 경우가 많다. 그러나, 이러한 판단은 상황에 따라 가변적이라는 점에 유의해야 한다.

자본적 지출의 예로는 자산의 신규 취득뿐만 아니라 이미 소유하고 있는 자산의 확장이나 개량을 하기 위한 지출도 포함된다. 이들 지출로 인한 효익은 당기뿐만 아니라 차기 이후에도 나타나기 때문에 자본적 지출은 당해 자산계정에 기록된다. 예를 들어 공장건물증설과 관련해서 ₩90,000,000을 지불하였다면 이때의 분개는 다음과 같다.

(차) 공장건물	90,000,000	(대) 현 금	90,000,000

수익적 지출은 일상적인 수선 및 유지와 같이 단지 당기에만 효익이 미치는 지출이다. 그러므로 수익적 지출은 발생기간에 적절한 비용계정에 차기한다. 예를 들어 공장의 일상적인 수선을 위해 ₩600,000을 지불하였다면 이 거래는 다음과 같이 분개된다.

(차) 수 선 비	600,000	(대) 현 금	600,000

유형자산의 취득 후에 발생하는 몇 가지 주요 지출유형에 대해서 살펴본다.

(1) 특별수선비

특별수선비는 자주 발생하지 않으며, 지출금액이 상대적으로 크고, 자산의 효율성을 증가시키거나 내용연수를 연장시킴으로써 자산에 대한 미래의 경제적 유용성을 증가시키는 특징이 있다. 따라서 특별수선비(special repairs)는 자본적 지출로 회계처리하는 경우가 많다. 이러한 예로는 대대적인 수선, 대규모의 대체와 개량 등이 포함된다. 예를 들어 공장건물의 지붕을 완전히 대체하는 것은 특별수선인 반면, 낡은 지붕만을 골라서 수선하는 것은 일상적인 수선에 속한다. 자본적 지출로 인식되는 경우 관련 자산계정에 차기하고 그 자산의 내용연수에 걸쳐 감가상각하여야 한다.

---

4 K-IFRS에서는 명시적으로 수익적 지출. 자본적 지출이라는 용어를 사용하고 있지 않지만 편의상 기존의 표현을 그대로 사용한다. 한편 수익적 지출을 '비용화'라고 하고, 자본적 지출을 '자본화'라고 하기도 한다.

예제 9-6 _ 특별수선비

영화회사 기계의 취득원가는 ₩40,000,000이며, 잔존가치는 없는 것으로 추정하고, 10년 동안 정액법으로 감가상각하였다. 그런데 7차년도 초에 대규모의 수선이 이루어져 ₩12,700,000이 지출되었다. 이 수선의 결과 추정 내용연수는 총 10년에서 13년으로 연장되었다. 기계의 취득부터 내용연수가 끝날 때까지의 분개를 하시오.

해답

자산의 취득시:

(차) 기　계	40,000,000	(대) 현　금	40,000,000
	(기계의 취득)		

감가상각(1~6년도 말):

(차) 감가상각비	4,000,000	(대) 감가상각누계액(기계)	4,000,000
	(연간 감가상각비를 기록하기 위한 수정분개: ₩40,000,000/10)		

특별수선(7년도 초):

(차) 기　계	12,700,000	(대) 현　금	12,700,000
	(대규모 수선을 위한 지출)		

수선 후 감가상각(7~13년도 말):

(차) 감가상각비	4,100,000*	(대) 감가상각누계액(기계)	4,100,000

* 최초의 취득원가 ₩40,000,000
감가상각누계액 (24,000,000)
장부가액 ₩16,000,000
특별수선비 12,700,000
잔존내용연수 동안 상각되어야 할 상각기준액 ₩28,700,000
연간 감가상각비: ₩28,700,000/(13년-6년)=4,100,000

(2) 증　설

증설(additions)은 기존의 건물에 새로이 독립적인 자산을 부가하거나 기존의 자산을 확대 증설하는 것을 말한다. 일반적으로 증설에 따른 지출은 자본적 지출이므로 현재 존재하는 자산계정에 차기하여야 하며 자산의 잔존 내용연수에 걸쳐 감가상각한다.

(3) 일상적인 수선과 유지

일상적인 수선과 유지를 위해 지출된 비용은 수익적 지출로 분류되며, 유형자산의 장부금액에 포함하여 인식하지 않고 발생시점에 당기 비용으로 인식한다. 이 지출은 정상적인 영업활동에서 유형자산의 효율성을 정상 상태로 유지하기 위해 반복적으로 발생되는 지출로서 그 금액은 상대적으로 적다. 일상적인 수선과 유지는 자산의 경제적 가치를 증가시키지 않으며 내용연수도 연장시키지 않는다. 단지 자산의 사용으로 발생하는 소멸과 손상부분을 회복하여 추정내용연수와 영업효율성을 유지하려는 것이다. 그렇기 때문에 일상적인 수선과 유지에 소요되는 비용을 모두 당기비용으로 처리하여 당기수익과 대응시켜야 한다.

유형자산
의 재평가
05

International Financial Reporting Standards

유형자산의 취득시에는 취득시점에서의 공정가치인 취득원가로 기록한다. 그러나 취득 이후에는 취득원가와 공정가치 사이에 상당한 차이가 날 수 있다. K-IFRS(제1006호)에서는 유형자산의 취득 이후에는 취득원가로 계속 평가하는 원가모형과 공정가치로 재평가할 수 있는 재평가모형 중 선택할 수 있도록 하고 있다. 공정가치란 합리적인 판단력과 거래의사가 있는 독립적인 당사자 사이의 거래에서 자산이 교환될 수 있는 금액을 뜻한다. 재평가모형은 회사가 공정가치를 신뢰성 있게 측정할 수 있는 경우 적용할 수 있다.

회사는 유형자산의 취득 이후에는 유형자산 분류별로 원가모형이나 재평가모형을 선택하여 동일 분류 안에서는 동일한 모형이 적용되도록 해야 한다. 유형자산 개별 분류의 예로는 토지, 토지와 건물, 기계장치, 항공기, 차량운반구, 사무용 비품 등이 있다. 재평가의 빈도는 재평가되는 공정가치 변동에 따라 달라진다. 공정가치의 변동이 별로 없고 금액도 중요하지 않은 경우에는 3~5년에 한 번 할 수 있는 반면, 공정가치의 변동이 빈번하고 그 금액도 중요한 경우에는 매년 재평가할 필요가 있다.

자산재평가 결과 재평가이익이 발생한 경우와 재평가손실이 발생한 경우 회계처리는 다르다. 자산 재평가이익이 발생한 경우, 발생하는 재평가이익은 기타포괄손익계산서에 보고되고, 자본의 재평가잉여금에 누적되어 보고된다. 반면, 재평가손실이 발생한 경우, 즉시 당기비용처리된다. 즉 재평가손실에 대해서는 기타포괄손실로 처리하는 것이 아니라 당기손익으로 회계처리한다. 다만, 기존에 발생한 재평가이익이나 재평가손실이 있는 경우에는 회계처리가 달라지는 데 이에 대해서는 중급회계에 배우게 된다.

노고주식회사는 20×1년 초에 업무용 토지를 ₩10,000에 취득하였다. 노고회사는 유형자산 중 토지의 평가에 재평가모형을 적용하기로 하였다. 20×2년 말 현재 토지의 공정가치가 (1) ₩13,000인 경우와 (2) ₩8,000인 경우 각각에 대해 분개를 하시오.

해답

(1) 공정가치가 ₩13,000인 경우

(차) 토 지	3,000	(대) 재평가잉여금(기타포괄이익)	3,000

(2) 공정가치가 ₩8,000인 경우

(차) 재평가손실(당기손익)	2,000	(대) 토 지	2,000

International Financial Reporting Standards

유형자산
의 처분
06

유형자산이 처분되는 경우는 크게 둘로 구분할 수 있다. 하나는 매각, 타자산과의 교환, 또는 내용연수까지의 사용 등 기업의 자발적인 의사결정에 의한 것이며, 또 하나는 이와는 반대로 폭풍, 화재 등의 우발적인 사고에 의해서 예기치 않게 처분되는 경우이다. 어떠한 이유이든지간에 유형자산이 처분되면 관련 유형자산의 취득원가와 그 자산과 관련된 감가상각누계액은 처분일자로 계정에서 완전 소멸되어야 한다. 처분시점에 처분으로부터 기업이 획득한 자원의 처분가액과 처분자산의 장부가치와의 차액은 유형자산처분이익 또는 유형자산처분손실로 계상되어 손익계산서에 수익 또는 비용으로 인식한다.

유형자산처분이익(손실) = 유형자산의 처분가 – 유형자산의 장부가*

* 장부가 = 취득원가 – 감가상각누계액

만약 회계기간 초나 말이 아닌 회계기간 중에 유형자산이 처분되는 경우에는 처분일 현재의 감가상각누계액을 계산하기 위해서 마지막 감가상각비 인식일로부터 처분일까지의 기간 동안의 감가상각비를 먼저 인식해야 한다. 이러한 분개가 이루어진 후에 처분을 인식하기 위한 분개를 한다.

예제 9-8 _ 유형자산의 처분

동부회사는 20×1년 1월 1일에 기계를 매각하고 현금 ₩3,500,000을 받았다. 기계의 취득원가는 ₩10,000,000이었으며, 기계에 대한 감가상각누계액은 ₩7,000,000이었다. 처분시의 분개를 하시오.

해답

20×1년 1월 1일(처분일):

(차) 현　　　금	3,500,000	(대) 기　　계	10,000,000
감가상각누계액-기계	7,000,000	유형자산처분이익	500,000*
	(유형자산의 처분)		

* 처분이익=판매대금-장부가치=₩3,500,000-(₩10,000,000-₩7,000,000)

예제 9-9 _ 회계기간 중의 유형자산 처분

남부회사는 20×1년 1월 1일 ₩16,000,000에 차량 한 대를 구입하였는데 20×4년 6월 30일 사고로 크게 파손되었다. 이 차량은 그간 정액법에 의해 감가상각되었으며 추정내용연수는 10년이었고 추정잔존가치는 ₩1,000,000이었다. 사고가 나자 보험회사는 ₩8,000,000의 보험금을 남부회사에 지급하였다. 자동차의 취득부터 보험금의 수령까지 남부회사가 실시한 분개를 하시오.

해답

20×1년 1월 1일(취득일):

(차) 차량운반구	16,000,000	(대) 현　　　금	16,000,000
	(차량의 구입)		

20×1년, 20×2년, 20×3년 말(수정분개):

(차) 감가상각비	1,500,000*	(대) 차량운반구	1,500,000
	(감가상각비의 계상)		

* (₩16,000,000-₩1,000,000)/10=₩1,500,000

20×4년 6월 30일(처분일):

(차) 감가상각비	750,000	(대) 차량운반구	750,000*
	(20×4년 1월부터 6월까지의 감가상각비 계상)		

306

$$* ₩1,500,000 \times \frac{6}{12} = ₩750,000$$

(차) 현　　　　　금	8,000,000	(대) 차량운반구	16,000,000
감가상각누계액	5,250,000		
유형자산처분손실	2,750,000*		
		(차량의 처분기록)	

* 처분손실=처분가－장부가=₩8,000,000－(₩16,000,000－₩5,250,000)

International Financial Reporting Standards

07

무형
자산

7-1 무형자산의 의의와 회계처리

　무형자산(intangible assets)은 기업이 영업활동에 사용할 목적으로 보유하고 있으며, 물리적 형태가 없지만 식별가능하고, 기업이 통제하고 있으며, 미래 경제적 효익이 있는 비금융자산으로 정의된다. 자산이 식별가능하다는 것은 그 자산이 독립적으로 거래될 수 있음을 뜻한다. 무형자산은 자산의 소유자가 법적으로 소유한 권리나 특권 때문에 가치를 지닌다. 그러나 무형자산은 토지나 건물 같은 유형자산처럼 형태, 즉 물리적 실체를 갖지 않는다. 무형자산의 예로는 특허권, 판권, 저작권, 상표권 등이 있다. 매출채권이나 대여금은 물리적 형태는 없지만 미래에 일정한 액수의 현금으로 전환되는 금융자산이기 때문에 무형자산으로 분류되지 않는다.

　무형자산 역시 그 획득을 위해 자원의 지출을 필요로 한다. 예를 들어 기업이 외부로부터 특허권을 구입한 경우, 특허권의 구입가 및 부대비용은 산업재산권이라는 무형자산계정에 기록되어야 하고, 유형자산과 함께 비유동자산의 한 종류로 재무상태표에 보고되어야 한다. 취득시 무형자산은 매입가액 또는 제작원가에 모든 부대비용을 합한 금액으로 기록된다.[5] 특정 무형자산이 획득되면 각 형태별로 독자적인 계정을 사용하여 보고된다.

　무형자산은 외부로부터 구입하기도 하지만 회사 내부에서 자체 개발되기도 한다. 내부적으로 창출된 무형자산은 무형자산의 정의에 있는 세 가지 요건(식별가능성, 통제권, 미래 경제적 효익의 존재)을 만족해야 할 뿐 아니라 취득원가를 신뢰성 있게 측정할 수 있는 경우에 한하여

---

5 무형자산도 유형자산과 마찬가지로 최초 인식 후 원가모형이나 재평가모형을 선택할 수 있다.

07 무형자산

자산으로 인식한다. 회사에서 연구개발 활동을 통해 신제품이나 신기술을 개발하여 특허출원 과정을 거쳐 특허권을 획득할 수도 있다. 하나의 성공적인 신기술을 개발하기 위해 기업들은 통상 상당한 연구개발 투자를 해야 한다. 그러나 특허권의 자체 획득을 위해 연구개발 활동에 투자된 금액은 특허권의 취득원가로 인정되지 않고 연구비와 개발비로 회계처리된다. 예를 들어 자체개발한 특허권의 원가에는 신 발명이 성공적으로 수행된 후의 특허권 출원에 소요된 직접비용만 포함될 뿐 비용으로 처리된 연구비는 제외된다.

무형자산의 회계처리는 내용연수에 따라 다르다. K-IFRS에 따르면 내용연수가 유한한 무형자산은 상각하고, 내용연수가 비한정인 무형자산은 상각하지 않는다. 내용연수가 유한한 무형자산은 사용가능한 시점부터 무형자산의 경제적 효익이 소비되는 행태를 반영하여, 상각대상금액을 내용연수 동안 체계적으로 배분하기 위해 다양한 방법을 사용하여 상각한다. 이러한 상각방법에는 정액법, 체감잔액법, 생산량비례법 등이 있다. 무형자산의 잔존가치는 특수한 경우를 제외하고는 '0'으로 본다. 한편 내용연수가 비한정인 무형자산은 매년 손상검사를 수행하여 손상차손을 인식해야 한다.

7-2 무형자산의 분류

무형자산에는 산업재산권, 라이선스와 프랜차이즈, 저작권, 컴퓨터소프트웨어, 개발비 등이 있다. 재무제표 이용자에게 더 목적적합한 정보를 제공할 수 있다면 무형자산의 분류는 더 큰 단위로 통합하거나 더 작은 단위로 구분할 수 있다. 표 9-3은 무형자산의 종류를 나타내고 있다.

산업재산권은 법률에 의하여 일정기간 독점적 배타적으로 사용할 수 있는 권리로서 특허권, 실용신안권, 디자인권 및 상표권이 이에 속한다. 특허권(patent)은 신기술이나 신제품 등의 특정발명이 특허법에 등록되어 기업이 일정기간 독점적 배타적으로 사용할 수 있는 권리를 뜻한다. 특허권의 존속기간은 특허법에 의하면 20년이다. 실용신안권, 디자인권 및 상표권은 각기 특정고안, 특정디자인 및 특정상표를 관련법에 등록하여 그 소유자가 일정기간 독점적으로 사용할 수 있는 무형의 법적 권리이다. 관련법에 의하면 실용신안권은 10년, 디자인권은 15년, 그리고 상표권은 10년의 유효기간을 갖는다.[6]

기업들은 급변하는 기술변화에 대처하고 경쟁에서 살아남기 위한 방편으로 신제품이나 신기술의 개발을 위한 연구개발 활동에 상당한 투자를 하고 있다. 기업이 연구개발 활동에 지출하는 이유는 그 지출의 효과가 반드시 당기에 나타나기 때문은 아니다. 오히려 긴 안목으로 미래에 그 효익을 실현하기 위해 연구개발 활동에 투자한다. 그러나 특정 연구개발 활동의 결과로 인한 미래의 효익이 반드시 보장되는 것은 아니며, 설사 미래의 효익이 어느 정도 있다 해도 그 금액을 객관적으로 측정하기가 어렵다.

---

6 상표권의 법적 존속기간은 10년이나, 계속 갱신할 수 있기 때문에 실질적으로는 영구적이라 할 수 있다.

K-IFRS에서는 연구개발비를 연구비와 개발비로 나누어 회계처리한다. 연구활동(또는 내부프로젝트의 연구단계)에 대한 지출은 발생시점에 비용으로 인식하며, 개발활동(또는 내부프로젝트의 개발단계)에 대해서는 일정조건을 충족시키면 무형자산으로 인식하도록 하고 있다.

📄 표 9-3
무형자산의 종류

항 목	설 명
산 업 재 산 권	독점적 · 배타적으로 이용할 수 있는 권리로서 특허권 · 실용신안권 · 디자인권 · 상표권 · 상호권 및 상품명 포함
라 이 선 스 와 프 랜 차 이 즈	특정기술이나 지식을 일정기간 동안 이용하기로 한 권리(라이선스)와 특정상품이나 용역을 일정 지역에서 독점적으로 사용하여 영업할 수 있는 권리(프랜차이즈)
저 작 권	특정 저작(영화, 음반, 서적 등)을 일정기간 독점적으로 사용할 수 있는 권리
컴 퓨 터 소 프 트 웨 어	영업활동에서 1년 이상 사용할 수 있는 컴퓨터소프트웨어
개 발 비	제조비법, 공식, 모델, 디자인 및 시제품의 개발비

예제 9-10 _ 연구비와 개발비

보라매회사는 항공기부품 제조업체로 매년 상당액을 연구개발 활동에 투자하고 있다. 20×1년도에 연구활동에 ₩3,000,000, 개발활동에 ₩2,000,000, 그리고 혁신적인 부품개발을 위해 〈Z-작전〉이라 명명된 비경상적인 개발활동에 ₩10,000,000을 지출하였다. 〈Z-작전〉이란 개발활동은 성공가능성이 매우 높아 미래 경제적 효익이 거의 확실시되며, 20×2년부터 그 효익이 실현되어 5년 정도 계속될 것으로 예상된다. 다른 개발활동은 미래의 효익이 불확실하다. 그러나 20×4년 말에 이 회사는 〈Z-작전〉의 결과가 실패로 돌아갔음을 확인하였다. 이 회사의 결산일은 12월 31일이다. 20×1년부터 20×4년까지 연구개발 활동과 관련된 분개를 하시오.

해답

20×1년 중의 분개:

(차) 연 구 비(비용)	3,000,000	(대) 현 금	3,000,000

(차) 경상개발비(비용)	2,000,000	(대) 현 금	2,000,000

(차) 개 발 비(자산)	10,000,000	(대) 현 금	10,000,000

20×2년 12월 31일과 20×3년 12월 31일:

(차) 무형자산상각비	2,000,000	(대) 개 발 비	2,000,000

20×4년 12월 31일:

(차) 무형자산상각비	6,000,000*	(대) 개 발 비	6,000,000

* 10,000,000−4,000,000=6,000,000

International Financial Reporting Standards

부산회사의 유형자산과 관련하여 다음과 같은 거래가 발생하였다(부산회사의 결산일은 12월 31일이다).

⑴ 부산회사는 20×1년 1월 1일 건물을 ₩520,000에 구입하였는데, 추정내용연수는 10년이고 추정잔존가치는 ₩20,000이었다. 부산회사는 이 건물을 정액법으로 감가상각하기로 하였다.

⑵ 부산회사는 20×2년 초에 ₩150,000을 지급하고 토지를 취득하였다.

⑶ 부산회사는 20×5년 초에 ₩120,000의 기계를 구입하였는데, 이 기계의 추정내용연수는 5년이고 추정잔존가치는 ₩7,000이었다. 부산회사는 이 기계를 이중체감법에 의하여 감가상각하기로 하였다.

⑷ 부산회사는 20×6년 5월에 중고트럭을 ₩750,000에 취득하였다. 이 트럭의 예상주행거리는 60,000km이었고 20×6년에는 15,000km를 주행하였다. 이 트럭은 생산량비례법에 의해 감가상각하는데 추정잔존가치는 없다.

 요·구·사·항

1) 위의 자료와 관련하여 20×6년 12월 31일 부산회사에서 필요한 분개를 하시오.

2) 20×6년 12월 31일 재무상태표를 작성한다면 유형자산은 어떻게 나타나는가?

해답

1)

⑴ (차) 감가상각비   50,000*   (대) 감가상각누계액−건물   50,000

* 정액법으로 감가상각하므로 감가상각비는 매년 같다. 따라서

$$\frac{\text{₩}520,000 - \text{₩}20,000}{10} = \text{₩}50,000$$

(2) 토지는 비상각자산이므로 감가상각하지 않는다.

(3) (차) 감가상각비   28,800*   (대) 감가상각누계액-기계   28,800

   * 이중체감법으로 감가상각하므로 매년 상각률은 0.4가 된다. 따라서

      20×5년의 감가상각비 ₩120,000×0.4=₩48,000

      20×6년의 감가상각비 (₩120,000-48,000)×0.4=₩28,800

(4) (차) 감가상각비   187,500*   (대) 감가상각누계액-차량운반구   187,500

   * $\text{₩}750,000 \times \frac{15,000}{60,000} = \text{₩}187,500$

2)

부분재무상태표		
부산회사		20×6. 12. 31
〈유형자산〉		
1. 토　　　지		₩150,000
2. 건　　　물	₩520,000	
감가상각누계액	(300,000)*	220,000
3. 기　　　계	120,000	
감가상각누계액	(76,800)**	43,200
4. 차량운반구	750,000	
감가상각누계액	(187,500)***	562,500

    * ₩50,000×6년=₩300,000 (20×1~20×6년의 감가상각비)

   ** ₩48,000+₩28,800=₩76,800 (20×5년과 20×6년의 감가상각비)

 *** $\text{₩}750,000 \times \frac{15,000}{60,000} = \text{₩}187,500$ (20×6년의 감가상각비)

익힘문제 __

유형자산의 특징에 대해서 설명하시오.

일반적으로 유형자산의 취득원가에는 어떠한 항목들이 포함되는가?

건물과 토지를 일괄 구입한 경우 취득원가의 기록은 어떻게 하는가?

다음의 인용 문구에 대하여 논평하시오.

"감가상각이란 자산을 사용함에 따라 자산의 가치가 떨어지므로 이를 재평가하는 과정이다."

다음의 감가상각방법에 대하여 간단히 설명하시오.
  (1) 정액법
  (2) 생산량비례법
  (3) 연수합계법
  (4) 이중체감법
  (5) 정률법

QUESTION 6

체감잔액법을 지지하는 주요 논거는 무엇인가?

QUESTION 7

자본적 지출과 수익적 지출은 어떻게 다른가?

QUESTION 8

유형자산의 장부가치란 무엇인가? 또한 유형자산의 장부가치를 미상각원가라고 부르는 이유는 무엇인가?

QUESTION 9

유형자산의 처분시 회계처리는 어떻게 하는가?

QUESTION 10

무형자산이란 무엇이며 이는 유형자산과 어떻게 다른가?

QUESTION 11

내용연수가 비한정인 무형자산의 상각에 대해 기술하시오.

연습문제 __

1 유형자산의 취득과 감가상각

다음 물음에 답하시오.

(1) 서울회사는 기계 3대를 ₩480,000에 일괄 구입하였는데, 이들에 대한 설치비용 ₩20,000이 추가로 지불되었다. 기계 3대의 감정가액이 다음과 같을 때, 각각의 기계에 배분될 원가를 산정하시오.

기 계(갑)	₩200,000
기 계(을)	300,000
기 계(병)	500,000
	₩1,000,000

(2) 20×5년 1월 1일 새 기계를 ₩2,500,000에 구입하였는데, 이 기계의 추정내용연수는 5년이며 잔존가치는 ₩250,000으로 추정되었다. 연수합계법으로 감가상각을 해 왔다면 20×7년의 감가상각비는 얼마인가?

(3) 20×6년 1월 1일 설비를 ₩700,000에 구입하였다. 이 설비의 추정내용연수는 5년, 잔존가치는 ₩100,000으로 추정된다. 이중체감법으로 감가상각할 경우 20×7년 12월 31일 현재 설비의 장부가액은 얼마인가?

(4) 20×7년 1월 1일 ₩2,000,000의 기계장치를 구입하였다. 이 기계장치의 추정내용연수는 6년이고 20×8년의 감가상각비는 ₩300,000이었다. 감가상각방법이 정액법이었다고 할 때, 이 기계장치의 추정잔존가치는 얼마인가?

(5) 20×3년 1월 1일 건물을 구입하였는데, 이 건물의 추정내용연수는 10년이고, 잔존가치는 ₩50,000이다. 20×4년에 이중체감법으로 감가상각한 금액이 ₩320,000이었다고 할 때, 이 기계의 취득원가는 얼마인가?

2 감가상각방법에 따른 감가상각비의 계산

광주회사는 20×2년 1월 1일 기계를 ₩180,000에 구입하였다. 이 기계의 추정내용연수는 3년, 잔존가치는 ₩24,000, 총예상산출량은 32,000단위로 추정된다. 단, 광주회사의 결산일은 12월 31일이다.

요구사항
다음의 방법에 의하여 20×3년 광주회사의 감가상각비를 계산하시오.
1) 정액법
2) 연수합계법
3) 생산량비례법(20×3년의 실제 생산량은 12,000단위이다)

3 감가상각방법에 따른 감가상각비의 계산

한라사는 20×7년 1월 1일 다음과 같이 새로운 자산들을 취득하였다.

자 산	원 가	추정잔존가치	추정내용연수
건 물	₩140,000,000	₩15,000,000	25
설 비	18,500,000	2,500,000	16
차량운반구	8,500,000	100,000	8

요구사항

각 자산들에 대하여 다음 사항들의 금액을 결정하시오.

1) 정액법 상각률

2) 정액법 사용시 20×7년과 20×8년의 감가상각비 금액

3) 이중체감법 상각률

4) 이중체감법 사용시 20×7년과 20×8년의 감가상각비 금액

4 추정잔존가치

서강주식회사는 20×7년 1월 1일 ₩3,000,000의 기계장비를 구입하였다. 이 기계장치의 추정내용연수는 5년이고, 20×8년의 감가상각비는 ₩500,000이었다. 감가상각방법이 정액법이었다고 할 때, 이 기계장치의 추정잔존가치는 얼마인가?

5 추정의 변경에 따른 감가상각비의 계산과 처분시의 분개

춘천회사는 20×1년 1월 1일 기계를 ₩5,000,000에 구입하였다. 이 기계의 내용연수는 10년, 잔존가치는 ₩500,000으로 추정되었다. 또한 감가상각방법은 정액법을 사용하기로 하였다. 그러나 20×3년 초 춘천회사는 이 기계의 내용연수를 7년으로 재추정하게 되었고 잔존가치는 원래 추정한 것과 같은 금액으로 예상하였다. 춘천회사의 결산일은 12월 31일이다.

요구사항

1) 추정의 변경을 반영하여 춘천회사의 20×3년도 감가상각비를 계산하시오.

2) 만약 이 기계가 20×4년 1월 1일 ₩2,000,000에 처분되었다고 가정하면 춘천회사의 분개는 어떻게 되겠는가?

6 감가상각방법에 따른 감가상각비의 계산

강강회사는 1차년도 1월 1일에 새 기계를 ₩120,000에 취득하였다. 기계는 10년의 내용연수를 갖고 있고 잔존가치는 ₩10,000으로 추정된다.

요구사항

1) 이중체감법을 이용한다면 1차년도의 감가상각비는 얼마인가?
2) 이중체감법을 이용한다면 2차년도의 감가상각비는 얼마인가?
3) 연수합계법을 이용한다면 1차년도의 감가상각비는 얼마인가?
4) 연수합계법을 이용한다면 2차년도의 감가상각비는 얼마인가?

7 감가상각방법과 감가상각누계액

내용연수 9년인 기계(취득원가 ₩5,000,000)에 대하여 매년 정액법에 의하여 5년간 감가상각을 한 결과 감가상각누계액 잔액이 ₩2,500,000이 되었다. 기계에 대하여 취득한 연도부터 연수합계법에 의하여 감가상각을 하였다고 하면 현재의 감가상각누계액 잔액은 얼마인가?

8 감가상각방법에 따른 감가상각비

전주회사는 20×3년 중 3대의 기계를 구입하였다. 전주회사의 회계담당자는 이 3대의 기계들의 기능이 각각 다르므로, 감가상각방법을 서로 다르게 사용하기로 하였다. 이 기계들에 대한 자료는 다음과 같다.

기계	구입일	구입가격	운반비	추정잔존가치	추정내용연수	감가상각방법
1	1월 1일	₩128,000	₩12,000	₩19,000	10년	이중체감법
2	1월 1일	162,000	4,000	17,600	7년	연수합계법
3	9월 1일	170,000	20,000	10,000	180,000단위	생산량비례법

기계 3은 20×3년에 24,000단위, 20×4년에 46,500단위, 그리고 20×5년에 37,800단위를 생산하였다.

요구사항

전주회사의 결산일이 12월 31일이라고 할 때, 20×3년에서 20×5년까지의 연도별 감가상각에 대한 분개를 하시오.

9 감가상각방법에 따른 감가상각비

노고회사의 회계연도는 매년 1월 1일부터 12월 31일까지이다. 아래 주어진 유형자산의 취득일은 모두 20×6년 1월 1일이다. 빈칸의 금액을 계산하시오. 단, 정률법의 경우 감가상각률은 40%이다.

유형자산	취득원가	잔존가액	내용연수	20×8년도 감가비	감가상각방법
A	₩10,000	₩(1)	5년	₩1,600	정 액 법
B	(2)	5,000	4년	36,000	연수합계법
C	100,000	6,000	5년	(3)	정 률 법

10 유형자산의 취득 및 처분과 감가상각

대전회사는 20×0년 초에 내용연수 8년, 잔존가치 ₩24,000으로 추정되는 건물을 ₩360,000에 구입하였다. 감가상각방법은 정액법을 사용하였다. 그런데 20×6년 초에 대전회사는 총내용연수를 12년, 잔존가치를 ₩13,500으로 다시 추정하였다. 대전회사의 결산일은 12월 31일이다.

요구사항
1) 20×6년 대전회사가 건물 감가상각비를 인식하기 위한 분개를 하시오.
2) 20×7년 6월 30일 건물이 ₩200,000에 처분되었다면, 어떠한 분개가 필요한가?

11 감가상각과 유형자산의 처분

노고회사는 20×6년 1월 1일에 기계를 ₩160,000에 취득하여 사용하여 왔다. 취득당시 이 기계의 추정내용연수는 5년이었으며, 추정잔존가액은 ₩10,000이었다. 이 회사는 이 기계를 연수합계법에 의하여 감가상각하여 왔다. 20×9년 4월 1일 이 회사는 이 기계를 현금 ₩50,000을 받고 매각하였다. 이 회사의 회계연도는 매년 1월 1일부터 12월 31일까지이다.

요구사항
1) 20×8년도 이 기계의 감가상각비를 계산하시오.
2) 20×9년 4월 1일의 기계매각에 대한 분개를 하시오.
3) 정액법을 적용하여 왔다면 2)의 답은 어떻게 되겠는가?

12 자본적 지출과 감가상각

원광회사는 최근 회사가 성장함에 따라 광양회사의 토지와 공장 중 일부를 20×4년 7월 2일에 ₩1,080,000에 일괄구입하고 영천회사의 기계를 ₩120,000에 구입하였다. 구입 당시 광양회사와 영천회사는 공장과 기계를 각각 다음과 같이 기록하고 있었다.

	광양회사		영천회사
	토 지	공장건물	기 계
취 득 원 가	₩75,000	₩600,000	₩320,000
감가상각누계액	–	(510,000)	(120,000)
장 부 가 액	₩75,000	₩ 90,000	₩200,000

광양회사로부터 구입한 토지와 공장의 감정가액은 구입당시 각각 ₩292,800과 ₩439,200이었다. 또한 원광회사는 영천회사로부터 구입한 기계에 대해 운임 및 설치비용으로 ₩3,600을 추가로 지급하였다. 원광회사는 ₩14,400을 들여 공장건물의 일부를 사무실로 개조하였고, ₩21,600을 들어서 대수리를 하였다. 그리고 ₩12,000을 들여서 공장 주변에 하수도를 설치하였는데, 이러한 지출들의 성격은 자본적 지출로 판단되었다.

요구사항

1) 원광회사는 다음의 유형자산에 대하여 얼마의 취득원가를 기록하겠는가?
    (힌트: 하수도시설은 토지의 원가에 가산된다.)
    ① 토 지   ② 공장건물   ③ 기 계
2) 만약 공장건물과 기계에 대해 각각 15%와 10%의 감가상각률을 사용하여 정률법으로 감가상각한다면 20×4년의 감가상각비는 얼마인가?

13 무형자산의 상각

다음은 원천회사의 재무상태표(20×4년 12월 31일)에서 무형자산항목만을 추출한 것이다. 괄호 안은 상각기간을 나타낸다.

특 허 권	₩200,000 (5년)
개 발 비	180,000 (5년)
상 표 권	270,000 (10년)

⑴ 원천회사는 20×3년 1월 2일에 설립되었는데 특허권은 이때 발생한 것이다.
⑵ 개발비와 상표권은 20×4년 1월 1일에 발생한 것이다.
⑶ 원천회사는 무형자산을 상각할 때 정액법을 이용한다.

요구사항

20×5년 12월 31일 결산 때 원천회사는 위의 무형자산에 대한 상각을 어떻게 분개하겠는가?

14 특허권의 취득, 상각 및 유지

20×0년 1월 1일 (주)서강은 특허권을 ₩2,000,000에 현금매입하였다. 특허권을 매입하면서 등기료 ₩150,000, 공증료 ₩200,000을 현금지급하였다. 특허권의 유효기간이 10년이다.

요구사항

1) 20×0년 1월 1일과 결산일인 12월 31일에 필요한 분개를 하시오.

2) 20×1년 초에 상기 특허권에 대한 분쟁이 생겨 ₩1,000,000에 변호사를 고용하여 성공적으로 특허권을 보호하여 예정대로 특허권의 유효기간이 총 10년에서 15년으로 증가하였다. 변호사에게 지출한 ₩1,000,000에 대한 분개와 20×1년 12월 31일에 필요한 분개를 하시오.

3) 2)에서 만일 변호사를 고용하였음에도 특허권을 분쟁에서 패소하여 특허권의 가치가 없어졌다고 가정하자. 이 경우, 변호사비용 지출에 대한 분개와 특허권의 가치가 없어졌다는 사실을 확인했을 때의 분개를 하시오.

15 연구개발비 회계처리

(주)뉴아이디어는 2010년 초에 프린터 관련 신제품개발을 시작하여 2010년 9월 말에 신제품 개발을 완료하였다. (주)뉴아이디어는 이 기간 중 연구단계에서 ₩1,000,000을 지출하였고 개발비는 개발비의 자산인식 요건 충족 전에 ₩5,000,000, 충족 이후에 ₩2,000,000을 지출하였다. 이 회사는 무형자산을 내용연수 4년, 잔존가치 0에 근거하여 정액법으로 상각한다.

요구사항

1) 2010년 중 연구개발 활동 관련 지출에 대한 분개를 하시오.

2) 2010년 12월 31일 결산일에 필요한 분개를 하시오.

10

금융부채

학습**목표**

부채는 크게 금융부채와 비금융부채로 구분할 수 있다. 금융부채란 거래상대방에게 현금 등 금융자산을 인도하기로 한 계약상 의무를 뜻한다. 금융부채에는 매입채무, 미지급금, 차입금, 사채 등이 있다. 금융부채에 해당되지 않는 비금융부채에는 선수금, 선수수익, 충당부채 등이 있다. 이 장에서는 금융부채를 설명하고 비금융부채에 대한 것은 제11장에서 설명한다. 금융부채 중 사채의 발행, 유효이자율법에 의한 이자비용의 인식에 대해 설명하고, 회사채에 장기적으로 투자하는 투자자의 입장에서 필요한 회계처리도 설명한다.

주요 **학습사항**

금융부채	담보부사채	유효이자율법
일반적인 상거래	무담보부사채	상각후원가측정금융자산
매입채무	단일만기사채	사채의 조기상환
미지급금	액면발행	유동성장기부채
차 입 금	할인발행	당좌부채
사 채	할증발행	외화표시차입금
표시(액면, 명목)이자율	사채할인발행차금	외화환산손익
시장(유효, 실질)이자율	사채할증발행차금	외환차손익

금융부채
의 의의
01

부채는 과거 사건의 결과로 현재 회계실체가 부담하고 미래에 경제적 효익을 갖는 자원의 유출 또는 사용이 예상되는 의무로 정의된다. 부채는 대부분 약정에 의해 일정한 액수의 현금으로 상환되어야 하나 일부 부채는 현금이 아닌 재화나 용역을 제공함으로써 청산된다. 부채는 크게 금융부채와 비금융부채로 구분할 수 있다. K-IFRS에 따르면 금융부채란 거래상대방에게 현금 등 금융자산을 인도하기로 한 계약상 의무를 말한다. 즉 금융부채가 되기 위해서는 계약당사자간에 현금 등을 주기로 하는 계약이 성립되어야 한다. 금융부채의 예로는 매입채무, 미지급금, 차입금, 사채 등이 있다.[1] 비금융부채는 금융부채에 해당되지 않는 것으로 선수금, 선수수익 등이 있다. 표 10-1은 금융부채와 비금융부채의 예를 요약한 것이다. 제10장에서는 금융부채에 대한 설명을 하고 제11장에서는 비금융부채를 설명한다.

구 분	항 목
금융부채	매입채무, 미지급금, 차입금, 사채 등
비금융부채	선수금, 선수수익, 예수금, 충당부채 등

📄 **표 10-1**
부채의 분류

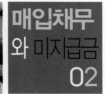

매입채무
와 미지급금
02

매입채무는 일반적인 상거래에서 발생한 외상매입금과 지급어음을 뜻한다. 일반적인 상거래는 상품의 매입 등 기업의 주된 영업활동에서 발생하는 거래를 뜻한다. 외상매입금은 공급자로부터 상품이나 원재료 등을 어음 등의 채무증서 발행 없이 외상으로 매입함으로써 발생한 지급의무이다. 지급어음은 상품을 외상으로 매입할 때 거래처에 어음을 발행함으로써 생긴 어음상의 채무이다. 미지급금은 일반적인 상거래 이외에 재화를 외상으로 구입할 때 발생하는 부채이다. 예를 들어 제조활동에 사용할 유형자산을 외상으로 구입하였다면 미지급금계정에 기록한다.

---

1 K-IFRS에서는 금융부채를 크게 당기손익인식금융부채와 기타금융부채로 구분하고 있다. 당기손익인식금융부채에 대한 내용은 중급회계에서 다루기로 한다. 본 장에서는 기타금융부채에 대한 설명을 위주로 한다.

차입금이란 금융기관이나 다른 기업 등으로부터 자금을 차입하고 일정기간 후에 상환하기로 한 채무를 말한다. 차입금은 상환 만기일 기준으로 단기차입금과 장기차입금으로 구분한다. 단기차입금은 상환 만기일이 1년 이내인 자금을 빌린 경우 발생하는 부채이며 장기차입금은 상환 만기일이 1년 초과인 자금을 빌린 경우 발생하는 부채이다. 만약 장기차입금 중 결산일 현재 상환 만기일이 1년 이내로 도래했을 경우에는 유동성장기부채(current maturities of long-term debt)로 재분류하여 이를 유동부채에 포함시켜 보고한다. 가령 비유동부채인 장기차입금 ₩100,000이 있는데 5년 동안 매년 ₩20,000씩 분할 상환해야 한다고 하자. 그러면 당년도에 상환해야 하는 ₩20,000은 유동성장기부채라는 유동부채로 분류되어야 한다. 물론 나머지 장기차입금 ₩80,000은 비유동부채로 분류된다. 이때의 분개는 다음과 같이 이루어질 것이다.

(차) 장기차입금	20,000	(대) 유동성장기부채	20,000

단기차입금에는 당좌부채와 어음을 발행하고 자금을 차입하는 금융거래도 포함된다. 어음을 발행하여 교부하고 자금을 은행에서 융자받는 경우를 살펴보자. 이때의 분개는 액면가액 속에 이자가 포함되어 있느냐(무이자부어음) 혹은 포함되어 있지 않느냐(이자부어음)에 따라 달라진다.

3-1 이자부어음

이자부어음은 차입금의 원금에 해당하는 액면가 외에 어음상에 이자율이 명시되어 이자가 별도로 지급되는 어음을 뜻한다. 예를 들어 연리 12%, 어음기간 60일인 ₩5,000의 이자부어음을 발행하고 은행에서 자금을 차입한 경우의 분개는 다음과 같다.

(차) 현 금	5,000	(대) 단기차입금	5,000
(이자부어음을 발행하여 차입하다)			

60일 후 원금과 이자를 지급하고 차입금을 상환했을 때의 분개는 다음과 같다.

(차) 단기차입금	5,000	(대) 현　　금	5,100
이 자 비 용	100		

3-2 무이자부어음

회사가 은행에서 차입하면서 무이자부어음을 발행하는 경우에 은행은 어음의 만기가인 액면가에서 이자비용을 차감한 금액을 지급하는 것이 일반적이다. 이때에는 어음의 만기가와 현금수령액과의 차이를 이자비용으로 인식한다. 그러나 어음의 발행일과 만기일 사이에 회계 기간이 종료되는 경우에는 회계기말 현재 미경과분에 해당하는 이자비용은 선급이자(자산)로 전환하는 수정분개를 실시하여야 한다.

예제 10-1 _ 무이자부어음에 의한 차입

덕주회사는 20×1년 11월 1일에 60일짜리 무이자부어음을 발행하여 신신은행으로부터 ₩1,000,000을 차입하였 다. 신신은행은 12%의 할인율을 적용하여 이자비용을 차감한 금액을 덕주회사에게 지불하였다. 덕주회사는 발행 한 어음을 만기일에 결제하였으며 이 회사의 결산일은 12월 31일이다.

요구사항
1) 덕주회사가 어음의 발행일로부터 결제일까지 해야 할 분개를 하시오.
2) 발행한 어음의 기간이 90일이었다고 가정하고 1)을 반복하시오.

해답

1)

20×1년	(차) 현　　금	980,000	(대) 단기차입금	1,000,000
11월　1일(발행일)	(차) 이 자 비 용	20,000*		
12월 31일(만기일)	(차) 단기차입금	1,000,000	(대) 현　　금	1,000,000

* $1,000,000 \times 0.12 \times 60/360 = 20,000$

2)

20×1년	(차) 현　　금	970,000	(대) 단기차입금	1,000,000
11월　1일(발행일)	(차) 이 자 비 용	30,000*		
12월 31일(결산일)	(차) 선 급 이 자	10,000	(대) 이 자 비 용	10,000
20×2년	(차) 단기차입금	1,000,000	(대) 현　　금	1,000,000
1월 30일(만기일)	(차) 이 자 비 용	10,000	(대) 선 급 이 자	10,000

* $1,000,000 \times 0.12 \times 90/360 = 30,000$

당좌부채는 기업이 은행과 당좌예금 거래를 하면서 당좌부채 계약을 맺은 경우에 계약된 한도 내에서 당좌예금 잔액보다 더 큰 액수의 당좌수표를 발행하여 인출할 때의 초과인출액을 말한다. 만약 당좌부채 계약없이 초과인출을 한다면 부도가 나서 기업의 신용도에 악영향을 미치게 된다. 당좌부채는 재무상태표에 단기차입금으로 보고된다.

예제 10-2 _ 당좌부채

은행과 당좌부채계약을 체결한 혜림상사가 매입채무를 결제하기 위해서 현재의 당좌예금잔액 ₩10,000보다 많은 ₩12,000의 당좌수표를 발행하였다. 그리고 후에 당좌예금계정에 ₩5,000을 입금하게 되었다. 당좌부채와 관련된 분개를 하시오.

(차) 매입채무	12,000	(대) 당좌예금	10,000
		당좌부채	2,000
		(부채를 상환하다)	

해답

(차) 당좌부채	2,000	(대) 현　　금	5,000
당좌예금	3,000		
	(당좌예금에 입금하다)		

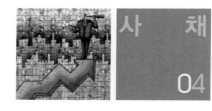

사　채
04

International Financial Reporting Standards

　사채(社債, bonds)는 회사의 확정채무를 표시하는 채무증권을 발행하여, 약정된 이자를 정기적으로 지급함과 동시에 일정한 날짜에 원금을 상환할 것을 약정하여 불특정 다수인으로부터 장기간 거액의 자금을 차입하였을 때 발생하는 부채이다. 금융기관으로부터 차입하는 장기차입금과 사채의 가장 큰 차이점은 사채는 발행되기 전까지는 구체적으로 누가 채권자가 될지 모르는 불특정 다수인을 상대로 한다는 점과 유가증권의 형태로 발행되기 때문에 발행 후에도 언제든 채권자가 바뀔 수 있다는 점이다. 사채를 발행하는 회사는 거액의 자금을 조달할 수 있다는 이점이 있으나 사채를 발행하게 되면 회사는 배당상의 제약, 또는 자본구조상의 제약을 받게 되는 것이 보통이다.

채권자의 권리와 회사의 의무, 제약조건 등을 명기한 증서를 사채권(bond certificate)이라 하고 이의 소유자를 사채권자라 한다. 사채권에 표시되어 회사가 만기일에 지급할 금액을 원금, 액면가액(face value) 또는 만기가액(maturity value)이라 한다.

4-1 사채의 종류

사채는 사채권에 표시되어 있는 계약의 내용에 따라 여러 종류로 분류할 수 있다.

(1) 담보부사채와 무담보부사채

담보부사채(secured bonds)는 회사의 특정자산을 담보로 하여 발행한 사채를 말하며, 무담보부사채(unsecured bonds 또는 debenture)는 담보권이 설정되어 있지 않은 사채를 말한다. 무담보부사채에 대한 위험이 담보부사채에 비해 높기 때문에 투자자들은 무담보부사채에 대해서 더 높은 수익률(이자율 또는 할인율)을 요구한다. 따라서 자본시장에서 다른 모든 조건이 동일하다면 무담보부사채는 담보부사채에 비해 낮은 가격에 거래가 형성된다.

(2) 단일만기사채와 복수만기사채

발행한 사채의 만기일(원금상환일)이 하나인 사채를 단일만기사채(term bonds)라 하고, 만기일이 둘 이상인 사채를 복수만기사채(serial bonds)라고 한다. 단일만기사채는 만기일에 원금 전액을 상환하므로 사채발행회사는 일시에 거액의 자금을 준비해야 하는 부담이 있다. 이러한 부담을 덜기 위해 원금을 정기적으로 분할 상환하도록 약정한 것이 복수만기사채이다. 대부분의 사채는 단일만기사채의 형태로 발행된다.

(3) 전환사채와 상환사채

전환사채(convertible bonds)는 사채권자의 청구에 의해 사채 1매당 일정비율의 주식으로 전환할 수 있는 권리가 인정되는 사채를 뜻한다. 전환사채는 사채권자에게 일종의 특권을 부여하는 것이므로 다른 조건이 같다면 보통 사채보다 가격이 높게 책정된다. 상환사채(callable bonds)란 사채발행회사가 일정가격으로 사채를 구입·소각할 수 있는 권리가 있는 사채를 뜻한다. 상환사채는 사채발행회사에게 특권이 부여되는 것이며 사채권자가 원하지 않지만 사채를 상환당할 위험이 있기 때문에 일반사채에 비해 가격이 낮게 책정되는 것이 일반적이다.

4-2 사채의 회계처리

(1) 사채의 발행과 이자지급

사채계약에 의해 발행회사는 사채의 만기일에 원금을 상환하고 매 이자지급일에 약정이자를 지급할 것을 약속한다. 이자지급일은 보통 1년, 반년 또는 3개월에 한 번이고 지급되는 이자는 사채액면금액의 일정비율로서 정하게 된다. 사채권에 표시되어 있는 이자율을 표시이자율(coupon rate), 액면이자율(stated rate) 또는 명목이자율(nominal rate)이라 하며, 사채발행시점의 경제상황이나 회사의 신용도를 반영하여 결정되는 이자율을 시장이자율(market rate)이라고 한다.

사채의 액면이자율은 사채발행 공고시 회사의 신용상태 및 제반 경제상황 등을 고려하여 결정된다. 그러나 경우에 따라서는 사채의 적정이자율 설정시 고려해야 할 여러 가지 요소를 무시한 채 임의적으로 명목이자율이 결정되는 수가 있다. 그 극단적인 예가 무이자사채(zero coupon bond)라 불리는 사채로서 액면이자율이 0%인 사채이다. 이러한 사채는 사채기간 동안에는 이자가 전혀 지급되지 않다가 만기일에 가서야 액면가가 상환된다. 그렇다면 투자자들이 이러한 사채에 대하여 액면가를 그대로 지불하고 구입할 것인가? 이 세상에 이자라는 개념이 존재하는 한 무이자사채에 대하여 액면가를 주고 구입하려는 투자자는 없을 것이다. 이러한 사채는 시장에서 액면가보다 낮은 가격에 거래될 수밖에 없다. 예를 들어 액면가 ₩1,000,000의 무이자부사채가 시장에서 ₩700,000에 발행되었다고 가정하자. 이 사채의 형식은 원금이 ₩1,000,000(액면가)이고 이자가 ₩0(액면이자율 0%)이지만, 실질원금은 ₩700,000이고 실질이자는 ₩300,000이다.

사채의 액면이자율은 임의적으로 설정되므로, 사채발행 공고시점과 실제 발행시점 사이의 여러 가지 경제상황이나 회사 신용도의 변동을 신속하게 반영하는 시장이자율과 다른 경우가 많다. 따라서 액면이자율의 의의는 이자지급일에 지급하는 현금이자를 결정하는 것 외에는 사채 공정가치의 형성과 같은 중요한 경제적 변수와는 큰 관계가 없다. 회계에서는 형식보다는 실질을 중요시하여 실질원금과 실질이자가 재무제표에 반영되도록 유효이자율법을 이용하여 회계처리한다.

액면이자율과 시장이자율과의 관계에 의하여 사채는 액면발행, 할인발행 또는 할증발행된다. 사채의 액면발행(at par)이란 사채액면금액과 사채발행금액이 동일한 경우로서, 액면이자율과 시장이자율이 같을 때 이루어진다. 할인발행(at discount)이란 액면이자율이 시장이자율보다 낮을 때 이루어지며 사채발행으로 받은 금액이 사채액면금액보다 적다. 어떤 사채의 액면이자율이 시장이자율보다 낮다는 것은 투자자의 입장에서 보면 이러한 사채에 투자함으로써 위험수준이 비슷한 다른 투자기회에 비해 적은 이자(액면이자율에 의해서 결정되는)를 받는다는 것을 뜻한다. 따라서 이러한 사채를 구입하려는 투자자의 수는 감소하게 되고, 그 결과 해당 사채의 수요도 감소한다. 수요가 감소하면 가격이 하락하게 되어 액면가보다 낮은 수준에서 시가가 형성된다. 다시 말하면 시가가 액면가보다 하락하여 투자자의 실질수익률이 시장이자율과 같아지는 시점에서 거래가 형성되는 것이다. 할증발행(at premium)은 액면이자율이 시장이자율보다 큰 경우에 이루어지며 사채발행으로 받는 금액이 사채액면금액 보다 크게 된다. 할증발행에 대한 논리는 할인발행의 경우를 역으로 적용하면 된다. 이상의 설명이 **그림 10-1**에 요약되어 있다.

할인(할증)발행시 발행가와 액면가와의 차액을 **사채할인발행차금(사채할증발행차금)**이라 하며 이를 총칭하여 **사채발행차금**이라 한다. **그림 10-1**은 사채의 장부가치[액면가-사채할인발행차금(+사채할증발행차금)]가 시간이 경과함에 따라 변하고 있음을 보여 주고 있다. 시간이 경과함에 따라 사채발행차금은 점차 감소하여 만기일에는 액면발행의 경우에는 물론 할인발행이나 할증발행의 경우에도 사채의 장부가는 액면가와 같아지게 된다. 사채발행차금을 이자지급일이나 결산일에 감소시키는 과정을 **사채발행차금의 상각(amortization)**이라고 한다.

이 장의 보론에서 설명한 화폐의 현재가치의 개념이 사채발행시 발행가를 결정짓는데, 어떻게 적용되는지를 액면발행, 할인발행, 그리고 할증발행의 경우로 나누어 차례로 설명하려 한다. 이때 유의할 점은 액면이자율은 사채와 관련되어 회사가 미래에 지급할 현금흐름을 결정해 주지만 시장이자율은 사채의 발행가(현재가치) 계산시 할인율의 역할을 하고 손익계산서에 보고될 유효이자비용의 계산근거가 된다는 것이다.

참고자료 1 | 가계기업 은행빚·정부부채 트리플 1천조원 시대

"빚투 경제 지속 불가능…출구 전략 마련해야"

코로나19라는 전대미문의 경제·보건 복합위기를 맞아 경제 주체인 가계와 기업, 국가의 부채가 현기증이 날 정도로 급증했다. 정부와 기업은 빚으로 어두운 터널을 지나고 있다. 전례 없는 초저금리 속에서 가계 역시 저소득층이나 자영업자는 생계유지를 위해 어쩔 수 없이 돈을 빌려야 했고, 여유가 있는 사람들은 자산을 불리기 위해 빚을 늘렸다.

빚으로 지탱하는 경제가 건전할 리 없다. 파티가 끝나면 씻어야 할 접시는 쌓이게 마련이다. 가계는 빚을 갚으려 소비를 줄이고, 기업은 투자할 여력이 없어지고, 정부는 다시 위기가 찾아왔을 때 손발이 묶이게 된다.

● 가계·기업·국가 부채 트리플 1천조원 임박

한국은행이 내놓은 금융시장 동향에 따르면 작년 12월 말 현재 은행의 가계대출 잔액은 988조8천억 원으로 1년 새 100조5천억 원이 늘었다. 연간 증가액이 이전 2년간 한해 60조원대였던 것과 비교하면 폭발적인 증가다.

주택담보대출이 68조3천억 원, 주로 신용대출인 기타대출이 32조4천억 원 불어났다. 서울 등 도시 지역을 중심으로 한 아파트 가격 폭등과 코스피 3,000포인트 돌파는 '영끌(영혼까지 끌어모음)', '빚투(대출로 투자)'로 가능했다고 할 수 있다.

기업 부채 역시 작년 12월 말 현재 대출 잔액이 976조4천억 원으로 1년 전보다 107조4천억 원 증가했다. 2018년과 2019년 연간 증가액이 40조원대였던 데 비해 엄청나게 늘었다. 중소기업 대출이 87조9천억 원 증가했는데 이 가운데 절반 이상은 개인사업자대출이었다. 대기업 대출은 19조5천억 원 늘었다. 대기업은

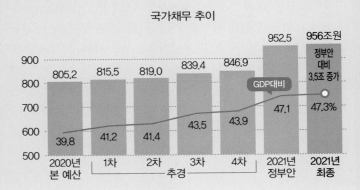

국가채무 추이

만약에 대비한 실탄으로, 중소기업과 개인사업자는 죽지 않고 살아남기 위해 빚에 의존한 것으로 보인다. 민생·기업 구제를 위한 재정 투입을 국채에 의존하면서 정부 부채도 급증했다. 작년에 4차례나 추가경정예산을 편성하면서 국가 채무는 846조9천억 원까지 늘었고 관리재정수지 적자 규모는 118조6천억 원에 달했다.

정부는 올해 예산으로 전년보다 8.9%(45조7천억 원) 증가한 558조 원을 편성했다. 이를 조달하기 위해 정부는 93조2천억 원의 빚(국채)을 내야 한다. 따라서 국가부채는 연말에 956조 원으로 늘어난다. 여기에 작년처럼 몇 차례 추경을 하게 되면 순식간에 국가부채가 1천조 원을 넘을 수 있다.

● 빚투 경제 지속 불가능…"출구전략 마련해야"

경제주체들이 빚에 의존하다 보니 부채비율은 확 올라갔다. 국가채무비율은 2019년 37.7%에서 작년 43.9%로 치솟은 데 이어 올해엔 47.3%로 높아진다. 국가채무비율 50% 돌파는 시간문제인 것으로 보인다. 이미 명목 국내총생산(GDP) 대비 가계부채비율은 작년 3분기 말 101.1%로 사상 처음으로 100%를 돌파했고 기업 부채비율 역시 110.1%로 상승세를 지속했다.

가계대출의 경우 소득 가운데 소비나 저축에 쓸 수 있는 돈인 가처분소득 대비 부채비율이 171.3%로 역대 최고를 찍었다. GDP 대비 가계부채 비율은 일본 (65%)과 유로존(60%)은 물론 미국(81%)을 훌쩍 넘는 세계 최고 수준이다.

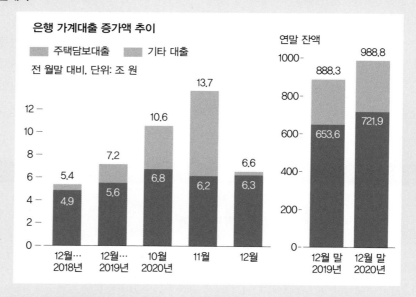

전문가들은 기업 부채는 걱정스러울 정도가 아니나 가계 부채는 과도하게 팽창한 만큼 금융당국이 주도면밀한 대책을 세워 출구전략을 실행해나가야 할 것이라고 조언했다. 국가부채 역시 당장 심각한 수준은 아니지만, 재정 규율을 세워 지출 관리를 엄격하게 할 필요가 있다는 의견이다.

LG경제연구원 송준 박사는 "위기 극복 과정에서 각국 정부의 부채가 크게 늘었고, 글로벌 자산시장이 고평가돼 있어 기저효과에 따른 경기 반등이 마무리되면 금융시장에 큰 충격이 올 수도 있다"면서 "가계부채는 다른 국가들과 비교해 매우 높은 수준이어서 금리 상승 때 문제가 될 수 있고, 소비를 억제해 장기 저성장을 고착시킬 수 있다는 점이 우려된다"고 했다. 그는 국가부채와 관련 "절대 수준이 높지는 않으나 저출산 고령화 속도 등을 고려하면 재정 소요 증가로 부채비율 상승 속도가 빨라질 수 있는 만큼 미래대비나 국가신용등급 관리 등을 위해 재정규율을 세울 필요가 있다"고 밝혔다.

우석진 명지대 경제학과 교수는 "지금은 코로나19의 극복이 급하기에 부채가 증가하는 것은 어쩔 수 없는 측면이 있으나 가장 큰 문제는 가계부채의 경우 절대 수준이 높고, 정부 부채는 증가 속도가 빠르다는 것"이라면서 "상황이 발생할 때마다 땜질식으로 대처할 게 아니라 코로나19 위기가 지나간 이후의 긴축 국면에 대비해 중장기적 관점에서 출구전략을 마련해야 한다"고 말했다.

자료 : 연합뉴스, 2021. 01. 15

그림 10-1
사채발행의 여러 형태

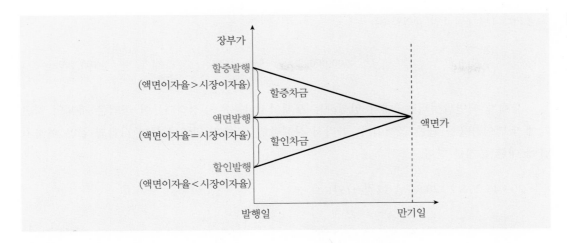

1) 사채의 액면발행

노고주식회사는 액면이 ₩1,000이고 액면이자율이 연 8%, 만기 3년이며 매년 12월 31일에 이자를 지급하기로 되어 있는 사채 100매를 20×1년 1월 1일에 발행하였다. 발행할 때 시장이자율 또한 8%였다. 이때 발행가가 어떻게 결정되는가를 보기 위해 이자 및 원금지급의 금액과 시기를 **그림 10-2**의 시간선(time line)상에 표시해 보자. 매기의 이자지급액은 ₩8,000(₩100,000× 0.08)이며 이자가 매년 한 번씩, 사채기간 동안 모두 3번의 이자가 지급된다. 매기 말 ₩8,000 씩 이자가 지급되다가 3기 말에는 마지막 이자지급과 함께 원금 ₩100,000이 상환된다. 투자자는 시장이자율을 적용하여 미래에 사채투자로 인해 수취할 현금유입을 할인함으로써 구입가를 결정하는데 이것이 곧 사채의 발행가가 되는 것이다. **그림 10-2**의 시간선상에 표시된 현금흐름은 3기간에 걸친 정상연금 ₩8,000과 3기간 후에 지급될 목돈 ₩100,000으로 나누어 생각할 수 있다. 따라서 발행가는 시장이자율인 8%의 할인율을 적용하여 다음과 같이 결정된다.

원금의 현재가치:
  $$₩100,000 \times P(n=3,\ r=8\%) = ₩100,000 \times 0.7938 = ₩79,380$$
이자의 현재가치:
  $$₩8,000 \times PA(n=3,\ r=8\%) = ₩8,000 \times 2.5771 \qquad = \underline{\quad 20,620}$$
사채의 현재가치(발행가) $\qquad\qquad\qquad\qquad\qquad\qquad\qquad \underline{₩100,000}$

이 경우 사채의 발행가가 액면가와 같으므로 사채의 발행이 100에 이루어졌다고 표현하기도 한다. 이때 사채의 발행을 기록하기 위한 분개는 다음과 같다.

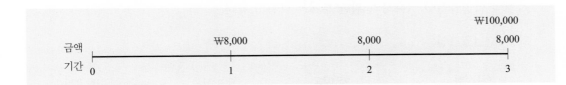

그림 10-2
사채에 관련된 현금흐름
(액면 ₩1,000, 100매,
액면이자율 8%, 만기
3년)

20×1년 1월 1일(발행일):

(차) 현 금	100,000	(대) 사 채	100,000

사채가 액면발행되면, 매기 인식하는 사채이자비용은 일정하다. 이 금액은 사채의 액면가에 액면이자율을 곱한 금액이다. 따라서 사채발행 후 매기 말 3년 동안 다음과 같은 이자지급에 대한 분개를 한다.

20×1, 20×2, 20×3년 12월 31일:

(차) 사채이자	8,000	(대) 현 금	8,000

20×3년 12월 31일은 만기일이다. 만기일에는 마지막 이자지급에 대한 분개를 위와 같이 한 후에 원금상환에 대한 분개를 한다.

20×3년 12월 31일(만기일):

(차) 사 채	100,000	(대) 현 금	100,000

2) 사채의 할인발행

사채의 할인발행을 이해하기 위하여 앞에서 제시한 노고주식회사의 예를 이용하자. 다른 모든 조건(액면금액 ₩100,000, 액면이자율 8%, 3년 만기, 1년마다 이자지급)은 동일한데 시장이자율만 연리 10%라고 가정하자. 이때의 발행가 역시 미래 현금흐름(액면이자율에 의한 이자지급액과 원금)을 시장이자율로 할인함으로써 결정된다. **그림 10-2**의 현금흐름을 시장이자율인 10%로 할인하여 사채의 발행가를 계산하면 다음과 같다.

원금의 현재가치:
$$₩100,000 × P(n=3, r=10\%) = ₩100,000 × 0.7513 = ₩75,130$$
이자의 현재가치:
$$₩8,000 × PA(n=3, r=10\%) = ₩8,000 × 2.4869 \qquad = \underline{19,895}$$
사채의 현재가치(발행가) $\underline{₩95,025}$

사채의 할인발행을 기록하기 위한 분개는 다음과 같다.

20×1년 1월 1일:

(차) 현 금	95,025	(대) 사 채	100,000
사채할인발행차금	4,975		

위의 분개에서 볼 수 있듯이 사채의 액면가 ₩100,000과 사채발행가 ₩95,025과의 차액 ₩4,975은 사채할인발행차금이라는 계정에 차기한다. 이 경우 발행가가 액면가의 약 95%이므로 사채발행이 95에 이루어졌다고 표현하기도 한다. 사채할인발행차금은 사채에 대한 차감적 평가계정(차감계정)으로서 재무상태표에는 사채에서 차감하는 형식으로 표시하여야 한다. 만일 앞의 사채발행 직후에 재무상태표를 작성한다면 노고주식회사의 사채는 다음과 같이 표시된다.

부 분 재 무 상 태 표

노고주식회사		20×1년 1월 1일
비유동부채:		
사　　　　채	₩100,000	
사채할인발행차금	(4,975)	₩95,025

사채발행차금은 사채발행연도부터 최종상환연도까지의 기간에 매기 상각하여야 한다. K-IFRS에서는 상각방법으로 유효이자율법을 적용하도록 하고 있다. 사채할인발행차금의 경제적 의미는 사채의 액면이자율이 시장이자율보다 임의적으로 낮게 책정되었기 때문에 회사가 액면이자율에 의한 이자지급액 외에 추가적인 이자비용으로 부담하여야 할 금액이다. 노고주식회사의 경우 사채에 대해서 회사가 부담하여야 할 실질 총이자비용은 ₩28,975인데 이는 다음과 같이 결정된다.

총원리금지급액	₩124,000(₩100,000+₩8,000×3)
발행가액(실질원금)	(95,025)
총실질이자비용	₩28,975

유효이자율법은 매기의 이자비용이 기초의 사채장부가액(실질원금)에다 유효이자율을 곱하여 계산한 실질이자비용이 된다. 이 방법을 이용할 때의 사채할인발행차금상각액은 다음과 같이 계산된다.

사채이자비용(유효이자)＝사채의 기초장부가액×유효이자율

사채할인발행차금상각액＝유효이자−사채이자지급액*

* 사채의 액면가액×액면이자율

여기서 사채의 장부가액은 사채의 액면가액에서 **미상각사채할인발행차금**(발행차금의 잔액)을 차감한 금액이며 매기의 현금이자지급액은 사채액면금액에다 액면이자율을 곱한 금액이다. 유효이자율법에 의하여 노고주식회사의 **사채할인발행차금상각표**를 작성하면 **표 10-2**와 같다. **표 10-2**의 상각표에 의하면 매기간 사채할인발행차금이 상각됨에 따라 매기 말 사채의 장부가액이 증가하고 따라서 연간 유효이자비용도 증가하게 됨을 알 수 있다. 반면에 연간 실

사채할인발행차금상각표(유효이자율법)

(액 면 가: ₩100,000　　액면이자율: 연 8%　　만기: 3년 후)
(이자지급: 1년마다 후불　　시장이자율: 연 10%)

이자 지급기간 1 년	A 매기 초의 장부가액	B 연 간 유효이자 (10%×A)	C 연간이자 지 급 액 (₩100,000 ×8%)	D 사채할인 발행차금 상 각 액 (B−C)	E 미 상 각 사채할인 발행차금	F 매기 말의 장부가액 (₩100,000 −E)
0					₩4,975	₩95,025
1	₩95,025	₩9,503	₩8,000	₩1,503	3,472	96,528
2	96,528	9,653	8,000	1,653	1,819	98,181
3	98,181	9,819*	8,000	1,819	0	100,000
합 계		₩28,975	₩24,000	₩4,975		

* 98,181×0.1=9,818이나 마지막 상각액이 2기말의 미상각사채할인발행차금잔액과 같도록 조정. 이 차이는 계산오차에 의한 것이다.

제 이자지급액은 약정에 의한 액면가액과 액면이자율에 의해 결정되므로 일정액수(이 경우 ₩8,000)로 고정되어 있음을 알 수 있다.

유효이자율법에 의한 이자비용의인식과 사채할인발행차금의 상각에 대한 분개를 하면 다음과 같다.

20×1년 12월 31일(첫번째 이자지급일):

(차) 사 채 이 자	9,503	(대) 사채할인발행차금	1,503
		현　　　　금	8,000

(첫 번째 사채이자를 지급하다)

20×2년 12월 31일(두번째 이자지급일):

(차) 사 채 이 자	9,653	(대) 사채할인발행차금	1,653
		현　　　　금	8,000

(두 번째 사채이자를 지급하다)

사채의 만기일에는 마지막 이자지급에 대한 분개와 원금상환에 대한 분개를 한다.

20×3년 12월 31일(만기일):

(차) 사 채 이 자	9,819	(대) 현 금	8,000
		사채할인발행차금	1,819
(차) 사 채	100,000	(대) 현 금	100,000

(마지막 사채이자를 지급하고, 원금을 상환하다)

3) 사채의 할증발행

액면이자율이 시장이자율보다 높을 경우에는 사채가 할증발행된다. 좀 더 구체적으로 분석하기 위해 위에서 제시한 예를 이용하여 설명한다. 다른 조건(액면가 ₩100,000, 만기 3년, 1년마다 이자지급, 액면이자율 8%)은 동일한데 발행당시의 시장이자율만 6%라고 가정하자. 이때의 발행가 역시 **그림 10-2**의 현금흐름을 연간 시장이자율 6%로 할인함으로써 계산된다.

<u>원금의 현재가치:</u>

₩100,000 × P(n = 3, r = 6%) = ₩100,000 × 0.8396 = ₩83,960

<u>이자의 현재가치:</u>

₩8,000 × PA(n = 3, r = 6%) = ₩8,000 × 2.6730 = 21,384

사채의 현재가치(발행가) ₩105,344

사채할증발행시의 분개는 다음과 같다.

20×1년 1월 1일:

| (차) 현 금 | 105,344 | (대) 사 채 | 100,000 |
| | | 사채할증발행차금 | 5,344 |

사채할증발행차금은 사채에 대한 부가적 평가계정(부가계정)으로서 재무상태표에는 사채에 가산하는 형식으로 표시한다. 사채발행 직후 재무상태표를 작성한다면 다음과 같이 표시될 것이다.

부 분 재 무 상 태 표

노고주식회사 20×1년 1월 1일

비유동부채:

| 사 채 | ₩100,000 | |
| 사채할증발행차금 | 5,344 | ₩105,344 |

사채할증발행차금은 사채발행연도부터 사채상환연도까지의 기간에 상각하여 만기일에는 사채의 장부가가 액면가와 같아지도록 해야 한다. 할증발행의 경우 액면이자율이 시장이자율

보다 높기 때문에 회사의 이자지급액은 회사가 경제적으로 부담하는 실질이자비용보다 높다. 노고주식회사의 경우 총실질(유효)이자비용은 ₩18,656으로 다음과 같이 계산된다.

총원리금지급액	₩124,000
발행가액(실질원금)	(105,344)
총실질이자비용	₩18,656

사채의 기초장부가에 유효이자율을 곱한 금액을 이자비용으로 인식하는 유효이자율법은 매기 인식되는 사채이자비용이 실질이자를 반영하도록 하는 것이다. 표 10-3은 사채할증발행차금상각표이며 매기의 사채할증발행차금상각액을 계산하는 공식은 다음과 같다.

> 사채이자비용(유효이자) = 사채의 기초장부가액 × 유효이자율
> 사채할증발행차금상각액 = 사채이자지급액* × 유효이자

* 사채의 액면가액 × 액면이자율

표 10-3의 상각표를 이용하여 1차와 2차 이자지급일의 분개를 하면 다음과 같다.

표 10-3
사채할증발행차금상각표:
유효이자율법

사채할증발행차금상각표(유효이자율법)

(액 면 가: ₩100,000 액면이자율: 연 8% 만기: 3년 후)
(이자지급: 1년마다 후불 시장이자율: 연 6%)

이 자 지급기간 1 년	A 매기 초의 장부가액	B 연 간 유효이자 (6%×A)	C 연간이자 지 급 액 (₩100,000 ×8%)	D 사채할증 발행차금 상 각 액 (C−B)	E 미 상 각 사채할증 발행차금	F 매기 말의 장부가액 (₩100,000 +E)
0					₩5,344	₩105,344
1	₩105,344	₩6,321	₩8,000	₩1,679	3,665	103,665
2	103,665	6,220	8,000	1,780	1,885	101,885
3	101,885	6,115*	8,000	1,885	0	100,000
합 계		₩18,656	₩24,000	₩5,344		

* ₩101,885×0.06=6,113이지만 2기말의 미상각사채할증발행차금잔액만 상각하기 위해 조정. 이 차이는 계산오차에 의한 것이다.

20×1년 12월 31일(첫 번째 이자지급일):

(차) 사 채 이 자	6,321	(대) 현 금		8,000
사채할증발행차금	1,679			

20×2년 12월 31일(두 번째 이자지급일):

(차) 사 채 이 자	6,220		(대) 현 금	8,000
사채할증발행차금	1,780			

위와 같은 분개가 매기 계속 이루어짐으로써 만기일에는 사채의 장부가액이 액면가액과 일치하게 된다. 매기 사채의 유효(실질)이자비용은 실제이자지급액보다 적으며, 그 금액은 시간이 경과함에 따라 감소하고 있다. 사채발행기간 동안 인식된 이자비용의 합계는 ₩18,656으로 앞에서 계산한 총실질(유효)이자비용과 같다. 만기일에는 이자비용 및 원금상환에 대한 분개를 한다.

20×3년 12월 31일(만기일):

(차) 사 채 이 자	6,115		(대) 현 금	8,000
사채할증발행차금	1,885			
(차) 사 채	100,000		(대) 현 금	100,000

(2) 이자지급기간과 회계연도의 불일치

사채의 이자지급기간과 회계연도(fiscal year)가 일치하지 않는 경우가 있다. 이 경우 회계연도 말에 마지막 이자지급일로부터 회계연도 말까지 발생된 이자를 인식하고, 사채할인발행차금이나 사채할증발행차금이 있다면 그것도 기간에 비례하여 상각한다.

예제 10-3 _ 사채의 발생이자

노고주식회사의 회계연도는 매년 9월 30일로 끝난다. 표 10-3에서와 같이 사채를 할증발행한다고 가정하고 결산일인 20×1년 9월 30일과 이자지급일인 20×1년 12월 31일에 필요한 분개를 하시오.

해답

20×1년 9월 30일(결산일):

(차) 사 채 이 자	4,741*		(대) 미지급사채이자	6,000***
사채할증발행차금	1,259**			

* $₩6,321 \times \dfrac{9}{12} = ₩4,741$ ** $₩1,679 \times \dfrac{9}{12} = 1,259$ *** $₩8,000 \times \dfrac{9}{12} = ₩6,000$

20×1년 12월 31일(이자지급일):

(차) 미지급사채이자	6,000	(대) 현 금	8,000
사 채 이 자	1,580*		
사채할증발행차금	420**		

* ₩6,321 × $\frac{3}{12}$ = ₩1,580   ** ₩1,679 × $\frac{3}{12}$ = ₩420

 4-3 사채에 대한 투자: 상각후원가측정금융자산

제7장에서 투자 목적으로 보유하고 있는 금융자산을 다루었다. 금융자산 중 채무증권에 적용되는 상각후원가측정금융자산에 대한 회계처리는 발행자의 입장에서 하는 회계처리와 대칭을 이루므로 여기에서 설명하는 것이 이해가 쉽다. 상각후원가측정금융자산으로 분류되기 위해서는 회사채를 투자하는 목적이 투자대상 회사채의 만기까지 계약상 현금흐름, 즉 사채 발행조건에 의해 정해진 원금과 이자를 수취하는 것이어야 한다. 이 기준을 충족하지 못한 금융자산은 당기손익-공정가치측정금융자산이나 기타포괄손익-공정가치측정금융자산으로 분류되며 이에 대한 설명은 제7장에서 하였다. 즉 사채의 만기일까지 계약상 현금흐름을 수취하는 것이 목적이 아니라 처분하여 공정가치를 실현시킬 목적으로 해당 금융자산을 보유한다면 당기손익-공정가치측정금융자산이나 기타포괄손익-공정가치측정금융자산으로 분류되어 매 회계기간 말 공정가치로 평가한다. 계약상 현금흐름 성격이란 금융자산이 정해진 날짜에 원금과 원금에 대한 이자의 지급으로만 구성된 현금흐름을 발생시키는 것을 말한다.

상각후원가측정금융자산은 취득시 취득원가로 측정하고 매기 말 유효이자율법에 의한 이자수익의 인식과정을 통해 상각후원가로 장부가액을 수정하며 기말 공정가액에 따른 시가평가는 하지 않는다.

(1) 상각후원가측정금융자산의 취득

다음의 예제 10-4를 통해 상각후원가측정금융자산의 취득시 회계처리를 살펴보자.

예제 10-4 _ 상각후원가측정금융자산의 취득

설악주식회사는 20×1년 1월 1일 다음과 같은 조건으로 한라주식회사가 발행한 사채를 취득하였다.

 - 액면가 ₩100,000
 - 만기 3년
 - 액면이자율 8%, 매년 12월 31일 이자지급
 - 채무증권 발행 당시 시장이자율 10%

20×1년 12월 31일 이 채무증권의 공정가치는 ₩98,000이다.

요구사항

위 채무증권은 만기까지 보유하려는 회사의 의도에 따라 상각후원가측정금융자산으로 분류된다. 취득시점의 회계
처리를 하시오.

해답

상각후원가측정금융자산의 발행가액(취득원가):

원금의 현재가치: $₩100,000 \times P(n=3, r=10\%)^* = ₩100,000 \times 0.7513 = ₩75,130$

이자의 현재가치: $₩8,000 \times PA(n=3, r=10\%)^{**} = ₩8,000 \times 2.4869 = \underline{19,895}$

총 현재가치 $\overline{₩95,025}$

(차) 상각후원가측정금융자산	95,025	(대) 현 금	95,025

* [표 B]에서, 또는 $(1+0.1)^{-3}$을 계산하여 구한다.

** [표 D]에서, 또는 $\dfrac{1-(1+0.1)^{-3}}{0.1}$을 계산하여 구한다.

예제 10-4에서 회사채 취득시의 분개를 보면 할인발행된 사채를 취득하면서 상각후원가
측정금융자산을 ₩95,025에 기록하여, 회사채 발행회사가 회사채를 액면가인 ₩100,000에 기
록하고 사채할인발행차금이라는 사채의 차감계정에 따로 ₩4,975를 기록한 방법과 비교된다.

사채의 할인취득시 별도의 할인차금계정을 이용하지 않고 취득원가에 금융자산을 기록
하는 방식을 순액법이라 하고 투자대상 회사채를 액면가에 금융자산으로 기록하고 별도의 할
인차금계정을 이용하는 방법을 총액법이라 한다.

(2) 상각후원가측정금융자산의 이자수익 인식

상각후원가측정금융자산으로 분류된 회사채에 대한 이자수익의 인식은 회사채 발행회사
의 이자비용 인식시와 마찬가지로 유효이자율법을 적용한다. 즉 이자수익은 상각후원가측정
금융자산의 기초장부가액에 유효이자율을 곱하여 결정된다. 액면가로 취득한 경우 이자수익
은 액면이자와 동일하다. 하지만 할인취득하거나 할증취득한 경우 이자수익은 달라진다. 예제
10-4에서 투자자는 상각후원가측정금융자산을 ₩95,025에 취득하여 3년 동안 약정에 의해
매년 ₩8,000의 현금이자인 ₩24,000과 만기에 ₩100,000을 받게 된다. 즉 실질적으로 현금
이자뿐만 아니라 취득가액 ₩95,025와 만기가액 ₩100,000의 차액에 해당되는 ₩4,975를 추
가로 받게 되는 것이다.[2] 이 ₩4,975은 투자자가 추가적으로 인식하는 이자로 만기까지 상각

---

2 발행가액 ₩95,025는 실질원금에 해당하는 개념이다. 즉 형식적으로는 원금 ₩100,000에 이자가 총 ₩24,000이지만, 실
질적으로는 원금 ₩95,025에 실질이자가 ₩28,975가 된다. 유효이자율법에서는 실질이자 ₩28,975(₩124,000-₩95,025)
이 3년에 걸쳐 이자수익으로 인식된다.

표 10-4
유효이자율법에 의한
이자수익의 인식

기 간	① 기초의 장부가액	② 연간 유효이자	③ 현금이자 수취액	④ 장부가액의 조정	⑤ 기말의 장부가액
20×1. 1. 1.					₩95,025
20×1. 12. 31.	₩95,025	₩9,503	₩8,000	₩1,503	96,528
20×2. 12. 31.	96,528	9,653	8,000	1,653	98,181
20×3. 12. 31.	98,181	9,819	8,000	1,819	100,000
합 계		₩28,975	₩24,000	₩4,975	

②=기초장부가×효이자율=①×유효이자율(10%)
③=액면가×액면이자율(8%)
④=③-②, 이 금액은 실질적으로 할인차금의 상각액에 해당

후원가측정금융자산을 보유한다면 인식할 이자수익의 총액은 ₩28,975가 된다. 결국 상각후원가측정금융자산의 할인발행으로 투자자는 액면이자율(8%)만큼을 보상받는 것이 아니라 증권 발행당시의 시장이자율(10%)만큼 보상받는다. **예제 10-4**에서 유효이자율법에 의해 매기 인식할 이자수익은 **표 10-4**와 같다.

　　표 10-4에서 투자자가 매기 인식할 이자수익은 매기 초의 장부가액에 시장이자율을 곱한 금액에 해당된다. 즉 투자자가 10%의 시장이자율을 보상받기 위해 20×1년에 인식하는 이자수익은 ₩9,503(95,025×0.1)이다. 하지만 투자자는 20×1년에 사채발행회사로부터 현금이자 ₩8,000만을 수령하게 되고 나머지 ₩1,503은 미수이자로 원금(채무증권의 장부가액)에 가산되어 만기에 받게 된다. 따라서 이자수익 ₩9,503과 현금이자 ₩8,000의 차액인 ₩1,503이 장부가액에 가산되어 20×1년 12월 31일 현재 채무증권가액은 ₩96,528이 된다. 새로운 원금 ₩96,528은 다음 기 유효이자 계산의 기초가 된다. 이러한 과정을 우리는 할인액의 상각이라고 부르고 새로운 원금을 상각후원가라 한다.

　　상각후원가측정금융자산의 20×1년 12월 31일 이자수익 인식을 위한 회계처리는 다음과 같다.

(차) 현　　　　　금	8,000	(대) 이 자 수 익	9,503
상각후원가측정금융자산	1,503		

(3) 처분시 회계처리

　　상각후원가측정금융자산을 처분할 때 처분시 현금수령액이 장부가(혹은 상각후원가)와 다르다면 처분손익을 인식해야 하며 처분손익은 당기순이익에 반영된다. **예제 10-4**에서 위 상각후원가측정금융자산을 20×2년 1월 1일에 ₩100,000에 처분한다고 가정하자. 이 경우 처분시 회계처리를 하면 다음과 같다.

| (차) 현 금 | 100,000 | (대) 상각후원가측정금융자산 | 96,528 |
| | | 상각후원가측정금융자산처분이익 | 3,472 |

외화표시
차입금
05

International Financial Reporting Standards

부채를 조달할 때 외화로 표시된 차입금을 이용할 경우, 원리금의 상환시에도 외화로 상환하여야 한다. 이러한 성격의 차입금은 외화표시차입금으로 구분표시하여야 한다. 외화차입금 상환시의 환율이 차입당시의 환율이나 마지막 회계기간 말의 환율과 차이가 있으면 외환차익이나 외환차손을 인식한다. 또한 매회계기간 말에 환율의 변동이 있으면 부채를 재환산하여야 하며 이 과정에서 외화환산이익이나 외화환산손실이 발생하게 된다. 외화환산이익(손실)과 외환차익(손)의 차이점은 외화환산이익(손실)은 현금의 형태로 전환되지 않은 미실현이익(손실)인 데 반해 외환차익(차손)은 부채의 상환을 통하여 현금의 형태로 나타나는 실현이익(손실)을 뜻한다는 것이다. 외화표시장기차입금과 관련한 예제를 제시하면 **예제 10-5**와 같다.

예제 10-5 _ 외화표시장기차입금

동촌주식회사는 20×1년 1월 1일, 3년 후 상환조건으로 미국에서 $10,000의 차관을 들여왔다. 회사는 즉시 $10,000를 은행에서 원화로 환전하였으며 이때의 환율은 $1=₩1,200이었다. 20×1년 12월 31일 결산시의 환율은 ₩1,300이고, 20×2년 말과 20×3년 말(상환시)의 환율은 각각 ₩1,250과 ₩1,270이었다. 기채일로부터 상환일까지 필요한 분개를 하시오(단, 이자에 대한 분개는 생략한다).

해답

20×1년 1월 1일(기채일):

| (차) 현 금 | 12,000,000* | (대) 외화표시장기차입금 | 12,000,000 |

* ₩1,200×$10,000=₩12,000,000

20×1년 12월 31일(결산일):

| (차) 외화환산손실 | 1,000,000* | (대) 외화표시장기차입금 | 1,000,000 |

* $10,000×(₩1,200−₩1,300)=₩1,000,000

20×2년 12월 31일(결산일):

| (차) 외화표시장기차입금 | 500,000* | (대) 외화환산이익 | 500,000 |

* $10,000×(₩1,300−₩1,250)=₩500,000

20×3년 12월 31일(상환일):

| (차) 외화표시장기차입금 | 12,500,000 | (대) 현   금 | 12,700,000 |
| 외 환 차 손 | 200,000* | | |

* $10,000×(₩1,250−₩1,270)=₩200,000

종합
예제
06

International Financial Reporting Standards

다음 물음에 답하시오. 단, 모든 사채는 회계연도 초에 발행된다고 가정하시오.

 요·구·사·항

1) 액면가액이 ₩1,000,000, 연이자율 20%, 5년 만기이며, 액면가액의 95%로 발행한 경우 사채발행에 대한 분개를 하시오.

2) 액면가액이 ₩500,000, 연이자율 10%, 5년 만기의 사채를 ₩464,000에 발행하였다. 발행시의 유효이자율이 12%라면, 유효이자율법을 사용할 때 1차연도의 이자비용과 사채할인발행차금상각액은 얼마인가?

3) 2)에서, 1차연도 말 사채와 관련한 부분재무상태표를 작성하시오.

4) 액면가액이 ₩200,000, 액면이자율이 연 10%, 5년 만기인 사채를 ₩233,700에 발행한 경우 만일 유효이자율이 6%라면 발행 첫년도의 이자비용과 사채할증발행차금상각액은 얼마인가?

5) 4)의 경우 1차연도 말 사채와 관련한 부분재무상태표를 작성하시오.

해답

1) (차) 현   금   950,000   (대) 사   채   1,000,000

사채할인발행자금   50,000

2) 사채이자비용＝사채의 기초장부가×유효이자율
   ＝₩464,000×0.12＝₩55,680

   사채할인발행차금상각액＝사채이자비용－현금이자지급액
   ＝₩55,680－₩50,000＝₩5,680

3) 부분재무상태표

비유동부채:		
사 채	₩500,000	
사채할인발행차금	(30,320)*	₩469,680

* 36,000-5,680＝₩30,320

4) 사채이자비용＝₩233,700×0.06＝₩14,022

   사채할증발행차금상각액＝₩20,000－₩14,022＝₩5,978

5) 부분재무상태표

비유동부채:		
사 채	₩200,000	
사채할증발행차금	27,722*	₩227,722

* 33,700-5,978＝₩27,722

부록: 화폐의 시간가치 개념

International Financial Reporting Standards

10 A-1 화폐의 시간가치 개념

　이자는 돈을 쓰는 대가로 채무자가 채권자에게 지불해야 할 비용이다. 이자는 시간의 경과에 따라 인식되는 비용으로서 "시간은 금이다"라는 경구처럼 문자 그대로 화폐의 시간가치를 표현하는 것이다. 따라서 화폐의 시간가치는 기업의 입장에서 반드시 고려해야 할 중요한 개념이다. 예를 들어 기업이 적절한 양의 현금을 보유하는 것은 원활한 영업활동을 위해 필수불가결하지만 그렇다고 해서 무조건 많은 현금을 보유해야 하는지는 재고해야 할 것이다. 즉 어느 기업이 ₩10,000,000의 현금을 1년간 그대로 보유하고 있다면, 정기예금의 이자율이

10%라고 할 때 적어도 ₩1,000,000의 이자수익을 포기하는 것이라고 볼 수 있다. 다시 말하면 ₩10,000,000의 현금을 유지하는 데 ₩1,000,000의 기회비용이 소요되는 것이다.

10 A-2 단순이자와 복리이자

단순이자(simple interest)계산이란 발생된 이자에 대해서는 이자가 계산되지 않고 원금에 대해서만 이자계산이 되는 것을 뜻한다. 복리이자(compound interest)계산이란 미지급이자가 다시 원금에 가산되어 새로운 원금이 되고 그 새로운 원금을 기초로 다시 이자계산을 반복하는 것을 말한다. 예를 들어 ₩1,000을 연 6%의 이자율로 3년간 차입하여 원리금을 3년 후에 상환하기로 하였다고 하자. 단순이자계산의 경우에는 3년 후 ₩1,180(₩1,000+₩60×3)이 원리금이 된다. 복리이자계산의 경우에는 1년 후의 원리금이 ₩1,060이 되고, 이 ₩1,060을 새로운 원금으로 하여 이자를 계산한 ₩1,124(₩1,060×1.06)이 2년 후의 원리금이 된다. 3년 후에는 ₩1,124에 1.06을 곱하여 구한 ₩1,191이 원리금이 된다. 즉 단순이자계산의 경우에는 3년간의 이자가 ₩180인 데 반하여 3년간의 복리이자는 ₩191인 것이다. 단순이자와 복리이자의 관계를 비교하면 **표 10A-1**과 같다.

표 10A-1에서 볼 수 있듯이 한 기간의 단순이자는 시기에 관계없이 일정하지만 복리이자는 시간이 경과함에 따라 기간의 이자가 증가하고 있음을 알 수 있다. 기업의 의사결정이나 금융기관에서 이자계산을 할 때 쓰이는 이자의 개념은 복리의 개념이다. 따라서 이 장에서는 복리를 가정하여 현재가치와 미래가치를 설명할 것이다.

(원금: ₩1,000, 이자율: 연리 6%)

📄 표 10A-1
단순이자와 복리이자의
비교

	단순이자	복리이자
1년도	₩1,000×0.06=₩60	₩1,000×0.06=₩60
2년도	1,000×0.06= 60	1,060×0.06= 64
3년도	1,000×0.06= 60	1,124×0.06= 67
합 계	₩180	₩191

10 A-3 현재가치와 미래가치

(1) 목돈의 미래가치(원리금)

오늘의 ₩1,000이 1년 후의 ₩1,000과 그 가치가 같을 수는 없다. 왜냐하면 오늘 ₩1,000을 은행에 예금하면 1년 후에는 원금 ₩1,000과 이자를 얻을 수 있기 때문에 현재의 ₩1,000이 1년 후의 ₩1,000보다 가치가 큰 것이다. 이자율이 6%라고 한다면 현재의 ₩1,000은 1년 후에는 그간 발생된 이자가 가산되어 ₩1,060(₩1,000×1.06)이 된다. 즉 오늘 가지고 있는 ₩1,000의 1년 후의 미래가치(원리금)는 ₩1,060이 된다. 오늘 예금한 ₩1,000이 오늘로부터 1년 후, 2년 후, 그리고 3년 후에 각각 만기일이 도래된다고 가정했을 때의 원리금계산은 다음과 같다.

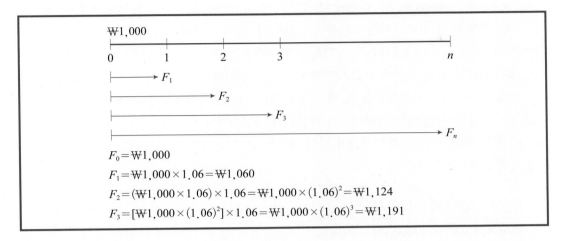

$F_0 = ₩1,000$
$F_1 = ₩1,000 \times 1.06 = ₩1,060$
$F_2 = (₩1,000 \times 1.06) \times 1.06 = ₩1,000 \times (1.06)^2 = ₩1,124$
$F_3 = [₩1,000 \times (1.06)^2] \times 1.06 = ₩1,000 \times (1.06)^3 = ₩1,191$

앞에서 F_0, F_1, F_2, 그리고 F_3는 각기 0기간, 1기간, 2기간, 그리고 3기간 후에 현재 가지고 있는 ₩1,000의 미래가치를 나타낸다. 앞에서 화살표로 표시한 선의 길이는 이자가 계산되는 기간을 나타낸다. 따라서 화살표의 길이가 길어질수록 이자가 증가함을 알 수 있다. 일반적으로 이자율이 r일 때, 현재 ₩P의 n기간 후의 미래가치 F_n은 다음과 같은 공식으로 나타낼 수 있다.

$$F_n = P(1+r)^n$$

예제 10A-1 _ 목돈의 미래가치

이덕주 씨는 복권에 당첨되어 ₩100,000,000을 받았다. 이덕주 씨는 이 돈을 5년만기 정기예금에 저축하였다. 예금의 조건은 연이자율 12%, 이자는 3개월마다 복리계산된다. 정기예금의 만기일에 이덕주 씨가 찾을 돈은 얼마인가?

해답

$F = ₩100,000,000 \times F(n=20, \ r=3\%)^*$
  $= ₩100,000,000 \times (1+0.03)^{20}$
  $= ₩100,000,000 \times 1.8061 = ₩180,610,000$

* 표 A에서 20기간과 3%난이 만나는 값을 직접 이용해도 됨.

이러한 공식에 기초해서 ₩P=₩1에 대하여 다양한 기간과 이자율을 적용하여 미래가치를 계산한 표가 이 책의 부록에 수록된 **표 A**이다. 가령 **표 A**를 사용하여 한 기간의 이자율이 4%일 경우 현재의 ₩1에 대한 5기간 후의 미래가치는 ₩1.2167(표 A에서 기간 5의 횡란(row)과 이자율 4%의 종란(column)이 만나는 칸에 있는)임을 알 수 있다. 즉 오늘의 ₩1이 5기간 후 4% 복리로 계산되었을 때 미래가치(원리금)는 ₩1.2167이 된다. 따라서 ₩1,000,000에 대한 원리금 계산은 ₩1,000,000×₩1.2167＝₩1,216,700이 된다. 또한 1.2167이란 목돈의 미래가치계수는 $(1.04)^5$으로서 위의 공식에 직접 대입하여 계산한 수치와 동일함을 검증할 수 있다.

예제 10A-1에서 복리계산을 할 때 기간은 5년이지만, 복리계산은 20번을 하였다. 그 이유는 복리계산이 3개월마다 이루어지기 때문이다. 3개월마다 이자계산을 하면 1년에 4번이므로 5년 동안 20번(4×5)의 복리계산이 된다. 한편 연이자율 12%는 3개월간 이자율 3%(12%÷4)로 전환된다.

(2) 정상연금의 미래가치

정상연금(ordinary annuity)이란 사채의 이자지급같이 일정기간마다 매기간 말에 일정한 금액을 지불하거나 받는 것을 뜻한다. 예를 들어 이자율이 6%일 때 3기간에 걸쳐 ₩1,000씩 받는 정상연금의 미래가치를 계산하여 보자.

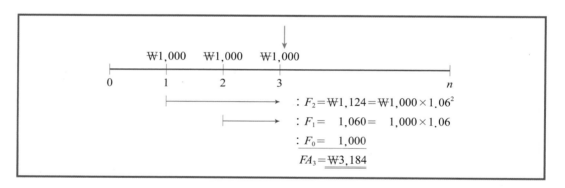

위에서 정상연금의 미래가치는 결국 목돈의 미래가치로 구성되어 있음을 알 수 있다. 첫 번째(n=1)에 받는 ₩1,000은 셋째 기간 말(n=3)에는 두 기간의 이자가 복리계산되어 ₩1,124이 되며, 두 번째(n=2)에 받는 ₩1,000은 한 기간의 이자가 계산되어 셋째 기간 말에는 ₩1,060이 된다. 마지막(n=3)에 받는 ₩1,000은 그대로 ₩1,000이 되어 결국 FA_3는 F_2, F_1, 그리고 F_0의 합계가 된다.

정상연금의 미래가치를 연금의 가치가 ₩A이고, 기간이 n이며, 이자율이 r인 경우에 적용시켜 일반적인 공식으로 나타내면 다음과 같다.

$$FA_n = \frac{A[(1+r)^n - 1]}{r}$$

₩1짜리 정상연금의 미래가치를 계산하여 기간, 이자율별로 정리한 표가 이 책의 부록에

수록된 **표 C**이다. 예를 들어 기간이 8이고 이자율이 7%인 경우 **표 C**에 의하면 정상연금의 미래가치계수는 10.260임을 알 수 있다. 이 수치는 직접 공식에 대입하여 계산한 수치와 같음을 검증할 수 있다.

예제 10A-2 _ 정상연금의 미래가치

홍석화 씨는 10년 후 내집마련을 위해 2001년 1월 1일 정기적금에 들었다. 적금은 6개월에 한 번씩 ₩1,000,000 씩 총 20번(10년) 불입하여 2010년 12월 31일에 만기가 된다. 첫번째 적금불입일은 2001년 6월 30일이다. 연이자율 10%라면 만기일에 홍석화 씨가 지급받게 되는 돈은 얼마인가?

해답

$$FA = ₩1,000,000 \times FA(n=20, \ r=5\%)*$$
$$= ₩1,000,000 \times 33.066 = ₩33,066,000$$
* 표 C에서 기간 20과 이자율 5%란이 만나는 값

(3) 목돈의 현재가치

만일 여러분에게 오늘 ₩1,000,000 받을 기회와 1년 후 ₩1,000,000 받을 기회 중에 하나를 선택하라고 한다면 여러분은 틀림없이 오늘 ₩1,000,000 받기를 원할 것이다. 반면에 오늘 ₩1,000,000 받을 기회와 1년 후 ₩1,100,000 받을 기회를 놓고 선택하려면 여러분은 앞으로의 물가상승률, 실질이자율, 불의의 사고가 일어나 1년 후 돈을 못쓸 확률 등을 나름대로 고려하여 ₩100,000의 차액이 1년간 기다리는 데 대한 충분한 보상이 되는지를 검토하여 결정을 내릴 것이다. 여기에서 ₩100,000이 바로 이자 또는 화폐의 시간가치라 불리는 개념이다. 만일 오늘 ₩1,000,000을 받는 것과 1년 후 ₩1,100,000을 받는 것에 대해서 상관을 하지 않는다면, 1년 후의 ₩1,100,000의 현재가치가 ₩1,000,000이 되는 것이며 이때의 이자율은 10%이다. 현재가치는 미래시점에서 받는 금액보다 작으므로 현재가치(現値)의 계산에서는 이자율을 할인율이라고 하기도 한다. 목돈의 현재가치는 목돈의 미래가치공식을 역산하여 쉽게 구할 수 있다. 즉 $F_n = P(1+r)^n$ 공식에서 양변을 $(1+r)^n$으로 나누어 주면 다음과 같이 된다.

$$\frac{F_n}{(1+r)^n} = P$$

또는

$$P = \frac{F_n}{(1+r)^n} = F_n(1+r)^{-n}$$

이때 F_n은 지금으로부터 n기간 후에 받을 금액을 뜻하며 P는 이자율이 r일 때 F_n의 현재 가치이다. 예를 들어 3년 후에 받을 ₩1,000,000의 현재가치는 연간 이자율이 8%일 때 위의 공식에 넣어 계산하면 ₩793,830이 됨을 알 수 있다.

목돈의 현재가치를 쉽게 구하기 위하여 기간별 이자율별로 ₩1의 현가를 계산·정리한 표가 부록의 **표 B**이다. 즉 기간이 3이고 이자율이 8%일 경우의 목돈의 현재가치계수는 **표 B**로부터 0.7938임을 알 수 있다.

예제 10A-3 _ 목돈의 현재가치

류진수 씨는 학교에 입학하여 졸업직후인 4년 후 세계여행을 할 계획을 세우고 있다. 여행경비는 ₩10,000,000이 소요되며 이를 위해 대학입학 축하금으로 받은 ₩7,307,000을 정기예금하고자 한다. 정기예금 이자계산은 6개월에 한 번씩 이루어진다면 이자율이 연 몇 %인 상품을 찾아야 하는가?

해답

$$₩7,307,000 = ₩10,000,000 \times P(n=8, \ r=?)$$
$$P(n=8, \ r=?) = ₩7,307,000 \div ₩10,000,000 = 0.7307$$
표 B에서 8기간 줄에서 현재가치계수가 0.7307인 지점을 찾으면 이자율이 4%임을 알 수 있다.
4%는 6개월간 이자율이므로 연 8%의 정기예금상품을 찾아야 한다.

(4) 정상연금의 현재가치

정상연금의 현재가치 역시 예를 들어서 설명하면 이해하기가 쉽다. 이자율이 6%이고 세 기간에 걸쳐서 받는 정상연금 ₩1,000의 현가를 구하려면 다음과 같은 도표를 이용하면 된다.

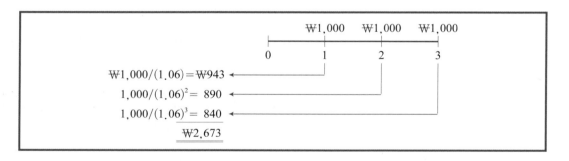

1기말에 받는 연금 ₩1,000의 현가는 ₩943이고 2기말에 받는 ₩1,000의 현가는 2기간 동안 할인되어 ₩890이 된다. 3기말에 받는 연금은 3기간 동안 할인되어 현가는 ₩840이다. 연금의 현가는 결국 할인기간이 다른 목돈의 현가의 합계임을 알 수 있다. 이자율이 r일 때 n기간에 걸쳐서 받는 연금 A의 현가를 PA라 하여 이를 공식으로 나타내면 다음과 같다.

$$PA = \frac{A[1-(1+r)^{-n}]}{r}$$

정상연금의 현가를 쉽게 구하기 위해 연금 ₩1에 대해 기간별 이자율별로 현가를 계산 정리한 표가 부록의 **표 D**이다. 위의 도표에서 든 예를 **표 D**를 이용하여 설명하면 다음과 같다. 우선 **표 D**에서 3기간과 6%가 만나는 지점에서 정상연금의 현재가치계수인 2.6730을 찾아서 이를 ₩1,000에 곱하면 ₩2,673이 된다. 또한 ₩2,673은 위의 공식에 직접 대입하였을 때 나오는 수치와 동일함을 검증할 수 있다.

예제 10A-4 _ 정상연금의 현재가치

신성호 씨는 20×1년 1월 1일자로 직장에서 은퇴하였다. 퇴직금으로 받은 돈을 예금하여 향후 10년간 매년 말 ₩5,000,000을 받고자 한다. 연이자율이 9%라면 신성호 씨가 퇴직시에 일시납으로 예금할 금액은 얼마인가?

해답

$$PA = ₩5,000,000 \times PA(n=10,\ r=9\%)^*$$
$$= ₩5,000,000 \times 6.4177 = ₩32,088,500$$

* **표 D**에서 10기간과 9%란이 만나는 값

(5) 복리기간과 지급기간

부록의 **표 A**와 같은 이자율표를 이용할 때 유의하여야 할 점은 앞에서 설명하였듯이 한 기간이 반드시 1년을 뜻하지는 않는다는 것이다. 예를 들어 어느 금융기관에서 이자율은 연리 6%이지만 복리계산은 3개월에 한 번씩 한다고 하자. 이때 1년 후의 원리금계산을 하려면 **표 A**에서 1.5%와 4기간이 만나는 지점을 찾아야 한다. 이때 한 기간의 길이는 1년이 아니라 3개월인 것이다. 이 경우 연간 실질이자율은 6.13%(1.015^4-1)가 되어 연리 6%로 1년에 한 번 복리계산할 때에 비해 실질이자율이 높아진다. 즉 실질이자율은 복리계산기간이 짧아질수록 높아진다. 연리가 r이고 1년에 m번 복리계산된다면 연간 실질이자율은 $[(1+r/m)^m-1]$이 된다. 기간이자율이 $r\%$이고 1기간 동안 m번 복리계산되며 n기간에 걸쳐 이자를 계산하는 경우 이자율표에서 r/m의 이자율란과 $m \times n$기간이 만나는 지점을 찾으면 된다. 예를 들어 연리 12%이고 3개월에 한 번씩 복리계산이 되며 5년에 걸쳐서 이자계산이 될 때 이자율표에서 3%(r/m=12/4)란과 20($m \times n$=4×5)기간이 만나는 곳을 찾는다. 마지막으로 주의할 점은 이자지급기간과 복리계산기간 또한 반드시 일치하지 않는다는 것이다. 예를 들어 어느 은행에서 이자는 6개월(지급기간)에 한 번씩 지급하지만 이자계산은 3개월 혹은 1개월(복리기간)에 한 번씩 할 수 있는 것이다.

익힘문제 __

QUESTION
01

사채의 종류 및 각 사채의 특성을 기술하시오.

QUESTION
02

사채의 할증발행이란 무엇이며, 사채가 할증발행되는 이유는 무엇인가?

QUESTION
03

사채발행자 및 사채투자자 입장에서 전환사채가 지니는 이점을 기술하시오.

QUESTION
04

사채의 액면이자율이 시장이자율보다 작을 때 할인발행되는 이유를 설명하시오.

QUESTION
05

다음 사채와 관련된 용어에 대하여 설명하시오.
- (1) 만기상환
- (2) 연속상환
- (3) 조기상환
- (4) 전환사채의 전환

QUESTION 06

3년 만기, 액면 ₩1,000,000, 액면이자율 12%, 이자는 매년 말 후급조건의 사채를 ₩950,000에 발행하였다. 이 사채의 실질원금과 총실질(유효)이자비용은 얼마인가?

QUESTION 07

5년 만기, 액면 ₩2,000,000, 액면이자율 10%, 이자는 매년 말 후급조건의 사채를 ₩2,100,000에 발행하였다. 이 사채의 실질원금과 총실질(유효)이자비용은 얼마인가?

QUESTION 08

상각후원가측정금융자산이 되기 위한 조건을 쓰시오.

QUESTION 09

금융부채의 의미는 무엇인지 설명하고 그 예를 세 가지 드시오.

QUESTION 10

외화차입금과 관련한 외화환산손익은 어느 경우 발생하는가?

PROBLEM

연습문제 __

1. 사채의 발행과 분개

사채액면 ₩1,000,000, 액면이자율 10%, 이자지급은 매년 12월 31일이고, 기간은 5년인 사채를 다음과 같은 시장이자율 조건으로 발행하였다. 각각의 경우 사채의 발행금액을 계산하고 발행시 필요한 분개를 하시오.

요구사항
1) 시장이자율이 10%인 경우
2) 시장이자율이 12%인 경우
3) 시장이자율이 8%인 경우

2. 사채의 발행과 발행차금의 상각

20×1년 1월 1일 효섭주식회사는 액면가 ₩100,000, 액면이자율 9%인 사채를 ₩103,992에 발행하였는데 이 금액은 8%의 시장이자율을 반영한 것이다. 사채발행일은 20×1년 1월 1일이고 만기일은 20×5년 12월 31일이며 매년 12월 31일에 이자를 지급하기로 되어 있다. 이 회사는 유효이자율법에 따라서 사채발행차금을 상각하고 있다.

요구사항
1) 사채발행일의 분개를 하시오.
2) 20×1년도의 이자비용 인식을 위한 분개를 하시오. 이를 위해 사채발행차금의 상각표를 작성하시오.
3) 20×2년도의 이자비용을 인식하기 위한 분개를 하시오.

3 사채의 발행과 발행차금의 상각

노고주식회사는 다음과 같은 조건을 가진 사채를 발행하기로 하였다.

발행일: 20×0년 1월 1일
액면가액: ₩30,000,000
표시이자율(연 1회 지급): 12%
이자지급일: 매년 12월 31일
사채발행기간: 3년
시장이자율: 15%

요구사항

1) 발행시 필요한 분개를 하시오.
2) 사채발행차금상각을 유효이자율법에 의해 할 때 20×0년 12월 31일 회계처리를 하시오.

4 사채와 관련된 거래들의 분개

다음 거래를 분개하시오.

(1) 20×1년 1월 1일 강자주식회사는 액면 ₩1,000,000, 액면이자율 8%, 만기 20×5년 12월 31일, 이자지급일이 12월 31일인 A형 사채를 ₩924,160에 발행하였다. 발행가는 10%의 유효이자율을 반영한 것이다.

(2) 20×1년 4월 1일 강자주식회사는 액면 ₩500,000, 이자율 10%, 기간 10년, 이자지급일은 매년 3월 31일과 9월 30일인 B형 사채를 ₩500,000에 발행하였다.

(3) 20×1년 9월 30일, B형 사채의 이자를 지급하였다.

(4) 20×1년 12월 31일 결산일에 위의 사채들과 관련된 분개를 하였다.

(5) 20×5년 6월 30일에 B형 사채 전액을 발생이자를 포함하여 ₩520,000에 매입 상환하였다.

5 사채와 관련된 거래들의 일자별 회계처리

강원주식회사는 20×1년 2월 1일에 액면 ₩50,000,000, 액면이자율 10%, 이자지급은 사채발행일로부터 매 6개월(7월 말, 1월 말)마다 지급, 5년 후 상환의 조건으로 사채를 ₩44,400,000에 발행하였다. 사채발행시와 발행 후의 회계처리를 다음 제시된 날짜별로 하시오. 사채발행가는 12%의 유효이자율이 반영된 것이다.

요구사항

1) 20×1년 2월 1일
2) 20×1년 7월 31일
3) 20×1년 12월 31일

6 사채와 관련된 거래들의 일자별 회계처리

위 5번의 상황에서 사채발행이 ₩51,900,000에 이루어졌을 경우 제시된 날짜순에 의해 회계처리를 하시오. 단, 사채발행가는 8%의 유효이자율을 반영한 것이다.

7 사채의 발행과 발행차금의 상각

20×5년 1월 1일에 노고회사는 액면가액 ₩500,000의 사채를 발행하였다. 이 사채의 만기일은 20×9년 12월 31일이며, 이자는 매년 12월 31일에 지급된다. 다음은 이 사채의 할인발행차금상각표의 일부이다.

연 도	기초장부가	유효이자	현금이자	사채할인발행차금상각	기말장부가
20×5년	₩449,740	₩67,461	₩60,000	₩7,461	₩457,201
20×6년	457,201	68,580	60,000	8,580	465,781

요구사항

1) 이 사채의 액면이자율은 얼마인가?
2) 이 사채의 유효이자율은 얼마인가?
3) 이 사채의 발행과 관련된 분개를 하시오.
4) 사채할인발행차금상각을 유효이자율법에 따라 할 경우 20×7년 말 작성되는 재무상태표에 이 사채가 어떻게 공시되겠는가?

8 사채의 발행 및 상환의 회계처리

20×1년 3월 1일, 신수주식회사는 아래와 같은 조건으로 사채를 ₩4,800,000에 발행하였다. 액면총액 ₩5,000,000, 액면이자율 9%, 이자지급일 2월 말. 상환일은 발행일로부터 5년 후이다. 위의 자료를 이용하여 사채와 관련된 회계처리를 하시오. 사채발행가는 10%의 유효이자율이 적용된다.

요구사항

1) 사채발행시
2) 20×1년 12월 말의 결산시
3) 20×2년 2월 말에는 발행사채 중 5분의 1을 ₩980,000에 현금으로 매입상환하였다. 사채상환에 대한 회계처리를 하시오.

9 상각후원가측정금융자산의 회계처리

가가회사는 20×1년 1월 1일 나나회사의 채무증권을 구입하였으며 이는 상각후원가측정금융자산으로 분류된다. 이 채무증권과 관련된 자료는 다음과 같다.

액면가액	₩100,000
액면이자율	연 5%
이자지급일	12월 31일
만기까지의 기간	3년
유효이자율	연 8%

요구사항

1) 상각후원가측정금융자산의 취득원가를 구하고 취득시(20×1년 1월 1일) 분개를 하시오.
2) 유효이자율법에 의해 이자인식을 하기 위한 상각표를 작성하시오.
3) 매기 이자수익을 인식하기 위한 분개를 하시오.
4) 만기 원금수취시 분개를 하시오.

10 상각후원가측정금융자산의 회계처리

20×1년 7월 1일 경일회사는 성일회사가 발행한 액면가액 ₩200,000, 액면이자율 14%의 사채를 구입하였는데 이는 상각후원가측정금융자산으로 분류된다. 이 사채의 만기는 10년이며 이자는 매년 6월 30일과 12월 31일에 지급된다. 경일회사는 이 사채를 ₩222,766에 구입하였으며, 유효이자율은 연 12%이다.

요구사항

경일회사가 20×1년 7월 1일, 12월 31일, 20×2년 6월 30일에 해야 할 분개를 하시오.

11 단기차입금과 관련된 거래의 분개

경상주식회사는 20×6년 9월 1일에 액면 ₩336,000의 무이자부어음을 발행하고 할인료 ₩36,000을 차감한 후 ₩300,000을 은행으로부터 현금차입하였다.

요구사항

어음발행일, 결산일(20×6년 12월 31일), 어음만기일(20×7년 8월 31일)의 분개를 하시오.

12 어음발행과 관련된 거래의 분개

신수주식회사는 20×6년 9월 1일에 현금 ₩500,000을 차입하고, 1년 만기 연이자율 12%의 이자부어음을 발행교부하였다.

요구사항

1) 20×6년   9월   1일(어음발행일)
2) 20×6년 12월 31일(결산일)
3) 20×7년   8월 31일(어음만기일)에 있어서의 분개를 하시오.

13 어음발행과 관련된 거래의 분개

마포주식회사는 결산일이 6월 30일이다. 어음과 관련된 거래들이 아래와 같이 발생하였다.

5월 11일   거래처에게 ₩18,000(9%, 60일)의 이자부어음을 발행하고 인쇄기를 구입하였다.
5월 16일   은행으로부터의 차입에 따라 ₩20,000(할인율 10%, 90일)의 무이자부어음을 발행하였다.
6월 30일   이자비용발생에 따른 수정분개를 하였다.
6월 30일   이자비용과 관련된 결산마감분개를 하였다.
7월 10일   인쇄기 구입을 위해 발행했던 어음을 현금으로 상환하였다.
8월 14일   은행에게 발행했던 어음을 현금으로 상환하였다.

요구사항
위의 거래들과 관련된 분개를 하시오.

14 당좌부채에 대한 거래의 분개

신촌주식회사는 은행과 당좌부채계약을 체결하고 있다. 이 회사는 20×6년 4월 1일 거래처에게 매입채무 ₩100,000을 지급하기 위해 거래은행앞 수표를 발행하였다. 당좌예금잔액은 ₩70,000이었다. 그 후 4월 20일 현금 ₩50,000을 당좌예금하였다.

요구사항
20×6년 4월 1일과 4월 20일의 거래에 대한 분개를 하시오.

15 화폐의 시간가치

20×4년 1월 1일 석화는 6개월마다 ₩1,000씩 12회 불입하는 정기적금을 하기로 하였다. 첫 번째 불입은 20×4년 6월 30일에 이루어진다. 이자율은 20×4년 1월 1일부터 20×6년 12월 31일까지는 연 10%, 20×7년 1월 1일부터 20×9년 12월 31일까지는 연 12%가 적용된다. 20×9년 12월 31일 정기예금의 만기일에 석화가 찾을 금액은 얼마인가?

16 화폐의 시간가치

이진돌은 평범한 샐러리맨으로서, 조그만 아파트를 하나 장만하는 것이 꿈이다. 이에 대한 구체적인 실행방법으로 내집 마련 5개년 계획을 수립하기로 했다. 5년 후에 적어도 1억 원은 있어야 작은 아파트를 장만할 것으로 예상하여 1억 원짜리, 5년 만기 매 반기 말 불입하는 정기적금에 들기로 하였다. 이진돌이 매 반기별로 불입해야 할 금액은 얼마인가? 단, 이자율은 연 16%이다.

International Financial Reporting Standards

11

비금융부채

학습목표

이 장에서는 비금융부채인 충당부채와 기타 비금융부채에 관해서 설명한다. 비금융부채는 부채의 정의를 만족하나 금융부채에는 해당되지 않는 항목들이다. 금융부채가 거래상대방에게 현금 등 금융자산을 인도하는 계약상의 의무인 반면 비금융부채는 거래상대방에게 현금 등 금융자산을 인도하지 않거나 계약상의 의무에 속하지 않는 부채. 충당부채는 과거 사건이나 거래의 결과에 의한 현재 의무로서, 지출의 시기 또는 금액이 불확실하지만 그 의무를 이행하기 위하여 자원이 유출될 가능성이 높고 또한 당해 금액을 신뢰성 있게 추정할 수 있는 의무를 말한다. 충당부채는 재무상태표에 부채로 인식된다. 반면에 부채의 발생 여부가 기업이 통제할 수 없는 미래의 사건 발생 여부에 달려있고, 금액도 합리적으로 추정하기 어려운 우발부채는 재무상태표에 부채로 인식되지 않는다. 기타 비금융부채로 예수금, 선수금, 선수수익 등을 설명한다.

주요 학습사항

충당부채	경품충당부채	예 수 금
우발부채	퇴직급여부채	소득세예수금
부채성충당부채	선 수 금	
판매보증충당부채	선수수익	

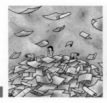

비금융부채의 의의 01

International Financial Reporting Standards

비금융부채는 제10장에서 설명한 금융부채에 해당되지 않는 부채로, 거래상대방에게 현금 등 금융자산을 인도하지 않거나 계약상의 의무에 속하지 않는 부채를 의미한다. 거래상대방에게 현금 등의 금융자산을 인도할 의무가 있더라도 계약상의 의무에 속하지 않는다면 비금융부채에 해당된다. 비금융부채의 예로는 충당부채, 선수수익, 예수금 등이 있다.

충당부채 02

International Financial Reporting Standards

2-1 충당부채와 우발부채

부채는 과거 사건의 결과로 경제적 자원을 이전해야 하는 의무로 정의된다. 그런데, 기업이 이행해야 하는 의무의 시기와 금액이 불확실한 경우가 있다. 예를 들어 기업들은 판매한 제품에 하자가 있는 경우 무상으로 수리를 해 주는 품질보증을 제공하는 경우가 많다. 그런데 어떤 제품에서 하자가 발생할지, 그리고 그 하자로 인한 수리비용은 얼마가 될지 제품 판매 시점에서 정확하게 알기는 어렵다. 하지만, 기업들은 경험적으로 미래에 제품하자로 인한 수리비용이 발생할 것을 알고 있다.

사건의 발생 시기와 금액이 불확실한 사건을 우발사건(contingency)이라고 하는데, K-IFRS에서는 부채와 관련한 우발사건에 대해서 충당부채와 우발부채를 구분하여 회계처리할 것을 요구하고 있다. 충당부채와 우발부채의 차이는 기업이 현금 등의 자원을 유출할 의무와 관련하여 발생사건의 시기와 금액의 불확실성이 얼마나 높은가에 달려있다.

충당부채는 의무 이행으로 인한 자원의 유출가능성이 높고 그 금액을 신뢰성있게 측정할 수 있는 경우 인식한다. K-IFRS에 의하면 다음의 요건을 모두 충족하는 경우에 충당부채로 인식한다.

일반적으로 충당부채는 의무 이행을 위한 자원의 유출가능성이 50% 이상이고 자원의 유출 금액을 예할 수 있을 때 인식한다. 충당부채는 재무상태표에 부채로 보고된다.

반면, 우발부채는 기업이 통제할 수는 없는 불확실한 미래사건의 발생 여부에 의해서만 부채의 존재가 확인되거나, 그 금액도 합리적으로 예측할 수 없는, 불확실성이 상대적으로 높은 의무를 뜻하며, 따라서 재무상태표에 부채로 인식할 수 없다. 다시 말하면 부채의 인식기준을 충족하지 못하기 때문에 재무상태표에 부채로 보고할 수 없는 기업의 의무이다. 우발부채는 다음 ① 또는 ②의 특성을 갖고 있으며 재무상태표에 부채로 보고되지 않는다.

충당부채와 우발부채를 구분짓는 것은 우발사건의 발생 시기와 금액에 대한 불확실성의 정도이다. 하지만 이러한 불확실성의 정도를 명확하게 구분하는 것이 쉽지 않은 경우가 많다. 현실적으로 충당부채와 우발부채를 구분하는 기준 중의 하나는 반복성이다. 거래상대방, 금액 및 지급시기가 정해진 확정부채에 비해 충당부채는 언제, 누구에게, 얼마를 지급할지 확정적으로 알 수 없다. 그러나 비슷한 상황이 과거에도 반복되었기 때문에 경험적으로 그 금액을 추정할 수 있다.

예를 들어 자동차회사가 자동차를 판매하고 고장 등에 대해 보증을 할 경우 구체적으로 어느 특정 고객이, 언제, 얼마에 해당하는 수리요구를 할지 모르지만, 과거 경험에 의해 당기의 매출로부터 어느 정도의 보증비가 미래에 소요될 수 있을지 그 총액을 합리적으로 예측할 수는 있다. 따라서 ① 과거사건(자동차 판매)의 결과 보증을 해야 할 현재의 의무가 존재하며, ② 당해 의무를 이행하기 위하여 경제적 효익을 갖는 자원이 유출될 가능성이 높고(과거에 특정 회계기간 동안 판매를 하고 보증의무가 전혀 없었던 경우는 없다), 그리고 ③ 당해 의무의 이행에 소요되는 금액을 신뢰성 있게 추정할 수 있기(예를 들어 과거 10년간의 보증비에 대한 자료가 있다) 때문에, 당기 매출에 대한 보증비용을 추정하여 인식하고 관련 부채를 재무상태표에 보고해야 한다. 충당부채는 주로 영업활동과 관련하여 지속적으로 수행되는 보증업무, 경품제공, 퇴직급여 등과 관련하여 발생한다.

우발부채는 반복성이 없기 때문에 경제적 자원을 희생할 의무를 초래하는 미래 사건의 발생 여부나 그 금액에 대한 합리적인 추정이 어려운 경우 발생한다. 예를 들어, 자동차회사가 판매한 자동차의 급발진사고로 인해 회계기말 현재 회사를 상대로 한 손해배상청구소송이 계류 중이고, 이런 사고는 처음으로 발생했다고 가정하자. 이 경우 회사의 패소시 손해배상을 해야 할 잠재적 의무는 있다. 그러나 ① 미래의 자원이 유출될 가능성(패소가능성)이 높고,[1] 패소시 손해배상금액을 신뢰성 있게 추정할 수 있어야만 충당부채로 판단하여 재무상태표에 보고한다. 반면, ② 회사가 소송에서 패소할 가능성이 50% 이하이거나, 그 손해배상금액을 신뢰성 있게 추정할 수 없다면 우발부채로 판단하여 재무상태표에 보고하지 않고 주석사항으로 공시한다. 만일 ③ 패소할 확률이 아주 낮다면 재무상태표 보고가 필요 없음은 물론 주석 공시도 필요 없다.

2-2 충당부채의 회계처리

충당부채는 보고기간 말에 현재의무를 이행하기 위하여 소요되는 지출에 대한 최선의 추정치로 측정한다. 충당부채에 대한 최선의 추정치를 구할 때에는 관련된 사건과 상황에 대한 불가피한 위험과 불확실성을 고려한다. 당기의 수익에 대응하는 비용으로서 지출의 시기, 또는 금액이 불확실하지만 그 금액을 합리적으로 하여 충당부채로 계상한다. 당기의 수익에 대응하는 최선의 비용추정치를 인식하기 위한 기말 수정분개는 다음과 같다.

(차) 비　　　　　용	×××	(대) 충 당 부 채	×××

추후에 관련 사건이 실제로 발생하여 현금 등의 자산이 사용되었을 때의 분개는 다음과 같다.

(차) 충 당 부 채	×××	(대) 현　금　　등	×××

충당부채의 종류로 판매보증충당부채, 경품충당부채, 퇴직급여부채 등이 있다. 부채에 충당부채란 단어가 붙은 이유는 이 부채가 일반부채와는 달리 추정된 부채라는 특징이 있기 때문이다. 추정에 의해 인식되는 부채라는 점에서 충당부채를 추정부채라고도 한다. 여기서 유의할 것은 부채성충당부채(부채성충당금)는 대손충당금 같은 자산의 평가계정과는 달리 장래에 현금이나 기타자산이 실제로 지출될 것이라는 점에서 그 성격이 다르다는 것이다. 예제를 통해 이들의 회계처리를 살펴보자.

(1) 판매보증충당부채와 경품충당부채

판매보증 또는 제품보증은 기업이 고객에게 판매한 제품에 품질 이상이 있는 경우 계약, 법률, 기타 사업 관행에 따라 제품을 수리해 주겠다는 약정이다. 기업은 고객에게 제공한 제품에 대하여 보증기간 동안에는 회사의 비용으로 품질 이상이 발생한 제품을 수리해 주어야

---

[1] K-IFRS에서는 부채를 초래하는 사건의 발생가능성이 50% 초과면 발생가능성이 높은 것으로 판단한다.

하는 의무가 발생한다. 따라서 기업은 이러한 보증비용에 대해서 제품이 판매된 시점에서 보증비용을 추정하여 비용으로 인식하고 미래에 예상되는 지출을 보증충당부채를 인식해야 한다.[2] 회계연도 말에 보증으로 인해 미래에 발생될 비용금액을 추정하여(대부분 매출액의 일정비율로) 판매보증충당부채와 판매보증비로 인식한다.

예제 11-1에서 보면 다음 기간에 보증수리로 교체한 타이어는 판매연도 말에 추정한 30개가 아닌 25개였다. 판매연도 말에 교체될 것으로 예상하고 기록한 30개의 타이어에 대한 비용은 어디까지나 추정에 불과하므로 이렇게 실제 교체된 수량과 추정된 수량과 차이가 나는 것은 당연하다. 이때 회사는 실제 교체된 타이어의 판매보증서비스에 대해서는 판매보증충당부채와 재고자산인 부품계정을 상계시킨다. 만약, 판매보증충당부채계정의 잔액이 부족한 사태가 발생한다면 이는 판매보증비가 과소설정되었음을 뜻하기 때문에 교체율을 높게 조정하여 충당

예제 11-1 _ 판매보증충당부채

석영자동차 타이어회사는 타이어를 판매하면서 1년 이내에 타이어가 제기능을 발휘하지 못하는 경우 타이어 교환 서비스료만을 징수하고 타이어는 무료로 교환해 주기로 보증하였으며 무상수리의 대가는 타이어 판매금액에서 식별가능하지 않다. 과거의 경험에 비추어 볼 때 1년간의 보증기간 동안에 판매된 타이어의 교체율은 2%이었고 타이어 한 개의 평균원가는 ₩100,000이다. 해당 회계연도말까지 1,500개의 타이어가 판매되었다. 또한 2차년도에 교체된 타이어는 모두 25개였다.

요구사항
1) 1차년도 말 판매보증충당부채와 관련된 분개를 하시오.
2) 2차년도 말 타이어교환시의 분개를 하시오.

해답

1) 1차년도 말(결산일):

(차) 판매보증비	3,000,000	(대) 판매보증충당부채	3,000,000*
(판매보증비를 추정하다)			

* 추정부채계산: 판매된 상품수 × 반환율 × 원가 = 1,500개 × 0.02 × ₩100,000 = ₩3,000,000

2) 2차년도 타이어교환시:

(차) 판매보증충당부채	2,500,000	(대) 부　　품	2,500,000

---

2 보증의 특성은 산업과 계약에 따라 상당히 다를 수 있다. 어떤 보증은 법률에서 보증을 요구하는 수준 이상의 제품 보증을 제공하고 대가를 받는 경우도 있다. 예를 들어 전자제품에 대하여 법률에 2년의 무상보증을 요구하지만 기업들은 고객이 원하는 경우 고객이 추가적인 2년 보증의 구매 선택권을 제공하는 경우도 있다. 이런 유형의 보증은 용역유형의 보증으로 불리우며, 기업의 수익활동의 하나로 별도의 수행의무로 간주된다. 다만, 해당 보증용역수익은 기업이 고객에게 보증용역을 제공하기 전까지는 아직 이행되지 않았으므로 선수수익(또는 계약부채)으로 인식하고 보증용역이 제공될 때 수익으로 인식한다. 이에 대한 자세한 회계처리는 중급회계(고객과의 계약에서 생기는 수익)에서 자세히 다루어 진다.

20×1년 7월 1일에 신촌회사는 판촉캠페인을 시작하였다. 판매되는 각 상품의 상자 안에 경품과 교환할 수 있는 쿠폰을 동봉하고 있다. 각 소비자는 경품을 타려면 5개의 쿠폰을 제시해야 한다. 각 경품에 대하여 소요되는 신촌회사의 원가는 ₩100이다. 신촌회사는 쿠폰의 60%가 상환될 것이라고 추정하고 있다. 20×1년 12월 31일로 종료되는 회계기간 동안 판매된 상품의 상자수는 800,000개이다. 20×2년도에 교환된 쿠폰 수는 모두 200,000개이다.

요구사항

1) 20×1년 12월 31일 경품충당부채와 관련된 수정분개를 하시오.

2) 20×2년 쿠폰교환시의 분개를 하시오.

해답

1) 20×1년 12월 31일(결산일):

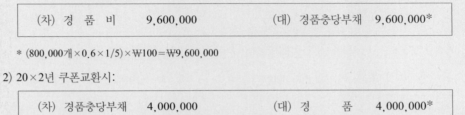

(차) 경 품 비   9,600,000   (대) 경품충당부채   9,600,000*

* (800,000개×0.6×1/5)×₩100=₩9,600,000

2) 20×2년 쿠폰교환시:

(차) 경품충당부채   4,000,000   (대) 경   품   4,000,000*

* (200,000개×1/5)×₩100=₩4,000,000

부채 금액을 크게해야 한다. 반면에 매출수익은 일정한데 매년 충당부채계정잔액이 증가한다면 충당부채가 과대계상되었다는 의미이므로 교체율을 낮추어 충당부채 금액을 감소시킨다.

구매자의 반복구매를 유도하여 판매를 촉진하기 위해 상품에 쿠폰을 제공하여 일정한 수의 쿠폰과 경품을 교환하는 경우가 있다. 판매가 이루어진 기간의 수익에 관련 경품비를 적절히 대응하기 위해 경품충당부채를 인식하게 된다.

(2) 퇴직급여부채

퇴직급여부채는 종업원이 당기 이전의 기간 동안 용역을 제공함에 따라 기업이 미래에 부담하게 될 미래지급부채에 해당되는 것으로 재무상태표에 부채로 보고된다. 즉 미래 종업원 퇴직시 지급해야 할 퇴직금은 당기 종업원이 노동력을 제공하는 기간에 비용으로 인식되어야 한다. 합리적인 방법에 따라 비용을 추정하여 당기의 수익에 대응시켜야 한다는 점에서 추정부채의 일종이라 할 수 있다.

한 회계기간 동안의 퇴직비용은 회계기말 현재 퇴직급여부채에 계상하여야 할 금액에서 이미 설정된 금액(수정전 잔액)을 차감한 금액으로 수정분개를 통해 기록된다.[3] 회계기말 현재

---

3 퇴직급여제도의 종류에는 확정기여제도(defined contribution plan)와 확정급여제도(defined benefit plan)가 있다. 확정기

퇴직급여부채에 계상할 금액은 종업원의 근속연수, 종업원의 이직률, 사망률, 미래임금 상승률 등을 고려한 복잡한 보험수리적 평가기법을 사용하여 추정하여야 한다. 이에 대한 자세한 설명은 중급회계에서 하기로 한다(참고자료 1 참조).

예제 11-3 _ 퇴직급여부채

갑산주식회사의 임직원에게 미래 지급하여야 할 퇴직급여의 현재가치가 ₩5,000,000으로 추산되었다. 또한 전기 회계연도 말까지 ₩4,000,000이 퇴직급여부채계정에 계상되어 있었다. 당년도에 퇴직한 직원에게 실제로 지급한 퇴직금은 ₩1,200,000이었다. 당해 연도에 퇴직금에 관련된 분개를 하시오.

해답

당해 연도 중에 실제로 지급한 퇴직금을 기록하기 위한 분개:

(차) 퇴직급여부채	1,200,000	(대) 현　　　금	1,200,000

퇴직급여부채 추가 설정을 위한 분개(수정분개):

(차) 퇴 직 급 여	2,200,000*	(대) 퇴직급여부채	2,200,000

* 위의 수정분개 전 퇴직급여부채계정의 잔액은 ₩2,800,000(₩4,000,000－₩1,200,000)이다. 당해 연도 말의 적정잔액이 ₩5,000,000이 되어야 하므로 ₩2,200,000(₩5,000,000－₩2,800,000)의 퇴직급여부채를 더 설정한 것이다.

커지는 퇴직연금시장...증권사들, 고객유치 팔 걷었다

　　최근 퇴직연금시장은 저금리 기조와 세액공제 혜택 등의 영향으로 꾸준히 규모가 커지고 있다. 8일 금융감독원에 따르면 올해 3분기 기준 국내 퇴직연금 적립금은 224조7159억 원으로 지난해 말과 비교했을 때 7조4169억 원 증가했다. 같은 기간동안 확정급여형(DB)은 137조9639억 원에서 136조160억 원으로 1.4% 감소했고, 확정기여형(DC)과 개인형 퇴직연금(IRP)은 각각 6.7%, 23% 증가해 58조1906억 원과 30조5093억 원을 기록했다.

　　퇴직연금은 회사가 근로자에게 지급해야 할 퇴직금을 금융회사에 맡기고 기업이나 근로자의 지시에 따라 운용해 근로자 퇴직 시 일시금 또는 연금으로 지급하는 제도다. 근로자는 재직 중에 확정급여형(DB: Defined Benefit), 확정기여형(DC: Defined Contribution), 개인형 퇴직연금(IRP: Individual Retirement Pension) 중 자신에게 알맞은 유형의 퇴직연금을 선택할 수 있다.

　　DC형과 IRP의 경우 투자성과에 따라 더 많은 수익을 내거나 세액공제 혜택이 따른다는 장점 등에 힘입어 시장규모가 커지

여제도에서는 기업이 고정기여금만 납부하며 퇴직기금이 종업원의 퇴직급여를 지급하는데 충분한 자산을 보유하지 못하더라도 기업은 추가로 기여금을 납부해야 할 의무가 없다. 반면에 확정급여제도에서는 근로자가 받을 퇴직급여의 규모와 내용이 사전에 약정되는 것으로 기금의 운용을 기업이 책임을 져야 한다. 여기서는 확정급여제도라는 가정하에서 회계처리를 설명한다.

는 것으로 해석된다. 연말정산 시즌을 앞두고 '퇴직연금 갈아타기'를 고민하는 고객을 비롯해 전체적인 연금자산 고객이 늘어날것으로 예상되면서 증권사마다 수수료율 인하, 맞춤형 투자정보 제공을 내세운 고객유치전이 펼쳐지고 있다.

　　미래에셋대우는 퇴직연금 고객의 수수료 부담 경감을 위해 100억 원 미만 구간의 DC 자산관리수수료율을 기존 0.30%에서 0.28%로 낮췄다. 신한금융투자는 이달부터 DC형 퇴직연금 수수료를 기존 0.4%에서 0.29~.33%로 인하해 투자자 유치에 나섰다. 사회적기업과 강소기업은 DB, DC형 모두 50%추가 할인을 적용하고 있다. IRP의 경우 이미 최저수준인 0.2~0.25% 수준으로 내린 바 있다.

　　한 금융투자업계 관계자는 "저금리 기조가 지속됨에 따라 고객들의 은퇴 후 소득에 대한 고민이 많아지고 있으며, 절세상품이 사라지는 추세가 맞물려 연금투자 시장 규모가 점점 커질 전망이다"며 "증권사마다 연금계좌 세액공제 혜택, 추가적인 이벤트 혜택 등 시장 내 다양한 혜택을 내세우며 고객유치에 열을 올릴 것으로 보인다"고 말했다.

자료: 매일경제신문, 2020. 12. 08

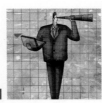

기타의 비금융 부채 03

선수금, 선수수익 및 예수금

　　선수금이나 선수수익은 고객에게 상품이나 서비스를 제공하기 전에 미리 그 대가를 받음으로 인해 발생하는 채무이다. 이러한 채무는 기업이 고객에게 재화나 서비스를 공급할 때까지 유동부채로 남게 된다. 선수금은 수주공사나 수주품 및 기타 일반적 영업활동에서 발생한 선수현금을 뜻한다. 선수수익은 선수구독료, 선수임대료, 선수보험료 등과 같이 기업이 일정기간 동안 계속적으로 용역을 제공하기로 약정하고 받은 금액 중 차기이후에 속하는 부분을 말한다.

　　예수금은 일반적 상거래 이외에서 발생한 일시적 수령액으로 계약상의 의무가 아닌 것을 의미한다. 예를 들어 거래처나 고객으로 하여금 계약의 이행이나 소정의 의무이행을 확실히 하기 위해서 일시적으로 담보금, 예치금의 명목으로 수취하는 경우가 있는데, 이는 수취한 회사의 입장에서 본다면 예수금이란 부채가 된다. 또한 회사는 임직원에게 급여를 지급할 때 세법에 의해 임직원이 과세당국에 납부할 소득세를 원천징수하여 종업원을 대신하여 과세당국에 납부한다. 이때 급여에서 공제하여 원천징수한 소득세는 소득세예수금이 된다. 이는 기업이 종업원을 대신하여 정부에게 지불해야 하는 유동부채이다. 예를 들어 ₩10,000의 급여가 발생하였는데 회사는 ₩500을 소득세로 예수하고 차액을 종업원에게 지급하였다면 이때의 분개는 다음과 같다.

| (차) 급　　　여 | 10,000 | (대) 현　　　금 | 9,500 |
| | | (대) 소득세예수금 | 500 |

회사에서 국세청에 종업원으로부터 원천징수한 소득세를 납부할 때의 분개는 다음과 같다.

| (차) 소득세예수금 | 500 | (대) 현　　　금 | 500 |

종합 예제 04

해정주식회사의 20×1년 12월 31일 현재 재무상태표의 유동부채항목의 내역은 다음과 같다.

유동부채:

매 입 채 무	₩15,000
미 지 급 법 인 세	4,750
미 지 급 급 여	4,000
소 득 세 예 수 금	4,500
유 동 성 장 기 부 채	6,000
당 좌 차 월	5,000
판 매 보 증 충 당 부 채	5,000
유 동 부 채 합 계	₩44,250

　해정주식회사는 재고자산 기록방법에 있어서 실사법을 이용하고 있다. 20×2년 한 해 동안 발생한 거래는 아래와 같다. 매입채무에는 20×1년 12월 31일에 이 회사가 발행한 이자부어음(액면 ₩10,000, 12%, 만기일 20×2. 10. 1.)이 포함되어 있다.

1월 13일　　20×1년 중 발생한 매출채권 ₩10,000을 회수하여 당좌예금계정에 입금하였다.

1월 15일　　20×1년 말 현재 매입채무 중 외상매입금 ₩5,000을 현금으로 지급하였다. 매입할인기간 마감일은 1월 8일이며, 할인조건은 2/10, n/30이다.

1월 23일　　20×1년 초 현재 있었던 급여와 관련된 부채는 모두 현금으로 지급하였다.

3월 15일	20×1년도분 법인세 부과액을 현금으로 지급하였다.
4월 28일	상품 ₩17,000을 2/10, n/30의 조건으로 외상구입하였다.
5월 7일	4월 28일 발생한 매입채무 ₩7,000을 현금상환하였다.
5월 26일	4월 28일 발생한 매입채무 ₩10,000을 현금상환하였다.
8월 1일	은행으로부터 ₩15,000을 차입하고 약속어음(12%, 1년)을 발행하였다.
10월 1일	20×5년 말 재무상태표의 매입채무에 포함된 지급어음을 현금으로 상환하였다.
12월 15일	유동성장기부채 전액을 채권자에게 수표로 발행하여 지급하였다(현재 당좌예금잔액은 ₩5,000이다).
12월 31일	12월 한 달 동안의 급여와 관련된 사항은 아래와 같다.

급   여   ₩22,000

소득세예수금   4,800

급여는 12월 말 현재 지급되지 않은 상태이다.

12월 31일	20×2년도분 법인세는 ₩8,300으로 추정하였으나 아직 지급하지 않은 상태이다.
12월 31일	(1) 20×2년도에 실제 판매보증업무에 소요된 상품은 ₩3,000에 달하였다.
	(2) 20×2년도에 판매된 상품에 대해 과거 경험에 의해 ₩2,000의 판매보증비를 인식하였다.
12월 31일	장기차입금 중 1년 내에 기한이 도래하여 상환해야 할 금액은 ₩8,000이다.

요·구·사·항

1) 위의 거래에 필요한 모든 분개를 일별로 하시오.
2) 20×2년 12월 31일 현재의 재무상태표에 나타날 유동부채항목과 그 금액을 정하시오.

해답

1) 1월 13일

| (차) 당좌예금 | 5,000 | (대) 매출채권 | 10,000 |
| 당좌부채 | 5,000 | | |

1월 15일

| (차) 매입채무 | 5,000 | (대) 현　　금 | 4,900 |
| | | 매입할인 | 100 |

1월 23일	(차) 소득세예수금	4,500	(대) 현 금	8,500
	미지급급여	4,000		

3월 15일	(차) 미지급법인세	4,750	(대) 현 금	4,750

4월 28일	(차) 매 입	17,000	(대) 매입채무	17,000

5월 7일	(차) 매입채무	7,000	(대) 현 금	6,860*
			매입할인	140*

* ₩7,000×0.98＝₩6,860

5월 26일	(차) 매입채무	10,000	(대) 현 금	10,000

8월 1일	(차) 현 금	15,000	(대) 단기차입금	15,000

10월 1일	(차) 매입채무	10,000	(대) 현 금	10,900
	이자비용	900*		

* $₩10,000×0.12×\dfrac{9}{12}$

12월 15일	(차) 유동성장기부채	6,000	(대) 당좌예금	5,000
			당좌부채	1,000

12월 31일	(차) 급 여	22,000	(대) 미 지 급 급 여	17,200
			소득세예수금	4,800

12월 31일	(차) 이자비용	750*	(대) 미지급이자	750

$₩15,000×12\%×\dfrac{5}{12}＝₩750$

12월 31일	(차) 법인세비용	8,300	(대) 미지급법인세	8,300

12월 31일 (1)	(차) 판매보증충당부채	3,000	(대) 상 품	3,000
(2)	(차) 판매보증비	2,000	(대) 판매보증충당부채	2,000

12월 31일	(차) 장기차입금	8,000	(대) 유동성장기부채	8,000

2) 20×2년 12월 31일 현재 재무상태표상의 유동부채항목 내역은 다음과 같다.

당 좌 부 채	₩1,000
단 기 차 입 금	15,000
소 득 세 예 수 금	4,800
미 지 급 급 여	17,200
미 지 급 이 자	750
미 지 급 법 인 세	8,300
유 동 성 장 기 부 채	8,000
판매보증충당부채	4,000
유 동 부 채 합 계	₩59,050

QUESTION

익힘문제 ___

충당부채의 의미를 설명하고 그 예를 두 가지 드시오.

우발부채의 의미를 설명하고 그 예를 하나 드시오.

미지급비용과 매입채무의 차이를 설명하시오.

회계기말 재무상태표에 보고될 퇴직급여부채 잔액은 어떻게 결정되는가?

비금융부채의 의미는 무엇인가?

가나안상사는 전자제품을 판매하고 2년간 무상수리를 해 주고 있다. 이 회사의 사장인 김도마 씨는 수리비를 실제 수리업무가 제공될 때 인식하는 것이 정확한 수리비를 보여 줄 수 있는 방법이라고 주장하고 있다. 회사의 회계담당자로서 당신은 사장의 주장에 대해 어떤 의견을 개진할 것인가?

회계기말에 회사가 인식하여야 할 충당부채를 기록하지 않는다면 재무상태표와 손익계산서에 미치는 영향은 어떠한지 기술하시오.

예수금의 의미는 무엇인가?

연습문제 —

1 충당부채의 회계처리

(주)서강유통은 20×1년 초에 휴대폰 판매업을 시작하면서 2년간의 무상수리를 보장하였다. 과거의 경험으로 보아 매출액의 3%가 보증비용으로 발생할 것으로 추정된다. 20×1년과 20×2년의 매출액과 실제 발생한 보증수리비용은 다음과 같다.

회계연도	매 출 액	실제보증비용 2001년분	실제보증비용 2002년분
20×1년	₩150,000	₩700	₩ —
20×2년	₩360,000	₩2,400	3,500

요구사항

20×2년 말 현재의 판매보증충당부채계정의 잔액은 얼마인가?

2 충당부채의 회계처리

상경주식회사는 전자계산기 제조판매업체이다. 전자계산기의 제조원가는 ₩3,000이며, 이를 ₩5,000에 판매하고 있다. 이 회사에서는 전자계산기 판매 후 2년 내의 그 어떤 하자에 대해서도 무료 교환해 주는 판매보증정책을 실시하고 있다. 과거의 경우 판매된 전자계산기의 6%가 무료 교환되었다. 20×1년 12,000개의 전자계산기를 판매하였는바 20×2년에 이 중 650개가 무료 교환되었다.

요구사항

판매보증에 대해 20×1년 말에 필요한 수정분개 및 20×2년 실제 교환에 관한 회계처리를 하시오.

3 충당부채의 회계처리

노고회사는 연간 순매출액의 2%를 보증비용으로 추정하고 있다. 보증비용과 관련된 자료는 다음과 같다.

20×1년 순매출액	₩4,000,000
판매보증충당부채의 20×1년 초 잔액	60,000
20×1년도에 지출된 보증금액	50,000

요구사항

20×1년도 추정보증비용을 기록한 후의 20×1년 12월 31일 현재의 판매보증충당부채 잔액은 얼마인가?

4 충당부채의 회계처리

20×1년 7월 1일에 신촌회사는 판촉캠페인을 시작하였다. 판매되는 각 상품의 상자 안에 경품과 교환할 수 있는 쿠폰을 동봉하고 있다. 각 소비자는 경품을 타려면 5개의 쿠폰을 제시해야 한다. 각 경품에 대하여 소요되는 신촌회사의 원가는 ₩100이다. 신촌회사는 쿠폰의 60%가 상환될 것이라고 추정하고 있다. 20×1년 12월 31일로 종료되는 회계기간 동안 경품과 관련된 정보는 다음과 같다.

판매된 상품의 상자수	800,000
상환된 쿠폰수	200,000

요구사항

20×1년 12월 31일 현재 경품에 대한 충당부채는 얼마인가?

5. 충당부채의 회계처리

20×1년부터 마포회사는 판매 후 3년 내에 나타나는 결함에 대하여 무상수리보증을 해 주면서 신제품을 판매하여 왔다. 추정보증비용은 판매 후 1년 이내에 판매가의 2%이며 다음 1년 이내에는 판매가의 4%이다. 20×1년 12월 31일과 20×2년 12월 31일로 종료되는 회계연도의 매출액과 실제 보증비용지출액은 다음과 같다.

연 도	매 출 액	실제보증비지출액
20×1	₩300,000	₩4,500
20×2	500,000	15,000
	₩800,000	₩19,500

요구사항
20×2년 12월 31일 마포회사는 판매보증충당부채를 얼마로 보고하여야 하는가?

---

6. 선수수익의 회계처리

석영회사는 잡지발행사이다. 20×1년 12월 31일의 구독료 선수수익 잔액이 ₩1,800,000이었으며, 20×2년에 관한 자료는 다음과 같다.

구독자로부터 수취한 현금액	₩2,300,000
잡지판매수익	1,600,000

요구사항
20×2년 12월 31일 이 회사의 재무상태표에 보고되어야 할 구독료 선수수익 잔액은 얼마인가?

7 유동부채의 파악

다음은 마포회사의 부채를 고려한 20×1년 12월 31일 현재 이용 가능한 자료이다.

(1) 매입채무 총액 ₩215,300

(2) 20×2년 3월 말 완성될 개별작업표 번호 1436에 대한 선수금 ₩14,500

(3) 마포회사는 24개월 보증조건으로 기구를 판매하는데 20×1년에는 62,000개가 팔렸다. 보증추정치는 팔린 기구의 8%이고 단위당 수선비용은 ₩20이다. 20×1년 동안 당해 연도에 팔린 2,070단위가 수선받았다.

(4) 20×1년 12월 31일 현재 미지급급여는 ₩14,430이다.

(5) 20×1년 12월 31일 현재 서울은행에 발행된 액면가 ₩30,000의 어음이 있다. 이 어음은 20×1년 3월 1일에 발행되었는데 만기는 20×2년 2월 28일이고, 연이자율은 12%이다. 20×1년 3월 1일 마포회사는 이 어음을 발행하고 서울은행으로부터 ₩30,000을 받았다.

요구사항

20×1년 12월 31일 현재 마포회사 재무상태표의 부채부분을 작성하라.

8 판매보증충당부채의 회계처리

원주타이어회사는 20×1년에 영업을 시작하였는데 타이어를 판매한 후 2년 이내에 문제가 생기면 교환용역비만 고객으로부터 받고 타이어를 교환해 주는 무상판매보증정책을 수립하고 있다. 동종업계의 과거 경험에 의하면 판매 1차년도에는 1%가, 2차년도에는 2%가 교환될 것으로 추정하고 있다. 20×1년 중 원주회사는 2,000개의 타이어를 판매하였다. 타이어 한 개의 원가는 ₩10이다. 20×1년에 교환된 타이어는 15개이다. 20×2년에는 3,000개의 타이어가 판매되었으며 50개가 교환되었다.

요구사항

1) 20×1년과 20×2년의 판매보증비는 각각 얼마인가?

2) 20×1년과 20×2년의 타이어교환에 대한 분개를 하시오.

3) 20×1년 말 판매보증충당부채계정의 잔액은 얼마인가?

4) 20×2년 말 판매보증충당부채계정의 잔액은 얼마인가?

9 경품충당부채의 회계처리

화진회사는 20×1년 6월 30일 판매촉진의 일환으로 면도날 상자에 쿠폰을 넣고 그 쿠폰으로 경품을 타갈 수 있게 하였다. 경품의 가격은 ₩0.5이고 5개의 쿠폰으로 경품 1개를 받을 수 있다. 화진회사는 발행한 쿠폰의 60%만이 회수되리라고 추정하였으며, 20×1년 12월 31일까지 6개월 간에 나타난 회계자료는 다음과 같다.

면도날 판매량(상자)	800,000
구입한 경품수	60,000
회수된 쿠폰수	200,000

요구사항

20×1년 12월 31일 화진회사는 미지급경품비용에 해당하는 부채를 인식하기로 하였다. 이 때 표시될 부채가액은?

10 충당부채의 회계처리

경희사는 할인권을 발행하고 있는데 고객은 할인권의 유효기간 내에 경희사 제품을 취급하고 있는 소매점에 할인권을 제시하고 경희사 제품을 할인가격으로 구입할 수 있다. 소매점은 고객에게 할인해 준 금액의 110%를 경희사로부터 보상받게 된다. 경희사는 할인권의 유효기간이 지난 이후에도 3개월까지는 소매상이 제시한 할인권을 결제하여 준다. 경희사는 할인권의 60%가 궁극적으로 고객에 의해 사용된다고 추정하고 있다. 경희사가 20×8년에 발행한 2종류의 할인권에 대한 자료는 다음과 같다.

	할인권 A	할인권 B
유효시한	20×8. 6. 30.	20×8. 12. 30.
할인권발행액	₩1,000	₩2,000
소매상에의 보상액	605	405

요구사항

경희사가 사용되지 않은 할인권에 대한 충당부채로 20×8년 12월 31일에 보고할 금액은 얼마인가?

International Financial Reporting Standards

12

자 본

학습목표

이 장에서는 부채와 함께 기업자금조달의 2대 원천 중의 하나인 자본에 관하여 설명하고자 한다. 주식회사의 경우 투자자는 회사가 발행한 주식을 매입함으로써 회사의 소유주가 된다. 회사는 신주발행시에만 회계처리를 하고 발행 후 기존소유주가 주식을 타인에게 매각하여 소유주가 바뀐다거나, 주식의 시가가 변동해도 별도의 회계처리를 할 필요가 없다. 주식회사의 자본은 경제적 관점에서 크게 납입자본과 이익잉여금으로 나눌 수 있다. 납입자본은 소유주가 회사에 직접 납입한 자본이고, 이익잉여금은 기업이 영업활동을 통해 획득한 이익 중에서 사내에 유보한 부분이다. 주식의 종류에는 보통주와 우선주가 있으며 우선주는 그 특성에 따라 다시 전환우선주, 참가적우선주, 누적적우선주 등으로 구분된다. 이 장에서는 주식의 발행에 대한 회계처리를 살펴본 후 배당의 종류 및 그 회계처리를 설명할 것이다.

주요 학습사항

법정자본	장부가치	현금배당
납입자본	시장가치	주식배당
자본잉여금	자기주식	청산배당
자본조정	유통주식	주식배당
기타포괄손익누계액	보 통 주	주식분할
이익잉여금	우 선 주	이익잉여금의 처분
수권주식	액면주식	적립이익잉여금
발행주식	무액면주식	미처분이익잉여금
미발행주식	주식의 발행	자본변동표

1-1 자본의 의의

자본은 소유주지분(owners'equity)이라 불리기도 하며 총자산에서 총부채를 차감한 잔액으로 기업의 자산에 대한 소유주의 청구권 또는 잔여지분(residual equity)의 성격을 갖는다. 이러한 자본은 기업의 특정자산에 대한 청구권이 아니라 순자산(자본)에 대한 일정비율의 청구권을 나타내는 것이며 그 금액도 일정액으로 고정된 것이 아니라 기업의 영업활동에 따라 변한다. 자본을 광의로 해석하면 타인자본인 부채까지 포함하는 개념으로 보기도 하는데 이는 타인자본이든 자기자본이든 기업의 영업활동에서 사용되기는 마찬가지라는 견해에서 온 것이다. 경제학에서는 이러한 관점을 받아들이고 있으나 회계학에서는 자본이라 하면 자기자본인 소유주지분만을 지칭한다.

자산과 부채의 회계처리와 보고는 개인기업, 조합기업 또는 주식회사 등 기업형태와 관계없이 동일하지만 자본의 회계처리와 보고는 상법의 규정과 완전공시원칙에 의해 기업형태에 따라 약간씩 다르다. 오늘날 기업형태 중 대표적인 형태가 주식회사이므로 자본은 주주지분(stockholders'equity)이라는 용어로 사용되기도 한다. 이 장에서 자본의 회계처리는 주식회사를 중심으로 설명한다. 한편 K-IFRS에서는 자본에 대한 공시 및 회계처리에 대한 구체적 규정을 제시하지 않은 상태이기 때문에 여기서는 현행기업회계기준(서)의 내용을 반영하여 설명한다.

1-2 자본의 분류

기업의 자본은 크게 법률적 관점과 경제적 관점에서 분류할 수 있다. 법률적 관점에서 분류하면 채권자보호를 위해 회사가 보유하여야 할 최소한의 법정자본(legal capital)인 자본금과 법정자본을 초과하는 부분인 잉여금으로 분류된다. 경제적 관점에서 분류하면 자본은 주주가 납입한 부분인 납입자본과 영업활동에 의해 창출된 이익 중 배당 등을 통해 사외로 유출되지 않고 사내에 유보된 이익잉여금으로 분류된다.

현행 기업회계기준에서는 **표 12-1**과 같이 자본을 분류하고 있다. 기업회계기준의 분류방식은 상법이나 세법의 영향을 받아 복잡한 편이나 점차 상법·세법의 영향은 감소하는 추세에 있다. 자본금은 주식의 액면가에 발행주식수를 곱한 금액으로 채권자 보호를 위해 회사가

분　　류	세부계정	
자　본　금	보통주자본금, 우선주자본금	
자 본 잉 여 금	주식발행초과금	
	기타자본잉여금	자기주식처분이익, 감자차익, 주식선택권 등
자 본 조 정	가산항목	미교부주식배당금 등
	차감항목	자기주식, 주식할인발행차금, 감자차손, 자기주식처분손실 등
기타포괄손익누계액	기타포괄손익-공정가치측정금융자산, 자산재평가이익, 해외사업환산손익 등	
이 익 잉 여 금	법정적립금, 임의적립금, 미처분이익잉여금	

유지해야 할 최소한의 법정자본에 해당되며 우선주를 발행한 경우에는 우선주자본금도 여기에 들어간다. 자본잉여금은 다시 주식발행초과금과 기타자본잉여금으로 분류된다. 주식발행초과금은 주식이 액면가 이상으로 발행되는 경우 발행가와 액면가와의 차액을 말한다. 기타자본잉여금에는 감자차익, 자기주식처분이익, 주식선택권 등이 포함된다. 감자차익(減資差益)이란 자본감소의 경우 그 감소액이 주식의 소각 등에 필요한 금액보다 클 때 그 차액을 나타낸다. 자기주식처분이익계정은 자기주식을 구입가보다 높게 재발행했을 때 그 차액을 뜻하고, 주식선택권은 회사가 교부한 주식선택권이 행사되지 않고 만료된 경우에 나타나는 항목이다.

자본조정에 속하는 항목들은 특정계정이 아닌 자본 전체에 대한 차감이나 가산의 성격을 가진 항목들이다. 가산계정의 예로는 주식배당을 선언하였으나 아직 주식은 발행하지 않았을 때 기록되는 미교부주식배당금계정이 있다. 자본의 차감항목으로는 주식의 액면가 미만 발행시 액면가와 발행가의 차액으로 기록되는 주식할인발행차금계정이 있다. 이외에도 자본의 차감항목으로 회사가 구입한 자사주식(自社株式)인 자기주식계정 등이 있다.

기타포괄손익누계액은 당기순손익의 결정에 반영되지 않은 항목이지만 자본거래 이외의 원천에 의하여 순자산의 변화를 초래하는 항목의 재무상태표일 현재 잔액을 말한다. 대표적으로 자산재평가이익금과 기타포괄손익-공정가치측정금융자산 등이 있다.

이익잉여금은 원래 주주 몫으로서 주주에게 배당으로 지급할 수 있어야 한다. 그러나 이익잉여금은 법령이나 회사 스스로의 선택에 의해 배당이 제한되기도 한다. 이렇게 배당이 제한된 이익잉여금을 적립금이라고 하며, 적립금에는 법령 등에 의해 배당이 제한된 이익준비금 등의 법정적립금과 회사가 자발적으로 배당을 제한한 임의적립금이 있다. 배당이 제한되지 않은 이익잉여금을 미처분이익잉여금이라고 한다.

일반적으로 주식회사가 발행할 수 있는 최대주식수를 수권주식(authorized shares)이라 하여 주식의 종류별로 그 수가 회사정관에 명시되어 있다. 그리고 재무제표일 현재 기업이 실제로 발행한 주식을 발행주식(issued shares)이라고 한다. 따라서 주주총회를 통해 회사정관의 수권주식수를 변경하지 않는 한, 회사의 발행주식수가 수권주식수를 초과할 수 없다. 수권주식 중 이미 발행된 주식을 제외한 부분을 미발행주식이라 하며 많은 회사들이 전환우선주나 전환사채, 또는 신주인수권(warrants) 등이 보통주로 전환될 때에 대비하여 수권주식 중 일부를 미발행주식으로 남겨 놓고 있다. 경우에 따라서는 이미 발행된 주식 중 일부를 회사에서 구입하기도 하는데, 이를 자기주식(treasury stock)이라고 한다. 발행주식 중에서 자기주식을 제외한 부분을 유통주식(outstanding shares)이라고 하며 주식시장에서 실제로 거래되고 있는 주식을 의미한다. 주당순이익이나 주가수익률 등의 재무비율 계산에 이용되는 것은 유통주식수임을 유의해야 한다. 위의 설명을 그림으로 표시하면 **그림 12-1**과 같다.

📄 그림 12-1
수권주식, 발행주식
그리고 유통주식 간의
관계

2-1 주식의 종류

주식회사는 보통주 이외에도 우선주 등 2종류 이상의 주식을 발행하기도 하는데 이는 투자자의 다양한 욕구를 충족시켜 줄 수 있도록 주식의 종류를 다양화함으로써 자본조달을 용이하게 할 수 있기 때문이다.

(1) 보통주

주식회사는 반드시 보통주를 발행하여야 한다. 보통주 주주는 배당이나 청산시에 배분되는 자산에 대해 채권자나 우선주 주주보다 후순위에 있기 때문에 보통주 지분을 잔여지분이라 부르기도 한다. 따라서 회사의 영업실적이 저조할 때는 보통주의 수익률(배당금 및 보통주 시세차익)이 사채나 우선주에 비해 저조하지만 영업실적이 양호할 때는 보통주의 수익률이 다른

증권에 비해 높아지게 된다. 일반적으로 보통주 주주만이 회사의 제반 업무에 관한 의결권이 있기 때문에 기업경영을 통제할 수 있다.

(2) 우 선 주

우선주란 배당금지급이나 청산시에 보통주에 비해 우선권이 부여된 주식을 말한다. 우선주의 종류로는 누적적우선주(cumulative preferred stock), 참가적우선주(participating preferred stock), 전환우선주(convertible preferred stock), 그리고 상환우선주(callable preferred stock) 등으로 매우 다양하다. 이처럼 특성이 다른 우선주를 발행하는 이유는 투자목적이 다양한 투자자로부터의 자금조달을 쉽게 하기 위해서이다. 배당이나 청산시 자산청구에 관한 우선권이 주어진다는 점이 우선주의 장점인 데 반해 일반적으로 우선주는 의결권이 없으므로 회사를 통제할 수 있는 권한이 결여되어 있다는 단점이 있다. 이런 면에서 볼 때 우선주는 부채인 사채와 순수한 소유주지분인 보통주의 중간성격을 띤 증권이라 할 수 있겠다. K-IFRS에서는 회사가 발행한 지분증권을 법적 형식이 아니라 실질에 따라 분류해야 한다. 따라서 발행자가 주어진 조건에 의해 의무적으로 상환해야 하는 상환우선주나 보유자가 상환을 청구할 수 있는 상환우선주는 자본이 아니라 부채로 분류되어야 한다.

1) 배당에 있어서의 우선권

배당우선권이란 보통주에 대한 배당에 우선하여 배당을 받을 수 있는 우선주 주주의 권리이다. 배당우선권의 표시방법은 주당 특정금액으로 표시하는 방법과 액면가액의 비율로 표시하는 방법이 있다. 우리나라에서는 우선주의 배당은 대개 특정비율이나 금액으로 표시하기보다는 보통주의 배당률보다 1% 높은 수준 등으로 표시한다. 배당에 대한 우선권이 있다고 해서 항상 일정금액의 배당을 받을 수 있다는 보장이 있는 것은 아니다. 단지 주주총회의 결의에 의해 배당이 선언되었을 때 보통주에 우선하여 배당을 받을 수 있다는 것을 의미한다. 이러한 우선주의 특징이 기업의 영업성과에 상관없이 이자비용을 부담해야 하는 사채와 다른 점이다.

우선주는 미지급된 배당의 누적 여부에 따라 누적적우선주와 비누적적우선주(noncumulative preferred stock), 그리고 배당금액의 제한 여부에 따라 참가적우선주와 비참가적우선주(nonparticipating preferred stock)로 나누어진다. 일반적으로 다른 설명이 없는 한, 우선주는 비누적적·비참가적우선주를 뜻한다.

① 비누적적우선주와 누적적우선주

비누적적우선주란 특정 회계기간에 배당이 지급되지 않았을 때 그 기간의 배당은 다음 회계기간에 누적되지 않고 소멸되는 우선주이다. 물론 배당이 선언되었을 경우 보통주에 우선하여 당해 기간의 배당을 지급받을 수 있다. 누적적우선주란 특정 회계기간에 배당금의 전부 또는 일부가 완전히 지급되지 않으면 미지급된 금액이 누적되어 후속 회계기간에 보통주에 우선하여 배당금을 지급받을 권리가 있는 우선주이다. 이때 미지급된 배당금을 연체배당금(dividends in arrears)이라 한다. 연체배당금은 주주총회에서 배당을 선언할 때까지는 부채로 인

영화주식회사는 액면가 ₩10,000, 6% 누적적우선주 10,000주와 액면가 ₩5,000인 보통주 50,000주를 발행하였다. 20×1년의 순이익은 ₩7,000,000이었고 주주총회에서 ₩3,000,000의 배당을 선언하였다. 20×2년의 순이익은 ₩30,000,000이었고 주주총회에서 ₩12,000,000의 배당이 선언되었다. 이 경우 20×1년도와 20×2년도에 보통주와 우선주에 배당될 금액은 각각 얼마인가?

해답

회계연도	총배당액	주주에 대한 배당	
		우 선 주	보 통 주
20×1	₩3,000,000	₩3,000,000	₩0
20×2	12,000,000	9,000,000*	3,000,000

* 당기배당금: ₩100,000,000×0.06 =₩6,000,000
연체배당금: ₩6,000,000−₩3,000,000 =₩3,000,000
20×2년 우선주 배당액: ₩9,000,000

식되지 않는다. 왜냐하면 장래이익이 발생하리라는 확신이 없으므로 주주에게 배당을 보장할 수 없고, 주주총회에서 배당을 선언하여야 비로소 부채로 인식할 수 있기 때문이다.

예제 12-1에서 20×1년에 지급된 배당금 ₩3,000,000은 우선주에게 약정한 배당금 ₩6,000,000(₩10,000×6%×10,000주)보다 작다. 따라서 20×1년에 우선주에 대한 연체배당금 ₩3,000,000이 발생하였다. 이 금액이 20×2년 우선주 배당금에 가산되어 지급된 후에야 보통주가 배당금을 받을 수 있다.

② 참가적우선주와 비참가적우선주

우선주는 보통주에 앞서 배당을 받을 우선권을 가진 주식이다. 그런데 우선주 배당을 받은 후에 우선주 주주가 보통주와 함께 추가적으로 이익배당에 참여할 수 있는지 여부에 따라 참가적우선주와 비참가적우선주로 구분된다. 비참가적우선주는 이러한 이익배당에 추가적으로 참여할 권리가 없고 배당이 우선주 배당률에 의해 일정금액으로 한정되는 주식을 말한다. 참가적우선주란 정해진 우선주 배당률의 배당을 초과하여 보통주와 함께 일정한 한도까지 이익배당에 참여할 권리가 부여된 우선주를 말한다.

2) 전환우선주와 상환우선주

전환우선주란 우선주 주주의 의사에 따라 미리 정해진 일정비율로 우선주를 보통주로 전환할 수 있는 권리가 부여된 우선주를 말한다. 투자자는 다음과 같은 이유로 전환우선주를 선호하게 된다. 첫째, 다른 우선주와 마찬가지로 보통주에 우선하여 배당을 받을 수 있다. 둘째, 보통주의 시장가치가 상승할 경우 우선주를 보통주로 전환시킴으로써 시장가치의 증가로부터 오는 혜택을 누릴 수 있다. 그러나 이러한 장점이 있는 관계로 전환권이 없는 우선주에

예제 12-2 _ 참가적우선주

B주식회사는 20×1년 현재 액면가 ₩10,000, 6% 완전참가적·비누적적우선주 1,000주와 액면가 ₩1,000인 보통주 25,000주를 발행하였다. 20×1년 주주총회에서 ₩2,310,000의 배당을 선언하였다. 20×1년에 보통주와 우선주에 배분될 배당금은 각각 얼마인가? 단, 잔여배당금은 각 주식의 액면가를 기초로 하여 배당된다.

해답

	주주에 대한 배당		
	우 선 주	보 통 주	합 계
당기배당액(₩10,000,000×0.06)	₩600,000		₩600,000
동률의 보통주에 대한 배당액(₩25,000,000×0.06)		₩1,500,000	1,500,000
			₩2,100,000
완전참가－상대적 액면가치에 의한 배분:			
$\dfrac{₩10,000,000}{₩35,000,000} \times (₩2,310,000-₩2,100,000)$	60,000		₩60,000
$\dfrac{₩25,000,000}{₩35,000,000} \times (₩2,310,000-₩2,100,000)$		150,000	150,000
합 계	₩660,000	₩1,650,000	₩2,310,000

비해 주가가 높게 형성된다.

상환우선주란 발행자가 미리 정해진 가격으로 우선주를 상환할 수 있는 선택권을 갖고 있는 우선주이다. 만약 발행자가 주어진 조건에 의해 의무적으로 발행자가 의무적으로 상환해야 하는 상환우선주나 보유자가 발행자에게 상환우선주의 상환을 청구할 수 있는 경우, 경제적 실질을 반영하여 자본이 아니라 부채로 분류되어야 한다.

(3) 액면주식과 무액면주식

액면주식(par value stock)이란 권면액(券面額)이 각 주식과 정관에 기재되어 있는 주식을 말한다. 각 주식의 액면가는 자본금계정에 기록되어 법정자본을 구성한다. 법정자본은 납입자본의 최저액으로서 법정자본을 감소시키는 배당은 할 수 없다. 따라서 액면가는 채권자를 보호할 수 있는 완충역할을 한다.

무액면주식(no par value stock)이란 액면가가 없는 주식을 말한다. 액면주식과 무액면주식의 구분은 경제적인 관점에서는 그다지 중요한 것이 아니다. 회사에서 주식을 발행하면 경영자나 투자자 모두 주식의 시장가치에 관심을 갖게 되는데 시장가치는 임의로 책정된 액면가에 의해 정해지는 것이 아니라 기업의 미래 수익창출능력에 의해 정해지기 때문이다. 우리나라 상법에서는 액면주식의 발행과 무액면주식의 발행을 모두 허용하고 있다.

2-2 주식의 가치

주식과 관계된 가치는 여러 가지가 있다. 주식의 액면가(par value)는 위에서 설명한 바와 같이 법정자본을 형성하는 주당가치로서 이는 시장가치와는 일정한 관계가 없다. 기업의 장부가치(book value)는 총자산에서 총부채를 차감한 잔액으로서 단순히 소유주의 지분을 나타내며 이를 순자산가액이라 부르기도 한다. 따라서 주당장부가치(book value per share)는 기업의 순자산을 유통주식수로 나누어 계산한 수치로서 재무상태표상의 주당지분액을 나타낸다.

일반적으로 장부가치와 시장가치(market value) 사이에는 어떤 특정한 관계가 없는 것이 보통이다. 시장가치란 증권시장에서 투자자가 기업의 미래 수익성을 예측하여 주식에 대해 기꺼이 지불하려고 하는 가격이다. 장부가치는 회사가 채택하고 있는 특정한 회계방법에 의해 결정되지만 시장가치는 특정기업의 영업전망과 경제의 전반적인 상황에 대한 투자자의 기대에 의해 결정된다. 즉 기업의 미래 이익창출능력과 배당에 대한 예측, 기업의 위험과 현재 재무상태의 평가, 금융시장의 상황 등이 주식의 시장가치를 결정하는 데 중요한 역할을 한다.

2-3 주식발행의 회계처리

(1) 주식의 발행

우리나라에서는 상법에서 액면주식 및 무액면주식의 발행을 모두 허용한다. 여기서는 일반적인 발행형태인 액면주식발행의 회계처리만을 다룬다. 액면주식이 발행될 경우 주식발행가와 관계없이 액면가는 자본금계정에 기록되지만 액면가 이상으로 주식을 발행했다면(주식의 할증발행) 그 초과액은 주식발행초과금계정에 기록되어 자본잉여금을 구성한다. 또한 액면가 이하로 주식이 발행되었다면(주식의 할인발행) 액면가와 발행가의 차액은 주식할인발행차금계정에 기록되어 자본조정 중 차감항목이 된다.[1] 주식이 액면발행, 할인발행 그리고 할증발행되는 경우를 예를 들어 설명한다.

예제 12-3 _ 주식의 발행

다음 각각의 상황에 대해 주식 발행시의 분개를 하시오.
1) 석영주식회사가 액면 ₩5,000인 보통주 1,000주를 주당 ₩5,000에 발행하다.
2) 석영주식회사가 액면 ₩5,000인 보통주 1,000주를 주당 ₩6,000에 발행하다.
3) 석영주식회사가 액면 ₩5,000인 보통주 1,000주를 주당 ₩4,000에 발행하다.

---

[1] 우리나라에서는 채권자 보호를 위해 원칙적으로 액면가 이상의 주식발행만을 허용하고 있으나, 시가가 액면가 미만으로 형성되어 있을 때 일정한 요건을 갖출 경우 할인발행을 허용하고 있다.

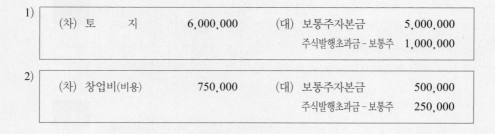

해답

1)	(차) 현 금	5,000,000	(대) 보통주자본금	5,000,000	

2)	(차) 현 금	6,000,000	(대) 보통주자본금	5,000,000	
			주식발행초과금	1,000,000	

3)	(차) 현 금	4,000,000	(대) 보통주자본금	5,000,000	
	주식할인발행차금	1,000,000			

(2) 비현금자산에 의한 주식발행

주식거래에 있어서 현금이 아닌 자산으로 교환되거나 개인이 제공한 용역의 대가로 주식이 발행될 수 있다. 이러한 비현금자산을 대가로 주식을 발행할 때의 문제는 교환가액의 결정이다. 일반적인 원칙은 수취한 비현금자산의 공정가액과 기업이 반대급부로 발행한 주식의 공정가액 중 더 신빙성 있고 객관적인 금액으로 거래를 기록하는 것이다.

주식이 증권거래소에 상장되어 거래가격(공정가치)이 쉽게 파악될 수 있는 반면 회사가 수취한 비현금자산(예를 들어, 건물과 같은 비유동자산)의 공정가치는 쉽사리 파악할 수 없는 경

예제 12-4 _ 비현금자산에 의한 주식발행

다음 각각의 상황에 대해 주식 발행시의 분개를 하시오.
1) 석화주식회사는 토지를 제공받은 대가로 액면가 ₩5,000인 보통주 1,000주를 발행하였다. 주식을 발행하였을 때 석화회사의 주식은 주당 ₩6,000에 거래되고 있었다. 토지의 공정가치는 알 수 없었다.
2) 석화주식회사는 설립시 변호사수수료에 대한 대가로 액면 ₩5,000인 보통주를 100주 발행하였다. 주식을 발행할 당시 주식의 공정가치는 알 수 없지만 회사의 변호사는 이와 유사한 용역의 수수료에 대해 ₩750,000을 다른 회사에 청구한 적이 있다.

해답

1)	(차) 토 지	6,000,000	(대) 보통주자본금	5,000,000	
			주식발행초과금 - 보통주	1,000,000	

2)	(차) 창업비(비용)	750,000	(대) 보통주자본금	500,000	
			주식발행초과금 - 보통주	250,000	

우에는 주식의 공정가치에 의해 거래가 기록되어야 한다. 반면에 발행주식이 상장되어 있지 않고 회사가 수취한 비현금자산(예를 들어, 타회사 발행의 상장된 유가증권)의 공정가치가 객관적으로 파악된다면 후자의 가치에 의해 거래가 기록되어야 할 것이다.

2-4 자기주식

자기주식(treasury stock)이란 특정 회사가 발행한 주식을 그 회사가 구입하여 미소각 상태로 보유하고 있는 주식을 뜻한다. 자기주식을 소각하면 발행주식 상태에서 미발행 주식상태로 바뀌게 되며 소각되는 주식의 자본금과 주식발행초과금이 감소한다. 자기주식을 취득하는 이유는 몇 가지가 있다. 임직원에게 보너스로 발행하기 위한 주식의 확보, 주가의 상승효과, 그리고 주당이익의 증대 등이 그 목적이다. 회사가 보유하고 있는 자기주식에 대해서는 배당의 권리, 의결권 등 주주의 기본적인 권한이 제한된다.

표 12-2
요약재무상태표:
자기주식 취득 전

요약재무상태표

승민주식회사   20×1년 1월 1일

자　산		자　본	
현　금	₩3,000,000	보통주자본금(수권주식수: 2,000주,	
기타자산	7,000,000	1주당 금액: ₩5,000)	₩7,000,000
		주식발행초과금	1,000,000
		이익잉여금	2,000,000
자산합계	₩10,000,000	자본합계	₩10,000,000

회사가 자기주식을 취득하게 되면 차변에는 자기주식을, 대변에는 현금 등을 기록하게 되는데 자기주식계정은 자본조정에 속하며 자본의 차감계정이다. 자기주식을 재발행하게 되면 자산의 증가와 자기주식의 감소로 자본이 증가하게 된다. 이에 대한 회계처리를 다음의 예로 살펴보자. 20×1년 1월 1일 현재 승민회사의 재무상태표를 요약하면 **표 12-2**와 같다. 20×1년 1월 2일 승민주식회사는 자사주식 100주를 주당 ₩6,000에 취득하였다. 이 거래를 기록하기 위한 분개는 다음과 같다.

20×1년 1월 2일:

(차) 자 기 주 식	600,000	(대) 현　　금	600,000

위의 분개로 인해 자본과 현금이 각각 ₩600,000 감소되었다. 20×1년 1월 14일 자기주식 중에서 30주를 주당 ₩6,500에 재발행하였다. 이 거래로 자본과 자산은 각기 ₩195,000씩

증가된다.

20×1년 1월 14일(자기주식을 취득원가보다 높은 가격에 재발행):

(차) 현　　금	195,000		(대) 자 기 주 식	180,000*	
			자기주식처분이익	15,000	

* 자기주식 재발행으로 자기주식계정은 원래의 취득원가만큼 감소: ₩6,000×30＝₩180,000

　　자기주식의 재발행가는 위의 예에서처럼 취득가와 다른 것이 보통이다. 재발행가가 취득원가보다 크다면 그 차액은 자기주식처분이익계정의 대변에 기록된다. 자기주식의 거래는 주주와의 거래로 간주하여 자기주식거래로 인한 손익은 손익계산서(당기손익)에 보고하지 않는다. 자기주식처분이익계정은 자본잉여금에 속하며 재무상태표에 직접 기록한다.

　　반면에 재발행가가 취득원가보다 작을 때는 그 차액에 대해서는 일차적으로 자기주식의 재발행과 관련해서 과거에 발생된 자본잉여금(자기주식처분이익)을 감소시킨다. 만약 자기주식처분이익이 그 차액보다 적을 때에는 자기주식처분손실로 기록한다. 자기주식처분손실은 주주총회의 의결을 거쳐 이익잉여금과 상계된다. 예를 들어 20×1년 1월 20일 자기주식 중에서 40주를 주당 ₩5,500에 재발행하였다면 이에 대한 분개는 다음과 같다.

20×1년 1월 20일(자기주식을 취득원가보다 낮은 가격에 재발행):

(차) 현　　　금	220,000		(대) 자 기 주 식	240,000*
자기주식처분이익	15,000			
자기주식처분손실**	5,000			

* ₩6,000×40＝₩240,000
** 이후 이사회 결의에 의해 이익잉여금에서 상계

　　지금까지의 자기주식의 취득이나 재발행에 대한 회계처리는 자기주식의 취득원가에 기반한 원가법(cost method)을 적용한 것이다. 자기주식은 장부가액(취득가액)을 자본에서 차감하는 형식으로 기재한다. 원가법 외에도 액면가액법(par value method)을 이용한 자기주식의 회계처리가 있으나 이는 중급회계 등에서 다루게 된다.

　　자기주식은 항상 차변잔액을 유지하며 자본의 차감계정의 성격을 갖는다는 것은 이미 설명하였다. 20×1년 1월 1일 이후 위의 거래 외에는 승민주식회사의 자본에 영향을 미치는 거래가 없었다고 가정을 한다면 20×1년 1월 31일 현재의 재무상태표는 표 12-3과 같이 나타날 것이다.

　　앞의 예에서 몇 가지 주목할 점이 있다. 첫째, 법정자본금인 보통주자본금계정은 자기주식에 관한 거래로 인해 전혀 영향을 받지 않는다. 이 계정은 미발행주식으로부터 신주를 발행하거나 이미 발행한 주식을 소각(미발행주식으로 전환)하기 전에는 영향을 받지 않는다. 둘째, 자기주식의 재발행시 취득원가와 재발행가의 차액(자기주식처분손익)을 손익계산서에 수익이나

요약재무상태표

승민주식회사   20×1년 1월 31일

자 산		자 본	
현 금	₩2,815,000	보통주자본금(수권주식수: 2,000주,	
기타자산	7,000,000	1주당 금액: ₩5,000)	₩7,000,000
		주식발행초과금	1,000,000
		이익잉여금	1,995,000
			₩9,995,000
		자기주식, 30주(원가로 기록)	(180,000)
자산합계	₩9,815,000	자본합계	₩9,815,000

비용으로 인식하지 않는다. 이는 자기주식의 취득과 발행을 회사가 임의로 조작하여 손익계산서에 영향을 주지 못하게 하기 위함이다. 즉 자기주식에 관련된 자기주식처분손익은 직접 재무상태표에 영향을 미친다. 셋째, 자기주식의 취득이나 재발행은 수권주식이나 발행주식수(또는 미발행주식수)에는 영향이 없지만 유통주식수에는 변동을 가져온다. 위의 예에서 수권주식과 발행주식은 각각 2,000주와 1,400주로 자기주식 거래 전과 후가 동일하나, 유통주식수는 20×1년 1월 1일에는 1,400주였으나 20×1년 1월 31일에는 1,370주(1,400주-30주)로 자기주식 수만큼 자기주식 취득 전에 비해 감소되었다.

International Financial Reporting Standards

배 당
03

배당(dividend)이란 회사자산을 주주의 소유지분에 비례하여 주주에게 분배하는 것을 말한다. 배당이 선언되어 지급되면 회사의 자본과 자산이 모두 감소한다. 일반적으로 배당은 이익잉여금을 초과해서 지급할 수 없다. 이익잉여금을 초과해서 지급한 배당을 청산배당이라 하는데 이것은 주주에게 납입자본을 환급하는 것을 의미하며 주로 영업활동을 폐쇄하거나 사업규모를 축소할 때 발생한다. 이익잉여금으로부터 배당이 지급되는 것을 자본에 대한 이익(return on capital)이라고 하는 데 반해 청산배당은 자본의 환급(return of capital)이라 한다. 이익잉여금이 충분하다고 하여 항상 배당할 수 있는 것은 아니다. 현금 및 주주에게 분배가능한 기타자산이 충분하지 않다면 배당하기보다는 이익을 유보하는 것이 일반적이다(참고자료 1 참조).

배당주의 계절이 돌아왔다. 12월 배당기준일이 가까워지면서 고배당주에 관심을 두는 투자자들이 늘어나고 있다. 특히 올해는 11월 미국 대선을 앞두고 증시 변동성이 높아진 상태라 일반 주식 투자보다 안정적인 배당투자 수요가 높다. 배당주는 통상 경기방어적 성격을 띠기 때문에 불확실성이 큰 장세일수록 투자 매력이 커진다.

다만 배당 투자 대상을 한층 신중하게 골라야 한다는 조언이 나온다. 코로나19 여파로 중간배당을 포기한 기업이 속출하는 등 지난해보다 낮은 수준의 연말 배당에 그치는 기업이 적지 않을 것이라는 우려가 크다. 기업 간 실적의 편차가 작년보다 클 가능성이 높기 때문에 종목 간 배당액 차이도 클 수 있다는 점도 유의해야 한다.

● 배당 받으려면 언제 주식 사야 하나

주주라고 해서 모두가 배당을 받을 수 있는 것은 아니다. 특정일 기준 주주명부에 올라있는 주주에 한해서만 배당이 지급된다. 이와 같이 주주가 자신의 주권을 공식적으로 보유하고 있어야 하는 마지막 날을 배당기준일이라 한다. 12월 결산기업의 경우 명목상 배당기준일은 12월 31일이다. 12월 31일 주식을 소유한 사람에게만 배당을 준다는 이야기다. 여기서 두 가지 주의할 점이 있다. 먼저 우리나라의 증권예탁결제제도가 3일 거래 방식(D+2)을 채택하고 있다는 것이다. 주식을 사면 그날을 포함해 사흘째가 돼야 실제 주식이 계좌에 입고되는 시스템이다. 또 하나 유의할 점은 매년 12월 31일이 휴장일이라는 점이다. 이 날은 주식 시장이 열리지 않기 때문에 주식매매 체결도 일어나지 않는다. 때문에 실질적인 배당기준일은 12월 30일이 된다. 30일 기준 주식을 소유하고 있는지 여부에 따라 배당 여부가 가려진다. 30일 기준 주주명부에 오르기 위해서는 늦어도 28일에는 주식을 매수해야 한다. 만약 29일에 매수 신청을 넣으면 실제 결제는 그 다음해에 이뤄지기 때문에 배당기준일(31일)에는 주식이 없는 게 돼 배당을 못 받는다. 29일부터는 주식을 매수해도 배당을 받을 권리가 없어 이날을 배당락일이라고 한다. 배당을 받기 위해서는 배당을 받지 못하는 최초의 날인 배당락일이 되기 전에 꼭 주식을 매수해야 한다. 다만 배당락일부터는 주식을 팔아도 배당을 받을 수 있다. 주식 매도에 있어서도 3일 거래 방식이 적용되기 때문이다. 29일 매도거래를 해도 실제 주식 출고는 다음 영업일인 이듬해 1월 2일에 이뤄져 12월 31일 기준으로는 주식을 보유하고 있는 것으로 나타난다. 올해 기준 12월 결산법인의 명목상 배당기준일은 12월 31일이며, 마지막 거래일은 30일로 이날이 실질적인 배당기준일이 된다. 늦어도 28일(월요일)까지는 매수거래를 체결해야 31일 기준 주주명부에 등재돼 배당을 받을 수 있다. 올해 배당락일은 29일이다.

● 삼성전자 등 중간배당 도입한 회사도 많아

과거와는 달리 주주중시 경영을 위해 기업이 결산기 도중인 분기나 반기 결산시기에 주주에게 배당을 실시할 수 있는 '중간배당제'를 도입하는 기업들이 늘어나고 있다. 정기배당이 일반적으로 결산기에 발생한 이익금을 근거로 배당을 실시하는 것과는 달리 중간배당은 그동안 쌓아 놓은 이익잉여금에서 배당을 주게 된다. 연말에 배당하는 12월 결산법인이 정기주총에서 주주에 대한 배당여부와 지급날짜를 의결함에 비해 중간배당은 관련법상 이사회 결의일로부터 20일 이내에 지급하게 되어 있다. 중간배당을 하는 대표적 기업으로 삼성전자가 있다. 삼성전자는 분기배당을 한다. 매 분기마다 배당을 지급하기 때문에 1년에 총 4차례 배당이 나온다. 매 분기 마지막일이 배당기준일이 된다. 3월 31일, 6월 30일, 9월 30일, 12월 31일 등이다. 다만 분기 마지막 날이 휴장일인 경우 실질적인 배당기준일이 하루씩 당겨진다. 삼성전자는 앞서 올 1분기, 2분기 각각 주당 354원의 배당을 실시했다. 3분기 배당금 규모는 현재(10월 11일) 공식적으로 밝혀진 바는 없지만 시장 기대치를 크게 웃도는 어닝 서프라이즈를 내놓으면서 배당 확대 기대감도 높다. 김동원 KB증권 애널리스트는 "올해 10월 말 자사주 매입 또는 현금배당 확대를 예상한다"면서 "최근 3년 동안 실적 개선을 고려할 때 잔여재원 발생이 예상돼 추가 주주환원을 기대해볼 만한 시점"이라고 판단했다. 삼성전자는 2017년 당시 3개년 잉여현금흐름(FCF)의 50%를 배당한 후 잔여재원이 있으면 자사주 매입·소각이나 추가 현금배당을 실시하겠다고 밝힌 바 있다. 이달 말이면 삼성전자가 발표한 3개년 주주환원 정책 종료 시점이다.

● **배당수익률 높은 기업은**

지난해 기준 배당 현황을 10월 8일 종가 기준으로 환산해 올해 배당수익률 추정치를 계산한 결과 쌍용양회, 금호산업, 현대중공업지주, 기업은행 등이 7% 이상의 배당수익률을 기록할 것으로 나타났다. 대표적인 고배당주인 쌍용양회의 예상 배당수익률은 7.8%에 달할 것으로 예상됐다. 이어 금호산업이 7.4%, 현대중공업지주가 7.4%, 기업은행이 7%로 나타났다. 배당수익률이 5% 이상으로 예상되는 기업은 총 22개로 나타났다. 배당수익률은 투자자들이 주식을 샀을 때 배당으로 얻을 수 있는 수익을 나타내는 지표다. 가령 7일 기준 배당수익률이 5%라는 것은 이날 종가로 주식을 매입할 경우 원금의 5%에 해당되는 금액을 배당으로 받을 수 있다는 얘기다. 올해 주가 랠리 기간 동안 소외받았던 KT&G나 KT, 롯데쇼핑 등 자산비중이 높은 종목들도 배당수익률이 높은 것으로 나왔다. 이들 종목은 전통적인 고배당주들이다. 또 해외 투자 지분 매각과 SK바이오팜 주식 상장에 따른 일회성 이익으로 특별배당이 예상되는 SK, 계열사 지분 매각으로 1조원대 현금을 확보한 LG 등을 눈여겨볼 만하다. 이날 기준 SK의 올해 예상 배당수익률은 2.5%, LG는 3%로 나타났다.

자료: 매일경제 인터넷 신문, 2020. 10. 29

배당수익률 상위 국내 종목

종목명	올해 추정 배당수익률(%)	예상 주당배당금 (DPS · 원)
쌍용양회	7.88	441
금호산업	7.44	513
현대중공업지주	7.43	1만6500
기업은행	7.06	575
하나금융지주	6.69	2004
효성	6.64	5000
JB금융지주	6.48	309
우리금융지주	6.44	558
DGB금융지주	6.28	369
BNK금융지주	6.22	324
한라홀딩스	6.13	2000
메리츠증권	6.03	198
신한지주	5.96	1691
삼성카드	5.67	1650

* 자료: 에프앤가이드. 배당수익률은 10월 8일 종가로 계산

배당에 관한 회계처리에 있어서 중요시되는 시점으로 배당기준일, 배당선언일, 그리고 배당지급일이 있다. 배당기준일(record date)은 배당을 받을 권리를 가진 주주를 확정짓기 위해서 주주명부를 작성하는 날이다. 우리나라의 경우 배당기준일은 보통 회계연도 말이며 배당이 의결되는 주주총회일(배당선언일)은 회계연도 말로부터 3개월 이내의 날로 정하도록 상법에서 규정하고 있다. 배당선언일(declaration date)은 주주총회에서 배당의사를 공식적으로 밝히는 날이다. 배당금의 지급의무는 배당선언일에 발생하므로 이때 배당금에 대한 회계처리를 한다. 배당지급일(payment date)은 기준일 현재의 주주에게 실제로 배당금을 지급하는 날로서 현금 또는 기타자산의 감소와 부채의 소멸을 기록하는 날이다.

3-1 현금배당

일반적으로 배당이라고 할 때는 현금배당을 의미한다. 현금배당을 결정할 때는 몇 가지 고려사항이 있다. 법적으로 제약을 받지 않는 충분한 이익잉여금의 잔액이 필요할 뿐 아니라 실제로 배당에 필요한 충분한 현금을 보유하고 있어야 한다. 또한 경우에 따라서는 영업실적이 좋지 않은 해에도 일정수준의 배당을 가능하게 한다든지, 이익잉여금의 축적을 통한 미래의 영업확장 등을 위해 가급적 배당을 줄이고 적정수준의 이익잉여금 잔액을 유지하기도 한다.

용태주식회사의 자본금의 구성은 다음과 같다.

보통주자본금(수권주식수: 120,000주, 1주당 금액: ₩5,000) ₩500,000,000

우선주자본금(수권주식수: 25,000주, 1주당 금액: ₩5,000)   ₩100,000,000

20×1년 2월 21일 배당가능한 현금이 충분하므로 주주총회에서는 20×0년 12월 31일 현재의 주주명부에 등록된 주주에게 보통주는 액면가의 10%인 주당 ₩500, 우선주는 보통주 배당금보다 1% 포인트 높은 배당금을 지급하기로 선언하고 3월 31일에 지급하였다.

기준일, 배당선언일, 그리고 지급일에 필요한 분개를 하시오.

해답

20×0년 12월 31일(기준일): 분개 필요없음

20×1년 2월 21일(배당선언일):

(차) 배 당 금	61,000,000	(대) 미지급배당금(보통주)	50,000,000*
(또는 미처분이익잉여금)		미지급배당금(우선주)	11,000,000**

* ₩500,000,000×0.1=₩50,000,000
** ₩100,000,000×0.11=₩11,000,000

20×1년 3월 31일(지급일):

(차) 미지급배당금(보통주)	50,000,000	(대) 현 금	61,000,000
미지급배당금(우선주)	11,000,000		

3-2 주식배당

주식배당(stock dividend)이란 주주의 지분비율에 비례하여 회사의 미발행주식을 주주에게 발행하는 것을 말한다. 일반적으로 주식배당은 이익잉여금을 자본금으로 대체한다. 따라서 주식배당은 현금배당과는 달리 회사의 자산과 부채에 변동을 가져오지 않는다. 주식배당을 하는 주된 이유는 현금 등의 실물자산을 이용하지 않고도 배당을 원하는 주주들의 욕구를 충족시켜 줄 수 있기 때문이다. 또한 주식배당을 하면 이익잉여금이 자본금으로 대체되어 법정자본화되므로 이익잉여금을 영구 자본화하여 미래의 성장기회에 활용할 수 있다.

주식배당을 하면 자본총액은 변하지 않고 단지 자본의 구성항목만 달라질 뿐이다. 즉 이익잉여금계정이 납입자본으로 대체되어 이익잉여금이 줄어들고 그 감소액만큼 납입자본이 증가한다. 우리나라는 주식배당이 1984년 개정된 상법에 의해 도입되었는데 상법에 의하면 주식배당에 의해 자본금계정에 대체되는 금액은 발행주식의 액면가로 규정하고 있고, 주식배당은 금전에 의한 배당총액의 2분의 1까지 할 수 있다고 규정하고 있다.

예제 12-6에서 주식배당의 효과를 보면 미처분이익잉여금계정에서 자본금계정으로 주식의 액면가인 ₩500,000이 대체되고 발행주식이 100주 증가한다. 여기서 미교부주식배당금은 부채가 아니고 자본의 부가계정으로 자본조정 항목으로 보고된다. 왜냐하면 현금 또는 다른 자산을 주주에게 이전할 의무가 없기 때문이다. 주주에 대한 의무는 단지 주식을 발행하는 것뿐이다.

이 예에서 두 가지 중요한 점을 강조한다. 첫째, 주식배당을 하더라도 자본총계는 불변이다. 둘째, 각 주주의 회사지분에 대한 소유비율이 주식배당으로 변화가 없다. 이러한 점을 예시하기 위해 예제 12-6에서 갑이라는 주주가 주식배당 전 발행주식 2,000주의 10%에 해당하는 200주를 소유하고 있었다고 가정하자. 5% 주식배당 후 이 주주는 210주를 소유하게 되지만 갑의 지분소유비율은 배당 전이나 마찬가지로 10%이다. 즉 주식배당과 관계없이 자본총계

예제 12-6 _ 주식배당

단영주식회사의 자본구조는 다음과 같다.

보통주자본금(수권주식수: 5,000주, 1주당 금액: ₩5,000)	₩10,000,000
주식발행초과금	300,000
이익잉여금	1,900,000
자본합계	₩12,200,000

단영주식회사는 20×1년 2월 24일 주주총회에서 20×0년 12월 31일 현재 주주명부상의 주주에게 5%의 주식배당을 3월 31일에 지급할 것을 선언하였다. 2월 24일 현재 주식의 시장가치는 주당 ₩6,000이다. 위의 주식배당에 대해 각 시점별로 주식의 액면가에 기준하여 분개를 하시오.

해답

20×0년 12월 31일(기준일): 분개 필요없음

20×1년 2월 24일(배당선언일):

(차) 미처분이익잉여금 500,000*	(대) 미교부주식배당금 500,000

* ₩5,000×2000주×5%=500,000

20×1년 3월 31일(주식발행일):

(차) 미교부주식배당금 500,000	(대) 보통주자본금 500,000

표 12-4
주식배당의
경제적 효과

자　　본	주식배당 전	주식배당 후
보통주자본금	₩10,000,000(2,000주)	₩10,500,000(2,100주)
주식발행초과금	300,000	300,000
이익잉여금	1,900,000	1,400,000
자본총계	₩12,200,000	₩12,200,000
갑 주주의 투자:		
소유주식	200주	210주
소유비율	10%	10%
투자의 장부가치	₩1,220,000	₩1,220,000
(₩12,200,000×10%)		

는 ₩12,200,000이고 갑 주주의 소유비율은 10%이며 이에 해당하는 장부가치는 ₩1,220,000으로 주식배당을 전후하여 변동이 없다. 이에 대한 설명이 표 12-4에 요약되어 있다.

3-3 주식분할

　　주식분할(stock split)이란 기존의 주주로부터 추가적으로 자금을 납입받지 않고 비례적으로 주식의 액면가치를 감소시킴과 동시에 새로운 주식으로 발행하여 발행주식의 수를 증가시키는 것을 말한다. 이러한 주식분할은 흔히 주식의 시장가치가 너무 높기 때문에 주식시장에서 유통이 잘 되지 않을 때 그 주식의 시장성을 높이기 위해서 이루어진다. 예를 들어, 덕주주식회사의 액면가 ₩10,000인 보통주가 30,000주 발행되었고 시장가치는 주당 ₩20,000이라고 하자. 덕주주식회사는 2대 1의 주식분할을 하기로 결정하였다. 주식분할에 의해 액면가치는 ₩5,000으로 감소하고 발행주식수는 60,000주로 증가한다. 만약 갑이라는 주주가 주식분할 전 액면가가 ₩10,000인 주식 400주를 소유하고 있었다면 주식분할 후에는 액면가가 ₩5,000인 주식 800주를 소유하게 된다. 주식분할에 의해 주식의 주당 시장가치는 주식분할 전보다 약 50% 하락한 ₩10,000 정도가 될 것이다. 주식의 시장가치 하락과 발행주식수의 증가로 인해 이 주식은 시장에서 보다 활발하게 거래될 수 있을 것이다.

　　주식분할로 인해 재무상태표상의 자본총계는 불변이고 단지 액면가의 감소와 발행주식수의 증가만 초래된다. 따라서 주식분할 거래는 분개할 필요가 없고 주식분할 사실만 주석으로 남기면 된다. 위의 예에서 덕주회사의 주식분할 전의 자본이 다음과 같았다고 하자.

```
주식분할 전:
   보통주자본금 ┌ 액      면   ₩10,000
              └ 발행주식수   30,000주        ₩300,000,000
   주식발행초과금                              30,000,000
   이익잉여금                                 90,000,000
   자본합계                                 ₩420,000,000
```

주식분할 후의 자본은 다음과 같이 나타날 것이다. 보통주 자본금의 액면금액과 발행주식 수만 달라질 뿐 자본금 총액이나 여타의 자본항목은 주식분할을 전후하여 변동이 없다.

```
주식분할 후:
   보통주자본금 ┌ 액      면   ₩5,000
              └ 발행주식수   60,000주        ₩300,000,000
   주식발행초과금                              30,000,000
   이익잉여금                                 90,000,000
   자본합계                                 ₩420,000,000
```

3-4 주식배당과 주식분할의 비교

주식배당과 주식분할은 모두 추가적인 주식의 분배라는 공통점을 갖고 있으나 그 목적이 서로 다르다. 주식배당은 현금이나 기타자산을 사외로 유출시키지 않고 누적된 이익잉여금을 주식으로 배당함으로써 이익잉여금을 영구적으로 자본화시키려는 의도에서 이루어진다. 반면 주식분할은 유통주식의 주당 시장가치를 하락시켜 시장성을 높이려는 의도에서 이루어진다. 주식배당과 주식분할의 차이점을 요약해 보면 표 12-5와 같다.

항 목	주 식 배 당	주 식 분 할
1. 자본총계	불 변	불 변
2. 이익잉여금	감 소	불 변
3. 법정자본금	증 가	불 변
4. 주당 액면가	불 변	감 소
5. 유통주식수	증 가	증 가
6. 주당 시장가치	감 소	감 소

표 12-5
주식배당과 주식분할의
비교

4-1 이익잉여금의 의의

이익잉여금이란 기업의 수익창출과정에서 획득된 이익 중 사외로 유출되거나 납입자본계정에 대체되지 않고 사내에 유보된 이익을 말한다. 이익잉여금의 구성항목을 보면 법정적립금, 기타법정적립금, 임의적립금, 미처분이익잉여금(미처리결손금) 등으로 구성된다.

4-2 이익잉여금의 처분

이익잉여금은 미래의 배당, 결손의 보전, 사업확장 등에 사용할 목적으로 사내에 유보된 이익이다. 이익잉여금의 일부는 별도계정에 적립하여 사외유출을 제한하기도 하는데, 법적인 적립, 차입 계약 등에 의한 적립, 자발적인 적립 등을 들 수 있다. 법적인 적립으로는 결손의 보전이나 재무구조 개선을 위한 적립금의 설정 등이 있고, 계약상의 적립은 사채발행시 사채권자와의 계약 등에 의해 배당을 제한받는 것 등이며, 자발적인 적립으로는 시설확장 등을 위해 이익을 유보하는 것 등이 있다.

이익잉여금을 배당으로 처분하는 경우의 회계처리는 앞에서 설명하였다. 이익잉여금을 별도적립금으로 처분하는 경우의 회계처리가 예제 12-7에 예시되어 있다. 이익잉여금을 적립하여 배당으로의 처분을 제한한다 해도 이익잉여금 총액이나 자본총액에 아무런 영향을 미치지 않는다. 단지 적립된 이익잉여금은 배당을 통한 자산의 사외유출을 막아 장래 시설확장이나 결손의 보전 등에 사용하기 위한 의도를 나타내는 것이다.

적립금에 관해 많은 사람들이 오해하는 것 중의 하나가 특정목적을 위한 적립금계정을 설정함으로써 실제자금이 사내에 확보되는 것으로 생각한다는 것이다. 예를 들어 시설확장적립금의 경우 이러한 적립금이 설정되었다고 해서 반드시 시설확장을 위한 실제자금이 확보되었다는 뜻은 아니다. 이익잉여금에서 적립금으로 대체하는 것은 배당의 과도유출을 막고 미래에 특정용도에 회사의 자산을 이용하겠다는 기업의 의도를 표출하는 것이지 그 자체가 자금의 확보를 의미하는 것은 아니다. 자금의 확보를 위해서는 감채기금의 경우처럼 현금 등의 자산으로부터 감채기금이라는 별도의 자산항목으로 실질적인 이체가 이루어져야 한다.

적립이익잉여금에는 크게 법정적립금과 임의적립금이 있다. 법정적립금은 법규정에 의해 의무적으로 적립해야 하는 것으로 이익준비금과 기타법정적립금이 있다. 이익준비금은 상법규정에 의해 자본의 1/2에 달할 때까지 매 결산기 금전에 의한 이익배당액의 1/10 이상의 금

액을 적립하도록 하고 있다. 기타법정적립금은 상법이외의 법령규정에 의해 적립된 부분이
다. 임의적립금은 회사의 정관이나 제3자와의 계약에 의해 이익잉여금의 처분을 제한하고자
설정하는 적립금으로 감채적립금, 사업확장적립금 등이 있다. 미처분이익잉여금은 배당이나
적립금의 형태로 처분되지 않은 이익잉여금을 의미한다. 이익잉여금의 처분과 관련된 자세한
내용은 중급회계를 참조하기 바란다.

예제 12-7 _ 이익잉여금의 적립과 이입

다음 각각의 상황에 대해 이익잉여금의 적립과 이입시의 분개를 하시오.
1) 수아주식회사는 2년 후의 시설확장의 필요성을 인식하여 ₩3,000,000의 이익잉여금을 자발적으로 적립하였다.
2) 2년 후 시설확장업무가 실제로 수행되었다.

해답

1)	(차) 미처분이익잉여금	3,000,000	(대) 시설확장적립금	3,000,000
2)	(차) 시 설	3,000,000	(대) 현 금	3,000,000
	(차) 시설확장적립금	3,000,000	(대) 미처분이익잉여금	3,000,000

참고자료 2 — 삼성전자 주주 136만명... 거래대금 액면분할 전보다 75% 늘어

　삼성전자의 소액주주와 거래대금이 액면분할을 단행한 지 2년 만에 크게 늘어난 것으로 나타났다. 액면분할로 주가가 싸지며 개인투자자의 접근성이 높아진 데다, 최근 증시 폭락기에 이들이 삼성전자를 집중적으로 매수한 영향으로 풀이된다.

　10일 금융감독원 전자공시시스템 등에 따르면 올 3월 말 삼성전자 주주는 136만5221명으로 집계됐다. 2년 전인 2018년 3월 말(24만1513명)의 약 5.65배로 늘었다. 삼성전자 지분 1% 이상을 가진 주요 주주가 통상 100명 안팎에서 유지되는 것을 감안하면 신규 주주는 대부분 개인투자자로 추정된다. 액면분할 직전인 2018년 1~4월 7158억 원이던 일평균 거래대금은 올해 1~4월 1조2551억 원으로 증가했다.

　삼성전자는 2018년 5월 4일 주당 액면가를 50분의 1로 낮추는 액면분할을 단행했다. 1주당 주가가 200만 원이 훌쩍 뛰어넘는 주식을 잘게 쪼개 개인투자자들의 진입 장벽을 낮춰주겠다는 취지였다. 액면분할 후 개인투자자들은 삼성전자 주식이 오를 것으로 보고 적극적으로 매수했다. 하지만 주가 흐름은 투자자들의 기대에 미치지 못했다. 반도체 슈퍼사이클(초장기 호황)이 끝났고 한국 경제가 미중 무역전쟁의 직격탄을 맞으면서 액면분할 당시 5만3000원이던 주가는 지난해 초 3만7000원대까지 밀렸다.

　그러나 이후 삼성전자 주가가 저평가됐다는 분석과 함께 실적 회복에 대한 기대가 다시 커지면서 지난해 하반기(7~12월)부터 주가는 상승세를 탔다. 올해 1월에는 종가 기준 사상 최고가(6만2400원)까지도 올랐다.

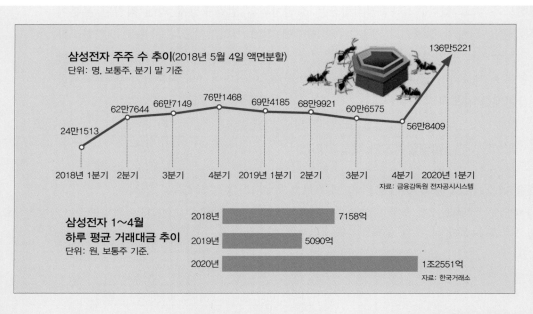

삼성전자 주주 수 추이(2018년 5월 4일 액면분할)
단위: 명, 보통주, 분기 말 기준

136만5221

24만1513
62만7644
66만7149
76만1468
69만4185
68만9921
60만6575
56만8409

2018년 1분기　2분기　3분기　4분기　2019년 1분기　2분기　3분기　4분기　2020년 1분기

자료: 금융감독원 전자공시시스템

삼성전자 1~4월
하루 평균 거래대금 추이
단위: 원, 보통주 기준.

2018년　7158억
2019년　5090억
2020년　1조2551억

자료: 한국거래소

자료: 동아일보 인터넷 신문, 2020. 05. 11

자본
변동표
05

International Financial Reporting Standards

　　자본변동표는 한 회계기간 동안 발생한 자본의 변동에 관한 정보를 제공하는 재무보고서로서, 자본을 구성하고 있는 자본금, 자본잉여금, 자본조정, 기타포괄손익누계액, 그리고 이익잉여금의 변동에 대한 포괄적인 정보를 제공한다. 자본변동표에는 자본의 구성 항목별로 기초잔액, 변동사항, 기말잔액을 표시한다. 표 12-6은 간단한 형태의 자본변동표를 예시하고 있다. 자본변동표에는 재무상태표, 포괄손익계산서 및 현금흐름표의 주요 구성항목들이 포함되어 있어 재무제표간의 연계성을 보여줌으로써 재무제표이용자들이 재무제표를 종합적으로 이해하는 데 도움을 준다.

　　자본금은 유·무상증자에 의해 증가하고 감자에 의해 감소한다. 자본잉여금은 유상증자나 자기주식처분이익 등에 의해 증가한다. 자본조정은 자기주식취득에 의해 감소하고, 자기주식재발행(처분) 등에 의해 증가한다. 기타포괄손익누계액은 매도가능금융자산평가이익(손실) 등에 의해 증가(감소)한다.

　　제2장에서 설명했듯이, 이익잉여금은 당기순이익(손실)에 의해 증가(감소)하고, 당기에 지

자본변동표

제2기: 20×1년 1월 1일부터 20×1년 12월 31일까지

노고 주식회사

(단위: 백만원)

구 분	자 본 금	자본잉여금	자본조정	기타포괄손익누계액	이익잉여금	총 계
20×1.1.1.(보고금액)	10,000	5,000	100	200	1,500	16,800
회계정책변경누적효과					200	200
전기오류수정					(100)	(100)
수정후 이익잉여금					1,600	16,900
연차배당					(400)	(400)
처분후 이익잉여금					1,200	16,100
중간배당					(100)	(100)
유상증자(감자)	1,000	300				1,300
당기순이익(손실)					4,500	4,500
자기주식취득			(500)			(500)
매도가능증권평가손실				(100)		(100)
20×9.12.31.(보고금액)	11,000	5,300	(400)	100	5,600	21,600

급한 연차배당과 중간배당에 의해 감소한다. 또한 이익잉여금은 회계정책변경의 누적효과와 전기오류수정 등에 의해 변동된다. 여기에 대한 설명은 중급회계에서 상세하게 다루어진다.

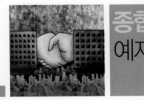

종합
예제
06

20×0년 12월 31일 현재 노고회사의 자본구성은 다음과 같다.

보통주(액면가 ₩5,000, 수권주식수 200,000주, 발행주식수 60,000주)	₩300,000,000
주식발행초과금	245,000,000
이익잉여금	555,000,000
자본합계	₩1,100,000,000

다음의 거래는 20×1년 1월 1 일~20×1년 12월 31일의 회계연도에 발생한 것이다.

1월 8일	자기주식 1,000주를 ₩11,500,000에 취득하였다.	
3월 21일	3월 21일 현재의 주주들에게 주당 ₩500의 현금배당을 선언하였다.	
5월 1일	3월 21일에 선언한 배당금을 지급하였다.	
5월 26일	20,000주의 보통주를 주당 ₩12,500에 추가발행하였다.	
6월 21일	1월 8일 취득한 자기주식을 주당 ₩14,000에 매각하였다.	
8월 26일	공장확장을 위해서 ₩150,000,000의 이익잉여금을 적립하였다.	
9월 14일	주식 10,000주를 발행하여 토지를 취득하였다. 이 당시 이 회사의 주식 은 주당 ₩15,500에 거래되고 있었다.	
11월 4일	11월 4일 현재의 주주들에게 주당 ₩500의 배당을 선언하였다.	
12월 30일	당기순이익은 ₩98,800,000이었다.	

요·구·사·항

1) 위의 거래들을 분개하시오. 노고회사는 배당선언시 이익잉여금계정에 직접기록한다.
2) 위의 거래들을 다음의 T계정에 기록하시오.
  ① 보통주자본금
  ② 주식발행초과금
  ③ 자기주식처분이익
  ④ 사업확장적립금
  ⑤ 자기주식
  ⑥ 미처분이익잉여금
3) 20×1년 12월 31일 현재 노고회사 재무상태표의 자본란을 작성하시오.

해답

1) 1월 8일

(차) 자 기 주 식	11,500,000	(대) 현 금	11,500,000

3월 21일

(차) 미처분이익잉여금	29,500,000*	(대) 미지급배당금	29,500,000

* (60,000−1,000)×₩500

5월 1일

(차) 미지급배당금	29,500,000	(대) 현 금	29,500,000

5월 26일

(차) 현 금	250,000,000	(대)보통주자본금	100,000,000
		주식발행초과금	150,000,000

6월 21일

(차) 현 금	14,000,000	(대) 자 기 주 식	11,500,000
		자기주식처분이익	2,500,000**

** 1,000×₩14,000−₩11,500,000

8월 26일	(차) 미처분이익잉여금	150,000,000	(대) 사업확장적립금	150,000,000

9월 14일	(차) 토　　지	155,000,000	(대) 보통주자본금	50,000,000
			주식발행초과금	105,000,000

11월　4일	(차) 미처분이익잉여금	45,000,000	(대) 미지급배당금 45,000,000***

*** (60,000−1,000+20,000+1,000+10,000)×₩500

12월 30일	(차) 집 합 손 익	98,800,000	(대) 미처분이익잉여금	98,800,000

2)

① 보통주자본금		
	기초	300,000,000
	5/26	100,000,000
	9/14	50,000,000
	기말	450,000,000

② 주식발행초과금		
	기초	245,000,000
	5/26	150,000,000
	9/14	105,000,000
	기말	500,000,000

③ 자기주식처분이익		
	6/21	2,500,000**
	기말	2,500,000

④ 사업확장적립금		
	8/26	150,000,000

⑤ 자기주식			
1/8	11,500,000	6/21	11,500,000

⑥ 미처분이익잉여금				
		기초	555,000,000
3/21	29,500,000*	12/30	98,800,00
8/26	150,000,000		
11/4	45,000,000***		
		기말	429,300,000

3)

부분재무상태표

노고회사	20×1년 12월 31일

자　　본

보통주자본금(액면가 ₩5,000, 수권주식수 200,000주,	
발행주식수 90,000주)	₩450,000,000
주식발행초과금	500,000,000
기타자본잉여금(자기주식처분이익)	2,500,000
이익잉여금:	
사업확장적립금	150,000,000
미처분이익잉여금	429,300,000
자본합계	₩1,531,800,000

익힘문제 __

주식회사의 법정자본이란 무엇인가? 또한 그 중요성은 무엇인가?

주식의 종류를 설명하시오.

비현금자산의 대가로 발행하는 주식의 가치는 어떻게 결정되는가?

주당장부가치와 주당시장가치는 동일한가?

배당과 관련하여 다음 날짜와 각 날짜에 행하여야 할 분개에 대하여 설명하시오.

(1) 선언일

(2) 기준일

(3) 지급일

QUESTION 06

현금배당과 주식배당의 차이를 설명하고 각각의 회계처리를 설명하시오.

QUESTION 07

주식배당과 주식분할의 차이는 무엇인가? 각각 자본에 미치는 영향을 설명하시오.

QUESTION 08

자기주식처분이익이란 무엇인가? 또한 이 항목을 손익계산서의 수익으로 인식하지 않는 이유는 무엇인가?

QUESTION 09

이익잉여금을 적립하는 목적은 무엇인가?

QUESTION 10

자본변동표의 내용과 그 중요성에 대해 설명하시오.

QUESTION 11

우선주는 어느 경우에 부채로 분류되는가?

연습문제 __

1 보통주거래의 분개

진달래주식회사는 20×1년 1월 1일 설립되었다. 정관의 규정에 의하면 액면 ₩5,000짜리 보통주의 수권주식수가 100,000주이다. 영업 첫해 동안의 거래는 다음과 같다.

(1) 보통주 5,000주를 주당 ₩6,000에 발행하였다.

(2) 공장부지용 토지를 보통주 200주를 발행하여 취득하였다. 발행당시의 보통주 시장가치는 주당 ₩6,500이다.

(3) 보통주 1,000주를 주당 ₩4,000에 발행하였다.

(4) 20×1년도 말 대변 잔액이 ₩70,000인 집합손익계정을 마감하였다.

요구사항

위의 거래를 분개하시오.

2 보통주거래의 분개

광영회사는 20×1년 1월 1일 설립되었다. 정관의 규정에 의하면 액면가 ₩5,000인 보통주의 수권주식수가 400,000주이다. 영업 첫해 동안의 거래는 다음과 같다.

8 월 1일	1주당 ₩15,000에 4,000주를 발행하였다.
2일	트럭과 교환으로 보통주 400주를 발행하였다. 발행당시의 보통주 시장가치는 주당 ₩7,800이다.
16일	법무사사무실에 설립인가 수수료로 200주를 발행하였다. 발행당시 보통주 시장가치는 주당 ₩10,000이다.
12월 31일	공장부지용 토지를 보통주 500주를 발행하여 취득하였다. 토지의 공정시가는 ₩6,700,000이었다.

요구사항

위의 거래를 광영회사의 입장에서 거래일자별로 분개하시오.

3 보통주와 우선주의 발행 및 집합손익계정의 대체

개나리주식회사는 20×1년 1월 1일에 설립되었다. 정관규정상의 주식의 종류와 수권주식수는 다음과 같다.

> 보통주: 액면 ₩5,000, 40,000주
> 우선주: 액면 ₩5,000, 10% 배당, 20,000주

20×1년 동안 다음 거래가 발생하였다.

(1) 보통주 20,000주를 주당 ₩10,000에 발행하였다.
(2) 우선주 8,000주를 주당 ₩7,500에 발행하였다.
(3) 20×1년 말 집합손익계정은 차변잔액이 ₩250,000이다. 집합손익계정을 이익잉여금에 이체하였다.

요구사항

1) 위의 거래를 분개하시오.
2) 20×1년 12월 31일의 재무상태표의 자본란을 작성하시오.

4 자본거래의 영향

다음의 독립적인 거래들의 보통주, 주식발행초과금, 이익잉여금에 대한 영향을 증가는 (+)로, 감소는 (−)로, 영향이 없으면 0으로 표시하시오. 단, 우리나라 기업회계기준에 따라 답하시오.

거래내용	보통주자본금	주식발행초과금	이익잉여금
예) 액면 ₩5,000의 주식을 ₩10,000에 발행	+	+	0
(1) 현금배당을 선언하고 지급			
(2) 주식배당을 선언하고 발행			
(3) 자기주식 100주를 주당 ₩6,500에 취득			
(4) 공장확장을 위해 ₩50,000,000의 이익잉여금을 적립			
(5) 2 : 1 주식분할이 이루어짐			
(6) 당기순이익이 ₩46,000,000으로 보고			

5 보통주 발행을 통한 비유동자산의 취득

은마회사는 토지를 구입하기 위하여 액면 ₩5,000인 보통주 1,000주를 발행하였다. 토지의 감정가는 ₩6,000,000이다. 아래의 각 상황에서 주식발행거래를 분개하시오.

(1) 주식발행일 현재 보통주 주당시장가치는 ₩7,000이다.
(2) 주식발행일 현재 보통주의 시장가치는 결정할 수 없다.

6 배당액의 계산

백합주식회사의 발행주식수는 액면 ₩5,000인 보통주가 50,000주이고 액면 ₩10,000인 8% 누적적우선주가 10,000주이다. 회사설립 후 처음 4년간의 영업활동결과 주주총회에서는 다음과 같이 현금배당을 선언·지급하였다.

20×1년: ₩0   20×2년: ₩14,000,000
20×3년: ₩14,000,000   20×4년: ₩14,000,000

요구사항
각 회계연도별로 보통주와 우선주에 대한 총배당액과 주당 배당액을 산출하시오.

7 현금배당과 주식배당의 분개

강동회사의 발행주식은 액면 ₩5,000인 보통주 20,000주이다. 보통주와 관련된 다음 거래를 분개하시오.

(1) 3월 1일: 3월 10일 기준 주주명부상의 주주에게 주당 ₩2,500의 현금배당을 3월 16일에 지급하기로 선언하다.
(2) 3월 10일: 기준일
(3) 3월 16일: 3월 1일에 선언한 현금배당을 지급하다.
(4) 3월 17일: 당일을 기준일로 하여 보통주주에게 10%의 주식배당을 하기로 하고 4월 10일에 주식을 교부하기로 선언하다. 선언일 현재 보통주의 주당시장가치는 ₩6,000이다.
(5) 4월 10일: 3월 17일에 선언한 보통주를 발행·교부하다.

8 주식분할의 회계처리

진주주식회사는 액면 ₩5,000인 보통주 100,000주를 발행한 상태이다. 주주총회는 2대 1의 주식분할을 선언하였다. 선언일의 보통주 주당시장가치는 ₩20,000이다. 이익잉여금은 ₩7,000,000이고 보통주 주식발행초과금은 ₩200,000이다.

요구사항
1) 주식분할 전과 후의 재무상태표의 자본란을 작성하시오.
2) 주식분할선언일에 주식분할을 기록하기 위한 분개가 필요한가? 만약 필요하지 않다면 그 이유를 설명하시오.

9 **주식배당의 회계처리**

20×5년 주식배당 전 금강회사의 자본란은 다음과 같다.

보통주 — 액면 ₩5,000, 수권주식수 50,000주, 　　　　발행주식수 20,000주	₩100,000,000
주식발행초과금	20,000,000
이익잉여금	50,000,000
자본총계	₩170,000,000

20%의 주식배당이 선언 발행되었다. 선언일의 주당시장가치는 ₩6,000이었다.

요구사항

1) 주식배당거래를 분개하시오.

2) 주식배당 후의 자본란을 작성하시오.

13

현금흐름표

학습목표

이 장에서는 재무상태표, 포괄손익계산서, 자본변동표와 더불어 4대 재무제표 중의 하나인 현금흐름표에 대하여 학습한다. 현금흐름표의 목적은 한 회계기간 동안 현금의 조달이 어떠한 활동을 통하여 이루어지고 조달된 현금이 어떠한 활동에 사용되었는지에 대한 정보를 제공하는 데 있다. 재무상태표는 특정시점에서의 기업의 재무상태를 보고하기 때문에 한 기간 동안 재무상태의 변동에 대해서는 유용한 정보를 제공할 수 없다. 손익계산서와 자본변동표는 한 기간동안 영업활동 및 자본의 변동내용을 나타내는 보고서이지만 발생주의에 기반하여 작성되기 때문에 현금흐름과는 차이가 존재한다. 이와 같은 재무상태표나 손익계산서의 한계점을 보완하기 위하여 현금흐름표가 작성된다. 현금의 개념과 현금흐름표의 내용에 대해 설명하고 현금흐름표의 작성절차를 예시한다.

주요 학습사항

현금흐름표의 기본공식	투자활동으로 인한 현금흐름	T-계정 이용법
영업활동으로 인한 현금흐름	재무활동으로 인한 현금흐름	정산표 이용법
직 접 법	현금의 수입과 지출이 없는 거래	순운전자본
간 접 법	현금흐름표의 작성절차	

현금흐름표(statement of cash flow)는 재무상태표, 포괄손익계산서 그리고 자본변동표와 함께 4대 재무제표 중의 하나이다. 현금흐름표는 한 회계기간 동안 영업활동, 투자활동, 재무활동을 통해 조달되고 사용된 현금의 내역을 보고하는 재무보고서이다. 투자자들이 기업에 투자한 대가로 얻는 수익은 궁극적으로 기업이 미래에 얼마나 많은 현금을 창출할 수 있는가에 달려 있기 때문에 기업의 미래 현금흐름에 대한 정보이용자의 관심이 높아지고 있다.

기업은 이익을 창출하기 위하여 자금을 조달하고 그 자금을 다양한 투자활동에 사용한다. 재무상태표는 특정시점에서 이러한 활동의 결과로 나타나는 재무상태만을 보고한다. 즉 자금의 조달활동(재무활동)은 부채와 자본에 그 결과가 반영되고, 투자활동은 그 결과가 자산에 반영되어 보고된다.

손익계산서는 한 회계기간 동안 기업의 영업활동의 결과를 요약하여 보고한다. 그러나 손익계산서에 보고되는 수익과 비용은 다음의 두 가지 이유 때문에 한 기간 동안 기업의 다양한 활동과 관련된 현금흐름을 적절히 반영하는 데 한계점이 존재한다. 첫째, 수익과 비용이 발생기준에 의해 인식되기 때문에 수익·비용의 인식시점이 반드시 현금의 수입·지출시점과 일치하지는 않는다. 둘째, 손익계산서의 수익과 비용에는 영업활동과 관련되어 발생한 사건만이 반영된다. 그러나 현금의 유입과 유출은 반드시 영업활동에만 관련되어 나타나는 것은 아니다. 예를 들면, 기업이 금융기관으로부터 차입할 경우, 손익계산서에는 재무활동인 차입과 관련하여 이자비용만 보고될 뿐이다. 한 기간 동안 기업이 차입한 금액이나 상환한 금액도 투자자의 중요한 관심사가 될 수 있는데, 이러한 정보를 제공해 주는 보고서가 현금흐름표이다.

현금흐름표는 손익계산서나 재무상태표로부터 쉽게 얻기 어려운 다음과 같은 질문에 대한 대답을 제공해 줄 수 있다.
(1) 한 회계연도 동안 기업이 어떠한 재무활동과 투자활동을 수행하였는가?
(2) 새로운 투자에 대한 현금조달은 어떻게 이루어졌나? 영업활동에서 얻은 유보이익(내부금융)으로 충당되었는가? 아니면 사채나 주식의 발행(외부금융)을 통해 조달되었는가?
(3) 자산의 구성이 회계기간 동안 변동한 원인은 무엇인가?
(4) 부채의 상환에 사용된 현금의 출처는 무엇인가?
(5) 이익은 많이 보고되었으나 현금배당을 못하는 이유는 무엇인가?

유동성이 풀리면서 국내 증시는 다시 2000선을 돌파했지만, 경기침체의 그늘은 가실 기미를 보이지 않고 있다. 급기야 불황의 여파는 증시로까지 번져 지난 5월 풍림산업을 비롯해 8월 금강제강, 9월 SSCP 등 상장폐지 사태가 줄을 잇고 있다.

한 기업의 부도 징후를 미리 투자자들이 파악해 볼 수 있는 방법이 없을까. 업계 전문가들은 "재무제표 가운데 '영업현금흐름표'에서 일부분 그 가능성을 엿볼 수 있고, 신사업을 빌미로 한 대규모 유상증자 역시 꼭 진단해봐야 한다"고 조언했다.

19일 관련업계에 따르면 SSCP는 외환은행 반월공단지점에서 만기어음 11억 9,500만 원을 결제하지 못해 부도 처리됐다. 한국거래소는 이에 따라 SSCP를 상장폐지키로 결정한 뒤 정리매매 기간(20~28일)을 부여했다. 일반투자자들의 투자 피해 규모는 250억 원을 웃도는 것으로 분석됐다. SSCP는 지난해 매출 1,730억 원, 순이익 59억 원을 낸 삼성 납품 기업이다. 최근 2분기에는 매출액과 영업이익이 전기 대비 21%와 269% 늘어난 522억 원과 40억 원을 기록했었다.

그러나 SSCP는 계열사 부도 여파로 현금흐름이 악화된 것으로 전해졌다. SSCP의 계열사인 알켄즈는 지난 4일 유동성 부족 문제로 부도 처리된 바 있다. 게다가 매분기 차입에 따른 이자비용(2분기만 약 50억 원)도 결국 부도 이유로 꼽히고 있다. 이러한 재무상 위기는 2011년부터 나타나기 시작했다는 것이다. SSCP의 작년 상반기 기준 현금 및 현금성자산은 약 321억 원이었고, 작년말 기준으로는 약 216억 원으로 집계됐다. 이후 올 상반기 기준으로는 86억 원으로 쪼그라들었다. 사실상 지난해부터 6개월마다 110~130억 원씩 현금이 이자비용 등으로 사라지고 있던 것이다.

익명을 요구한 한 애널리스트는 "투자자들은 대부분 재무제표 중 기업의 영업이익에만 집중하는 경향이 있는데 영업현금흐름표를 함께 살펴봐야 한다"며 "기업 분석 임무를 맡고 있는 애널리스트들도 주로 향후 영업실적의 개선 여부와 밸류에이션(실적 대비 주가수준) 등 미래 투자 가치에 대해 분석하지 과거 재무 데이터를 가지고 크레딧(신용) 분석까지 하지는 못한다"고 토로했다. 이어 "SSCP의 경우에도 이익의 증가 여부와 별도로 반기보고서 기준으로 영업상 현금흐름에 관심을 가졌다면 재무 리스크를 대비할 수 있었을 것"이라며 "SSCP는 반기에 영업이익이 50억 원으로 흑자를 기록했지만, 이자비용을 120억 원 이상 지급해야 했다"고 설명했다.

이정조 리스크 컨설팅코리아 대표는 이러한 기업들의 재무적 리스크를 애널 등 전문가들이 정기적으로 지적 및 평가해 줄 필요가 있다고 강조했다. 그는 "애널리스트가 분석보고서를 작성할 때 향후 이익에만 치우치지 말고 해당 기업의 크레딧 평가를 분기 또는 반기에 덧붙여 줄 필요가 있다"며 "통상 기업의 위기는 산업위험, 최고경영자(CEO)위험, 영업위험, 재무위험 등으로 나눠 볼 수 있는데 특히 재무위험은 가장 마지막에 드러나기 때문"이라고 말했다.

기존 사업과 연관성이 없는 신사업 진출을 위한 대규모 증자 역시 부도에 앞서 이뤄지는 징후 중 하나라는 지적도 나왔다. 한 인수·합병(M&A) 전문가는 "현금흐름이 악화돼 급하게 현금이 필요한 기업들이 대체로 타법인출자 등을 발표하면서 증자에 나서는 경우가 많았다"며 "이는 기존 사업의 모멘텀(동력)이 없거나 현금 창출이 불가능해질 경우 신사업 진출이 자금 조달을 위한 유용한 변명이 될 수 있기 때문"이라고 말했다.

한편, 코스닥 상장기업들은 자본이 아닌 부채 항목으로 분류되는 회사채를 발행하지 않는 대신 당연히 자본 항목인 증자로 필요한 자금을 조달하기 때문에 신용 평가에 취약할 수밖에 없다고 전문가들은 입을 모았다.

자료 : 한국경제 인터넷신문, 2012. 09. 19

많은 사람들이 현금(cash)과 자금(fund)을 동일한 개념으로 혼동하는 경향이 있다. 그러나 자금은 현금보다는 포괄적인 개념으로서 현금뿐 아니라 당좌자산, 순운전자본(net working capital) 등 다양한 정의가 이용되고 있다. 순운전자본은 유동자산에서 유동부채를 차감한 것으로 정의된다. 실무에서 가장 많이 사용되는 자금의 개념은 현금과 순운전자본이다.

2-1 현금의 의의

K-IFRS에 의하면 현금흐름표에 적용되는 현금의 범위는 현금 및 현금성자산이다. 현금성자산(cash equivalent)은 큰 거래비용 없이 현금으로 전환이 용이하고 이자율 변동에 따른 가치변동이 심하지 않은 단기금융상품 또는 유가증권을 뜻한다. 현금성자산의 예로는 3개월 이내의 환매조건이 있는 환매채, 취득당시 만기가 3개월 이내 도래하는 채권, 취득당시 상환일이 3개월 이내 도래하는 상환우선주 등을 들 수 있다.

2-2 순운전자본과 현금의 비교

같은 거래라도 자금의 정의를 현금으로 보는가, 순운전자본으로 보는가에 따라 자금의 수입·지출금액이 달라진다. 예를 들어 어느 회사에서 ₩1,000,000의 기계를 ₩800,000은 현금을 지불하고 나머지 ₩200,000은 외상으로 구입했다고 하자. 이때의 분개와 이 거래가 순운전자본과 현금에 미치는 영향이 **표 13-1**에 설명되어 있다. 자금을 순운전자본으로 정의한다면 위의 거래로 인해 ₩1,000,000의 자금이 감소한다. 그러나 자금을 현금으로 정의한다면 이 거래는 ₩800,000의 자금감소를 초래할 뿐이다.

📄 **표 13-1**
현금과 순운전자본의 비교

분 개			순운전자본의 유출	현금의 유출
(차) 기 계	1,000,000			
(대) 현 금		800,000	₩800,000	₩800,000
미지급금		200,000	200,000	
			₩1,000,000	₩800,000

현금흐름표
의 내용
03

International Financial Reporting Standards

한 회계기간 동안 현금의 지출 내역을 보고하는 현금흐름표의 본질은 다음 식으로 요약될 수 있다.

현금의 유입 − 현금의 유출 = 현금의 증감

위의 식은 현금흐름표의 본질을 나타내기는 하지만 현금흐름표의 구체적인 내용을 알기에는 너무 간단하다. 현금의 유입이나 유출이 구체적으로 어떠한 활동을 통해 이루어지는가를 분석하기 위해 다음과 같은 변형된 회계등식을 살펴보자.

현금+비현금자산＝부채+자본	(13−1)
현금＝부채+자본−비현금자산	(13−2)
⊿현금＝⊿부채+⊿자본−⊿비현금자산	(13−3)
단, ⊿＝변동분	

식 (13−1)은 회계등식의 자산을 현금과 비현금자산으로 나누어 표시한 것이다. 식 (13−2)는 한 시점에서의 현금의 크기는 부채와 자본의 합계에서 비현금자산을 차감한 금액과 일치함을 나타내고 있다. 식 (13−3)은 일정기간 동안 재무상태표 항목의 변동을 보여 주고 있으며 현금흐름표의 내용을 요약해 준다. 이 식에서 현금의 변동을 쉽게 구하는 방법은 기말의 현금잔액에서 기초의 현금잔액을 차감하는 것이다. 이러한 현금의 변동액을 모든 비현금항목의 변동으로 설명하는 것이 현금흐름표의 본질인 것이다.

이를 좀 더 구체적으로 살펴보자. 식 (13−3)에 의하면 현금의 증가는 부채의 증가(장·단기 차입금의 기채), 자본의 증가(주식의 발행) 및 비현금자산의 감소(유가증권이나 비유동자산의 처분)에 의해 설명된다. 한편 현금의 감소는 부채의 감소(장·단기 차입금의 상환), 자본의 감소(배당금의 지급), 또는 비현금자산의 증가(유가증권이나 비유동자산의 구입)에 의해 감소된다. 이와 같은 내용을 구체적으로 요약하여 보고한 것이 현금흐름표이다.

표 13−2는 현금흐름표를 예시한 것이다. 현금흐름표는 크게 세 부분으로 구성되어 있다. 첫째 부분은 영업활동으로 인한 현금흐름을, 둘째 부분은 투자활동으로 인한 현금흐름을, 그리고 셋째 부분은 재무활동으로 인한 현금흐름을 보고한다. 각 활동으로부터의 현금흐름은 각 활동으로부터의 현금유입과 유출을 상계한 금액으로, 현금유입이 유출보다 작으면 음의 현금흐름 값을 갖게 되어 특정활동으로부터의 순현금흐름이 감소했음을 뜻한다. 세 가지 활

현금흐름표

노고주식회사　　　　　　　　　　　　　　　20×1년 1월 1일~20×1년 12월 31일

I. 영업활동으로 인한 현금흐름		₩43,000
1. 당기순이익	₩30,000	
2. 현금의 유출이 없는 비용 등의 가산		
① 감가상각비	6,000	
② 무형자산상각비	4,000	
3. 현금의 유입이 없는 수익 등의 차감		
① 매도가능금융자산처분이익	(200)	
② 유형자산처분이익	(500)	
4. 영업활동으로 인한 자산 부채의 변동		
① 재고자산의 증가	(5,300)	
② 매출채권의 감소	1,000	
③ 매입채무의 증가	8,000	
II. 투자활동으로 인한 현금흐름		27,000
1. 투자활동으로 인한 현금유입액		
① 만기보유금융자산의 처분	20,000	
② 건물의 처분	10,000	
③ 토지의 처분	20,000	
2. 투자활동으로 인한 현금유출액		
① 토지의 취득	(15,000)	
② 당기손익인식금융자산의 취득	(8,000)	
III. 재무활동으로 인한 현금흐름		(18,000)
1. 재무활동으로 인한 현금유입액		
① 단기차입금의 기채	6,000	
2. 재무활동으로 인한 현금유출액		
① 사채상환	(20,000)	
② 배당금 지급	(4,000)	
IV. 현금의 증가(I + II + III)		₩52,000
V. 기초의 현금		12,000
VI. 기말의 현금		₩64,000

동으로 인한 현금흐름을 합한 것(I + II + III)이 한 회계기간 동안의 현금의 증감액이다.

3-1 영업활동으로 인한 현금흐름

　현금의 가장 중요한 원천은 재화나 용역의 제공과 같은 영업활동이다. 마찬가지로 현금의 주된 운용항목은 영업활동에서 발생한 비용이다. 손익계산서에 보고되는 수익은 상당 부

분이 현금의 유입을 초래하고 비용 역시 현금의 유출을 초래한다. 그러나 모든 수익과 비용이 현금의 수입과 지출을 수반하지는 않는다. 왜냐하면 손익계산서에 보고되는 수익과 비용은 현금기준이 아닌 발생기준에 의해 인식되기 때문이다. 예를 들어 감가상각비와 같은 비용은 그것이 발생하였을 때 차변에는 감가상각비가 기록되고 대변에는 감가상각누계액(비현금 항목)이 기록되므로 현금에는 영향을 미치지 않는다. 마찬가지로 발생이자를 비용으로 인식할 때, 차변에는 비용이 기록되지만, 대변에는 미지급이자(비현금 항목)가 기록되어 현금의 지출 없이도 비용이 인식된다.

현금흐름표의 첫째 부분에서는 영업활동으로 인한 현금흐름을 보고하는데, 이는 결국 현금기준에 의한 손익계산서를 준비하는 것과 같다. 영업활동으로 인한 현금흐름을 구하는 방법에는 직접법과 간접법 두 가지가 있다. 직접법을 이용할 때는 기본적으로 발생기준 수익·비용항목을 현금기준 수익·비용항목으로 바꾸는 것이다. 이를 위해 우선 감가상각비나 대손상각비와 같은 비현금비용항목을 제거하고 유형자산처분이익이나 지분법이익 같은 비현금수익항목이나 영업활동이 아닌 수익항목을 제거한다. 다음에는 매출이나 매출원가처럼 현금수입이나 지출을 수반하는 수익·비용항목도 영업활동관련 유동자산과 유동부채의 순증감을 조정하여 현금기준 수익·비용을 구한다. 이 과정이 **표 13-3**에 요약되어 있다. 직접법은 영업활동에서 들어오고 나간 현금의 내역을 일목요연하게 볼 수 있다는 장점이 있다. 그러나 손익계산서가 복잡해지면 이 방법을 적용하는 것이 매우 어렵다는 단점이 있기 때문에 실무에서는 대부분의 기업들이 간접법을 이용하여 영업활동으로 인한 현금흐름을 보여주고 있다.

이에 대한 대안으로 영업활동에서 조달된 현금을 간접적으로 측정하는 방법이 있는데 이를 간접법이라 한다. 이 방법은 직접법과 달리 손익계산서의 당기순이익에 현금유출이 없는 비용항목을 가산하고 현금유입이 없는 수익항목을 차감하여 영업활동으로 인한 현금을 구하는 방법이다. **그림 13-1**에 간접법을 이용하여 영업활동으로 인한 현금흐름을 계산하는 방법이 요약되어 있다. K-IFRS에서는 영업활동으로 인한 현금흐름을 직접법과 간접법 중 하나를 선택하여 작성할 수 있도록 하였다.

📄 **표 13-3**
영업활동으로 인한
현금흐름: 직접법

---

1. 매출로부터의 현금유입액＝발생기준 순매출*－매출채권순액의 증가(＋감소)
　　　　　　　　　　　　　　　　　＋선수금의 증가(－감소)
2. 매입으로부터의 현금유출액＝발생기준 매출원가＋재고자산의 증가(－감소)
　　　　　　　　　　　　　　　　　－매입채무의 증가(＋감소)
　　　　　　　　　　　　　　　　　＋선급금의 증가(－감소)
3. 현금기준 기타수익**＝발생기준 기타수익－미수수익의 증가(＋감소)
　　　　　　　　　　　　　　＋선수수익의 증가(－감소)
4. 현금기준 기타비용***＝발생기준 기타비용＋선급비용의 증가(－감소)
　　　　　　　　　　　　　　－미지급비용의 증가(＋감소)

---

* 매출액에서 대손상각비, 매출에누리와 환입, 매출할인 등을 차감한 금액이다.
** 이자수익, 배당금수익, 임대료수익 등이 이에 속한다.
*** 이자비용, 보험료 등이 이에 속한다.

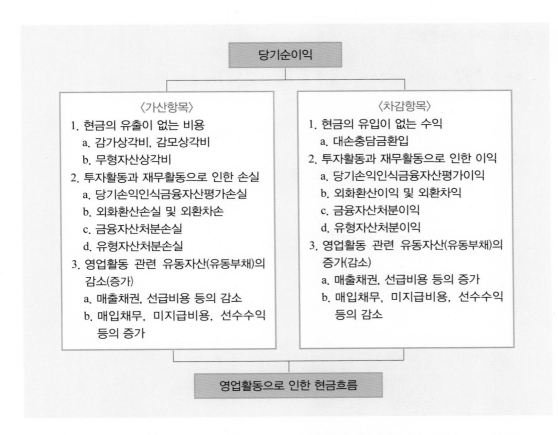

예제 13-1은 영업활동으로부터의 현금을 직접법과 간접법에 의해 구하는 것을 예시하고 있다. 간접법에 의해 영업활동으로 인한 현금흐름을 구하는 경우, 감가상각비가 현금을 창출하는 것처럼 착각할 수 있다. 그러나 감가상각비는 현금에는 영향을 미치지 않으면서도 당기순이익의 수익에서 차감되었기 때문에 이를 조정하기 위해 당기순이익에 다시 가산하는 것일 뿐이다. 한편 유형자산처분에서 들어온 현금총액(장부가+처분이익)이 투자활동으로 인한 현금유입액으로 기록되므로 유형자산처분이익을 당기순이익에 반영된 채로 남겨두면 그 금액만큼 현금유입액이 이중 계산된다. 그러므로 유형자산처분이익이 현금흐름표에서 이중 계산되는 것을 막기 위해 당기순이익에서 차감항목으로 조정된다. 직접법 이용시 유형자산처분이익을 현금에 영향을 미치는 항목에서 제외시킨 것도 같은 이유 때문이다.

매출채권의 순액은 매출채권에서 대손충당금을 차감한 금액이다. 매출채권 순액의 변동을 분석한다는 것은 대손상각비를 대손충당금계정에 기록하지 않고 매출채권의 감소(대변)로 기록하는 것과 마찬가지이다. **예제 13-1**에서 매출채권계정의 변동을 보면 직접법에서 순매출액(매출액-대손상각비)으로부터 매출채권순액의 감소를 가산하여 매출로부터의 현금유입액을 구하는 이유를 알 수 있다. 한편 간접법을 이용할 때는 대손상각비를 당기순이익에 더하는 대신 매출채권순액의 변동만을 가감하여 영업활동으로부터의 현금흐름을 구한다.

예제 13-1 _ 영업활동으로 인한 현금흐름

노고상사의 20×1년도 손익계산서와 부분비교재무상태표가 다음에 주어져 있다. 이 자료를 이용하여 직접법과 간접법에 의해 영업활동으로 인한 현금흐름을 구하시오.

손익계산서

수 익:		
매 출	₩1,000	
유형자산처분이익	200	
	1,200	
비 용:		
매 출 원 가	400	
급 여	80	
대손상각비	120	
감가상각비	300	
	900	
당기순이익	₩300	

부분비교재무상태표

	20×1.12.31	20×0.12.31
매출채권(순액)	₩800	₩900
재 고 자 산	550	500
매 입 채 무	(330)	(250)
미지급급여	(90)	(70)

해답

1. 영업활동으로 인한 현금흐름: 직접법	
가. 매출로부터의 현금유입액	₩980[*]
나. 매입으로 인한 현금유출액	(370)[**]
다. 급여지급	(60)[***]
영업활동으로 인한 현금흐름	₩550

[*] 순매출+매출채권순액의 감소=(1,000−120)+(900−800)=980

매출채권(순액)

기초잔액	900	대손상각비	120
매 출 액	1,000	현 금 회 수	980
		기 말 잔 액	800
	1,900		1,900

[**] 매출원가+재고자산의 증가−매입채무의 증가=400+(550−500)−(330−250)=370

[***] 급여−미지급급여의 증가=80−(90−70)=60

```
2. 영업활동으로 인한 현금흐름: 간접법
    가. 당기순이익                                    ₩300
    나. 현금의 유출이 없는 비용 등의 가산:
        ① 감가상각비                                   300
    다. 현금의 유입이 없는 수익 등의 차감:
        ① 유형자산처분이익                            (200)
    라. 영업활동으로 인한 자산 부채의 변동:
        ① 재고자산의 증가                              (50)
        ② 매출채권(순액) 감소                          100
        ③ 매입채무의 증가                              80
        ④ 미지급급여의 증가                            20
                                                      ₩550
```

3-2 투자활동으로 인한 현금흐름

(1) 투자활동으로 인한 현금유입액

금융상품이나 유형자산과 같은 영업활동과는 관련이 없는 비현금자산이 현금 매각되면 기업의 현금은 증가한다. 예를 들어 취득원가가 ₩10,000이고 감가상각누계액이 ₩8,000인 기계를 ₩7,000의 현금을 받고 매각하였다면 이 거래로 인하여 유입된 현금은 ₩7,000이다. 이 금액은 기계의 장부가액과 무관할 뿐만 아니라, 처분이익이나 처분손실의 발생 여부와도 무관하다. 이때의 분개는 다음과 같다.

```
(차) 현       금        7,000    (대) 유형자산처분이익      5,000
    기계감가상각누계액   8,000        기          계       10,000
```

위의 분개에서 유형자산의 처분으로 인해 현금이 증가되었음을 알 수 있다. 만약에 기계의 장부가액이 ₩2,000(₩10,000-₩8,000)이 아니고, ₩9,000(₩10,000-₩1,000)이었고, 그 결과 유형자산처분손실이 ₩2,000(₩9,000-₩7,000)이 발생하였다 해도 다음의 분개에서 보듯이 현금의 증가는 ₩7,000이다.

```
(차) 현       금        7,000    (대) 기          계       10,000
    기계감가상각누계액   1,000
    유형자산처분손실     2,000
```

(2) 투자활동으로 인한 현금유출액

금융상품이나 유형자산을 현금으로 취득하면 현금의 감소를 초래한다. 예컨대 어느 회사가 건물을 현금 ₩200,000을 지급하고 구입하였다고 하자. 이 거래는 기업의 투자활동의 일환이며 이를 기록하기 위한 분개는 다음과 같다. 이 거래로 인하여 건물이라는 비현금자산이 증가하면서 현금 ₩200,000이 사용되었음을 알 수 있다.

(차) 건　　　물	200,000	(대) 현　　　금	200,000

만일 이 건물을 ₩100,000의 현금과 ₩100,000의 장기어음을 발행하여 취득하였다면 이자를 고려하지 않았을 때의 분개는 다음과 같다. 이 경우에는 ₩200,000 상당의 유형자산이 취득되었지만 투자활동으로 인한 현금유출은 ₩100,000뿐이다.

(차) 건　　　물	200,000	(대) 현　　　금	100,000
		장기미지급금	100,000

3-3　재무활동으로 인한 현금흐름

현금흐름표에서 재무활동으로 인한 현금흐름은 재무활동으로 인한 현금유입과 재무활동으로 인한 현금유출로 구분하여 보고한다.

(1) 재무활동으로 인한 현금유입액

기업이 단기차입금이나 장기차입금을 통해 현금을 차입하면 현금이 증가한다. 예를 들어 어느 기업이 사채를 액면 발행하여 자본시장에서 ₩200,000,000을 조달하였다면 이때의 분개는 다음과 같다. 이 분개를 보면 현금이 증가한 것을 알 수 있으며 이 금액만큼 재무활동으로 인한 현금유입액으로 보고된다.

(차) 현　　　금	200,000,000	(대) 사　　　채	200,000,000

유상증자를 하면 회사의 현금이 증가한다. 예를 들어 어느 기업이 주당 ₩8,000에 5,000주의 주식을 발행하는 유상증자를 실시하였다면 이때의 분개는 다음과 같다.

(차) 현　　　금	40,000,000	(대) 자　본　금	25,000,000
		주식발행초과금	15,000,000

위의 분개에서 차변에 기록된 현금 ₩40,000,000이 재무활동으로 인한 현금유입액으로 현금흐름표에 보고된다.

(2) 재무활동으로 인한 현금유출액

재무활동으로 인한 현금유출의 예로는 장·단기 차입금의 상환, 배당금의 지급, 자기주식의 취득 등을 들 수 있다.[1] 예를 들어 현금배당의 선언 및 지급에 관한 분개는 다음과 같다.

> 배당의 선언시:
> (차) 미처분이익잉여금   10,000   (대) 미지급배당금   10,000
>
> 배당금의 지급시:
> (차) 미 지 급 배 당 금   10,000   (대) 현   금   10,000

위의 두 거래가 한 회계기간 동안에 이루어졌다면 현금배당으로 인해 현금이 감소되었기 때문에 이 금액만큼 재무활동으로 인한 현금유출로 보고된다. 만일 배당의 선언은 1기 중에 이루어지고 배당금의 지급은 2기에 이루어졌다면, 1기 동안 미처분이익잉여금의 감소는 비현금항목인 미지급배당금의 증가에 의해 초래된 것이므로 1기의 현금흐름표에는 이 거래가 현금의 유출로 보고되지 않는다. 그러나 2기의 현금흐름표에는 재무활동으로 인한 현금유출로 보고된다.

재무활동으로 인한 현금유출의 또 다른 예로 차입금의 상환을 들 수 있다. 어느 회사가 ₩3,000,000의 단기차입금을 상환하였다면 이때의 분개는 다음과 같으며 이 거래로 인해 현금이 감소하였다는 것을 알 수 있다.

> (차) 단기차입금   3,000,000   (대) 현   금   3,000,000

---

[1] 전통적으로 이자비용은 손익계산서에 비용으로 보고되므로 현금흐름표의 영업활동에 포함하여 왔다. 그러나 배당금이 주주에 대한 보상이라면 이자비용은 채권자에 대한 보상으로 볼 수 있기 때문에 이자비용을 재무활동으로 인한 현금유출로 보고해야 한다는 주장이 있다. K-IFRS는 두 입장을 모두 수용하여 이자비용을 영업활동 또는 재무활동 중 선택적으로 반영하는 것을 허용하고 있다. 같은 맥락에서 이자수익과 배당금수익은 주로 영업활동으로 인한 현금유입에 반영되나, K-IFRS는 이들을 투자활동으로 인한 현금유입으로 보고하는 것도 허용하고 있다. 이 책에서는 이자수익, 배당금수익 및 이자비용을 영업활동에 반영한 것으로 예시한다.

통일회사의 20×6년 말과 20×7년 말의 비교 재무상태표는 다음과 같다.

자 산:	20×7	20×6
현 금	₩ 173,650	₩127,650
매 출 채 권(순액)	296,000	314,500
당기손익인식금융자산	25,000	25,000
재 고 자 산	297,000	276,000
투 자 부 동 산	36,000	86,000
토 지	150,000	125,000
건 물	462,000	462,000
감가상각누계액-건물	(91,000)	(79,000)
비 품	159,730	167,230
감가상각누계액-비품	(43,400)	(45,600)
특 허 권	19,200	24,000
자 산 합 계	₩1,484,180	₩1,482,780
부 채:		
매 입 채 무	₩133,750	₩233,750
미 지 급 이 자	85,700	145,700
단 기 차 입 금	10,000	–
미 지 급 급 여	5,000	–
사 채	190,000	210,000
장 기 차 입 금	350,000	350,000
자 본:		
전환우선주-액면 ₩100	0	100,000
보 통 주-액면 ₩10	400,000	300,000
주 식 발 행 초 과 금	50,000	50,000
이 익 잉 여 금	259,730	93,330
부채와 자본합계	₩1,484,180	₩1,482,780

추가정보는 다음과 같다.

① 손익계산서의 당기순이익은 ₩166,400이다.

② 건물의 감가상각비는 ₩12,000이고 비품의 감가상각비는 ₩5,300이다.

③ 특허권의 당기상각액은 ₩4,800이다.

④ 취득원가가 ₩7,500이고 완전히 감가상각된 비품이 폐기처분되었다.

⑤ ₩50,000의 투자부동산을 장부가에 처분하였다.

⑥ 주차장을 건설하기 위해 500평의 토지를 ₩25,000에 구입하였다.

⑦ 액면 ₩20,000의 사채를 상환하였다.

⑧ 우선주는 보통주로 전환하였고 우선주주는 우선주 1주당 보통주 10주씩 받았다.

 요·구·사·항

통일회사의 현금흐름표를 작성하시오.

해답

현금흐름표

통일회사		20×7년 1월 1일~20×7년 12월 31일
Ⅰ. 영업활동으로 인한 현금흐름		₩31,000
1. 당기순이익	₩166,400	
2. 현금의 유출이 없는 비용 등의 가산		
① 감가상각비	17,300	
② 특허권상각비	4,800	
3. 현금의 유입이 없는 수익 등의 차감		
4. 영업활동으로 인한 자산 부채의 변동		
① 재고자산의 증가	(21,000)	
② 매출채권의 감소	18,500	
③ 미지급급여의 증가	5,000	
④ 매입채무의 감소	(100,000)	
⑤ 미지급이자의 감소	(60,000)	
Ⅱ. 투자활동으로 인한 현금흐름		25,000
1. 투자활동으로 인한 현금유입액		
① 투자부동산의 처분	₩50,000	
2. 투자활동으로 인한 현금유출액		
① 토지의 취득	(25,000)	
Ⅲ. 재무활동으로 인한 현금흐름		(10,000)
1. 재무활동으로 인한 현금유입액		
① 단기차입금 차입	₩10,000	
2. 재무활동으로 인한 현금유출액		
① 사 채 상 환	(20,000)	
Ⅳ. 현금의 증가(Ⅰ+Ⅱ+Ⅲ)		46,000
Ⅴ. 기초의 현금		127,650
Ⅵ. 기말의 현금		₩173,650

QUESTION

익힘문제 ___

현금흐름표에 적용되는 현금의 정의는 무엇인가?

현금흐름표가 주된 재무보고서로서 공시되어야 하는 이유는 무엇인가?

현금성자산이란 무엇인가?

투자활동으로 인한 현금흐름으로 기록될 수 있는 거래를 3가지 드시오.

재무활동으로 인한 현금흐름으로 기록될 수 있는 거래를 3가지 드시오.

영업활동으로 인한 현금흐름을 간접법으로 구할 때 감가상각비가 당기순이익에 가산되는 이유는 무엇인가?

갑회사의 경우 20×4년도의 순손실은 ₩25,000이었으나 영업현금은 ₩5,000이 증가하였다. 이러한 상황이 발생할 수 있는 이유로는 어떠한 것이 있는가?

QUESTION 08

다음 각각의 거래는 현금을 증가시키는가 감소시키는가, 아니면 영향을 미치지 않는가?

    (1) 현금배당의 선언

    (2) 주식배당의 선언

    (3) 매입채무를 결제

    (4) 매출채권의 현금회수

QUESTION 09

을회사는 이자율 6%, 만기 20년의 사채 중 액면 ₩20,000을 유동성부채로 대체하였다. 이러한 재분류가 현금흐름표에 미치는 영향은 무엇인가?

QUESTION 10

현금흐름표를 작성할 때 영업활동으로 인한 현금흐름을 간접법에 의해 구하는 경우 유형자산처분이익을 당기순이익에서 차감하는 이유는 무엇인가?

QUESTION 11

배당금의 지급은 현금흐름표의 어느 부분에 반영되는가?

QUESTION 12

이자지급은 현금흐름표의 어느 부분에 반영되는가?

QUESTION 13

배당금수취와 이자수취는 현금흐름표의 어느 부분에 반영되는가?

연습문제 __

1 **거래가 영업활동으로 인한 현금흐름에 미치는 영향분석**

유명사는 20×1년 말 현재 ₩400,000의 자산과 ₩175,000의 부채를 가지고 있다.
다음의 독립적인 각 상황에 대해서 예와 같이 영업활동으로 인한 현금흐름에 미치는 영향에 대해서 기술하시오.

〈예〉 미지급보험료 ₩16,000이 감소하였다.
〈효과〉 현금 ₩16,000의 감소
(1) 재고자산이 ₩5,690 감소하였다.
(2) 매입채무가 ₩3,200 감소하였다.
(3) 매출채권이 ₩24,400 증가하였다.
(4) 선급보험료가 ₩1,800 감소하였다.
(5) 미지급법인세가 ₩6,100 증가하였다.
(6) 대손확정처리를 하여 대손충당금이 ₩2,800 감소하였다.

2 **거래가 현금흐름에 미치는 영향분석**

다음의 거래가 현금의 증감에 미치는 영향을 분석하시오.

(1) 상품 ₩5,000을 원가 이상으로 현금판매하였다.
(2) 매출채권 ₩2,000의 회수하였다.
(3) 매입채무 ₩4,000의 지급하였다.
(4) 현금배당 ₩10,000의 선언하였다.
(5) ₩100,000의 전환사채를 ₩100,000의 보통주로 전환하였다.

3 거래가 현금흐름에 미치는 영향분석

다음의 표에 의하여 아래의 거래들을 분석하고 이 거래들이 현금흐름에 어떠한 영향을 미치는지에 대하여 적절한 난에 ×표로 답하시오.

	현금흐름에 미치는 영향		
	증 가	감 소	무영향

(1) 순손실의 발생
(2) 주식배당의 선언
(3) 현금배당(이미 선언된 것)의 지급
(4) 매출채권의 회수
(5) 재고자산의 현금구입
(6) 장기부채의 현금상환
(7) 부채 중 일부를 유동부채로 대체
(8) 비품을 취득하고 그 대가로 주식을 발행
(9) 3년간의 보험료를 선급
(10) 자기주식의 현금취득
(11) 완전히 상각된 트럭의 폐기(이익이나 손실은 없음)

4 거래가 현금흐름에 미치는 영향분석

다음은 재석회사가 행한 20×1년 동안의 거래이다. 예와 같이 분개를 하고 현금흐름에 미치는 영향을 기술하시오.

〈예〉 재석회사는 장기성지급어음을 발행하고 은행으로부터 ₩10,000을 빌렸다.

〈분개〉 (차) 현 금 10,000   (대) 장기성지급어음 10,000

〈효과〉 현금 ₩10,000 증가

(1) 진영사의 주식 30주를 장기투자목적으로 ₩21,000에 구입하였다.
(2) 매출채권 ₩1,080이 회수되었다.
(3) 건물을 ₩170,000에 구입하였는데 ₩10,000은 현금으로, 나머지는 90일 만기어음으로 지급하였다.
(4) 매출채권 ₩400이 회수불능으로 판명되었다(대손충당금이 사용되었다).
(5) 재석사는 1,000주의 주식(액면가액 ₩5,000)을 모두 ₩6,400,000에 발행하였다.

5 영업활동으로 인한 현금흐름의 결정: 간접법

을병회사의 손익계산서는 다음과 같다.

매　출		₩1,200,000
매출원가:		
기초재고자산	₩310,000	
매　입(순액)	760,000	
기말재고자산	(350,000)	(720,000)
매출총이익		₩480,000
판매비와 관리비:		
급　　여	₩278,000	
기타판매비와 관리비	156,000	(434,000)
당기순이익		₩46,000

(1) 기타판매와 관리비 중에서 감가상각비 ₩26,000, 무형자산상각비 ₩9,000이 포함되어 있다.

(2) 미지급비용은 기초에 비하여 기말에 ₩6,000 감소하였고 선급비용은 ₩10,000 증가하였다.

(3) 기중에 매출채권(순액)은 ₩72,000 증가하였고 매입채무는 ₩57,000 증가하였다.

요구사항

영업활동으로 인한 현금흐름을 간접법에 의해 구하시오.

---

6 영업활동으로 인한 현금흐름: 간접법

정회사는 순이익이 ₩120,000이다. 연말에 다음과 같은 수정분개를 하였다.

(1) 감가상각비 ₩15,600의 인식

(2) 받을어음에 대한 발생이자 ₩750의 인식

(3) 사채에 대한 발생이자 ₩2,000의 인식

(4) 선급보험료 중 당기비용 ₩400을 인식

(5) 상표권 상각 ₩1,000

요구사항

위에 주어진 자료에 의하여 영업활동으로 인한 현금흐름을 간접법에 의해 구하시오.

---

7 영업활동으로 인한 현금흐름: 직접법

갑병회사의 손익계산서는 다음과 같다.

20×2년 1월 1일~12월 31일

매 출		₩50,000
매출원가		(30,000)
매출총이익		₩20,000
기타비용:		
급 여	₩15,000	
감가상각비	1,000	
대손상각비	1,000	(17,000)
당기순이익		₩3,000

⑴ 매출은 전액 외상매출이며 당해 연도 동안 매출채권(순액)은 ₩2,200 증가하였다.

⑵ 매입은 전액 외상매입이다. 재고자산계정은 변동이 없고 매입채무는 ₩7,000 증가하였다.

⑶ 미지급급여가 ₩500 증가하였다.

요구사항

이상의 자료에 의하여 영업활동으로 인한 현금흐름을 직접법에 의해 구하시오.

8 영업활동으로 인한 현금흐름: 간접법

문제 7의 자료를 이용하여 간접법에 의해 영업활동으로 인한 현금흐름을 구하시오.

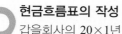

9 현금흐름표의 작성

갑을회사의 20×1년 9월 30일과 20×2년 9월 30일로 끝나는 회계연도의 비교재무상태표는 다음과 같다.

	20×2	20×1
현 금	₩45,500	₩12,500
매 출 채 권(순액)	21,000	26,000
재 고 자 산	46,000	51,000
비 품	65,000	60,000
감가상각누계액-비품	(9,000)	(5,000)
자 산 합 계	₩168,500	₩144,500
매 입 채 무	₩13,000	₩14,000
미 지 급 비 용	30,000	30,000
보 통 주 자 본 금-액면 ₩5	95,000	90,000
이 익 잉 여 금	30,500	10,500
부채와 자본합계	₩168,500	₩144,500

(1) 당기순이익: ₩25,000
(2) ₩5,000의 현금배당을 선언하고 지급
(3) 비품에 대한 연간 감가상각비: ₩4,000
(4) 주식 ₩5,000을 액면발행하여 비품취득

요구사항

20×2 회계연도의 현금흐름표를 작성하시오.

10 현금흐름표 작성을 위한 정산표 작성

갑자회사의 20×1년 12월 31일과 20×2일 12월 31일 비교재무상태표는 다음과 같다.

	20×2	20×1
현 금	₩80,000	₩10,000
매 출 채 권(순액)	50,000	60,000
재 고 자 산	90,000	110,000
선 급 보 험 료	300	500
설 비 자 산 · 비 품	326,000	276,000
감 가 상 각 누 계 액	(100,000)	(70,000)
자 산 합 계	₩446,300	₩386,500
매 입 채 무	₩45,000	₩30,000
단 기 차 입 금	15,000	40,000
장 기 차 입 금	180,000	140,000
보통주자본금(액면 주당 ₩5)	100,000	100,000
이 익 잉 여 금	106,300	76,500
부채와 자본의 합계	₩446,300	₩386,500

(1) 순이익은 ₩59,800이다.

(2) 손익계산서의 감가상각비는 ₩30,000이다.

(3) 장기차입금 ₩50,000을 차입하여 설비자산을 취득하였다.

(4) 9월 중에 ₩10,000의 장기차입금을 상환하였다.

(5) 기초의 단기차입금은 모두 상환하였고 11월에 추가로 ₩15,000을 차입하였다.

(6) ₩30,000의 현금배당이 선언·지급되었다.

요구사항

위에 주어진 자료에 의하여 현금흐름표 작성에 필요한 자료를 얻을 수 있도록 정산표를 작성하여 거래를 분석하고 기록하시오. 현금흐름표는 작성할 필요가 없다.

11 현금흐름표 작성

갑정회사의 20×2년과 20×3년 말의 비교재무상태표는 다음과 같다.

	20×2년 12월 31일	20×3년 12월 31일
현 금	₩179,000	₩162,000
매 출 채 권(순액)	473,000	526,000
재 고 자 산	402,000	500,000
선 급 비 용	100,000	104,000
토 지	297,000	315,000
건 물	3,200,000	3,200,000
감가상각누계액-건물	(1,000,000)	(1,200,000)
비 품	1,139,000	1,573,000
감가상각누계액-비품	(987,000)	(982,000)
자 산 합 계	₩3,803,000	₩4,198,000
매 입 채 무	₩206,000	₩279,000
미 지 급 비 용	431,000	508,000
사 채	992,000	967,000
보 통 주 자 본 금	836,000	852,000
이 익 잉 여 금	1,338,000	1,592,000
부채와 자본의 합계	₩3,803,000	₩4,198,000

다음의 추가정보는 20×3년도의 것이다.

(1) 20×3년의 당기순이익은 ₩324,000이다.

(2) 20×3년 중에 배당금 ₩70,000을 선언, 지급하였다.

(3) 건물과 비품의 20×3년도 감가상각비는 각기 ₩200,000과 ₩105,000이다.

(4) 취득원가가 ₩125,000이고 감가상각누계액이 ₩110,000인 비품을 ₩15,000에 처분하였다.

(5) 주식을 액면 발행하였다.

(6) 건물의 추가취득은 없었다.

요구사항

위의 정보를 이용하여 현금흐름표를 작성하시오(힌트: 추가정보 이외의 기중거래는 추정할 것).

12 현금흐름표 작성

갑정회사의 20×2년 12월 31일과 20×3년 12월 31일의 비교재무상태표는 다음과 같다.

	20×3	20×2
현　　　　　금	₩ 79,400	₩ 76,400
매 출 채 권(순액)	174,700	164,700
당기손익인식금융자산	10,000	25,000
재 고 자 산	240,000	200,000
선 급 비 용	3,700	6,700
투 자 부 동 산	110,000	110,000
토　　　　지	80,300	80,300
건　　　　물	300,000	230,000
감가상각누계액-건물	(60,000)	(40,000)
비　　　품	120,000	120,000
감가상각누계액-비품	(29,000)	(19,000)
무 형 자 산	5,000	15,000
자 산 합 계	₩1,034,100	₩969,100
매 입 채 무	₩117,700	₩165,200
미 지 급 이 자	10,000	40,000
미 지 급 급 여	2,700	5,200
장 기 차 입 금	270,000	200,000
사　　　채	250,000	190,000
보 통 주 자 본 금	300,000	300,000
주 식 발 행 초 과 금	20,000	20,000
이 익 잉 여 금	63,700	48,700
부채와 자본합계	₩1,034,100	₩969,100

(1) 당기순이익은 ₩24,000이다.

(2) 건물의 감가상각비는 ₩20,000이고 비품의 감가상각비는 ₩10,000이다.

(3) 무형자산의 당기상각액은 ₩10,000이다.

(4) 당기손익인식금융자산을 ₩15,000에 처분하였다.

(5) ₩60,000의 사채를 액면발행하였다.

(6) 건물을 취득하고 그 대가로 ₩70,000의 장기차입금을 부담하기로 하였다.

(7) 당기 중 ₩9,000의 현금배당이 선언·지급되었다.

요구사항

현금흐름표를 작성하시오.

13 현금유입액과 유출액의 산정

아래 정보는 미아주식회사 회계자료로부터 얻어진 것이다.

재무상태표계정

	20×8. 12. 31.	20×8. 1. 1.
매 출 채 권(순액)	₩38,300	₩36,800
재 고 자 산	41,900	38,700
선 급 관 리 비	6,700	6,100
매 입 채 무	8,100	7,200
미 지 급 관 리 비	18,400	19,600

손익계산서계정

매 출	₩367,100
매 출 원 가	(255,300)
관리비(감가상각비 ₩11,800 포함)	(92,600)

요구사항

1) 매출로부터 수취한 현금
2) 재고자산 구입으로 지출한 현금
3) 관리비로 지출한 현금

---

14 현금유입액과 유출액의 산정

경용주식회사의 20×5년도 부분재무상태표와 손익계산서 자료가 다음과 같다.

재무상태표

	기 말	기 초
매 출 채 권(순액)	₩33,500	₩30,000
선 급 보 험 료	2,500	4,500
미 지 급 이 자	650	500
선 수 임 대 료	7,600	8,700
미 지 급 재 산 세	0	0

손익계산서

매 출	₩220,000
보 험 료	(2,000)
이 자 수 익	850
임 대 료 수 익	42,000
재 산 세	(1,350)

요구사항

손익계산서상의 각 항목에 대한 현금수취액 또는 현금지급액을 구하시오.

15 현금흐름표 작성: 간접법

석훈회사의 재무상태표와 손익계산서는 다음과 같다.

재무상태표

자 산:	20×6. 1. 1	20×6. 12. 31
현 금	₩20,000	₩24,000
매 출 채 권(순액)	52,000	58,000
재 고 자 산	79,000	81,000
토 지	15,000	15,000
건 물	400,000	415,000
감가상각누계액-건물	(240,000)	(252,000)
자 산 합 계	₩326,000	₩341,000
부채와 자본:		
매 입 채 무	₩62,000	₩65,000
미 지 급 비 용	16,000	14,000
사 채	60,000	60,000
자 본 금	120,000	125,000
이 익 잉 여 금	68,000	77,000
부채와 자본의 합계	₩326,000	₩341,000

손익계산서
20×6. 1. 1~20×6. 12. 31

매 출	₩200,000	
매 출 원 가	(100,000)	
매 출 총 이 익		₩100,000
급 여	(30,000)	
감 가 상 각 비	(20,000)	
법인세비용차감전순이익		50,000
법 인 세 비 용	(11,000)	
당 기 순 이 익		₩39,000

(1) 20×6년 동안에 건물(원가 ₩10,000, 감가상각누계액 ₩8,000)을 ₩2,000에 처분하였다.

(2) 20×6년에 현금배당 ₩30,000을 지급하였다.

요구사항

위에 주어진 자료를 이용하여 간접법으로 현금흐름표를 작성하시오.

16 현금흐름표 작성: 간접법
소진회사의 재무상태표와 손익계산서는 다음과 같다.

재무상태표

자　산:	20×6. 1. 1	20×6. 12. 31
현　　　　금	₩62,000	₩55,000
매 출 채 권(순액)	135,000	163,000
재 고 자 산	247,000	262,000
기　　　　계	1,362,000	1,389,000
감가상각누계액	(508,000)	(573,000)
자 산 합 계	₩1,298,000	₩1,296,000
부채와 자본:		
매 입 채 무	₩72,000	₩75,000
사　　　　채	200,000	215,000
자 본 금	509,000	509,000
이 익 잉 여 금	517,000	497,000
부채와 자본의 합계	₩1,298,000	₩1,296,000

손익계산서
20×6. 1. 1~20×6. 12. 31

매　　　　출	₩1,338,000	
매 출 원 가	(932,000)	
매 출 총 이 익		₩406,000
급　　　　여	(298,000)	
감 가 상 각 비	(93,000)	
이 자 비 용	(20,000)	
기 타 비 용	(15,000)	
당 기 순 손 실		₩(20,000)

20×6년 동안의 거래 중 새 기계의 취득원가는 ₩121,000이고 구기계(원가 ₩94,000)는 장
부가로 처분되었다.

요구사항

위의 자료를 이용하여 현금흐름표를 간접법에 의해서 작성하시오.

17 현금흐름표 작성: 간접법
다음은 문영회사로부터 얻은 재무제표이다.

재무상태표

자 산:	20×8. 1. 1	20×8. 12. 31
현 금	₩15,400	₩12,800
매 출 채 권(순액)	20,300	21,700
재 고 자 산	34,600	32,100
기 계	51,200	68,700
감가상각누계액	(22,900)	(29,400)
자 산 합 계	₩98,600	₩105,900
부채와 자본:		
매 입 채 무	₩18,300	₩16,800
미 지 급 관 리 비	5,100	13,400
사 채	30,000	25,000
자 본 금	40,000	40,000
이 익 잉 여 금	10,700	5,200
부채와 자본의 합계	₩98,600	₩105,900

손익계산서
20×8. 1. 1～20×8. 12. 31

매 출	₩576,000
매 출 원 가	(392,000)
매 출 총 이 익	₩184,000
감 가 상 각 비	(6,500)
기 타 비 용	(155,900)
당 기 순 이 익	₩21,600

20×8년 3월 20일에 ₩16,100의 현금배당을 실시하였다.

요구사항
현금흐름표를 간접법으로 작성하시오.

International Financial Reporting Standards

14

재무제표분석

학습목표

이 장에서는 투자 및 신용 의사결정을 하는 데 사용되는 재무제표의 분석기법을 소개한다. 효율적인 의사결정을 하려면 많은 정보원천으로부터 관련정보를 수집하고 분류하여, 체계적으로 분석해 나가는 능력을 필요로 한다. 최근 기업 경영의 투명성 제고에 대한 강력한 요구에 부응하여 2011년부터 국제회계기준을 전면 도입하는 등 기업의 재무보고가 강화되었다. 따라서 매년 공표되는 재무보고서의 양은 재무제표, 주석, 그리고 필요한 부속명세서를 합하면 몇 십 페이지에 달한다. 의사결정자들은 이러한 재무자료로부터 당면한 의사결정문제에 관련된 정보를 추출하여 기간별, 그리고 기업 간의 비교를 통하여 합리적인 의사결정을 내릴 수 있어야 한다. 이를 위해 기업의 수익성, 활동성, 재무위험 등을 나타내는 지표로서 다양한 재무비율을 이용한 분석기법이 개발되어 있다.

주요 학습사항

재무제표분석의 목적	수익성비율	부채비율
기본적 분석	장기지급능력평가	자기자본이익률
재무제표분석의 판단기준	활동성 비율	매출액순이익률
추세분석	재무위험	총자산 회전율
유동비율	포트폴리오	재고자산 회전율
시계열 분석	재무비율	매출채권 회전율
횡단면 분석	재무분석가	이자보상비율
백분비재무제표	재무레버리지	
비율분석	당좌비율	

　　재무제표 이용자들은 크게 내부이용자와 외부이용자로 구분된다. 경영자는 대표적인 내부이용자로 외부보고용의 재무제표 외에도 기업운영에 대한 내부정보를 갖고 있기 때문에 공표된 정보를 이용하는 기법인 재무제표분석 외에도 다른 기법들을 이용할 수가 있다. 그러므로 이 장에서는 주로 외부이용자들이 많이 이용하는 재무제표분석에 관한 것을 다룬다. 주요 외부이용자인 채권자와 투자자들은 일반적으로 다음과 같은 두 가지 목적으로 재무제표분석을 한다. 첫째는 과거 및 현재의 영업성과와 재무 상태를 판단하는 것이고, 둘째는 미래의 수익 잠재력과 관련위험을 예측하는 것이다.

　　기업에 자금을 대출해주는 금융기관, 외상거래를 통해서 재화나 용역을 제공하는 거래처, 그리고 증권시장에서 회사채를 구입하는 기관투자자나 일반 대중은 회사의 채권자가 된다. 채권자들은 적정한 투자수익을 얻기 위해 담보, 이자율, 대부기간 등의 대부조건을 조정한다. 주식을 구입하는 투자자는 배당금수익과 시세차익을 기대한다. 그러나 채권자와 투자자는 대부 및 투자에 따르는 위험을 감수해야 한다. 채권자는 채무자의 채무불이행 위험을 감수해야 하고 투자자는 배당금의 감소, 주가하락 또는 기업의 도산이라는 위험을 감수해야 한다. 결국 투자자들의 궁극적인 목표는 위험수준을 줄이면서 최대한의 수익률을 보장받는 데 있다.

　　효율적인 자본시장에서는 높은 위험을 감수해야만 높은 수익률을 기대할 수 있다. 주식을 분산 투자하면 할수록 그 투자에 대한 이익과 위험은 주식시장의 평균에 가깝게 된다. 이러한 투자자들은 소극적 투자자로서 증권회사나 투자신탁회사의 잘 분산된 주식형 수익증권을 구입함으로써 주식시장 평균 정도의 수익률을 기대할 수 있다. 그러나 많은 투자자들은 주식시장의 평균 수익률에 만족하지 못하고 단지 몇 종류의 채권이나 주식들로만 투자포트폴리오를 구성한다. 이렇게 공격적인 투자전략을 구사하는 적극적 투자자들에게는 투자대상의 개별적인 분석이 필수적이다. 재무제표분석은 이러한 개별적인 분석이 이루어질 때 가장 유용하게 사용될 수 있다. 주식 개별분석의 목적은 주식시장에서 과대평가된 주식은 처분하고 과소평가된 주식을 매입하는 투자전략을 구사하려는 것인데, 이를 근본적 가치분석(fundamental analysis)이라고 한다. 회사의 재무제표와 기타 정보를 수집하여 기본적 분석을 통해 매입할 주식과 매도할 주식에 대한 조언 등의 투자자문 서비스를 제공하는 전문가를 재무분석가(financial analyst)라고 한다.

1-1 과거의 업적평가와 현재 재무상태의 평가

기업의 과거성과는 미래성과 예측을 위한 좋은 지표가 된다. 그러므로 투자자는 경영자의 과거성과를 평가하고 미래성과를 예측하기 위해 재무제표분석에 관심을 가지게 된다. 재무상태표는 기업이 현재 재무적으로 어떠한 상태에 있는가를 알려준다. 예를 들어, 재무제표분석을 통해 기업이 소유하고 있는 자산이나 부채의 종류, 자기자본 대 부채의 비율 및 재고자산과 매출채권의 보유수준 등을 통해 현재의 재무상태를 알 수 있다. 손익계산서는 기업의 영업성과를 보여주는 표로서 이익이 주된 영업활동으로부터 온 것인지 또는 비용구조는 어떠한지 등에 대한 정보를 제공한다.

1-2 미래의 이익잠재력과 관련위험의 예측

과거 및 현재 정보는 미래에 대한 결정을 하는 데 영향을 미칠 때에만 유용하다고 할 수 있다. 투자자는 기업의 미래 잠재적 이익창출 능력을 판단하고자 한다. 왜냐하면 기업의 미래 이익창출능력이 회사의 원리금상환능력, 배당금지급능력 나아가서 투자의 가치(주식의 시장가격)와 직결되기 때문이다. 일반적으로 재무제표가 안정적인 추세를 유지해 온 기업들의 경우 미래예측을 좀 더 쉽게 할 수 있기 때문에 그렇지 못한 기업들에 비해 위험이 작은 경향이 있다.

투자나 대출의 위험에 대한 예측은 기업의 미래 수익성이나 유동성을 얼마나 정확하게 예측하는가에 달려 있다. 예컨대 투자자가 한 회사의 1년 후 주당순이익을 ₩190과 ₩210 사이에 있다고 자신 있게 예측할 수 있다면 이것은 주당순이익을 ₩100과 ₩300 사이에 있다고 예측한 것보다 덜 위험한 투자이다. 또 다른 예로, 확고한 내수기반을 가진 대규모 소비재 제조업체에 투자할 때 내재된 위험도는 회사의 과거성과와 현재 재무상태를 기본 자료로 하여 상대적으로 예측하기가 쉽다. 반면에 수출용 개인 컴퓨터를 제조하는 소규모회사의 잠재력 및 위험을 예측하기는 훨씬 어려울 것이다. 이런 이유 때문에 대규모 소비재 제조회사에 대한 투자나 대출은 소규모 컴퓨터회사에 대한 투자나 대출보다 덜 위험하다고 볼 수 있다. 반면에 소규모 컴퓨터회사에 투자한 투자자는 보다 큰 위험을 감수하는 것에 대한 대가로 소비재 제조회사에 투자한 투자자들보다 높은 기대수익률을 요구할 것이다.

1-3 기업의 현금창출능력과 지급능력에 대한 평가

손익계산서는 기업의 수익성에 관한 중요한 정보를 제공하기는 하지만 당기순이익을 계산하기 위한 수익과 비용의 인식이 발생기준에 의해 결정된다는 한계점을 지닌다. 즉 발생기준에 의해 측정된 당기순이익에는 현금의 유입이 없는 수익이나 현금의 유출이 없는 비용이 포함되어 있다. 예를 들어 감가상각비는 당기순이익 계산 시 비용으로 차감되지만 현금의 유출이 없는 비용으로 현금흐름에는 영향을 미치지 않는다. 따라서 발생기준에 의해 인식된 당기순이익은 현금기준에 의한 당기순이익과 차이가 생기게 된다.

손익계산서의 또 한 가지 한계점은 기업의 주요 활동인 영업, 투자, 재무활동 중에서 영업활동에 그 초점이 맞추어져 있다는 것이다. 예를 들어 회사가 은행으로부터 차입한 활동과 관련하여 손익계산서에 제공되는 정보는 이자비용 뿐이다. 그러나 재무제표 이용자 입장에서는 이자비용에 관한 정보도 중요하지만 한 회계기간 동안 기존의 차입금을 얼마나 상환하고 신규 차입금을 얼마나 추가 차입하였는가에 관한 정보도 매우 중요할 수 있다. 현금흐름표는 기업의 영업·투자·재무 활동별로 조달된 현금과 사용된 현금의 내역을 보여주는 매우 중요한 재무보고서이다.

재무제표
분석의
기초 02

International Financial Reporting Standards

재무제표 이용자들은 재무제표에 보고된 수치들 간의 관계가 무엇을 의미하는지 이해할 수 있어야만 한다. 흔히 주먹구구식으로 유동비율은 무조건 높을수록 좋다든지, 부채비율은 무조건 낮을수록 좋다든지 하는 식의 판단을 한다. 그러나 회사의 특징이나 산업의 특성, 그리고 경제 전반적인 상황을 무시한 이런 식의 판단은 왜곡된 해석을 초래할 수 있다. 따라서 체계적인 분석을 위한 판단의 기준으로 기업의 과거 평균비율이나 산업평균비율 등이 이용된다.

2-1 과거평균비율: 시계열분석

두 기간 이상에 걸쳐 특정 회사나 특정 산업의 재무제표 수치나 재무비율을 비교하는 방법을 시계열분석(time-series analysis)이라고 한다. 시계열분석을 통해 재무제표의 금액 혹은 비율이 과거보다 개선되었는지 악화되었는지를 어느 정도 파악할 수 있을 뿐 아니라 앞으로의 추세를 예측할 수 있다. 그러나 때때로 추세가 뒤바뀔 수 있기 때문에 분석할 때 주의해야 한다. 시계열분석의 또 다른 단점은 과거가 반드시 절대적인 기준은 아니라는 점이다. 예를 들면, 어느 기업의 총투자에 대한 이익률이 작년에 3%에서 금년에는 4%로 개선되었다고 해도 만일 산업평균이익률이 3%에서 6%로 증가했다면 그 회사는 오히려 수익성이 상대적으로 악화된 것이다.

2-2 산업평균비율: 횡단면분석

횡단면분석(cross-sectional analysis)은 특정 시점에서 분석대상기업이 속한 업종 내의 다른 기업과의 비교를 목적으로 한다. 특정 기업의 횡단면분석을 위해 동종 업계 내의 유사기업과 비교하거나 산업평균 수치를 사용하기도 한다. 횡단면분석은 시계열분석과 함께 사용될 때 가장 바람직하다. 예를 들어 경기침체로 인해 어느 기업의 자기자본이익률(당기순이익/자기자본)이 12%에서 10%로 하락되었다고 가정하자. 이에 비하여 같은 업종에 속하는 다른 회사들은 12%에서 4%로 평균 자기자본이익률이 하락하였다면 분석대상회사가 상대적으로 좋은 실적을 올렸다고 평가할 수 있다.

재무제표
분석기법
03

International Financial Reporting Standards

대부분의 재무제표 수치들은 그 자체로는 별 의미가 없다. 따라서 재무제표의 수치들이 다른 수치들과의 관계나 기간별 변화를 반영하기 위해 변형될 때 유용하게 사용될 수 있다. 이러한 기법들 중 일반적으로 사용되는 것이 추세재무제표, 백분비재무제표, 그리고 비율분석(ratio analysis) 등이 있다. 추세재무제표는 주로 시계열 분석에 사용된다. 백분비 재무제표와 비율분석은 횡단면분석 및 시계열분석에 사용될 수 있다.

2011년 한국채택 국제회계기준(K-IFRS)이 상장기업을 대상으로 전면 시행되어 우리 기업들의 회계투명성이 크게 개선되는 계기가 되었다. 과거 기업회계기준에서는 연결대상기업이 있는 경우 기업들은 개별재무제표와 연결재무제표를 준비하되, 개별재무제표가 주된 재무제표였다. 그러나 국제회계기준은 연결대상 종속기업이 있는 경우, 기업은 연결재무제표를 주된 재무제표로 공시해야 한다. 따라서 여기에서는 우리나라의 대표적 자동차 제조회사인 현대자동차의 연결재무제표를 이용하여 몇 가지 분석기법을 예시한다. 표 14-1, 표 14-2, 그리고 표 14-3에는 현대자동차의 연결재무상태표, 연결손익계산서 그리고 연결현금흐름표가 각기 예시되어 있다.

연결재무상태표

2011년 12월 31일과 2010년 12월 31일 현재

현대자동차주식회사

(단위: 억원)

과　목	2011	2010
자　산		
유 동 자 산		
현금및현금성자산	62,319	62,158
단기금융상품	91,826	74,218
매출채권	38,455	31,920
재고자산	62,378	54,914
기타유동자산	37,709	34,676
금융업채권	196,577	177,316
유동자산계	489,264	435,202
비유동자산		
장기금융상품	2,884	12,200
기타비유동자산	377,746	285,411
유형자산	195,481	185,142
무형자산	26,601	26,515
투자부동산	2,824	2,671
비유동자산계	605,536	511,939
자 산 총 계	1,094,800	947,141
부　채		
유 동 부 채		
매입채무	66,664	63,534
미지급비용	37,527	35,591
단기차입금	78,800	93,365
유동성장기부채	83,202	65,227
충당부채	16,862	15,952
기타유동부채	48,580	40,786
유동부채계	331,635	314,455
비유동부채		
사채	236,543	202,766
장기차입금	34,841	24,605
퇴직급여채무	6,486	4,896
충당부채	49,610	43,903
기타비유동부채	32,408	27,637
비유동부채계	359,888	303,807
부 채 총 계	691,523	618,262
자　본		
자　본		
자 본 금	14,890	14,890
자본잉여금	41,140	39,009
기타자본항목	(11,288)	(9,182)
기타포괄손익누계액	3,753	4,099
이익잉여금	322,635	252,162
지배기업소유주지분	371,130	300,978
비지배지분	32,147	27,901
자 본 총 계	403,277	328,879
부채와자본총계	1,094,800	947,141

표 14-2
연결손익계산서:
현대자동차

연결손익계산서

현대자동차주식회사   (단위: 억원)

과 목	2011	2010
매 출 액	777,979	669,853
매 출 원 가	(589,020)	(512,658)
매출총이익	188,959	157,195
판매비와관리비	(109,037)	(98,350)
기타영업수익	10,673	11,295
기타영업비용	(9,840)	(10,955)
영 업 이 익	80,755	59,185
조인트벤처 및 관계기업투자 손익	24,038	16,819
금 융 수 익	7,475	6,883
금 융 비 용	(7,797)	(7,971)
법인세비용차감전순이익	104,471	74,916
법인세비용	(23,422)	(14,904)
연결당기순이익	81,049	60,012
지배기업소유주지분	76,559	55,671
비지배지분	4,490	4,341
주당 이익(손실)(단위:원)	28,200	20,516

표 14-3
연결현금흐름표:
현대자동차

연결현금흐름표

현대자동차주식회사   (단위: 억원)

과 목	2011	2010
Ⅰ. 영업활동현금흐름*	41,321	43,763
1. 영업활동으로부터 창출된 현금흐름	64,268	64,549
(1) 당기순이익	81,049	60,012
(2) 조정	69,180	56,685
(3) 영업활동으로인한 자산·부채의 변동	(85,961)	(52,148)
2. 이자수취	5,500	4,027
3. 이자지급	(17,227)	(17,662)
4. 배당금수취	6,053	3,630
5. 법인세지급	(17,273)	(10,781)
Ⅱ. 투자활동으로 인한 현금흐름	(71,161)	(86,312)
1. 투자활동으로 인한 현금유입액	118,578	116,510
(1) 금융상품의 감소	113,376	114,236
(2) 유형자산의 처분	1,087	2,115
(3) 무형자산의 처분	110	15
(4) 조인트벤처및관계기업투자의 처분	3,556	13
(5) 기타	449	131
2. 투자활동으로 인한 현금유출액	(189,739)	(202,822)
(1) 금융상품의 증가	(121,574)	(172,905)
(2) 유형자산의 취득	(28,992)	(20,447)

	(3) 무형자산의 취득	(7,632)		(8,312)
	(4) 조인트벤처및관계기업투자의 취득	(31,052)		(670)
	(5) 기타	(489)		(488)
Ⅲ. 재무활동으로 인한 현금흐름			31,088	50,333
	1. 재무활동으로 인한 현금유입액	439,896		331,973
	(1) 단기차입금의 차입	284,772		199,925
	(2) 장기차입금의 차입	15,147		5,402
	(3) 사채의 발행	139,870		123,559
	(4) 기타	107		3,087
	2. 재무활동으로 인한 현금유출액	(408,808)		(281,640)
	(1) 단기차입금의 상환	(307,308)		(192,520)
	(2) 장기차입금의 상환	(92,675)		(77,914)
	(3) 자기주식의 취득	(4,001)		(4,525)
	(4) 배당금의 지급	(4,577)		(5,879)
	(5) 기타	(247)		(802)
Ⅳ. 환율변동효과 반영전 현금 순증(감)			1,248	7,784
	현금 대한 환율변동효과		(1,087)	373
Ⅴ. 기초현금			62,158	54,001
Ⅵ. 기말현금			62,319	62,158

* 영업활동현금흐름은 영업활동으로부터 창출된 현금흐름에 이자수취 및 이자지급 등을 가감하여 구한다.

3-1 추세재무제표: 시계열분석

추세분석은 두 기간 이상에 걸친 변화를 비교 분석하는 기법으로서 주로 시계열분석에 이용된다. 추세분석에서는 추세재무제표를 이용하는 경우가 많다. 추세재무제표란 기준 연도의 각 항목을 100으로 놓고 이후 연도의 각 항목 금액을 기준연도에 대한 비율로 표시한 것을 뜻한다. 추세분석은 장기간에 걸친 전망을 함으로써 기업의 기본적인 변화를 살펴볼 수 있기 때문에 중요하다. 일반적으로 인정된 회계원칙에 의해 비교재무제표를 공시하는 것 이외에도, 대부분의 기업들은 중요한 부분에 대하여 5년 이상의 기간 동안 자료들을 요약하여 제공하고 있다. 현대자동차의 영업성과에 관한 주요 항목과 이에 대한 추세분석이 **표 14-4**에 제시되어 있다.

추세분석에서는 여러 기간 동안 관련 항목의 변화를 보여주기 위해 지수(index)를 사용한다. 지수는 어느 특정연도를 기준연도(2008년도)로 하여 그 해의 수치를 100으로 정하고 다른 연도들의 수치는 기준연도의 수치에 대한 백분율로 측정된다. 예를 들면 2011년도의 241.7이라는 매출액지수는 다음과 같이 계산된다.

$$\text{지수} = 100 \times \frac{\text{비교연도의 매출액}}{\text{기준연도의 매출액}} = 100 \times \frac{777,979}{321,898} = 241.7$$

표 14-4
현대자동차의
요약자료와 추세분석

(주당자료 이외의 단위: 억원)

항 목	2008	2009	2010	2011
매 출 액	321,898	318,593	669,853	777,979
당기순이익	14,479	29,615	60,012	81,049
보 통 주 당:				
순 이 익	5,325	10,890	20,516	28,200
배 당	850	1,150	1,500	1,750
국내총생산(GDP) 성장률(%)	2.3	0.3	6.3	3.6
추 세 분 석				
매 출 액	100	99.0	208.1	241.7
당기순이익	100	204.5	414.5	559.7
보 통 주 당:				
순 이 익	100	204.5	385.3	529.6
배 당	100	135	176	206

　　지수 241.7은 2011년도 매출액이 2008년도 매출액의 2.417배가 됨을 의미한다. 표 14-4
의 추세분석을 살펴보면 매출액은 2008년에서 2009년에 소폭 감소하다가 2010년에는 큰 폭
으로 증가하여 2011년의 매출액이 2008년에 비해 2.417배가 되었다. 그러나 분석기간 동안
매출액의 변화에 비해 당기순이익과 주당순이익은 변화가 훨씬 더 심하다. 매출액은 2008년
의 100에서 증가하여 2011년에는 241.7이나 당기순이익은 2008년의 100에서 2011년의 559.7
로 증가하였다. 주당배당액의 경우에는 2011년에 기준연도의 206%로 증가하여 이익보다는
그 변동 폭이 작다. 2008년과 2009년은 전반적인 경기침체로 인해 매출액이 낮았던 만큼 순
이익과 배당액도 상대적으로 낮았음을 알 수 있다. 배당액의 증가는 순이익의 증가로 인하여
주주들에게 높은 배당이 돌아간 결과로 볼 수 있다.

3-2 백분비 재무제표

　　백분비 재무제표(common-size financial statements)는 공통형재무제표라고도 하며 재무제표
상의 총계를 100으로 정하고 이에 대한 각 요소들의 백분율을 계산함으로써 이루어지며 횡단
면분석이나 시계열분석에 이용된다. 재무제표의 총계는 재무상태표의 경우에는 총자산합계액
이 되고, 손익계산서의 경우에는 매출액이 된다. 현대자동차의 백분비 연결재무상태표와 백분
비 연결손익계산서가 표 14-5와 표 14-6에 제시되었다. 백분비재무제표는 기업 활동에서 각
구성요소들이 차지하는 상대적 중요성을 비교하는 데 유용하다. 또한 연결재무제표를 이용하
여 한 연도에서 그 다음 연도에 이르기까지의 각 구성요소들의 변화를 쉽게 알 수가 있다.

표 14-5
백분비 연결재무상태표:
현대자동차

백분비 연결재무상태표

2011년 12월 31일과 2010년 12월 31일 현재

현대자동차주식회사 (단위: 억원)

과 목	2011		2010	
	금 액	%	금 액	%
자 산				
유 동 자 산	489,264	44.7	435,202	46.0
투자부동산	2,824	0.3	2,671	0.3
유 형 자 산	195,481	17.8	185,142	19.5
무 형 자 산	26,601	2.4	26,515	2.8
기타비유동자산	380,630	34.8	297,611	31.4
자산총계	1,094,800	100.0	947,141	100.0
부 채				
유 동 부 채	331,635	30.3	314,455	33.2
사채(순액)	236,543	21.6	202,766	21.4
장기차입금	34,841	3.2	24,605	2.6
퇴직급여채무	6,486	0.6	4,896	0.5
충 당 부 채	49,610	4.5	43,903	4.6
기타비유동부채	32,408	3.0	27,637	3.0
부채총계	691,523	63.2	618,262	65.3
자 본				
자 본 금	14,890	1.4	14,890	1.6
자본잉여금	41,140	3.7	39,009	4.1
기타자본항목	(11,288)	(1.0)	(9,182)	(0.9)
기타포괄손익누계액	3,753	0.3	4,099	0.4
이익잉여금	322,635	29.5	252,162	26.6
지배기업소유주지분	371,130	33.9	300,978	31.8
비지배지분	32,147	2.9	27,901	2.9
자본총계	403,277	36.8	328,879	34.7
부채와 자본총계	1,094,800	100.0	947,141	100.0

　　표 14-5에 나타난 현대자동차의 백분비 연결재무상태표에서 자산구성비율의 변화를 살펴보면, 2011년에는 전년도에 비해 유동자산이 차지하는 비중이 46%에서 44.7%로 작아지고 유형자산의 비율은 19.5%에서 17.8%로 감소되었다. 부채와 자본에서는 부채비율이 65.3%에서 63.2%로 감소하여 재무구조에 큰 변화가 없음을 알 수 있다. **표 14-6**에 나타난 백분비 연결손익계산서를 보면 2011년에 전년 대비 판매비와 관리비는 매출액의 14.7%에서 14.0%로 감소하였으며 매출원가는 매출액의 76.5%에서 75.7%로 감소하였다. 영업이익은 매출액의 8.9%에서 10.4%로 증가한 것으로 나타났다. 당기순이익은 전년도 대비 증가하는(9.0%에서 10.4%로) 실적을 보이고 있다.

백분비 비교손익계산서

현대자동차주식회사   (단위: 억원)

과 목	2011		2010	
	금 액	%	금 액	%
매 출 액	777,979	100.0	669,853	100.0
매 출 원 가	(589,020)	(75.7)	(512,658)	(76.5)
매출총이익	188,959	24.3	157,195	23.5
판매비와 관리비	(109,037)	(14.0)	(98,350)	(14.7)
기타영업수익	10,673	1.4	11,295	1.7
기타영업비용	(9,840)	(1.3)	(10,955)	(1.6)
영 업 이 익	80,755	10.4	59,185	8.9
조인트벤처 및 관계기업투자 손익	24,038	3.0	16,819	2.5
금 융 수 익	7,475	1.0	6,883	1.0
금 융 비 용	(7,797)	(1.0)	(7,971)	(1.2)
법인세비용차감전순이익	104,471	13.4	74,916	11.2
법인세비용	(23,422)	(3.0)	(14,904)	(2.2)
연결당기순이익	81,049	10.4	60,012	9.0

백분비 재무제표는 주로 기업들간의 비교에 이용된다. 재무분석가들은 이것을 이용하여 동일산업 내에 속하는 규모가 다른 두 기업간의 영업 및 재무 특징을 비교할 수 있다. 예를 들어 재무분석가들은 현대자동차의 부채에 의해 조달된 총자산의 비율, 매출액 또는 수익을 기준으로 한 판매비와 관리비의 비율 등을 같은 업종 내의 다른 회사와 비교할 수 있다.

3-3 비율분석

재무비율은 두 개의 수치간의 관계를 나타내는 중요한 수단이다. 비율분석이 유용하려면 재무제표 구성항목간의 의미 있는 관계를 비율로 나타낼 수 있어야 한다. 그러나 비율분석이 재무자료평가의 전부가 될 수 없다는 사실을 명심하여야 한다. 재무비율들은 기업의 수익성, 활동성을 과거 추세와 비교하거나, 또는 다른 기업과 비교하는 기본적인 지표에 불과하다. 비율분석의 기본적인 목적은 더 중요한 심층분석을 하기 위한 일차적인 정보를 얻는 것이라 하겠다.

주요
재무비율
04

비율분석은 수익성평가, 활동성평가 및 재무위험평가 등의 세 가지 목적에 이용된다. 수익성, 활동성 및 재무위험의 평가가 중요한 이유를 설명하기 위해 기업의 주주들이 가장 관심을 많이 갖는 자기자본이익률을 살펴보자. 자기자본이익률은 주주가 투자한 자기자본에 대해 한 회계기간 동안 얼마나 이익을 냈는지를 나타내는 재무비율로 **표 14-7**과 같이 나타낼 수 있다.

아래의 식을 보면 자기자본이익률은 세 개의 재무비율로 분해할 수 있다. 매출액이익률은 수익성 지표 중의 하나로 매출액 ₩1당 얼마를 주주에게 벌어주었는가를 나타내는 지표이다. 총자산회전율은 자산을 얼마나 효율적으로 사용했는가를 나타내는 지표로서 기업의 자산 ₩1당 매출을 얼마나 많이 발생시켰는지를 보여주는 비율이다. 마지막으로 재무위험을 나타내는 총자산 대 자기자본 비율은 부채가 많을수록 커지기 때문에 재무위험을 나타내는 척도이다.

📄 **표 14-7**
자기자본이익률의 분해

$$\text{자기자본이익률} = \frac{\text{당기순이익}}{\text{자기자본}}$$

$$= \frac{\text{당기순이익}}{\text{매출액}} \times \frac{\text{매출액}}{\text{총자산}} \times \frac{\text{총자산}}{\text{자기자본}}$$

$$= \text{매출액이익률} \times \text{총자산회전율} \times (1+\text{부채비율})^*$$

$$\langle \text{수익성} \rangle \quad\quad \langle \text{활동성} \rangle \quad\quad \langle \text{재무위험} \rangle$$

$$* \quad \frac{\text{총자산}}{\text{자기자본}} = \frac{\text{자기자본}+\text{부채}}{\text{자기자본}} = (1+\text{부채비율})$$

자기자본이익률은 매출액이익률, 총자산회전율 그리고 재무위험 중의 하나 이상을 높임으로써 커질 수 있다. 수익성과 활동성을 증대함으로써 자기자본이익률이 높아지는 것은 이해가 쉽지만 재무위험을 높임으로써 자기자본이익률이 증가된다는 것은 쉽게 이해되지 않을 수 있다. 재무위험이 자기자본이익률에 유리한 영향을 주려면 매출액이익률이 플러스가 되어야 한다. 즉 기업의 영업활동으로부터 이익을 창출할 수 있어야만 부채를 이용하는 것이 자기자본이익률의 증가에 도움이 된다는 것이다. 만일 당기순손실이 발생하여 매출액이익률이 마이너스가 된다면 부채비율이 높을수록 자기자본이익률은 매출액이익률보다 더 큰 폭의 마이너스 수치를 보이게 될 것이다. 이처럼 부채로 인해 자기자본이익률의 증폭이 심화되는 현상을 재무레버리지효과라고 하며 **표 14-8**에 예시되어 있다.

매출액이익률	×	총자산회전율	×	재무위험	=	자기자본이익률
3%		1		4		12%
−3%		1		4		−12%

표 14-8을 보면 매출액이익률이 3%에서 −3%로 6% 포인트가 하락하면 자기자본이익률은 12%에서 −12%로 무려 24% 포인트가 하락함을 알 수 있다. 자기자본이익률의 하락 정도는 매출액이익률의 4배(6%×4＝24%)가 된다.

표 14-1, 표 14-2 및 표 14-3에 나타난 현대자동차의 연결재무상태표, 연결손익계산서, 연결현금흐름표를 이용하여 수익성, 활동성 및 재무위험을 측정하기 위한 여러 비율을 예시한다.

4-1 수익성의 평가

기업이 장기적으로 경쟁에서 살아남기 위해서는 충분한 이익을 얻을 수 있어야 한다. 투자자들이 특정회사의 주식에 투자를 하는 이유는 투자자가 부담하려는 일정한 위험 수준에서 그 회사의 예상된 배당이나 시세차익이 다른 투자안에서 발생할 수 있는 기대수익률 이상이라고 믿기 때문이다. 따라서 수익성에 대한 평가는 투자자나 채권자에게 매우 중요하다. 일반적으로, 수익성의 판단에 자주 이용되는 비율을 제시하면 적어도 다음의 여섯 가지 비율들이 있다.

(1) 총자본이익률

총자본이익률(Return On Assets: ROA)은 기업의 수익성을 평가하는 데 가장 널리 이용되는 비율 중의 하나이며 투자이익률(Return On Investment: ROI)의 대표적인 지표이다. 재무비율의 계산시 총자본이익률처럼 분모에는 재무상태표 항목이 분자에는 손익계산서 항목이 들어갈 때에는 분모에는 기초와 기말의 평균잔액을 이용하는 것이 바람직하다.

총자본이익률은 이자비용차감전의 순이익(순이익+세후이자비용)을 총자산으로 나누어 구하는데, 경영자가 주어진 자산을 얼마나 효율적으로 활용하여 이익을 얻었는가를 나타낸다. 분자에 이자비용차감전 순이익을 이용하는 이유는 분모의 총자산에 채권자가 기업에 제공한 부채가 포함되므로 분자 역시 채권자에게 돌아갈 몫인 이자비용을 포함한 금액이어야 하기 때문이다. 그러나 이자비용은 법인세 공제가 되므로 기업이 실제로 이자와 관련하여 부담하는 금액인 '이자비용×(1−법인세율)'을 순이익에 가산하여 이자비용차감전 순이익을 구한다. 현대자동차의 법인세율을 30%라고 가정하여 2010년과 2011년의 총자본이익률을 구하면 다음과 같다.

총자본이익률		
$\dfrac{\text{이자비용차감전순이익}}{\text{평균총자산}}$	=	$\dfrac{\text{순이익+이자비용}(1-\text{법인세율})}{\text{평균총자산}}$
2010:	$\dfrac{60,012+7,971(1-0.3)}{880,471^*}=7.45\%$	
2011:	$\dfrac{81,049+7,797(1-0.3)}{1,020,971^{**}}=8.47\%$	

* (813,801+947,141)/2=880,471: 2010년 기초잔액은 813,801(단위: 억원)이라 가정한다.
** (947,141+1,094,800)/2=1,020,971

현대자동차의 총자본이익률이 2010년의 7.45%에서 2011년의 8.47%로 증가되었음을 알 수 있다. 한편 총자본이익률을 이자비용차감전의 매출액이익률과 총자산회전율로 분해하면 좀 더 유용한 분석이 될 수 있다.

매출액이익률(이자비용차감전)×총자산회전율=총자본이익률				
$\dfrac{\text{이자비용차감전순이익}}{\text{매출액}}$	×	$\dfrac{\text{매출액}}{\text{평균총자산}}$	=	$\dfrac{\text{이자비용차감전순이익}}{\text{평균총자산}}$
2010:	9.8% *	× 0.76	=	7.45%
2011:	11.12% **	× 0.762	=	8.47%

* 65,592/669,853=9.8%
** 86,507/777,979=11.12%

위의 비율 분해를 보면, 2010년에 비해 2011년의 총자본이익률의 증가는 총자산회전율이 비슷했음에도 불구하고 매출액이익률이 증가했기 때문이라는 것을 알 수 있다.

(2) 자기자본이익률

주주의 입장에서 수익성을 평가하는 데 유용한 비율은 자기자본이익률(return on equity)이라 할 수 있다. 이 비율은 주주가 투자한 ₩1당 어느 정도의 이익을 올렸는가를 나타내는 비율로 현대자동차의 자기자본이익률은 다음과 같이 계산된다.

자기자본이익률	2010	2011
$\dfrac{\text{순이익}}{\text{평균자본}}$	$\dfrac{60,012}{300,167^*}=20\%$	$\dfrac{81,049}{366,078^{**}}=22.1\%$

* (271,455+328,879)/2=300,167: 2010년 기초잔액은 271,455(단위: 억원)이라 가정한다.
** (328,879+403,277)/2=366,078

자기자본이익률이 2010년의 20%에서 2011년에는 22.1%로 증가하였다. 이는 당기순이익이 자본의 증가보다 더 큰 폭으로 증가하였기 때문이다. 자기자본이익률을 분해하면 다음과 같다.

2010년도 자기자본이익률(ROE)의 분해

$$자기자본이익률 = \frac{순이익}{매출액} \times \frac{매출액}{평균총자산} \times \frac{평균총자산}{평균자기자본}$$

$$= \frac{60,012}{669,853} \times \frac{669,853}{880,471} \times \frac{880,471}{300,167}$$

$$= \quad 0.09 \quad \times \quad 0.76 \quad \times \quad 2.93 \quad = 20\%$$

2011년도 자기자본이익률(ROE)의 분해

$$자기자본이익률 = \frac{순이익}{매출액} \times \frac{매출액}{평균총자산} \times \frac{평균총자산}{평균자기자본}$$

$$= \frac{81,049}{777,979} \times \frac{777,979}{1,020,971} \times \frac{1,020,971}{366,078}$$

$$= \quad 0.104 \quad \times \quad 0.762 \quad \times \quad 2.79 \quad = 22.1\%$$

2010년과 2011년의 자기자본이익률은 앞에서 설명한 바처럼 수익성, 활동성 및 재무위험을 나타내는 3개의 비율로 분해하면 변동 원인을 분석할 수 있다. 2011년에 자기자본이익률이 2010년에 비해 증가한 것은 활동성이 거의 변화가 없고 재무위험은 감소했음에도 불구하고 수익성이 개선되었기 때문이다. 총자산회전율은 2010년에 0.76회에서 2011년에는 0.762회로 비슷하였다. 재무레버리지는 2010년의 2.93에서, 2011년에 2.79로 근소하게 감소하였다. 그러나 매출액이익률이 9%에서 10.4%로 1.4% 포인트 증가하였기 때문에 자기자본이익률은 20%에서 22.1%로 2.1% 포인트 증가하였다.

(3) 매출액순이익률

매출액순이익률(profit margin ratio)은 매출액에 대한 순이익의 비율로써 표시된다. 현대자동차의 매출액순이익률을 계산하면 다음과 같다.

매출액순이익률	2010	2011
$\dfrac{순이익}{매출액}$	$\dfrac{60,012}{669,853} = 8.96\%$	$\dfrac{81,049}{777,979} = 10.42\%$

이 비율의 산정에는 손익계산서 항목만이 이용되었음을 알 수 있다. 이 비율은 분자인 당기순이익이 증가하면 커지는데 결국 당기순이익의 증가는 수익의 증가나 비용의 감소로 가능하기 때문에 이 비율은 회사가 영업활동을 얼마나 효율적으로 하였는지를 나타내주는 척도라 하겠다. 현대자동차의 매출액순이익률은 2010년의 8.96%에서 2011년에는 10.42%로 증가하였다. 이러한 증가의 주된 원인은 연결손익계산서에서 보면 알 수 있듯이 매출에 대한 기타영업비용의 감소와 관계기업투자손익의 증가에 있다.

매출액순이익률의 계산에서 분자에 당기순이익을 사용하였지만 당기순이익에는 회사의 주된 일상적인 활동이 아닌 투자활동이나 재무활동으로부터의 이익이나 손실이 반영되어 있다. 특히 간헐적으로 발생하는 영업외 항목이나 중단된 영업활동으로부터의 손익이 당기순이익에 포함되어 미래의 정상적인 활동으로부터의 이익을 예측하는 데 도움이 되지 않을 수 있다. 따라서 매출액순이익률의 산정시 분석 목적에 따라 분자에 당기순이익 대신 영업이익(매출액영업이익률)을 사용할 수 있다.

(4) 매출액 영업현금비율

기업의 신용분석이나 투자분석에서 현금흐름의 중요성이 강조되고 있다. 손익계산서의 당기순이익은 발생기준에 의해 측정되기 때문에 영업활동으로부터 조달된 현금과는 차이가 난다. 부도가 난 기업들 가운데 도산 몇 년 전부터 당기순이익은 양(+)이나 영업현금은 음(−)인 경우가 상당수 있었다. 매출액 영업현금비율은 현금흐름표로부터 구한 '영업활동현금흐름'을 매출액으로 나누어 구한다. 이 비율은 매출액 ₩1당 영업활동으로부터 조달된 현금을 나타낸다. 현대자동차의 매출액 영업현금비율을 계산하면 다음과 같다.

매출액 영업현금비율	2010	2011
$\dfrac{\text{영업현금}}{\text{매출액}}$	$\dfrac{43,763}{669,853} = 6.53\%$	$\dfrac{41,321}{777,979} = 5.31\%$

2010년도 매출액 영업현금비율은 6.53%이며 2011년도 매출액 영업현금비율은 5.31%로 감소하였다. 2011년 매출액이 약 77조원으로 2010년에 비해 증가하였고 영업현금은 2010년의 약 4조 3천억원에 비해 2천억원 정도 감소하였기 때문에 이 비율이 감소하였음을 알 수 있다.

(5) 주가이익비율

손익계산서의 마지막 항목으로 주당순이익이 보고된다. 주당순이익은 당기순이익을 유통주식수로 나눈 것으로 보통주 1주당 회사가 벌어들인 순이익을 나타낸다. 주당순이익을 주식의 시장가치와 결부시키면 유용한 지표를 얻을 수 있다.

주가이익비율(Price Earnings Ratio: PER)은 주당시가에 대한 주당이익의 비율이다. 2011년도 현대자동차의 주당 최고가격이 ₩235,500이고, 최저가격이 ₩174,500이다. 최고가격과 최저가격의 평균인 ₩205,000을 주당시가로 사용하고, **표 14-4**에서 현대자동차의 2011년도 주당순이익이 ₩28,200이므로 2011년도의 주가이익비율은 다음과 같이 계산된다.

$$\frac{\text{주당시가}}{\text{주당이익}} = \frac{205,000}{28,200} = 7$$

시장가격과 이익에 따라 변동하는 이 비율은 투자자들이 현대자동차의 주당순이익 ₩1당 ₩7을 지불하고자 한다는 것으로 해석할 수 있다. 이 비율은 주식의 액면가나 유통주식수에 의해 좌우되지 않기 때문에 기업 간의 비교가능성이 높아지므로 매우 유용하고 널리 사용되는 비율이다. 만약 한 회사의 주가이익비율이 같은 업종의 다른 회사 평균비율보다 낮다면(높다면) 그 주식이 저(고)평가되었다는 것으로 해석할 수 있다.

(6) 배당수익률

배당수익률(dividend yield)은 투자자가 주식투자로부터 얻는 이익의 일부를 나타낸다. 배당수익률은 주당 배당액을 주식의 현재 시장가격으로 나누어서 계산된다. 현대자동차의 주당 시가는 ₩205,000이고, 표 14-4에서 2011년의 배당이 주당 ₩1,750이므로 배당수익률은 다음과 같이 계산된다.

$$\text{배당수익률} \quad \frac{\text{주당배당액}}{\text{주당시가}} = \frac{1{,}750}{205{,}000} = 0.85\%$$

현대자동차에 투자한 투자자는 2011년도에 2011년도 평균주가 대비 0.85%의 배당을 받았다.

4-2 활동성의 평가

표 14-7의 자기자본이익률의 분해에서 자기자본이익률을 높이는 방법 중의 하나가 총자산회전율을 높이는 것, 다시 말하면 자산을 효율적으로 사용하는 것이라는 것을 보았다. 자산운용의 효율성을 측정하는 방법에는 총자산회전율 외에도 재고자산회전율, 매출채권회전율 등이 있다.

(1) 총자산회전율

총자산회전율(asset turnover ratio)은 매출액을 평균총자산가액으로 나눈 금액인데, 매출수익을 창출하는 데 자산이 얼마나 효율적으로 공헌하였는가를 나타내 주는 비율이라고 할 수 있다. 다시 말하면 이 비율은 자산이 일정기간 동안 몇 번이나 매출로 변환되었는가를 말해 준다. 총자산회전율이 높을수록 자산의 이용은 더욱 효율적이라 할 수 있다. 현대자동차의 총자산회전율은 다음과 같다.

총자산회전율	2010	2011
$\dfrac{\text{매출액}}{\text{총자산}}$	$\dfrac{669{,}853}{880{,}471^*} = 0.76$	$\dfrac{777{,}979}{1{,}020{,}971^{**}} = 0.76$

* (813,801+947,141)/2=880,471: 2010년 기초잔액은 813,801(단위: 억원)이라 가정한다.
** (947,141+1,094,800)/2=1,020,971

생산설비가 필요한 제조업체의 총자산회전율은 일반적으로 유통업체에 비해 낮은 편이다. 현대자동차가 속해 있는 자동차산업은 다른 산업에 비해 자산(특히 유형자산)에 막대한 투자를 하여야 한다. 우리나라의 도소매업체가 보통 2.0 정도의 총자산회전율을 유지하는 데 비해 제조업체의 평균 총자산회전율은 1.1 정도이다. 현대자동차의 총자산회전율은 2011년에 0.76으로서 제조업체의 평균보다 낮은 수준이다.

(2) 매출채권회전율과 매출채권 평균회수기간

매출채권회전율(receivable turnover ratio)은 매출액을 평균매출채권 잔액으로 나눈 수치를 뜻한다. 이 비율의 분모에는 외상매출액을 이용하는 것이 바람직하나, 전체매출액에서 외상매출액이 차지하는 비중이 안정적일 때는 매출액을 사용해도 무방하다. 매출채권을 얼마나 빨리 회수할 수 있는지가 기업의 유동성에 큰 영향을 미치게 되므로 이 비율 역시 실무에서 자주 이용되고 있다. 매출채권회전율은 매출채권의 상대적 크기와 신용정책, 그리고 회수정책 등에 의해 영향을 받는다. 이 비율은 회계기간 동안 매출채권이 평균적으로 몇 번이나 현금으로 변환되는가를 나타낸다. 현대자동차의 매출채권회전율은 다음과 같다.

매출채권회전율	2010	2011
$\dfrac{\text{매출액}}{\text{평균매출채권}}$	$\dfrac{669,853}{30,700^*}=21.8$	$\dfrac{777,979}{35,188^{**}}=22.1$

* (29,480+31,920)/2=30,700: 2010년 기초잔액은 29,480(단위: 억원)이라 가정한다.
** (31,920+38,455)/2=35,188

매출채권회전율은 높을수록 매출채권 관리가 양호한 것으로 해석된다. 왜냐하면 이 비율이 높을수록 매출채권이 현금으로 회수되는 속도가 빠르다는 것을 의미하기 때문이다. 매출채권이 현금화되는 속도는 회사의 판매정책과 신용정책에 따라 달라진다. 신용정책은 매출채권 평균회수기간에 영향을 미치는데, 매출채권 평균회수기간은 회계기간(보통 365일)을 매출채권회전율로 나누어서 구한다. 현대자동차의 평균매출채권회수기간은 다음과 같이 계산된다.

매출채권평균회수기간	2010	2011
$\dfrac{365일}{\text{매출채권회전율}}$	$\dfrac{365}{21.8}=16.7일$	$\dfrac{365}{22.1}=16.5일$

현대자동차에서는 매출채권회전율이 21.8에서 22.1로 소폭 증가하였고, 평균매출채권회수기간은 16.7일에서 16.5일로 소폭 감소하여 별 차이가 없다. 이는 비교기간 동안 현대자동차의 신용매출정책이나 현금회수능력에 변화가 거의 없어 안정적임을 뜻한다.

(3) 재고자산회전율과 재고자산 평균회전기간

재고자산이 현금으로 전환되는 데는 판매와 대금회수라는 두 단계가 필요하다. 재고자산회전율(inventory turnover ratio)은 한 기간 동안의 매출원가를 평균재고자산액으로 나누어 구하는데, 회사가 얼마나 빨리 물건을 판매할 수 있었는가를 나타내 주는 비율이라고 할 수 있다. 신용정책이나 회수정책 등이 불변이라면, 물건을 빨리 팔수록 현금회수가 빨라지므로 기업의 유동성이 높아지게 된다. 재고는 원활한 판매를 위하여 최적수준으로 유지되어야 하는데, 일반적으로 재고가 적을수록 그리고 재고자산의 회전이 빠를수록 재고자산에 투자되는 현금이 적어지고 재고자산 진부화의 위험이 감소된다. 구매나 제조수준이 불변이라면 재고자산의 증가는 불황이나 기타 요인에 의해 매출이 잘 이루어지지 않고 있다는 것을 의미한다. 현대자동차의 2010년과 2011년의 재고자산회전율은 다음과 같다.

재고자산회전율	2010	2011
$\dfrac{\text{매출원가}}{\text{평균재고자산}}$	$\dfrac{512,658}{54,592^*}=9.4$	$\dfrac{589,020}{58,646^{**}}=10.0$

* (54,269+54,914)/2=54,592: 2010년 기초잔액은 54,269(단위: 억원)이라 가정한다.
** (54,914+62,378)/2=58,646

재고자산회전율은 2010년의 9.4에서 2011년에는 10.0으로 증가하였는데, 그 이유는 재고자산증가율이 매출원가의 증가율보다 낮았기 때문이다. 365일을 재고자산회전율로 나누면 재고자산 평균회전기간이 나오는데 이 기간이 짧을수록 유동성이 높은 것으로 해석한다. 현대자동차의 재고자산 평균회전기간은 2010년의 38.8일에서 2011년은 36.5일로 감소하여 재고자산의 활동성이 조금 높아졌음을 알 수 있다.

4-3 재무위험의 평가

재무위험은 유동성과 장기지급능력으로 평가한다. 기업은 충분한 현금이 확보되어야만 상품매입대금을 결제하고 부채를 상환할 수 있다. 유동성(liquidity)이란 기업의 자산이 현금화되는 정도를 나타낸다. 이에 관련된 비율들은 주로 유동항목들이다. 유동성평가와 관련된 비율에는 유동비율과 당좌비율이 있다. 장기지급능력은 기업이 건전한 재무상태를 유지하여 장기적으로 존속할 수 있는지를 판단하는 척도로 이용된다. 장기지급능력에 대한 분석이 필요한 이유는 회사가 파산상태로 가고 있는지의 여부를 비교적 일찍 발견하고자 하는 데 있다. 장기지급능력의 지표로서 자주 이용되는 비율로는 부채비율(debt to equity ratio)과 이자보상비율(interest coverage ratio)을 들 수 있다.

(1) 유동비율

유동비율(current ratio)이란 유동자산을 유동부채로 나눈 것이며 기업의 유동성과 단기채무상환능력의 지표로서 널리 이용된다. 현대자동차의 유동비율은 다음과 같이 계산된다.

유동비율	2010	2011
$\dfrac{유동자산}{유동부채}$	$\dfrac{435,202}{314,455} = 1.38$	$\dfrac{489,264}{331,635} = 1.47$

이 비율이 1보다 크면 유동자산이 유동부채보다 크다는 뜻이며, 이 비율이 클수록 유동성이 높은 것으로 해석된다. 그러나 유동비율이 높다고 반드시 좋은 것은 아니다. 너무 높은 유동비율은 불필요하게 많은 여유현금이 있거나 회수가 부진한 매출채권 또는 매출이 부진한 재고자산에서 기인할 수 있기 때문이다. 2011년의 유동비율은 1.47로, 2010년에 비해 증가하여, 유동성이 약간 향상되었음을 보이고 있다.

(2) 당좌비율

당좌비율(quick ratio)은 일명 산성비율(acid test ratio)이라고도 하는데 유동비율보다는 좀 더 보수적인 관점에서 기업의 유동성을 나타내 준다. 유동비율의 단점은 유동자산의 구성항목을 고려하지 않는다는 것이다. 유동자산이 충분히 크다고 할지라도 유동자산의 종류에 따라 현금으로 전환되는 속도가 상당히 다를 수 있다. 재고자산은 유동자산에서 차지하는 비중은 크지만 다른 유동자산에 대해 현금으로 회수되는 기간이 길고 불확실하다. 이러한 문제를 해결하기 위해 당좌비율은 현금, 단기매매 목적의 유가증권, 매출채권 등과 같은 좀 더 유동성이 높은 당좌자산들을 유동부채로 나누어 구한다. 현대자동차의 당좌비율을 계산하면 다음과 같다.

당좌비율	2010	2011
$\dfrac{당좌자산}{유동부채}$	$\dfrac{380,288}{314,455} = 1.21$	$\dfrac{426,886}{331,635} = 1.29$

2010년도와 2011년도의 당좌자산의 증가폭이 유동부채의 증가폭보다 더 커 당좌비율은 2010년과 비교하여 2011년에 소폭 증가하였다.

(3) 부채비율

기업이 부채를 이용하게 되면 그 기업의 영업성과에 관계없이 정해진 날짜에 약정된 이자를 지급하고 만기일에는 원금을 상환해야 하므로 자기자본을 사용할 때에 비해 기업의 원리금 상환부담이 커짐은 당연하다. 만약 원리금의 지불이 약정대로 이행되지 않으면 강제로 파산당할 우려가 있다. 부채비율은 채권자들에 의해 제공된 자본과 주주에 의해 제공된 자본과의 상대적인 크기에 대한 관계를 나타낸다. 부채비율이 클수록 회사는 채무지급 불이행이라는 위험한 상황에 처할 확률이 높아진다. 현대자동차의 부채비율을 계산하면 다음과 같다.

부채비율	2010	2011
$\dfrac{총부채}{자기자본}$	$\dfrac{618,262}{328,879}=1.88$	$\dfrac{691,523}{403,277}=1.71$

현대자동차의 부채비율은 2010년 1.88에서 2011년에는 1.71로 소폭 감소하여 안정적인 재무구조를 보이고 있다. 부채비율이 소폭 감소한 이유는 2011년의 자기자본은 2010년에 비해 크게 증가하였으나 부채가 상대적으로 더 적게 증가하였기 때문이다. 부채비율에도 여러 변형이 있을 수 있는데, 총부채를 총자산으로 나눈 비율도 많이 이용된다.[1]

(4) 이자보상비율

부채사용이 고위험을 수반함에도 불구하고 현실에서 대부분의 기업들이 부채를 이용할 때에는 그만한 이유가 있을 것이다. 부채는 그 위험에도 불구하고 사업을 운영하는 데 있어 중요한 자금조달의 원천이다. 또한 이자비용은 기업의 다른 영업비용과 마찬가지로 법인세 계산에서 공제대상이 된다. 뿐만 아니라 기업의 영업실적이 아주 좋을 때에도 부채를 쓰는 데 대한 대가는 일정액의 이자지급뿐이다. 따라서 기업이 이자율보다 더 높은 총자본이익률을 얻게 된다면 회사의 주주에게 돌아가는 이익률은 부채를 전혀 쓰지 않을 때에 비해 높아지게 된다. 그러나 부채를 조달하기 위해 이용한 이자율이 총자본에 대한 이익률보다 크다면 주주 몫으로 돌아가는 자기자본이익률은 낮아진다. 이자비용이 기업에 어느 정도 부담이 되느냐 하는 것을 나타내는 것이 이자보상비율(interest coverage ratio)이다. 이자보상비율에도 여러 종류의 변형이 있다. 여기에서는 금융기관에서 퇴출기업 선정시 많이 이용하는 영업이익을 이자비용으로 나눈 이자보상비율을 사용한다. 현대자동차의 이자보상비율을 계산하면 다음과 같다.

이자보상비율	2010	2011
$\dfrac{영업이익}{이자비용}$	$\dfrac{59,185}{7,971}=7.4$	$\dfrac{80,755}{7,797}=10.4$

2011년도의 이자보상비율이 10.4라는 것은 주된 영업활동에서 벌어들인 영업이익으로부터 이자를 열 번 이상 지급할 수 있다는 뜻이다. 2011년은 2010년의 7.4에 비해 높아졌는데, 이는 부채비율이 소폭 감소하여 이자비용의 지출이 줄었고 영업이익은 상대적으로 증가하였기 때문이다.

---

1 (총부채/자본)을 부채비율로 사용하는 경우, 자본이 완전 잠식되어 마이너스 수치가 되면 부채비율 역시 마이너스 수치가 되어, 부채비율이 낮을수록 재무구조가 안정적이라는 해석에 문제가 생긴다. 그러나 (총부채/총자산)을 부채비율로 이용하면 자본완전 잠식의 경우 이 비율이 1보다 커지게 되므로 부채비율의 해석에 문제가 없다.

(5) 현금기준 이자보상비율

이자를 실제로 지급할 때는 발생기준으로 측정된 순이익으로 지급하는 것이 아니라 현금으로 지급한다. 따라서 이자보상비율의 분자에 영업활동에서 조달된 현금(이자와 법인세 차감전 영업현금)을 넣어 현금기준 이자보상비율을 구하면 좀 더 확실한 이자지급능력을 평가할 수 있다. 현대자동차의 현금기준 이자보상비율은 다음과 같으며, 현대자동차의 현금기준 이자보상비율은 영업이익기준에 비해 양호함을 알 수 있다.

현금기준 이자보상비율

$$\frac{\text{영업현금+법인세+이자비용}}{\text{이자비용}}$$

2010	2011
$\frac{43,763+14,904+7,971}{7,971}=8.36$	$\frac{41,321+23,422+7,797}{7,797}=9.30$

현금기준의 이자보상비율은 2010년의 8.36에서 2011년에는 9.3으로 증가하여 현금 기준의 이자보상능력이 증가했음을 알 수 있다. 이는 이자비용이 감소하고 법인세비용이 증가한 것에 기인한 것으로 알 수 있다.

4-4 비율요약표

지금까지 설명한 비율들을 정리해서 요약하면 **표 14-9**와 같다.

📄 **표 14-9**
비율요약표

비 율	정 의	해 석
1. 수익성비율		
(1) 총자산이익률	$\frac{\text{이자비용차감전순이익}}{\text{평균총자산}}$	영업에 사용된 모든 자산의 수익성에 대한 전반적인 측정
(2) 자기자본이익률	$\frac{\text{순이익}}{\text{평균자본}}$	주주의 투자에 대한 수익성
(3) 매출액순이익률	$\frac{\text{순이익}}{\text{매출액}}$	매출에 의해 창출된 이익의 크기
(4) 매출액 영업현금비율	$\frac{\text{영업현금}}{\text{매출액}}$	매출에 의해 창출된 영업현금의 크기
(5) 주가이익비율	$\frac{\text{주당시가}}{\text{주당이익}}$	주식시장에서 순이익 ₩1당 지불할 금액의 측정
(6) 배당수익률	$\frac{\text{주당배당액}}{\text{주당시가}}$	투자에 대한 배당이익의 측정

2. 활동성비율

(1) 총자산회전율	$\dfrac{\text{매출액}}{\text{평균총자산}}$	수익을 창출하기 위해 자산을 얼마나 효율적으로 사용했는가를 측정
(2) 매출채권회전율	$\dfrac{\text{매출액}}{\text{평균매출채권}}$	외상매출금잔액의 상대적 크기와 신용정책 효과의 측정
(3) 매출채권 평균회수기간	$\dfrac{365일}{\text{매출채권회전율}}$	매출채권이 회수되는 평균기간의 측정
(4) 재고자산회전율	$\dfrac{\text{매출원가}}{\text{평균재고자산}}$	재고자산의 상대적 크기의 측정 및 효율적인 매출활동의 측정
(5) 재고자산 평균회전기간	$\dfrac{365일}{\text{재고자산회전율}}$	재고자산이 판매되는 평균기간의 측정

3. 재무위험의 평가

(1) 유동비율	$\dfrac{\text{유동자산}}{\text{유동부채}}$	유동자산으로 유동부채를 상환할 수 있는 능력의 측정
(2) 당좌비율	$\dfrac{\text{당좌자산}}{\text{유동부채}}$	보수적인 유동성의 측정
(3) 부채비율	$\dfrac{\text{총부채}}{\text{자기자본}}$	자기자본에 대한 타인자본의 상대적 크기의 측정
(4) 이자보상비율	$\dfrac{\text{영업이익}}{\text{이자비용}}$	영업이익으로 측정된 이자지급능력
(5) 현금기준 이자보상비율	$\dfrac{\text{영업현금}+\text{법인세}+\text{이자비용}}{\text{이자비용}}$	영업현금으로 측정된 이자지급능력

재무제표
분석의
한계 05

International Financial Reporting Standards

　　재무제표분석은 기업가치분석이나 신용분석시 매우 유용한 도구임에 틀림없으나, 다음과 같은 한계점이 있다. 첫째, 재무제표는 재무분석가나 투자자들이 사용할 수 있는 정보 중 일부분에 불과하다. 증권분석가들은 재무제표 외에도 이자율이나 환율 등의 거시경제지표, 산업에 대한 정보, 그리고 기업에 대한 중요한 사건 등을 수시로 수집·분석한다. 재무제표분석은 신용분석이나 투자분석시 가장 중요한 기본적 분석이지만, 그것이 유일한 도구나 정보의 원천이 될 수는 없다. 둘째, 횡단면분석의 경우 두 기업이 같은 산업에 속한다 해도 그 기업들의 업무내용이 상당히 다르기 때문에 비교분석이 별 의미가 없을 수 있다. 예를 들어 컴퓨터산업에 속하는 두 회사가 있다고 가정하자. 한 회사는 국내 대형 전자회사의 주문을 받아

부품을 단순 조립하여 낮은 가격에 납품하는 하청업체인데 반해 다른 기업은 연구개발과정을 통해 개발한 최첨단 컴퓨터를 제조하여 높은 가격에 판매하는 기업일 수도 있다. 그렇다면 이 두 회사의 재무비율들이 그리 쉽사리 비교될 수 있는 것은 아니다.

셋째, 오늘날 대부분의 회사들은 하나 이상의 업종에 속하여 있고, 특히 재벌이라 불리우는 대규모 기업집단은 비관련 다각화된 다수의 기업들을 경영하고 있다. 이러한 기업의 개별부문들은 각각 상이한 이익률과 위험을 내포하고 있다. 이러한 회사들의 재무분석을 위하여 재무제표를 이용할 때 어느 산업의 평균비율을 기준으로 비교할 것인지가 모호하다.

넷째, 같은 산업에 속하고 비슷한 영업을 하고 있는 기업이라 해도 상이한 회계절차를 사용하고 있다는 점이다. 예를 들어, 재고자산의 평가시 선입선출법을 적용하느냐 평균법을 적용하느냐에 따라, 또는 감가상각방법이 정액법이냐 정률법이냐에 따라 기업간의 비율분석 결과가 달라질 수 있다.

종합
예제
06

International Financial Reporting Standards

이 절에서는 지금까지 공부한 주요 비율들에 관해 복습하기 위해 종합예제를 예시하고자 한다.

〈L제과와 C제과의 비교분석〉

홍석화 씨는 미래에 간이음식에 대한 소비자들의 선호가 증대하리라고 예상하고 있기 때문에 이 업종에 종사하고 있는 L제과와 C제과 중 한 회사에 투자하려고 한다. 홍석화 씨는 두 회사의 재무상태표와 손익계산서를 가지고 여러 가지 비율분석을 하여 재무상태를 비교해 보기로 하였다. 다음은 두 회사의 재무제표이다. 배당금을 보면 L제과는 42억 2천만원이었고, C제과는 14억 7천만원이었다. 두 회사 주식의 주당시가는 L제과가 ₩1,468,000, C제과가 ₩88,800이었다. 두 회사 모두 법인세율은 28%로 가정한다.

2008년 12월 31일 현재

(단위: ₩1,000,000)

	L제과	C제과
자 산		
유 동 자 산		
현 금	37,629	14,989
단기매매증권	201,084	583
매출채권(순액)	132,448	51,550
재 고 자 산	124,224	24,323
기타유동자산	24,945	9,958
비유동자산		
투 자 자 산	1,442,132	142,023
유형자산(순액)	464,556	201,718
무 형 자 산	25,035	650
자 산 총 계	2,452,053	445,794
부채와 자본		
유 동 부 채		
매 입 채 무	100,421	17,228
기타유동부채	178,417	190,791
비유동부채		
사채(순액)	153,328	29,933
기타비유동부채	206,066	47,000
자 본 금	7,107	7,445
자본잉여금	270,993	62,879
이익잉여금	1,254,727	33,080
기타포괄순익누계액	287,244	84,441
자 본 조 정	(6,250)	(27,003)
부채 및 자본총계	2,452,053	445,794

비교손익계산서

2008년 1월 1일~2008년 12월 31일

(단위: ₩1,000,000)

		L제과		C제과
매 출 액		1,244,745		326,335
매 출 원 가		761,026		205,712
매출총이익		483,719		120,623
판매비와관리비		394,065		96,202
영 업 이 익		89,654		24,421
영업외수익		148,250		15,156
영업외비용				
이 자 비 용	2,479		14,594	
기타영업외비용	77,709	80,188	20,517	35,111
법인세비용차감전순이익(손실)		157,716		4,466
법 인 세 등		20,363		2,275
당기순이익		137,353		2,191

비교현금흐름표

2008년 1월 1일~2008년 12월 31일

(단위: ₩1,000,000)

	L제과	C제과
Ⅰ. 영업활동으로 인한 현금흐름	145,344	18,199
Ⅱ. 투자활동으로 인한 현금흐름	(269,497)	(16,593)
Ⅲ. 재무활동으로 인한 현금흐름	118,220	699
Ⅳ. 현금의 증가(감소)(I+II+III)	(5,933)	2,305
Ⅴ. 기초현금	43,562	12,685
Ⅵ. 기말현금	37,629	14,990

 요·구·사·항

위의 자료를 이용하여 다음의 순서에 의하여 두 회사에 대한 포괄적인 비율분석을 하고 그 결과를 비교하시오(평균잔액을 이용해야 하는 경우에도 편의상 기말잔액을 사용하여 계산하시오).

1) 수익성에 대한 분석(유통주식수는 지난 1년간 불변임)

2) 활동성에 대한 분석

3) 재무위험에 대한 분석

4) 위의 분석에 대한 결과를 다음과 같은 형식으로 비교하시오.

해답

비 율	C 제과	L 제과

1) 수익성비율

① 총자본이익률 $= \dfrac{137,353+2,479(1-0.28)}{2,452,053}$ $= \dfrac{2,191+14,594(1-0.28)}{445,794}$

$= 5.67\%$ $= 2.8\%$

② 자기자본이익률 $= \dfrac{137,353}{1,813,821} = 7.57\%$ $= \dfrac{2,191}{160,842} = 1.4\%$

③ 매출액순이익률 $= \dfrac{137,353}{1,244,745} = 11\%$ $= \dfrac{2,191}{326,335} = 0.67\%$

④ 매출액 영업현금비율 $= \dfrac{145,344}{1,244,745} = 11.7\%$ $= \dfrac{18,199}{326,335} = 5.6\%$

⑤ 주가이익비율 $= \dfrac{1,468,000}{126,532} = 11.6$ $= \dfrac{88,800}{1,542} = 57.6$

⑥ 배당이익률 $= \dfrac{3,000}{1,468,000} = 0.2\%$ $= \dfrac{1,000}{88,800} = 1.13\%$

* 음의 수치는 의미가 없다.

2) 활동성비율

① 총자산회전율 $= \dfrac{1,244,745}{2,452,053} = 0.5$ $= \dfrac{326,335}{445,794} = 0.73$

② 매출채권회전율 $= \dfrac{1,244,745}{132,448} = 9.4$ $= \dfrac{326,335}{51,550} = 6.3$

③ 매출채권 평균회수기간 $= \dfrac{365}{9.4} = 38.8$일 $= \dfrac{365}{6.3} = 57.9$일

④ 재고자산회전율 $= \dfrac{761,026}{124,224} = 6.1$ $= \dfrac{205,712}{24,323} = 8.4$

⑤ 재고자산 평균회전기간 $= \dfrac{365}{6.1} = 59.8$일 $= \dfrac{365}{8.4} = 43.4$일

3) 재무위험

① 유동비율 $= \dfrac{520,330}{278,838} = 1.8$ $= \dfrac{101,403}{208,019} = 0.5$

② 당좌비율 $= \dfrac{396,106}{278,838} = 1.4$ $= \dfrac{77,080}{208,019} = 0.37$

③ 부채비율 $= \dfrac{638,232}{1,813,821} = 0.4$ $= \dfrac{284,952}{160,842} = 1.8$

④ 이자보상비율 $= \dfrac{89,654}{2,479} = 36.2$ $= \dfrac{24,421}{14,594} = 1.7$

⑤ 현금기준 이자보상비율 $= \dfrac{145,344+20,363+2,479}{2,479}$ $= \dfrac{18,199+2,275+14,594}{14,594}$

$= 67.8$ $= 2.4$

4) 두 회사의 재무·영업상태의 비교

비 율	L제과	C제과	양호한 비율의 회사
(1) 수익성비율			
① 총자본이익률	5.67%	2.8%	L제과
② 자기자본이익률	7.57%	1.4%	L제과
③ 매출액순이익률	11%	0.7%	L제과
④ 매출액 영업현금비율	11.7%	5.6%	L제과
⑤ 주가이익비율	11.6	57.6	C제과
⑥ 배당이익률	0.2%	1.13%	C제과
(2) 활동성비율			
① 총자산회전율	0.5	0.7	C제과
② 매출채권회전율	9.4	6.3	L제과
③ 매출채권 평균회수기간	38.8	57.9	L제과
④ 재고자산회전율	6.1	8.4	C제과
⑤ 재고자산 평균회전기간	59.8	43.4	C제과
(3) 재무위험			
① 유동비율	1.8	0.5	L제과
② 당좌비율	1.4	0.4	L제과
③ 부채비율	0.4	1.8	L제과
④ 이자보상비율	36.2	1.7	L제과
⑤ 현금기준 이자보상비율	67.8	2.4	L제과

익힘문제 __

채권자와 투자자들이 재무제표분석을 하는 목적은 무엇인가?

기본적 분석이란 무엇을 뜻하는가?

재무제표를 분석하는데 일반적으로 사용되는 기법들에 대해서 설명하시오.

기업의 수익성평가에 사용되는 비율들에는 어떠한 것들이 있는지 나열하고 그 비율들이 의미하는 바를 설명하시오.

기업의 활동성 평가에 사용되는 비율들에는 어떠한 것들이 있는지 나열하고 그 비율들이 의미하는 바를 설명하시오.

기업의 재무위험 평가에 사용되는 비율들에는 어떠한 것들이 있는지 나열하고 그 비율들이 의미하는 바를 설명하시오.

위의 4번 문제에서 나열된 비율들이 의미하는 바를 설명하시오.

비율분석을 할 때 주의해야 할 사항은 무엇인가?

470
제14장 재무제표분석

QUESTION 9

시계열분석과 횡단면분석의 차이점은 무엇인가?

QUESTION 10

유동비율은 높을수록 양호한 것으로 해석한다. 이 의견에 동의하는가?

QUESTION 11

재무제표분석의 한계점은 무엇인가?

QUESTION 12

자기자본이익률을 분해하시오.

QUESTION 13

다음의 사건들이 노고회사의 유동비율, 당좌비율 및 부채비율에 어떤 영향을 미치는지 증가, 감소, 불변으로 아래의 형식을 이용하여 분석하시오. 단, 노고회사 현재의 유동비율과 부채비율은 1보다 크고 당좌비율은 1보다 작다.

계 정 과 목	유동비율	당좌비율	부채비율
예: 유형자산을 현금으로 구입하다.	감소	감소	불변
(1) 재고자산을 외상 매입하다.			
(2) 은행에서 단기차입금을 차입하다.			
(3) 은행에서 장기차입금을 차입하다.			
(4) 재고자산을 현금매입하다.			
(5) 단기매매금융자산을 현금으로 취득하다.			
(6) 토지를 장기차입금으로 구입하다.			
(7) 건물을 장부가보다 높게 현금매각하다.			
(8) 단기매매금융자산을 장부가보다 낮게 현금매각하다.			

PROBLEM

연습**문제** __

1 추세분석

20×1년을 기준연도로 하여 다음과 같은 자료를 가지고 추세분석을 하고, 추세에 의해 나타난 상황이 양호한지 그렇지 못한지를 결정하시오(단위: ₩1,000).

	20×1	20×2	20×3	20×4	20×5
매 출	₩11,000	₩11,440	₩12,100	₩11,990	₩12,650
매출원가	7,000	7,350	7,770	7,700	8,540
관 리 비	2,400	2,448	2,544	2,592	2,640
영업이익	₩1,600	₩1,642	₩1,786	₩1,698	₩1,470

2 백분비 비교손익계산서

아래에서 제시하고 있는 비교손익계산서를 백분비 비교손익계산서로 나타내고, 20×1년과 20×2년 사이의 변화에 대해서 논평하시오.

비교손익계산서

노고주식회사
(단위: ₩1,000)

	20×2	20×1
매 출	₩212,000	₩184,000
매 출 원 가	127,200	119,600
매출총이익	84,800	64,400
판 매 비	53,000	36,800
관 리 비	25,440	18,400
총영업비용	78,440	55,200
영 업 이 익	₩6,360	₩9,200

3 비율의 계산과 그 평가

노촌주식회사는 수년 동안 영업활동을 계속해 오고 있으며, 20×6년 12월 31일의 재무상태표는 다음과 같다.

재 무 상 태 표

노촌주식회사

20×6년 12월 31일
(단위: ₩1,000)

현　　　금	₩20,000	매 입 채 무	₩70,000
매 출 채 권	60,000	장기차입금	100,000
재 고 자 산	60,000	보통주자본금(액면: ₩1)	120,000
기계(순액)	180,000	이익잉여금	30,000
합　　계	₩320,000	합　　계	₩320,000

또한 노촌주식회사의 20×6년 당기순이익은 ₩20,000이다.

요구사항

다음 비율을 계산하시오. 그리고 네 가지 비율의 평가방법이 이 회사의 재무건전성을 분석하는 도구로서 가지는 중요성을 설명하시오.

1) 유동비율
2) 당좌비율
3) 자기자본이익률
4) 부채비율

4 비율의 계산과 거래의 비율에 대한 영향파악

다음은 연화주식회사에 관한 자료이다.

재 무 상 태 표

연화주식회사

20×6년 12월 31일
(단위: ₩1,000)

현　　　금		₩40,000	매 입 채 무	₩50,000
매 출 채 권	₩100,000		단기차입금	26,000
대손충당금	(10,000)	90,000	미지급비용	5,000
재 고 자 산		130,000	자본금(액면: ₩5)	250,000
선급보험료		3,000	이익잉여금	112,000
토　　　지		20,000		
설비(순액)		160,000		
합　　계		₩443,000	합　　계	₩443,000

손 익 계 산 서

연화주식회사

20×6년 1월 1일~20×6년 12월 31일
(단위: ₩1,000)

매　　출			₩1,000,000
매 출 원 가			
20×6년 1월 1일 재고자산	₩100,000		
매　　입	790,000		
판매가능상품	890,000		
20×6년 12월 31일 재고자산	130,000		
매 출 원 가		760,000	
매출총이익		240,000	
영 업 비		170,000	
당기순이익		₩70,000	

요구사항

1) 다음 비율을 계산하시오.
　① 유동비율　　　　　　　　② 재고자산회전율
　③ 매출채권회전율　　　　　④ 주당이익
　⑤ 매출액순이익률　　　　　⑥ 자기자본이익률

2) 다음 거래가 연화주식회사의 20×6년 12월 31일 현재의 유동비율을 변화시키는지 또는
영향을 미치지 않는지 표시하시오.
　① 현금으로 유가증권 매입
　② 현금으로 장기보유목적의 투자주식 매입
　③ 단기지급어음 ₩20,000,000을 지급

---

5 **재무제표분석을 통한 기업비교**

다음은 서연회사와 연강회사의 재무상태표 중 부채와 자본만을 나타내고 있다. 각 사는 총
₩4,000,000,000의 자산을 가지고 있다.

서연회사		연강회사	
(단위: ₩1,000)		(단위: ₩1,000)	
유 동 부 채	₩300,000	유 동 부 채	₩500,000
비유동부채(5%)	1,500,000	보통주자본금(액면: ₩20)	2,800,000
보통주자본금(액면: ₩20)	1,600,000	이익잉여금	700,000
이익잉여금	600,000		
합　　계	₩4,000,000	합　　계	₩4,000,000

지난 2년 동안 각 사의 이자 및 법인세비용차감전 순이익은 동일하였다.

	서연회사 (단위: ₩1,000)	연강회사 (단위: ₩1,000)
이자 및 법인세비용차감전 순이익	₩432,000	₩432,000
이자비용	84,000	12,000
	₩348,000	₩420,000
법인세비용(40%)	139,200	168,000
	₩208,800	₩252,000

요구사항

1) 총자본이익률에 의한 수익성은 어느 회사가 더 높은가?
2) 자기자본이익률에 의한 수익성은 어느 회사가 더 높은가?
3) 어느 회사의 주당순이익이 더 높은가? 그 이유를 설명하시오.
4) 수익성의 관점에서, 비유동부채를 발행한 것이 서연회사의 주주들에게 유리한가? 그 이유를 설명하시오.

비율분석

노고은행에 다니는 사오정 대리는 노고은행에 대출을 신청한 H상선(주)과 J해운(주) 중 H상선(주)에 30억원을 대출해 주기로 했다는 소식을 듣고 두 회사의 재무제표를 구해 간단히 비율분석을 해 보기로 했다.

손 익 계 산 서

20×8년 1월 1일~20×8년 12월 31일

(단위: ₩1,000,000)

	H상선	J해운
매 출	₩3,095,000	₩2,500,100
매 출 원 가	2,750,000	2,120,000
매출총이익	345,000	380,100
영업외수익	198,000	154,000
영업외비용		
이 자 비 용	156,000	215,000
기타영업외비용	320,000	295,000
법인세 등	3,600	3,900
순 이 익	₩63,400	₩20,200

H상선과 J해운의 총부채는 각각 3조 4,500억원과 3조 7,600억원이고, 총자산은 각각 3조 8,613억원과 4조 1,218억원이다.

요구사항

1) 두 회사의 부채비율을 비교해 보고 은행의 결정이 타당했는지 논하시오.
2) 두 회사의 이자보상비율을 비교해 보고 은행의 결정이 타당했는지 논하시오.

7 비율분석

서현이는 조만간에 주식시장이 활성화될 것으로 예상하고 포트폴리오를 구성하여 주식에 투자하기로 했다. 곰곰이 포트폴리오를 짜던 서현이는 비교적 안정적이라고 생각되는 정유회사의 주식을 포트폴리오에 포함시키기로 하고 K주식회사와 S주식회사의 재무제표를 인터넷을 통해 구하여 비율분석을 해 보기로 했다. 두 회사의 2008년도 재무상태표와 손익계산서는 다음과 같다.

재 무 상 태 표

20×8년 12월 31일 현재
(단위: 백만원)

	K주식회사	S주식회사
자 산		
현 금	59,847	22,269
매 출 채 권	17,185	31,636
재 고 자 산	22,412	26,327
기타유동자산	29,955	10,736
투 자 자 산	9,331,371	27,357
유 형 자 산	93,745	2,289
무 형 자 산	36,886	1,702
기타비유동자산	28,292	23,318
자 산 총 계	9,619,693	145,634
부채와 자본		
매 입 채 무	1,611	50,062
사 채	2,050,000	0
기 타 부 채	781,007	31,367
보 통 주	238,609	26,699
자본잉여금	5,625,634	712
이익잉여금	922,832	36,794
부채 및 자본총계	9,619,693	145,634

손 익 계 산 서

20×8년 1월 1일~20×8년 12월 31일

(단위: 백만원)

	K주식회사	S주식회사
매　　출	718,547	1,303,117
매 출 원 가	16,548	1,245,329
매출총이익	701,999	57,788
판매비와관리비	147,089	24,960
기타영업비용	122,906	1
영업외수익	19,044	63,962
이 자 비 용	124,594	2,744
기타영업외비용	5,836	66,571
법인세비용	16,816	0
순　이　익	303,802	27,206

현 금 흐 름 표

20×8년 1월 1일~20×8년 12월 31일

(단위: 백만원)

	K주식회사	S주식회사
Ⅰ. 영업활동으로 인한 현금흐름	(46,575)	18,568
Ⅱ. 투자활동으로 인한 현금흐름	(495,307)	(12,246)
Ⅲ. 재무활동으로 인한 현금흐름	120,050	625
Ⅳ. 현금의 증가(감소)(Ⅰ+Ⅱ+Ⅲ)	(421,832)	6,947
Ⅴ. 기초의 현금	481,680	15,323
Ⅵ. 기말의 현금	59,848	22,270

요구사항

1) 위의 자료를 이용하여 다음의 비율분석을 행하고 각각의 비율에 있어서 상대적으로 양호한 회사를 나타내시오(비율계산시 소수점 둘째 자리에서 반올림).

　① 유동비율　　　　　② 당좌비율　　　　　③ 매출채권회전율
　④ 평균회수기간　　　⑤ 재고자산회전율　　⑥ 매출액순이익률
　⑦ 총자산회전율　　　⑧ 부채비율　　　　　⑨ 현금기준 이자보상비율

2) 서현이는 위에서 구한 비율분석에만 근거하여 투자의사결정을 내리려 하고 있다. 만일 서현이가 재무제표분석을 공부한 당신에게 조언을 부탁한다면 어떤 조언을 할 것인가?

International Financial Reporting Standards

부 록

목돈의 미래가치(원리금)

$$F_n = (1+r)^n$$

기간	1%	2%	3%	4%	5%	6%	7%	8%	9%	10%
1	1.0100	1.0200	1.0300	1.0400	1.0500	1.0600	1.0700	1.0800	1.0900	1.1000
2	1.0201	1.0404	1.0609	1.0816	1.1025	1.1236	1.1449	1.1664	1.1881	1.2100
3	1.0303	1.0612	1.0927	1.1249	1.1576	1.1910	1.2250	1.2597	1.2950	1.3310
4	1.0406	1.0824	1.1255	1.1699	1.2155	1.2625	1.3108	1.3605	1.4116	1.4641
5	1.0510	1.1041	1.1593	1.2167	1.2763	1.3382	1.4026	1.4693	1.5386	1.6105
6	1.0615	1.1262	1.1941	1.2653	1.3401	1.4185	1.5007	1.5869	1.6771	1.7716
7	1.0721	1.1487	1.2299	1.3159	1.4071	1.5036	1.6058	1.7138	1.8280	1.9487
8	1.0829	1.1717	1.2668	1.3686	1.4775	1.5938	1.7182	1.8509	1.9926	2.1436
9	1.0937	1.1951	1.3048	1.4233	1.5513	1.6895	1.8385	1.9990	2.1719	2.3579
10	1.1046	1.2190	1.3439	1.4802	1.6289	1.7908	1.9672	2.1589	2.3674	2.5937
11	1.1157	1.2434	1.3842	1.5395	1.7103	1.8983	2.1049	2.3316	2.5804	2.8531
12	1.1268	1.2682	1.4258	1.6010	1.7959	2.0122	2.2522	2.5182	2.8127	3.1384
13	1.1381	1.2936	1.4785	1.6651	1.8856	2.1329	2.4098	2.7196	3.0658	3.4523
14	1.1495	1.3195	1.5126	1.7317	1.9799	2.2609	2.5785	2.9372	3.3417	3.7975
15	1.1610	1.3459	1.5580	1.8009	2.0789	2.3966	2.7590	3.1722	3.6425	4.1772
16	1.1726	1.3728	1.6047	1.8730	2.1829	2.5404	2.9522	3.4259	3.9703	4.5950
17	1.1843	1.4002	1.6528	1.9479	2.2920	2.6928	3.1588	3.7000	4.3276	5.0545
18	1.1961	1.4282	1.7024	2.0258	2.4066	2.8543	3.3799	3.9960	7.7171	5.5599
19	1.2081	1.4568	1.7535	2.1068	2.5270	3.0256	3.6165	4.3157	5.1417	6.1159
20	1.2202	1.4859	1.8061	2.1911	2.6533	3.2701	3.8697	4.6610	5.6044	6.7275
21	1.2324	1.5157	1.8603	2.2788	2.7860	3.3996	4.1406	5.0388	6.1088	7.4002
22	1.2447	1.5460	1.9161	2.3699	2.9253	3.6035	4.4304	5.4365	6.6586	8.1403
23	1.2572	1.5769	1.9736	2.4647	3.0715	3.8197	4.7405	5.8715	7.2579	8.9543
24	1.2697	1.6084	2.0328	2.5633	3.2251	4.0489	5.0724	6.3412	7.9111	9.8497
25	1.2824	1.6406	2.0938	2.6658	3.3864	4.2919	5.4274	6.8485	8.6231	10.835
26	1.2953	1.6734	2.1566	2.7725	3.5557	4.5494	5.8074	7.3964	9.3992	11.918
27	1.3082	1.7069	2.2213	2.8834	3.7335	4.8223	6.2139	7.9881	10.245	13.110
28	1.3213	1.7410	2.2879	2.9987	3.9201	5.117	6.6488	8.6271	11.167	14.421
29	1.3345	1.7758	2.3566	3.1187	4.1161	5.4184	7.1143	9.3173	12.172	15.863
30	1.3478	1.8114	2.4273	3.2434	4.3219	5.7435	7.6123	10.063	13.268	17.449
40	1.4889	2.2080	3.2620	4.8010	7.0400	10.286	14.974	21.725	31.409	45.259
50	1.6446	2.6916	4.3839	7.1067	11.467	18.420	29.457	46.902	74.358	117.39
60	1.8167	3.2810	5.8916	10.520	18.679	32.988	57.946	101.26	176.03	304.48

					$F_n = (1 + r)^n$					
기간	12%	14%	15%	16%	18%	20%	24%	28%	32%	36%
1	1.1200	1.1400	1.1500	1.1600	1.1800	1.2000	1.2400	1.2800	1.3200	1.3600
2	1.2544	1.2996	1.3225	1.3456	1.3924	1.4400	1.5376	1.6384	1.7424	1.8496
3	1.4049	1.4815	1.5029	1.5609	1.6430	1.7280	1.9066	2.0972	2.3000	2.5155
4	1.5735	1.6890	1.7490	1.8106	1.9388	2.0736	2.3642	2.6844	3.0360	3.4210
5	1.7623	1.9254	2.0114	2.1003	2.2878	2.4883	2.9316	3.4360	4.0075	4.6526
6	1.9738	2.1950	2.3131	2.4364	2.6996	2.9860	3.6352	4.3980	5.2899	6.3275
7	2.2107	2.5023	2.6600	2.8262	3.1855	3.5832	4.5077	5.6295	6.9826	8.6054
8	2.4760	2.8526	3.0590	3.2784	3.7589	4.2998	5.5895	7.2058	9.2170	11.703
9	2.7731	3.2519	3.5179	3.8030	4.4355	5.1598	6.9310	9.2234	12.166	15.917
10	3.1058	3.7072	4.0456	4.4114	5.2388	6.1917	8.5944	11.806	16.060	21.647
11	3.4785	4.2262	4.6524	5.1173	6.1759	7.4301	10.657	15.112	21.199	29.439
12	3.8960	4.8179	5.3503	5.9360	7.2876	8.9161	13.215	19.343	27.983	40.037
13	4.3635	5.4924	6.1528	6.8858	8.5994	10.699	16.386	24.759	36.937	54.451
14	4.8871	6.2613	7.0757	7.9875	10.147	12.839	20.319	31.691	48.757	74.053
15	5.4736	7.1379	8.1371	9.2655	11.974	15.407	25.196	40.565	64.359	100.71
16	6.1304	8.1372	9.3576	10.748	14.129	18.488	31.243	51.923	84.954	136.97
17	6.8660	9.2765	10.761	12.468	16.672	22.186	38.741	66.461	112.14	186.28
18	7.6900	10.575	12.375	14.463	19.673	26.623	48.039	85.071	148.02	253.34
19	8.6128	12.056	14.232	16.777	23.214	31.948	59.568	108.89	195.39	344.54
20	9.6463	13.743	16.367	19.461	27.393	38.338	73.864	139.38	257.92	468.57
21	10.804	15.668	18.822	22.574	32.324	46.005	91.592	178.41	340.45	637.26
22	12.100	17.861	21.645	26.186	38.142	55.206	113.57	228.36	449.39	866.67
23	13.552	20.362	24.891	30.376	45.008	66.247	140.83	292.30	593.20	1178.7
24	15.179	23.212	28.625	35.236	53.109	79.497	174.63	374.14	783.02	1603.0
25	17.000	26.462	32.919	40.874	62.669	95.396	216.54	478.90	1033.6	2180.1
26	19.040	30.167	37.857	47.414	73.949	114.48	268.51	613.00	1364.3	2964.9
27	21.325	34.390	43.535	55.000	82.260	137.37	332.95	784.64	1800.9	4032.3
28	23.884	39.204	50.066	63.800	102.97	164.84	412.86	1004.3	2377.2	5483.9
29	26.750	44.693	57.575	74.009	121.50	197.81	511.95	1285.6	3137.9	7458.1
30	29.960	50.950	66.212	85.850	143.37	237.38	634.82	1645.5	4142.1	10143.
40	93.051	188.88	267.86	378.72	750.38	1469.8	5455.9	19427.	66521.	*
50	289.00	700.23	1083.7	1670.7	3927.4	9100.4	46890.	*	*	*
60	897.60	2595.9	4384.0	7370.2	20555.	56348.	*	*	*	*

* $F_n > 99,999$.

목돈의 현재가치

$$P = \frac{1}{(1+r)^n}$$

기간	1%	2%	3%	4%	5%	6%	7%	8%	9%	10%
1	.9901	.9804	.9709	.9615	.9524	.9434	.9346	.9259	.9174	.9091
2	.9803	.9612	.9426	.9246	.9070	.8900	.8734	.8573	.8417	.8264
3	.9706	.9423	.9151	.8890	.8638	.8396	.8163	.7938	.7722	.7513
4	.9610	.9238	.8885	.8548	.8227	.7921	.7629	.7350	.7084	.6830
5	.9515	.9057	.8626	.8219	.7835	.7473	.7130	.6806	.6499	.6209
6	.9420	.8880	.8375	.7903	.7462	.7050	.6663	.6302	.5963	.5645
7	.9327	.8706	.8131	.7599	.7107	.6651	.6227	.5835	.5470	.5132
8	.9235	.8535	.7894	.7307	.6768	.6274	.5820	.5403	.5019	.4665
9	.9143	.8368	.7664	.7026	.6446	.5919	.5439	.5002	.4604	.4241
10	.9053	.8203	.7441	.6756	.6139	.5584	.5083	.4632	.4224	.3855
11	.8963	.8043	.7224	.6496	.5847	.5268	.4751	.4289	.3875	.3505
12	.8874	.7885	.7014	.6246	.5568	.4970	.4440	.3971	.3555	.3186
13	.8787	.7730	.6810	.6006	.5303	.4688	.4150	.3677	.3262	.2897
14	.8700	.7579	.6611	.5775	.5051	.4423	.3878	.3405	.2992	.2633
15	.8613	.7430	.6419	.5553	.4810	.4173	.3624	.3152	.2745	.2394
16	.8528	.7284	.6232	.5339	.4581	.3936	.3387	.2919	.2519	.2176
17	.8444	.7142	.6050	.5134	.4363	.3714	.3166	.2703	.2311	.1978
18	.8360	.7002	.5874	.4936	.4155	.3503	.2959	.2502	.2120	.1799
19	.8277	.6864	.5703	.4746	.3957	.3305	.2765	.2317	.1945	.1635
20	.8195	.6730	.5537	.4564	.3769	.3118	.2584	.2145	.1784	.1486
21	.8114	.6598	.5375	.4388	.3589	.2942	.2415	.1987	.1637	.1351
22	.8034	.6468	.5219	.4220	.3418	.2775	.2257	.1839	.1502	.1228
23	.7954	.6324	.5067	.4057	.3256	.2618	.2109	.1703	.1378	.1117
24	.7876	.6217	.4919	.3901	.3100	.2470	.1971	.1577	.1264	.1015
25	.7798	.6095	.4776	.3751	.2953	.2330	.1842	.1460	.1160	.0923
26	.7720	.5976	.4637	.3604	.2812	.2198	.1722	.1352	.1064	.0839
27	.7644	.5859	.4502	.3468	.2678	.2074	.1609	.1252	.0976	.0763
28	.7568	.5744	.4371	.3335	.2551	.1956	.1504	.1159	.0895	.0693
29	.7493	.5631	.4243	.3207	.2429	.1846	.1406	.1073	.0822	.0630
30	.7419	.5521	.4120	.3083	.2314	.1741	.1314	.0994	.0754	.0573
35	.7059	.5000	.3554	.2534	.1813	.1301	.0937	.0676	.0490	.0356
40	.6717	.4529	.3066	.2083	.1420	.0972	.0668	.0460	.0318	.0221
45	.6391	.4102	.2644	.1712	.1113	.0727	.0476	.0313	.0207	.0137
50	.6080	.3715	.2281	.1407	.0872	.0543	.0339	.0213	.0134	.0085
55	.5785	.3365	.1968	.1157	.0683	.0406	.0242	.0145	.0087	.0053

기간	12%	14%	15%	16%	18%	20%	24%	28%	32%	36%
1	.8929	.8772	.8696	.8621	.8475	.8333	.8065	.7813	.7576	.7353
2	.7972	.7695	.7561	.7432	.7182	.6944	.6504	.6104	.5739	.5407
3	.7118	.6750	.6575	.6407	.6086	.5787	.5245	.4768	.4348	.3975
4	.6355	.5921	.5718	.5523	.5158	.4823	.4230	.3725	.3294	.2923
5	.5674	.5194	.4972	.4761	.4371	.4019	.3411	.2910	.2495	.2149
6	.5066	.4556	.4323	.4104	.3704	.3349	.2751	.2274	.1890	.1580
7	.4523	.3996	.3759	.3538	.3139	.2791	.2218	.1776	.1432	.1162
8	.4039	.3506	.3269	.3050	.2660	.2326	.1789	.1388	.1085	.0854
9	.3606	.3075	.2843	.2630	.2255	.1938	.1443	.1084	.0822	.0628
10	.3220	.2697	.2472	.2267	.1911	.1615	.1164	.0847	.0623	.0462
11	.2875	.2366	.2149	.1954	.1619	.1346	.0938	.0662	.0472	.0340
12	.2567	.2076	.1869	.1685	.1372	.1122	.0757	.0517	.0357	.0250
13	.2292	.1821	.1625	.1452	.1163	.0935	.0610	.0404	.0271	.0184
14	.2046	.1597	.1413	.1252	.0985	.0779	.0492	.0316	.0205	.0135
15	.1827	.1401	.1229	.1079	.0835	.0649	.0397	.0247	.0155	.0099
16	.1631	.1229	.1069	.0980	.0708	.0541	.0320	.0193	.0118	.0073
17	.1456	.1078	.0929	.0802	.0600	.0451	.0258	.0150	.0089	.0054
18	.1300	.0946	.0808	.0691	.0508	.0376	.0208	.0118	.0068	.0039
19	.1161	.0829	.0703	.0596	.0431	.0313	.0168	.0092	.0051	.0029
20	.1037	.0728	.0611	.0514	.0365	.0261	.0135	.0072	.0039	.0021
21	.0926	.0638	.0531	.0443	.0309	.0217	.0109	.0056	.0029	.0016
22	.0826	.0560	.0462	.0382	.0262	.0181	.0088	.0044	.0022	.0012
23	.0738	.0491	.0402	.0329	.0222	.0151	.0071	.0034	.0017	.0008
24	.0659	.0431	.0349	.0284	.0188	.0126	.0057	.0027	.0013	.0006
25	.0588	.0378	.0304	.0245	.0160	.0105	.0046	.0021	.0010	.0005
26	.0525	.0331	.0264	.0211	.0135	.0087	.0037	.0016	.0007	.0003
27	.0469	.0291	.0230	.0182	.0115	.0073	.0030	.0013	.0006	.0002
28	.0419	.0255	.0200	.0157	.0097	.0061	.0024	.0010	.0004	.0002
29	.0374	.0224	.0174	.0135	.0082	.0051	.0020	.0008	.0003	.0001
30	.0334	.0196	.0151	.0116	.0070	.0042	.0016	.0006	.0002	.0001
35	.0189	.0102	.0075	.0055	.0030	.0017	.0005	.0002	.0001	*
40	.0107	.0053	.0037	.0026	.0013	.0007	.0002	.0001	*	*
45	.0061	.0027	.0019	.0013	.0006	.0003	.0001	*	*	*
50	.0035	.0014	.0009	.0006	.0003	.0001	*	*	*	*
55	.0020	.0007	.0005	.0003	.0001	*	*	*	*	*

* P < .0001

[표 C]

정상연금의 미래가치

$$FA_n = \sum_{t=1}^{n} (1+r)^{n-t} = \frac{(1+r)^n - 1}{r}$$

기간	1%	2%	3%	4%	5%	6%	7%	8%	9%	10%
1	1.0000	1.0000	1.0000	1.0000	1.0000	1.0000	1.0000	1.0000	1.0000	1.0000
2	2.0100	2.0200	2.0300	2.0400	2.0500	2.0600	2.0700	2.0800	2.0900	2.1000
3	3.0301	3.0604	3.0909	3.1216	3.1525	3.1836	3.2149	3.2464	3.2781	3.3100
4	4.0604	4.1216	4.1836	4.2465	4.3101	4.3746	4.4399	4.5061	4.5731	4.6410
5	5.1010	5.2040	5.3091	5.4163	5.5256	5.6371	5.7507	5.8666	5.9847	6.1051
6	6.1520	6.3081	6.4684	6.6330	6.8019	6.9753	7.1533	7.3359	7.5233	7.7156
7	7.2135	7.4343	7.6625	7.8983	8.1420	8.3938	8.6540	8.9228	9.2004	9.4872
8	8.2857	8.5830	8.8923	9.2142	9.5491	9.8975	10.260	10.637	11.028	11.436
9	9.3685	9.7546	10.159	10.583	11.027	11.491	11.978	12.488	13.021	13.579
10	10.462	10.950	11.464	12.006	12.578	13.181	13.816	14.487	15.193	15.937
11	11.567	12.169	12.808	13.486	14.207	14.972	15.784	16.645	17.560	18.531
12	12.683	13.412	14.192	15.026	15.917	16.870	17.888	18.977	20.141	21.384
13	13.809	14.680	15.618	16.627	17.713	18.882	20.141	21.495	22.953	24.523
14	14.947	15.974	17.086	18.292	19.599	21.015	22.550	24.215	26.019	27.975
15	16.097	17.293	18.599	20.024	21.579	23.276	25.129	27.152	29.361	31.772
16	17.258	18.639	20.157	21.825	23.657	25.673	27.888	30.324	33.003	35.950
17	18.430	20.012	21.762	23.698	25.840	28.213	30.840	33.750	36.974	40.545
18	19.615	21.412	23.414	25.645	28.132	30.906	33.999	37.450	41.301	45.599
19	20.811	22.841	25.117	27.671	30.539	33.760	37.379	41.446	46.018	51.159
20	22.019	24.297	26.870	29.778	33.066	36.786	40.995	45.762	51.160	57.275
21	23.239	25.783	28.676	31.969	35.719	39.993	44.865	50.423	56.765	64.002
22	24.472	27.299	30.537	34.248	38.505	43.392	49.006	55.457	62.873	71.403
23	25.716	28.845	32.453	36.619	41.430	46.996	53.436	60.893	69.532	79.543
24	26.973	30.422	34.426	39.083	44.502	50.816	58.177	60.765	76.790	88.497
25	28.243	32.030	36.459	41.646	47.727	54.865	63.249	73.106	84.701	98.347
26	29.526	33.671	38.553	44.312	51.113	59.156	68.676	79.954	93.324	109.18
27	30.821	35.344	40.710	47.084	54.669	63.706	74.484	87.351	102.72	121.10
28	32.129	37.051	42.931	49.968	58.403	68.528	80.698	95.339	112.97	134.21
29	33.450	38.792	45.219	52.966	62.323	73.640	87.347	103.97	124.14	148.63
30	34.785	40.568	47.575	56.085	66.439	79.058	94.461	113.28	136.31	164.49
40	48.886	60.402	75.401	95.026	120.80	154.76	199.64	259.06	337.88	442.59
50	64.463	84.579	112.80	152.67	209.35	290.34	406.53	573.77	815.08	1163.9
60	81.670	114.05	163.05	237.99	353.58	533.13	813.52	1253.2	1944.8	3034.8

기간	12%	14%	15%	16%	18%	20%	24%	28%	32%	36%
1	1.0000	1.0000	1.0000	1.0000	1.0000	1.0000	1.0000	1.0000	1.0000	1.0000
2	2.1200	2.1400	2.1500	2.1600	2.1800	2.2000	2.2400	2.2800	2.3200	2.3600
3	3.3744	3.4396	3.4725	3.5056	3.5724	3.6400	3.7776	3.9184	4.0624	4.2096
4	4.7793	4.9211	4.9934	5.0665	5.2154	5.3680	5.6842	6.0156	6.3624	6.7251
5	6.3528	6.6101	6.7424	6.8771	7.1542	7.4416	8.0484	8.6999	9.3983	10.146
6	8.1152	8.5355	8.7537	8.9775	9.4420	9.9299	10.980	12.136	13.406	14.799
7	10.089	10.730	11.067	11.414	12.142	12.916	14.615	16.534	18.696	21.126
8	12.300	13.233	13.727	14.240	15.327	16.499	19.123	22.163	25.678	29.732
9	14.776	16.085	16.786	17.519	19.086	20.799	24.712	29.369	34.895	41.435
10	17.549	19.337	20.304	21.321	23.521	25.959	31.643	38.593	47.062	57.352
11	20.655	23.045	24.349	25.733	28.755	32.150	40.238	50.398	63.122	78.998
12	24.133	27.271	29.002	30.850	34.931	39.581	50.895	65.510	84.320	108.44
13	28.029	32.089	34.352	36.786	42.219	48.497	64.110	84.853	112.30	148.47
14	32.393	37.581	40.505	43.672	50.818	59.196	80.496	109.61	149.24	202.93
15	37.280	43.842	47.580	51.660	60.965	72.035	100.82	141.30	198.00	276.98
16	42.753	50.980	55.717	60.925	72.939	87.442	126.01	181.87	262.36	377.69
17	48.884	59.118	65.075	71.673	87.068	105.93	157.25	233.79	347.31	514.66
18	55.750	68.394	75.836	84.141	103.74	128.12	195.99	300.25	459.45	700.94
19	63.440	78.969	88.212	98.603	123.41	154.74	244.03	385.32	607.47	954.28
20	72.052	91.025	102.44	115.38	146.63	186.69	303.60	494.21	802.86	1298.8
21	81.699	104.77	118.81	134.84	174.02	225.03	377.46	633.59	1060.8	1767.4
22	92.503	120.44	137.63	157.41	206.34	271.03	469.06	812.00	1401.2	2404.7
23	104.60	138.30	159.28	183.60	244.49	326.24	582.63	1040.4	1850.6	3271.3
24	118.16	158.66	184.17	213.98	289.49	392.48	723.46	1332.7	2443.8	4450.0
25	133.33	181.87	212.79	249.21	342.60	471.98	898.09	1706.8	3226.8	6053.0
26	150.33	208.33	245.71	290.09	405.27	567.38	1114.6	2185.7	4260.4	8233.1
27	169.37	238.50	283.57	337.50	479.22	681.85	1383.1	2798.7	5624.8	11198.0
28	190.70	272.89	327.10	392.50	566.48	819.22	1716.1	3583.3	7425.7	15230.3
29	214.58	312.09	377.17	456.30	669.45	984.07	2129.0	4587.7	9802.9	20714.2
30	241.33	356.79	434.75	530.31	790.95	1181.9	2640.9	5873.2	12941.	28172.3
40	767.09	1342.0	1779.1	2360.8	4163.2	7343.9	22729.	69377.	*	*
50	2400.0	4994.5	7217.7	10436.	21813.	45497.	*	*	*	*
60	7471.6	18535.	29220.	46058.	*	*	*	*	*	*

* $FA_n > 999,999$.

정상연금의 현재가치

$$PA_n = \sum_{t=1}^{n} \frac{1}{(1+r)^t} = \frac{1 - \dfrac{1}{(1+r)^n}}{r} = \frac{1}{r} - \frac{1}{r(1+r)^n}$$

기간	1%	2%	3%	4%	5%	6%	7%	8%	9%
1	0.9901	0.9804	0.9709	0.9615	0.9524	0.9434	0.9346	0.9259	0.9174
2	1.9704	1.9416	1.9135	1.8861	1.8594	1.8334	1.8080	1.7833	1.7591
3	2.9410	2.8839	2.8286	2.7751	2.7232	2.6730	2.6243	2.5771	2.5313
4	3.9020	3.8077	3.7171	3.6299	3.5460	3.4651	3.3872	3.3121	3.2397
5	4.8534	4.7135	4.5797	4.4518	4.3295	4.2124	4.1002	3.9927	3.8897
6	5.7955	5.6014	5.4172	5.2421	5.0757	4.9173	4.7665	4.6229	4.4859
7	6.7282	6.4720	6.2303	6.0021	5.7864	5.5824	5.3893	5.2064	5.0330
8	7.6517	7.3255	7.0197	6.7327	6.4632	6.2098	5.9713	5.7466	5.5348
9	8.5660	8.1622	7.7861	7.4353	7.1078	6.8017	6.5152	6.2469	5.9952
10	9.4713	8.9826	8.5302	8.1109	7.7217	7.3601	7.0236	6.7101	6.4177
11	10.3676	9.7868	9.2526	8.7605	8.3064	7.8869	7.4987	7.1390	6.8052
12	11.2551	10.5753	9.9540	9.3851	8.8633	8.3838	7.9427	7.5361	7.1607
13	12.1337	11.3484	10.6350	9.9856	9.3936	8.8527	8.3577	7.9038	7.4869
14	13.0037	12.1062	11.2961	10.5631	9.8986	9.2950	8.7455	8.2442	7.7862
15	13.8651	12.8493	11.9379	11.1184	10.3797	9.7122	9.1079	8.5595	8.0607
16	14.7179	13.5777	12.5611	11.6523	10.8378	10.1059	9.4466	8.8514	8.3126
17	15.5623	14.2919	13.1661	12.1657	11.2741	10.4773	9.7632	9.1216	8.5436
18	16.3983	14.9920	13.7535	12.6593	11.6896	10.8276	10.0591	9.3719	8.7556
19	17.2260	15.6785	14.3238	13.1339	12.0853	11.1581	10.3356	9.6036	8.9501
20	18.0456	16.3514	14.8775	13.5903	12.4622	11.4699	10.5940	9.8181	9.1285
21	18.8570	17.0112	15.4150	14.0292	12.8212	11.7641	10.8355	10.0168	9.2922
22	19.6604	17.6580	15.9369	14.4511	13.1630	12.0416	11.0612	10.2007	9.4424
23	20.4558	18.2922	16.4436	14.8568	13.4886	12.3034	11.2722	10.3711	9.5802
24	21.2434	18.9139	16.9355	15.2470	13.7986	12.5504	11.4693	10.5288	9.7066
25	22.0232	19.5235	17.4131	15.6221	14.0939	12.7834	11.6536	10.6748	9.8266
26	22.7952	20.1210	17.8768	15.9828	14.3752	13.0032	11.8258	10.8100	9.9290
27	23.5596	20.7069	18.3270	16.3296	14.6430	13.2105	11.9867	10.9352	10.0266
28	24.3164	21.2813	18.7641	16.6631	14.8981	13.4062	12.1371	11.0511	10.1161
29	25.0658	21.8444	19.1885	16.9837	15.1411	13.5907	12.2777	11.1584	10.1983
30	25.8077	22.3965	19.6004	17.2920	15.3725	13.7648	12.4090	11.2578	10.2737
35	29.4086	24.9986	21.4872	18.6646	16.3742	14.4982	12.9477	11.6546	10.5668
40	32.8347	27.3555	23.1148	19.7928	17.1591	15.0463	13.3317	11.9246	10.7574
45	36.0945	29.4902	24.5187	20.7200	17.7741	15.4558	13.6055	12.1084	10.8812
50	39.1961	31.4236	25.7298	21.4822	18.2559	15.7619	13.8007	12.2335	10.9617
55	42.1472	33.1748	26.7744	22.1086	18.6335	15.9905	13.9399	12.3186	11.0140

기간	10%	12%	14%	15%	16%	18%	20%	24%	28%	32%
1	0.9091	0.8929	0.8772	0.8696	0.8621	0.8475	0.8333	0.8065	0.7813	0.7576
2	1.7355	1.6901	1.6467	1.6257	1.6052	1.5656	1.5278	1.4568	1.3916	1.3315
3	2.4869	2.4018	2.3216	2.2832	2.2459	2.1743	2.1065	1.9813	1.8684	1.7663
4	3.1699	3.0373	2.9137	2.8550	2.7982	2.6901	2.5887	2.4043	2.2410	2.0957
5	3.7908	3.6048	3.4331	3.3522	3.2743	3.1272	2.9906	2.7454	2.5320	2.3452
6	4.3553	4.1114	3.8887	3.7845	3.6847	3.4976	3.3255	3.0205	2.7594	2.5342
7	4.8684	4.5638	4.2883	4.1604	4.0386	3.8115	3.6046	3.2423	2.9370	2.6775
8	5.3349	4.9676	4.6389	4.4873	4.3436	4.0776	3.8372	3.4212	3.0758	2.7860
9	5.7590	5.3282	4.9464	4.7716	4.6065	4.3030	4.0310	3.5655	3.1842	2.8681
10	6.1446	5.6502	5.2161	5.0188	4.8332	4.4941	4.1925	3.6819	3.2689	2.9304
11	6.4951	5.9377	5.4527	5.2337	5.0286	4.6560	4.3271	3.7757	3.3351	2.9776
12	6.8137	6.1944	5.6603	5.4206	5.1971	4.7932	4.4392	3.8514	3.3868	3.0133
13	7.1034	6.4235	5.8424	5.5831	5.3423	4.9095	4.5327	3.9124	3.4272	3.0404
14	7.3667	6.6282	6.0021	5.7245	5.4675	5.0081	4.6106	3.9616	3.4587	3.0609
15	7.6061	6.8109	6.1422	5.8474	5.5755	5.0916	4.6755	4.0013	3.4834	3.0764
16	7.8237	6.9740	6.2651	5.9542	5.6685	5.1624	4.7296	4.0333	3.5026	3.0882
17	8.0216	7.1196	6.3729	6.0472	5.7487	5.2223	4.7746	4.0591	3.5177	3.0971
18	8.2014	7.2497	6.4674	6.1280	5.8178	5.2732	4.8122	4.0799	3.5294	3.1039
19	8.3649	7.3658	6.5504	6.1982	5.8775	5.3162	4.8435	4.0967	3.5386	3.1090
20	8.5136	7.4694	6.6231	6.2593	5.9288	5.3527	4.8696	4.1103	3.5458	3.1129
21	8.6487	7.5620	6.6870	6.3125	5.9731	5.3837	4.8913	4.1212	3.5514	3.1158
22	8.7715	7.6446	6.7429	6.3587	6.0113	5.4099	4.9094	4.1300	3.5558	3.1180
23	8.8832	7.7184	6.7921	6.3988	6.0442	5.4321	4.9245	4.1371	3.5592	3.1197
24	8.9847	7.7843	6.8351	6.4338	6.0726	5.4509	4.9371	4.1428	3.5619	3.1210
25	9.0770	7.8431	6.8729	6.4641	6.0971	5.4669	4.9476	4.1474	3.5640	3.1220
26	9.1609	7.8957	6.9061	6.4906	6.1182	5.4804	4.9563	4.1511	3.5656	3.1227
27	9.2372	7.9426	6.9352	6.5135	6.1364	5.4919	4.9636	4.1542	3.5669	3.1233
28	9.3066	7.9844	6.9607	6.5335	6.1520	5.5016	4.9697	4.1566	3.5679	3.1237
29	9.3696	8.0218	6.9830	6.5509	6.1656	5.5098	4.9747	4.1585	3.5687	3.1240
30	9.4269	8.0552	7.0027	6.5660	6.1772	5.5168	4.9789	4.1601	3.5693	3.1242
35	9.6442	8.1755	7.0700	6.6166	6.2153	5.5386	4.9915	4.1644	3.5708	3.1248
40	9.7791	8.2438	7.1050	6.6418	6.2335	5.5482	4.9966	4.1659	3.5712	3.1250
45	9.8628	8.2825	7.1232	6.6543	6.2421	5.5523	4.9986	4.1664	3.5714	3.1250
50	9.9148	8.3045	7.1327	6.6605	6.2463	5.5541	4.9995	4.1666	3.5714	3.1250
55	9.9471	8.3170	7.1376	6.6636	6.2482	5.5549	4.9998	4.1666	3.5714	3.2150

분 개 장

No. 1

일 자		적 요	원 면	차 변	대 변

분 개 장

No. 2

일 자		적 요	원 면	차 변	대 변

분 개 장

No. 3

일 자		적 요	원 면	차 변	대 변

490
부 록

총 계 정 원 장

현   금 (1)

일 자		적 요	분면	차 변	대 변	잔 액

매출채권 (2)

일 자		적 요	분면	차 변	대 변	잔 액

재고자산 (3)

일 자		적 요	분면	차 변	대 변	잔 액

제5장 연습문제 15번 양식

총 계 정 원 장

선급보험료
(4)

일 자		적 요	분면	차 변	대 변	잔 액

건물과 설비
(5)

일 자		적 요	분면	차 변	대 변	잔 액

감가상각누계액
(6)

일 자		적 요	분면	차 변	대 변	잔 액

단기차입금
(7)

일 자		적 요	분면	차 변	대 변	잔 액

매입채무
(8)

일 자		적 요	분면	차 변	대 변	잔 액

총계정원장

미지급이자
(9)

일 자		적 요	분면	차 변	대 변	잔 액

미지급급여
(10)

일 자		적 요	분면	차 변	대 변	잔 액

미지급배당금
(11)

일 자		적 요	분면	차 변	대 변	잔 액

자 본 금
(12)

일 자		적 요	분면	차 변	대 변	잔 액

이익잉여금
(13)

일 자		적 요	분면	차 변	대 변	잔 액

총계정원장

임차료비용 (14)

일 자		적 요	분면	차 변	대 변	잔 액

급 여 (15)

일 자		적 요	분면	차 변	대 변	잔 액

보 험 료 (16)

일 자		적 요	분면	차 변	대 변	잔 액

잡 비 (17)

일 자		적 요	분면	차 변	대 변	잔 액

총 계 정 원 장

매 출

(18)

일 자		적 요	분면	차 변	대 변	잔 액

배 당 금

(19)

일 자		적 요	분면	차 변	대 변	잔 액

감가상각비

(20)

일 자		적 요	분면	차 변	대 변	잔 액

이자비용

(21)

일 자		적 요	분면	차 변	대 변	잔 액

매출원가

(22)

일 자		적 요	분면	차 변	대 변	잔 액

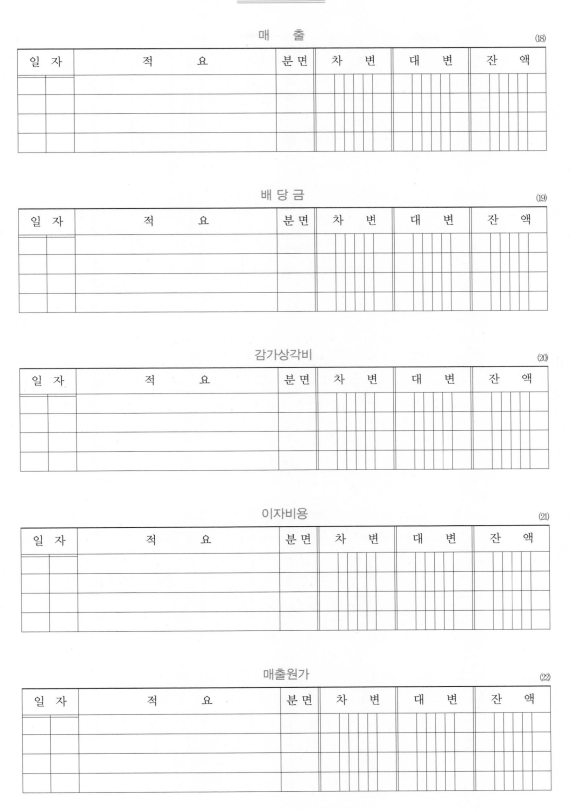

총 계 정 원 장

집합손익   (23)

일 자		적 요	분 면	차 변	대 변	잔 액

(24)

일 자		적 요	분 면	차 변	대 변	잔 액

(25)

일 자		적 요	분 면	차 변	대 변	잔 액

(26)

일 자		적 요	분 면	차 변	대 변	잔 액

정 산 표

진선미상사

20×2년 1월 1일~20×2년 1월 31일

계 정 과 목	수정전시산표		수정분개		수정후시산표		손익계산서		재무상태표	
	차 변	대 변	차 변	대 변	차 변	대 변	차 변	대 변	차 변	대 변

제5장 연습문제 15번 양식

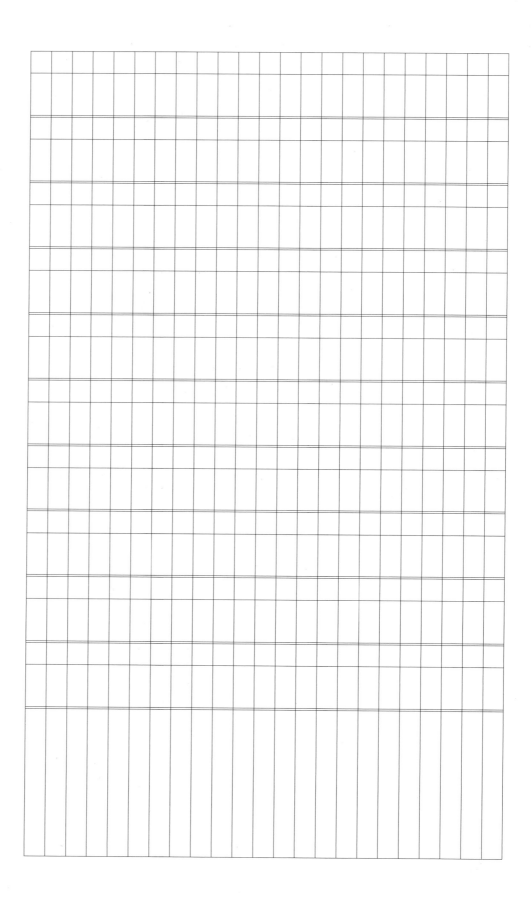

손익계산서

진선미상사   20×2년 1월 1일~20×2년 1월 31일

제5장 연습문제 15번 양식

재무상태표(보고식)

진선미상사   20×2년 1월 31일

마감후시산표

진선미상사

계 정 과 목	차 변	대 변

제5장 연습문제 15번 양식

INDEX _ 찾아보기

International Financial Reporting Standards

「K-IFRS 회계원리」 (제5판, 김순기, 전성빈, 송민섭, 이장원, 이아영 공저) 별책부록

현대자동차주식회사와 그 종속기업

연결재무제표에 대한

감 사 보 고 서

제52기

2019년 01월 01일부터
2019년 12월 31일까지

○ ○ 회 계 법 인

목 차

독립된 감사인의 감사보고서

현대자동차주식회사
주주 및 이사회 귀중

감사의견

우리는 별첨된 현대자동차주식회사와 그 종속기업(이하 "연결실체")의 연결재무제표를 감사하였습니다. 해당 연결재무제표는 2019년 12월 31일 현재의 연결재무상태표, 동일로 종료되는 보고기간의 연결손익계산서, 연결포괄손익계산서, 연결자본변동표, 연결현금흐름표, 그리고 유의적인 회계정책의 요약을 포함한 연결재무제표의 주석으로 구성되어 있습니다.

우리의 의견으로는 별첨된 연결재무제표는 연결실체의 2019년 12월 31일 현재의 연결재무상태와 동일로 종료되는 보고기간의 연결재무성과 및 연결현금흐름을 한국채택국제회계기준에 따라, 중요성의 관점에서 공정하게 표시하고 있습니다.

감사의견근거

우리는 대한민국의 회계감사기준에 따라 감사를 수행하였습니다. 이 기준에 따른 우리의 책임은 이 감사보고서의 연결재무제표감사에 대한 감사인의 책임 단락에 기술되어 있습니다. 우리는 연결재무제표 감사와 관련된 대한민국의 윤리적 요구사항에 따라 회사로부터 독립적이며, 그러한 윤리적 책임을 이행하였습니다. 우리가 입수한 감사증거가 감사의견을 위한 근거로서 충분하고 적합하다고 우리는 믿습니다.

핵심감사사항

핵심감사사항은 우리의 전문가적 판단에 따라 당기 연결재무제표감사에서 가장 유의적인 사항들입니다. 해당 사항들은 연결재무제표 전체에 대한 감사의 관점에서 우리의 의견형성 시 다루어졌으며, 우리는 이런 사항에 대하여 별도의 의견을 제공하지는 않습니다.

가. 판매보증충당부채의 평가

핵심감사사항으로 결정된 이유
연결실체는 자동차 판매 시 일정 보증기간 동안 무상수리를 제공하고 있으며, 연결실체는 차종별로 판매량을 결정하고 과거 판매 보증실적에 기반하여 향후 발생할 연결재무제표비를 추정하여 연결재무제표에 인식하고 있으며, 판매보증비는 실적 및 차종별 판매대수 집계와 가산 해 실제 발생한 판매보증비 실적 및 차종별 판매대수 집계와 가산 중요자료들 활용하여 연결재무제표를 작성하고 공정하게 표시할 책임이 있으므로,

출의 오류 발생시 이로 인한 연결재무제표에 미치는 영향이 유의적이므로 판매보증충당부채 평가를 핵심감사사항으로 선정하였습니다.

핵심감사사항이 감사에서 다루어진 방법
판매보증충당부채의 평가를 위해 우리가 수행한 주요 감사절차는 다음과 같습니다.

- 판매보증충당부채의 평가와 관련된 내부통제의 설계 및 운영의 효과성 확인
- 경영진이 사용한 대수 판매별 보증실적이 가정의 합리성 확인 및 재계산 검증
- 외부전문가의 비교를 통한 적용된 할인율에 대한 적정성 확인

나. 금융업채권 평가

핵심감사사항으로 결정된 이유
연결실체는 주석2,(8)에서 설명하고 있으며, 연결실체는 2019년 12월 31일 현재 62,258,626백만원의 금융업채권 및 1,480,555백만원의 금융업채권에 대한 손실충당금을 인식하고 있습니다. (주석 14)

금융업채권은 기업회계기준서 제1109호 '금융상품'에 따라 금융상품에 대한 기대신용손실을 측정하여 하며 신용손실의 유의적 증가여부를 평가하는 경우 연결실체는 판단이 필요합니다. 또한, 기대신용손실을 산출하기 위하여 이용하는 모형의 적용된 가정 산출들의 오류 발생 시 이로 인한 연결재무제표에 미치는 영향이 유의적이므로 금융업채권 평가를 핵심감사사항으로 선정하였습니다.

핵심감사사항이 감사에서 다루어진 방법
금융업채권의 평가에 대하여 우리가 수행한 주요 감사절차는 다음과 같습니다.

- 회계정책이 기업회계기준서 제1109호 '금융상품' 기준서에 부합하는지 확인
- 금융업채권에 대한 손상충당금을 설정하는 프로세스 이해 및 평가
- 건전성 분류에 의한 문서신용증을 통한 신용등급의 적정성 확인 및 신용위험의 유의적 증가를 포함한 표준 수립의 적정성 확인
- 표준 수립을 통한 부도율 및 회수율 관련 기초데이터 검증 및 추정치에 대한 신뢰성 확인

기타사항
연결재무제표에 대한 경영진의 한국채택국제회계기준에 따라 이 연결재무제표를 작성하고 공정하게 표시할 책임이 있으며, 연결실체의 2018년 12월 31일로 종료되는 보고기간의 연결재무제표는 타 감사인이 감사하였으며, 감사인의 2019년 3월 6일자 감사보고서에는 적정의견이 표명되었습니다.

부정이나 오류로 인한 중요한 왜곡표시가 없는 연결재무제표를 작성하는데 필요하다고 경영진이 결정한 내부통제에 대해서도 책임이 있습니다.

경영진은 연결재무제표를 작성할 때, 연결실체의 계속기업으로서의 존속능력을 평가하고 해당되는 경우, 계속기업 관련 사항을 공시할 책임이 있습니다. 그리고 경영진이 기업을 청산하거나 영업을 중단할 의도가 없거나, 회계처리 및 보고의 계속기업전제의 사용에 대한 책임이 있습니다.

지배기구는 연결실체의 재무보고절차의 감시에 대한 책임이 있습니다.

연결재무제표감사에 대한 감사인의 책임

우리의 목적은 연결실체의 전체 연결재무제표에 부정이나 오류로 인한 중요한 왜곡표시가 없는지에 대하여 합리적인 확신을 얻어 우리의 의견이 포함된 감사보고서를 발행하는데 있습니다. 합리적인 확신은 높은 수준의 확신을 의미하나, 감사기준에 따라 수행된 감사가 항상 중요한 왜곡표시를 발견한다는 것을 보장하지는 않습니다. 왜곡표시는 부정이나 오류로부터 발생할 수 있으며, 왜곡표시가 연결재무제표를 근거로 하는 이용자의 경제적 의사결정에 개별적으로 또는 집합적으로 영향을 미칠 것이 합리적으로 예상되면, 그 왜곡표시는 중요하다고 간주됩니다.

감사기준에 따른 감사의 일부로서 우리는 감사의 전 과정에 걸쳐 전문가적 판단을 수행하고 전문가적 의구심을 유지하고 있습니다. 또한, 우리는:

- 부정이나 오류로 인한 연결재무제표의 중요왜곡표시위험을 식별하고 평가하며 그러한 위험에 대응하는 감사절차를 설계하고 수행합니다. 그리고 감사의견의 근거로서 충분하고 적합한 감사증거를 입수합니다. 부정은 공모, 위조, 의도적인 누락, 허위진술 또는 내부통제 무력화가 개입될 수 있기 때문에 부정으로 인한 중요왜곡표시를 발견하지 못할 위험은 오류로 인한 위험보다 큽니다.

- 상황에 적합한 감사절차를 설계하기 위하여 감사와 관련된 내부통제를 이해합니다. 그러나 이는 내부통제의 효과성에 대한 의견을 표명하기 위한 것이 아닙니다.

- 연결재무제표를 작성하기 위하여 경영진이 적용한 회계정책의 적합성과 경영진이 도출한 회계추정치와 관련 공시의 합리성에 대하여 평가합니다.

- 경영진이 사용한 회계의 계속기업전제의 적절성과, 입수한 감사증거를 근거로 계속기업으로서의 존속능력에 대하여 유의적 의문을 초래할 수 있는 사건이나, 상황과 관련된 중요한 불확실성이 존재하는지 여부에 대하여 결론을 내립니다. 중요한 불확실성이 존재한다고 결론을 내리는 경우, 우리는 연결재무제표의 관련 공시에 대하여 감사보고서에 주의를 환기시키고, 이들 공시가 부적절한 경우 의견을 변형시킬 것을 요구받고 있습니다. 우리의 결론은 감사보고서일까지 입수된 감사증거에 기초하나, 미래의 사건이나 상황이 연결실체의 계속기업으로서 존속을 중단시킬 수 있습니다.

- 공시를 포함한 연결재무제표의 전반적인 표시와 구조 및 내용을 평가하고, 연결재무제표가 공정한 방식으로 표시하고 있는지 여부와 기초가 되는 거래와 사건을 공정한 방식으로 표시하고 있는지 평가합니다.

- 우리의 경우 감사보고서일까지 감사증거의 입수를 중단하지 않을 수 있습니다.

- 연결재무제표에 대한 의견을 표명하기 위해 기업의 재무정보 또는 그룹내의 사업활동과 관련된 충

분하고 적합한 감사증거를 입수합니다. 우리는 그룹감사의 지휘, 감독 및 수행에 대한 전적인 책임이 있으며 감사의견에 대한 전적인 책임이 있습니다.

우리는 여러 가지 사항들 중에서 계획된 감사범위와 시기 그리고 감사 중 식별된 유의적인 내부통제 미비점 등 유의적인 감사의 발견사항에 대하여 지배기구와 커뮤니케이션합니다.

또한, 우리는 독립성 관련 윤리적 요구사항들을 준수하고, 우리의 독립성 문제와 관련된다고 합리적으로 예상되는 경우 관련 제도적 안전장치를 지배기구와 커뮤니케이션한다는 진술을 포함하여 우리가 감사인의 독립성에 해당 사항을 기재함으로 인한 부정적 결과가 해당 사항을 감사보고서에 이러한 사항들을 기술합니다. 공익적 효익을 초과할 것으로 예상되어 해당 사항을 감사보고서에 기재하지 아니하여야 한다고 결론을 내리는 경우가 아닌 한, 우리는 감사보고서에 이러한 사항들을 기술합니다.

우리는 지배기구와 커뮤니케이션한 사항들 중에서 당기 연결재무제표감사에서 가장 유의적인 사항들을 핵심감사사항으로 결정합니다. 법규에서 해당 사항에 대하여 공개하는 것을 배제하거나, 극히 드문 상황으로 우리가 감사보고서에 해당 사항을 기재함으로 인한 부정적 결과가 해당 커뮤니케이션의

이 감사보고서는 감사보고서일(2020년 3월 4일)현재로 유효한 것입니다. 따라서 감사보고서일 이후 이 보고서를 읽는 시점 사이에 첨부된 회사의 연결재무제표에 중요한 영향을 미칠 수 있는 사건이나 상황이 발생할 수도 있으며, 이로 인하여 이 감사보고서가 수정될 수도 있습니다.

- 3 -

- 4 -

연 결 재 무 제 표

현대자동차주식회사와 그 종속기업

제 52 기
2019년 01월 01일부터
2019년 12월 31일까지

제 51 기
2018년 01월 01일부터
2018년 12월 31일까지

"첨부된 연결재무제표는 당사가 작성한 것입니다."

현대자동차주식회사 대표이사 이원희

연 결 재 무 상 태 표

제52기말 2019년 12월 31일 현재
제51기말 2018년 12월 31일 현재

현대자동차주식회사와 그 종속기업

(단위 : 백만원)

과목	주석	제52기말	제51기말
자산			
I. 유동자산		76,082,873	73,008,101
1. 현금및현금성자산	20	8,681,971	9,113,625
2. 단기금융상품	20	7,292,626	7,936,319
3. 기타금융자산	5,20	9,449,913	9,755,725
4. 매출채권	3,20	3,513,090	3,595,993
5. 기타채권	4,20	3,402,059	3,291,847
6. 재고자산	6	11,663,848	10,714,858
7. 기타자산	7,20	1,777,627	1,770,682
8. 당기법인세자산		112,046	97,271
9. 금융업채권	14,20	30,178,200	25,864,589
10. 매각예정비유동자산	8	11,493	867,192
II. 비유동자산		118,429,347	107,647,651
1. 장기금융상품	20	803,262	112,394
2. 기타금융상품	5,20	3,059,526	2,223,358
3. 장기성매출채권	3,20	127,430	136,777
4. 기타채권	4,20	705,154	755,088
5. 기타자산	7,20	865,767	711,299
6. 유형자산	9,40	32,831,524	30,545,608
7. 투자부동산	10,40	171,494	189,334
8. 무형자산	11,40	5,266,496	4,921,383
9. 공동기업 및 관계기업투자	13	18,375,290	17,143,239
10. 이연법인세자산	34	2,340,096	1,846,330
11. 금융업채권	14,20	32,080,426	28,637,075
12. 운용리스자산	15	21,068,340	20,425,766
13. 사용권자산	2,12	734,542	-
자 산 총 계		194,512,220	180,655,752
부채			
I. 유동부채		53,314,096	49,438,414
1. 매입채무	20	7,669,424	7,655,630
2. 미지급금	20	6,060,100	5,425,460
3. 단기차입금	16,20,40	12,570,693	12,249,850
4. 유동성장기부채	16,20,40	15,778,558	14,104,927

과목	주석	제52기	제51기
5. 당기법인세부채	17	370,100	150,802
6. 충당부채	18,20	3,462,034	3,291,868
7. 기타금융부채	18,20	9,970	44,288
8. 기타부채	19,20	7,260,829	5,796,193
9. 매각예정비유동부채	8	132,388	719,396
II. 비유동부채	2,12,20	64,832,370	57,321,328
1. 장기성미지급금	20	847,287	20,319
2. 사채	16,20,40	41,805,814	36,956,114
3. 장기차입금	16,20,40	16,217,088	9,985,250
4. 순확정급여부채	35	412,598	433,247
5. 충당부채	17	3,682,895	3,508,036
6. 기타금융부채	18,20	175,196	297,506
7. 기타부채	19,20	2,552,819	2,800,510
8. 이연법인세부채	34	3,503,077	3,320,346
9. 리스부채	2,12,20	635,596	-
부 채 총 계		118,146,466	106,759,742
자 본			
I. 지배기업소유주지분	21	70,065,802	67,973,969
1. 자본금	21	1,488,993	1,488,993
2. 자본잉여금	22	4,197,015	4,201,214
3. 자본조정	23	(1,516,817)	(1,155,244)
4. 기타포괄손익누계액	24	(2,353,022)	(3,052,198)
5. 이익잉여금	25	68,249,633	66,490,082
6. 매각예정자산과 관련된 자본	8,24	-	1,122
II. 비지배지분		6,299,952	5,922,041
자 본 총 계		76,365,754	73,896,010
부 채 와 자 본 총 계		194,512,220	180,655,752

별첨 주석 참조

연 결 손 익 계 산 서

현대자동차주식회사와 그 종속기업

제52기 2019년 1월 1일부터 2019년 12월 31일까지
제51기 2018년 1월 1일부터 2018년 12월 31일까지

(단위 : 백만원)

과목	주석	제52기	제51기
I. 매출액	27,40	105,746,422	96,812,609
II. 매출원가	32	88,091,409	81,670,479
III. 매출총이익		17,655,013	15,142,130
IV. 판매비와관리비	28,32	14,049,508	12,719,965
V. 영업이익		3,605,505	2,422,165
1. 공동기업및관계기업투자손익	29	542,826	404,541
2. 금융수익	30	827,120	823,499
3. 금융비용	30	475,218	600,867
4. 기타수익	31	1,120,958	967,281
5. 기타비용	31,32	1,457,425	1,487,037
VI. 법인세비용차감전순이익		4,163,766	2,529,582
1. 법인세비용	34	978,120	884,563
VII. 연결당기순이익		3,185,646	1,645,019
1. 지배기업소유주지분		2,980,049	1,508,084
2. 비지배지분		205,597	136,935
VIII. 지배기업 소유주지분에 대한 주당이익	33		
1. 기본주당이익			
보통주 기본주당이익		11,310원	5,632원
1우선주 기본주당이익		11,355원	5,681원
2. 희석주당이익			
보통주 희석주당이익		11,310원	5,632원
1우선주 희석주당이익		11,355원	5,681원

별첨 주석 참조

연 결 포 괄 손 익 계 산 서

제52기 2019년 1월 1일부터 2019년 12월 31일까지
제51기 2018년 1월 1일부터 2018년 12월 31일까지

현대자동차주식회사와 그 종속기업

(단위 : 백만원)

과목	제52기		제51기	
I. 연결당기순이익		3,185,646		1,645,019
II. 기타포괄손익	631,221		(996,382)	
1. 후속적으로 당기손익으로 재분류되지 않는 항목	(183,126)		(631,806)	
(1) 기타포괄손익-공정가치측정금융자산 순이익	(37,965)		(99,125)	
(2) 확정급여제도의 재측정요소	(53,144)		(439,508)	
(3) 지분법이익잉여금	(108,983)		(67,347)	
(4) 지분법자본변동	16,966		(25,826)	
2. 후속적으로 당기손익으로 재분류될 수 있는 항목	814,347		(364,576)	
(1) 기타포괄손익-공정가치측정금융자산 관련손익	15,906		(6,534)	
(2) 현금흐름위험회피파생상품평가손익	45,051		(124,121)	
(3) 지분법자본변동	271,542		(237,547)	
(4) 해외사업환산손익	481,848		3,626	
III. 총포괄손익		3,816,867		648,637
1. 지배기업소유주지분		3,520,937		553,869
2. 비지배지분		295,930		94,768

별첨 주석 참조

연 결 자 본 변 동 표

제52기 2019년 1월 1일부터 2019년 12월 31일까지
제51기 2018년 1월 1일부터 2018년 12월 31일까지

현대자동차주식회사와 그 종속기업

(단위 : 백만원)

| 과목 | 지배기업 소유주지분 | | | | | | 비지배지분 | 총계 |
	자본금	자본잉여금	기타자본항목	기타포괄손익(손익누계)	이익잉여금	소계		
2018. 1. 1	1,488,993	4,201,214	(1,640,006)	(227,835)	67,332,328	69,103,494	5,653,870	74,757,354
회계정책의 변경	–	–	–	(112,433)	188,665	(151,603)	(71,337)	(222,940)
조정 후 금액	1,488,993	4,201,214	(1,640,006)	(340,268)	67,520,993	68,951,881	5,582,533	74,534,414
연결당기순이익	–	–	–	–	1,508,084	1,508,084	136,935	1,645,019
기타포괄손익-공정가치측정금융자산순이익	–	–	–	(104,758)	–	(104,758)	(901)	(105,669)
확정급여제도의 재측정요소	–	–	–	–	(439,505)	(439,505)	(3,997)	(443,505)
지분법자본변동	–	–	–	(329,005)	(67,347)	–	(1,715)	(330,720)
현금흐름위험회피파생상품평가손익	–	–	–	(329,005)	–	(329,005)	(1,715)	(330,720)
해외사업환산손익	–	–	–	–	–	(443,505)	(49,508)...	(493,508)
자본에 직접 반영된 소유주와의 거래:								
배당	–	–	–	–	(1,075,734)	(1,075,734)	(50,727)	(1,127,461)
종속기업의 증자	–	–	–	–	–	–	10	10
종속기업의 취득	–	–	–	–	–	–	3,181	3,181
자기주식의 취득	–	–	(454,734)	–	–	(454,734)	–	(454,734)
자기주식의 소각	–	–	939,596	–	(939,596)	–	–	–
신종자본증권의 발행	–	–	–	–	–	–	299,240	299,240
기타변동등	–	–	484,652	–	(313)	–	(6,964)	(7,277)
자본에 직접 반영된 소유주와의 거래 소계	–	–	(1,155,244)	–	(2,016,633)	(1,531,781)	244,740	(1,287,041)
2018.12.31	1,498,993	4,201,214	(1,155,244)	(3,051,076)	66,430,082	67,973,969	5,922,041	73,896,010
2019. 1. 1	1,498,993	4,201,214	(1,155,244)	(3,051,076)	66,430,082	67,973,969	5,922,041	73,896,010
총포괄손익:								

연결자본변동표

(별첨 주석 참조)

과목	자본금	자본잉여금	기타자본항목	기타포괄손익누계액	이익잉여금	지배기업 소유주지분	비지배지분	자본총계
연결당기순이익	–	–	–	–	2,960,049	2,960,049	205,597	3,165,646
공정가치측정 금융자산평가손익	–	–	–	(26,426)	(1,294)	(27,720)	5,661	(22,059)
확정급여제도의 재측정요소	–	–	–	–	(106,903)	(106,903)	10,481	(96,422)
지분법자본변동	–	–	–	34,570	–	34,570	10,481	45,061
해외사업환산손익	–	–	–	276,430	(108,983)	167,447	12,078	179,525
총포괄손익의 소계	–	–	–	–	(46,899)	(46,899)	(6,256)	(53,144)
배당	–	–	–	–	(1,083,331)	(1,083,331)	(39,503)	(1,121,834)
종속기업의 증자	–	–	–	2,822,883	–	3,520,937	295,930	3,816,867
종속기업의 취득	–	413,480	–	–	–	413,480	65,368	481,848
종속기업의 처분	638,054	–	–	–	–	–	–	–
자기주식 취득	–	(458,031)	–	–	(458,031)	(458,031)	–	(458,031)
자기주식 처분	–	2,163	96,458	–	–	98,621	–	98,621
신종자본증권의 발행	–	–	–	–	(1)	(6,363)	150,323	150,323
기타자본변동	–	(6,362)	–	(1,083,323)	(1,423,104)	(8,012)	81,981	(14,375)
소유주와의 거래 등 가래 소계	–	(4,199)	(361,573)	–	–	(19,637)	13,004	(19,637)
2019.12.31	1,488,993	4,197,015	(1,516,817)	(2,353,022)	68,249,633	70,065,802	6,299,952	76,365,754

연결현금흐름표

제52기 2019년 1월 1일부터 2019년 12월 31일까지
제51기 2018년 1월 1일부터 2018년 12월 31일까지

현대자동차주식회사와 그 종속기업

(단위 : 백만원)

과목	주석	제52기	제51기
I. 영업활동으로 인한 현금흐름		2,687,314	6,088,686
1. 영업으로부터 창출된 현금흐름	36	419,784	3,764,265
(1) 연결당기순이익		3,185,646	1,645,019
(2) 조정		15,145,995	14,036,476
(3) 영업활동으로 인한 자산·부채의 변동		(15,644,327)	(9,592,809)
2. 이자의 수취		672,283	696,134
3. 이자의 지급		(2,073,310)	(1,950,392)
4. 배당금의 수취		204,455	206,323
5. 법인세의 납부		(1,070,958)	(1,276,486)
II. 투자활동으로 인한 현금흐름		(5,929,184)	(2,415,064)
단기금융상품의 순증감		(5,610)	(232,528)
단기금융자산(비유동)의 순증감		495,541	2,596,564
기타금융자산(비유동)의 감소		7,189	141,979
기타채권자산(비유동)의 감소		51,417	79,241
장기금융상품의 감소		2,861	47
무형자산의 처분		85,901	105,116
무형자산의 처분		2,605	4,714
공동기업 및 관계기업투자의 처분		1,404	–
종속기업의 취득		13,004	5,271
기타채권의 증가		(679,741)	(125,123)
기타금융상품의 증가		(49,631)	(56,755)
기타금융자산(비유동)의 증가		(18,759)	(16,691)
장기금융상품의 증가		(3,586,716)	(3,226,486)
유형자산의 취득		(1,716,680)	(1,632,711)
무형자산의 취득		(588,541)	(61,772)
공동기업 및 관계기업투자의 취득		56,572	4,070
III. 재무활동으로 인한 현금흐름		4,874,926	(880,782)
단기차입금의 순증감		1,418,012	2,167,765
장기차입금 및 사채의 차입		25,557,933	18,561,982
종속기업의 증자		4,806	10

장기차입금 및 사채의 상환	(20,433,457)	(20,228,806)
리스부채의 상환	(159,604)	-
자기주식의 취득	(458,031)	(454,734)
배당금의 지급	(1,121,820)	(1,127,452)
신종자본증권의 발행	150,323	299,240
기타 재무활동으로 인한 현금유출입액	(83,236)	(98,787)
IV. 매각예정분류자산의 현금흐름 대체	-	-
V. 현금및현금성자산의 환율변동효과	202,820	(97,050)
VI. 현금및현금성자산의 증가(감소)(Ⅰ+Ⅱ+Ⅲ+Ⅳ+Ⅴ)	(431,654)	292,096
	(79,273)	
VII. 기초의 현금및현금성자산	9,113,625	8,821,529
VIII. 기말의 현금및현금성자산	8,681,971	9,113,625

별첨 주석 참조

연결재무제표에 대한 주석

제52기 2019년 1월 1일부터 2019년 12월 31일까지
제51기 2018년 1월 1일부터 2018년 12월 31일까지

현대자동차주식회사와 그 종속기업

1. 회사 및 종속기업의 개요

지배기업인 현대자동차주식회사(이하 "회사")는 1967년 12월에 설립되었으며, 회사와 회사의 종속기업 (이하 '연결실체')은 자동차와 자동차부품의 제조 및 판매, 차량 할부금융, 결제대행 및 철도차량 제작 등의 사업을 운영하고 있습니다. 회사는 1974년 6월에 한국거래소가 개설하는 유가증권시장에 주식을 상장하였으며, 런던증권거래소 및 룩셈부르크증권거래소에 주식예탁증서가 상장되어 있습니다.

당기말 현재 회사의 주요주주의 현황은 다음과 같습니다.

주주명	소유주식수	지분율(%)
현대모비스(주)	45,782,023	21.43
정몽구	11,395,859	5.33

종속기업	주요영업활동	소재지	소유지분	종속기업 소유지분
현대캐피탈(주)	금융	대한민국	59.68%	
현대카드(주)(*1)	금융	"	36.96%	
현대로템(주)(*2)	철도차량 제조 및 판매	"	43.36%	
(주)현대케피코	자동차부품 제조 및 판매	"	100.00%	
그린에어(주)	산업용가스의 제조 및 판매	"	51.00%	현대로템(주) 51.00%
현대오토에버(주)	자동차제어(아이앤지)연구	"	60.00%	
전북현대모터스에프씨(주)	프로축구단	"	100.00%	
메인트란스(주)	엔지니어링 서비스	"	53.66%	
(주)현대엔지비	철도 유지 보수	"	56.00%	
Hyundai Motor America (HMA)	자동차부품 제조 및 판매	미국	80.00%	
Hyundai Capital America (HCA)	금융	"	100.00%	
Hyundai Motor Manufacturing Alabama, LLC (HMMA)	자동차 제조 및 판매	"	80.00%	HMA 80.00%
Hyundai Translead, Inc. (HT)	특장차의 제조 및 판매	"	100.00%	HMA 100.00%
Stamped Metal American Research Technology, Inc.(SMART)	자동차부품 제조	"	72.45%	HMA 72.45%
Hyundai America Technical Center, Inc. (HATCI)	자동차 연구개발	"	100.00%	SMART 100.00%
Genesis Motor America LLC	완성차 및 부품 판매	"	100.00%	HMA 100.00%
Hyundai Motor USA Corporation	완성차 제조 및 판매	"	100.00%	
Mocenlab Inc.	모빌리티서비스	"	100.00%	
Hyundai Auto Canada Corp. (HACC)	완성차 및 부품 판매	캐나다	100.00%	
Hyundai Capital Canada Insurance Inc. (HACCI)	보험	"	100.00%	HACC 100.00%
Hyundai Capital Canada Inc. (HCCA)	금융	"	70.00%	HCCA 100.00%
Hyundai Capital Lease Inc. (HCLI)	금융	"	100.00%	HCCA 20.00%
HK Lease Funding LP	금융	"	100.00%	HCLI 99.99%
HCCA Funding Inc.	금융	"	100.00%	HCLI 100.00%
HCCA Funding Two Inc.	금융	"	100.00%	HCCA 100.00%
HK Retail Funding LP	금융	"	100.00%	HCCA 100.00% HCCA Funding Inc. 0.01%
Hyundai Motor India Limited (HMI)	자동차 제조 및 판매	인도	100.00%	
Hyundai Motor India Engineering Private Limited (HMIE)	자동차 연구개발	"	100.00%	HMI 100.00%
Hyundai Capital India Private Limited (HCI)	금융	"	100.00%	HCCA Funding Two Inc. 0.01%
Hyundai Motor Japan Co., Ltd. (HMJ)	완성차 판매	일본	100.00%	
Beijing Hyundai Motor Japan R&D Center Inc. (HMJ R&D)	자동차 연구개발	"	100.00%	
Beijing Jingxian Motor Safeguard Service Co., Ltd. (BJMSS)	완성차 판매 및 정비	중국	100.00%	

종속기업	주요영업활동	소재지	소유지분	종속기업 소유지분
Beijing Jingxianronghua Motor Sale Co., Ltd.	완성차 판매	중국	100.00%	BJMSS 100.00%
Genesis Motor Sales(Shanghai) Co., Ltd.	완성차 판매	"	100.00%	CMES 100.00%
Hyundai Millennium (Beijing) Real Estate Development Co., Ltd.	부동산 투자	"	99.00%	(주)현대케피코 99.00%
Rotem Equipments (Beijing) Co., Ltd.	자동차 설비판매 및 유지보수	"	100.00%	(주)현대케피코 100.00%
KEFICO Automotive Systems (Beijing) Co., Ltd.	자동차부품 제조 및 판매	"	100.00%	(주)현대케피코 100.00%
KEFICO Automotive Systems (Chongqing) Co., Ltd.	자동차부품 제조 및 판매	"	90.00%	(주)현대케피코 90.00%
HYUNDAI KEFICO VIETNAM COMPANY LIMITED	자동차부품 제조 및 판매	베트남	100.00%	(주)현대케피코 100.00%
HYUNDAI THANH CONG VIETNAM AUTO MANUFACTURING CORPORATION(HTMV)(*1)	자동차 제조 및 판매	"	50.00%	
Hyundai Thanh cong Commercial Vehicle Joint Stock Company (HTCV)(*1)	자동차 제조 및 판매	"	50.00%	
PT. HYUNDAI MOTOR MANUFACTURING INDONESIA (HMMI)	자동차 제조 및 판매	인도네시아	99.99%	현대캐피탈(주) 99.99%
Hyundai Motor Company Australia Pty Limited (HMCA)	완성차 및 부품 판매	호주	100.00%	
HR Mechanical Services Limited	철도 유지 보수	"	100.00%	
Hyundai Capital Australia Pty Limited	금융	"	100.00%	
Hyundai Motor Manufacturing Czech, s.r.o. (HMMC)	자동차 제조 및 판매	체코	100.00%	
Hyundai Motor Czech s.r.o. (HMCZ)	완성차 및 부품 판매	"	100.00%	
Hyundai Motor Europe GmbH (HME)	완성차 및 부품 판매	독일	100.00%	HME 100.00%
Hyundai Motor Deutschland GmbH (HMD)	완성차 및 부품 판매	"	100.00%	
Hyundai Motor Europe Technical Center GmbH (HMETC)	자동차 연구개발	"	100.00%	
Hyundai Motor Sport GmbH (HMSG)	고성능차 제작 및 마케팅	"	100.00%	
Hyundai Capital Europe GmbH	금융	"	100.00%	Hyundai Capital Europe 100.00%
Hyundai Motor Commonwealth of Independent States GmbH (HMCIS)	완성차 및 부품 판매	러시아	100.00%	HMCIS B.V 100.00%
Hyundai Motor Manufacturing Rus LLC (HMMR)	자동차 제조 및 판매	"	70.00%	
Hyundai Motor Netherlands B.V. (HMNL)	완성차 및 부품 판매	네덜란드	100.00%	HMMR B.V 100.00%
Hyundai Mobility Lab (HML)	소프트웨어 개발	러시아	100.00%	HMMR 1.65%
Hyundai Motor Commonwealth of Independent States Limited Liability Company	완성차 및 부품 판매	"	70.00%	HMCIS 99.00% HMMR 1.00%
Hyundai Truck And Bus Rus LLC (HTBR)	완성차 및 부품 판매	"	100.00%	
Hyundai Capital Services Limited Liability Company	금융	터키	70.00%	
Hyundai Assan Otomotiv Sanayi Ve Ticaret A.S. (HAOSVT)	자동차 제조 및 판매	"	50.50%	현대로템(주) 65.00% Hyundai EURotem A.S.
Hyundai Rotem Company - Hyundai Sanayi ve Ticaret A.S	철도차량 제조 및 판매	"	50.50%	현대로템(주) 50.50%
EURotem Demiryolu Araclari EURotem Demiryolu Araclari SAN. VE TIC. A.S ORTAK GIRISIMI	철도차량 제조 및 판매	"	100.00%	현대로템(주) 85.00% Hyundai EURotem A.S.
Hyundai Rotem Company - Hyundai EURotem Mahmutbey Projesi	철도차량 제조 및 판매	"	100.00%	현대로템(주) 35.00% Hyundai EURotem A.S.

종속기업	사업내용	소재지	지분율	지배기업 및 지분율
ORTAK GIRISIMI			15.00%	
HYUNDAI ROTEM MALAYSIA SDN BHD	플랜트설비 영업	말레이시아	100.00%	현대로템(주) 100.00%
Hyundai Motor UK Limited (HMUK)	완성차 및 부품 판매	영국	100.00%	
Hyundai Motor Company Italy S.r.l (HMCI)	"	이탈리아	100.00%	
Hyundai Motor Espana, S.L.U. (HMES)	"	스페인	100.00%	
Hyundai Motor France SAS (HMF)	"	프랑스	100.00%	
Hyundai Motor Poland Sp. Zo. O (HMP)	"	폴란드	100.00%	
Genesis Motor Europe Gmbh (GME)	"	독일	100.00%	
Genesis Motor UK Limited (GMUK)	"	영국	100.00%	GME 100.00%
Hyundai Hydrogen Mobility AG (HHM)	수소전기차 제조 및 판매	스위스	75.00%	
HYUNDAI MOTOR SINGAPORE PTE. LTD. (HMSI)	완성차 제조 및 판매	싱가포르	100.00%	
Hyundai Rio Vista, Inc.	부동산 투자	미국	100.00%	HT 100.00%
HYUNDAI KEFICO MEXICO, S. DE R.L. DE C.V.	완성차 제조 및 판매	멕시코	100.00%	(주)현대케피코 100.00%
HYUNDAI KEFICO MEXICO, SA DE C.V. (HYMEX)	자동차부품 제조	멕시코	99.99%	HT 99.99%
Hyundai Motor de Mexico, S DE RL DE CV (HMM)	특장차용 제조	멕시코	100.00%	HT 0.01%
Hyundai Motor Brasil Montadora de Automoveis LTDA (HMB)	완성차 제조 및 판매	브라질	100.00%	
Hyundai Capital Brasil Servicos De Assistencia Financeira Ltda	금융	브라질	100.00%	
China Millennium Corporations (CMEs)	투자	대만	73.76%	
China Mobility Fund, L.P.	투자	대만	59.60%	HMB 99.99%
HMB Holding Participacoes Financeiras Ltda.	지주회사	대만	99.99%	
Hydrogen Energy Industry Fund	투자	대한민국	69.00%	
제로윈 액셀러레이터 투자 펀드 1호 합자조합	투자	대한민국	99.00%	
KB 리더스 사모증권투자신탁 제1호(*3)	투자	대한민국	100.00%	
신한 BNPP 뱅방울 사모증권투자신탁 제34호	투자	대한민국	100.00%	
교보악사 Tomorrow 사모증권투자신탁 12호	투자	대한민국	100.00%	
삼성 ETF 토탈리턴 사모증권투자신탁 제1호(*3)	투자	대한민국	100.00%	
재로윈 액셀러레이터 펀드 1호 합자조합	투자	대한민국	0.50%	
오토웹이제이오원제일차~제육십육차유동화전문유한회사(*1)	금융	대한민국	100.00%	현대카드(주) 100.00%
수피씨리즈제삼차~재십이차유동화전문회사(*1)	금융	대한민국	0.50%	현대카드(주) 0.50%
블랙웰딩 주식회사	금융리스서비스	대한민국	80.00%	
오엠엔(엘)	금융	미국	100.00%	현대캐피탈(주) 100.00%
Hyundai CHA Funding, LLC	금융	미국	100.00%	HCA 100.00%
Hyundai Lease Titling Trust	"	"	100.00%	"
Hyundai HK Funding, LLC	"	"	100.00%	"
Hyundai HK Funding, LLC	"	"	100.00%	"
Hyundai HK Funding Two, LLC	"	"	100.00%	"
Hyundai HK Funding Three, LLC	"	"	100.00%	"
Hyundai HK Funding Four, LLC	"	"	100.00%	"
Hyundai ABS Funding, LLC	"	"	100.00%	"
HK Real Properties, LLC	"	"	100.00%	"
Hyundai Auto Lease Offering, LLC	"	"	100.00%	"
Hyundai HK Lease, LLC	"	"	100.00%	"
Extended Term Amortizing Program, LLC	"	"	100.00%	"
Hyundai Asset Backed Lease, LLC	"	"	100.00%	"
HCA Exchange, LLC	"	"	100.00%	"
Hyundai Protection Plan, Inc.	보험	"	100.00%	"
Hyundai Protection Plan Florida, Inc.	"	"	100.00%	"
Hyundai Capital Insurance Services, LLC	"	"	100.00%	"
Hyundai Capital Insurance Company	"	"	100.00%	"
Power Protect Insurance Florida, Inc.	"	"	100.00%	"
Power Protect Extended Services Florida, Inc.	"	"	100.00%	"

(*1) 다른 투자자와 구조화기업과의 약정 또는 관계에 따라 연결실체가 실질적으로 지배한다고 판단함.

(*2) 소유지분율이 과반수 미만이나, 보유한 의결권의 상대적 규모와 다른 의결권 보유자의 주식 분산 정도 등을 종합적으로 고려하여 사실상 지배력을 보유하고 있는 것으로 판단하였음.

(*3) 당기 중 운용사 변경으로 사명이 변경됨.

(2) 당기의 연결대상 주요 종속기업의 요약재무상태 및 경영성과는 다음과 같습니다.

(단위 : 백만원)

종속기업	총자산	총부채	매출액	당기순손익
현대캐피탈(주)(*)	32,160,188	27,708,607	3,077,384	350,867
현대카드(주)(*)	17,447,394	14,140,768	2,370,761	167,620
현대코머셜(주)(*)	4,077,838	3,201,401	2,459,346	(362,130)
(주)현대캐피코(*)	1,849,930	1,195,591	2,127,366	60,761
HCA(*)	41,744,129	36,905,351	10,850,856	237,856
HMA	7,573,638	6,334,102	18,593,212	(60,971)
HMMA	4,765,383	2,265,639	7,962,406	(228,162)
HMMC	3,571,959	1,503,799	6,268,520	400,227
HMI(*)	3,522,372	1,410,053	7,284,664	425,934
HMEI(*)	2,036,753	2,000,415	10,292,537	8,704
HMMR	1,578,910	746,323	3,264,093	172,960
HACC(*)	1,404,747	795,488	3,197,018	57,951
HAOSVT	1,342,139	906,259	2,639,797	47,640
HMB	1,174,980	837,555	2,248,610	(66,055)
HMCA	625,483	479,640	1,697,387	(4,529)

(*) 종속기업의 연결재무제표 기준임.

전기의 연결대상 주요 종속기업의 요약재무상태 및 경영성과는 다음과 같습니다.

(단위 : 백만원)

종속기업명	총자산	총부채	매출액	당기순익
현대캐피탈(주)	30,528,329	26,371,459	3,087,935	311,281
현대카드(주)	15,945,780	12,754,672	2,035,229	149,822
현대커머셜(주)	4,002,150	2,894,156	2,411,924	(308,035)
(주)현대캐피코(*)	1,772,026	1,161,039	1,963,196	52,890
HCA(*)	37,413,803	32,982,390	9,737,579	162,842
HMA	6,480,063	5,223,678	15,292,851	(330,134)
HMMA	4,511,215	1,878,332	6,861,578	11,682
HMMC	3,744,766	1,637,592	6,560,181	359,575
HMI(*)	3,516,547	1,395,005	6,791,938	408,097
HME(*)	1,825,365	1,798,150	9,627,777	4,975
HAOSVT	1,441,908	1,057,673	2,893,867	11,361
HMMR	1,415,554	852,727	2,954,780	120,979
HACCI(*)	1,187,865	678,219	2,700,501	39,059
HMB	1,063,211	641,020	2,151,032	92,994
HMCA	671,059	524,866	1,837,191	(7,141)

(*) 종속기업의 연결재무제표 기준임.

(3) 연결재무제표 작성시 중요한 종속기업 및 금융엽합인의 재무제표는 회사의 보고기간과 동일한 보고기간의 재무제표를 이용하였습니다.

(4) 당기말 현재 비지배지분이 중요한 종속기업 및 금융엽합인의 요약 연결손익의 내용은 다음과 같습니다.

(단위 : 백만원)

구분	현대캐피탈(주)	현대카드(주)	HCA	HCCA	현대로템(주)
영업활동 현금흐름	(2,167,469)	(1,304,068)	(2,689,416)	(357,146)	(203,260)
투자활동 현금흐름	(119,051)	(37,814)	178,448	(945)	(13,640)
재무활동 현금흐름	1,764,564	1,205,740	2,492,443	370,885	230,484
현금및현금성자산의 환율변동효과	-	(228)	5,886	3,280	1,007
현금및현금성자산의 순증감	(521,956)	(136,370)	(12,639)	16,074	14,591
기초의 현금및현금성자산	873,041	866,456	162,238	39,193	367,895
기말의 현금및현금성자산	351,085	730,086	149,599	55,267	382,486

전기말 현재 비지배지분이 중요한 종속기업 및 금융엽합인의 요약 연결손익의 내용은 다음과 같습니다.

(5) 당기말 현재 중요 종속기업의 비지배지분이 보유한 소유지분율과 재무상태, 경영성과 및 배당금액 중 비지배지분에 귀속되는 몫의 내역은 다음과 같습니다.

(단위 : 백만원)

구분	현대캐피탈(주)	현대카드(주)	HCA	HCCA	현대로템(주)
영업활동 현금흐름	(2,197,722)	(284,813)	1,373,846	(67,908)	(14,193)
투자활동 현금흐름	(51,442)	(65,961)	819,600	(1,991)	(38,098)
재무활동 현금흐름	2,609,745	562,818	(3,480,444)	(18,560)	(19,499)
현금및현금성자산의 환율변동효과	-	-	40,584	(1,934)	3,899
매각예정분류전자산의 대체	(97,050)	-	-	-	-
현금및현금성자산의 순증감	263,531	212,044	(1,246,414)	(90,393)	(67,891)
기초의 현금및현금성자산	609,510	654,412	1,408,652	129,586	435,786
기말의 현금및현금성자산	873,041	866,456	162,238	39,193	367,895

전기말 현재 중요 종속기업의 비지배지분이 보유한 소유지분율과 재무상태, 경영성과 및 배당금액 중 비지배지분에 귀속되는 몫의 내역은 다음과 같습니다.

(단위 : 백만원)

구분	현대캐피탈(주)	현대카드(주)	현대로템(주)
비지배지분이 보유한 소유지분율	40.32%	63.04%	56.64%
누적비지배지분	1,799,627	2,187,458	619,526
비지배지분에 귀속되는 당기순익	1,676,205	2,119,846	689,977
비지배지분에 귀속되는 당기순익	124,719	94,454	(177,600)
비지배지분에 지급한 배당금	34,319	19,099	4,120

(6) 연결구조화기업을 위하여 제공하고 있는 재무적 지원

당기말 현재 회사의 종속기업인 현대캐피탈(주)는 연결구조화기업인 오토피아제구차유동화전문유한회사, 슈퍼시리즈자산유동화전문유한회사, 오토피아제일삼차유동화전문유한회사, 슈퍼시리즈제육차유동화전문유한회사, 오토피아제십일차유동화전문유한회사, 슈퍼시리즈제삼차유동화전문유한회사, 슈퍼시리즈제사차유동화전문유한회사와 관련된 파생상품에 대한 지급 보증의 발생 시 거래상대방이 현대캐피탈(주)에게 지

금융 청구할 수 있는 약정을 체결하고 있습니다.

(7) 비연결구조화기업에 대하여 연결실체가 보유하고 있는 지분의 성격 및 관련된 위험

(가) 당기말 현재 비연결구조화기업에 대하여 연결실체가 보유하고 있는 지분의 성격은 다음과 같습니다.

(단위 : 백만원)

구분	목적	주요활동	주요자본조달방법	총자산(*)
자산유동화 SPC	자산유동화 증권발행을 통한 자금조달	유동화자산의 관리 및 운용, 자금조달	자산유동화증권 발행 등	3,798,951
투자펀드	펀드자산의 관리 및 운용, 투자수익의 배당 등	수익(출자)증권 발행 등		10,538,516
구조화금융	프로젝트 금융 조달	건설프로젝트 또는 선박투자를 위한 프로젝트 금융	프로젝트 금융 등	10,697,742

(*) 비연결구조화기업의 재무정보는 감사받지 않은 재무정보를 표현하고 있음.

전기말 현재 비연결구조화기업에 대하여 연결실체가 보유하고 있는 지분의 성격은 다음과 같습니다.

(단위 : 백만원)

구분	목적	주요활동	주요자본조달방법	총자산(*)
자산유동화 SPC	자산유동화 증권발행을 통한 자금조달	유동화자산의 관리 및 운용, 자금조달	사채발행 등	2,579,738
투자펀드	펀드자산의 관리 및 운용, 투자수익의 배당 등	수익(출자)증권발행 및 펀드지분증권		6,925,448
구조화금융	프로젝트 금융 조달	건설프로젝트 또는 선박투자를 위한 프로젝트	프로젝트 금융 등	6,657,283

(*) 비연결구조화기업의 재무정보는 감사받지 않은 재무정보를 표현하고 있음.

(나) 당기말 현재 비연결구조화기업에 대하여 연결실체가 보유하고 있는 지분과 관련된 위험을 이해하기 위한 정보의 내용은 다음과 같습니다.

(단위 : 백만원)

구분	구조화기업에 제공한 재무지원의 유형	구조화기업의 재무지원의 재무지원	구조화기업의 지분장부금액(*)	구조화기업에 대한 연결실체의 손실제의 최대노출액
자산유동화 SPC	대출채권 (신용한도)	대출약정	39,487	61,950
투자펀드	수익증권, 투자신탁	출자약정	332,083	332,083
구조화금융	대출채권	대출채권약정 (신용한도)	384,349	749,300

(*) 기업회계기준서 제1109호에 따라 당기손익-공정가치측정금융자산 등으로 회계처리 되는 지분임.

전기말 현재 비연결구조화기업에 대하여 연결실체가 보유하고 있는 지분과 관련된 위험을 이해하기 위한 정보의 내용은 다음과 같습니다.

(단위 : 백만원)

구분	구조화기업에 제공한 재무지원의 유형	구조화기업의 재무지원의 재무지원	구조화기업의 지분장부금액(*)	구조화기업에 대한 연결실체의 손실제의 최대노출액
자산유동화 SPC	대출채권 (응답드)	대출약정	64,867	124,550
투자펀드	수익증권, 투자신탁	출자약정	248,254	248,254
구조화금융	대출채권	대출채권약정 (응답드)	525,929	908,750

(*) 기업회계기준서 제1109호에 따라 당기손익-공정가치측정금융자산 등으로 회계처리 되는 지분임.

(8) 종속기업의 유의적인 제약
당기말 현재 회사와 종속기업인 현대대가드(주)는 단화사 인수, 신사업진출, 보증 중견투자자, 일정규모 이상의 제약 등에 대하여 비지배주주가 추천되거나 제외된 사외이사의 동의가 필요로 한 제약사항이 존재합니다.

(9) 종속기업의 변동내역
당기 중 신규로 연결재무제표에 포함되거나 제외된 종속기업의 현황은 다음과 같습니다.

구분	종속기업	사유
증가	슈퍼사리즈제3유자유동화전문유한회사	
	오토파이낸싱제4차유동화전문유한회사	
	오토파이낸싱제5차유동화전문유한회사	
	오토파이낸싱제6차유동화전문유한회사	
	모션(주)	
	Genesis Motor UK Limited (GMUK)	
	Hyundai Hydrogen Mobility AG (HHM)	신규출자
	HCCA Funding Two Inc.	
	HK Retail Funding LP	
	Moceanlab Inc.	
	Hydrogen Energy Industry Fund	
	PT. HYUNDAI MOTOR MANUFACTURING INDONESIA (HMMI)	
	Genesis Motor Europe Gmbh (GME)	
	Hyundai Mobility Lab (HML)	설립
감소	오토피아제오션오차유동화전문유한회사	청산

오토피아제오십사유동화전문유한회사	
슈퍼시리즈제일차유동화전문유한회사	
슈퍼시리즈제이차유동화전문유한회사	지분매각
Hyundai Capital Bank Europe GmbH	

2. 연결재무제표 작성기준 및 유의적 회계정책

(1) 연결재무제표 작성기준

연결실체의 연결재무제표는 한국채택국제회계기준에 따라 작성되었습니다.

연결재무제표 작성시에 적용된 회계정책은 아래에 기술되어 있으며, 당기 연결재무제표를 작성하기 위하여 채택한 유의적 회계정책은 아래에서 설명하는 기준서나 해석서의 도입과 관련된 영향을 제외하고는 전기 연결재무제표 작성시에 채택한 회계정책과 동일합니다.

(가) 당기에 새로 적용한 한국채택국제회계기준과 그로 인한 회계정책 변경의 내용은 다음과 같습니다.

연결실체는 2019년 1월 1일에 기업회계기준서 제1116호 '리스'를 최초 적용하였습니다.

2019년 1월 1일부터 시행되는 다른 회계기준서도 있으나, 그 기준들은 연결실체의 연결재무제표에 중요한 영향을 미치지 않습니다.

기업회계기준서 제1116호에서는 단일 리스이용자 회계모형을 도입하였고, 그 결과 연결실체는 리스이용자로서 기초자산에 대한 사용권을 나타내는 사용권자산과 리스료를 지급할 의무를 나타내는 리스부채를 인식합니다. 리스제공자 회계처리는 이전의 회계정책과 유사합니다.

① 리스의 정의

종전에 연결실체는 기업회계기준해석서 제2104호 '약정에 리스가 포함되어 있는지의 결정'을 적용하여 계약 약정일에 약정이 리스이거나 또는 리스를 결정하였습니다. 이제 연결실체는 이 새로운 리스 정의에 따라 계약이 리스인지 또는 리스를 포함하는지 평가합니다. 기업회계기준서 제1116호의 전환 규정에 따라, 연결실체는 이 새로운 정의를 2019년 1월 1일 이후 체결되거나 변경된 계약에만 적용하였습니다.

기업회계기준서 제1116호의 최초 적용일에 연결실체는 기존에 리스로 식별되었던 계약에 대해서 실무적 간편법을 적용하기로 선택하였습니다. 연결실체는 기업회계기준서 제1017호 '리스'와 기업회계기준해석서 제2104호에 따라 리스로 평가되지 않았던 계약에는 기업회계기준서 제1116호를 적용하지 않았습니다. 그러므로 기업회계기준서 제1116호에 따른 리스의 정의는 2019년 1월 1일 이후 체결되거나 변경된 계약에만 적용됩니다.

계약의 약정시점이나 계약변경시점에 연결실체는 리스요소와 비리스요소에 해당하는 리스의 계약대가를 각 리스요소의 상대적 개별 가격과 비리스요소의 총 개별가격에 기초하여 배분합니다. 그러나 연결실체는 리스이용자인 부동산 리스에 대해서는 비리스요소를 분리하지 않고 리스요소와 비리스요소를 하나의 리스요소로 보아 회계처리하였습니다.

② 리스이용자

연결실체는 토지, 건물 등을 리스하고 있습니다. 연결실체는 리스이용자로서 리스가 기초자산의 소유에 따른 위험과 보상의 대부분을 이전하는지에 따라 리스를 운용리스나 금융리스로 분류하였습니다. 기업회계기준서 제1116호에 따르면 연결실체는 대부분의 리스에 대하여 사용권자산과 리스부채를 인식합니다. 즉, 대부분의 리스가 재무상태표에 표시됩니다.

그러나 연결실체는 일부 소액 기초자산 리스하고 있는 리스에 대하여 사용권자산과 리스부채를 인식하지 않기로 선택하였습니다. 연결실체는 이 리스와 관련되는 리스료를 리스기간에 걸쳐 기준으로 비용으로 인식합니다.

사용권자산의 장부금액은 다음과 같습니다.

(단위 : 백만원)

구분	토지	건물 등	합계
당기말	20,487	714,055	734,542

연결실체는 리스부채를 연결재무상태표에 별도로 표시합니다.

㉮ 유의적인 회계정책

연결실체는 리스계약일에 사용권자산과 리스부채를 인식합니다. 사용권자산은 최초 인식시 원가로 측정하고, 후속적으로 원가에서 감가상각누계액과 손상차손누계액을 차감하고, 리스부채의 재측정에 따라 조정하여 측정합니다.

리스부채는 최초 인식시 리스개시일 현재 지급되지 않은 리스료의 현재가치로 측정합니다. 리스료는 리스의 내재이자율로 할인하되, 내재이자율을 쉽게 산정할 수 없는 경우에는 연결실체의 증분차입이자율로 할인합니다. 일반적으로 증분차입이자율을 사용합니다.

리스부채는 후속적으로 인식한 이자비용만큼 증가하고, 지급되는 리스료만큼 감소시켜 상각후원가로 측정됩니다. 지수나 요율(이율)의 변동, 잔존가치보증에 따라 지급할 것이 상각된 수선택권이나 연장선택권을 행사할 것이 상당히 확실한지에 대한 평가가의 변동으로 인해 미래 리스료가 변경되는 경우에 리스부채를 재측정합니다.

㉯ 경과 규정

전환시점에 기업회계기준서 제1017호에 따라 운용리스로 분류된 리스에 대하여 2019년 1월 1일 현재 연결실체는 기업회계기준서 제1116호를 적용함으로 인한 효과가지도 리스부채를 측정합니다. 사용권자산은 리스부채와 중분차입이자율을 활용하여 인식합니다. (선급하거나 발생한(미지급) 리스료는 조정) 연결실체는 다른 모든 리스에 이 방법을 적용하였으며, 비교 표시되는 재무정보는 이전에 보고된 것과 같이 기업회계기준서 제1017호와 관련 해석서를 적용하여 재무상태되지 않았습니다.

연결실체는 종전에 기업회계기준서 제1017호에 따라 운용리스로 분류한 리스에 기업회계기준서 제

1116호를 적용할 때, 다음의 실무적 간편법을 적용합니다.

· 리스기간이 12개월 이내인 리스에 대하여 사용권자산과 리스부채를 인식하지 않는 면제규정을 적용합니다.
· 소액 기초자산 리스에 대하여 사용권자산과 리스부채를 인식하지 않는 면제규정을 적용합니다.
· 최초 적용일에 사용권자산의 측정에 리스개설직접원가를 제외하였습니다.

③ 리스제공자

연결실체가 리스제공자로서 적용하는 회계정책은 기업회계기준서 제1017호의 정책과 다르지 않습니다. 다만, 연결실체가 중간리스제공자인 경우 전대리스에서는 기초자산이 아닌 상위리스에서 생기는 사용권자산에 기초하여 분류합니다. 연결실체는 리스제공자로 해당하는 리스에 대하여 전환시점에 이러한 리스를 조정할 필요가 없었습니다.

상기와 같은 회계정책의 변경으로 기업회계기준서 제1116호의 적용이 연결재무제표에 미치는 영향은 다음과 같습니다.

구분	2019년 1월 1일
	(단위 : 백만원)
사용권자산	685,018
리스부채	(19,497)
법인 리스 인센티브	20,564
선급리스료	(11,032)
이연리스료	(357)
기타	
계	674,696

④ 재무제표에 미치는 영향

연결실체가 리스제공자로서 적용하는 회계정책은 기업회계기준서 제1017호의 정책과 다르지 않습니다. 다만, 연결실체가 중간리스제공자인 경우 전대리스에서는 기초자산이 아닌 상위리스에서 생기는 사용권자산에 기초하여 분류합니다.

기업회계기준서 제1116호의 전환시점에 미치는 영향, 이익잉여금에 미치는 영향은 없습니다. 전환시점에 영향을 미치는 사용권자산의 내용은 아래와 같습니다.

⑦ 전환시점에 미치는 영향

연결실체가 리스제공자로서 적용하는 리스제공자인 경우 전대리스에서는 기초자산이 아닌 상위리스에서 생기는 사용을 전환시점에 영향을 미치는 사용권자산의 내용은 아래와 같습니다.

운용리스로 분류하였던 리스에 대한 리스부채는 2019년 1월 1일의 증분차입이자율인 자율을 사용하여 리스료를 할인한 현재가치로, 적용한 가중평균 증분차입이자율은 3.91%입니다.

구분	2019년 1월 1일
	(단위 : 백만원)
운용리스 약정	
전기말(2018년 12월 31일) 운용리스 약정	955,351
2019년 1월 1일의 증분차입이자율로 할인된 금액	704,925
- 소액 기초자산 리스 및 전환시점에 남은 리스기간이 12개월 이내인 리스에 대한 면제규정 적용	19,907
2019년 1월 1일에 인식한 리스부채	685,018

④ 전환기간에 미치는 영향

기업회계기준서 제1116호를 최초 적용한 경우, 연결실체는 당기말 현재 사용권자산으로 734,542백만원을 인식하였고, 리스부채로 767,984백만원을 인식하였습니다. 또한 기업회계기준서 제1116호에 따른 리스에 관련하여 연결실체는 당기에 감가상각비를 인식하였으며, 연결실체는 이 리스에 대하여 2019년 12월 31일로 종료되는 기간 동안 감가상각비 179,654백만원, 이자비용 29,404백만원을 인식하였습니다.

(나) 제정·공표되었으나 2019년 1월 1일 이후 시작하는 회계연도에 시행일이 도래하지 않았고 연결실체가 조기적용하지 아니한 주요 제·개정 기준서 및 해석서는 다음과 같습니다. 연결실체는 연결재무제표에 중요한 영향을 미치지 않을 것으로 판단합니다.

- 재무보고를 위한 개념체계 개정
- 사업의 정의 (기업회계기준서 제1103호 '사업결합' 개정)
- 중요성의 정의 (기업회계기준서 제1001호 '재무제표 표시' 및 1008호 '회계정책, 회계추정의 변경 및 오류'의 개정)
- 기업회계기준서 제1117호 '보험계약'

(2) 종속기업

연결실체는 연결재무제표에 상기와 같은 영향이 미치지 않을 것으로 회사인 경우도 있습니다.

한편, 회사의 정기구조조정의 제출을 연결재무제표는 2020년 3월 3일자로 이사회에서 확정하는 중에 있습니다.

(3) 연결기준

연결재무제표는 지배기업과 지배기업(또는 그 종속기업)이 지배하고 있는 다른 기업(구조화 기업 포함)의 재무제표를 통합하고 있습니다. 투자자가 이익금액에 대한 권리, 투자자의 이익금액에 대한 노출 또는 권리, 투자자의 수익에 영향을 미치기 위하여 피투자자에 대한 힘, 이 3가지 요소를 모두 충족할 때 지배력이 있음을 나타내는 사실과 상황이 변화한 경우, 자본을 지배하는지 재평가 하고 있습니다.

연결재무제표는 주식에서 발도로 연결하는 사용을 제외하고는 역사적 원가를 일반적으로 자산을 제외하고는 역사적 원가를 기준으로 작성되었습니다. 역사적 원가는 일반적으로 자산을 취득하기 위하여 지급한 대가의 공정가치로 정하고 있습니다.

연결실체가 피투자자에 의결권의 과반수 미만을 보유하더라도, 피투자자의 관련활동을 일방적으로 지시할 수 있는 실질적인 능력을 가지고 있는 의결권을 보유하고 있다면 피투자자에 대한 힘을 보유하고 있는 것으로 판단하고 있습니다. 연결실체가 피투자자에 대한 힘을 보유하는지 판단할 때 다음 사항을 포함하여 모든 관련 사실과 상황을 고려하고 있습니다.

· 연결실체의 상대적 규모의 다른 의결권 보유자의 주식 분산 정도

· 보유 의결권의 상대적 규모와 다른 의결권 보유자의 주식 분산 정도

· 연결실체, 다른 의결권 보유자 또는 다른 당사자가 보유한 잠재적 의결권

· 계약상 약정에서 발생하는 권리

· 과거 주주총회에서의 의결양상 의결권을 지시하는 현재의 능력을 가지고 있는지를 나타내는 다른 사실과 상황

당기 중 취득 또는 종속기업과 관련된 수익의 비용은 취득이 사실상 완료된 또는 또는 처분이 사실상 완료된 날까지 연결포괄손익계산서에 포함됩니다. 연결재무제표에서 채택한 회계정책과 다른 회계정책을 사용한 경우에는 그 재무제표를 작성시 모두 제거됩니다.

연결실체 내의 거래, 이와 관련된 자산과 부채, 수익과 비용, 미실현손익 등은 연결재무제표를 작성시 모두 제거됩니다.

종속기업의 순자산 중 비지배지분은 연결실무표에 포함됩니다. 구분하여 표시합니다. 비지배지분은 정부금액은 최초 인식한 금액에 취득 이후 지분 변동액에 대한 비지배지분의 비례적 금액을 반영한 금액입니다.

한편, 지배력을 상실하지 않는 종속기업에 대한 지배기업의 소유지분 변동은 자본거래로 회계처리합니다. 이 경우 비지배지분의 조정금액과 수취한 대가의 공정가치의 차이는 직접 인식하고 지배기업의 소유주에게 귀속시키고 있습니다.

지배기업이 종속기업에 대한 지배력을 상실한 경우, (i) 수취한 대가 및 보유한 지분의 공정가치의 합계액과 (ii) 종속기업의 자산(영업권 포함)과 부채 및 비지배지분의 장부금액의 차이금액을 당기손익으로 인식합니다. 종속기업과 관련하여 기타포괄손익으로 인식한 금액에 대하여는 관련 자산이나 부채를 직접 처분한 경우의 회계처리와 동일한 기준으로 회계처리합니다. 즉, 기업회계기준서 제1109호 '금융상품'에 따라 후속적으로 당기손익으로 재분류하거나 직접 이익잉여금으로 대체(제)하여야 하는 금액은 지배력을 상실한 때에 당기손익으로 재분류하거나 직접 이익잉여금으로 대체합니다. 종전 종속기업에 대한 투자자산의 최초 인식시의 공정가치로 간주하고 있습니다.

(4) 사업결합

사업결합은 취득법을 적용하여 회계처리합니다. 이전대가는 공정가치로 측정하며, 그 공정가치는 취득자가 피취득자의 이전 소유주에게 부담하는 부채 및 취득자가 발행한 자산의 취득일의 공정가치와 합계로 산정하고 있습니다. 지배기업은 취득일의 공정가치로 특정하고 있으며 취득일의 공정가치로 측정하고 있습니다.

단계적으로 이루어지는 사업결합에서, 연결실체는 이전에 보유하고 있던 피취득자에 대한 지분의 취득일의 공정가치로 재측정하고 그 결과 차손익이 있다면 당기손익으로 인식하고 있습니다.

단계적으로 이루어지는 사업결합에서, 연결실체는 이전에 보유하고 있던 피취득자에 대한 지분의 취득일의 공정가치로 재측정하고 그 결과 차손익이 있다면 당기손익으로 인식하고

있습니다. 취득일 이전에 피취득자에 대한 지분의 가치변동을 기타포괄손익으로 인식한 금액은 이전에 보유한 지분을 직접 처분하는 경우와 동일하게 당기순손익으로 재분류하고 있습니다.

(5) 수익인식

연결실체는 기업회계기준서 제1115호에 따라 모든 유형의 계약에 5단계 수익인식모형(① 계약 식별 → ② 수행의무 식별 → ③ 거래가격 산정 → ④ 거래가격을 배분 → ⑤ 수행의무 이행 시 수익인식)을 적용하여 수익을 인식합니다.

(가) 수행의무의 식별

연결실체는 자동차부품의 제조 및 판매 등의 사업을 영위하고 고객과의 자동차 계약에서 재화의 판매로부터 수익을 인식합니다.

한 시점에 이행하는 수행의무

연결실체는 재화나 용역에 대한 수익을 고객에게 이전되어 수행하고 약속한 시점에 인식하고 있습니다.

(나) 기간에 걸쳐 이행하는 수행의무

연결실체는 고객과의 계약에 따라 제공하는 용역제공은 해당 용역에 대한 통제를 기간에 걸쳐 이전하므로 기간에 걸쳐 수익을 인식합니다.

(다) 기간에 걸쳐 이행하는 수행의무

연결실체는 고객과의 계약에 따라 제공하는 것이고 기간에 걸쳐 수익을 인식하며 수행하는 용역에 대한 통제를 기간에 걸쳐 이전하는 것이고 기간에 걸쳐 가치가 높아지는 대로 고객에게 통제되는 자산을 만들거나 그 자산 가치를 높이는지, 기업이 수행하거나 위해 고객이 제공하는 용역을 만들거나 가치가 높아지는 대로 기업이 수행하는 대로 지급청구권이 기업에 있는지 등을 사용하였습니다.

(라) 거래가격의 배분

연결실체는 하나의 계약에서 식별된 여러 수행의무에 개별 판매가격을 기초로 거래가격을 배분하였으며, 각 거래에 대해 예상원가를 예측하는 예상원가 이윤 더한 접근법 등을 사용하였습니다.

(마) 변동대가

연결실체는 기댓값과 가능성이 가장 높은 금액 중 연결실체가 받을 것으로 예상하는 방법을 사용하여 변동대가를 추정하고, 반품가능성 등을 적절한 금액까지만 거래가격에 포함하는 누적 수익금액 중 유의적인 부분을 되돌리지 않을 매우 높은 금액까지만 거래가격에 포함하는 수익을 인식하였습니다.

(바) 유의적인 금융요소

고객에게 약속한 재화나 용역을 이전하는 시점과 그에 대한 대가를 지급하는 시점 간의 기간이 1년 이내인 경우 유의적인 금융요소의 영향을 반영하여 약속한 대가를 조정하지 않는 실무적 간편법을 사용합니다.

(사) 건설계약

연결실체는 건설계약의 결과를 신뢰성 있게 추정할 수 있는 경우, 계약수익과 계약원가는 보고기간종료일 현재 계약활동의 진행률을 기준으로 하여 각각 수익과 비용으로 인식합니다.

계약활동의 진행률은 수행한 공사에 대하여 발생한 누적계약원가를 추정총계약원가로 나눈 비율로 측정하고 있습니다. 다만, 수행한 공사의 정도가 누적발생계약원가에 비례하지 않는 경우에는 공사의 물리적 완성비율 등의 다른 방법으로 진행률을 측정합니다.

연결실체는 계약의 결과를 신뢰성 있게 추정할 수 없는 경우에는 회수가능성이 매우 높은 발생원가의 범위 내에서만 계약수익을 인식하며, 계약원가는 발생한 기간의 비용으로 인식합니다.

총계약원가가 총계약수익을 초과할 가능성이 높은 경우 예상되는 손실을 즉시 비용으로 인식합니다.

(6) 외화환산

각 연결대상기업들의 개별재무제표는 그 기업의 영업활동이 이루어지는 주된 경제환경의 통화(기능통화)로 작성됩니다.

재무제표를 작성하기 위하여 연결실체 해외사업장의 자산과 부채는 보고기간종료일의 표시환율을 사용하여 원화로 표시하고 있습니다. 만약 환율이 당해 기간에 중요하게 변동하여 거래일의 환율을 사용하여야 하는 상황이 아니라면, 수익항목과 비용항목은 해당 기간의 평균환율로 환산하며, 이로 인하여 발생하는 외환차이는 기타포괄손익으로 인식하고 있습니다. 한편, 해외사업장의 취득으로 발생하는 영업권과 해외사업장의 취득에 따라 발생하는 자산과 부채의 장부금액에 대한 공정가치조정은 해외사업장의 자산과 부채로 보아 해당 해외사업장의 기능통화로 표시하고 보고기간종료일의 환율로 환산합니다.

(7) 금융자산

연결실체는 금융자산을 그 조건 및 취득목적에 따라 당기손익-공정가치측정 금융자산, 상각후원가 측정 금융자산, 기타포괄손익-공정가치측정 금융자산, 연결실체는 최초 인식시점에 금융자산을 후속적으로 상각후원가, 기타포괄손익-공정가치 또는 당기손익-공정가치로 측정되도록 분류하고 있습니다. 금융자산의 분류는 일반적으로 금융자산을 관리하는 사업모형과 금융자산의 계약상 현금흐름 특성에 근거하고 있습니다.

다음의 조건을 충족하는 채무상품은 후속적으로 상각후원가로 측정합니다.

· 계약상 현금흐름을 수취하기 위하여 보유하는 것이 목적인 사업모형 하에서 금융자산을 보유하고, 금융자산의 계약조건에 따라 특정일에 원금과 원금잔액에 대한 이자 지급만으로 구성되어 있는 현금흐름이 발생

다음의 조건을 충족하는 채무상품은 후속적으로 기타포괄손익-공정가치로 측정합니다.

· 계약상 현금흐름의 수취와 금융자산의 매도 둘 다를 통해 목적을 이루는 사업모형 하에서 금융자산을 보유하고, 금융자산의 계약조건에 따라 특정일에 원금과 원금잔액에 대한 이자 지급만으로 구성되어 있는 현금흐름이 발생

상기 이외의 모든 금융자산은 당기손익-공정가치로 측정합니다. 상기에 기술한 내용에도 불구하고 연결실체는 금융자산의 최초 인식시점에 다음과 같은 취소불가능한 선택 또는 지정을 할 수 있습니다.

· 특정 요건을 충족하는 경우 지분상품의 후속적인 공정가치 변동을 기타포괄손익으로 표시 가능

· 당기손익-공정가치측정항목으로 지정한다면 회계불일치를 제거하거나 유의적으로 줄이는 경우 채무상품을 당기손익-공정가치측정항목으로 지정 가능

① 상각후원가 및 유효이자율법

상각후원가는 최초 인식시점에 금융자산의 측정금액에서 상환된 원금을 차감하고, 유효이자율법을 사용하여 계산한 최초 인식금액과 만기금액 간의 차액에 상각누계액을 가감한 금액에서 손상차손(환입)을 반영한 금액입니다.

금융자산의 이자수익은 채무상품의 후속적으로 상각후원가로 측정하는 경우 유효이자율법을 사용하여 인식합니다. 유효이자율법은 금융자산의 기대존속기간에 추정 미래현금 수취액의 현재가치를 금융자산의 총장부금액과 정확히 일치시키는 이자율입니다. 유효이자율은 금융자산의 총장부금액을 계산할 때 기대신용손실을 고려하지 않고 추정 미래현금흐름을 사용하여 계산합니다. 다만, 취득 시 또는 최초 인식시점에 신용이 손상되어 있는 금융자산의 경우에는 신용조정유효이자율을 사용합니다. 이자수익은 총장부금액에 유효이자율을 적용하여 계산합니다. 다만, 최초 인식 이후 신용이 손상된 금융자산은 후속적으로 상각후원가나 금융자산의 상각후원가에 유효이자율을 적용하여 이자수익을 인식합니다.

② 기타포괄손익-공정가치측정항목으로 분류되는 채무상품

금융자산을 기타포괄손익-공정가치로 측정하는 경우에는 손상차손(환입) 및 외화환산손익을 당기손익으로 인식하고, 이들 제외한 금융자산의 공정가치 변동으로 인한 손익은 기타포괄손익으로 인식합니다. 금융자산이 제거되는 경우 최초에 기타포괄손익으로 인식한 누적손익은 당기손익으로 재분류합니다. 모든 인식된 금융자산은 후속적으로 금융자산

③ 기타포괄손익-공정가치측정항목으로 지정된 지분상품

연결실체는 최초 인식시점에 지분상품에 대한 투자를 기타포괄손익-공정가치 항목으로 지정하는 취소

불가능한 선택(상품별)을 할 수 있습니다. 만일 지분상품이 단기매매항목이거나 사업결합에서 취득자가 인식하는 조건부 대가인 경우에는 기타포괄손익-공정가치측정범으로 허용되지 아니합니다.

기타포괄손익-공정가치항목에 해당하는 지분상품에 대한 투자는 최초 인식시 공정가치에 거래원가를 가산하여 인식합니다. 후속적으로 공정가치로 측정하며, 당기손익-공정가치측정 금융자산의 공정가치 변동으로 인한 손익은 당기손익으로 인식하지 않으며 평가손익은 기타포괄손익으로 재순환되지 않으므로 이익잉여금으로 대체됩니다.

④ 당기손익-공정가치측정금융자산

상각후원가나 기타포괄손익-공정가치측정 요건을 충족하는 금융자산의 공정가치로 측정하는 금융자산의 공정가치로 측정합니다. 당기손익-공정가치측정 금융자산은 공정가치로 측정하며, 평가손익은 당기손익으로 인식합니다.

(나) 외화환산손익

외화로 표시되는 금융자산의 외화금액은 보고기간 말 환율함으로 환산합니다.

(8) 금융자산의 손상

당기손익-공정가치측정 기타포괄손익을 충족하는 채무상품에 대한 투자, 리스채권, 매출채권, 계약자산과 금융보증계약에 대한 기대신용손실은 손상됩니다. 기대신용손실은 관련 채무불이행 발생위험으로 가중평균한 신용손실입니다.

연결실체는 상각후원가 및 리스채권에 대해 전체기간 기대신용손실을 인식합니다. 전체기간 기대신용손실은 금융상품의 기대존속기간에 발생할 수 있는 모든 채무불이행 사건에 따른 기대신용손실을 의미합니다. 반대로 12개월 기대신용손실은 보고기간 말 후 12개월 이내에 발생 가능한 금융상품의 채무불이행 사건으로 인해 기대되는 전체기간 기대신용손실의 일부를 의미합니다.

(가) 신용위험의 유의적 증가

최초 인식 후에 금융상품의 신용위험이 유의적으로 증가하였는지를 평가할 때 보고기간 말의 채무불이행 발생위험을 최초 인식시점의 채무불이행 발생위험과 비교하며, 특히 최초 인식시점에

· 금융상품의 유의적인(이용할 수 있는 경우) 외부 또는 내부 신용등급의 실제 또는 예상되는 유의적인 악화

- 31 -

· 그 밖의 신용위험의 유의적인 증가

연결실체는 채무불이행을 채무자가 계약이행조건을 위반한 경우 등 내부 신용위험관리목적상 채무불이행이거나 채무불이행으로 간주합니다.

(나) 신용이 손상된 금융자산

금융자산의 추정미래현금흐름에 악영향을 미치는 하나 이상의 사건이 생긴 경우에 해당 금융자산의 신용이 손상된 것입니다. 금융자산의 신용손상의 증거는 관측 가능한 정보에 의해 조정됩니다.

(다) 기대신용손실의 측정과 인식

기대신용손실의 측정은 채무불이행 발생확률, 채무불이행시 손실율 및 채무불이행에 대한 노출액에 대한 추정을 반영합니다.

정의 채무불이행에 대한 자산의 위험은 해당 자산의 총장부금액으로 평가합니다. 기대신용손실은 모든 현금 부족액의 현재가치로 측정합니다.

(9) 금융자산의 제거

금융자산의 현금흐름에 대한 계약상 권리가 소멸하거나, 금융자산의 양도로 금융자산의 소유에 따른 위험과 보상의 대부분을 다른 기업에게 이전할 경우 금융자산을 제거하고 있습니다. 만약 금융자산의 소유에 따른 위험과 보상의 대부분을 이전하지도 않고 보유하지도 않으며, 양도한 금융자산을 계속하여 인식하고 통제하고 있다면, 당해 금융자산에 대해 지속적으로 관여하는 정도까지 계속하여 인식하고 있습니다.

상각후원가로 측정하는 금융자산이 제거되는 경우, 당해 자산의 장부금액과 수취하거나 수취할 대가의 차이는 당기손익으로 인식합니다. 기타포괄손익-공정가치측정 채무상품의 경우, 이전에 기타포괄손익으로 인식한 기타

- 32 -

표괄손익-공정가치항목으로 지정한 지분상품에 대한 투자자는 이전에 인식한 손익누계액을 당기손익으로 재분류하지 않으나 이익잉여금으로 대체합니다.

(10) 재고자산

재고자산은 취득원가와 순실현가능가치 중 낮은 금액으로 측정합니다. 원가는 고정 및 변동 제조간접비를 포함하여, 재고자산을 현재의 장소와 상태로 이르게 하는 데 발생한 기타원가를 가장 적절한 방법으로 배분되고 있으며, 이동평균법으로 결정하고 있습니다.
(단, 미착품은 개별법으로 결정하고 있습니다.)

(11) 관계기업과 공동기업에 대한 투자

관계기업이란 연결실체가 유의적인 영향력을 보유하는 기업으로, 공동지배력은 약정의 영향력이란 공동지배력이나 통제력은 아니지만 피투자자의 재무정책과 영업정책에 관한 의사결정에 참여할 수 있는 능력으로 공동지배력은 아닌 것을 말합니다.

공동기업은 약정의 공동지배력을 보유하는 당사자들이 그 약정의 순자산에 대한 권리를 보유하는 공동지배력 약정으로, 공동지배력은 약정의 지배력에 대한 계약상 합의로 공유하는 경우에만 존재하며, 관련활동에 대한 결정에 지배력을 공유하는 당사자들의 전체의 동의가 요구될 때에만 존재합니다.

관계기업이나 공동기업에 대한 투자는 최초에 취득원가로 인식하고 그 이후 지분법을 적용합니다. 지분법을 적용함에 있어 관계기업과 공동기업의 투자자산의 취득원가 중 투자자산의 순자산 지분 공정가치를 초과하는 금액은 영업권으로 인식하며, 취득일 현재 관계기업과 공동기업의 식별가능한 자산, 부채 그리고 우발부채의 순 공정가치 중 투자자의 지분이 투자자산의 취득원가를 초과하는 경우에는 동 초과액을 즉시 당기손익으로 인식합니다.

관계기업이나 공동기업에 대한 투자자산의 장부금액으로서 관계기업과 공동기업의 손실이 연결실체의 지분을 초과하는 경우 추가적인 손실에 대하여는 인식을 중단합니다. 관계기업과 공동기업에 대한 투자자산과 관련하여 손상차손 발생의 객관적인 증거가 있는지를 매 보고기간말마다 평가하고, 손상이 발생한 경우 관계기업과 공동기업에 대한 투자자산의 회수가능액과 장부금액과의 차이를 손상차손으로 인식하고 있습니다.

관계기업과 공동기업에 대한 연결실체의 지분(실질적으로 관계기업과 공동기업에 대한 순투자의 일부를 구성하는 장기투자지분을 포함)을 초과하는 관계기업과 공동기업의 손실은 인식하며 지고 있거나 관계기업과 공동기업을 대신하여 지급하여야 하는 경우에만 인식합니다.

관계기업이나 공동기업에 투자자가 관계기업 또는 공동기업이 되는 시점부터 지분법을 적용하며, 취득일 현재 관계기업과 공동기업의 식별가능한 자산, 부채 그리고 우발부채의 순 공정가치 중 투자자의 지분에 해당하는 경우에는 영업권은 조정하며, 매수일에 한 자산, 부채 그리고 우발부채의 순 공정가치에 대한 지분법을 기업회계기준서 제1036호 '자산손상'에 따라 이익관련 손상징후가 있는 경우, 관계기업과 공동기업의 정체 금액(영업권이 포함된 기업회계기준서 제1036호에 따라 이러한 자산을 단일자산으로 회수가능액이 추정되며, 그리고 순상각기준의 일부로 기업회계기준서 제1028호, '관계기업과 공동기업에 대한 투자'에서 반대된 회복가능한 손상차손은 이후 기간에 회수가능액이 증가하는 만큼 인식하고 있습니다.

<table>
<tr><td colspan="2" style="text-align:center">- 33 -</td></tr>
</table>

동기업에 대한 투자자산 중 일부를 계속 보유하고 있더라도, 유의적인 영향력 및 공동지배력이 단절 때에 투자자는 공정가치로 최초 인식하고 가치도 순차전하게 이에 보유하는 경우의 투자자산은 당기손익으로 인식합니다. 또한 투자자는 그 관계기업 및 공동기업이 된 자산이나 부채를 직접 처분하는 경우에 회계처리와 동일한 기준으로, 그 관계기업과 공동기업과의 차이로 자본으로 인식한 모든 금액에 대하여 회계처리합니다.

연결실체는 관계기업과 공동기업과의 거래에서 발생한 미실현이익은 연결실체이나 관계기업투자자와 관계기업이 되거나 공동기업투자자가 관계기업투자자로 되는 경우, 연결실체는 지분법을 계속 적용하며 공동지배력을 재측정하지 않습니다.

관계기업과 공동기업 간의 거래에서 발생한 미실현이익은 연결실체의 관계기업이나 공동기업에 대한 지분에 해당하는 부분만큼 제거합니다. 또한 미실현손실도 거래가 이전된 자산의 손상 증거를 제공하지 않는 한 제거합니다. 관계기업과 공동기업의 회계정책이 연결실체와의 일관성 있는 적용을 위해 필요한 경우 관계기업과 공동기업의 재무제표는 적절히 조정하여 지분법을 적용하고 있습니다.

(12) 유형자산

유형자산은 자산으로부터 발생하는 미래 경제적효익이 기업에 유입될 가능성이 높고, 자산의 원가를 신뢰성 있게 측정할 수 있을 때 인식하며, 최초 인식 후 취득원가에서 감가상각누계액과 손상차손누계액을 차감한 금액을 장부금액으로 표시하고 있습니다. 원가에는 경영진이 의도하는 방식으로 자산을 가동하는 데 필요한 장소와 상태에 이르게 하는데 직접 관련되는 원가가 포함되며, 자산을 해체, 제거하거나 부지를 복구하는데 소요될 것으로 최초에 추정되는 원가가 포함됩니다. 한편, 후속원가는 유형자산과 관련하여 미래 경제적효익이 유입될 가능성이 높고, 관련 원가를 신뢰성 있게 측정할 수 있는 경우에 한하여 자산의 장부금액에 포함하거나 적절한 경우 별도의 자산으로 인식하고 있으며, 대체된 부분의 장부금액은 제거하고 있습니다.

연결실체는 토지를 제외한 유형자산에 대해서 경제적 내용연수에 걸쳐 정액법으로 감가상각하고 있으며, 대표 내용연수는 다음과 같습니다.

구분	대표 내용연수	구분	대표 내용연수
건물 및 구축물	12 - 50	공구기구금형	4 - 6
기계장치	6 - 15	집기비품	3 - 15
차량운반구	6 - 15	기타유형자산	2 - 30

한편, 연결실체는 유형자산의 상각방법, 잔존가치 및 내용연수를 매 보고기간종료일에 재검토하고 있으며, 재검토 결과 추정치의 변경이 필요한 경우 회계추정의 변경으로 회계처리하고 있습니다.

(13) 투자부동산

임대수익이나 시세차익을 얻기 위하여 보유하고 있는 부동산은 투자부동산으로 분류하고 있으며, 최초 인식시점에 원가로 측정하며, 취득에 따른 거래원가를 가산하고 있습니다. 최초 인식 후 원가에서 감가상각누계액과 손상차손누계액을 차감한 금액으로 표시하고 있습니다.

투자부동산 중 토지에 대해서는 감가상각을 하지 않으며, 토지를 제외한 투자부동산은 경제적 내용연수에 따라 20~50년 동안 정액법으로 상각하고 있습니다. 한편, 연결실체는 투자부동산의 감가상각방법, 잔존가치 및 내용연수를 매 보고기간종료일에 재검토하고 있으며, 재검토 결과 추정치의 변경이 필요한 경우 회계추정의 변경으로 회계처리하고 있습니다.

후속원가는 자산으로부터 발생하는 미래 경제적효익이 유입될 가능성이 높으며, 그 원가를 신뢰성 있게 측정할 수 있을 때에 한하여 자산의 장부금액으로 포함하거나 별도의 자산으로 인식하고 있으며 그 외의 경우 발생한 기간의 비용으로 처리하고 있습니다.

(14) 무형자산

(가) 영업권

사업결합에서 발생하는 영업권은 지배력을 획득하는 시점(취득일)에 자산으로 인식하고 있습니다. 영업권은 이전대가, 피취득자에 대한 비지배지분의 금액, 연결대상이 이전에 보유하고 있던 피취득자에 대한 지분의 공정가치의 합계금액이 취득한 식별가능한 취득 자산과 인수 부채의 순액을 초과하는 금액으로 측정하고 있습니다.

피취득자에 대한 영업권이 발생하지 않으며, 피취득자에 대한 영업권 상당액이 재취득한 자산으로 인식하는 경우, 그 초과금액은 즉시 매수차익으로 당기손익에 반영하고 있습니다.

연결실체는 영업권을 상각하지 않으며, 영업권에 대하여 매년 또는 손상징후가 있을 경우에 손상검사를 수행하고 있습니다. 영업권의 손상을 시사하는 배부 그리고 손상검사를 수행하기 위하여, 영업권은 사업결합으로 인한 시너지효과가 예상되는 연결실체의 현금창출단위에 배분되며 그 현금창출단위의 회수가능액이 장부금액에 미달할 경우, 손상차손은 먼저 현금창출단위에 배분된 영업권을 감소시키고 그 다음에 현금창출단위를 구성하는 다른 자산들의 장부금액에 비례하여 배분하고 있으며, 이렇게 인식한 손상차손은 추후에 환입할 수 없습니다. 현금창출단위의 처분손익 결정시 영업권의 잔여 금액은 처분손익의 결정에 포함됩니다.

(나) 개발비

연구활동에서 발생한 지출은 발생한 기간에 비용으로 인식하며, 개발활동과 관련된 지출은 무형자산(개발비)으로 인식하고 관련 제품 등의 판매 또는 사용이 가능한 시점부터 경제적 내용연수에 따라 개발 비로 상각하고 있습니다.

연결실체는 연구 및 개발활동으로 선행연구, 개발승인, 제품개발, 양산 개시의 단계로 진행됩니다. 연결실체는 일반적으로 제품 개발, 출시 일정, 판매 계획 등의 확정되는 개발승인 단계 이후부터 개발활동으로 보아 무형자산으로 인식하며 이전 단계에서 발생한 지출은 연구활동으로 보아 발생한 기간의 비용으로 인식하고 있습니다.

(다) 개발비 이외의 무형자산

무형자산은 최초 인식할 때 원가로 측정하며, 최초 인식 후에 원가에서 상각누계액과 손상차손누계액을 차감한 금액을 장부금액으로 하고 있습니다. 무형자산은 사용 가능한 시점부터 추정 경제적 내용연수에 따라 정액법으로 상각하고 있습니다. 상각기간과 상각방법은 매 보고기간종료일에 재검토하고 있으며, 재검토 결과 변경이 필요한 경우 회계추정의 변경으로 회계처리하고 있습니다. 한편, 회원권 등은 비한정내용연수를 가진 자산 또는 아직 사용할 수 없는 무형자산은 상각하지 않으며, 매년 또는 손상을 시사하는 징후가 있을 때에 회수가능액을 장부금액과 비교하여 손상검사를 실시하고 있습니다.

연결실체의 무형자산별 대표 내용연수는 다음과 같습니다.

구분	대표 내용연수
개발비	3, 7
산업재산권	5 - 10
소프트웨어	3 - 7
기타무형자산	5 - 40

(15) 유·무형자산의 손상

연결실체는 유·무형자산의 자산손상을 시사하는 징후가 있는지를 매 보고기간종료일마다 검토하고 있으며, 자산손상을 시사하는 징후가 있는 경우에는 손상차손금액을 결정하기 위하여 자산의 회수가능액을 추정하고 있습니다. 회수가능액은 개별 자산이나 현금창출단위별로 결정하고 있습니다. 다만, 개별 자산의 회수가능액을 추정할 수 없는 경우에는 그 자산이 속하는 현금창출단위의 회수가능액을 추정하고 있습니다. 손상차손은 자산의 장부금액이 회수가능액을 초과하는 금액으로 인식하며 당해 자산의 회수가능액이 장부금액에 미달하는 경우에는 자산의 장부금액을 회수가능액으로 감소시키고 감소된 금액은 당기손익으로 인식하고 있습니다.

한편, 연결실체는 비한정내용연수를 가진 자산 또는 아직 사용할 수 없는 무형자산은 상각하지 않으며, 매년 또는 손상징후가 있을 때에 손상검사를 실시하고 있습니다.

(16) 매각예정비유동자산

연결실체는 비유동자산(또는 처분자산집단)의 장부금액이 계속 사용이 아닌 매각거래로 주로 회수될

것이라면 이를 매각예정자산으로 분류하고 있습니다. 이러한 조건은 비유동자산(또는 처분자산집단)이 현재의 상태에서 즉시 매각가능하여야 하며 매각될 가능성이 매우 높을 때에만 충족되는 것으로 간주됩니다. 경영진은 자산의 매각계획을 확약해야 하며 분류시점에서 1년 이내에 매각완료요건이 충족될 것으로 예상되어야 합니다.

매각예정으로 분류된 비유동자산(또는 처분자산집단)은 순공정가치 중 보다 낮은 금액으로 측정하고 있습니다.

(17) 리스

연결실체는 계약의 약정시점에 계약이 리스인지 또는 리스를 포함하는지 판단합니다. 계약에서 대가와 교환하여, 식별되는 자산의 사용 통제권을 일정기간 이전하게 한다면 그 계약은 리스이거나 리스를 포함합니다. 계약이 식별되는 자산의 사용 통제권을 이전하는지를 판단할 때, 연결실체는 기업회계기준서 제1116호의 리스의 정의를 이용합니다.

(가) 리스이용자

리스요소를 포함하는 계약이나 리스요소와 비리스요소를 포함하는 계약에서 연결실체는 각 리스요소를 리스가 아닌 요소와 분리하여 리스로 회계처리합니다.

연결실체는 리스개시일에 사용권자산과 리스부채를 인식합니다. 사용권자산은 최초 측정 금액으로, 리스개시일의 리스부채 최초 측정금액, 리스개시일이나 그 이전에 지급한 리스료, 받은 리스 인센티브 차감, 리스개설직접원가, 기초자산을 해체 및 제거하거나 기초자산이 위치한 부지를 복구할 때 리스이용자가 부담하는 원가의 추정치로 구성됩니다.

사용권자산은 후속적으로 리스기간 종료일까지 정액법으로 감가상각합니다. 다만, 리스기간 종료일에 사용권자산의 소유권이 이전되거나 사용권자산의 원가에 매수선택권의 행사가격이 반영된 경우에는 유형자산과 동일한 방식에 기초하여 기초자산의 내용연수 종료일까지 사용권자산을 감가상각합니다. 또한 사용권자산은 손상차손으로 인하여 감소하거나 리스부채의 재측정으로 인하여 조정될 수 있습니다.

리스부채는 리스개시일 현재 지급되지 않은 리스료를 리스의 내재이자율로 할인하여 측정하고, 내재이자율을 쉽게 산정할 수 없는 경우에는 연결실체의 증분차입이자율을 사용합니다. 일반적으로 연결실체는 증분차입이자율을 할인율로 사용합니다.

리스부채는 후속적으로 유효이자율법에 따라 상각하고, 리스료의 변경 등이 발생하는 경우에 재측정됩니다. 리스부채를 재측정할 때 관련되는 사용권자산의 장부금액을 조정하고, 사용권자산의 장부금액이 영(0)으로 줄어드는 경우에는 리스부채의 재측정 금액을 당기손익으로 인식합니다.

연결실체는 리스기간이 12개월 이내인 단기리스나 소액 기초자산 리스에 대하여 사용권자산과 리스부채를 인식하지 않는 실무적 간편법을 선택하였습니다. 연결실체는 이러한 리스에 관련된 리스료를 리

스기간에 걸쳐 정액법에 따라 비용으로 인식합니다.

(나) 리스제공자

연결실체가 리스제공자로서 비교기간에 적용한 회계정책은 기업회계기준서 제1116호의 규정과 다르지 않습니다. 리스제공자로서 연결실체는 리스를 운용리스인지 금융리스로 분류합니다. 각 리스를 분류하기 위하여 연결실체는 리스가 기초자산의 소유에 따른 위험과 보상의 대부분을 이전하는지 리스를 평가합니다. 이전하는 경우에는 금융리스로 분류하고, 그렇지 않은 경우에는 운용리스로 분류합니다. 이 평가의 일환으로 리스기간이 기초자산의 경제적 내용연수의 상당부분을 차지하는지 등의 여러 지표를 고려합니다.

금융리스의 경우, 금융리스의 리스순투자와 동일한 금액을 금융리스채권으로 인식하고, 운용리스의 경우에는 리스료를 운용리스기간에 걸쳐 정액기준으로 수익으로 인식하고, 리스자산은 재무상태표에 운용리스자산으로 표시합니다. 한편, 리스총수익은 리스기간에 걸쳐 정액기준으로 인식합니다.

연결실체가 중간리스제공자인 경우, 상위리스와 전대리스를 각각 회계처리합니다. 전대리스의 분류는 기초자산이 아닌 상위리스에서 생기는 사용권자산을 기준으로 판단합니다.

(18) 차입원가

적격자산의 취득, 건설 또는 제조와 직접 관련된 차입원가는 적격자산을 의도된 용도로 사용하거나 판매 가능한 상태에 이를 때까지 해당 자산원가의 일부로 자본화하고 있으며, 기타 차입원가는 발생기간에 비용으로 인식하고 있습니다.

(19) 퇴직급여채무

확정급여채무의 현재가치와 관련 당기근무원가 및 과거근무원가를 예측단위적립방식을 사용하여 계산합니다.

확정급여채무는 매 보고기간말 보험수리적 평가방법을 적용하여 측정합니다. 확정급여채무의 현재가치는 해당 퇴직급여채무의 지급시점에 만기가 유사한 우량회사채의 이자율로 기대 미래현금유출액을 할인하여 산정하고 있습니다. 그러나 그러한 회사채에 대해 거래층이 두터운 해당 통화에 대한 시장이 없는 경우에는 보고기간말 현재 국공채의 시장수익률을 사용합니다.

보험수리적 가정의 변경 및 보험수리적 가정과 실제로 발생한 결과의 차이로 인해 발생하는 보험수리적 손익은 발생한 기간의 기타포괄손익으로 인식하고 있으며, 재측정하지 않습니다. 과거근무원가는 제도변경이나 축소로 인한 관련 확정급여채무의 현재가치 변동으로, 제도개정시점이나 축소시점 중 이른 날에 당기손익으로 인식하고, 기타포괄손익으로 인식한 재측정손익은 즉시 이익잉여금으로 인식하고 그 후의 기간에 당기손익으로 재분류하지 않습니다.

순확정급여부채(자산)는 확정급여채무의 현재가치에서 사외적립자산의 공정가치를 차감하여 산정합니다. 순확정급여자산은 제도에서 환급받거나 제도에 대한 미래 기여금이 절감되는 방식으로 이용가능한 경제적효익의 현재가치(자산인식상한)를 초과하지 않습니다.

연결재무제표는 확정급여제도의 실제 과소적립액과 초과적립액을 표시하고 있습니다.

(20) 종업원급여

연결실체는 충고한 재량권과 관련하여 보수수당기간내의 경상적 부분수익 부품 개체, 수
출체급의 하자로 인한 보증 보수를 위하여 부담할 것으로 예상되는 비용을 수익인식시점에 충당부채를 설정하고 있습니다.

이러한 재산으로 산출된 초과적립액은 환급받거나 제도에 대한 미래 기여금이 경감되는 방식으로 이용가능한 경제적효익의 현재가치를 한도로 자산으로 인식하고 있습니다.

중앙부채는 충고된 채무과 관련한의 경상적 부분수익 부품 개체, 수출체급의 하자로 인한 보증 보수를 위하여 부담할 것으로 예상되는 비용을 충당하고 있습니다. 그 외 장기간 종업원 급여에 관련하여 충당부채를 설정하고 있습니다.

연결실체는 과거의 사건으로 인한 현재의무(법률적의무 또는 의제의무)로서 그 의무를 이행하기 위하여 경제적효익을 갖는 자원이 유출될 가능성이 높으며 그 의무의 이행에 소요되는 금액을 신뢰성 있게 추정할 수 있는 경우에 충당부채로 인식하고 있습니다.

충당부채는 현재의무를 이행하기 위하여 예상되는 지출액의 현재가치로 평가하며, 시간경과로 인한 충당부채의 증가는 이자비용으로 인식하고 있습니다.

(21) 법인세

당기법인세부담액은 당기의 과세소득을 기초로 산정됩니다. 다른 과세기간에 가산되거나 차감될 손익항목 및 비과세항목이나 손금불산입항목 때문에 과세소득과 연결손익계산서상 세전손익은 차이가 발생합니다. 당기법인세부채는 보고기간종료일까지 제정되었거나 실질적으로 제정된 세율을 사용하여 계산합니다. 당기 미지급법인세와 법인세와 법인세의 금액은 관련된 불확실성 존재하는 경우 이를 반영한 남부하거나 수취할 것으로 예상되는 세액입니다.

(가) 당기법인세

당기법인세액은 당기의 과세소득을 기초로 산정됩니다. 다른 과세기간에 가산되거나 차감될 손익항목 및 비과세항목이나 손금불산입항목 때문에 과세소득과 연결손익계산서상 세전손익은 차이가 발생합니다. 당기법인세부채는 보고기간종료일까지 제정되었거나 실질적으로 제정된 세율을 사용하여 계산합니다. 당기 미지급법인세와 법인세의 금액은 관련된 불확실성 존재하는 경우 이를 반영한 남부하거나 수취할 것으로 예상되는 세액입니다.

(나) 이연법인세

이연법인세는 연결재무제표상 자산과 부채의 장부금액과 과세소득 산정시 사용되는 세무기준액의 일시적차이에 대하여 인식됩니다. 이연법인세부채는 모든 가산할 일시적차이에 대하여 인식하며, 이연법인세자산은 차감할 일시적차이가 사용될 수 있는 과세소득의 발생가능성이 높은 경우에, 모든 차감할

이연법인세자산에 대하여 인식됩니다. 일시적차이, 일시적 차이가 영업권으로부터 발생하거나, 자산과 부채의 최초 인식시 회계이익이나 과세소득에 영향을 미치지 않는 거래(사업결합 제외)에서 발생하는 이연법인세자산과 부채는 인식하지 않습니다.

연결실체가 일시적차이에 대하여 소멸시점을 통제할 수 있으며, 관련 일시적차이가 예측가능한 미래에 소멸하지 않을 가능성이 높은 경우를 제외하고는 종속기업, 관계기업에 대한 투자자산 및 공동기업 참여지분에 관련된 가산할 일시적차이에 대하여 이연법인세부채를 인식합니다. 또한, 이러한 자산과 관련된 차감할 일시적차이로 인하여 발생하는 이연법인세자산은 일시적차이가 예측가능한 미래에 소멸할 가능성이 높고, 일시적차이가 사용될 수 있는 과세소득이 발생할 가능성이 높은 경우에만 인식합니다.

이연법인세자산의 장부금액은 매 보고기간종료일에 검토하고, 이연법인세자산의 전부 또는 일부가 회수될 수 있을 만큼 충분한 과세소득이 발생할 가능성이 더 이상 높지 않은 경우 이연법인세자산의 장부금액을 감소시킵니다.

이연법인세자산과 부채는 보고기간종료일 현재 제정되었거나 실질적으로 제정된 세율 및 세법에 근거하여 당해 자산이 실현되거나 부채가 결제될 회계기간에 적용될 것으로 기대되는 세율을 사용하여 측정합니다. 이연법인세자산과 부채를 측정하는 경우에는 연결실체가 보고기간종료일 현재 자산과 부채의 장부금액을 회수하거나 결제할 것으로 예상되는 방식에 따른 법인세효과를 반영합니다.

이연법인세자산과 부채는 동일 회계단위가 부과한 법인세이고 연결실체가 인식되는 동일 과세당국에 의해서 부과되는 법인세와 관련하여 당기법인세자산과 당기법인세부채를 상계할 수 있는 법적으로 집행가능한 권리를 가지고 있고, 이연법인세자산과 부채가 다르거나 동시에 회수나 결제될 순액으로 결제할 의도가 있는 경우에만 상계합니다.

(22) 자기주식

당기법인세와 이연법인세는 동일 회계기간에 기타포괄손익이나 자본으로 직접 인식되는 거래나 사건에서 발생하는 경우를 제외하고는 수익이나 비용으로 인식하여 당기손익에 포함합니다. 사업결합시에는 법인세효과는 사업결합에 대한 회계처리에 반영됩니다.

자기지분상품을 재취득하는 경우(이하 "자기주식") 거래원가 중 당해 자본거래에 직접 관련되어 발생하는 증분원가에 대해서는 관련된 법인세효과를 차감하여 자본에서 차감하여 회계처리하고 있으며, 당기손익으로 매도하거나 소각하는 경우의 손익은 당기손익으로 인식하지 아니하고 자본으로 직접 인식하고 있습니다.

(23) 금융부채 및 지분상품

연결실체가 발행한 채무상품과 지분상품은 계약의 실질 및 금융부채와 지분상품의 정의에 따라 금융부채 또는 자본으로 분류하고 있습니다.

(가) 지분상품

지분상품은 기업의 자산에서 모든 부채를 차감한 후의 잔여지분을 나타내는 모든 계약입니다. 연결실체가 발행한 지분상품은 발행금액에서 직접발행원가를 차감한 순액으로 인식됩니다. 자기지분상품을 재취득하는 경우, 이러한 지분상품은 자본에서 직접 차감하며 자기지분상품을 매입 또는 매도하거나 발행 또는 소각하는 경우의 손익은 당기손익으로 인식하지 않습니다.

(나) 금융보증계약

금융보증계약은 채무상품의 최초 계약조건이나 변경된 계약조건에 따라 지급기일에 특정 채무자가 지급하지 못하여 보유자가 입은 손실을 보상하기 위해 발행자가 특정금액을 지급하여야 하는 계약입니다.

금융보증계약은 공정가치로 최초측정하며, 당기손익인식항목으로 지정되지 않았다면 다음 중 큰 금액으로 후속측정합니다.

① 기업회계기준서 제1109호에 따른 기대신용손실
② 최초 인식금액에서 기업회계기준서 제1115호에 따라 인식한 이익누계액을 차감한 금액

(다) 당기손익-공정가치측정금융부채

금융부채는 공정가치로 최초의 조건부대가이거나 단기매매항목이거나 최초 인식시 당기손익인식항목으로 분류하고 있습니다.

그러나 금융부채를 당기손익-공정가치측정 항목으로 지정하는 경우에 부채에 신용위험 변동으로 인한 공정가치 변동은 당기손익으로 인식하는 것이 아니라면 변동효과는 기타포괄손익으로 인식하고 나머지 공정가치 변동은 당기손익으로 인식시 당기손익인식항목으로 인한 금융부채의 공정가치 변동은 재분류되지 않으며, 내내 금융부채가 제거될 때 이익잉여금으로 대체됩니다.

(라) 상각후원가측정금융부채

금융부채는 사업결합에서 취득자의 조건부대가이거나 단기매매항목이거나 최초 인식시 당기손익인식항목으로 해당되지 않는 경우 후속적으로 유효이자율법을 사용하여 상각후원가로 측정합니다. 유효이자율법은 금융부채의 상각후원가를 계산하고 관련 기간에 걸쳐 이자비용을 배분하는 방법입니다.

(마) 금융부채의 제거

연결실체는 연결실체의 의무가 이행 취소 또는 만료된 경우에만 금융부채를 제거합니다. 제거되는 금융부채의 장부금액과 지급하거나 지급할 대가의 차이는 당기손익으로 인식하고 있습니다.

(24) 파생상품

파생상품은 최초 인식시 계약일의 공정가치로 측정합니다. 파생상품을 위험회피수단으로 지정하고 효과적이지 않다면, 파생상품의 공정가치 변동으로 인한 평가손익은 즉시 당기손익으로 인식합니다. 연결실체는 특정 위험에 대한 노출과 회피대상위험(공정가치위험회피, 발행가능성이 매우 높은 예상거래 또는 외화위험(현금흐름위험회피)) 등을 회피하기 위해 파생상품을 위험회피수단으로 지정하고 있습니다.

(가) 공정가치 위험회피

공정가치가 더 이상 위험회피회계를 지정되지 않거나 연결실체는 위험회피수단으로 지정되고, 공정가치위험회피로 지정하는 경우 위험회피대상항목의 공정가치 변동으로 인한 위험회피대상항목의 소멸, 매각, 종료, 행사되거나 위험회피회계의 적용요건을 충족하지 못하게 되는 시점에 효력이 중단됩니다. 그러나, 위험회피대상에 따라 비금융자산이나 비금융부채를 인식하는 경우에는 과거에 더 이상 위험회피회계를 지정하지 않은 경우 중단될 위험회피대상항목의 공정가치위험회피로 조정하고 있습니다.

(나) 현금흐름위험회피

연결실체는 위험회피수단으로 지정되고, 현금흐름위험회피로 지정하는 경우 파생상품의 누적평가손익은 위험회피에 효과적인 부분은 기타포괄손익으로 처리하고 있으며, 위험회피에 효과적이지 않은 부분은 즉시 당기손익으로 인식하고 있습니다.

현금흐름위험회피가 더 이상 위험회피회계를 지정되지 않거나, 위험회피수단이 소멸·매각·종료·행사되거나 위험회피회계의 적용요건을 충족하지 못하게 되는 경우 중단됩니다. 현금흐름위험회피 중단시점에 자본으로 인식한 위험회피에 효과적인 파생상품의 누적평가손익은 과거에 더 이상 발생하는 시점에 당기손익으로 인식하고, 예상거래가 더 이상 발생하지 않을 것으로 예상하는 경우에는 즉시 당기손익으로 인식합니다.

(25) 공정가치

공정가치는 가격이 직접 관측가능한지 아니면 가치평가기법을 사용하여 추정하는지의 여부와 관계없이 측정일에 시장참여자 사이의 정상거래에서 자산을 매도하거나 부채를 이전하면서 지급하게 될 가격입니다. 자산이나 부채의 공정가치를 추정함에 있어 연결실체는 시장참여자가 자산이나 부채의 가격을 결정할 때 고려하는 자산이나 부채의 특성을 고려합니다. 기업회계기준서 제1116호

(26) ...

(27) 중요한 회계추정 및 판단

연결실체는 회계정책을 적용함에 있어서, 경영진은 다른 자료로부터 쉽게 식별할 수 있는 자산과 부채의 장부금액에 대한 판단, 추정 및 가정을 하여야 한다. 추정치와 관련 가정은 역사적 경험과 관련성이 있다고 간주되는 기타 요인에 바탕하고 있으며, 실제 결과는 이러한 추정치와 다를 수도 있다.

추정치와 기초가정은 지속적으로 검토된다. 회계추정에 대한 수정은 그러한 추정이 수정되는 기간과 미래 기간에 인식된다.

보고기간종료일 이후 자산과 부채의 장부금액에 중요한 조정을 미칠 수 있는 유의적인 위험에 대한 주요 회계추정과 가정은 다음과 같습니다.

(가) 영업권 및 비금융자산의 손상

영업권 및 비금융자산의 손상여부를 결정하기 위해서는 해당 영업권이 배분되는 현금창출단위의 비금융자산에 대한 추정이 필요하며, 사용가치에 대한 연금창출단위에서 창출될 것으로 기대되는 미래현금흐름의 추정하고 현재가치를 계산하기 위한 적절한 할인율을 결정하여야 합니다.

(나) 판매보증충당부채

연결실체는 주석 2. (20)에 기술한 바와 같이 제품의 보증수리 등과 관련하여 충당부채를 계상하고 있으며, 이러한 충당부채는 과거의 경험에 기초한 미래 예상 판매보증비를 추정하여 계상하고 있습니다.

(다) 퇴직급여채무

연결실체는 확정급여제도를 운영하고 있습니다. 확정급여채무는 매 보고기간종료일에 보험

- 43 -

수리적 평가기법을 수행하여 계산되며, 이러한 보험수리적 평가방법을 적용하기 위해서는 할인율, 기대임금상승률, 사망률 등에 대한 가정을 추정하는 것이 필요한데, 퇴직급여제도는 장기적인 것으로 인해서 이러한 추정에 중요한 불확실성을 포함하고 있습니다.

(라) 법인세

연결실체는 보고기간종료일 현재 미래에 부담할 것으로 예상되는 법인세효과를 추정하여 당기법인세 및 이연법인세를 인식하고 있습니다. 그러나 실제 미래 최종 법인세효과는 추정에 중요한 불확실성을 포함하고 있습니다.

(마) 금융상품의 공정가치

활성시장에서 공시되는 시장가격이 없는 금융상품의 공정가치는 평가기법을 사용하여 결정하고 있습니다. 연결실체는 보고기간종료일 현재 시장상황에 기초하여 다양한 평가기법을 선택하고 판단을 하고 있습니다.

(바) 유·무형자산의 추정 내용연수

사업결합을 통해 유·무형자산을 취득할 경우 취득일의 공정가치를 결정하기 위하여 공정가치 기법이 적용됩니다. 또한, 관련 자산의 이익이 이익이익에 귀속되는 경우 추정 내용연수를 위한 내용연수의 추정이 요구됩니다.

(사) 대손충당금

연결실체는 주석 2. (8)에 기술한 바와 같이 매출채권 및 금융업채권에 대한 손상을 평가하여 대손충당금을 설정하고 있습니다. 연결실체는 리스크 등 추정모형의 가정과 변수들에 의해 결정됩니다.

3. 매출채권

(1) 당기말 및 전기말 매출채권의 내역은 다음과 같습니다.

(2) 매출채권 연령분석

당기말 현재 연결실체의 매출채권 연령분석의 세부내용은 다음과 같습니다.

(단위 : 백만원)

계정명	당기말		전기말	
	유동	비유동	유동	비유동
매출채권	3,580,654	131,089	3,665,356	143,496
손실충당금	(67,564)	-	(69,363)	-
현재가치할인차금	-	(3,659)	-	(6,719)
계	3,513,090	127,430	3,595,993	136,777

- 44 -

당기말 현재 연결실체의 매출채권 연령분석의 세부내용은 다음과 같습니다.

(단위 : 백만원)

구분	미연체	연체된 일수 (만기경과후 90일 이하)	연체된 일수 (만기경과후 91일~180일)	연체된 일수 (만기경과후 180일 초과)	계	순상각된 채권
총장부금액	3,460,604	219,070	41,207	87,971	3,808,852	69,363

전기말 현재 연결실체의 매출채권 연령분석의 세부내용은 다음과 같습니다.

(단위 : 백만원)

구분	미연체	연체된 일수 (만기경과후 90일 이하)	연체된 일수 (만기경과후 91일~180일)	연체된 일수 (만기경과후 180일 초과)	계	순상각된 채권
총장부금액	3,071,945	504,725	17,624	117,449	3,711,743	67,564

(3) 매출채권의 양도

당기말 및 전기말 현재 연결실체의 매출채권이 금융기관에 매각되었으나 금융기관이 소구권을 보유함에 따라 제거조건을 충족하지 못하는 매출채권의 장부금액(연결실체 내 회사간 채권 포함)은 각각 2,898,539백만원 및 2,169,253백만원입니다. 연결실체는 양도한 매출채권과 관련된 위험과 보상의 대부분을 이전하지 않았기 때문에 양도시 수령한 현금을 단기차입금으로 인식하였습니다.

(4) 당기와 전기 중 매출채권의 손실충당금 변동내역은 다음과 같습니다.

(단위 : 백만원)

구분	당기	전기
기초	69,363	65,167
순상각손(환입)	(1,983)	4,453
제각	(3,133)	(205)
환율차이로 인한 변동 등	3,317	(52)
기말	67,564	69,363

4. 기타채권

(1) 당기말 및 전기말 현재 기타채권의 내역은 다음과 같습니다.

(단위 : 백만원)

계정명	당기말 유동	당기말 비유동	전기말 유동	전기말 비유동
미수금	2,219,810	345,978	2,161,565	392,400

(2) 당기말 및 전기말 현재 기타채권의 순손상금액 등의 내역은 다음과 같습니다.

(단위 : 백만원)

구분	당기 유동	당기 비유동	전기 유동	전기 비유동
미수금	1,171,029	313,334	1,110,972	310,194
미청구공사	19,259	28,826	-	-
보증금	2,626	41,139	42,381	2,591
보증예치금	4,738	4,703	1,719	10,113
기타	(15,403)	-	(13,826)	-
순손상금액	3,402,059	705,154	3,291,847	755,088

5. 기타금융자산

(1) 당기말 및 전기말 현재 기타금융자산의 내역은 다음과 같습니다.

(단위 : 백만원)

계정명	당기말 유동	당기말 비유동	전기말 유동	전기말 비유동
당기손익-공정가치측정금융자산	9,314,383	623,040	9,644,865	286,286
기타포괄손익-공정가치측정금융자산	37,255	2,241,379	9,683	1,901,038
상각후원가측정금융자산	48,275	61,271	96,322	8,641
위험회피에 효과적인 파생상품자산	50,000	133,836	4,855	27,393
계	9,449,913	3,059,526	9,755,725	2,223,358

(2) 당기말 및 전기말 현재 기타포괄손익-공정가치측정금융자산의 내역은 다음과 같습니다.

(단위 : 백만원)

계정명	취득원가	당기말 장부금액	전기말 장부금액
채무상품	349,026	361,138	236,031
지분상품(*)	1,824,163	1,917,496	1,674,690
계	2,173,189	2,278,634	1,910,721

(*) 단기매매항목이 아니며 전략적 투자목적으로 보유하는 지분상품에 대해 최초적용일에 기타포괄손익-공정가치측정항목으로 지정하는 취소불가능한 선택권을 적용하였음.

(3) 당기말 및 전기말 현재 기타포괄손익-공정가치측정금융자산 중 지분상품의 내용은 다음과 같습니다.

(단위 : 백만원)

회사명	지분율(%)	당기말 취득원가	당기말 장부금액	전기말 장부금액
현대제철(주)(*1)	6.87	903,897	358,697	516,090
현대오일뱅크(주)	4.35	53,734	276,152	204,392
현대글로비스(주)	4.88	210,688	261,824	236,191
한국조선해양(주)	2.31	42,443	206,557	209,823
한국항공우주산업(주)(*3)	-	73,331	161,092	150,920
(주)현대중공업지주(*2)	2.13	9,018	117,270	120,046
(주)현대그린푸드	2.36	15,005	27,346	33,000
NICE평가정보(주)	2.25	3,312	19,055	14,957
(주)NICE홀딩스	1.30	3,491	10,275	8,825
현대엠엔소프트(주)	9.29	9,888	9,704	12,119
(주)케이에이티	0.09	8,655	6,482	7,155
현대아이에티	1.40	22,500	2,117	2,117
현대삼선(주)	0.03	9,161	351	366
기타		459,040	460,574	158,689
계		1,824,163	1,917,496	1,674,690

(*1) 의결권 있는 주식 11,405,311주 중 2,231,716주에 대하여 제 3자와 총수익스왑 계약을 체결하였음.
(*2) 당기 중 현대종합상사(주)가 한국조선해양(주), 현대중공업(주) 2개사로 분할될 되었음.
(*3) 의결권 있는 주식 전량에 대하여 제 3자와 총수익스왑 계약을 체결하였음.

6. 재고자산
당기말 및 전기말 현재 재고자산의 내역은 다음과 같습니다.

(단위 : 백만원)

계정명	당기말	전기말
제품	6,828,461	6,486,616
상품	45,235	52,717
반제품	550,146	515,084
재공품	424,261	400,850
원재료	1,468,306	1,363,298
저장품	305,130	306,670
미착품	690,342	665,246
기타(*1)	1,351,967	924,377
계(*2)	11,663,848	10,714,858

(*1) 당기말 및 전기말 기타에는 운용리스자재고 금액 558,239백만원 및 284,042백만원이이 포함되어 있음
(*2) 당기말 및 전기말 현재 재고자산평가충당금은 166,016백만원 및 130,989백만원임

7. 기타자산
당기말 및 전기말 현재 기타자산의 내역은 다음과 같습니다.

(단위 : 백만원)

계정명	당기말 유동	당기말 비유동	전기말 유동	전기말 비유동
미수수익	329,909	1,257	318,306	1,293
선급금	686,785	-	658,460	-
선급비용	427,780	780,503	445,601	672,814
선급법인세 및 기타	333,153	84,007	348,315	37,192
계	1,777,627	865,767	1,770,682	711,299

8. 매각예정비유동자산
당기말 및 전기말 매각예정비유동자산의 내역은 다음과 같습니다.

(단위 : 백만원)

구분	당기말	전기말
토지(*1)	8,169	3,454
건물(*1)	3,324	7,963
자동운반구(*2)	-	16,023
종속기업(*3)	-	839,752
계	11,493	867,192
매각예정비유동부채(*3)		719,396

(*1) 당기 중 회사의 종속기업인 현대가드인(현대캐피탈텔(영)(주))가 보유중인 광주사옥 매각 절차를 진행중임.
(*2) 당기 중 보유중인 자동운반구에 대하여 매각 절차를 완료하였으며, 전기 중 매각예정자산과 장부금액의 차이금액인 13,045백만원을 순상각손으로 인식하였음.
(*3) 회사의 종속기업인 현대캐피탈(영)가 보유중인 Hyundai Capital Bank Europe GmbH 지분 일부에 대하여 2018년 8월 중 주식매매계약 체결에 따라 전기말 매각예정자산집단으로 분류하였으나 당기 중 매각 절차를 완료하였음.

9. 유형자산
(1) 당기말 및 전기말 현재 유형자산의 내역은 다음과 같습니다.

(단위 : 백만원)

구분	당기말			전기말		
	취득원가	상각누계액(*)	장부금액	취득원가	상각누계액(*)	장부금액
토지	12,039,472	-	12,039,472	11,802,601	-	11,802,601
건물	9,701,282	(3,471,456)	6,229,826	9,289,171	(3,151,813)	6,137,358
구축물	1,488,988	(739,417)	749,571	1,389,627	(662,606)	727,021
기계장치	16,246,503	(9,712,086)	6,534,417	15,558,786	(9,088,703)	6,470,083
차량운반구	368,948	(170,618)	198,330	363,338	(169,354)	193,984
공구기구금형	10,995,970	(7,961,360)	3,034,610	9,820,613	(7,227,150)	2,593,463
집기비품	1,754,531	(1,339,358)	415,173	1,655,978	(1,218,195)	437,783
건설중인자산	116,526	(73,209)	43,317	97,266	(51,840)	45,426
기타유형자산	3,586,808	-	3,586,808	2,137,889	-	2,137,889
계	56,299,028	(23,467,504)	32,831,524	52,115,269	(21,569,661)	30,545,608

(*) 손상차손누계액 포함됨.

(2) 당기 중 유형자산 장부금액의 변동내역은 다음과 같습니다.

(단위 : 백만원)

구분	기초	취득	대체	처분	감가상각비	매각예정비유동자산 대체	기타(*)	기말
토지	11,802,601	182,249	60,010	(4,303)	-	(8,169)	7,084	12,039,472
건물	6,137,358	1,646	346,878	(1,165)	(296,342)	(3,324)	44,775	6,229,826
구축물	727,021	12,481	71,105	(893)	(65,842)	-	5,699	749,571
기계장치	6,470,083	13,382	1,223,291	(149,553)	(986,467)	-	(36,319)	6,534,417
차량운반구	193,984	41,188	82,908	(54,933)	(56,089)	-	(8,728)	198,330
공구기구금형	2,593,463	6,862	1,339,405	(1,715)	(936,809)	-	33,404	3,034,610
집기비품	437,783	41,482	109,117	(1,169)	(170,977)	-	(1,063)	415,173
건설중인자산	45,426	5,884	11,529	(122)	(21,939)	-	2,539	43,317
기타유형자산	2,137,889	4,509,585	(3,244,243)	(782)	-	-	184,359	3,586,808
계	30,545,608	4,814,759	-	(214,635)	(2,534,465)	(11,493)	231,750	32,831,524

(*) 기타증감액은 환율차이로 인한 변동 타계정대체로 인한 변동 및 손상차손 등으로 구성되어 있음.

전기 중 유형자산 장부금액의 변동내역은 다음과 같습니다.

(단위 : 백만원)

구분	기초	취득	대체	처분	감가상각비	매각예정비유동자산 대체	기타(*)	기말
토지	11,794,842	43,888	536	(35,186)	-	(3,454)	1,975	11,802,601
건물	5,979,344	10,957	466,495	(27,764)	(277,115)	(7,963)	(6,596)	6,137,358
구축물	655,732	6,513	125,295	(4,360)	(62,303)	-	6,144	727,021
기계장치	6,092,817	12,221	1,393,296	(60,561)	(924,923)	-	(42,767)	6,470,083
차량운반구	190,756	35,005	79,676	(48,019)	(52,324)	-	(11,110)	193,984
공구기구금형	2,516,521	512	1,020,614	(65,972)	(837,721)	-	(40,491)	2,593,463
집기비품	473,001	59,875	82,898	(1,422)	(175,959)	(2,299)	1,689	437,783
건설중인자산	47,223	4,639	11,914	(141)	(16,750)	-	(1,459)	45,426
기타유형자산	2,076,906	3,201,634	(3,224,076)	(6,015)	-	-	89,440	2,137,889
계	29,827,142	3,375,244	(43,352)	(249,440)	(2,347,095)	(13,716)	(3,175)	30,545,608

(*) 기타증감액은 환율차이로 인한 변동 및 타계정대체로 인한 변동 등으로 구성되어 있음.

10. 투자부동산
(1) 당기말 및 전기말 현재 투자부동산의 내역은 다음과 같습니다.

(단위 : 백만원)

구분	당기말			전기말		
	취득원가	상각누계액	장부금액	취득원가	상각누계액	장부금액
토지	56,046	-	56,046	58,669	-	58,669
건물	298,245	(194,127)	104,118	303,191	(184,262)	118,929
구축물	18,630	(7,300)	11,330	18,630	(6,894)	11,736
계	372,921	(201,427)	171,494	380,490	(191,156)	189,334

(2) 당기 중 투자부동산 장부금액의 변동내역은 다음과 같습니다.

(단위 : 백만원)

구분	기초	취득	처분	감가상각비	환율차이로 인한 변동	기말
토지	58,669	-	(2,623)	-	-	56,046
건물	118,929	-	(4,980)	(10,312)	481	104,118
구축물	11,736	-	-	(406)	-	11,330
계	189,334	-	(7,603)	(10,718)	481	171,494

전기 중 투자부동산 장부금액의 변동내역은 다음과 같습니다.

(*) 무형자산에서 대체로 인한 증가로 구성되어 있음.

(단위 : 백만원)

구분	기초	대체(*)	처분	감가상각비	환율차이로 인한 변동	기말
토지	58,669	-	-	-	-	58,669
건물	128,685	657	(10,384)	-	(29)	118,929
구축물	12,144	-	(408)	-	-	11,736
계	199,498	657	(10,792)	(408)	(29)	189,334

(3) 당기말 및 전기말 현재 투자부동산의 공정가치는 다음과 같습니다.

(단위 : 백만원)

구분	당기말	전기말
토지	56,046	58,669
건물	314,506	316,215
구축물	15,496	15,496
계	386,048	390,380

투자부동산의 공정가치 평가는 독립된 평가기관에 의해 수행되었으므로, 연결실체는 투자부동산 최초 인식 시 수행한 공정가치 평가 이후 공정가치 변동이 중요하지 않은 것으로 판단하고 있습니다. 한편, 투자부동산의 공정가치는 가치평가기법에 사용된 투입변수에 기초하여 수준 3으로 분류하고 있습니다. 공정가치 측정에 사용된 가치평가기법은 원가접근법 및 시장접근법이며, 건물의 경우 건물 구조, 설계 등과 부대설비 현황 및 감가상각 기간을 고려하여 산정한 재조달원가를 공정가치로 측정합니다.

(4) 당기말 전기 중 투자부동산 관련 수익(비용)은 다음과 같습니다.

(단위 : 백만원)

구분	당기	전기
임대수익	50,308	47,907
운영및유지보수비용	16,943	17,091

11. 무형자산
(1) 당기말 및 전기말 현재 무형자산의 내역은 다음과 같습니다.

(단위 : 백만원)

구분	당기말			전기말		
	취득원가	상각누계액(*)	장부금액	취득원가	상각누계액(*)	장부금액
영업권	296,095	(34,570)	261,525	293,382	(33,975)	259,407
개발비	9,349,676	(5,273,333)	4,076,343	8,256,046	(4,471,703)	3,784,343
산업재산권	310,908	(177,633)	133,275	283,056	(154,193)	128,863
소프트웨어	1,242,304	(924,315)	317,989	1,105,754	(786,766)	318,988
기타무형자산	514,273	(264,325)	249,948	483,323	(237,692)	245,631
건설중인자산	249,787	(22,371)	227,416	212,933	(28,782)	184,151
계	11,963,043	(6,696,547)	5,266,496	10,634,494	(5,713,111)	4,921,383

(*) 순상각누계액으로 표현됨.

(2) 당기 중 무형자산 장부금액의 변동내역은 다음과 같습니다.

(단위 : 백만원)

구분	기초	내부개발	외부취득	대체	상각	순상각손/(환입)(*1)	매각예정처분집단대체	기타(*2)	기말
영업권	259,407	-	-	-	-	-	-	2,118	261,525
개발비	3,784,343	1,514,478	18,177	58,275	(36)	(1,101,505)	(187,163)	(10,226)	4,076,343
산업재산권	128,863	42	1,958	24,748	(173)	(23,737)	-	1,574	133,275
소프트웨어	318,988	1,782	22,867	30,443	(2,041)	(139,908)	-	85,858	317,989
기타무형자산	245,631	-	4,059	19,932	(4,337)	(21,539)	31	6,171	249,948
건설중인자산	184,151	42,539	135,142	(133,398)	-	-	-	(1,018)	227,416
계	4,921,383	1,558,841	182,203	-	(6,587)	(1,286,689)	(187,132)	84,477	5,266,496

(*1) 당기 중 판매예정된 및 개발중인 프로젝트에 대한 개발비 전액 등을 순상각손으로 인식하였음.
(*2) 기타증감액은 환율차이로 인한 변동 및 타계정대체로 인한 변동 등으로 구성되어 있음.

전기 중 무형자산 장부금액의 변동내역은 다음과 같습니다.

(단위 : 백만원)

구분	기초	내부개발	외부취득	대체	상각	순상각손/(환입)(*1)	매각예정처분집단대체	기타(*2)	기말
영업권	291,429	-	-	-	-	(32,125)	-	103	259,407
개발비	3,582,114	1,455,817	19,234	73,977	(4,688)	(1,225,225)	(109,977)	(6,909)	3,784,343
산업재산권	113,400	57	2,298	33,115	(12)	(20,846)	-	881	128,863

구분	기초장부금액		취득	내부창출	처분	대체(*1)	상각	손상차손	기타(*2)	기말장부금액
소프트웨어	346,333	-	25,912	31,015	(818)	(134,905)	(1,697)	-	52,538	318,988
기타무형자산	276,075	-	3,679	2,798	(2,146)	(140,905)	69	-	(3,542)	245,631
건설중인자산	189,365	-	108,712	(140,905)	(7,694)	(1,987)	(8,996)	(143,720)	11,523	184,151
계	4,839,336	7,423	1,463,297	159,805	(1,403,592)	(22,606)	(10,683)	54,594		4,921,383

(*1) 전기중 판매중단 및 개발중단된 프로젝트에 대한 개발비 전액 등을 타계정대체로 인한 변동 등으로 순상각손으로 인식되었음.

(*2) 기타증감액은 환율차이로 인한 변동 및 타계정대체로 인한 변동 등으로 순상각손으로 구성되어 있음.

(3) 당기말 현재 무형자산 중 개발비의 내역은 다음과 같습니다.

(단위 : 백만원)

구분		장부금액	잔여 상각기간(*)
완성차	개발중인 개발비	1,946,181	
	상각중인 개발비	1,528,805	34개월
파워트레인	상각중인 개발비	182,753	28개월
	개발중인 개발비	184,044	
기타	개발중인 개발비	30,870	
	상각중인 개발비	203,690	33개월
계		4,076,343	

(*) 각 프로젝트별로 잔여 상각기간간이 상이하므로 보고기간말 개발비의 잔여 내용연수를 가중평균함.

전기말 현재 무형자산 중 개발비의 내역은 다음과 같습니다.

(단위 : 백만원)

구분		장부금액	잔여 상각기간(*)
완성차	개발중인 개발비	1,314,742	
	상각중인 개발비	1,851,453	38개월
파워트레인	개발중인 개발비	195,715	
	상각중인 개발비	188,215	33개월
기타	개발중인 개발비	3,190	
	상각중인 개발비	231,028	40개월
계		3,784,343	

(*) 각 프로젝트별로 잔여 상각기간간이 상이하므로 보고기간말 개발비의 잔여 내용연수를 가중평균함.

(4) 당기와 전기 중 연구개발활동과 관련하여 지출된 내용은 다음과 같습니다.

54

(단위 : 백만원)

구분	당기	전기
경상연구개발비(*1)	1,532,655	1,475,051
개발비(무형자산)	1,489,028	1,267,327
계(*2)	3,021,683	2,742,378

(*1) 제조경비, 관리비, 기타비용으로 구성되어 있음.

(*2) 개발비 상각비가 포함되지 아니함.

(5) 영업권의 순장부가 당기말 및 전기말 현재 영업부문별로 식별된 현금창출단위에 배분된 영업권의 내역은 다음과 같습니다.

(단위 : 백만원)

구분	당기말	전기말
차량	160,563	158,955
금융	482	482
기타	100,480	99,970
계	261,525	259,407

연결실체의 현금창출단위의 회수가능액은 경영진이 승인한 5년간의 사업계획에 근거하여 추정한 현금흐름을 현금흐름할인모형을 적용하여 계산한 사용가치로 측정하였으며, 미래 현금흐름추정을 위하여 당기 및 전기 중 적용한 세전할인율은 각각 12.5% 및 13.8%이며, 5년을 초과하는 기간에 발생할 현금흐름은 각 현금창출단위가 속해 있는 지역의 연종별 장기 평균성장률을 초과하지 않는 범위 내에서 추정하였습니다. 영업권에 대한 손상검사 결과 당기 중 손상차손으로 인식한 금액은 없으며, 전기 중 손상차손으로 인식한 금액은 32,125백만원입니다.

(*1) ...

(*2) ...

12. 리스

(1) 당기 중 사용권자산 장부금액의 변동내역은 다음과 같습니다.

(단위 : 백만원)

구분	기초	IFRS16 도입효과	취득	처분	감가상각비	기타(*)	기말
토지	-	22,356	2,805	(501)	(4,437)	264	20,487
건물	-	620,661	217,028	(2,518)	(158,828)	13,220	689,563
차량운반구	-	3,445	1,831	(62)	(2,141)	14	3,087
기타	-	28,234	6,612	(18)	(14,248)	825	21,405
계	-	674,696	228,276	(3,099)	(179,654)	14,323	734,542

(*) 기타충당부채는 환율차이로 인한 변동 등으로 구성되어 있음.

(2) 당기말 현재 리스부채의 내역은 다음과 같습니다.

(단위 : 백만원)

구분	당기말
할인전 리스부채	979,101
할인후 리스부채	767,984
유동	132,388
비유동	635,596

(3) 당기 중 리스와 관련하여 당기손익으로 인식한 금액은 다음과 같습니다.

(단위 : 백만원)

구분	당기
리스부채 이자비용	29,404
단기 및 소액리스와 관련된 비용	21,617

13. 공동기업 및 관계기업투자

(1) 당기말 현재 공동기업 및 관계기업 투자내역은 다음과 같습니다.

(단위 : 백만원)

회사명	주요영업활동	소재지(본점)	소유지분율	장부금액
Beijing-Hyundai Motor Company (BHMC)(*1)	완성차 제조 및 판매	중국	50.00%	1,256,925
북경현대기차금융유한공사 (BHAF)(*1,3)	금융업	"	53.00%	577,810
현대위아기차발동기(산동)유한공사 (WAE)	자동차부품 제조 및 판매	"	22.00%	154,136
Hyundai Capital Bank Europe GmbH (HCBE)(*6)	금융업	독일	49.00%	159,948
기아자동차(주)	완성차 제조 및 판매	대한민국	33.88%	9,655,017
현대건설(주)	건설업	"	20.95%	2,859,169
현대트랜시스(주)(*4)	자동차부품 제조 및 판매	"	41.13%	1,026,563
현대다이모스(주)(*4)	"	"	25.35%	682,526
현대위아(주)	"	"	27.49%	283,446
현대차증권(주)	증권중개업	"	37.50%	255,800
유코카캐리어스(주)(*2)	자동차 운송업	"	12.00%	173,212
현대오토에버(주)	전산시스템 설계 및 관리	"	28.48%	145,076
해비치호텔앤드리조트(주)	골프장, 호텔 및 콘도미니엄 운영	"	41.90%	101,578
기타(*5)	자동차부품 제조 및 판매	"	-	1,044,084
계				18,375,290

(*1) 연결실체가 공동지배력을 보유하고 있는 공동약정으로 별도의 회사를 통하여 구조화되었으므로, 공동약정의 당사자들이 약정의 자산에 대한 권리와 부채에 대한 의무를 영위하는 건물인 계약상 조건이나 그 밖의 사실과 상황이 존재하지 않으므로 공동약정에 대하여 공동지배력을 보유하는 당사자들이 약정의 순자산에 대한 권리를 보유하고 있다고 판단하여 공동기업으로 분류함.

(*2) 연결실체의 지분율이 20%에 미달하지만 피투자기업의 이사회에 참여하는 등 피투자기업에 대하여 유의적인 영향력을 행사할 수 있다고 보아 관계기업에 포함함.

(*3) 연결실체의 소유지분율이 과반수를 초과하나 다른 주주와의 약정에 따라 지배력을 행사할 수 없어 관계기업으로 분류함.

(*4) 2019년 1월 1일부로 현대다이모스(주)와 현대파워텍(주)를 흡수합병하여 현대트랜시스(주)로 사명변경함.

(*5) 현재 사천현대기차유한공사(CHMC)의 지분을 100% 보유하고 있으나, 누계 35,692백만원으로, 당기 중 종지 후에도 인식하지 못한 미반영 지분변동손실은 35,692백만원임.

(*6) 당기 중 지분 일부매입으로 인해 종속기업에서 관계기업으로 분류함.

전기말 현재 공동기업 및 관계기업 투자내역은 다음과 같습니다.

(단위 : 백만원)

회사명	주요영업활동	소재지(본점)	소유지분율	장부금액
Beijing-Hyundai Motor Company (BHMC)(*1)	완성차 제조 및 판매	중국	50.00%	1,484,794
북경현대기차금융유한공사 (BHAF)(*1,3)	금융업	"	53.00%	530,161
현대위아기차발동기(산동)유한공사 (WAE)	자동차부품 제조 및 판매	"	22.00%	151,248
Hyundai Powertech(Shandong) Co., Ltd (PTS)	변속기 제조 및 판매	중국	30.00%	100,754
기아자동차(주)	완성차 제조 및 판매	대한민국	33.88%	9,001,505
현대건설(주)	건설업	"	20.95%	2,801,084
현대다이모스(주)(*4)	자동차부품 제조 및 판매	"	25.35%	674,651
현대위아(주)(*6)	"	"	37.58%	561,688
현대트랜시스(주)(*6)	"	"	47.27%	430,571
현대디아이씨(주)(*4)	증권중개업	"	27.49%	265,711
현대카마스(주)	금융업	"	37.50%	218,983
유코카캐리어스(주)(*2)	자동차 운송업	"	12.00%	159,699
현대오토에버(주)	전산시스템 설계 및 관리	"	28.96%	129,173
해비치호텔앤드리조트(주)	골프장, 호텔 및 콘도미니엄 운영	"	41.90%	104,009

구분		기말
기타(*5)		529,208
계		17,143,239

(*1) 연결실체가 공동지배력을 보유하고 있는 공동약정은 별도의 회사를 통하여 구조화되었으며, 공동약정의 당사자들이 약정의 자산에 대한 권리와 부채에 대한 의무를 보유한다는 명시적인 계약상 조건이나 그 밖의 사실과 상황이 존재하지 않으므로 공동약정에 의하여 설립된 회사지분을 공동기업으로 분류함.

(*2) 연결실체의 지분율이 20%에 미달하지만 피투자기업의 이사회에 참여하여 재무정책과 영업정책의 의사결정에 유의적인 영향력을 보유하고 있다고 보아 관계기업에 포함함.

(*3) 연결실체의 소유지분율이 과반수를 초과하나 다른 주주와의 약정에 따라 지배력을 행사할 수 없어 공동기업으로 분류함.

(*4) 전기 중 현대자동차증권(주)에서 현대차증권(주)으로 상호가 변경됨.

(*5) 사천현대기아자동차유한공사(CHMC)의 지분을 전량 처분하였으며, 전기 중 공동지배력을 상실하였음. 당기말까지 미반영 누적손실액 73,738백만원, 누계 94,175백만원임.

(*6) 2019년 1월 1일부로 현대다이모스(주)가 현대파워텍(주)를 흡수합병하여 현대트랜시스(주)가 되었음.

(2) 당기 중 공동기업 및 관계기업투자의 변동내역은 다음과 같습니다.

(단위 : 백만원)

구분	기초	취득(처분)	지분법손익	배당금	기타(*1)	기말
BHMC	1,484,794	-	(260,290)	-	32,421	1,256,925
BHAF	530,161	-	41,008	-	6,641	577,810
WAE	151,248	10,138	121	(10,138)	2,767	154,136
HCBE(*3)	-	38,570	(7,178)	-	128,556	159,948
기아자동차(주)	9,001,505	-	596,660	(123,586)	180,438	9,655,017
현대건설(주)	2,801,084	-	66,070	(11,664)	3,679	2,859,169
현대트랜시스(주)(*2)	992,259	334	37,459	-	(3,489)	1,026,563
현대위아(주)	674,651	-	9,646	(4,136)	2,365	682,526
현대자동차(주)	265,711	-	20,043	(3,630)	1,322	283,446
현대다이모스(주)	218,983	-	33,381	-	3,436	255,800
유로카캐리어스(주)	159,699	-	7,232	-	6,281	173,212
현대오토에버(주)	129,173	-	15,928	(4,126)	4,101	145,076
엠비시올빌앤드리조트(주)	104,009	-	(2,333)	-	(98)	101,578
기타(*4)	629,962	538,095	12,988	(12,412)	(124,549)	1,044,084
계	17,143,239	587,137	570,735	(169,692)	243,871	18,375,290

(*1) 기타증감액은 당기 중에 발생한 사천현대기아자동차유한공사(CHMC) 증자약정과, 당기말까지 미반영 누적손실 실현 및 당기순손실액은 29,751백만원 등이 포함되어 있음.

(*2) 기타 범인의 변동에는 당기 중에 발생한 사천현대기아자동차유한공사(CHMC) 증자약정과, 당기말까지 미반영 누적손실 실현 및 당기순손실액은 29,751백만원 등이 포함되어 있음.

(*3) 기타 증감액에는 당기 중 현대다이모스(주)가 현대파워텍(주)를 흡수합병하여 발생한 98,179백만원이 포함되어 있음.

전기 중 공동기업 및 관계기업투자의 변동내역은 다음과 같습니다.

(단위 : 백만원)

구분	기초	취득(처분)	지분법손익	배당금	기타(*1)	기말
BHMC	1,456,579	-	37,495	-	(9,280)	1,484,794
BHAF	480,353	-	50,461	(6,211)	5,558	530,161
WAE	167,805	-	(15,994)	-	(563)	151,248
PTS	120,256	-	(19,270)	-	(232)	100,754
기아자동차(주)	8,882,325	-	365,561	(109,855)	(136,526)	9,001,505
현대건설(주)	2,959,910	-	58,357	(11,664)	(205,519)	2,801,084
현대트랜시스(주)(*2)	794,150	-	(16,133)	(4,136)	(99,230)	992,259
현대위아(주)	547,295	-	15,021	-	(628)	561,688
현대다이모스(주)(*3)	399,724	-	25,951	-	4,896	430,571
현대차증권(주)	254,766	-	13,422	(3,226)	749	265,711
유로카캐리어스(주)	373,797	-	35,302	(10,000)	(180,116)	218,983
현대오토에버(주)	160,255	-	3,010	(8,976)	5,410	159,699
엠비시올빌앤드리조트(주)	119,162	-	15,634	(1,497)	-	104,009
기타	429,430	61,772	33,140	(12,009)	16,875	529,208
계	17,252,338	61,772	599,522	(170,203)	(600,190)	17,143,239

(*1) 기타증감액은 순상 및 기타포괄손익 변동으로 인한 증감 등으로 구성되어 있음.

(*2) 순상가능액이 장부금액에 미달하여 손상차손 103,459백만원을 인식하였음. 회수가능액은 장부금액에 미달하여 손상차손 구성되어 있음. 회수가능액은 사용가치에 근거하여 결정하였으며, 사용가치를 추정하기 위해 적용한 할인율은 8.00%임.

(*3) 회수가능액이 장부금액에 미달하여 손상차손 90,031백만원을 인식하였음. 회수가능액은 사용가치에 근거하여 결정하였으며, 사용가치를 추정하기 위해 적용한 할인율은 7.95%임.

(3) 당기의 주요 공동기업 및 관계기업의 요약재무정보는 다음과 같습니다.

(단위 : 백만원)

회사명	유동자산	비유동자산	유동부채	비유동부채	매출액	계속영업손익	기타포괄손익	총포괄손익
BHMC	4,422,963	4,152,999	5,419,197	551,122	10,205,560	(523,419)	-	(523,419)
BHAF(*)	5,736,446	4,636,239	4,636,239	220,102	10,206,560	78,067	561	78,067
WAE	622,033	638,984	375,474	185,923	1,313,265	58,339	(11,175)	56,339
HCBE(*)	1,942,896	-	1,682,886	75,416	-	561	3,667	(7,508)
기아자동차(주)	21,556,416	33,789,382	17,276,646	9,090,014	58,145,969	1,826,689	288,863	2,095,512

(*) 금융업을 영위하는 공동기업 및 관계기업으로 재무제표상 자산 및 부채는 유동성 분류를 수행하지 아니하므로 전액 유동자산 및 부채에 포함함.

전기의 주요 공동기업 및 관계기업 요약재무정보는 다음과 같습니다.

(단위 : 백만원)

회사명	유동자산	비유동자산	유동부채	비유동부채	매출액	계속영업손익	기타포괄손익	총포괄손익
현대건설(주)	13,324,399	4,902,573	6,770,867	2,741,123	17,278,792	573,331	(33,165)	540,166
현대엔지니어링(주)	3,001,430	2,771,473	2,096,044	1,208,669	7,678,086	135,769	19,571	155,340
현대위아(주)	3,569,098	3,205,241	1,861,386	1,821,134	7,314,626	55,207	15,608	70,815
현대로템(주)	7,000,730	6,041,487		716,183		71,844	4,808	76,652
현대캐피탈(주)(*)	8,997,344	-	7,718,158	-	477,666	87,760	26,654	114,414
유코카캐리어스(주)	-	3,206,206	1,556,119	1,747,310	64,686	47,725		112,420
(주)해비치호텔앤드리조트	251,544	421,384						
현대오토에버(주)	739,052	287,644	386,794	112,892	1,571,818	56,873	5,196	62,069
(주)	403,502	420,673	220,157	63,063	126,935	2,025	(185)	1,840

(4) 당기의 주요 공동기업 및 관계기업 요약재무정보 중 주요 구성항목은 다음과 같습니다.

(*) 금융업을 영위하는 공동기업 및 관계기업으로 재무제표상 자산 및 부채는 유동성 분류를 수행하지 아니하므로 전액 유동자산 및 부채에 포함함.

회사명	유동자산	비유동자산	유동부채	비유동부채	매출액	계속영업손익	기타포괄손익	총포괄손익
BHMC	5,233,650	4,024,905	5,787,864	376,529	11,043,756	12,315		12,315
BHAF(*)	5,143,183	4,142,880	347,062	-	238,694	95,210		95,210
WAE	731,486	689,637	388,581	386,591	1,346,039	(72,700)	(48,319)	(121,019)
PTS	621,193	358,711	275,267		1,108,875	(64,233)		(64,233)
기아자동차(주)	19,711,791	32,074,814	9,708,402	14,834,739	54,169,813	1,153,943	(452,911)	703,032
현대건설(주)	13,326,768	4,717,341	6,800,875	2,301,878	16,730,894	555,303	(207,137)	328,166
현대위아(주)	3,880,796	3,216,661	1,892,772	2,207,744	7,880,461	(55,561)	(31,699)	(87,230)
현대오토에버(주)	1,238,501	1,666,490	905,338	500,382	2,963,249	30,704	(1,627)	29,077
현대다이모스(주)	1,494,098	1,058,745	1,058,852	616,655	4,266,845	52,914	(7,436)	45,478
현대제철(주)	6,686,423	5,799,504		618,996		53,709	3,137	53,709
현대카드(주)	8,544,682	-	7,392,296	466,766		68,648	8,487	77,145
유코카캐리어스(주)	341,809	2,574,091	482,933	1,124,327	1,736,826	19,412	48,850	68,262
현대오토에버(주)	689,504	139,568	367,985	9,498	1,424,689	55,228	(4,966)	50,272
해비치호텔앤드리조트(*)	28,328	425,126	213,245	64,033	117,067	1,711	(357)	1,354

(*) 금융업을 영위하는 공동기업으로 재무제표상 자산 및 부채는 유동성 분류를 수행하지 아니하므로 전 액 유동자산 및 부채에 포함함.

전기의 주요 공동기업 요약재무정보 중 주요 구성항목은 다음과 같습니다.

(단위 : 백만원)

회사명	현금및현금성자산	유동금융부채	비유동금융부채	관계기업관련및무형자산상각비	이자수익	이자비용	법인세비용(수익)
BHMC	722,736	4,026,911	135,907	420,282	25,683	125,423	(25)
BHAF(*)	849,360	4,150,917	-	5,358	413,321	188,151	25,974

(*) 금융업을 영위하는 공동기업으로 재무제표상 자산 및 부채는 유동성 분류를 수행하지 아니하므로 전액 유동 부채에 포함함.

(5) 당기말 현재 주요 공동기업 및 관계기업의 순자산에서 지분의 장부금액으로 조정한 내역은 다음과 같습니다.

(단위 : 백만원)

회사명	현금및현금성자산	유동금융부채	비유동금융부채	관계기업관련및무형자산상각비	이자수익	이자비용	법인세비용(수익)
BHMC	534,602	1,009,469	56,966	423,303	18,851	108,913	(2,025)
BHAF(*)	834,118	3,674,564	-	4,948	427,317	190,968	30,963

(*) 금융업을 영위하는 공동기업으로 재무제표상 자산 및 부채는 유동성 분류를 수행하지 아니하므로 전액 유동 부채에 포함함.

(단위 : 백만원)

회사명	순자산 지분금액	영업권	미실현손익 및 기타	장부금액
BHMC	1,302,827	-	(45,902)	1,256,925
BHAF	577,810	-	-	577,810
WAE	154,136	-	-	154,136
HCBE	137,205	22,341	402	159,948
기아자동차(주)(*)	9,544,369	197,089	(86,441)	9,655,017
현대오토에버(주)	2,127,795	731,362	12	2,859,169
현대건설(주)(*)	1,011,928	-	14,635	1,026,563
현대위아(주)	776,412	-	(93,886)	682,526
현대증권(주)	243,394	40,052	-	283,446
현대캐피탈(주)	255,800	-	-	255,800
유코카캐리어스(주)	172,950	-	262	173,212
현대오토에버드리조트(주)	145,076	-	-	145,076
해비치호텔앤드리조트(*)	98,002	-	3,576	101,578

(*) 취득대가에 식별 가능한 무형자산 등에 배분으로 인한 순자산 공정가치와 장부금액의 차이 금액이 순자산지분금액에 포함되어 있음.

전기말 현재 주요 공동기업 및 관계기업의 순자산에서 지분의 장부금액으로 조정한 내역은 다음과 같습니다.

(단위 : 백만원)

회사명	순자산 지분금액	영업권	미실현손익 및 기타	장부금액
BHMC	1,531,042	–	(46,248)	1,484,794
BHAF	530,161	–	–	530,161
WAE	151,248	–	–	151,248
PTS	100,754	–	–	100,754
기아자동차(주)	8,874,379	197,089	(69,963)	9,001,505
기아건설(주)(*)	2,069,714	731,362	8	2,801,084
현대위아(주)	767,679	–	(93,028)	674,651
현대파워텍(주)	562,551	–	(863)	561,688
현대다이모스(주)	432,944	–	(2,373)	430,571
현대차솔루션(주)	225,669	40,052	–	265,711
현대케피코(주)	218,983	–	–	218,983
유코카캐리어스(주)	159,437	–	262	159,699
현대오토에버(주)	129,173	–	–	129,173
해비치호텔앤드리조트(*)	100,433	3,576	–	104,009

(*) 취득대가의 식별 가능한 무형자산 등에 배분으로 인한 순자산 공정가치와 장부금액의 차이 금액이 순자산지분금액에 포함되어 있음.

(6) 당기말 현재 공표된 시장가격이 있는 관계기업투자의 시장가격은 다음과 같습니다.

(단위 : 백만원)

회사명	주당가격	주식수	시장가격
기아자동차(주)	44,300원	137,318,251주	6,083,199
현대건설(주)	42,300원	23,327,400주	986,749
현대위아(주)	50,200원	6,893,596주	346,059
현대차증권(주)	10,050원	8,065,595주	81,059
현대오토에버(주)	50,400원	5,980,000주	301,392

14. 금융업채권

(1) 당기말 및 전기말 현재 금융업채권의 내용은 다음과 같습니다.

(단위 : 백만원)

구분	당기말	전기말
대출채권	46,523,263	40,075,564
카드채권	15,266,417	13,311,195
금융리스채권	2,706,819	2,588,890
기타	36,217	43,775
소계	64,532,716	56,019,424
손실충당금	(1,480,555)	(1,368,759)
이연대출부대손익	(771,405)	(133,394)
현재가치할인차금	(22,130)	(15,607)
계	62,258,626	54,501,664

(2) 당기말 및 전기말 현재 금융업채권 중 연결실체는 대출채권 및 카드채권 등을 기초자산으로 유동화사채를 발행하였으며 이와 관련하여 당기말 현재에도 해당 금융자산이 제거되지 않은 금융자산의 장부금액(연결실체 내 회사간 채권 포함)은 17,957,555백만원, 공정가치는 17,899,262백만원이며, 기초자산의 장부금액(연결실체 내 회사간 채권 포함)은 11,477,650백만원, 공정가치는 11,538,647백만원이며 기초자산 기준 순자산실체 내 회사간 채권 포함은 6,360,615백만원입니다. 한편, 전기말 현재 양도되었으나 제거되지 않은 금융자산의 장부금액은 17,252,202백만원, 공정가치는 17,146,156백만원이며 관련 부채의 장부금액은 11,064,518백만원, 공정가치는 10,871,371백만원이며 기초자산 기준 순자산지분은 6,274,785백만원입니다.

(3) 당기 중 금융업채권의 손실충당금 변동내역은 다음과 같습니다.

(단위 : 백만원)

구분	대출채권 12개월 기대신용손실 총손실	대출채권 전체기간 기대신용손실 미손상	대출채권 전체기간 기대신용손실 손상	대출채권 소계	카드자산 12개월 기대신용손실 총손실	카드자산 전체기간 기대신용손실 미손상	카드자산 전체기간 기대신용손실 손상	카드자산 소계	기타 12개월 기대신용손실 총손실	기타 전체기간 기대신용손실 미손상	기타 전체기간 기대신용손실 손상	기타 소계	합계
기초	359,176	225,981	312,493	897,650	144,556	142,490	112,245	399,291	16,903	8,764	46,151	71,818	1,368,759
12개월 기대신용손실로 대체	47,731	(3,186)	(44,546)	–	43,790	(43,637)	(153)	–	6,661	(3,136)	(3,515)	–	–
전체기간 기대신용손실(미손상)로 대체	(30,242)	31,370	(1,128)	–	(12,540)	12,747	(207)	–	(1,701)	2,315	(614)	–	–
전체기간 기대신용손실(손상)로 대체	(4,653)	(9,278)	13,931	–	(17,948)	(8,163)	26,111	–	(290)	(815)	1,105	–	–
순측정(재측정)	1,189	308,183	363,678	673,050	63,226	70,453	34,287	167,966	(5,994)	1,918	5,904	1,838	842,854
제각	–	–	(297,160)	(297,160)	–	–	(317,117)	(317,117)	–	–	(55,382)	(55,382)	(669,659)
기말													1,480,555

당기 중 금융업채권의 순손실충당금 변동내역은 다음과 같습니다.

(단위 : 백만원)

구분	대출채권 12개월 기대신용손실	대출채권 전체기간 기대신용손실(집합평가)	대출채권 전체기간 기대신용손실(개별평가)	소계	카드자산 12개월 기대신용손실	카드자산 전체기간 기대신용손실(집합평가)	카드자산 전체기간 기대신용손실(개별평가)	소계	기타 12개월 기대신용손실	기타 전체기간 기대신용손실(집합평가)	기타 전체기간 기대신용손실(개별평가)	소계	합계
기초				765,008				297,155				71,804	1,133,967
IFRS9 도입효과				84,519				81,099				3,295	168,873
변경 후	345,232	257,893	246,402	849,527				378,224				75,089	1,302,840
환율차이로 인한변동	4,719	4,092	303	9,114	-	-	-	-	-	-	-	-	9,114
기말	356,282	289,464	319,719	965,465	165,702	145,892	131,201	442,795	15,508	9,046	47,741	72,295	1,480,555

(4) 당기말 및 전기말 현재 금융리스의 리스총투자 및 최소리스료의 현재가치는 다음과 같습니다.

(단위 : 백만원)

구분	당기말 리스총투자	당기말 최소리스료의 현재가치	전기말 리스총투자	전기말 최소리스료의 현재가치
1년 이내	1,145,339	1,014,549	1,182,648	1,055,082
1년 초과 5년 이내	1,808,521	1,682,796	1,648,493	1,528,204
5년 초과	5,225	5,030	3,045	2,986
계	2,959,085	2,702,375	2,834,186	2,586,272

(5) 당기말 및 전기말 현재 금융리스의 미실현이자수익 내역은 다음과 같습니다.

구분	당기말	전기말
리스총투자	2,959,085	2,834,186

리스순투자

구분	당기말	전기말
최소리스료의 현재가치	2,702,375	2,586,272
무보증잔존가치의 현재가치	4,444	2,618
소계	2,706,819	2,588,890
미실현 이자수익	252,266	245,296

15. 단기리스 및 장기리스자산
(1) 당기말 및 전기말 현재 운용리스자산의 내역은 다음과 같습니다.

(단위 : 백만원)

구분	당기말	전기말
취득원가	25,143,563	24,686,189
감가상각누계액	(3,945,005)	(4,126,513)
손상차손누계액	(130,218)	(133,910)
순장부가누계액	21,068,340	20,425,766
계		

(2) 당기말 및 전기말 현재 운용리스자산에 대한 향후 예상되는 연도별 미래 최소리스료의 합계는 다음과 같습니다.

(단위 : 백만원)

구분	당기말	전기말
1년 이내	3,856,057	3,801,164
1년 초과 5년 이내	4,027,982	3,574,970
5년 초과	3	8
계	7,884,042	7,376,142

16. 차입금 및 사채
(1) 당기말 및 전기말 현재 단기차입금의 내역은 다음과 같습니다.

(단위 : 백만원)

구분	차입처	연이자율(%) 당기말	당기말 금액	전기말 금액
당좌차월	씨티은행 외	0.10~3.30	256,616	271,814
일반대출	우리은행 외	0.40~5.60	3,736,689	4,687,667
매출채권담보차입	KEB하나은행 외	0.00001~2.48	2,898,539	2,169,253
Banker's Usance	KEB하나은행 외	0.13~3.59	504,769	210,398
기업어음	신한은행 외	1.80~2.65	4,429,668	4,332,409

구분	차입처	연이자율(%)	당기말	전기말
자산담보부차입	RBC 외	1.93~1.94	744,412	578,309
계			12,570,693	12,249,850

(2) 당기말 및 전기말 현재 장기차입금의 내역은 다음과 같습니다.

(단위 : 백만원)

구분	차입처	연이자율(%)	당기말	전기말
일반대출	미즈은행 외	0.34~14.20	7,088,777	5,814,705
시설자금	NH농협은행 외	1.20~5.01	160,463	215,052
기업어음	KTB투자증권 외	1.62~2.55	2,380,000	2,620,000
자산담보부차입	HSBC 외	2.20~2.67	5,885,638	4,337,962
기타(*)	NH투자증권 외		435,607	435,607
현재가치할인차금			(106,883)	(112,977)
소계			15,950,485	13,423,326
유동성대체			(4,626,514)	(3,325,099)
계			11,217,088	9,985,250

(*) 연결실체는 총수익스왑계약을 통해 의결권 있는 주식 일부를 제3자에게 양도하였으나, 양도한 주식의 소유에 따른 위험과 보상을 대부분 보유하고 있으므로 금융자산을 계속 인식하고 수취한 대가는 담보부 차입으로 인식하고 있음.

(3) 당기말 및 전기말 현재 사채의 내역은 다음과 같습니다.

(단위 : 백만원)

구분	최장만기일	연이자율(%)	당기말	전기말
무보증공모사채	2029.10.30	1.44~4.04	23,691,000	25,853,095
무보증사모사채	2027.08.29	1.83~4.30	17,872,007	10,901,475
자산담보부사채	2026.06.15	1.29~3.31	11,486,855	11,070,462
소계			53,049,862	47,825,032
사채할인발행차금			(92,004)	(89,090)
유동성대체			(11,152,044)	(10,779,828)
계			41,805,814	36,956,114

17. 충당부채

(1) 당기말 및 전기말 현재 충당부채의 관련 내역은 다음과 같습니다.

---

(2) 당기 및 전기 중 충당부채 분류별 증감내역은 다음과 같습니다.

(단위 : 백만원)

구분	당기			전기		
	판매보증	종업원급여충당금여	기타	판매보증	종업원급여충당금여	기타
기초	5,177,128	703,526	919,250	5,226,297	636,380	791,764
회계기준 변경효과(*)	–	–	–	–	–	128,266
설정액	2,477,648	90,939	711,615	1,703,173	129,038	535,054
사용액	(2,261,010)	(68,092)	(704,813)	(1,765,815)	(61,827)	(539,716)
환율변동차이로 인한 변동	53,541	(17)	45,214	13,473	(65)	3,882
기말	5,447,307	726,356	971,266	5,177,128	703,526	919,250

(*) 기업회계기준서 제1115호 도입으로 미청구공사 및 초과청구공사 하락 코인순실 충당부채 계정으로 재분류한 효과 등이 포함되어 있음.

18. 기타금융부채

당기말 및 전기말 현재 기타금융부채의 내역은 다음과 같습니다.

(단위 : 백만원)

구분	당기말		전기말	
	유동	비유동	유동	비유동
당기손익-공정가치측정금융부채	4,532	31,625	151	9,060
위험회피에 효과적인 파생상품부채	5,438	143,571	44,137	288,446
계	9,970	175,196	44,288	297,506

19. 기타부채

당기말 및 전기말 현재 기타부채의 내역은 다음과 같습니다.

(단위 : 백만원)

구분	당기말	전기말
판매보증충당부채	5,447,307	5,177,128
종업원급여충당부채	726,356	703,526
기타충당부채	971,266	919,250
계	7,144,929	6,799,904

(단위 : 백만원)

계정명	당기말 유동	당기말 비유동	전기말 유동	전기말 비유동
선수금	1,482,982	22,559	796,552	21,701
예수금	1,020,551	197,722	1,005,768	233,297
미지급비용	2,850,091	-	2,669,315	-
선수수익	608,090	-	393,405	-
초과청구공사	775,972	1,455,882	546,256	1,264,941
기타	523,143	876,656	384,897	1,280,571
계	7,260,829	2,552,819	5,796,193	2,800,510

20. 금융상품

(1) 당기말 현재 금융자산의 범주별 구성내역은 다음과 같습니다.

(단위 : 백만원)

구분	당기손익-공정가치측정 금융자산	상각후원가측정 금융자산	기타포괄손익-공정가치측정 금융자산	위험회피에 효과적인 파생상품자산	장부금액	공정가치
현금및현금성자산	-	8,681,971	-	-	8,681,971	8,681,971
장단기금융상품	-	8,095,888	-	-	8,095,888	8,095,888
매출채권	-	3,640,520	-	-	3,640,520	3,640,520
기타금융자산	-	2,567,688	-	-	2,567,688	2,567,688
기타금융자산	9,937,423	109,546	2,278,634	183,836	12,509,439	12,509,439
기타금융자산	18,406	312,760	-	-	331,166	331,166
기타금융채권	-	62,258,626	-	-	62,258,626	62,014,023
계	9,955,829	85,666,999	2,278,634	183,836	98,085,298	97,840,695

전기말 현재 금융자산의 범주별 구성내역은 다음과 같습니다.

구분	당기손익-공정가치측정 금융자산	상각후원가측정 금융자산	기타포괄손익-공정가치측정 금융자산	위험회피에 효과적인 파생상품자산	장부금액	공정가치
현금및현금성자산	-	9,113,625	-	-	9,113,625	9,113,625
장단기금융상품	-	8,048,713	-	-	8,048,713	8,048,713
매출채권	-	3,732,770	-	-	3,732,770	3,732,770

(2) 당기말 현재 금융부채의 범주별 구성내역은 다음과 같습니다.

(단위 : 백만원)

구분	당기손익-공정가치측정 금융부채	상각후원가측정 금융부채	위험회피에 효과적인 파생상품부채	장부금액	공정가치
매입채무	-	2,925,850	-	2,925,850	2,925,850
미지급금	-	11,979,083	-	11,979,083	11,979,083
차입금및사채	104,963	54,501,664	32,248	54,800,473	54,800,473
기타금융부채	-	319,599	-	319,599	319,599
리스부채	1,910,721	9,931,151	-	-	-
계	1,910,721	78,747,184	32,248	90,621,304	90,920,113

전기말 현재 금융부채의 범주별 구성내역은 다음과 같습니다.

(단위 : 백만원)

구분	당기손익-공정가치측정 금융부채	상각후원가측정 금융부채	위험회피에 효과적인 파생상품부채	장부금액	공정가치
매입채무	-	7,669,424	-	7,669,424	7,669,424
미지급금	-	5,300,043	-	5,300,043	5,300,043
차입금및사채	-	81,372,153	149,009	81,521,162	81,912,936
리스부채	-	767,984	-	767,984	767,984
기타금융부채	-	2,432,607	36,157	2,432,607	2,432,607
계	-	97,542,211	185,166	97,727,377	98,268,160

(3) 공정가치의 추정

연결실체는 공정가치로 측정되는 금융상품을 공정가치 측정에 사용된 투입변수에 따라 다음과 같은 공정가치 서열체계로 분류하였습니다.

· 수준1 : 동일한 자산이나 부채에 대한 활성시장에서 공시되는 가격(조정되지 않은)을 사용하여 도출되는 공정가치입니다.

구분	당기손익-공정가치측정 금융부채	상각후원가측정 금융부채	위험회피에 효과적인 파생상품부채	장부금액	공정가치
매입채무	-	7,655,630	-	7,655,630	7,655,630
미지급금	-	5,445,779	-	5,445,779	5,445,779
차입금및사채	9,211	72,954,347	332,583	73,296,141	73,296,748
리스부채	-	341,794	-	341,794	341,794
기타금융부채	-	2,723,827	-	2,723,827	2,723,827
계	9,211	89,121,377	332,583	89,463,171	89,463,778

· 수준1에 해당되는 공시된 가격을 제외한, 자산이나 부채에 대하여 직접적으로 (가격) 또는 간접적으로(가격으로부터 도출) 관측가능한 투입변수를 사용하여 도출되는 공정가치입니다.

· 수준2 : 수준1에 해당되는 공시된 가격을 제외한, 자산이나 부채에 대하여 직접적으로 (가격) 또는 간접적으로(가격으로부터 도출) 관측가능한 투입변수를 사용하여 도출되는 공정가치입니다.

· 수준3 : 자산이나 부채에 대하여 관측가능한 시장정보에 근거하지 않은 투입변수(관측불가능한 변수)를 사용하는 평가기법으로부터 도출되는 공정가치입니다.

당기말 현재 상기 서열체계에 따른 공정가치 측정치는 다음과 같습니다.

(단위 : 백만원)

구분	수준1	수준2	수준3	합계
금융자산:				
당기손익-공정가치측정금융자산	94,656	9,288,555	572,618	9,955,829
위험회피에 효과적인 파생상품금융자산	-	183,836	-	183,836
기타포괄손익-공정가치측정금융자산	1,180,739	349,804	748,091	2,278,634
계	1,275,395	9,822,195	1,320,709	12,418,299
금융부채:				
당기손익-공정가치측정금융부채	-	36,157	-	36,157
위험회피에 효과적인 파생상품금융부채	-	149,009	-	149,009
계	-	185,166	-	185,166

전기말 현재 상기 서열체계에 따른 공정가치 측정치는 다음과 같습니다.

(단위 : 백만원)

구분	수준1	수준2	수준3	합계
금융자산:				
당기손익-공정가치측정금융자산	90,292	9,612,287	228,572	9,931,151
위험회피에 효과적인 파생상품금융자산	-	32,248	-	32,248
기타포괄손익-공정가치측정금융자산	1,306,912	226,823	376,986	1,910,721
계	1,397,204	9,871,358	605,558	11,874,120
금융부채:				
당기손익-공정가치측정금융부채	-	9,211	-	9,211
위험회피에 효과적인 파생상품금융부채	-	332,583	-	332,583
계	-	341,794	-	341,794

당기 중 상기 수준3으로 분류되는 금융상품의 장부금액 변동은 다음과 같습니다.

(단위 : 백만원)

구분	기초	매입	매도	평가	수준간 이동 매도예정자산 단체대체	기타	기말
당기손익-공정가치측정금융자산	228,572	206,352	(10,775)	73,227	-	-	572,618
기타포괄손익-공정가치측정	376,986	371,350	(506)	75,119	-	(74,858)	748,091

전기 중 상기 수준3으로 분류되는 금융상품의 장부금액 변동은 다음과 같습니다.

(단위 : 백만원)

구분	기초(*)	매입	매도	평가	수준간 이동(매도예정 산정단체대체)	기타	기말
당기손익-공정가치측정금융자산	210,162	11,884	(13,009)	19,535	-	-	228,572
기타포괄손익-공정가치측정금융자산	273,883	77,044	(8,880)	35,008	-	(69)	376,986

(*) 기초 금액은 매도가능금융자산 및 당기손익인식금융자산의 금액으로 구성되어 있음.

(4) 당기말 현재 상기 매도되는 금융자산 및 부채, 상계되는 금융자산 및 부채, 실행가능한 일괄상계약정 및 이와 유사한 약정의 적용을 받는 금융상품의 내역은 다음과 같습니다.

(단위 : 백만원)

구분	인식된 금융자산 및 부채 총액	상계되는 금융자산 및 부채 총액	재무제표 표시순액	상계되지 않는 관련금액 금융상품	현금담보	순액
금융자산:						
매출채권	3,821,865	181,345	3,640,520	-	-	3,640,520
기타채권	2,631,465	63,777	2,567,688	-	-	2,567,688
당기손익-공정가치측정금융자산	258,505	-	258,505	-	-	258,505
위험회피에 효과적인 파생상품자산(*)	183,836	-	183,836	71,764	-	112,072
계	6,895,671	245,122	6,650,549	71,764	-	6,578,785
금융부채:						
매입채무	7,738,185	68,761	7,669,424	-	-	7,669,424
미지급금	5,476,404	176,361	5,300,043	-	-	5,300,043
당기손익-공정가치측정금융부채	36,157	-	36,157	-	-	36,157
위험회피에 효과적인 파생상품금융부채(*)	149,009	-	149,009	71,764	-	77,245
계	13,399,755	245,122	13,154,633	71,764	-	13,082,869

(*) 기업회계기준서 제1032호의 상계기준을 충족하지 못하지만 거래당사자가 채무불이행 지급불능 또는 파산할 경우 연결실체가 상계권리를 가지게 되는 파생상품자산 및 부채임.

전기말 현재 상계되는 금융자산 및 부채, 실행가능한 일괄상계약정 및 이와 유사한 약정의 적용을 받는 금융상품의 내역은 다음과 같습니다.

(단위 : 백만원)

구분	인식된 금융자산 또는 금융부채 총액	상계되는 금융자산 또는 금융부채 총액	재무제표 표시 순액	상계되지 않는 관련금액		순액
				금융상품	현금담보	
금융자산:						
매출채권	3,892,885	160,115	3,732,770	-	-	3,732,770
기타채권	3,118,981	193,131	2,925,850	-	-	2,925,850
당기손익-공정가치측정금융자산	204,576	-	204,576	-	-	204,576
위험회피대상파생상품자산(*)	32,248	-	32,248	22,431	-	9,817
계	7,248,690	353,246	6,895,444	22,431	-	6,873,013
금융부채:						
매입채무	7,862,431	206,801	7,655,630	-	-	7,655,630
미지급금	5,592,224	146,445	5,445,779	-	-	5,445,779
당기손익-공정가치측정금융부채	332,583	-	332,583	22,431	-	310,152
위험회피대상파생상품부채(*)	9,211	-	9,211	9,211	-	-
계	13,796,449	353,246	13,443,203	22,431	-	13,420,772

(*) 기업회계기준서 제1032호의 상계기준을 충족하지 못하지만 거래당사자가 채무불이행, 지급불능 또는 파산할 경우 연결실체가 상계권리를 가지게 되는 파생상품자산 및 부채임.

(5) 당기 중 금융상품 범주별로 발생한 이자수익, 배당금수익 및 이자비용의 내역은 다음과 같습니다.

(단위 : 백만원)

구분	당기		
	이자수익	배당금수익	이자비용
비금융업:			
상각후원가측정금융자산	394,137	-	-
당기손익-공정가치측정금융자산	118,459	32,504	-
상각후원가측정금융부채	-	-	291,041
계	512,596	32,504	291,041
금융업:			
상각후원가측정금융자산	3,786,608	-	-
당기손익-공정가치측정금융자산	7,893	2,458	-
기타포괄손익-공정가치측정금융자산	828	-	-
상각후원가측정금융부채	-	-	1,795,905
계	3,795,329	2,458	1,795,905

전기 중 금융상품 범주별로 발생한 이자수익, 배당금수익 및 이자비용의 내역은 다음과 같습니다.

(단위 : 백만원)

구분	전기		
	이자수익	배당금수익	이자비용
비금융업:			
상각후원가측정금융자산	339,182	-	-
당기손익-공정가치측정금융자산	175,921	29,065	-
기타포괄손익-공정가치측정금융자산	-	-	18,497
상각후원가측정금융부채	-	-	236,817
계	515,103	29,065	255,314
금융업:			
상각후원가측정금융자산	3,614,502	-	-
당기손익-공정가치측정금융자산	32,886	7,949	-
기타포괄손익-공정가치측정금융자산	2,310	-	-
상각후원가측정금융부채	-	-	1,587,053
계	3,649,698	7,949	1,587,053

(6) 당기와 전기 중 당기손익-공정가치측정금융자산이나 당기손익-공정가치측정금융부채의 가치평가에 사용된 수준 간의 이동을 인식하고 있으며, 당기 중 수준 1과 수준 2 간의 유의적인 이동은 없습니다.

(7) 연결실체가 발행한 수수료수익(금융업수익)은 각각 841,525백만원 및 893,473백만원이며, 수수료비용(금융업비용)은 각각 409,039백만원 및 365,790백만원입니다.

(8) 다음은 수준 2와 수준 3으로 분류되는 주요 금융상품 공정가치측정치에 사용된 가치평가기법과 투입변수에 대한 설명입니다.

(가) 통화선도, 통화합성 및 통화스왑

통화선도, 통화합성 및 통화스왑의 공정가치는 입수가능한 공시시점의 선도환율과 기초하여 파생상품의 잔존기간과 일치하는 공시된 선도기간이 없는단면, 통화선도, 통화합성 및 통화스왑의 계약상 통화선도, 통화합성 및 통화스왑의 공정가치를 측정하며, 기간에 대한 보고기간 말 현재 시장에서 축정하는 공시된 선도기간, 일치하는 기간의 통화선도, 통화합성 및 통화스왑의 잔존기간을 축정하여 공정가치를 측정합니다. 통화선도, 통화합성 및 통화스왑을 축정하여 공정가치를 적용하여 보고기간 말 현재 시장에서 관측가능한 선도환율 및 통화선도, 통화합성 및 통화스왑의 공정가치측정치를 수준 2로 분류하고 있습니다. 기간의 선도환율을 추정하여 공정가치를 측정하는 경우에 사용되는 투입변수는 보고기간 말 통화선도, 통화합성 및 통화스왑의 공정가치측정치를 수준 2로 분류...

하였습니다.

(나) 이자율 스왑

이자율 스왑의 공정가치 측정에 사용되는 할인율은 측정일 현재 시장에서 공시된 이자율로 도출되는 수익률 곡선에 기초하여 결정됩니다. 이자율 스왑의 공정가치는 거래상대방의 신용위험과 당사의 신용위험을 반영하여 추정한 미래현금흐름을 적절한 할인율로 할인된 금액으로 측정합니다. 이자율 스왑의 공정가치 측정에 유의적인 투입변수는 이자율 스왑의 공정가치 측정치를 연결실체는 제무상품의 공정가치측정치를 수준 2로 분류하였습니다.

(다) 회사채 등 채무상품

회사의 채무상품의 공정가치는 현금흐름할인법을 적용하여 측정하였습니다. 할인율은 공정가치 측정대상 회사채 등 채무상품에 대하여 시장에서 공시되는 스왑레이트(swap rate) 및 신용스프레드를 기초로 결정하였습니다. 채무상품의 공정가치측정에 유의적인 투입변수는 할인율로서 시장에서 관측가능한 정보에 기초하므로, 회사채 등 채무상품의 공정가치측정치를 연결실체는 제무상품의 공정가치측정치를 수준 2로 분류하였습니다.

(라) 비상장주식

비상장주식의 공정가치는 현금흐름할인모형 등을 사용하여 측정하며, 미래현금흐름을 추정하기 위한 사업계획 및 할인율 산정을 위한 기초자산인 베타 등에 기초한 매출의 증가율, 세전 영업이익률, 할인율 등에 대한 할인율 등에 유의적인 경영진의 가정이 요구되므로 이러한 투입변수에 근거하여 산정하였습니다. 할인율 산정에 사용된 주요 가정과 추정의 자본자산가격결정모형(CAPM)을 적용하여 산정하였으며, 기초자산인 주식의 공정가치측정치를 연결실체는 비상장주식의 공정가치측정치를 수준 3으로 분류하였습니다.

(마) 종속기업(파생상품)

종속기업(파생상품)의 공정가치는 이항옵션가격결정모형을 적용하였으며, 주가변동성을 기초로 한 매출의 증가율, 세전 영업이익률, 할인율 등에 대한 할인율 등에 기초한 공정가치, 만기 및 무위험이자율을 기초로 측정하였습니다. 만기까지 해당하는 무위험이자율을 적용하였으며, 만기까지의 금융인의 과거 1년간 역사적변동성을 사용하였습니다. 기초자산의 공정가치는 연결실체는 상기(가)의 주요 가정과 추정에 비상장주식의 공정가치측정치 서열체계상 미치는 영향이 유의적인 것으로 판단하여 비상장주식의 공정가치(파생상품)의 공정가치측정치를 수준 3으로 분류하였습니다.

---

(9) 유의적이지만 관측가능하지 않은 투입변수를 사용하는 공정가치측정치(수준 3)에 대한 설명은 다음과 같습니다.

(단위: 백만원)

구분	당기말 공정가치	가치평가기법	관측가능하지 않은 투입변수	범위
비상장 주식, 출자지분 등	1,320,709	현금흐름 할인법	매출액증가율과 세전영업이익률 할인율이 허락한다면 공정 가치는 증가	매출액증가율 -3.0%~-6.2% 세전영업이익률 2.3%~12.2% 할인율 7.3%~8.6%

21. 자본금

(1) 보통주 자본금

회사의 수권주식수는 600,000,000주이며 당기말과 전기말 현재 보통주 및 우선주 자본금의 내용은 다음과 같습니다.

(단위: 주, 백만원)

구분	당기말	전기말
발행주식수	213,668,187	213,668,187
1주당금액	5,000원	5,000원
자본금	1,157,982	1,157,982

(2) 우선주 자본금

회사는 2001년 3월 5일, 2004년 5월 4일, 2018년 7월 27일에 각각 보통주 10,000,000주, 1,320,000주 6,608,292주를 1억소각하였으며, 이로 인하여 당기말 및 전기말 현재 발행주식수의 액면총액은 납입자본금과 상이합니다.

(단위: 백만원)

종류	1주당금액	발행주식수	우선주자본금	배당률
1우선주	5,000원	24,356,685주	125,550	보통주배당률+1%
2우선주	-	36,485,451주	193,069	최저우선배당률 : 2%
3우선주	-	2,428,735주	12,392	최저우선배당률 : 1%
계		63,270,871주	331,011	

회사는 2001년 3월 5일에 2우선주 1,000,000주, 2018년 7월 27일에 1우선주 753,297주, 2우선주 1,128,414주 및 3우선주 49,564주를 이익소각 하였으며, 이에 따라 발행주식의 액면총액과 납입자본 금은 상이합니다.

22. 자본잉여금

당기말 및 전기말 현재 자본잉여금의 내역은 다음과 같습니다.

(단위 : 백만원)

구분	당기말	전기말
주식발행초과금	3,321,334	3,321,334
기타자본잉여금	875,681	879,880
계	4,197,015	4,201,214

23. 기타자본항목

기타자본항목은 경우 회사가 주가안정을 목적으로 보유한 자기주식이며, 당기말 및 전기말 현재 자기 주식의 내역은 다음과 같습니다.

(단위 : 백만원)

구분	당기말	전기말
보통주	11,835,151주	9,387,581주
1우선주	2,046,959주	1,759,942주
2우선주	1,142,140주	696,445주
3우선주	34,545주	9,050주

24. 기타포괄손익누계액

당기말 및 전기말 현재 기타포괄손익누계액의 내역은 다음과 같습니다.

(단위 : 백만원)

구분	당기말	전기말
기타포괄손익-공정가치측정금융자산평가이익(*)	489,235	406,191
기타포괄손익-공정가치측정금융자산평가손실(*)	(419,160)	(309,690)
현금흐름위험회피파생상품평가이익	17,117	3,153
현금흐름위험회피파생상품평가손실	(45,500)	(66,106)
지분법자본변동	34,967	22,632
무의지분법자본변동(*)	(714,955)	(979,050)
해외사업환산손익	(1,714,726)	(2,128,206)
계	(2,353,022)	(3,051,076)

(*) 자본시장에 이익잉여금으로 대체될 금액을 재외한 누적평가손익임, 전기 중 기업회계기준서 제1109호 최초 적용에 따라 과거 인식했던 순손자산의 재분류 등 기초변동 효과 340,268백만원이 반영되어 있음.

구분	당기말	전기말
매각예정분류자산집단 관련 자본 대체	-	(1,122)
계	(2,353,022)	(3,052,198)

25. 이익잉여금 및 배당금

(1) 당기말 및 전기말 현재 이익잉여금의 내역은 다음과 같습니다.

(단위 : 백만원)

구분	당기말	전기말
법정적립금(*)	744,836	744,836
임의적립금	46,591,396	48,328,847
미처분이익잉여금	20,913,401	17,416,399
계	68,249,633	66,490,082

(*) 상법등의 규정에 따라 납입자본의 50%에 달할 때까지 매 결산기마다 금전에 의한 이익배당액의 10% 이상을 이익준비금으로 적립하도록 되어 있음. 동 이익준비금은 현금배당의 재원으로 사용할 수 없으며, 자본전입 또는 보전을 위해서만 사용될 수 있음.

한편, 이익잉여금 중 1,852,871백만원은 과거 자산재평가에 의한 자산재평가에서 발생한 재평가차 익으로 자본전입 또는 결손보전을 위해서만 사용할 수 있습니다.

(2) 당기와 전기의 중간배당과 관련된 내용은 다음과 같습니다.

(단위 : 주, 백만원)

구분	당기				전기			
	보통주	1우선주	2우선주	3우선주	보통주	1우선주	2우선주	3우선주
액면가액(원)	5,000	5,000	5,000	5,000	5,000	5,000	5,000	5,000
배당주식수	202,714,530	22,413,098	2,404,448		204,916,661	22,683,998		2,429,482
주당배당금(원)	1,000	1,000	1,000	1,000	1,000	1,000	1,000	1,000
배당율	20%	20%	20%	20%	20%	20%	20%	20%
배당액	202,715	22,413	2,404		204,917	22,684		2,429

(3) 당기와 전기의 연차배당(예정)액과 관련된 내용은 다음과 같습니다.

(단위 : 주, 백만원)

구분	당기				전기			
	보통주	1우선주	2우선주	3우선주	보통주	1우선주	2우선주	3우선주
액면배당율	5,000	5,000	5,000	5,000	5,000	5,000	5,000	5,000
배당금비율(원)								
배당주식수	201,953,036	22,312,726	2,394,930		204,280,606	22,595,743	35,789,006	2,419,686
배당액	201,953,036	22,312,726	2,394,930		204,280,606	22,595,743	35,346,311	2,419,686

구분						
주당배당금(원)	3,000	3,050	3,100	3,000	3,050	3,100
배당률	60%	61%	62%	60%	61%	62%
배당(예정)액	605,559	68,054	109,573	613,016	68,929	110,973

26. 신종자본증권

(1) 연결실체는 종속기업인 현대카드(주)와 현대커머셜(주)이 발행한 신종자본증권을 자본(비지배 주주지분)으로 분류하였습니다. 당기말 현재 신종자본증권의 내역은 다음과 같습니다.

(단위 : 백만원)

발행인	구분	발행일	만기일	이자율(%)	금액	발행비용	합계
현대카드(주)	731회 신종자본증권 신종자본증권	2018-07-05	2048-07-05	4.70%	300,000	(760)	299,240
현대커머셜(주)	제 1회 신종자본증권	2019-11-08	2049-11-08	4.50%	106,000	-	
현대커머셜(주)	제 2회 신종자본증권	2019-12-23	2049-12-23	4.50%	45,000	(677)	150,323

(2) 당기말 현재 종속기업인 현대카드(주)와 현대커머셜(주)이 발행한 신종자본증권의 발행조건은 다음과 같습니다.

발행인	구분	신종자본증권
현대카드(주)	만기	30년(만기 도래 시 발행사의 의사결정에 따라 만기연장 가능)
	이자율	발행일~2023-07-05 : 연 고정금리 4.7% Step-up 조항에 따라 1회에 한하여 5년 후 +2%
	이자지급조건	3개월 후급이며, 선택적 지급연기 가능
	기타	30년만기 도래 시 발행사의 의한 만기이전 선택은 발행일로부터 5년 이후에 가능
현대커머셜(주)	만기	발행일~2년 (2년~3년 : 연 고정금리 4.5% 3년이후 : 최초 이자율+연 2.5%+조정금리(*) 3년이후 : 매 1년이 되는 날 직전 이자율 + 0.5%
	이자율	
	이자지급조건	3개월 후급이며, 선택적 지급연기 가능
	기타	발행 후 발행사에 의한 만기이전 선택은 발행일로부터 2년 이후에 가능

(*) 조정금리 : 발행일로부터 2년이 되는 날 2영업일 전 2년 만기 국고채 수익률에서 발행일 2영업일 전 2년 만기 국고채 수익률(음수인 경우 무시) 차감한 금리

27. 매출

당기와 전기 중 매출의 내역은 다음과 같습니다.

(단위 : 백만원)

구분	당기	전기
제품의 판매	89,820,812	81,502,831
용역의 제공	2,659,058	2,223,538

도급타수익	96,935	104,813
금융업수익	10,529,505	10,236,363
건설계약수익	2,218,890	2,360,807
기타	421,222	384,257
계	105,746,422	96,812,609

당기말 현재 이행되지 않은(또는 부분 이행되지 않은) 수행의무에 배분된 중 거래가격 중 향후 수익으로 인식할 금액은 다음과 같습니다.

(단위 : 백만원)

구분	1년 이내	1년 초과
이연수익	986,734	1,360,682

28. 판매비와관리비

당기와 전기 중 판매비와관리비의 내역은 다음과 같습니다.

(단위 : 백만원)

구분	당기	전기
판매비:		
수출비	77,962	88,246
해외시장개척비	382,220	403,541
광고선전비 및 판매활동촉진비	2,551,347	2,308,527
판매수수료	801,798	726,265
판매보증비용	2,609,744	1,998,143
운반보관비	122,997	116,791
소계	6,546,068	5,641,513
관리비:		
급여	2,713,209	2,633,437
퇴직급여	183,357	171,504
복리후생비	428,622	403,564
지급수수료	1,388,469	1,351,919
연구비	1,289,715	1,125,603
기타	1,500,068	1,392,425
소계	7,503,440	7,078,452
계	14,049,508	12,719,965

29. 공동기업 및 관계기업투자손익

당기와 전기 중 공동기업 및 관계기업투자손익의 내역은 다음과 같습니다.

계정명	당기	전기
지분법손익	570,735	599,522
관계기업투자지분순익	14,266	(1,491)
관계기업투자주식순상각손	(42,175)	(193,490)
계	542,826	404,541

(단위 : 백만원)

30. 금융수익 및 금융비용

(1) 당기와 전기 중 금융수익의 내역은 다음과 같습니다.

(단위 : 백만원)

계정명	당기	전기
이자수익	512,596	515,103
외환차익	69,689	86,033
외화환산이익	119,282	105,060
배당금수익	32,504	29,065
파생상품관련이익	85,663	69,227
기타	7,386	19,011
계	827,120	823,499

(2) 당기와 전기 중 금융비용의 내역은 다음과 같습니다.

(단위 : 백만원)

계정명	당기	전기
이자비용	316,979	307,070
외환차손	32,142	51,310
외화환산손실	100,282	229,497
파생상품관련손실 등	25,815	12,990
계	475,218	600,867

31. 기타수익 및 기타비용

(1) 당기와 전기 중 기타수익의 내역은 다음과 같습니다.

(단위 : 백만원)

계정명	당기	전기
외환차익	404,363	329,399
외화환산이익	184,211	159,899
유형자산처분이익	30,742	19,518
수입수수료	108,154	119,920
임대료수익	87,283	77,974
기타	306,205	260,571
계	1,120,958	967,281

(2) 당기와 전기 중 기타비용의 내역은 다음과 같습니다.

(단위 : 백만원)

계정명	당기	전기
외환차손	364,593	433,694
외화환산손실	158,369	203,994
유형자산처분손실	159,484	163,594
매각예정비유동자산순상각손	-	13,045
기부금	65,807	85,482
기타	709,172	587,228
계	1,457,425	1,487,037

32. 비용의 성격별 분류

당기와 전기 중 비용의 성격별 분류 내역은 다음과 같습니다.

(단위 : 백만원)

구분	당기	전기
재고자산의 변동	(400,318)	(310,180)
원재료 및 상품 사용액	62,258,658	56,845,459
종업원급여	9,396,921	8,893,878
감가상각비	2,545,183	2,357,887
무형자산상각비	1,286,689	1,403,582
기타	28,511,209	26,686,855
계(*)	103,598,342	95,877,481

(*) 매출원가, 판매비와관리비 및 기타비용의 합계임.

33. 주당이익

기본주당이익은 보통주 및 우선주에 귀속되는 당기순이익을 기중평균유통보통주식수로 나누어 산출하며, 그 내용은 다음과 같습니다. 한편, 당기 및 전기에는 희석효과가 없었으므로 희석주당이익은 산출하지 않았습니다.

(단위 : 백만원)

구분	당기			전기		
	귀속이익	유통주식수(*1)	기본주당이익	귀속이익	유통주식수(*1)	기본주당이익
보통주	2,293,070	202,742,139주	11,310원	1,158,437	205,697,075주	5,632원
1우선주(*2)	254,581	22,420,995주	11,355원	129,272	22,753,974주	5,681원
2우선주	405,077	35,511,588주	11,407원	206,532	36,008,052주	5,736원
3우선주	27,321	2,404,883주	11,360원	13,843	2,438,169주	5,677원

(*1) 기중 자기주식수의 변동으로 인한 발행주식수를 고려하여 가중평균한 주식수임.

(*2) 기업회계기준서 제1033호 '주당이익'에서 규정한 보통주의 정의를 충족하는 구형우선주임.

34. 법인세

(1) 당기와 전기의 법인세비용의 구성내역은 다음과 같습니다.

(단위 : 백만원)

구분	당기	전기
법인세부담액	1,302,225	802,201
전기 법인세와 관련되어 인식한 당기 조정액	1,684	475,666
일시적 차이로 인한 이연법인세 변동액	133,459	(506,925)
세무상결손금, 세액공제 등으로 인한 변동액	(444,494)	(129,864)
자본에 직접 가감되는 항목과 관련된 법인세비용	1,937	225,581
기초 이연법인세 환율변동으로 인한 변동액	(16,691)	17,904
법인세비용	978,120	884,563

(2) 당기와 전기 중 법인세비용과 법인세비용차감전순이익간의 조정내역은 다음과 같습니다.

(단위 : 백만원)

구분	당기	전기
법인세비용차감전순이익	4,163,766	2,529,582
적용세율	33.8%	28.0%
적용세율에 따른 법인세	1,406,867	707,993
조정사항		
비과세수익	(65,019)	(204,614)
비공제비용	141,309	150,243
세액공제	(532,420)	(83,025)
기타	27,383	313,966
조정계	(428,747)	176,570
법인세비용	978,120	884,563
유효법인세율(법인세비용/법인세비용차감전순이익)	23.5%	35.0%

(3) 당기와 전기 중 이연법인세자산(부채)의 변동내역은 다음과 같습니다.

(단위 : 백만원)

구분	기초	변동	기말
충당부채	1,894,732	109,681	2,004,413
당기손익-공정가치측정금융자산	3,287	(1,380)	1,907
기타포괄손익-공정가치측정금융자산	(160,472)	35,974	(124,498)
종속기업, 관계기업 및 공동기업	(1,520,164)	(45,321)	(1,565,485)
파생상품자산 및 부채	(11,609)	(23,975)	(35,584)
유형자산	(4,816,432)	(349,176)	(5,165,608)
미수수익	88,318	48,761	137,079
외화환산손익	(4)	(15)	(19)
기타	795,016	91,992	887,008
소 계	(3,727,328)	(133,459)	(3,860,787)
세무상결손금 및 이월세액공제	2,253,312	444,494	2,697,806
계	(1,474,016)	311,035	(1,162,981)

전기 중 이연법인세자산(부채)의 변동내역은 다음과 같습니다.

(단위 : 백만원)

구분	기초	변동	기말
충당부채	1,876,177	18,555	1,894,732
당기손익-공정가치측정금융자산	-	3,287	3,287
기타포괄손익-공정가치측정금융자산	-	(160,472)	(160,472)
종속기업, 관계기업 및 공동기업	(1,507,832)	(12,332)	(1,520,164)
매도가능금융자산	(187,795)	187,795	-
연구 및 인력개발준비금	(30,588)	30,588	-
파생상품자산 및 부채	(32,118)	20,509	(11,609)
유형자산	(4,503,211)	(313,221)	(4,816,432)
미수수익	70,711	17,607	88,318
외화환산손익	(59)	55	(4)
기타	80,462	714,554	795,016
소 계	(4,234,253)	506,925	(3,727,328)
세무상결손금 및 이월세액공제	2,123,448	129,864	2,253,312
계	(2,110,805)	636,789	(1,474,016)

(4) 당기 및 전기 중 자본에 직접 가산되는 항목과 관련된 법인세비용의 내역은 다음과 같습니다.

(단위 : 백만원)

구분	당기	전기
자기주식처분이익	(821)	-
기타포괄손익-공정가치측정금융자산 관련 손익	16,770	43,432
현금흐름위험회피파생상품평가손익	(15,118)	39,557
확정급여제도의 재측정요소	18,028	155,777
지분법이익잉여금	(16,922)	(13,185)
계	1,937	225,581

(5) 당기말 및 전기말 현재 이연법인세부채로 인식되지 않은 종속기업, 관계기업 및 공동기업투자지분과 관련된 일시적차이는 각각 6,852,098백만원 및 8,328,950백만원입니다.

35. 퇴직급여제도

(1) 당기와 전기 중 연결실체의 확정기여제도와 관련하여 인식한 비용은 다음과 같습니다.

(단위 : 백만원)

구분	당기	전기
현금 등 납입액	10,103	8,322
부채 인식액	3,591	1,969
계	13,694	10,291

(2) 당기말 및 전기말 현재 확정급여형 퇴직급여제도의 보험수리적 평가를 위해 사용한 주요 가정은 다음과 같습니다.

구분	당기말	전기말
할인율(*)	2.95%	3.39%
기대임금상승률	4.15%	4.29%

(*) 연결실체는 확정급여채무를 현재가치로 할인하기 위해 보고기간 말 현재 우량회사채의 시장수익률(AA+)을 이용하였으며, 사외적립자산의 이자수익 계산 시에도 동일한 할인율을 기대수익률로 적용하였음.

(3) 당기말 및 전기말 현재 확정급여채무의 현재가치와 사외적립자산의 연결재무상태표에 인식된 금액은 다음과 같습니다.

(단위 : 백만원)

구분	당기말	전기말
확정급여채무의 현재가치	6,321,408	5,931,464

---

(4) 당기 중 순확정급여자산 및 부채의 변동내역은 다음과 같습니다.

(단위 : 백만원)

	당기
사외적립자산의 공정가치	(5,508,329)
계	407,894
순확정급여부채	412,598
순확정급여자산	433,247

	(5,913,514)
	(4,704)
	(10,112)

전기 중 순확정급여자산 및 부채의 변동내역은 다음과 같습니다.

(단위 : 백만원)

구분	확정급여채무(현재가치)	사외적립자산	합계
기초	5,931,464	(5,508,329)	423,135
당기근무원가	608,498	-	608,498
이자비용(이자수익)	157,018	(150,606)	6,412
소 계	6,696,980	(5,658,935)	1,038,045
재측정요소:			
사외적립자산의 수익	-	(47,602)	(47,602)
인구통계적가정의 변동에서 발생하는 보험수리적손익	232,237	-	232,237
재무적가정의 변동에서 발생하는 보험수리적손익	(93,342)	-	(93,342)
경험조정으로 인해 발생한 보험수리적손익 및 기타	91,293	(20,121)	71,172
소 계		(629,774)	(629,774)
지급액	(489,495)	401,629	(87,866)
관계사 전입(출)입	1,967	(196)	1,771
환율차이로 인한 변동 및 기타	20,663	(6,117)	14,546
기말	6,321,408	(5,913,514)	407,894

미래인 범위 내에서 변동할 경우 확정급여채무에 미치는 영향은 다음과 같습니다.

(단위 : 백만원)

구분	당기말		전기말	
	1% 증가시	1% 감소시	1% 증가시	1% 감소시
할인율	(488,706)	569,850	(460,796)	571,913
기대임금상승률	522,318	(516,424)	604,045	(500,355)
계	5,913,514		5,508,329	

(6) 당기말 및 전기말 현재 사외적립자산의 공정가치 구성요소는 다음과 같습니다.

(단위 : 백만원)

구분	당기말	전기말
보험상품	5,909,102	5,503,122
기타	4,412	5,207
계	5,913,514	5,508,329

(7) 연결실체는 2020년도에 퇴직연금제도에 기여금으로 722,190백만원을 납부할 것으로 예상하고 있습니다. 또한, 보고기간 종료일 현재 확정급여채무의 가중평균만기는 8.67년입니다.

36. 현금흐름

(1) 당기와 전기 중 영업으로부터 창출된 현금흐름의 내용은 다음과 같습니다.

(단위 : 백만원)

구분	당기	전기
1. 연결당기순이익	3,185,646	1,645,019
2. 조정사항	15,145,995	14,036,476
퇴직급여	618,501	564,830
감가상각비	2,545,183	2,357,887
무형자산상각비	1,286,689	1,403,582
유형자산상각비	2,417,953	1,805,607
판매보증충당부채전입액	978,120	884,563
외환환산손익	(44,842)	168,532

구분	당기	전기
유형자산처분손익	144,076	
이자수익비용	128,742	144,076
이자비용	(195,617)	(208,033)
지분법손익	(570,735)	(599,522)
금융업수익비용	6,832,433	6,623,857
관계기업투자주식손상차손	42,175	193,490
기타수익비용	1,107,393	697,607
3. 영업활동으로 인한 자산·부채의 변동	(15,644,327)	(9,592,809)
매출채권의 감소	240,973	144,965
기타채권의 감소	20,004	(49,614)
기타금융자산의 감소(증가)	(156,683)	582,163
재고자산의 감소(증가)	(1,107,426)	(686,275)
기타자산의 증가	(208,333)	(232,079)
매입채무의 증가(감소)	(277,383)	1,250,595
기타채무의 증가	328,290	371,821
미지급금의 증가	1,600,044	(318,944)
기타부채의 증가(감소)	(11,946)	(5,774)
기타금융부채의 감소	(617,864)	(685,658)
순확정급여부채의 감소	(87,866)	(191,816)
퇴직금의 지급		
충당부채의 감소	(3,033,915)	(2,367,358)
금융업채권의 변동	(8,493,115)	(4,552,802)
운용리스자산의 증가	(3,812,572)	(2,920,535)
기타 영업활동으로 인한 자산·부채의 변동	(26,535)	68,502
영업으로부터 창출된 현금흐름	2,687,314	6,088,686

(2) 당기 및 전기 중 연결현금흐름표에 포함되지 않은 주요 비현금 투자활동거래와 비현금 재무활동거래는 다음과 같습니다.

(단위 : 백만원)

구분	당기	전기
차입금 및 사채의 유동성 대체	16,462,173	13,198,648
유형자산의 본계정 대체	3,244,243	3,224,076
무형자산의 본계정 대체	133,398	140,905
공기어 이행약의 미지급금의 증가	950,745	-

(3) 당기 중 재무활동에서 생기는 부채의 변동은 다음과 같습니다.

기여금 | - | (698,631) | (698,631)
지급액 | (610,301) | (191,816) | (191,816)
관계사 전출입 | 5,099 | (1,421) | 3,678
활동자이로 인한 변동 및 기타 | 17,194 | (7,577) | 9,617
기말 | 5,931,464 | (5,508,329) | 423,135

87

(*) 기타증감액은 단계적대체 등으로 구성되어 있음.

전기 중 재무활동에서 생기는 부채의 변동은 다음과 같습니다.

(단위: 백만원)

| 구분 | 기초 | 현금흐름액 | 비현금 변동 | | | | 기말 |
			유동성대체 과	환율변동효과	할인차금	기타(*)	
단기차입금(유동성장기포함)	23,068,201	(10,137,072)	13,198,648	408,544	82,553	(256,087)	26,354,777
장기차입금	12,488,137	439,697	(2,669,011)	237,897	(5,242)	(506,228)	9,985,250
사채	36,454,192	10,193,316	(10,529,637)	794,741	38,502	9,985,250	36,956,114

(*) 기타증감액은 매각예정부채로의 재분류 등으로 구성되어 있음.

37. 위험관리

(1) 자본위험관리

연결실체는 주주이익의 극대화 및 자본비용의 절감 등을 위하여 최적 자본구조를 유지하도록 자본을 관리하고 있습니다. 연결실체는 총부채를 총자본으로 나눈 부채비율을 자본관리지표로 이용하고 있으며, 당기말 및 전기말 현재 연결실체의 부채비율은 다음과 같습니다.

(단위: 백만원)

구분	당기말	전기말
총부채	118,146,466	106,759,742
총자본	76,365,754	73,896,010
부채비율	154.7%	144.5%

(2) 금융위험관리

연결실체는 금융상품과 관련하여 시장위험(외환위험, 이자율위험, 가격위험), 신용위험, 유동성위험 등의 금융위험에 노출되어 있습니다. 연결실체의 재무적 성과에 영향을 미치는 위험을 식별하여 연결실체가 허용가능한 수준으로 감소, 제거 및 회피하는 것을 그 목적으로

(상단 표)

(단위: 백만원)

| 구분 | 기초 | 현금흐름액 | 비현금 변동 | | | | 기말 |
			유동성대체 과	환율변동효과	할인차금	기타(*)	
단기차입금(유동성장기포함)	26,354,777	(15,027,248)	16,462,173	443,419	89,217	26,913	28,349,251
장기차입금	9,985,250	6,212,410	(5,219,946)	224,316	15,039	19	11,217,088
사채	36,956,114	15,357,326	(11,242,227)	695,624	38,97	-	41,805,814

하고 있습니다. 연결실체의 전반적인 금융위험 관리 전략은 전기와 동일합니다.

(가) 시장위험

연결실체는 주로 환율과 이자율의 변동으로 인한 금융위험에 노출되어 있으며, 따라서, 이자율과 외환 환위험을 관리하기 위해 파생상품계약 등을 체결하여 위험회피수단으로 사용하고 있습니다.

① 환위험관리

연결실체는 환율변동위험을 회피하기 위하여 외화의 유입과 유출을 통화별·만기별로 일치시킴으로써 환위험을 최소화하고, 환율급변에 따른 외화자금 수급의 경색기업을 조정하는 방법을 우선적으로 이용하며, 대내적으로는 통화별 자산·부채종합관리전략, 대외적으로 통화선도, 통화스왑 등의 외환파생상품을 헷지수단으로 이용하여, 매매적 거래는 연결실체의 외화표시 거래를 하고 있기 때문에 다양한 통화의 환율변동위험에 노출되어 있습니다. 주요 통화는 USD, EUR, JPY 등 입니다.

연결실체로 인식하고 있는 주요 외화에 대한 기능통화의 환율 5% 변동시 환율변동이 법인세비용차감전순이익에 미치는 영향은 다음과 같습니다.

(단위: 백만원)

환종	5% 상승시	5% 하락시
USD	1,315	(1,315)
EUR	(20,852)	20,852
JPY	(8,319)	8,319

(*) 상기 민감도 분석은 당기말 현재 재무상태표에 표현되어 있는 화폐성 자산·부채 및 파생상품 자산·부채를 대상으로 분석하였으며, 환율변동에 따른 매출원가, 매출원가 등 손익계산서 항목을 대상으로 하고 있지 않음.

② 이자율위험관리

연결실체는 고정이자율과 변동이자율로 차입함으로써 이자율변동위험에 노출되어 있습니다. 연결실체의 차입금은 변동금리부 차입금과 고정금리부 차입금으로 구성되어 있으며, 당기 중 이자율변동으로 인하여 이자율 위험에 노출되는 부분은 변동금리부 차입금입니다. 이자율위험을 관리하기 위하여 단기차입금의 경우에는 현금흐름 변동위험을 회피하기 위하여 고정금리로 차입한 경우에는 공정가치 변동위험을, 장기차입금의 경우 이자율스왑 등의 파생상품을 이용하고 있습니다. 한편, 금리변동으로 이자율 위험에 노출되어 있는 현금및현금성자산, 단기금융상품, 차입금 등에 대하여 고정이자율 자산·부채는 공정가치 위험에 노출되고, 변동이자율 자산·부채는 현금흐름 이자율 위험에 노출됩니다.

당기말 현재 이자율이 1% 변동시 이자율변동이 법인세비용차감전순이익에 미치는 영향은 다음과 같습니다.

(단위: 백만원)

구분	1% 상승시	1% 하락시
현금및현금성자산	18,739	(18,739)
당기손익-공정가치측정금융자산	(6,606)	6,944

③ 가격위험

연결실체는 지분상품에서 발생하는 가격변동위험에 노출되어 있습니다. 당기말 및 기타포괄손익-공정가치측정금융자산 및 당기손익-공정가치측정금융자산은 각각 94,656백만원 및 1,917,496백만원입니다.

한편, 회사의 금융업을 영위하는 종속기업인 현대카드(주)와, 현대캐피탈(주)는 이자율위험에 대한 정분보 하에서 발생할 수 있는 최대의 손실가능금액을 의미하는 VaR를 이용하여 이자율위험을 관리하고 있습니다. 당기말 및 전기말 현재 VaR로 측정한 이자율 위험 금액은 각각 159,980백만원 및 134,366백만원입니다.

구분		
잠단기금융상품	6,779	(6,779)
차입금 및 사채	(128,245)	128,245

(4) 신용위험

신용위험은 계약상대방이 계약상의 의무를 이행하지 않아 연결실체에 재무손실을 미칠 위험을 의미합니다. 연결실체는 거래처의 재무상태, 과거 경험 및 기타 요소들을 평가하여 신용도가 일정수준 이상인 거래처와 거래하는 정책을 운용하고 있습니다. 현금및현금성자산, 금융기관예치금 등의 유동자금과 파생상품거래에는 국제 신용평가기관에 의하여 높은 신용등급을 부여받은 금융기관등이기 때문에 신용위험은 제한적입니다. 주식339외 지분투자 내역을 제외하고 기록된 금융자산의 장부금액은 손상차손 차감 후 금액으로 연결 재무제표에 기록된 금융자산의 최대노출액을 나타내고 있습니다.

한편, 회사의 금융업을 영위하는 종속기업인 현대카드(주)와 현대캐피탈(주)는 금융채권 판매하여 자체로으로 산출한 내부신용등급에 따라 신용한도를 부여하고 있으며, 자주에 따른 신용위험 검증도는 가계 91%, 기업 9%입니다.

(다) 유동성위험

연결실체는 유동성위험을 관리하기 위하여 단기 및 중장기 자금관리계획을 수립하고 현금유출예산과 실제현금유출액을 계속적으로 분석·검토하여 금융부채와 금융자산의 만기구조를 대응시키고 유동성위험을 관리하고 있습니다.

(단위 : 백만원)

구분	1년 이내	1년 초과~5년 이내	5년 초과	계
무이자부부채	14,533,075	647,504	226,206	15,406,785

이자부부채	30,099,101	49,814,632	6,751,232	86,664,965
금융보증금액	1,123,035	18,649	10,278	1,151,962

상기 만기금액은 금융부채의 할인하지 않은 현금흐름을 기초로 연결실체가 지급하여야 하는 가장 빠른 만기일에 근거하여 작성되었으며, 원금 및 이자의 현금흐름을 포함하고 있습니다.

(3) 파생상품

연결실체는 환율변동으로 인한 화폐성 외화자산·부채의 공정가액변동위험 및 예상수출거래에 따른 미래현금흐름의 변동위험을 회피하기 위하여 통화선도, 통화옵션, 이자율스왑 등의 파생상품 계약을 체결하고 있습니다.

연결실체는 현금흐름 위험회피회계처리가 적용되는 파생상품의 평가손익 중 위험회피에 효과적인 부분의 평가손익 28,383백만원과 평가손실 62,953백만원을 각각 기타포괄손익누계 액으로 처리하고 있습니다.

현금흐름 위험회피회계와 관련하여 위험회피대상 예상거래로, 예상 최장기간은 당기말로부터 117개월 이내입니다.

연결실체는 당기말 및 전기말 현재 공정가액변동위험을 회피하기 위하여 통화선도, 통화옵션, 이자율스왑 등의 파생상품 등의 파생금융상품 관련 손익을 당기손익으로 인식하고 있습니다. 이와 관련하여 당기말, 전기 중 연결실체가 인식한 순손익(세전)은 각각 당기손익 240,206백만원과 평가손익 206,019백만원입니다.

한편, 회사의 금융업을 영위하는 종속기업인 현대카드(주)와 현대캐피탈(주)는 이자율스왑 및 통화스왑을 이용하여 시장가치를 변동이나 환율변동 등으로 인한 차입금 미래 현금흐름의 변동위험을 회피하고 있으며, 당기말 현재 평균위험회피비율은 100%입니다.

38. 특수관계자 등 거래

(1) 당기 중 연결실체와 특수관계자 및 대규모기업집단인 연결재무제표를 작성하는 과정에서 모두 제거되었습니다.

(단위 : 백만원)

구분	수익거래			비용거래		
	매출	기타		매입	기타	
유의적인 영향력을 행사하는 현대모비스(주)	967,724	13,997	7,026,246	179,952	4,220	1,463,259
Mobis Alabama, LLC	69,854		16,521			

(단위 : 백만원)

구분		수익거래		비용거래	
		매출	기타	매입	기타
종속기업 그 기업과	Mobis Automotive Czech s.r.o.	–	514	1,499,675	7,228
	Mobis India, Ltd.	12,279	6,002	1,144,736	21,526
	Mobis Parts America, LLC	59,520	3,399	962,301	696
	Mobis Module CIS, LLC	–	338	432,428	–
	Mobis Parts Europe N.V.	17,522	5,499	409,133	–
	기타	33,630	2,136	1,009,179	23,024
공동기업 및 관계기업 그 기업과	기아자동차(주)	1,090,223	667,705	168,907	688,919
	Kia Motors Slovakia LLC	1,136,574	–	488,346	–
	Kia Motors Russia LLC	122,710	252	528,950	–
	Kia Motors Mexico S.A de C.V.	97	12,876	144,335	–
	기타	452,376	31,523	59,639	44,847
대규모기업집단 계열회사	현대위아(주)	965,766	57,385	3,833,178	1,901,640
	HMGC	139,092	2,314	1,258,211	48,576
	기타	8,124	5,894	98	5
대규모기업집단 계열회사		1,158,010	182,994	7,559,328	1,148,542

전기 중 연결실체와 특수관계자 및 대규모기업집단의 계열회사와의 영업상 중요한 거래내용은 다음과 같습니다.

(단위 : 백만원)

구분		수익거래		비용거래	
		매출	기타	매입	기타
종속기업 그 기업과	현대모비스(주)	855,899	11,882	5,779,338	63,730
	Mobis Alabama, LLC	150,932	–	1,170,562	11,510
	Mobis Automotive Czech s.r.o.	–	650	1,595,879	12,925
	Mobis India, Ltd.	9,309	2,547	1,089,584	5,076
	Mobis Parts America, LLC	36,758	3,091	784,401	647
	Mobis Module CIS, LLC	–	332	413,903	–
	Mobis Parts Europe N.V.	16,954	882	400,752	33
	기타	25,819	1,991	953,435	17,171
공동기업 및 관계기업 그 기업과	기아자동차(주)	1,232,262	648,081	179,658	505,812
	Kia Motors Russia LLC	1,064,764	–	563,662	–
	Kia Motors Slovakia LLC	1,064,764	79	563,662	–
	Kia Motors Mexico S.A de C.V.	119,781	4,359	658,066	–
	기타	1,048	46,526	36,535	14,654
대규모기업집단 계열회사	현대위아(주)	461,444	–	658,066	–
	HMGC	3,032	12,886	36,535	14,654
	BHMC	265,199	2,622	1,368,294	3,870
	기타	896,981	51,195	3,425,538	1,775,624
대규모기업집단 계열회사		2,454	6,307	114	5
기타 특수관계자		948,967	162,448	7,017,992	1,357,505

(2) 당기말 현재 연결실체와 특수관계자 및 대규모기업집단의 계열화사와의 거래에서 발생한 중요한 채권·채무의 내용은 다음과 같습니다.

(단위 : 백만원)

구분		채권		채무	
		채권(*1,2)	미수금	매입채무	미지급금
종속기업 그 기업과	현대모비스(주)	180,627	8,774	1,240,307	260,458
	Mobis Alabama, LLC	6,835	–	112,964	12
	Mobis Automotive Czech s.r.o.	3,381	369	110,024	–
	Mobis India, Ltd.	14,033	89	118,413	2
	Mobis Parts America, LLC	–	36	85,048	–
	Mobis Module CIS, LLC	1,671	3,033	32,457	820
	Mobis Parts Europe N.V.	5,709	719	78,094	4,187
	기타	467,458	325,290	46,735	175,515
공동기업 및 관계기업 그 기업과	Kia Motors Mexico S.A de C.V.	145,459	326	325,290	55,728
	Kia Motors Russia LLC	8,312	1,028	30,354	89
	Kia Motors Slovakia s.r.o.	33	4,645	77,306	366
	Kia Motors America, Inc.	156,728	76,174	6,215	820
	기아자동차(주)	–	84,127	20,455	–
	기타	16	19,894	32,294	37,188
대규모기업집단 계열회사	현대위아(주)	28,289	14,729	151,717	55,728
	HMGC	302,208	115,063	492,506	695,803
	BHMC	214,074	78,281	845,699	344,282
	기타	87	520	10	1

(*1) 당기말 특수관계자 채권에 대하여 손실충당금 26,889백만원을 설정하고 있으며, 당기 중 사용금액과 상환금액은 각각 307,706백만원, 304,492백만원임.

(*2) 당기말 현재 종속기업인 현대카드(주)가 맺고 있는 기업구매전용카드계약의 미결제액은 21,227백만원으로 당기 중 인식된 순상각차손이 있으며, 당기 중 종속기업인 현대카드(주)가 ... 손상차손은 1,895백만원임.

전기말 현재 연결실체와 특수관계자 및 대규모기업집단의 계열회사에서 발생한 중요한 채권·채무의 내용은 다음과 같습니다.

(단위 : 백만원)

구분		채권		채무	
		매출채권	미수금	매입채무	미지급금
종속기업 그 기업과	현대모비스(주)	157,633	11,050	1,161,047	279,775
	Mobis Alabama, LLC	13,694	–	97,661	33
	Mobis Automotive Czech s.r.o.	2	210	128,210	–
	Mobis India, Ltd.	1,061	3	148,002	15
	Mobis Parts America, LLC	7,568	93	64,274	–

(*1) 전기말 현재 특수관계자 채권에 대하여 손상충당금을 설정하고 있으며, 전기 중 인식된 손상차손은 2,974백만원임.

(*2) 전기말 현재 종속기업인 현대카드(주)가 맺고 있는 기업구매전용카드계약의 미결제금액인 18,013백만원이 포함되어 있으며, 전기 중 사용금액과 상환금액은 각각 283,929백만원, 278,863백만원임.

(3) 당기 중 연결실체와 특수관계자와의 중요한 자금거래 및 출자거래 내역은 다음과 같습니다.

(외화단위: 천, 원화단위: 백만원)

구분				
공동기업 및 관계기업				
Mobis Module CIS, LLC	-	1,671	-	33	39,281
Mobis Parts Europe N.V.	-	3,317	42,412		4,770
기타	4,152	143	61,323		
기타 특수관계자 계열회사				
기아자동차(주)	358,664	313,353	36,681	178,582
Kia Motors Slovakia s.r.o.	104,433	103		
Kia Motors Russia LLC	9,253	131	20,711	282
Kia Motors Mexico S.A de C.V.	80	13,981	123,784	827
Kia Motors America, Inc.	-	77,713	1,212	19,478
BHMC	170,547	62,236	-	30
HMGC	-	34,382	13,021	8,716	6,619
현대위아(주)	230,506	106,395	189,044	71,059
기타	223,834	404	25,370	558	9	2	928,550	738,903	333,227

(*) 전기말 현재 특수관계자 채권에 대하여 있는 기업구매전용카드계약의 미결제금액인 24,993백만원을 설정하고 있으며, 전기 중 인식된 손상차손은 2.974백만원임.

전기말 현재 종속기업인 현대카드(주) 및 그 기업구매전용카드계약의 미결제금액인 18,013백만원이 포함됨.

(3) 당기 중 연결실체와 특수관계자와의 중요한 자금거래 및 출자거래 내역은 다음과 같습니다.

(외화단위: 천, 원화단위: 백만원)

구분	지급대가 통화	대여	회수	지급차입 통화	상환	차입	출자 통화	금액
공동기업 및 관계기업	CNY	80,000	40,000	-	-	-	KRW	588,541	61,772

(4) 등기임원 및 비등기임원에 대한 당기와 전기의 분류별 보상금액과 중 보상금액의 내역은 다음과 같습니다.

(단위: 백만원)

구분	당기	전기
당기종업원급여	274,556	218,620
퇴직급여	47,280	34,087
기타장기급여	1,147	606
계	322,983	253,313

(5) 연결실체는 당기말 현재 특수관계자를 위한 지급보증이 있습니다.

39. 우발부채 및 약정사항

(1) 당기말 현재 연결실체가 종속기업을 제외한 특수관계자 등의 채무 등에 대해 제공한 지급보증의 내역은 다음과 같습니다.

(단위: 백만원)

상대방	국내보증액	해외보증액(*)
관계기업	128,050	195,831
기타	16,493	998,123
계	144,543	1,193,954

(*) 외화 지급보증은 보고기간종료일 현재의 서울외국환중개(주)가 고시하는 기준환율을 환산한 금액입니다.

(2) 당기말 현재 연결실체는 국내 및 해외 소송사건에 피소되어 제조물책임(Product Liability) 등과 관련하여 진행 중인 소송사건에 제품 소송 중에 있습니다. 또한, 연결실체는 발생할 수 있는 장래의 손실에 대비하여 국내의 관련기관의 조사를 받고 있으며, 결과 및 당기말 현재 연결실체는 세타2 엔진 리콜과 관련하여 국내외 관련사안에 대해 제기된 관련 소송이 진행 중입니다. 결과 및 향후 연결실체는 상기 소송의 결과에 대한 합리적인 예측이 불가능한 자원의 유출금액 및 시기가 불확실하여 관련 채무에 대해 배수로 예측하고 있습니다.

(3) 당기말 현재 연결실체의 차입금 및 임대보증금 등과 관련하여 유형자산에 대해 채권최고액 765,375백만원의 전세권 등이 설정되어 있습니다. 또한, 당기말 현재 연결실체는 제아이엔 보증금으로 현대하에 기아자동차(주) 주식 213,466주 등이 관련 금융기관 등에 담보로 제공되어 있으며, 예금, 어음 및 수표 등이 담보로 제공되어 있습니다. 한편, 일부 해외종속기업의 경우 상기에 포함된 담보제공자산이외에 금융약관 등이 자금금과 관련하여 담보 제공되어 있습니다.

(4) 당기말 현재 연결실체는 국민은행 등 다수의 금융기관과 당좌대출, 일반대출 및 무역금융 등의 약정을 체결하고 있으며, 이의 중 한도는 미화 246억달러 상당액 62,228억원입니다.

(5) 당기말 현재 종속기업인 현대캐피탈(주)와 현대카드(주)는 일부 차입처에 대해 채권자의 신용보

갖기 위하여 트리거(Trigger) 조항을 포함한 약정을 맺고 있습니다. 이로 인해 현대카드캐피탈(주)와 현대 카드(주)의 신용등급이 일정 수준 이하로 하락할 경우, 해당 지위부채에 대해 조기상환을 실시하거나 채권자와의 계약이 또는 해지될 수 있습니다.

(6) 당기말 현재 종속기업인 현대케피코(주)는 임차중인 자산에 대해 관련하여 관련한 권한이나 부 동산을 임의 매각하고자 하는 경우, 또는 임차자 계약상 임대차 개시일로부터 4년 5개월이 되는 시점 에 우선매수권을 행사할 수 있습니다.

(7) 당기말 현재 회사는 타 특자자가 보유하고 있는 종속기업인 현대케피탈(주) 주식과 관련하여 제3 지와 종속기업와 계약을 체결하고 있습니다.

(8) 당기말 현재 회사는 종속기업인 현대케피탈(주) 주식 및 판계가인 현대카머셜(주) 주식과 관련하여 타 특자자와 주주간협약을 체결하고 있습니다. 타 특자자의 주식을 매입할 수 있는 콜옵션과 타 특자자 가 보유하고 있는 주식을 회사에 처분할 수 있는 풋옵션이 발생할 수 있는 조항이 포함되어 있습니다.

(9) 회사는 금융물꺼조니스센터(GBC) 신축공사 1,408,220백만원을 특자하기로 약정한 바 있 으며, 또한 2019년 12월 서울시와 신축사업에 따른 공공기여 이행 협약에 따라 당기말 현재 관련 부 채로 950,745백만원을 인식하였습니다.

(10) 당기말 및 전기말 현재 사용이 제한된 금융상품은 다음과 같습니다.

(단위 : 백만원)

구분	당기말	전기말
장단기금융상품	959,783	936,606
현금및현금성자산	173,602	329,296
기타금융자산	7,963	7,770
계	1,141,348	1,273,672

40. 부문정보

(1) 연결실체의 영업부문은 차량, 금융, 기타로 구성되어 있습니다. 차량부문은 인상차를 생산하여 최 종소비자에게 판매하고 있으며, 금융부문은 차량 할부금융 및 리스대여금무 등을 영위하고 있습니다. 기타 부문은 철도차량 제조, 특장제품 생산, 연구개발 등으로 구성되어 있습니다.

(2) 당기의 연결실체가 영위하는 영업에 따른 부문별 정보는 다음과 같습니다.

(단위 : 백만원)

구분	차량	금융	기타	연결조정	계
총매출액	127,898,539	16,735,027	8,794,298	(47,681,442)	105,746,422
내부매출액(*)	(45,411,843)	(708,571)	(1,561,028)	47,681,442	-
순매출액	82,486,696	16,026,456	7,233,270	-	105,746,422
영업이익	2,618,009	887,983	99,471	42	3,605,505

(*) 내부매출액은 연결실체 내 부문간 내부매출을 포함하고 있음.

전기의 연결실체가 영위하는 영업에 따른 부문별 정보는 다음과 같습니다.

(단위 : 백만원)

구분	차량	금융	기타	연결조정	계
총매출액	114,448,752	15,284,427	7,954,215	(40,874,785)	96,812,609
내부매출액(*)	(39,183,338)	(326,223)	(1,365,224)	40,874,785	-
순매출액	75,265,414	14,958,204	6,588,991	-	96,812,609
영업이익	1,062,241	746,612	105,295	508,017	2,422,165

(*) 내부매출액은 연결실체 내 부문간 내부매출을 포함하고 있음.

(3) 당기말 현재 영업부문별 부문자산 및 부문부채는 다음과 같습니다.

(단위 : 백만원)

구분	차량	금융	기타	연결조정	계
자산총계	107,555,519	93,803,198	8,541,669	(13,303,323)	194,512,220
부채총계	42,249,145	80,509,835	5,579,715	(10,192,229)	118,146,466
차입금 및 사채	7,628,244	72,788,608	2,776,867	(1,821,566)	81,372,153

전기말 현재 영업부문별 부문자산 및 부문부채는 다음과 같습니다.

(단위 : 백만원)

구분	차량	금융	기타	연결조정	계
자산총계	100,302,183	85,725,929	7,930,963	(13,303,323)	180,655,752
부채총계	36,885,305	73,323,028	5,041,081	(8,489,672)	106,759,742
차입금 및 사채	6,995,268	65,215,856	2,547,523	(1,462,506)	73,296,141

(4) 당기의 연결실체가 위치한 지역에 따른 매출액으로 다음과 같습니다.

구분	대한민국	북미	아시아	유럽	기타	연결조정	계
총매출액	60,224,554	44,037,504	10,648,377	35,596,939	2,900,490	(47,681,442)	105,746,422
내부매출액	(22,356,765)	(8,066,819)	(407,566)	(16,850,142)	(151)	47,681,442	-
순매출액	37,867,789	35,970,685	10,240,812	18,736,797	2,900,339	-	105,746,422

전기의 연결실체가 위치한 지역에 따른 매출액은 다음과 같습니다.

(단위 : 백만원)

구분	대한민국	북미	아시아	유럽	기타	연결조정	계
총매출액	53,587,031	37,500,229	9,787,259	33,959,206	2,853,669	(40,874,785)	96,812,609
내부매출액	(16,835,175)	(6,791,173)	(461,954)	(16,786,135)	(348)	40,874,785	-
순매출액	36,751,856	30,709,056	9,325,305	17,173,071	2,853,321	-	96,812,609

(5) 당기말 및 전기말 현재 지역별 비유동자산의 현황은 다음과 같습니다.

(단위 : 백만원)

구분	당기말	전기말
대한민국	32,022,342	30,267,888
북미	2,588,893	2,175,054
아시아	1,527,181	1,106,064
유럽	1,962,133	1,891,626
기타	449,771	410,601
소계	38,550,320	35,851,233
연결조정	(280,806)	(194,908)
계(*)	38,269,514	35,656,325

(6) 당기 및 전기 중 연결실체 매출액의 10% 이상을 차지하는 단일 외부고객은 없습니다.

(*) 유형자산, 무형자산, 투자부동산의 합계액임.

41. 건설계약

(1) 당기말 및 전기말 현재 진행중인 공사관련 원가, 손익 및 청구공사 내역은 다음과 같습니다.

(단위 : 백만원)

구분	당기말	전기말
누적발생원가	10,298,750	9,305,321
누적이익	271,874	591,321
누적공사수익(미성공사) 합계	10,570,624	9,896,642
진행청구액	10,175,567	9,331,926
미청구공사	1,171,029	1,110,972
초과청구공사	775,972	546,256
유보금(*)	95,404	71,729

(*) 연결재무상태표 상 장기성매출채권으로 계상하고 있음.

(2) 당기말 현재 연결실체가 기타영업부문에 해당하는 현대로템(주)의 진행 중인 계약과 관련하여 추정 총계약수익 및 추정총계약원가가 변동되었고, 이에 따라 당기말 미래손익 및 미청구공사에 영향을 미치는 내역은 다음과 같습니다.

(단위 : 백만원)

구분	금액
추정총계약수익의 변동	507,421
추정총계약원가의 변동	837,223
당기손익에 미치는 영향	(325,794)
미래손익에 미치는 영향	(4,008)
미청구공사의 변동	(182,127)
공사손실충당부채	178,923

(3) 당기 중 원가기준 투입법을 적용하여 진행기준 수익을 인식한 계약으로서 계약금액이 직전연도 연결실체 매출액의 5% 이상인 계약은 없습니다.

42. 보고기간 후 중요한 사건

(1) 연결실체는 당기말 현재 공동기업으로 분류하고 있는 사천현대가치자운호한공사(CHMC)의 추가 지분 50%를 2020년 1월 19일 취득 완료하였으므로, 이에 따라 종속기업으로 분류되었습니다.

(2) 회사의 종속기업인 현대로템(주)는 보고기간 말 이후 인력조정 및 경영효율화를 위하여 희망퇴직을 모집하는 구조조정 계획을 공고 및 실행하였습니다.

(3) 회사의 종속기업인 현대모비스(주)는 보고기간 말 이후 현대모비스의 의왕연구소 내 토지와 건물의 매각계약을 3월 중 체결할 예정입니다.

제5판

K-IFRS 회계원리

초판발행	2009년 9월 5일
제2판발행	2010년 8월 30일
제3판발행	2013년 2월 25일
제4판발행	2018년 9월 7일
제5판발행	2021년 2월 28일
중판발행	2024년 3월 15일

지은이	김순기 · 전성빈 · 송민섭 · 이상완 · 이아영
펴낸이	안종만 · 안상준

편 집	조보나
기획/마케팅	장규식
표지디자인	박현정
제 작	고철민 · 조영환

펴낸곳	(주) **박영사**
	서울특별시 금천구 가산디지털2로 53, 210호(가산동, 한라시그마밸리)
	등록 1959. 3. 11. 제300-1959-1호(倫)
전 화	02)733-6771
f a x	02)736-4818
e-mail	pys@pybook.co.kr
homepage	www.pybook.co.kr
ISBN	979-11-303-1234-7 93320

copyright©김순기 외 2021, Printed in Korea

정 가 35,000원

이상완

현 동아대학교 경영대학 교수

서강대학교 박사

저서: 관리회계(홍문사, 2019)

　　　원가회계(청람, 2019)

주요논문: "조직정치가 성과측정지표의 다양성과 기업성과에 미치는 영향(회계학연구, 2015)

　　　　　"환경혁신전략, 지속가능성 관리통제시스템, 그리고 경영성과 간의 관계에 관한 연구(회계저널, 2019)

이아영

현 강원대학교 경영대학 교수

서강대학교 박사

주요논문: "경영자의 재무보고서 인증책임과 회계투명성: 명의상 대표이사의 존재를 중심으로(회계정보연구, 2019)

　　　　　"한국기업들의 경영권 방어수단이 회계투명성에 미치는 영향(회계정보연구, 2020)

공저자 약력

김순기

현 서강대학교 경영대학 명예교수
서강대학교 경영대학 교수
University of Houston Ph.D
저서: 원가관리회계(홍문사)
　　　사용자 중심의 원가회계(박영사)
　　　사용자 중심의 관리회계(박영사)
　　　韓國의 原價管理(홍문사)
　　　管理會計(홍문사)
주요논문: "An Evaluation of Alternative Cost Variance Investigation Models"
　　　　　"研究開發費會計槪觀"
　　　　　"製造環境變化에 따른 우리나라 企業의 管理會計實務에 관한 實態調査:
　　　　　美·日의 實態調査研究와 比較"

전성빈

현 서강대학교 경영대학 명예교수
서강대학교 경영대학 교수
New York University 조교수
The University of California, Ph.D
저서: 資本市場과 會計情報(양영각, 1993)
　　　기업의 재무위기의 도산(신용분석사회, 1998)
　　　기업도산의 실제와 이론(다산출판사, 2000)
주요논문: "The Outcome of Bankruptcy: Model and Empirical Test"
　　　　　"The Usefulness of Restating International Financial Data Set"
　　　　　"기업도산에 대한 주식시장의 반응"
　　　　　"최고경영자 교체와 이익조정"

송민섭

현 서강대학교 경영대학 교수
University of Idaho 조교수
Syracuse University, Ph.D
저서: K-IFRS 중급회계(신영사, 2021)
　　　원칙중심회계: 부딪혀야 빛을 낸다(신영사, 2020)
주요논문: "The effect of analyst forecasts during earnings announcements on
　　　　　investor responses to reported earnings"(The Accounting Review, 2016)
　　　　　"Management earnings forecast and value of analyst forecast
　　　　　revisions"(Management Science, 2015)
　　　　　"원칙중심회계 하에서의 질의회신 운영방안(회계저널, 2019)"